W0095074

Manfred Steyer
Holger Schwichtenberg
Matthias Fischer
Jörg Krause

Verteilte Systeme und Services mit .NET 4.5

Konzepte und Lösungen für WCF 4.5 und ASP.NET Web-API

2., überarbeitete und erweiterte Auflage

HANSER

Die Autoren:

Manfred Steyer, IT-Visions.de, FH CAMPUS 02, Graz

Holger Schwichtenberg (Herausgeber und Autor), IT-Visions.de, Essen

Matthias Fischer, Rathenow bei Berlin

Jörg Krause, Berlin

Alle in diesem Buch enthaltenen Informationen, Verfahren und Darstellungen wurden nach bestem Wissen zusammengestellt und mit Sorgfalt getestet. Dennoch sind Fehler nicht ganz auszuschließen. Aus diesem Grund sind die im vorliegenden Buch enthaltenen Informationen mit keiner Verpflichtung oder Garantie irgendeiner Art verbunden. Autoren und Verlag übernehmen infolgedessen keine juristische Verantwortung und werden keine daraus folgende oder sonstige Haftung übernehmen, die auf irgendeine Art aus der Benutzung dieser Informationen – oder Teilen davon – entsteht.

Ebenso übernehmen Autoren und Verlag keine Gewähr dafür, dass beschriebene Verfahren usw. frei von Schutzrechten Dritter sind. Die Wiedergabe von Gebrauchsnamen, Handelsnamen, Warenbezeichnungen usw. in diesem Buch berechtigt deshalb auch ohne besondere Kennzeichnung nicht zu der Annahme, dass solche Namen im Sinne der Warenzeichen- und Markenschutz-Gesetzgebung als frei zu betrachten wären und daher von jedermann benutzt werden dürften.

Bibliografische Information der Deutschen Nationalbibliothek:

Die Deutsche Nationalbibliothek verzeichnet diese Publikation in der Deutschen Nationalbibliografie; detaillierte bibliografische Daten sind im Internet über http://dnb.d-nb.de abrufbar.

Dieses Werk ist urheberrechtlich geschützt.
Alle Rechte, auch die der Übersetzung, des Nachdruckes und der Vervielfältigung des Buches, oder Teilen daraus, vorbehalten. Kein Teil des Werkes darf ohne schriftliche Genehmigung des Verlages in irgendeiner Form (Fotokopie, Mikrofilm oder ein anderes Verfahren) – auch nicht für Zwecke der Unterrichtsgestaltung – reproduziert oder unter Verwendung elektronischer Systeme verarbeitet, vervielfältigt oder verbreitet werden.

© 2013 Carl Hanser Verlag München, www.hanser.de
Lektorat: Sieglinde Schärl
Copy editing: Sandra Gottmann, Münster-Nienberge
Herstellung: Irene Weilhart
Umschlagdesign: Marc Müller-Bremer, www.rebranding.de, München
Umschlagrealisation: Stephan Rönigk
Gesamtherstellung: Kösel, Krugzell
Ausstattung patentrechtlich geschützt. Kösel FD 351, Patent-Nr. 0748702
Printed in Germany

print-ISBN: 978-3-446-43443-1
e-book-ISBN: 978-3-446-43565-0

Inhalt

Geleitwort des Herausgebers

Liebe Leserinnen, liebe Leser,

das .NET Framework ist inzwischen mehr als zehn Jahre alt, und man kam ihm Reife nicht nur altersbedingt, sondern vor allem auch aus fachlichen Gründen bescheinigen. Das Besondere an .NET ist, dass es immer mehr Anwendungsarten gibt, die sich mit der gleichen Sprachsyntax, den gleichen Bibliotheken und den gleichen Werkzeugen erstellen lassen. Zu Desktop- und Standard-Web-Applikationen haben sich inzwischen Multimedia- und Office-Anwendungen sowie Rich Internet Applications und Apps gesellt. Und auch auf der Serverseite gibt es zahlreiche Möglichkeiten für den Einsatz von .NET, vom Microsoft SQL Server über Biztalk bis hin zu SharePoint. Mit der Version 4.5 liefert Microsoft wesentliche Verbesserungen für zahlreiche Teilbibliotheken des .NET Frameworks sowie auch neue Bausteine, insbesondere im Bereich der verteilten Systeme und Webservices.

Anlässlich von .NET 4.5 aktualisieren wir natürlich auch wieder die erfolgreiche Buchreihe .NET-Bibliothek, die ich für den Carl Hanser Verlag seit 2006 als Herausgeber betreue. Die Fachbücher dieser Reihe liefern fundiertes Wissen zu zentralen Bausteinen der Klassenbibliothek im .NET Framework. Die Reihe zeichnet sich durch prägnant gehaltene Bücher aus, die das elementare Wissen zu einem Fachgebiet für den professionellen Entwickler aufbereiten. Ein weiteres Merkmal der Reihe sind die Autoren, die seit vielen Jahren mit .NET-Technologien arbeiten und ihre umfangreiche Praxiserfahrung aus .NET-Projekten in die Bücher einfließen lassen.

Die Welt der verteilten Systeme ist wieder einmal im Umbruch. SOAP wird an immer mehr Stellen durch vermeintlich einfachere REST-Dienste abgelöst. Das macht sich auch im .NET Framework bemerkbar, indem es nun mit dem ASP.NET Web API eine neue Bibliothek für HTTP-basierte Dienste gibt, mit denen man REST flexibler umsetzen kann als mit der Windows Communication Foundation (WCF). Dennoch ist SOAP und damit auch die WCF in vielen Szenarien (insbesondere, wenn .NET mit .NET oder einer anderen Plattform mit starker SOAP-Unterstützung kommuniziert) überlegen, weshalb die WCF auch weiterhin den Löwenanteil in diesem Buch ausmacht.

Als neue Themen behandelt das Buch ASP.NET Web API (und die damit zusammenhängenden Sicherheitsmechanismen insbesondere OAuth), ASP.NET SignalR sowie den Service Bus für Windows Server und Windows Azure. Der Rest des Buchs wurde auf die zum Zeitpunkt der Drucklegung verfügbaren stabilen Versionen (WCF 4.5, ADO.NET Entity Framework 5.0, WCF Data Services 5.1) aktualisiert.

Ich wünsche Ihnen, dass dieses Buch zu Ihrem Projekterfolg beitragen kann.

Essen, im Januar 2013

Dr. Holger Schwichtenberg
www.IT-Visions.de

Vorwort

Die Geschichte verteilter Softwaresysteme ist fast so alt wie die Geschichte programmierbarer Rechner, die mittlerweile in verschiedensten Formen Einzug in unser tägliches Leben gehalten haben. Gerade im Zeitalter von Internet und mobilen Anwendungen sind verteilte Softwaresysteme spannender denn je. Sei es die Kommunikation zwischen Personen, zwischen unternehmensinternen und -externen Applikationen zur Automatisierung von Abläufen, oder zwischen Bestandteilen eines Systems, zum Beispiel Client und Server, – verteilte Systeme sind omnipräsent. Während sich die Prinzipien hinter diesen Applikationen in den letzten 30 Jahren kaum verändert haben, liegt der Teufel – wie so häufig – im Detail. Es gilt, verschiedene Protokolle und Formate in Einklang zu bringen, auf die mannigfaltigen Aspekte der Sicherheit zu achten, Transaktionen zu realisieren, Fehler zu kompensieren und Datenverluste trotz Kommunikationsproblemen zu verhindern. Hinzu kommt, dass immer häufiger Systeme miteinander kommunizieren müssen, die ursprünglich gar nicht dazu konzipiert wurden.

Mit der *Windows Communication Foundation* (WCF) hat Microsoft den Versuch unternommen, die unterschiedlichen Möglichkeiten, die es zur Lösung der aufgezeigten Herausforderungen gibt, unter einen Hut zu bringen. Außerdem steht nun mit der *ASP.NET Web API* eine schlanke Alternative zur WCF zur Auswahl, welche sich zwar auf bestimmte Arten der Kommunikation beschränkt, dafür aber auch einfacher einzusetzen ist.

Die Erfahrung hat jedoch gezeigt, dass man WCF und Web API nicht isoliert betrachten darf. Für die erfolgreiche Implementierung von verteilten Systemen sind weitere Frameworks notwendig, die mit WCF bzw. Web API in Einklang gebracht werden müssen. Aus diesem Grund behandelt das vorliegende Werk auch Technologien wie die *Workflow Foundation* (WF), die zur Automatisierung von Geschäftsprozessen dient, das *Entity Framework* (EF), die WCF Data Services und WCF RIA Services zum Zugriff auf Datenbanken, die *Windows Identity Foundation* (WIF) zur Realisierung von erweiterten Sicherheitsszenarien, die dem Ruf nach Single Sign-On-Lösungen gerecht werden, und den *Azure Service Bus*, welcher mittlerweile auch zur lokalen Installation als Windows Server Service Bus verfügbar ist, zur standortübergreifenden Integration verschiedener Systeme.

Wer ist die Zielgruppe dieses Buchs?

Dieses Buch wendet sich an Personen, die bereits mit .NET gearbeitet haben, und nun verteilte Systeme sowie damit einhergehende Services entwickeln oder auf technischer Ebene planen möchten. Ebenso werden Entwickler mit Erfahrung in den genannten Technologien adressiert, die das eine oder andere Thema vertiefen oder einfach nur bestimmte Aspekte nachschlagen möchten. Die hier präsentierten Beispiele sind in C# gehalten, da C# die führende Sprache auf der .NET-Plattform darstellt. Allerdings finden sich im Web zahlreiche Tools zur automatischen Übersetzung in andere .NET-basierte Sprachen. Die verwendete C#-Version ist die Version 5; die verwendete Version von Visual Studio ist 2012. Um den Beispielen optimal folgen zu können, sollte der Leser ebenfalls die besagten Versionen oder neuere einsetzen. Sofern jedoch nicht explizit erwähnt ist, dass die beschriebenen Features .NET 4.5 benötigen, ist davon auszugehen, dass sie auch bei Verwendung von .NET 4.0 zur Verfügung stehen.

Wie soll dieses Buch gelesen werden?

Obwohl die einzelnen Kapitel des vorliegenden Werks miteinander korrelieren und deswegen auch immer wieder aufeinander verweisen, müssen sie nicht strikt sequentiell gelesen werden. Einsteigern empfehlen wir jedoch, zumindest das erste Kapitel zu bearbeiten, bevor sie sich den jeweiligen Interessensgebieten in den Folgekapiteln zuwenden. Lesern, die sich in die WCF einarbeiten möchten, sei auch Kapitel 2 und 3 ans Herz gelegt. Jene, die mit der ASP.NET Web API starten möchten, können nach dem Bearbeiten von Kapitel 1 mit den Kapiteln 6 und 7 fortfahren.

Einige Kapitel gehen davon aus, dass der Leser den Paket-Manager NuGet verwendet, da Microsoft bestimmte Bibliotheken vorzugsweise darüber zum Download anbietet. Deswegen befindet sich ein Überblick zu NuGet im Anhang.

 Die einzelnen Abschnitte erläutern die behandelten Themen meist anhand von Beispielen. Gerade das Experimentieren mit fertigen Beispielen hat sich beim Erarbeiten neuer Stoffgebiete im Selbststudium bewährt. Die Beispiele zu diesem Buch finden Sie unter *http://downloads.hanser.de*.

Wir freuen uns darüber hinaus über Ihr Feedback und Ihre Fragen. Hierfür wurde unter *www.it-visions.de/leser* ein eigener Bereich eingerichtet.

Danksagung

Dank für ihre Mitwirkung und Unterstützung an diesem Buch möchten wir aussprechen an:

- unsere Familienangehörigen, die uns neben unserem Hauptberuf das Umfeld geschaffen haben, auch an manchen Abenden und Wochenenden an diesem Buch zu arbeiten.
- Frau Sieglinde Schärl vom Carl Hanser Verlag, die dieses Buchprojekt betreut hat.
- Frau Sandra Gottmann und Frau Julia Stepp, die das Buch sprachlich verbessert haben.
- Frau Irene Weilhart, die sich um die optischen Aspekte des Buchs gesorgt hat.

Über die Autoren

Manfred Steyer

FH-Prof. Manfred Steyer (*www.softwarearchitekt.at*) ist freiberuflicher Trainer und Berater bei *www. IT-Visions.de*. Darüber hinaus ist er für den Fachbereich Software Engineering der Studienrichtung IT und Wirtschaftsinformatik an der FH CAMPUS 02 in Graz (www.campus02.at) verantwortlich.

Er schreibt regelmäßig Fachartikel im .NET-Umfeld und ist Autor mehrerer Bücher. Manfred Steyer hat berufsbegleitend IT und IT-Marketing in Graz sowie Computer Science in Hagen studiert und kann auf mehr als zehn Jahre an Erfahrung in der Planung und Umsetzung von großen Applikationen zurückblicken. Er ist ausgebildeter Trainer für den Bereich der Erwachsenenbildung und spricht regelmäßig auf Fachkonferenzen.

In der Vergangenheit war Manfred Steyer mehrere Jahre für ein großes österreichisches Systemhaus tätig. In der Rolle als Entwicklungsleiter hat er gemeinsam mit seinem zehnköpfigen Team Geschäftsanwendungen konzipiert und umgesetzt.

Seine E-Mail-Adresse lautet manfred.steyer@softwarearchitekt.at. Auf Twitter findet man ihn unter *http://www.twitter.com/ManfredSteyer*.

Dr. Holger Schwichtenberg

Dr. Holger Schwichtenberg ist Leiter des .NET-Expertennetzwerks www.IT-Visions.de (*http://www.IT-Visions.de*), das zahlreiche Unternehmen in Europa durch Beratung, Schulung, Coaching und Support unterstützt. Zudem ist er Entwicklungsleiter bei der 5minds IT-Solutions GmbH & Co. KG, die Software im Kundenauftrag entwickelt. Die persönlichen Schwerpunkte von Dr. Holger Schwichtenberg sind Webanwendungen, verteilte Systeme und Datenbankzugriffe.

Dr. Holger Schwichtenberg gehört durch seine Auftritte auf nationalen und internationalen Fachkonferenzen sowie zahlreiche Fachbücher für Addison-Wesley, Microsoft Press und den Hanser Verlag zu den bekanntesten .NET-Experten in Deutschland. Darüber hinaus ist er ständiger Mitarbeiter der Fachzeitschriften dotnet magazin, dotnetpro und iX sowie bei heise.de. Von Microsoft ist er für sein .NET-Fachwissen als Microsoft Most Valuable Professional (MVP) für ASP.NET/IIS ausgezeichnet worden.

Sein Weblog finden Sie unter *http://www.dotnet-doktor.de*. Bei Twitter finden Sie ihn unter *http://www.twitter.com/DOTNETDOKTOR*.

Matthias Fischer

Matthias Fischer ist seit einigen Jahren Softwareentwickler und -architekt. In seiner Tätigkeit als Technical Expert für .NET beschäftigt er sich insbesondere mit dem .NET-Framework, ASP.NET, WCF sowie Netzwerk- und Kommunikationstechnologien in C# und F#.

Des Weiteren ist Matthias Fischer zertifizierter Softwaretester mit Erfahrung im Embedded-Umfeld. Sein umfangreiches Wissen gibt er in diversen Usergroup-Vorträgen, auf Fachkonferenzen sowie als Berater und Fachbuchautor wieder.

Neben seiner beruflichen Tätigkeit beteiligt sich Matthias bei der Organisation und Ausrichtung der .NET Usergroup Berlin-Brandenburg.

Wenn es die Zeit neben den Projekten erlaubt, unternimmt Matthias gern Radtouren, oder er beschäftigt sich mit Fotografie.

Jörg Krause

Jörg Krause ist Partner des .NET-Expertennetzwerks HYPERLINK „http://www.IT-Visions.de" www.IT-Visions.de. Er arbeitet als freier Fachautor, Trainer, Consultant und Softwareentwickler aus Leidenschaft. Schwerpunktthemen sind die Webapplikationen mit ASP.NET, Microsoft SQL Server sowie die SharePoint-Programmierung. Zu allen Themen hat er Bücher und zahlreiche Artikel in Fachzeitschriften verfasst und bietet individuelle Workshops und Trainings auf hohem Niveau an. Seit 1998 tritt er auf zahlreichen Konferenzen als Speaker auf.

Wenn er sich nicht mit Computern beschäftigt, was eher selten vorkommt, liest er bei schlechtem Wetter Bücher (Science-Fiction, Thriller) oder spielt bei besserem Wetter Golf und Badminton.

1 Serviceorientierung

Bevor es in den nachfolgenden Kapiteln um die Realisierung von Services mit Windows Communication Foundation (WCF) gehen wird, bietet dieses Kapitel einen kompakten Überblick zum Thema Serviceorientierung. Neben den unterschiedlichen Sichten auf dieses Thema wird auch auf Protokolle zur Realisierung von Services eingegangen.

■ 1.1 Konzeptionelle Ebene

Sowohl für Techniker als auch für Betriebswirte ist Serviceorientierung von Bedeutung. Allerdings haben beide Gruppen eine unterschiedliche Sicht auf diese Thematik. Dieser Abschnitt geht auf diese beiden Sichten ein und informiert darüber, was allgemein unter Service verstanden werden kann.

1.1.1 Betriebswirtschaftliche Sicht

Auf das Thema Serviceorientierte Architekturen (SOA) gibt es zwei Sichtweisen – eine betriebswirtschaftliche und eine technische. Aus betriebswirtschaftlicher Sicht helfen serviceorientierte Architekturen beim Unterstützen von Geschäftsprozessen. Einzelne Schritte eines Geschäftsprozesses werden dabei von Services, die von verschiedenen Systemen angeboten werden, realisiert. Zur Koordinierung dieser Services wird ein weiterer Service, ein sogenannter Prozessservice, eingesetzt. Dieser ist beispielsweise mit einer Workflow-Engine implementiert, sodass Anpassungen einfach möglich sind und die Umsetzung auch gleichzeitig die Dokumentation widerspiegelt. Bild 1.1 veranschaulicht dies. Dargestellt ist hier ein sehr einfacher, mit den Mitteln der *Business Process Modeling Notation* (BPMN, vgl. *www. bpmn.org*) modellierter Prozess, der eine Vorgehensweise zur Angebotslegung für Reisen beschreibt und in vier Bereiche geteilt ist. Diese Bereiche werden in der BPMN als *Pools* bezeichnet. Die Aktivitäten in den Pools *System*, *Fluggesellschaft* und *Hotelreservierung* werden idealerweise von Services implementiert. Diese können entweder innerhalb der eigenen Organisation zur Verfügung stehen oder von Geschäftspartnern angeboten werden. Ersteres ist bei den Aktivitäten im Pool *System* der Fall; Letzteres bei den Aktivitäten in den Pools

Fluggesellschaft und *Hotelreservierung*. Die Aktivitäten im Pool *Reisebüro* würden die Applikation darstellen, die durch Kombination der restlichen Services geschaffen werden soll, und der Prozess an sich würde mit den Mitteln einer Workflow-Engine, welche die einzelnen Services koordiniert, umgesetzt werden. Hierbei ist auch von *Orchestrierung* die Rede.

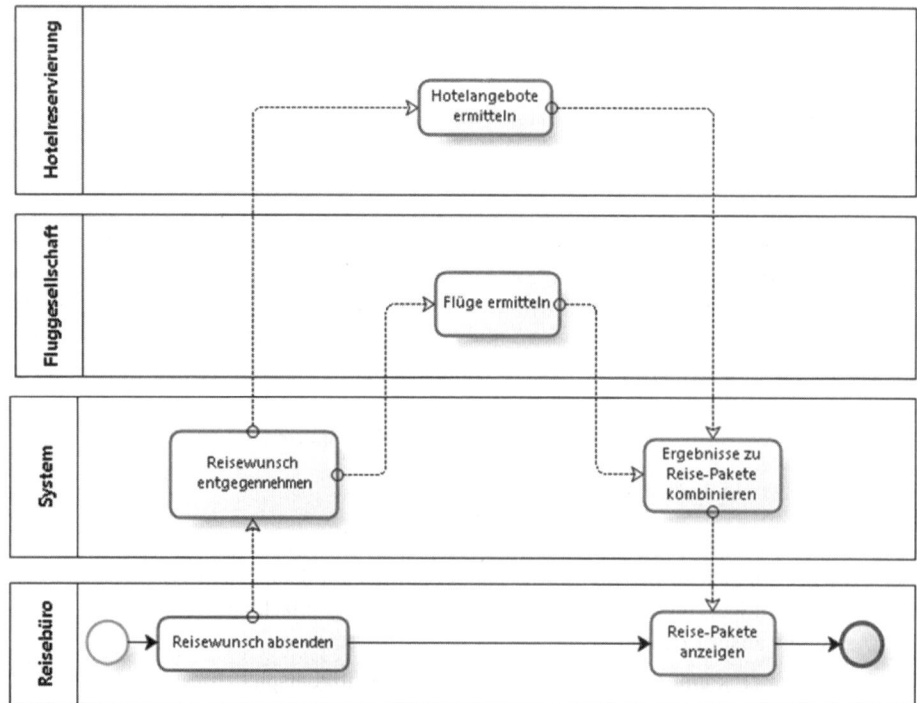

Bild 1.1 Beispielhafter Geschäftsprozess

1.1.2 Technische Sicht

Aus technischer Sicht geht es beim Thema SOA um verteilte Systeme und Systemintegration. Einzelne Dienste werden, meist über das Netzwerk, in Anspruch genommen. Dazu sendet ein Client eine Anfrage an einen Service. Dieser führt daraufhin die gewünschte Aufgabe durch und sendet das Ergebnis retour an den Client. Je nach Kommunikationspartner können dabei die zu verwendenden Protokolle und Datenformate variieren. Letztere gilt es bei Bedarf zu „übersetzen", sodass sie in einer für das Gegenüber bearbeitbaren Form vorliegen. All diese Konzepte sind wahrscheinlich so alt wie das Konzept von Computernetzwerken und firmierten vor den Zeiten von SOA zuletzt unter dem Begriff *Enterprise Application Integration* (EAI) und *Komponentenorientierung*. Der Übergang zwischen diesen Paradigmen und SOA ist, nüchtern betrachtet, fließend, zumal auch die verwendeten Technologien großteils dieselben sind. SOA unterscheidet sich von seinen Vorgängern vor allem darin, dass der Aspekt der Interoperabilität, also das Zusammenspiel verschiedener Systeme, stärker im Vordergrund steht. Dies manifestiert sich in den bevorzugt verwendeten offenen Protokollen und Datenformaten, wie zum Beispiel HTTP, XML oder auch SOAP. Daneben schlägt sich dieser Aspekt auch in den vorzufindenden Mustern und Best Practices wieder. So wird beispielsweise häufig auf serviceübergreifende Transaktionen verzichtet, da sich deren interoperable Implementierung in der Regel als sehr herausfordernd darstellt. Stattdessen werden im Fehlerfall Kompensationslogiken, welche die ursprünglichen Aktionen rückgängig machen, angestoßen. Bezogen auf das zuvor betrachtete Beispiel könnte es sich dabei um das Stornieren eines Fluges handeln.

1.1.3 Was ist ein Service?

Neben der Tatsache, dass es sich bei einem Service um eine Sammlung von Operationen, die von einzelnen Clients über ein Netzwerk konsumiert werden können, handelt, geht damit auch ein bestimmtes Mindset einher. Im Gegensatz zum klassischen Ansatz der *Remote Procedure Calls* (RPC) ist ein Service in sich geschlossen. Das bedeutet, dass das Innenleben eines Services für den Aufrufer eine Blackbox darstellt, sodass dieser nicht über technische Details Bescheid wissen muss. Aus diesem Grund sind Service-Operationen auch stark Use-Case-orientiert und selten technisch bzw. generisch. Dies führt auch dazu, dass Service-Operationen mitunter grobgranularer als herkömmliche Methoden sind. Ein gutes Beispiel hierfür bietet die nachfolgend dargestellte Operation `BucheFlug`.

```
public Ticket BucheFlug(Buchung buchung) { … }
```

Einige dazu passende Negativbeispiele gehen aus Listing 1.1 hervor, zumal sich der Aufrufer hier mit technischen Konstrukten des Systems, wie zum Beispiel *FlugHandles* oder *Seat-Handles*, beschäftigen muss. Gute Services würden hingegen fachliche Konstrukte verwenden, z. B. Flüge anstatt *FlugHandles*.

Diese Operationen könnte es im vorhin betrachteten Positivbeispiel zwar auch geben, allerdings wären diese hier zum einen nicht öffentlich zugänglich und würden zum anderen von der Operation `BucheFlug` koordiniert werden. Services mit solchen Koordinierungsmethoden werden auch als *Fassaden* bzw. *Servicefassaden* bezeichnet, da sie dahinter liegende Details verbergen. Dabei soll nicht verschwiegen werden, dass die Verwendung von Fassaden auch schon vor dem Aufkommen des Begriffs SOA gängige Praxis im Bereich verteilter Geschäftsanwendungen war. Der Vorteil dieser Vorgehensweise liegt neben der Tatsache, dass sich der Aufrufer nicht mit Interna belasten muss, in einer geringeren Netzwerkbelastung, da anstatt vieler kleiner Nachrichten wenige oder nur eine größere zu übersenden sind. Daneben führt dieses Muster dazu, dass die von der Fassade gekapselten Details ohne Anpassungen des Clients ausgetauscht werden können. Dies erlaubt es, die verwendeten Software-Systeme einfacher an sich ändernde Geschäftsregeln und Abläufe anzupassen, was in weiterer Folge auch die Agilität des Unternehmens erhöht. Hierbei ist auch von loser Kopplung die Rede, was im betrachteten Fall bedeutet, dass der Client möglichst wenig über den konsumierten Service wissen muss.

Listing 1.1 Negativbeispiele für Service-Operationen

```
public FlightHandle GetFlightHandle(string flugNummer, DateTime datum) { … }
public SeatHandle CheckFreeSeats(FlightHandle h) { … }
public bool CheckFlightCancelled(FlightHandle h) { … }
public bool CheckCustomerExists(String customerNumber) { … }
```

```
public CustomerHandle GetCustomerHandle(String customerNumer) { … }
public CustomerHandle CreateCustomer(Customer c) { … }
public BookFlight (FlightHandle, CustomerHandle) { … }
```

Die Kommunikation zwischen Client und Service erfolgt durch den Austausch von Nachrichten. Dies war zwar genau genommen auch schon beim RPC-Ansatz der 80er-Jahre der Fall, wird jedoch im Bereich von SOA gerne hervorgehoben. Der Grund hierfür liegt darin, dass Nachrichten von Zwischenstationen geroutet werden können. Ein Nachrichtenrouter könnte zum Beispiel entscheiden, zu welchem Service eine Anfrage wirklich geroutet werden soll. Das Ziel dahinter ist wieder einmal der Aspekt der losen Kopplung, wodurch Services leichter austauschbar und unterstützte Prozesse einfacher anpassbar gestaltet werden.

■ 1.2 Technische Realisierung

Zur technischen Realisierung von Services steht eine Vielzahl an Technologien zur Verfügung, darunter Standards wie *CORBA*, die auf binäre Protokolle für die Realisierung von verteilten Objektsystemen setzen, oder Messaging-Systeme, wie *Microsoft Message Queuing Services*, zur verlässlichen und asynchronen Übermittlung von Anfragen. Daneben können auch Internet-Protokolle, wie FTP oder SMTP, die ursprünglich nicht für die Umsetzung von Services dieser Art gedacht waren, zum Einsatz kommen. Gerade bei der Kommunikation mit Altsystemen ist man immer wieder angehalten, auf solche Protokolle oder gar auf die Kommunikation über das Dateisystem auszuweichen. Für Neuimplementierungen werden (Web-)Services bevorzugt. Der Grund dafür liegt in der Tatsache, dass diese auf offenen Standards, wie SOAP, XML oder HTTP, basieren und somit in Hinblick auf Interoperabilität Vorteile bieten, nicht zuletzt deswegen, weil die übertragenen Daten menschenlesbar sind. WCF unterstützt aufgrund seiner flexiblen Architektur prinzipiell alle möglichen Protokolle und Datenformate, wobei es out of the box Unterstützung für SOAP- und REST-basierte Services mitbringt. Deswegen wird auf diese Ansätze in den nächsten Abschnitten näher eingegangen. Darüber hinaus werden Standards wie WSDL, die häufig gemeinsam mit SOAP zum Einsatz kommen, besprochen.

1.2.1 SOAP

Bei SOAP handelt es sich um einen XML-basierten Standard zur Kommunikation zwischen Systemen. Im Zuge dessen können Nachrichten ausgetauscht oder entfernte Prozeduren angestoßen werden (Remote Procedure Calls, RPC). Obwohl SOAP meist in Kombination mit HTTP(S) verwendet wird, ist es prinzipiell protokollunabhängig. Beispielsweise wäre es denkbar, SOAP-Nachrichten via SMTP zu übertragen und somit eine asynchrone Kommunikation zwischen Systemen zu realisieren. Allerdings ist dies von den meisten SOAP-Implementierungen, wie auch von WCF, nicht vorgesehen. Ursprünglich stand SOAP für *Simple Object Access Protocol*. Seit Version 1.2 ist jedoch nur mehr von SOAP die Rede, zumal es weder einfach noch objektorientiert ist.

Listing 1.2 zeigt den grundsätzlichen Aufbau einer SOAP-Nachricht. Aus Gründen der Übersichtlichkeit wurden Verweise auf XML-Namensräume entfernt. Die Nachricht besteht aus
einem *Envelope*-Element und wird demnach sinnbildlich als (Brief-)Umschlag betrachtet.
Dieser Umschlag beinhaltet Metadaten im *Header*-Element. Dabei kann es sich um Informationen über den Absender oder den Empfänger, die anzustoßende Prozedur (Service-Operation) oder über Informationen zur Absicherung der Kommunikation, wie Passwörter oder
Sicherheits-Tokens, handeln. Die zu übertragende Nachricht findet sich im Element *Body*
wieder.

Listing 1.2 Vereinfachter Aufbau einer SOAP-Nachricht

```
<Envelope>
     <Header>
          <!-- message headers -->
     </Header>
     <Body>
          <!-- message body elements -->
     </Body>
</Envelope>
```

Ein Beispiel einer mit den Mitteln von SOAP formulierten Anfrage findet sich in Listing 1.3.
Der *Body* beinhaltet ein Element *GetFlights*, das auf eine Service-Operation mit demselben
Namen verweist. Die innerhalb von *GetFlight* positionierten Elemente entsprechen den
erwarteten Parametern und den ihnen zuzuweisenden Werten.

Listing 1.3 Beispielhafte SOAP-Anfrage (SOAP-Request)

```
<?xml version="1.0"?>
<soap:Envelope xmlns:soap="[…]" soap:encodingStyle="[…]">
<soap:Body>
  <GetFlights>
     <From>Graz</From>
     <To>Frankfurt</To>
     <Date>2010-01-20<Data>
  </GetFlights>
</soap:Body>
</soap:Envelope>
```

Listing 1.4 zeigt eine mögliche SOAP-Antwort, die mit der Anfrage in Listing 1.3 korreliert.
Im *Body* befindet sich das Element *GetFlightsReponse*, das Informationen über die abgefragten Flüge beinhaltet.

Listing 1.4 Beispielhafte SOAP-Antwort (SOAP-Response)

```
<?xml version="1.0"?>
<soap:Envelope xmlns:soap="[…]" soap:encodingStyle="[…]">
<soap:Body>
  <GetFlightsResponse>
     <Flight><Time>1700</Time>[…]</Flight>
     <Flight><Time>1800</Time>[…]</Flight>
     <Flight><Time>1900</Time>[…]</Flight>
  </GetFlightsResponse>
</soap:Body>
</soap:Envelope>
```

Alternativ zu regulären Antworten können SOAP-Services im Fehlerfall auch mit sogenannten *Faults* antworten. Ein *Fault* beinhaltet Informationen über den aufgetretenen Fehler und kann als Gegenstück zu *Exceptions* in .NET gesehen werden.

1.2.1.1 SOAP-Bindings (Nachrichtenformate und Kodierungsstile)

Für SOAP-Nachrichten stehen zwei unterschiedliche *Nachrichtenformate* zur Verfügung: *RPC* und *Document*. *RPC* war ursprünglich zur Implementierung von *Remote Procedure Calls* via SOAP gedacht. *Document* ist hingegen flexibler und erlaubt den Austausch von beliebigen XML-Nachrichten. Allerdings lassen sich ebenso *Remote Procedure Calls* abbilden. In diesem Fall wird in der Anfrage ein XML-Dokument mit dem Methodennamen und den jeweiligen Parametern sowie in der Antwort ein XML-Dokument mit dem Rückgabewert der aufzurufenden Operation übergeben.

Neben den beiden Nachrichtenformaten stehen auch noch zwei unterschiedliche Kodierungsstile zur Verfügung: *Encoded* und *Literal*. Diese bestimmen, wie die in einer Nachricht übermittelten Daten mittels XML dargestellt werden. Bei der Verwendung von *Encoded* werden die Daten gemäß der SOAP-Spezifikation dargestellt. Dieses Encoding ist auch als *Section 5-Encoding* bekannt, da es ursprünglich in Abschnitt 5 der SOAP-Spezifikation definiert wurde. Bei der Verwendung von *Literal* orientiert sich die Darstellung der Daten hingegen alleinig an den Regeln eines *XML Schemas* (*http://www.w3.org/XML/Schema*). Übertragene Nachrichten können somit bei dieser Spielart gegen ein XML Schema geprüft werden, um herauszufinden, ob sie korrekt aufgebaut sind. Da es sich bei *XML Schema* um einen etablierten Standard handelt, wird die Verwendung von *Encoded* als obsolet angesehen und sollte deshalb nicht mehr verwendet werden.

Somit reduzieren sich die praxisrelevanten Kombinationen aus Nachrichtenstil und Kodierung auf *RPC/ Literal* und *Document/ Literal*. Aus Gründen der Kompatibilität mit älteren Services muss ab und an auch auf *RPC/ Encoded* zurückgegriffen werden. *Document/ Encoded* hat im Gegensatz dazu keine Bedeutung in der Praxis.

Für *Document/ Literal* stehen wiederum zwei Spielarten zur Verfügung: *Bare* und *Wrapped*. Bei *Wrapped* werden sämtliche Parameter eines entfernten Methodenaufrufs von einem einzigen Element umklammert, wobei der Name dieses Elements häufig auf die aufzurufende Prozedur schließen lässt. Ein Beispiel dazu stellt die zuvor betrachtete SOAP-Anfrage in Listing 1.3 dar. Hier werden alle übergebenen Parameter im Element *GetFlights* eingeschlossen. Darüber hinaus gleicht dies dem Aufbau der selben Nachricht beim Einsatz von *RPC/ Literal*. Bei Verwendung von *Document/ Literal Bare* würde der Body stattdessen die einzelnen Parameter direkt beinhalten.

1.2.2 Web Service Description Language (WSDL)

Die *Web Service Description Language* (WSDL) ist eine auf XML basierende Sprache zur formalen Beschreibung von Web Services. Ein WSDL-Dokument definiert unter anderem die von einem Web Service zur Verfügung gestellten Operationen sowie die damit verbundenen Nachrichten für Anfragen und Antworten. Es verweist auf die verwendeten Transportprotokolle (zum Beispiel HTTP) sowie auf die Adresse(n) der Services und gibt Auskunft über das verwendete Nachrichtenformat und den heranzuziehenden Kodierungsstil. Zur Beschreibung der auszutauschenden Nachrichten kann es auch ein XML Schema-Dokument beinhalten oder auf ein externes referenzieren.

WSDL-Dokumente werden von Web-Service-Implementierungen, wie WCF, genutzt, um Proxy-Klassen für einen zu konsumierenden Web Service zu erstellen. Eine Proxy-Klasse ist eine clientseitige Klasse, die dem Web Service gleicht, wobei die einzelnen Methoden unter Verwendung des gewählten Protokolls und Nachrichtenformats an den eigentlichen Service weiterdelegieren. Somit kann der Client den Service wie eine lokale Komponente verwenden und muss sich nicht mit Details der rechnerübergreifenden Kommunikation belasten. Damit sich Entwickler nicht mit den Details von WSDL auseinandersetzen müssen, erlauben die meisten Web-Service-Implementierungen das Generieren von WSDL-Dokumenten aufgrund von bereits entwickelten Services.

1.2.3 Universal Description, Discovery and Integration

Bei *Universal Description, Discovery and Integration* (UDDI) handelt es sich um einen Standard für Verzeichnisdienste, über den Informationen zu Web Services veröffentlicht bzw. abgefragt werden können. Diese Informationen können via SOAP ermittelt werden. Auch das zu einem Web Service gehörige WSDL-Dokument sowie technische Beschreibungen des Web Service können abgerufen werden. Im Rahmen von UDDI werden sowohl eine Datenstruktur zur Beschreibung der veröffentlichten Web Services als auch eine API, über welche diese Beschreibungen publiziert und auf unterschiedliche Weise abgefragt werden können, definiert. UDDI hat nicht die Bedeutung von SOAP oder WSDL und spielt auch im WCF-Umfeld keine Rolle. Deswegen wird in weiterer Folge darauf auch nicht mehr eingegangen.

1.2.4 WS-I

In den ersten Tagen von SOAP und WSDL wurde schnell klar, dass diese Standards Spielraum für Interpretationen zulassen. Dieser Spielraum wurde von unterschiedlichen Werkzeugherstellern anders genutzt, sodass das eigentliche Ziel, Serviceaufrufe technologie- und plattformunabhängig zu gestalten, nicht erreicht wurde. Aus diesem Grund formierte sich damals eine Organisation aus namhaften Unternehmen, wie zum Beispiel Microsoft, Sun und Oracle. Diese Organisation, welche sich heute *OASIS Web Services Interoperability (WS-I) Member Section (http://www.oasis-ws-i.org)* nennt, hat einige Richtlinien veröffentlicht, aus welchen hervorgeht, wie die Lücken in den genannten Standards auszulegen sind, um eine interoperable Kommunikation zu ermöglichen. Die wohl wichtigste Sammlung solcher Richtlinien nennt sich *WS-I Basic Profile*. Sie schränkt die Menge an möglichen SOAP-Bindings zum Beispiel auf *Document/Literal Wrapped* sowie *RPC/Literal* ein. Heutzutage ist man noch immer gut beraten, sich bei der Kommunikation mit anderen Plattformen auf dieses Basic Profile zu einigen, um Interoperabilitätsprobleme zu vermeiden.

1.2.5 WS-*

Für verschiedene Anwendungsfälle wurden Zusatzstandards zu SOAP und WSDL definiert. Da deren Namen in der Regel mit „WS-" beginnen, werden sie auch als WS-*-Standards bezeichnet. Nachfolgend werde einige wichtige, die auch von WCF implementiert und somit in den einzelnen Kapiteln des vorliegenden Buches aufgegriffen werden, beschrieben.

- *WS-Addressing.* Durch WS-Addressing werden einige SOAP-Header definiert, die beim Routing von Nachrichten Verwendung finden. Mit diesen Headern werden zum Beispiel der Absender, der Empfänger oder jener Service, an den die Antwort einer Anfrage gesendet werden soll, festgelegt.
- *WS-MetadataExchange.* WS-MetadataExchange definiert SOAP-Nachrichten zum Austausch von Metadaten über Services. Dabei kann es sich um WSDL-Dokumente, aber auch um weiterführende Informationen handeln.
- *WS-Policy.* WS-Policy beschreibt Eigenschaften, die von einem Service und/oder von einem Client geboten bzw. erwartet werden. Somit kann zum Beispiel festgelegt werden, welche WS-*-Standards das Gegenüber auf jeden Fall unterstützen muss sowie welche optional unterstützt werden können.
- *MTOM.* MTOM kommt zum Einsatz, wenn über SOAP binäre Daten übertragen werden sollen.
- *WS-Security, WS-Trust, WS-Federation, WS-SecureConversation.* Diese Standards werden zur sicheren Kommunikation mit Services verwendet.
- *WS-ReliableMessaging.* Mit WS-ReliableMessaging wird sichergestellt, dass die gesendeten Nachrichten auch beim Service ankommen und in der richtigen Reihenfolge verarbeitet werden. Dazu werden die Nachrichten nummeriert und Empfangsbestätigungen versendet.
- *WS-AtomicTransaction.* WS-AtomicTransaction legt fest, wie verteilte Transaktionen, die sich über Servicegrenzen erstrecken, stattzufinden haben.

1.2.6 RESTful Web Services als Gegenbewegung zu SOAP

Representational State Transfer (REST) ist ein Architekturstil, der eine schlanke Gegenbewegung zu SOAP-basierten Web Services darstellt und die direkte Verwendung von HTTP zur Arbeit mit Ressourcen vorsieht. HTTP sieht vor, dass jede Ressource eine URL bekommt. In welchem Format diese Ressourcen vorzuliegen haben, wird jedoch nicht definiert. Im Falle von RESTful Services wird häufig *XML, JSON, ATOM oder RSS* verwendet, aber auch der Einsatz von anderen Formaten wie Key-Value-Pairs oder CSV-formatierten Zeichenketten ist denkbar. Zum Arbeiten mit diesen Ressourcen sieht HTTP generische Befehle, wie GET, POST, PUT oder DELETE, die als Verben bezeichnet werden, vor.

 HINWEIS: JSON steht für JavaScript Object Notation und damit eigentlich für eine Syntax, mit der in JavaScript Objekte beschrieben werden können. Da es weitaus kompakter als XML ist und somit (vor allem, aber nicht nur von JavaScript-basierten Clients) im Gegensatz zu XML sehr effizient geparst werden kann, wird es auch gerne als leichtgewichtige XML-Alternative herangezogen.

JSON-Parser stehen mittlerweile für viele gängige Programmiersprachen zur Verfügung. Der Nachteil von JSON ist, dass es im Gegensatz zu XML keine allgemein akzeptierte Möglichkeit zur formalen Beschreibung der auszutauschenden Objekte gibt.

Das nachfolgende Beispiel demonstriert den Aufbau eines mit JSON beschriebenen Objektes. Innerhalb von geschweiften Klammern werden die Eigenschaften eines Objektes durch Name-Wert-Paare definiert. Bei der Eigenschaft *CreditCard* handelt es sich um eine atomare Eigenschaft; bei *Owner* um eine Eigenschaft, die durch ein weiteres Objekt, das sich ebenfalls in geschweiften Klammern wiederfindet, beschrieben wird. *Preferences* wurde hingegen als Array mit den Werten Golf, Reading und Badminton modelliert, wobei die einzelnen Werte durch Beistrich getrennt in eckigen Klammern angegeben wurden.

```
{
"CreditCard"      : "Visa",
"Number"          : "1234-5678-9012-3456",
"Owner"           : {
    "LastName"    : "Max",
    "Firstname"   : "Muster",
    "Sex"         : "male",
    "Preferences" : [
      "Golf",
      "Reading",
      "Badminton"
    ],
    "Age"         : null
},
"Deckung"         : 1000000,
"Währung"         : "EURO"
}
```

Zur Verdeutlichung der Funktionsweise von REST Services zeigt Listing 1.5 Protokollinformationen, die an einen REST-Service zur Ermittlung von Flügen gesendet wurden. Als Verb wird *GET* verwendet. *GET* wird herangezogen, wenn Daten abzurufen sind. Der häufigste Anwendungsfall für *GET* dürfte das Anfordern einer Webseite über einen Browser sein. Die URL der abzurufenden Ressource ist hier */flights/Graz-Frankfurt?date=[…].* Daraus gehen das gewünschte Datum, der Abflugflughafen sowie der Zielflughafen hervor. Die beiden Flughäfen sind Teil des eigentlichen Namens der Ressource. Das gewünschte Datum wurde hingegen als Name-Wert-Paar daran angehängt. Als Trennzeichen zwischen dem Ressourcennamen und den Name-Wert-Paaren wird ein Fragezeichen verwendet. Als Trennzeichen zwischen verschiedenen Name-Wert-Paaren ist das Symbol *&* vorgesehen. Neben der URL wird im betrachteten Beispiel angegeben, dass HTTP/1.1 verwendet wird sowie dass die Anfrage an die Website *www.myserver.com* zu richten ist.

Listing 1.5 Abrufen einer Ressource mittels HTTP

```
GET /flights/Graz-Frankfurt?date=[…] HTTP/1.1
Host: www.myserver.com
```

HINWEIS: Bei der Verwendung von GET dürfen per Definition keine Neben-
effekte entstehen. Bezogen auf das betrachtete Beispiel bedeutet das, dass
bei der gezeigten Anfrage keine Flüge verändert werden dürfen.

Listing 1.6 Antwort eines REST-Service

```
HTTP/1.1 200 OK
Content-Type: text/xml
<?xml version="1.0"?>
<GetFlightsResponse>
  <Flight><Time>1700</Time>[…]</Flight>
  <Flight><Time>1800</Time>[…]</Flight>
  <Flight><Time>1900</Time>[…]</Flight>
</GetFlightsResponse>
```

Listing 1.6 zeigt eine mögliche Antwort auf die Anfrage in Listing 1.5. Der Statuscode *200*
im HTTP-Header gibt darüber Auskunft, dass die Anfrage fehlerfrei bearbeitet werden
konnte. In der zweiten Zeile wird mit *Content-Type* angegeben, dass es sich bei den übertragenen Nutzdaten um ein XML-Dokument handelt. Per Definition trennt eine Leerzeile die
Kopfdaten von den Nutzdaten.

Das Anlegen einer neuen Ressource wird mit Listing 1.7 demonstriert. Hier wird das Verb
POST verwendet und in der Payload des HTTP-Protokolls ein XML-Dokument, das die neue
Ressource beschreibt, platziert. Als URL kommt */flights* zum Einsatz. Bei Verwendung von
POST ist der Service für die Generierung einer eindeutigen URL, die mit jener in den Kopfdaten beginnt, verantwortlich. Darüber hinaus wird *POST* auch für Fälle, für die kein eigenes Verb vorgesehen ist, eingesetzt. In Web-Applikationen wird *POST* zum Beispiel verwendet, um Formulardaten zum Server zu senden.

Listing 1.7 Anlegen einer Ressource mit POST

```
POST /flights HTTP/1.1
Host: myserver
Content-Type: application/xml
<?xml version="1.0"?>
<Flight>
      <Date>2010-01-20</Date>
      <From>Graz</From>
      […]
</Flight>
```

Das nächste Beispiel, das sich in Listing 1.8 wiederfindet, zeigt, wie mit REST eine Ressource aktualisiert werden kann. Dazu wird das weniger bekannte und von Webservern
und Browsern in der Regel nicht verwendete bzw. implementierte HTTP-Verb *PUT* herangezogen. Dabei sei angemerkt, dass die Verwendung dieses Verbs zu Problemen mit Firewalls
führen kann. Bei Verwendung von *PUT* ist die vollständige URL, welche die Ressource repräsentiert, in den Kopfdaten anzugeben. Existiert diese bereits, wird sie aktualisiert; ansonsten wird sie angelegt.

Listing 1.8 Aktualisieren einer Ressource mit PUT

```
PUT /flights/4711 HTTP/1.1
Host: myserver
Content-Type: application/xml

<?xml version="1.0"?>
<Flight>
    <Date>2010-01-20</Date>
    <From>Graz</From>
    [...]
</Flight>
```

Zum Löschen von Ressourcen wird das Verb *DELETE* eingesetzt (Listing 1.9). Auch hier gilt zu beachten, dass dieses Verb im Web nicht sonderlich häufig Anwendung findet und deswegen von Firewalls mitunter nicht zugelassen wird.

Listing 1.9 Löschen einer Ressource mit DELETE

```
DELETE /flight/4711 HTTP/1.1
```

 HINWEIS: Das Problem, dass Firewalls Verben wie *PUT* oder *DELETE*, die zwar seit Anbeginn Teil von HTTP sind, jedoch im Web-Umfeld kaum genutzt wurden, blockieren, kann durch das „Tunneln" dieser Verben kompensiert werden. Dabei erfolgt die Anfrage via *POST*, und das eigentlich zu verwendende Verb wird in den HTTP-Kopfdaten platziert. Für diesen Zweck hat sich die Verwendung des Headers *X-HTTP-Method-Override* eingebürgert.

Neben den hier betrachteten Verben *GET*, *POST*, *PUT* und *DELETE* existieren noch einige weitere, die jedoch in REST-Szenarien nur eine untergeordnete Bedeutung genießen. Deswegen wird hier auch nicht näher darauf eingegangen. Infos darüber können zum Beispiel unter *http://de.wikipedia.org/wiki/HTTP* sowie unter *http://tools.ietf.org/html/rfc1945* und *http://tools.ietf.org/html/rfc2616* nachgelesen werden.

1.2.7 POX-Services und Web APIs

Werden REST-Techniken bzw. HTTP zusammen mit XML zur Bereitstellung von Services verwendet, ohne dass dabei das Mindset von REST Berücksichtigung findet, spricht man von *Plain old XML-Services* oder *POX-Services*. Ein Beispiel hierfür wäre ein Service, der über die URL */findFlights?datum=...* angestoßen wird und die ermittelten Ergebnisse in Form von XML zurückliefert, da hier die URL keine Ressource identifiziert, wie es von HTTP vorgesehen ist, sondern eine Methode darstellt.

Als Alternative zum Begriff *POX* hat sich in der letzten Zeit der Begriff *Web API* eingebürgert. Dieser Begriff scheint auch der geeignetere zu sein, da er nicht den Einsatz von XML impliziert, zumal in diesem Bereich immer häufiger auch andere Datenformate, allen voran JSON, zum Einsatz kommen.

Zur Vereinfachung verwendet das vorliegende Werk generell den Begriff REST, da dieser Begriff umgangssprachlich häufig auch für POX-Services bzw. Web APIs Verwendung findet und somit eine wiederkehrende Nennung aller drei Begriffe vermieden wird.

1.2.8 SOAP und REST im Vergleich

Nachdem REST und SOAP vorgestellt wurden, sollen nun deren Vor- und Nachteile gegenübergestellt werden. Der Vorteil von REST liegt in der damit einhergehenden Einfachheit. Da so gut wie alle Programmierplattformen die Möglichkeit HTTP-basierter Anfragen bieten, können REST-basierte Services so gut wie überall konsumiert werden. Dies dürfte auch der Grund sein, warum Konzerne wie Google und Yahoo auf diesen Architekturstil setzen. Daneben bringt REST weniger Protokoll-Overhead mit sich, da direkt auf HTTP aufgesetzt wird, und die Möglichkeit besteht, anstatt XML kompaktere Kodierungsarten, wie zum Beispiel JSON, heranzuziehen. Deswegen sowie aufgrund der damit einhergehenden Einfachheit kommt REST auch häufig bei der Kommunikation mit mobilen Geräten zum Einsatz. Dasselbe gilt für moderne Web-Anwendungen, zumal Entwickler vermeiden wollen, mittels JavaScript manuell SOAP- bzw. XML-basierte Daten zu parsen anstatt JSON-Pakete vom Browser verarbeiten zu lassen.

Auch Interoperabilitätsprobleme sind beim Einsatz von REST nicht so gravierend wie in der SOAP-Welt. Der Grund dafür liegt darin, dass beim Einsatz von REST der Entwickler in der Regel selbst dafür verantwortlich ist, die zu versendenden Daten entsprechend eines mit dem Kommunikationspartner vereinbarten Formats aufzubereiten. Beim Einsatz von SOAP wird diese Aufgabe von Frameworks übernommen, weswegen der Entwickler hier bei Interoperabilitätsproblemen das Framework der Wahl dazu bringen muss, den vom Gegenüber erwarteten Nachrichtenaufbau zu berücksichtigen. Die Standardisierung von SOAP sollte solche Situationen zwar verhindern, die Praxis hat jedoch gezeigt, dass dem nicht immer so ist.

Ein Nachteil von REST ist, dass es zurzeit keinen etablierten Standard zur Beschreibung REST-basierter Services gibt und somit auch keine Grundlage für die Generierung von Proxys besteht. *WSDL 2.0* soll zwar zu diesem Zwecke mit einem eigenen Binding ausgestattet werden, allerdings unterstützen die wenigsten Frameworks diese Version. Dies gilt auch für WCF. Ob *WSDL 2.0* jemals auf breitere Akzeptanz stößt, bleibt abzuwarten.

Alternativ dazu wurde mit der *Web Application Description Language* (WADL, *http://wadl. java.net/wadl20090202.pdf*) eine Interface-Beschreibungssprache für REST-basierte Services vorgeschlagen. *WADL* findet auch bereits in einigen Frameworks Verwendung. Diese sind jedoch in der Regel im Java-Umfeld angesiedelt, was daran liegt, dass *WADL* bei SUN entstanden ist. Ein weiterer Nachteil von *REST* ist, dass die meisten Firewalls Nachrichten, die sich auf Verben wie PUT oder DELETE abstützen, geblockt werden. Diese sind zwar Teil der HTTP-Spezifikation, werden allerdings in der Regel von Web-Applikationen nicht verwendet bzw. durch Webserver nicht implementiert. Dieser Nachteil kann durch das „Tunneln" dieser Verben kompensiert werden.

Die Nachteile von *REST* sind die Vorteile von *SOAP* und vice versa. *SOAP* ist aufwendiger, da es eine weitere Protokollschicht über HTTP(S) darstellt. Deswegen geht mit *SOAP* auch mehr Protokoll-Overhead einher. Allerdings können *SOAP*-Services mit *WSDL* formal beschrieben werden. Somit besteht die Möglichkeit, Proxys generieren zu lassen. Da SOAP mittlerweile über zehn Jahre alt ist, wird es von vielen Werkzeugen unterstützt. Daneben stehen auch zahlreiche Zusatzprotokolle für Aufgaben in Hinblick auf Sicherheit oder Transaktionen zur Verfügung.

■ 1.3 WCF vs. ASP.NET Web API

Einige Jahre lang war WCF das Mittel der Wahl, wenn es um die Entwicklung von verteilten Systemen und Services auf der .NET-Plattform ging. Egal ob die Kommunikation über ein effizientes, proprietäres binäres Protokoll, über SOAP oder REST vonstatten gehen sollte, egal ob man als Transportprotokoll HTTP, TCP, Named Pipes oder Microsoft Message Queues auserkoren hatte, mit WCF konnten all diese Anforderungen unter Verwendung eines einzigen Programmiermodells umgesetzt werden. Wie die Kommunikation tatsächlich realisiert werden sollte, legte der Entwickler über die Konfiguration fest. Somit konnten diese Details später auch einfach geändert werden.

Mit der Mächtigkeit von WCF geht jedoch auch eine gewisse Komplexität einher. Dazu kommt, dass die WCF das darunterliegende Transportprotokoll abstrahiert. Obwohl dies ein primäres Entwurfsziel war, ist dieser Umstand in REST-Szenarien alles andere als perfekt, zumal man hier die Eigenschaften und Möglichkeiten von HTTP ausnutzen möchte. Aus diesem Grund hat man sich bei Microsoft entschlossen, für Fälle, in denen nur REST zum Einsatz kommen soll, eine leichtgewichtige Alternative zur WCF bereitzustellen. Anfangs firmierte diese noch unter dem Namen WCF Web API, bis zur finalen Version entschloss man sich hingegen, diese Lösung von WCF zu entkoppeln und im Rahmen von ASP.NET bereitzustellen. Im Zuge dessen wurde auch der Name ASP.NET Web API vergeben.

Somit liegen nun zwei APIs für die Entwicklung von Services vor. Auf WCF wird man zurückgreifen, wenn man mit Geschäftspartnern via SOAP oder mit anderen Anwendungsteilen über ein binäres Protokoll kommunizieren möchte. Die WCF bringt durch die Unterstützung zahlreicher WS-* Standards mehr Möglichkeiten in den Bereichen Security, Transaktionen oder verlässliche Zustellung (Reliable Messaging). Auch die Möglichkeit zur Nutzung von Nachrichtenwarteschlagen ist hier ein Pluspunkt. Der wohl wichtigste Vorteil beim Einsatz der WCF liegt jedoch darin, dass Proxies aus einer formalen Service-Beschreibung, die in Form von WSDL vorliegt, generiert werden können. Der Aufwand für die clientseitige Entwicklung wird somit verringert.

Beim Einsatz der ASP.NET Web API ist der Entwickler hingegen angehalten, Proxys manuell zu implementieren. Serviceübergreifende Transaktionen müssen manuell implementiert werden, was jedoch auch in Hinblick auf Interoperabilität im SOAP-Umfeld mittlerweile vorzugsweise praktiziert wird. Was die verlässliche Zustellung von Nachrichten anbelangt, hat sich der Entwickler auf die Möglichkeiten der zum Transport verwendeten Protokolle wie HTTP und TCP zu beschränken, was jedoch in vielen Fällen ausreichend ist. Alternativ dazu steht es ihm natürlich frei, die versendeten Nachrichten mit einer fortlaufenden ID zu versehen, damit der Service prüfen kann, ob einzelne Nachrichten verloren gegangen sind. Auch diese Prüfung muss selbst implementiert werden.

Möchte man jedoch mit mobilen Anwendungen oder modernen Web-Applikationen kommunizieren, wird man sich eher auf REST beschränken und somit zur leichtgewichtigeren ASP.
NET Web API greifen. Dies wird im Übrigen auch der Fall sein, wenn man ein großes Inter-
esse daran hat, dass wirklich jeder die bereitgestellten Services nutzen kann. Ein Beispiel
hierfür sind die Cloud-Dienste von Größen wie Microsoft oder Amazon. Hier möchten sich
die Anbieter keine Chancen verbauen und stellen deswegen REST-Services zur Verfügung,
damit man von jeder erdenklichen Plattform aus, darauf zugreifen kann.

2 WCF im Überblick

Dieses Kapitel erläutert zunächst die wichtigsten Grundlagen von WCF und zeigt dann anhand eines ersten Beispiels, wie damit SOAP-basierte Services umgesetzt und konsumiert werden können. Kapitel 3, „Service mit WCF erstellen", geht anschließend auf Details der WCF ein.

■ 2.1 Architektur

Mit WCF stellt Microsoft ein Framework mit einem einheitlichen Programmiermodell zur Implementierung von Services zur Verfügung. „Einheitliches Programmiermodell" bedeutet an dieser Stelle, dass mit denselben Mitteln verschiedenartige Services implementiert werden können, darunter Services, die direkt auf TCP aufsetzen und ein effizientes binäres Datenformat verwenden, oder Services, die über HTTP und SOAP/XML angesprochen werden. Technische Details wie das zu verwendende Protokoll, die zu verwendenden Datenformate oder Aspekte in Hinblick auf Sicherheit werden über die Konfiguration festgelegt. Metadaten zu den konfigurierten Services können entweder via HTTP(S) als WSDL-Datei oder via HTTP(S), TCP und Named Pipes unter Verwendung von *WS-Metadata-Exchange* exportiert werden. Diese Metadaten sind die Grundlage für die Erstellung von Proxys.

Pro Service können beliebig viele Endpunkte definiert werden, wobei jeder Endpunkt eine Adresse aufweist und sich auf ein Binding sowie auf einen Service-Vertrag (*Contract*) bezieht. Als Akronym für diese drei Merkmale wird ABC (*Address, Binding, Contract*) herangezogen.

Bindings legen das zu verwendende Transportprotokoll (TCP, Named Pipes, HTTP, MSMQ) sowie das Nachrichtenformat (binär, XML, JSON, SOAP) fest. Darüber hinaus können sie sich auch auf weitere Protokolle beziehen, wie zum Beispiel Protokolle für Sicherheitsszenarien, verlässliche Zustellungen oder Transaktionen. Daneben besteht auch die Möglichkeit, benutzerdefinierte Bindings zu konfigurieren. Kommt man damit auch nicht aus, kann man über das Erweiterungsmodell von WCF eigene Bindings implementieren.

Der Service-Vertrag legt fest, welche Service-Operationen über den jeweiligen Endpunkt aufgerufen werden können. Technisch gesehen handelt es sich dabei um ein Interface, das über Attribute Metadaten bereitstellt und vom Service zu implementieren ist, wobei jeder Service beliebig viele solcher Interfaces implementieren kann.

Daneben können für Endpunkte und Services sogenannte Verhalten (*Behaviors*) konfiguriert werden. Diese spiegeln Aspekte wider, die sich zwar auf das Laufzeitverhalten, nicht jedoch auf die angebotenen Operationen auswirken. In vielen Fällen sind die konfigurierten Verhalten für den Service-Konsumenten nicht direkt ersichtlich. Beispiele hierfür sind die Art der Prüfung der übersendeten Benutzerkennungen oder die Beschränkung gleichzeitiger Zugriffe sowie die Protokollierung von Nachrichten.

■ 2.2 Standard-Bindings

Bevor die folgenden Kapitel des vorliegenden Buches näher auf die einzelnen Möglichkeiten der in WCF inkludierten Bindings, gruppiert nach Themengebieten, eingehen, werden sie in diesem Abschnitt im Überblick vorgestellt. Zu diesem Zweck bietet Tabelle 2.1 eine grobe Übersicht.

Tabelle 2.2 beschreibt die von den einzelnen Bindings bereitgestellten Funktionen, wobei das Standardverhalten jeweils in Klammern gesetzt wurde. Beide Tabellen wurden leicht verändert aus der MSDN-Dokumentation übernommen (tinyurl.com/3hyvbrs)

Bei Betrachtung von Tabelle 2.1 fällt auf, dass es anscheinend zwei Gruppen von Bindings gibt. Die HTTP-basierten Bindings verwenden offene Standards, wie zum Beispiel SOAP, und finden vor allem bei der Kommunikation zwischen unterschiedlichen Systemen Anwendung. Die „net"-Bindings verwenden hingegen effizientere binäre Mechanismen, die nicht interoperable sind und deswegen in erster Linie für die Kommunikation zwischen WCF-basierten Systemen oder Teilen eines WCF-basierten Systems herangezogen werden.

Die Spalte **Sicherheitsmodus** in Tabelle 2.2 gibt an, auf welcher Ebene die Kommunikation verschlüsselt werden kann. *Transport* weist hier auf eine Verschlüsselung auf Transportebene, zum Beispiel mittels HTTPS, hin. *Message* bedeutet hingegen, dass die Nachricht an sich verschlüsselt werden kann und somit kein sicheres Transportprotokoll mehr vonnöten ist.

Die Spalte *Sitzung* informiert darüber, ob der Service zwischen den einzelnen Aufrufen desselben Konsumenten Daten zwischenspeichern kann. Als Beispiel sei hier ein Service zur Implementierung eines Warenkorbes genannt. Werden Sitzungen unterstützt, kann der Konsument mit verschiedenen Aufrufen die gewünschten Produkte nach und nach in den durch den Service bereitgestellten Warenkorb legen und am Ende der Einkaufstour alle dort gesammelten Produkte gemeinsam bestellen. Werden keine Sitzungen unterstützt, müssen alle gewünschten Produkte gemeinsam im Zuge eines einzigen Aufrufs, der die Bestellung tätigt, übergeben werden. Der Wert Transport deutet darauf hin, dass Sitzungen über das verwendete Transportprotokoll implementiert werden. Dies setzt natürlich ein Transportprotokoll wie TCP voraus, welches das Konzept von Sitzungen kennt. *Zuverlässige Sitzung* informiert hingegen darüber, dass zur Schaffung von Sitzungen *WS-SecureConversation* eingesetzt wird. Diese Spezifikation sieht vor, dass jede Nachricht eine Sitzungs-ID beinhaltet, sodass der Service den aktuellen Aufruf einer Sitzung zuordnen kann. Somit muss das darunter liegende Transportprotokoll das Konzept von Sitzungen auch nicht unterstützen. Ferner stellt *WS-SecureConversation* durch Nummerieren von Nachrichten sowie durch den Einsatz von Bestätigungsnachrichten sicher, dass alle gesendeten Nachrichten vom Service in der vorgesehenen Reihenfolge verarbeitet werden.

Die Spalte *Transaktionen* informiert darüber, ob das jeweilige Binding das Ausdehnen von Transaktionen über Servicegrenzen hinweg unterstützt, und *Duplex*, ob der Service von sich aus die Möglichkeit hat, Konsumenten über eingetretene Ereignisse zu informieren.

Tabelle 2.1 Standard-Bindings

Bindung	Beschreibung
BasicHttpBinding	Verwendet die ältere SOAP-Version 1.1 und unterstützt wenige WS-*-Protokolle. Kommt vor allem in Szenarien, wo auf Abwärtskompatibilität geachtet werden muss, zum Einsatz.
WSHttpBinding	Verwendet die aktuelle SOAP-Version 1.2 und bietet Unterstützung für WS-*-Spezifikationen. Ist nicht für Duplex-Szenarien geeignet.
WS2007HttpBinding	Wie WSHttpBinding, allerdings werden aktuellere Versionen der unterstützten WS-*-Spezifikationen herangezogen
WSDualHttpBinding	Wie WSHttpBinding, allerdings werden auch Duplex-Szenarien unterstützt
WSFederation-HttpBinding	Wie WSHttpBinding, allerdings wird WS-Federation unterstützt. Dies erlaubt die Etablierung von Vertrauensstellungen zwischen verschiedenen Sicherheitsdomänen und somit zum Beispiel einen unternehmensübergreifenden Einsatz von Benutzerkonten. Mehr Details hierzu finden Sie in Kapitel 4, „Sicherheit von WCF-Dienster".
WS2007Federation-HttpBinding	Wie WSFederationHttpBinding, allerdings werden aktuellere Versionen der unterstützten WS-*-Spezifikationen herangezogen
NetHttpBinding	Verwendet ein binäres Protokoll über HTTP und erlaubt den Einsatz von WebSockets für Firewall-sichere Benachrichtigungs-Szenarien über HTTP.
NetTcpBinding	Verwendet ein binäres Protokoll und basiert direkt auf TCP. Wird zur effizienten Kommunikation zwischen WCF-basierten Systemen eingesetzt
NetNamedPipe-Binding	Verwendet, wie NetTcpBinding, ein effizientes binäres Protokoll. Wird zur Kommunikation zwischen Systemen auf demselben Rechner eingesetzt und basiert auf *Named Pipes*.
NetMsmqBinding	Verwendet Microsoft Message Queues sowie ein binäres Protokoll zur verlässlichen und asynchronen Kommunikation
NetPeerTcpBinding	Verwendet ein binäres Protokoll zur Peer-to-Peer-Kommunikation
WebHttpBinding	Wird für REST-Szenarien herangezogen
MsmqIntegration-Binding	Basiert, wie auch NetMsmqBinding, auf Microsoft Message Queues und bietet eine verlässliche und asynchrone Art der Kommunikation. Im Gegensatz zu NetMsmqBinding kann es zur Kommunikation mit Systemen, die nicht auf WCF basieren, eingesetzt werden.
UdpBinding	Verwendet ein binäres Protokoll sowie UDP. Erlaubt Multicasts. Die Kommunikation kommt mit möglichst wenig Protokoll-Overhead aus, ist dafür jedoch nicht zuverlässig, d.h. es können Informationen verloren gehen.

Tabelle 2.2 Standard-Bindings und deren Eigenschaften

Bindung	Sicherheitsmodus	Sitzung	Trans-aktionen	Duplex
BasicHttpBinding	(Keine), Transport, Nachricht, Gemischt	Keine (Keine)	(Keine)	nicht verfügbar
WSHttpBinding	(Keine), Transport, (Nachricht), Gemischt	(Keine), Transport, zuverlässige Sitzung	(Keine), Ja	nicht verfügbar
WS2007Http-Binding	(Keine), Transport, (Nachricht), Gemischt	(Keine), Transport, zuverlässige Sitzung	(Keine), Ja	nicht verfügbar
WSDualHttp-Binding	Keine, (Nachricht)	(Zuverlässige Sitzung)	(Keine), Ja	Ja
WSFederation-HttpBinding	Keine, (Nachricht), Gemischt	(Keine), zuverlässige Sitzung	(Keine), Ja	Nein
WS2007Federa-tionHttpBinding	Keine, (Nachricht), Gemischt	(Keine), zuverlässige Sitzung	(Keine), Ja	Nein
NetHttpBinding	(Keine), Transport, Nachricht, Gemischt	(Keine), zuverlässige Sitzung	(Keine), Ja	Ja
NetTcpBinding	Keine, (Transport), Nachricht, Gemischt	Zuverlässige Sit-zung, (Transport)	(Keine), Ja	Ja
NetNamed-PipeBinding	Keine, (Transport)	Keine, (Transport)	(Keine), Ja	Ja
NetMsmqBinding	Keine, Nachricht, (Transport), Beide	(Keine)	(Keine), Ja	Nein
NetPeerTcp-Binding	Keine, Nachricht, (Transport), Gemischt	(Keine)	(Keine)	Ja
MsmqIntegra-tionBinding	Keine, (Transport)	(Keine)	(Keine), Ja	nicht verfügbar Formularende
UdpBinding	Keine	(Keine) ·	(Keine)	nicht verfügbar

■ 2.3 Hosting von Services

Zur Ausführung muss ein Service in einem Hostprozess gestartet werden. Dies kann eine benutzerdefinierte Applikation, die zum Beispiel als Windows-Service bereitgestellt wird, oder ein Web- bzw. Applikationsserver, wie die in Windows integrierten *Internet Informa-tion Services* (IIS), sein. Benutzerdefinierte Hosts unterstützen alle verfügbaren Bindings; IIS bis zur Version 6 allerdings nur solche, die auf HTTP(S) basieren. Seit IIS 7 ist diese Einschränkung dank der *Windows Activation Services* (WAS), die Protokoll-Listener für Named Pipes, TCP und MSMQ anbieten, beseitigt worden. Um in den Genuss dieser Techno-logie zu kommen, muss die Windows-Funktion mit der Bezeichnung *Windows-Prozessak-tivierungsdienst* in der Systemsteuerung unter *Programme* aktiviert werden. *Windows Server AppFabric* setzt auf IIS und WAS auf und bringt Erweiterungen zur Verwaltung sowie zum

Überwachen von Services mit sich. Daneben können WCF-Services auch im Entwicklungs-webserver von Visual Studio sowie mit einem generischen Host, der ebenfalls mit Visual Studio mitausgeliefert wird, für Testszenarien zur Ausführung gebracht werden. Die Verwendung des Entwicklungswebservers ist jedoch mit Vorsicht zu genießen, da sich sein Verhalten im Detail von jenem, das von IIS an den Tag gelegt wird, unterscheidet.

■ 2.4 Erste Schritte mit WCF

Nachdem in den vorangegangenen Abschnitten die Grundlagen zu Services und Serviceori-entierung sowie zu WCF erläutert wurden, beschreibt dieser Abschnitt die Erstellung eines simplen WCF-Service. Dieser wird zunächst mit dem *BasicHttpBinding* und dann mit dem *WSHttpBinding* konfiguriert und im Entwicklungswebserver von Visual Studio zur Ausführung gebracht. Anschließend wird auf das *NetTcpBinding* umgestellt und ein benutzerdefi-nierter Host bereitgestellt. Zusätzlich wird für alle drei Entwicklungsstufen ein Client bereitgestellt, und die verwendeten SOAP-Nachrichten werden protokolliert.

2.4.1 Erstellen eines Web-Service-Projektes

Zur Erstellung eines auf HTTP basierenden Web-Service, der von einem Web- bzw. Applika-tionsserver gehostet werden soll, steht in Visual Studio die Projektvorlage *WCF Service Application* (Bild 2.1) zur Verfügung. Im hier beschriebenen Beispiel wird der Name *Flug-Service* vergeben.

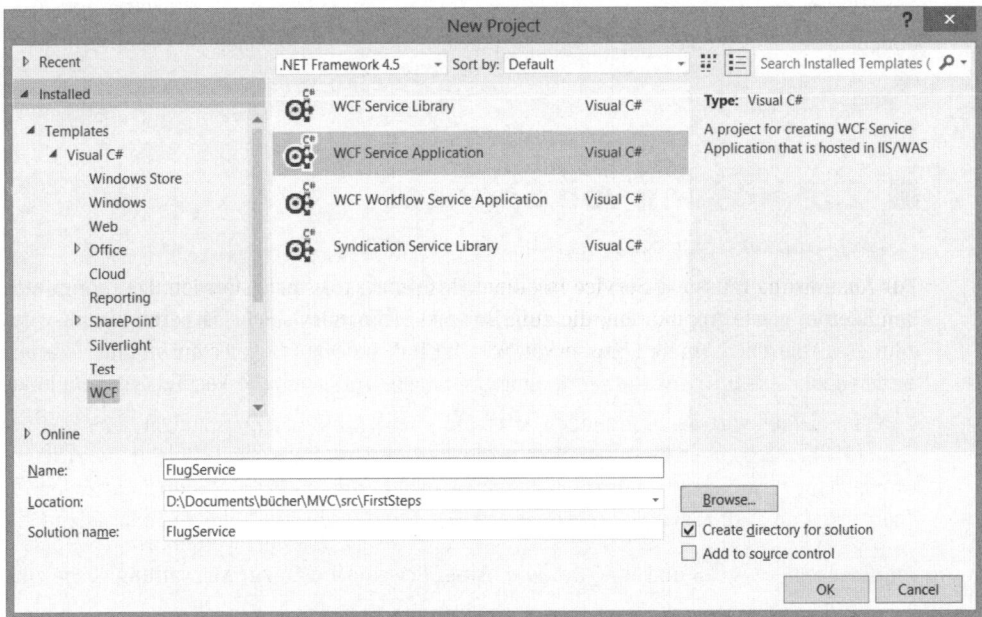

Bild 2.1 Erstellen eines neuen WCF-Projektes

2.4.1.1 Service hinzufügen

Wird mit der Projektvorlage *WCF Service Application* ein neues Projekt erzeugt, werden auch drei Dateien, die einen einfachen Service mit dem Namen *Service1* repräsentieren, eingerichtet. Diese tragen die Namen *IService1.cs*, *Service1.svc* und *Service1.svc.cs*, wobei Letztere im Solution-Explorer untergeordnet dargestellt wird. Um Probleme, die im Zuge einer Umbenennung entstehen können, zu vermeiden, zieht es der Autor vor, diese Dateien zu löschen und mit der Vorlage *WCF Service* (Bild 2.2) einen neuen Service, der den gewünschten Namen trägt, zu erzeugen. Im betrachteten Beispiel kommt der Name *FlugService* zum Einsatz. Dies führt dazu, dass drei neue Dateien angelegt werden: *IFlugService.cs*, *FlugService.svc* und *FlugService.svc.cs*. Erstere beinhaltet den Servicevertrag in Form eines Interface mit den bereitzustellenden Methoden; letztere die Serviceimplementierung. Die Datei *FlugService.svc* wird verwendet, um eine Verbindung zwischen einer über den Web Server bereitgestellten Datei und dem Service herzustellen, und beinhaltet lediglich einen Verweis auf die Service-Implementierung.

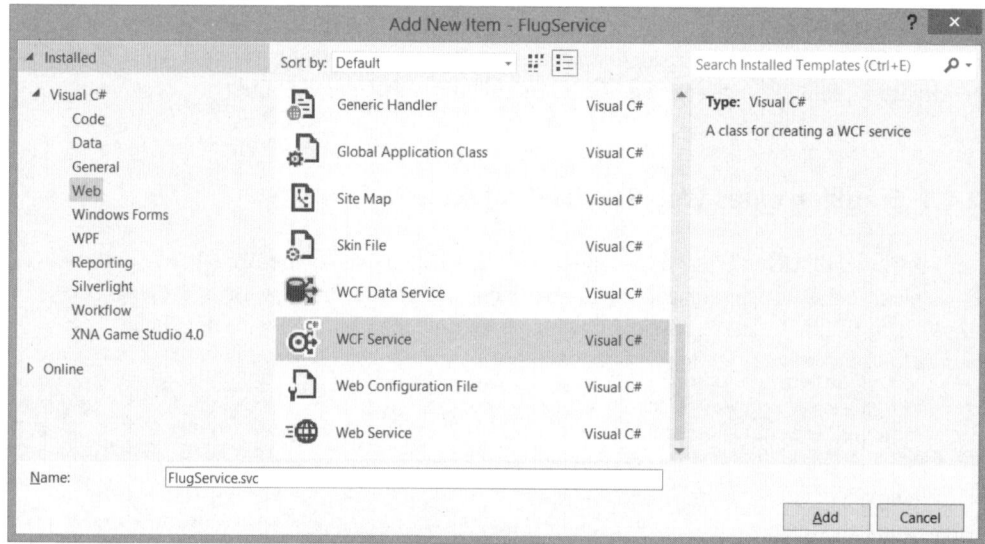

Bild 2.2 Erstellen eines neuen WCF-Services

2.4.1.2 Datenvertrag erstellen

Als Nächstes bietet sich die Erstellung eines Datenvertrages an. Datenverträge repräsentieren Klassen von Objekten, die zwischen Konsument und Services im Zuge der Kommunikation ausgetauscht werden. Dazu serialisiert WCF diese Objekte auf der Seite des Senders und sendet diese über das Netzwerk zum Empfänger, um sie dort wieder zu deserialisieren.

Um einen Datenvertrag zu erzeugen, wird eine neue Klasse *Flight* angelegt. Diese ist mit den zu übertragenden Eigenschaften auszustatten. Um die Klasse als Datenvertrag zu kennzeichnen, annotiert man sie mit dem Attribut *DataContract*. Die zu übertragenden Eigenschaften sind zusätzlich mit dem Attribut *DataMember* zu kennzeichnen (siehe Listing 2.1).

Listing 2.1 Datenvertrag für Flüge

```
using System;
using System.Collections.Generic;
using System.Linq;
using System.Web;
using System.ServiceModel;
using System.Runtime.Serialization;
namespace FlugService
{
    [DataContract(Namespace="www.softwarearchitekt.at/FlugService")]
    public class Flug
    {
        [DataMember]
        public String FlugNummer { set; get; }

        [DataMember]
        public String Von { set; get; }

        [DataMember]
        public String Nach { set; get; }
        [DataMember]
        public DateTime Abflug { set; get; }
        [DataMember]
        public double Preis { get; set; }
        public Flug(
                String flugnummer,
                String von,
                String nach,
                DateTime abflug,
                double preis)
        {
            this.FulgNummer = flugnummer;
            this.Von = von;
            this.Nach = nach;
            this.Abflug = abflug;
            this.Preis = preis;
        }
    }
}
```

2.4.1.3 Service-Vertrag bereitstellen

Nachdem der benötigte Datenvertrag eingerichtet wurde, kann nun der Service-Vertrag mit den bereitzustellenden Service-Operationen implementiert werden. Dazu wird das Interface *IFlugService*, wie in Listing 2.2 gezeigt, erweitert. Um das Interface als Service-Vertrag zu kennzeichnen, annotiert man es mit dem Attribut *ServiceContract*. Die einzelnen Operationen, die vom Service angeboten werden, sind zusätzlich mit *ServiceOperation* zu annotieren. Analog zum Datenvertrag können Details der Serialisierung mit diesen Attributen gesteuert werden.

Listing 2.2 Service-Vertrag für den Flug-Service

```
[ServiceContract(Namespace="www.softwarearchitekt.at/FlugService")]
public interface IFlugService
{
    [OperationContract]
    List<Flug> FindFlights(
            String von,
            String nach,
            DateTime datum);
}
```

Als Nächstes wird die Service-Implementierung mit Leben erfüllt. Dazu ist lediglich sicherzustellen, dass die Klasse in der Datei *FlugService.svc.cs* das Service-Interface implementiert. Listing 2.3 zeigt eine beispielhafte Implementierung, welche die abzufragenden Flüge
in einer statischen Liste vorhält.

Listing 2.3 Service-Implementierung für den Flug-Service

```
public class FlugService : IFlugService
{
    private static List<Flug> fluege = null;
    public FlugService()
    {
        if (fluege == null)
        {
            fluege = new List<Flug>();
            fluege.Add(new Flug("LH0815", "Graz", "Frankfurt",
new DateTime(2009, 12, 08, 07, 00, 00), 200));
            fluege.Add(new Flug("LH0815", "Graz", "Frankfurt",
new DateTime(2009, 12, 08, 14, 00, 00), 300));
            fluege.Add(new Flug("LH0815", "Graz", "Frankfurt",
new DateTime(2009, 12, 08, 15, 00, 00), 400));
            fluege.Add(new Flug("LH4711", "Graz", "Mallorca",
new DateTime(2009, 12, 08, 15, 00, 00), 90));
        }
    }
    public List<Flug> FindFlights(String von, String nach, DateTime
datum)
    {
        List<Flug> result = new List<Flug>();
        foreach (Flug f in fluege)
        {
            if (f.Von == von
                    && f.Nach == nach
                    && f.Abflug.Date == datum)
            {
                result.Add(f);
            }
        }
        return result;
    }
}
```

2.4.1.4 Überlegungen zur Standardkonfiguration

In früheren Versionen von WCF hätte nun der implementierte Service in der *web.config* konfiguriert werden müssen. Im Zuge dessen wäre ein Service-Endpunkt, der sich auf ein Binding und einen Service-Vertrag abstützt, einzurichten gewesen. Ab Version 4 ist dies nicht mehr nötig, da WCF nun für alle Services, die nicht explizit konfiguriert wurden, einen Standardendpunkt einrichtet. Dazu wird aus der zu verwendenden Adresse ein Standard-Binding abgeleitet und mit diesem ein Standardendpunkt mit dieser Adresse erzeugt. Da das hier beschriebene Projekt in einem Webserver gehostet wird, ist die Adresse des Service über die SVC-Datei vorbestimmt. Da diese mit *http://* beginnt, wird standardmäßig das *BasicHttpBinding* herangezogen.

Somit beschränkt sich die Datei *web.config* auf wenige vordefinierte Zeilen (siehe Listing 2.4). Die für WCF relevanten Einträge befinden sich unter *system.serviceModel*. Hier findet sich ein Service-Behavior wieder. Da dieser keinen Namen aufweist, kommt er für alle Services, die auf keinen anderen Service-Behavior explizit verweisen, zum Einsatz. Das gilt auch für den in diesem Abschnitt beschriebenen Flug-Service. Das Element *serviceMetadata* steuert die Veröffentlichung von Metadaten über den Service. Da die Eigenschaft *httpGetEnabled* den Wert *true* aufweist, veröffentlicht WCF Metadaten in Form eines WSDL-Dokuments über HTTP. Um diese Datei abzurufen, ist lediglich die Endung *?wsdl* an die Service-URL anzuhängen, sofern mit den Eigenschaften von *serviceDebug* nichts anderes festgelegt wurde.

Die Eigenschaft *includeExceptionDetailInFaults* im Element *serviceDebug* legt fest, ob Details zu Ausnahmen als Teil der von WCF generierten SOAP-Faults übertragen werden sollen. Im Zuge der Entwicklung bietet es sich an, diese Option wie in Listing 2.4 auf *true* zu setzen. Bei Produktivsystemen sollte diese Option jedoch durch Angabe von *false* deaktiviert werden, da die Details von eventuell aufgetretenen Ausnahmen wertvolle Informationen für potenzielle Angreifer darstellen können.

Listing 2.4 WCF-Konfiguration in der Datei web.config

```
[…]
<system.serviceModel>
<behaviors>
      <serviceBehaviors>
       <behavior>
            <serviceMetadata httpGetEnabled="true"/>
            <serviceDebug includeExceptionDetailInFaults="true"/>
       </behavior>
      </serviceBehaviors>
</behaviors>
<serviceHostingEnvironment multipleSiteBindingsEnabled="true" />
</system.serviceModel>
[…]
```

2.4.1.5 Service starten

Da Fehler in der Konfiguration erst beim Start des Service erkannt werden, bietet es sich an, nach jeder Änderung den Service zur Ausführung zu bringen, bevor Servicekonsumenten entwickelt bzw. angepasst werden. Im Zuge dessen sollte die Service-Implementierung nicht im Solution-Explorer markiert sein, da in diesem Fall bereits ein generischer Test-Client von Visual Studio gestartet wird.

Im Zuge der Projektausführung, die mit *Debug | Start Debugging* angestoßen werden kann, startet Visual Studio den Entwicklungswebserver. Dieser mach sich als Symbol links von der Uhr in der Taskleiste bemerkbar. Zusätzlich wird ein Browserfenster geöffnet. Nachdem die SVC-Datei ausgewählt wurde, erscheint, sofern die Konfiguration keinen Fehler aufweist, eine Begrüßungsseite (Bild 2.3). Ansonsten wird man mit einer Ausnahme konfrontiert.

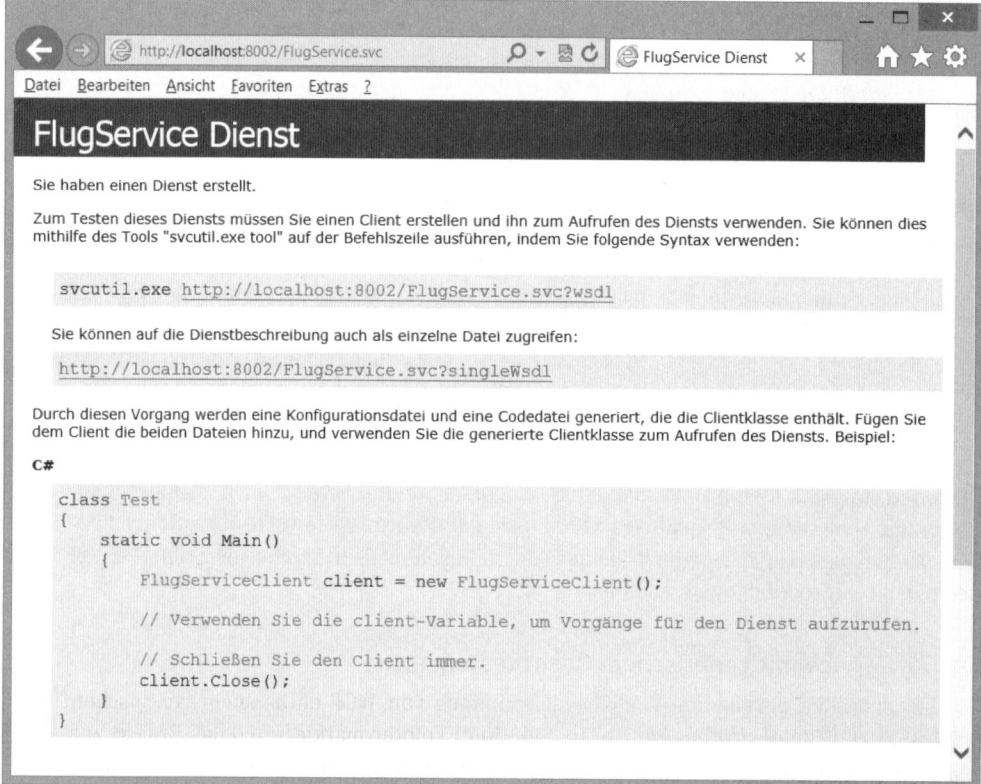

Bild 2.3 Begrüßungsseite

Ein Klick auf einen der beiden Links in der Begrüßungsseite führt zum WSDL-Dokument, das WCF für den Service generiert hat und zur Erstellung von Proxys am Client herangezogen werden kann (Bild 2.4). Der Unterschied zwischen diesen beiden Links besteht darin, dass der erste Link, welcher seit den ersten Tagen von WCF zur Verfügung steht, zu einem WSDL-Dokument führt, welches wiederum auf weitere von WCF generierten WSDL- und XML-Schema-Dokumente verweist. Diese Aufteilung reduziert die Komplexität der einzelnen Dokumente, macht es für den Entwickler jedoch schwieriger, die gesamten Informationen herunterzuladen. Aus diesem Grund führt der zweite Link, welcher seit .NET 4.5 angeboten wird, zu einer Version dieser WSDL-Datei, welche sämtliche Informationen beinhaltet und somit nicht auf andere Dokumente verweisen muss.

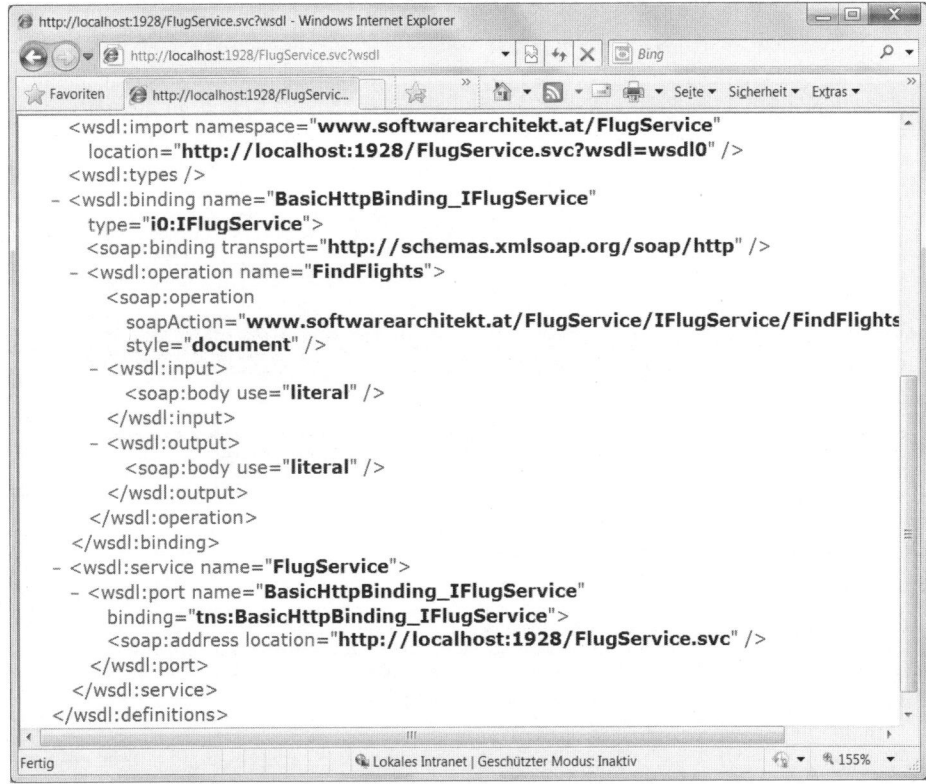

Bild 2.4 Generiertes WSDL-Dokument

2.4.1.6 Service mit generischem Client testen

Um den erstellten Service mit dem im Lieferumfang von WCF enthaltenen generischen Test-Client zu testen, wird der Service im Solution Explorer markiert und das Projekt zur Ausführung gebracht. Nun sollte der Test-Client gestartet werden. Ist dem nicht so, muss der *Visual Studio Command Prompt* aufgerufen werden (*Start | Alle Programme | Visual Studio | Visual Studio Tools | Visual Studio Command Prompt*). Anschließend kann der Test-Client durch Eingabe von *wcfTestClient* zur Ausführung gebracht werden. Nach dem Start über den Command Prompt gibt man die URL des zu testenden Service manuell an (*File | Add Service*). Beim Start aus Visual Studio heraus ist dies nicht notwendig.

Nun wird links die implementierte Service-Operation ausgewählt. Anschließend gibt man rechts die zu verwendenden Parameterwerte an und klickt auf *Invoke*. Daraufhin wird die Service-Operation angestoßen, und das Ergebnis wird rechts unten angezeigt (Bild 2.5). Per Klick auf *XML* im unteren Bereich können auch die übertragenen SOAP-Nachrichten eingesehen werden (Bild 2.6).

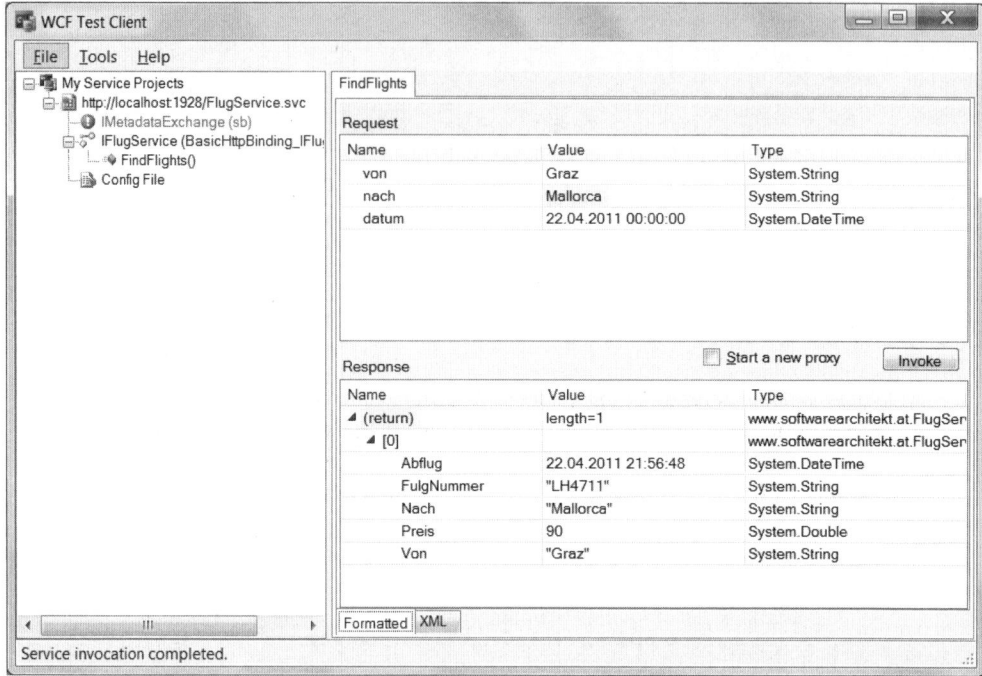

Bild 2.5 Aufruf der implementierten Service-Operation über den Test-Client

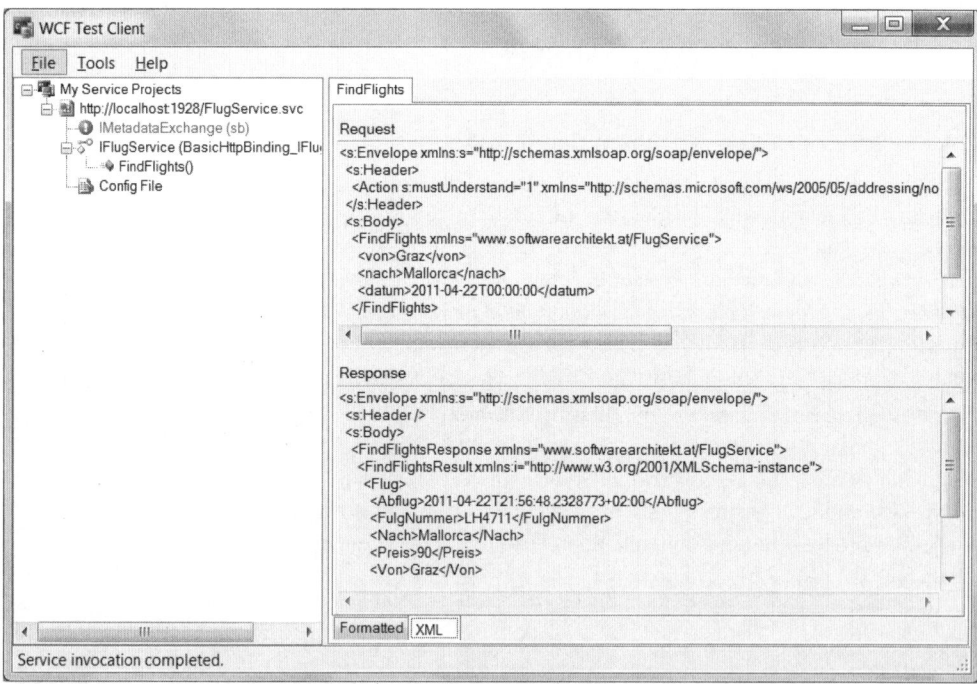

Bild 2.6 Ansicht der übertragenen SOAP-Nachrichten im Test-Client

2.4.2 Web-Service mit Client konsumieren

Um einen einfachen Client, der den Web-Service konsumiert, bereitzustellen, wird der Solution ein neues Projekt vom Typ *Windows Forms Application* hinzugefügt (*File | New | Project*). Als Name wird *SimpleClient* vergeben.

 HINWEIS: Wenn gerade ein Projekt über Visual Studio ausgeführt wird, muss dieses beendet werden (*Debug | Stop Debugging*), bevor ein weiteres Projekt innerhalb der Solution angelegt werden kann.

In diesem Projekt gibt man an, eine neue Service-Referenz hinzufügen zu wollen (Rechtsklick auf *Service References im Solution Explorer | Add Service Reference*). Anschließend wird die Adresse der WSDL-Datei des gewünschten Service unter *Address* eingetragen. Alternativ dazu kann der Dialog per Klick auf *Discover* veranlasst werden, diese Adresse selbst anhand der in der Solution vorliegenden Informationen herauszufinden (Bild 2.7).

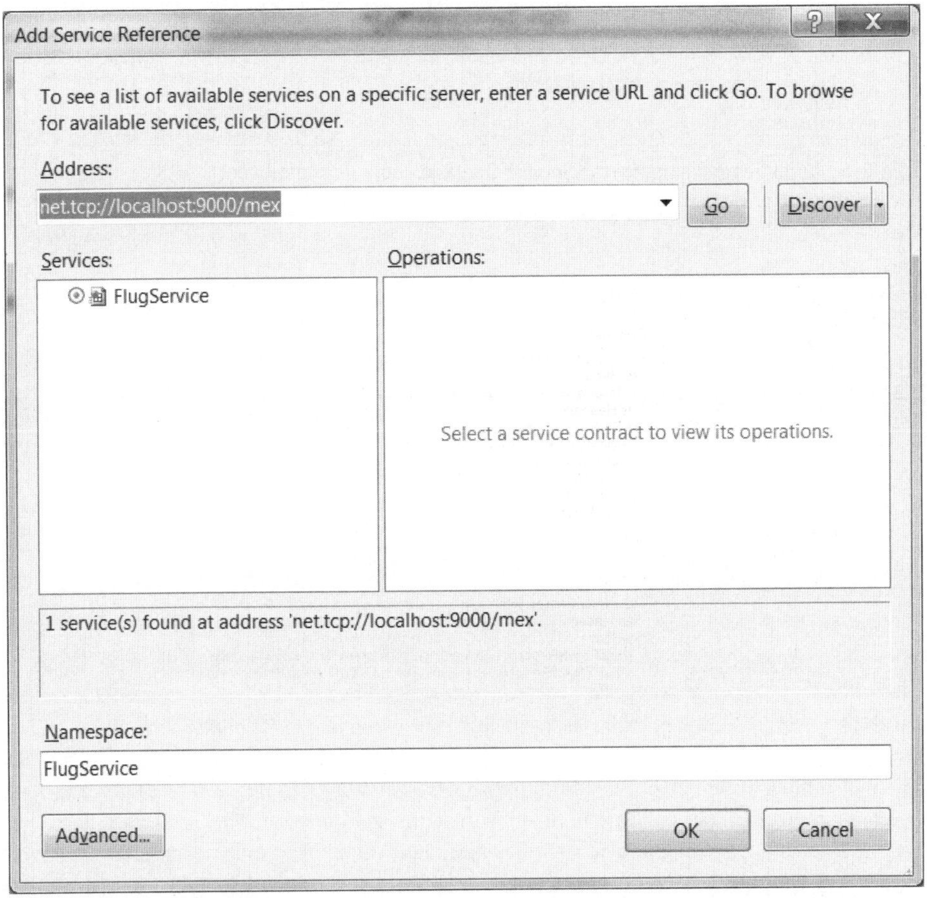

Add Service Reference

To see a list of available services on a specific server, enter a service URL and click Go. To browse for available services, click Discover.

Address:

net.tcp://localhost:9000/mex   Go   Discover

Services:

⊙ 🔲 FlugService

Operations:

Select a service contract to view its operations.

1 service(s) found at address 'net.tcp://localhost:9000/mex'.

Namespace:

FlugService

Advanced...   OK   Cancel

Bild 2.7 Hinzufügen einer Service-Referenz

Ein Klick auf die Schaltfläche *Advanced* führt zu einem Dialog, der erweiterte Einstellungen zulässt. Hier wird unter *Collection type* der Eintrag *System.Collections.Generic.List* ausgewählt (Bild 2.8). Dies hat zur Folge, dass der generierte Proxy für alle in der WSDL-Datei beschriebenen Auflistungen generische Listen spendiert bekommt. Standardmäßig werden für Auflistungen Arrays verwendet, was sich aufgrund ihres statischen Charakters jedoch als unhandlich herausgestellt hat.

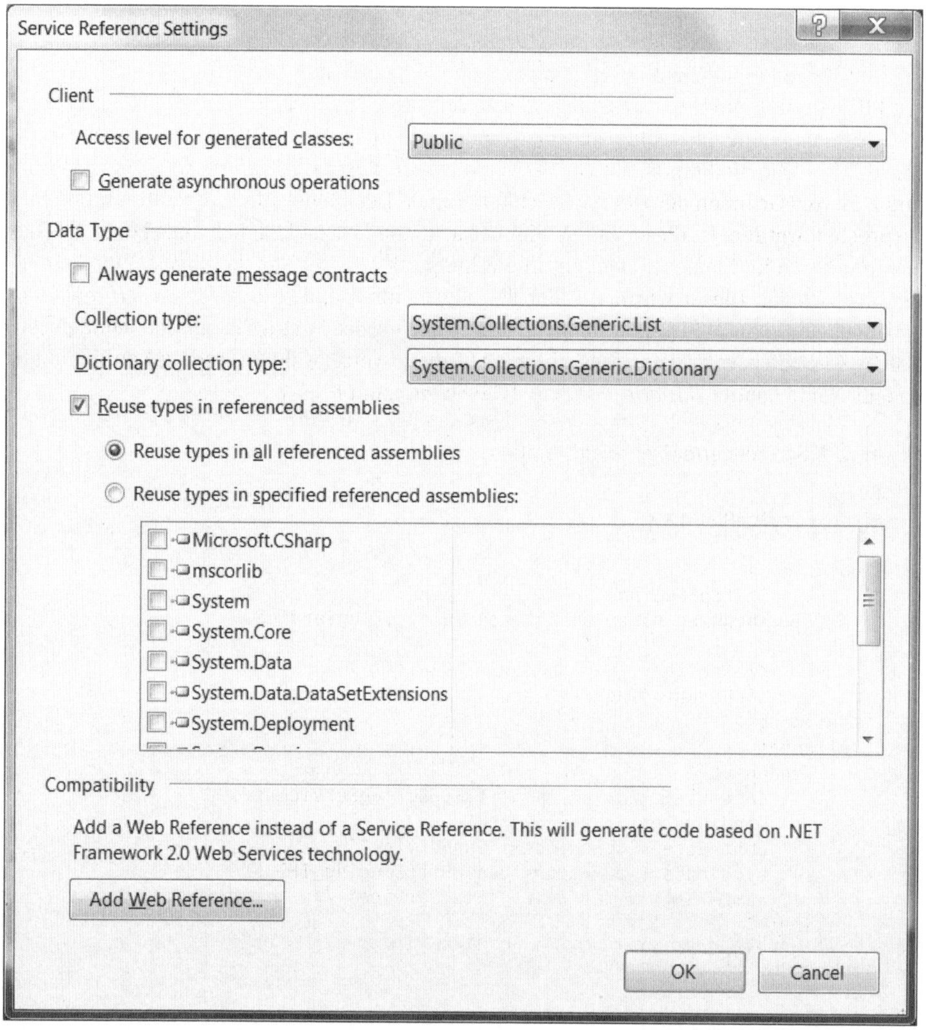

Bild 2.8 Festlegen erweiterter Einstellungen beim Hinzufügen einer Service-Referenz

Darüber hinaus kann der Entwickler durch Aktivieren der Option *Reuse types in referenced assemblies* angeben, dass er am Client zur Verfügung stehende Service- und Daten-Verträge, welche sich in eingebundenen Assemblies befinden, verwenden möchte, sofern diese existieren. Aktiviert er diese Option nicht oder sind diese Konstrukte nicht am Client verfügbar, generiert Visual Studio diese anhand der Beschreibungen im WSDL-Dokument. Diese

Option erlaubt den Einsatz sogenannter *Shared Contracts*. Das sind Verträge, die der Entwickler in eine eigene Assembly, welche sowohl in das Service- als auch in das Client-Projekt eingebunden wird, auslagert. Somit können zum Beispiel Datenverträge mit Methoden, die Werte aus anderen Werten berechnen, versehen werden. Da solche Methoden nicht durch WSDL beschrieben werden können, stünden diese Methoden am Client nicht zur Verfügung, wenn der Entwickler diese Datenverträge aus dem WSDL-Dokument generieren würde.

Nachdem die beiden Dialoge bestätigt wurden, wird eine Service-Referenz hinzufügt, Konfigurationseinträge werden hinterlegt sowie ein Proxy erstellt.

Ein Blick in die Konfigurationsdatei *app.config* lässt unter *system.serviceModel* einige Einträge zur Steuerung des soeben generierten Proxys erkennen, darunter eine Binding-Konfiguration, welche die Standardwerte des verwendeten *BasicHttpBindings* widerspiegelt (Listing 2.5). Aus Gründen der Übersichtlichkeit und da Details der Binding-Konfiguration in 3 besprochen werden, ist dieser Bereich im betrachteten Listing lediglich angedeutet. Zusätzlich findet sich im Element *Client* ein Client-Endpunkt, der auf den bereitgestellten Service verweist, wieder. Dieser wurde mit der jeweiligen Adresse, dem Binding *BasicHttpBinding* und dem aus dem WSDL-Dokument generierten Service-Vertrag (Contract) konfiguriert (ABC). Zusätzlich verweist dieser Eintrag auf die zuvor erwähnte Binding-Konfiguration, und als Name kommt *BasicHttpBinding_IFlugService* zum Einsatz.

Listing 2.5 Generierte Client-Konfiguration

```
[…]
<system.serviceModel>

    <bindings>
        <basicHttpBinding>
            <binding name="BasicHttpBinding_IFlugService">
                [...]
            </binding>
        </basicHttpBinding>
    </bindings>
    <client>
        <endpoint
            address="http://localhost:1928/FlugService.svc"
            binding="basicHttpBinding"
            contract="FlugService.IFlugService"
            bindingConfiguration="BasicHttpBinding_IFlugService"
            name="BasicHttpBinding_IFlugService" />
    </client>
</system.serviceModel>
[…]
```

 HINWEIS: Falls sich der verwendete Rechner normalerweise in einer Domäne befindet, dies jedoch während der Ausführung des Services nicht der Fall ist, sollte ein eventuelles *identity*-Element, welches sich ggf. innerhalb von *endpoint* befindet, samt allen untergeordneten Elementen, zu Testzwecken aus der Konfiguration entfernt werden. Weitere Informationen hierzu finden Sie in Kapitel 4, „Sicherheit von WCF-Diensten".

Um über den generierten Proxy nun den bereitgestellten Service aufzurufen, fügt man dem Formular Form1 eine *DataGridView* sowie eine *Schaltfläche* hinzu (Bild 2.9).

Bild 2.9 Demo-Client in der Entwurfsansicht

Anschließend fügt man der Schaltfläche eine Ereignisbehandlungsroutine für das Click-Ereignis hinzu (Listing 2.6). Diese instanziiert den Proxy, der den Namen *FlugServiceClient* trägt. Danach ruft der Proxy mit der Methode *FindFlights* die gleichnamige Service-Operation auf. Die zurückgelieferten Daten werden an die *DataGridView* gebunden und der Proxy mittels *Close* geschlossen. Im Falle einer Exception, die den Proxy in den Zustand *Faulted* versetzt, ist hingegen per Definition *Abort* aufzurufen, um den Proxy zu schließen.

Listing 2.6 Aufruf des generierten Proxys

```
using SimpleClient.FlugService;
[…]
private void button1_Click(object sender, EventArgs e)
{
    FlugServiceClient c = new FlugServiceClient();
    try
    {
        List<Flug> result;
        result = c.FindFlights("Graz", "Frankfurt", new DateTime(2009, 12,
8));
        this.dataGridView1.DataSource = result;
        c.Close();
    }
    catch
    {
        c.Abort();
    }
}
```

 HINWEIS: Weist ein Service mehrere Endpunkte auf, muss der Name des gewünschten Client-Endpunktes, der in der Konfiguration vergeben wurde, als Argument an den Konstruktor des Proxys übergeben werden.

Nun können der Client und der Service gemeinsam zur Ausführung gebracht werden. Dazu ist in der Konfiguration der Solution (Rechtsklick auf *Solution im Solution Explorer | Properties*) unter *Startup Project* die Option *Multiple startup projects* zu wählen und für jedes der beiden Projekte die Aktion *Start* anzugeben. Beim Start der Solution (*Debug | Start Debug-*

ging) werden nun beide Projekte zur Ausführung gebracht. Ein Klick auf die Schaltfläche im Demo-Client sollte zur Anzeige einiger Flüge führen.

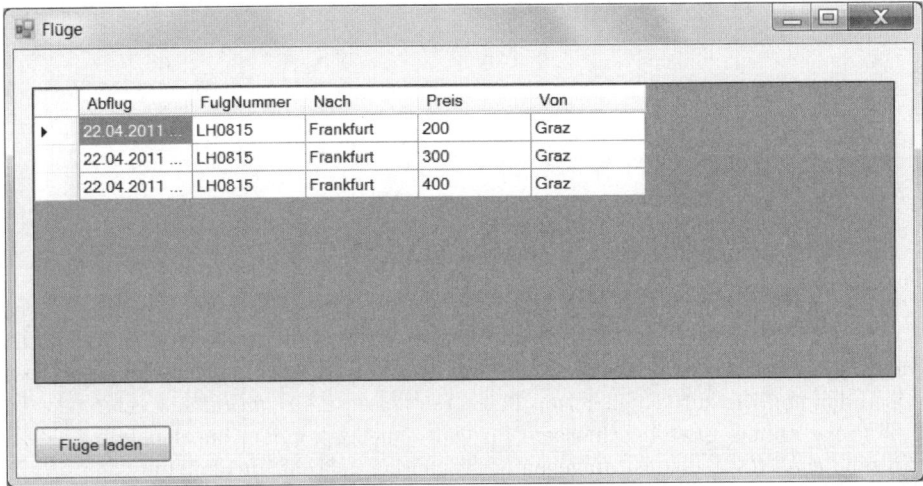

Bild 2.10 Abrufen von Flügen über den Demo-Client

 HINWEIS: .NET liegt ein Kommandozeilentool *svcutil.exe*, das zum Beispiel über den Visual Studio-Command Prompt ausgeführt werden kann, bei. Damit lassen sich auch, unter Angabe zahlreicher Optionen, Proxys aus WSDL-Dateien generieren.

Alternativ dazu können die damit generierten Service- und Daten-Verträge auch für die Erstellung eines eigenen Services, der sich an der vorliegenden WSDL-Datei orientiert, verwendet werden.

2.4.3 Mit Laufzeit-Proxy auf Service zugreifen

In Abschnitt 2.4.2 wurde gezeigt, wie ein Proxy zum Zugriff auf einen Service in Visual Studio generiert werden kann. Alternativ dazu kann ein solcher Proxy auch zur Laufzeit erstellt werden. In diesem Fall müssen zunächst die Service-, Nachrichten- und Datenverträge am Client nachgebildet oder diesem über eine gemeinsame Assembly bereitgestellt werden. Zusätzlich ist man bei dieser Vorgehensweise angehalten, die benötigten Konfigurationseinträge manuell zu erstellen. Dem Client-Endpunkt muss dabei über das Attribut *Name* ein Name zugewiesen werden.

In der Applikation ist eine *ChannelFactory*, die mit dem gewünschten Service-Vertrag zu parametrisieren ist, einzurichten (Listing 2.7). Dabei ist an den Konstruktor der in der Konfiguration festgelegte Endpoint-Name zu übergeben. Alternativ dazu kann über die Eigenschaft *Endpoint* dieser auch programmatisch konfiguriert werden. Um den Laufzeitproxy zu erzeugen, wird anschließend die Methode *CreateChannel* aufgerufen.

Listing 2.7 Einsatz eines Laufzeit-Proxys

```
ChannelFactory<IFlugService> cf;
IFlugService proxy;
cf = new ChannelFactory<IFlugService>("BasicHttpBinding_IFlugService");
proxy = cf.CreateChannel();
var result = proxy.FindFlights("Graz", "Frankfurt", new DateTime(2009, 12,
8));
proxy.
this.dataGridView1.DataSource = result;
((IDisposable)proxy).Dispose();
cf.Close();
```

2.4.4 Service zur Verwendung von ws2007HttpBinding konfigurieren

Der in den letzten Abschnitten beschriebene Service wurde nicht explizit konfiguriert. Deswegen hat WCF eine Standardkonfiguration, die bei HTTP-basierten Services die Verwendung des *BasicHttpBinding* vorsieht, herangezogen. Dieser Abschnitt zeigt anhand einer beispielhaften Konfiguration, wie dieser Service für die Verwendung des *ws2007HttpBinding* konfiguriert werden kann. Dazu wird die Konfiguration aus Listing 2.8 in der Datei *app.config* eingetragen. Mit dem Attribut *name* im Element *service* wird auf den zu konfigurierenden Service verwiesen, indem hier der vollständige Name der Service-Implementierung (*Namensraum.Klassenname*) eingetragen wird. Das Attribut *behaviorConfiguration* beinhaltet den Namen der weiter unten hinterlegten Behavior-Konfiguration und verweist somit auf diese. Würde der Service auf keine Behavior-Konfiguration explizit verweisen, käme die Standard-Behavior-Konfiguration zum Einsatz. Dabei handelt es sich um eine Behavior-Konfiguration, für die kein Name vergeben wurde. Das Element *Endpoint* definiert einen Endpunkt für den Service. Da die Adresse im betrachteten Beispiel durch die SVC-Datei vorbestimmt ist, wird das Attribut *Address* auf einen Leerstring gesetzt. Ein hier eingetragener Wert würde zur Bildung der Endpunkt-Adresse an die Adresse der SVC-Datei anhängt werden. Als Binding kommt *ws2007HttpBinding* zum Einsatz; als Service-Vertrag das Interface *FlugService.IFlugService*. Um Letzteres festzulegen, wird für das Attribut *Contract* der vollständige Name (*Namensraum.Klassenname*) des erwähnten Interface eingetragen. Zusätzlich verweist der Endpunkt über das Attribut *bindingName* auf die weiter unten definierte Binding-Konfiguration mit dem Namen *MyBindingConfiguration*. Auch hier gilt, dass standardmäßig auf eine eventuell vorhandene Binding-Konfiguration ohne Namen verwiesen wird.

Um das Beispiel einfach zu halten, deaktiviert die Binding-Konfiguration die standardmäßig bei *ws2007HttpBinding* aktivierten Sicherheitseinstellungen, zumal sich Kapitel 4, „Sicherheit von WCF-Diensten", um diesen Aspekt kümmert. Die Behavior-Konfiguration beinhaltet die bereits aus Abschnitt 2.4.1.4 bekannten Einstellungen.

Listing 2.8 Konfiguration des Flug-Service zur Verwendung des ws2007HttpBinding

```
[...]
<system.serviceModel>
    <services>
        <service
```

```
                behaviorConfiguration="MyServiceBehavior"
                name="FlugService.FlugService">

                  <endpoint
                      address=""
                      binding="ws2007HttpBinding"
                      contract="FlugService.IFlugService"
                      bindingName="MyBindingConfiguration"/>
          </service>

      </services>

      <bindings>
          <ws2007HttpBinding>
              <binding name="MyBindingConfiguration">
                  <security mode="None"></security>
              </binding>
          </ws2007HttpBinding>
      </bindings>

      <behaviors>
          <serviceBehaviors>
              <behavior name="MyServiceBehavior">
                  <serviceMetadata httpGetEnabled="true"/>
                  <serviceDebug includeExceptionDetailInFaults="true"/>
              </behavior>
          </serviceBehaviors>
      </behaviors>

</system.serviceModel>
[…]
```

Um auf eventuelle Konfigurationsfehler hingewiesen zu werden, sollte der Service nun gestartet und die SVC-Datei über den Browser aufgerufen werden. Falls dies korrekt war, erscheint die bereits besprochene Willkommensseite.

Danach muss noch die Service-Referenz im Demo-Client aktualisiert werden (Rechtsklick auf den Namen der *Service-Referenz* im *Solution-Explorer* | *Update Service Reference*). Dies aktualisiert die Client-Konfiguration. Anschließend kann die Solution wie unter 2.4.1.5 beschrieben zur Ausführung gebracht und über den Client können Flüge abgerufen werden.

2.4.5 NetTcpBinding und Self-Hosting

Dieser letzte Abschnitt zeigt, wie der in den vorhergehenden Abschnitten entwickelte Service zusammen mit dem *netTcpBinding* eingesetzt werden kann. Da der Entwicklungswebserver lediglich auf HTTP basierende Bindings unterstützt, wird hierzu ein eigener Service-Host erstellt.

2.4.5.1 Service erstellen

Für die Demonstration des hier vorgestellten Szenarios wird zunächst eine neue Solution mit der Projektvorlage *WCF Service Library* erstellt. Als Name wieder abermals *FlugService* vergeben (Bild 2.11).

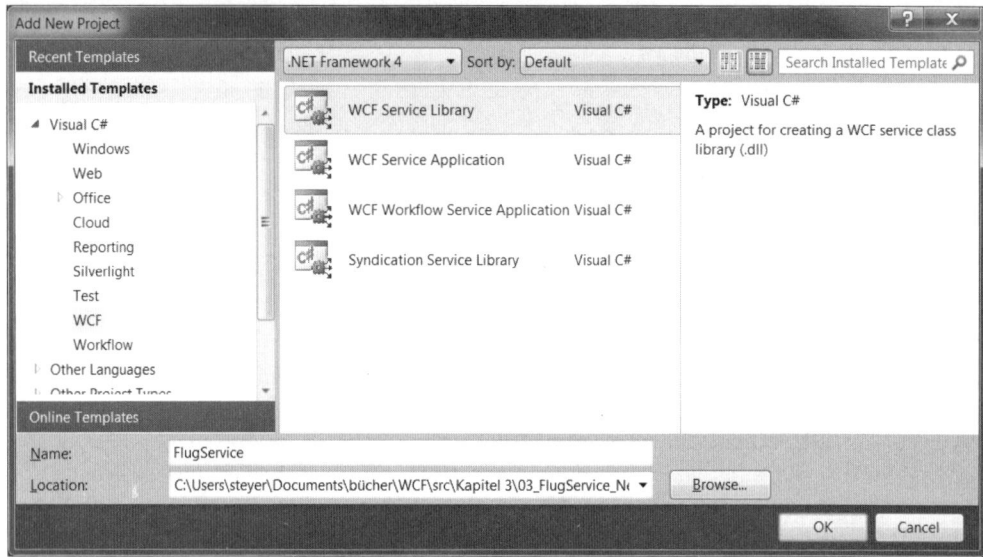

Bild 2.11 Erzeugen einer Solution mit Projekt vom Typ WCF Service Library

Um den Datenvertrag, den Service-Vertrag und die Service-Implementierung nicht erneut implementieren zu müssen, bietet es sich an, die Dateien *Flug.cs*, *IFlugService.cs* sowie *IFlug-Service.svc.cs* aus dem in den vorhergehenden Abschnitten beschriebenen Beispiel zu kopieren. Alternativ dazu können die Inhalte dieser Dateien auch aus Listing 2.1, Listing 2.2 und Listing 2.3 entnommen werden.

2.4.5.2 Service-Host erstellen

Zur Implementierung des benutzerdefinierten Service-Hosts wird dem Projekt nun eine Kommandozeilen-Applikation mit dem Namen *Host* hinzugefügt und ein Verweis auf die Assembly *System.ServiceModel*, die Klassen der WCF bereitstellt, erzeugt (Rechtsklick auf *References* im *Solution Explorer* | *Add Reference* | *Auswahl von System.ServiceModel im Registerblatt .NET*). Zusätzlich wird auf die zuvor erstellte WCF Service Library verwiesen (Rechtsklick auf *References* im *Solution Explorer* | *Add Reference* | *Auswahl des Projektes FlugService im Registerblatt Projects*). Danach wird der Service-Host in der ausführbaren Klasse *Program* implementiert (Listing 2.9). Diese Klasse instanziiert die Klasse *ServiceHost* und übergibt den Typ der Service-Implementierung des bereitzustellenden Service an ihren Konstruktor. Anschließend ruft sie die Methode *Open* auf und startet somit den Service.

Listing 2.9 Implementierung des Service-Hosts

```
[…]
class Program
{
    static void Main(string[] args)
    {
        using(ServiceHost host =
                new ServiceHost(typeof(FlugService.FlugService))) {
            host.Open();
```

```
                Console.WriteLine("Service gestartet.");
                Console.WriteLine("[Enter] stoppt den Service.");
                Console.ReadLine();
        }
    }
}
[...]
```

Damit der selbst implementierte Service-Host seiner Aufgabe nachkommen kann, benötigt er noch eine Konfiguration für den Service. Dazu ist eine Applikationskonfigurationsdatei unter Verwendung des gleichnamigen Item-Templates anzulegen. Als Name wird *app.config* vergeben. Die vorzunehmenden Konfigurationseinträge können aus Listing 2.10 entnommen werden.

Da bei Verwendung eines selbst implementierten Hosts im Gegensatz zum Hosting in einem Webserver die Basisadresse nicht vorbestimmt ist, gibt das Element *baseAddresses* eine solche an. Als URL-Schema wird, wie bei auf TCP basierenden WCF-Services üblich, *net.tcp* verwendet. Der erste veröffentlichte Endpunkt stützt sich auf das *NetTcpBinding* sowie auf den bereitgestellten Service-Vertrag ab. Die Adresse ist leer, weswegen dieser Endpunkt direkt über die Basisadresse erreicht werden kann.

Da keine HTTP-basierte Basisadresse zur Verfügung steht, wurde die Option *httpGetEnabled* im Standard-Service-Behavior deaktiviert. Stattdessen weist der Service einen weiteren Endpunkt auf, der das Abrufen von Metadaten via TCP durch Anwendung des Standards *WS-MetadataExchange* erlaubt. Als Binding kommt *mexTcpBinding* zum Einsatz; als Adresse *mex*. Somit kann dieser Endpunkt erreicht werden, indem an die Basisadresse /*mex* angehängt wird. Das Attribut *contract* verweist auf das in WCF inkludierte Interface *IMetadataExchange*. Damit dieses durch den Host gefunden und auch implementiert wird, muss sich das Element *serviceMetadata* im Service-Behavior wiederfinden.

Listing 2.10 Konfiguration zur Verwendung von netTcpBinding und Self-Hosting

```
<?xml version="1.0" encoding="utf-8" ?>
<configuration>
  <system.serviceModel>
    <services>
      <service name="FlugService.FlugService">
        <endpoint
          address=""
          binding="netTcpBinding"
          contract="FlugService.IFlugService" />
        <endpoint
          binding="mexTcpBinding"
          address="mex"
          contract="IMetadataExchange" />
        <host>
          <baseAddresses>
            <add baseAddress="net.tcp://localhost:9000"/>
          </baseAddresses>
        </host>
      </service>
    </services>
    <behaviors>
      <serviceBehaviors>
```

```
        <behavior>
          <serviceMetadata httpGetEnabled="false"/>
          <serviceDebug includeExceptionDetailInFaults="true"/>
        </behavior>
      </serviceBehaviors>
    </behaviors>
  </system.serviceModel>
</configuration>
```

Um die Konfiguration auf Fehler zu prüfen, sollte der Host ausgeführt werden. Tritt dabei kein Fehler auf, wird eine Ausnahme ausgelöst. Geht alles gut, ergibt sich das aus Bild 2.12 ersichtliche Bild.

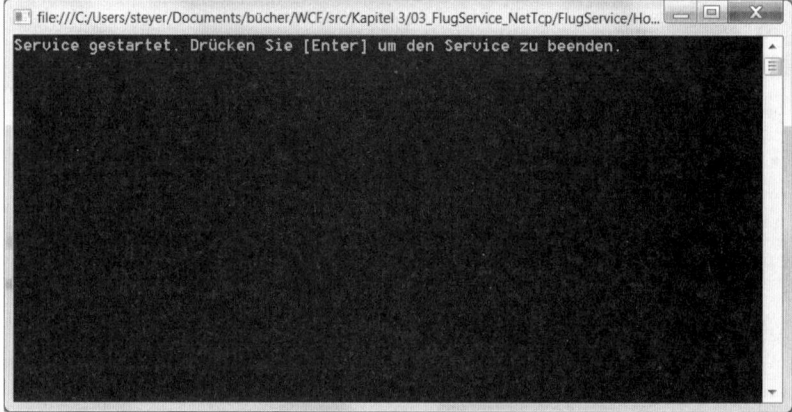

Bild 2.12   Selbst implementierter Host

 HINWEIS: Ab Windows Vista müssen Benutzer vom Administrator eine Erlaubnis erhalten, um Services über HTTP bereitstellen zu dürfen. Deswegen würde der hier gezeigte Service-Host mitunter einen Fehler auslösen, wenn er sich anstatt auf TCP auf HTTP abstützte. Zum Erteilen dieser Rechte, steht das Dienstprogramm *netsh* zur Verfügung. Die folgende Anweisung würde zum Beispiel dem Benutzer *DOMAIN\user* das Recht geben, einen HTTP-basierenden Service über Port 8080 bereitzustellen: *netsh http add urlacl url=http://+:8080 user=DOMAIN\user*

2.4.5.3 Service konsumieren

Um den selbst gehosteten Service zu konsumieren, muss dieser außerhalb von Visual Studio über den Windows-Explorer oder über Visual Studio mit dem Befehl *Debug | Start without Debugging* gestartet werden. Der Grund dafür liegt in der Tatsache, dass es die Standardeinstellungen von Visual Studio nicht erlauben, eine Applikation zu erweitern, während sich eine andere im Debug-Modus befindet.

Anschließend kann einem Client-Projekt eine Service-Referenz, die auf den bereitgestellten Service verweist, hinzufügt werden (siehe Abschnitt 2.4.2). Die zu erfassende Adresse verweist in diesem Fall jedoch nicht auf ein WSDL-Dokument, sondern auf den konfigurierten MEX-Endpunkt (Bild 2.13).

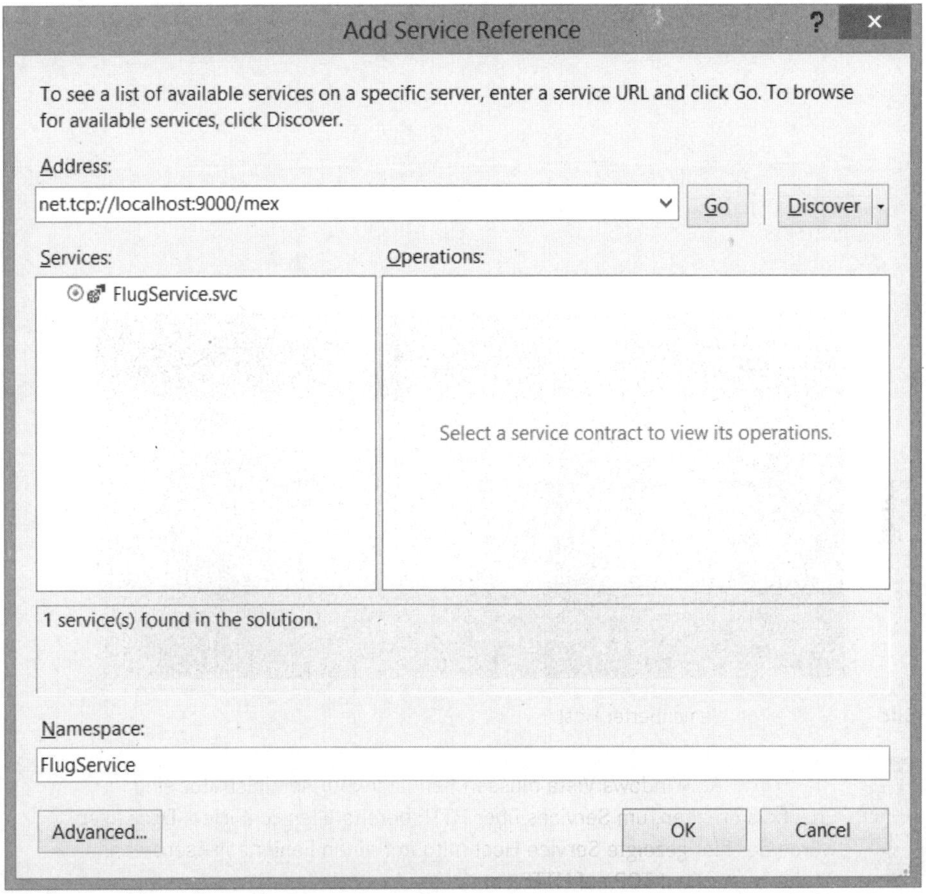

| Add Service Reference | ? | × |

To see a list of available services on a specific server, enter a service URL and click Go. To browse for available services, click Discover.

Address:

| net.tcp://localhost:9000/mex ⌄ | Go | Discover ▾ |

Services: Operations:

⊙ 🐾 FlugService.svc

Select a service contract to view its operations.

1 service(s) found in the solution.

Namespace:

FlugService

| Advanced... | | OK | Cancel |

Bild 2.13 Service-Referenz unter Verwendung eines MEX-Endpunktes hinzufügen

3 Services mit WCF erstellen

Basierend auf dem Grundlagenwissen zur WCF, das im vorangegangenen Kapitel vermittelt wurde, geht das vorliegende Kapitel auf die Details dieser umfangreichen Plattform ein.

■ 3.1 Verträge

WCF verwendet zur Spezifikation der Kommunikation zwischen Konsument und Service Verträge: Serviceverträge definieren die angebotenen Operationen, Datenverträge definieren, wie komplexe Typen serialisiert werden, und mit den selten genutzten Nachrichtenverträgen können die zu übertragenden Nachrichten inkl. Kopfdaten definiert werden.

3.1.1 Serviceverträge

Listing 3.1 zeigt ein Beispiel eines Servicevertrages. Mit der Eigenschaft *Name* wird der nach außen kommunizierte Name definiert. Standardmäßig wird der Name des Interface herangezogen. Die Eigenschaft *Namespace* gibt den im Rahmen der XML-Serialisierung zu verwendenden XML-Namensraum an. Dieser wird verwendet, um die generierten XML-Dokumente von anderen gleichnamigen zu unterscheiden. Diese Eigenschaft sollte auf jeden Fall gesetzt werden, da der Standardwert *http://tempuri.org* ist. Bei der Vergabe von Namen für XML-Namensräume hat es sich eingebürgert, eine URL heranzuziehen, da diese zwangsläufig eindeutig ist.

Die zu veröffentlichenden Operationen werden mit *OperationContract* annotiert. Mit der Eigenschaft *Name* kann der nach außen zu kommunizierende Operationsname festgelegt werden. Standardmäßig kommt der jeweilige Methodenname zum Einsatz. Mit *Action* wird ein eindeutiger Bezeichner für die Operation vergeben, die zum einen zum Routen von Nachrichten sowie zum anderen zum Zuordnen von Nachrichten zu Operationen verwendet wird; mit *ReplyAction* ein eindeutiger Bezeichner für die Antwortnachricht. Der Standardwert für diese beiden Eigenschaften setzt sich aus den folgenden Werten zusammen: Namensraum des Servicevertrages, Name des Servicevertrages, Name der Operation und die Zeichenkette „Response", im Falle von Antwortnachrichten.

Listing 3.1 Beispiel eines Servicevertrags

```
[ServiceContract(
        Name = "FlugServiceContract",
        Namespace = "www.softwarearchitekt.at/FlugService")]
public interface IFlugService
{
    [OperationContract(
        Action="http://www.softwarearchitekt.at/FlugService/FindFlights",
        ReplyAction =
           "http://www.softwarearchitekt.at/FlugService/ReplyToFindFlights",
        Name = "FindFlights")]
    List<Flug> FindFlights(String von, String nach, DateTime datum);
}
```

 HINWEIS: Serviceverträge müssen nicht als Interface implementiert werden. Man kann sie auch direkt im Rahmen der Service-Implementierung festlegen.

3.1.2 Datenverträge

Ein Beispiel eines Datenvertrages geht aus Listing 3.2 hervor. Mit der Eigenschaft *Name* wird der nach außen zu kommunizierende Name des Datenvertrags definiert; mit *Namespace* der im Zuge der Serialisierung zu verwendende XML-Namensraum. Standardmäßig wird der Name der Klasse sowie *http://tempuri.org* verwendet.

Die einzelnen zu serialisierenden Eigenschaften werden mit *DataMember* annotiert. Mit der Eigenschaft *Name* wird der bei der Serialisierung zu verwendende Name festgelegt. Auch hier wird standardmäßig der Name der Eigenschaft herangezogen. Mit *Required* wird angegeben, ob es sich um ein Pflichtfeld handelt; mit *Order* kann die gewünschte Reihenfolge definiert werden. Standardmäßig sind alle Eigenschaften optional.

Listing 3.2 Beispiel eines Datenvertrags

```
[DataContract(Name="Flug", Namespace="www.softwarearchitekt.at/
FlugService")]
public class Flug
{
    [DataMember(Name="FNR", IsRequired=true, Order=1)]
    public String FlugNummer { set; get; }
    [DataMember(IsRequired = true, Order = 2)]
    public String Von { set; get; }
    [DataMember(IsRequired = true, Order = 3)]
    public String Nach { set; get; }
    [DataMember(IsRequired = true, Order = 4)]
    public DateTime Abflug { set; get; }
    [DataMember(Order=5)]
    public double Preis { get; set; }
}
```

HINWEIS: Werden von einem Service komplexe Typen verwendet, die nicht als Datenvertrag definiert wurden, werden diese Typen, seit WCF 4, als Datenverträge behandelt, wobei alle Eigenschaften als optionale behandelt werden. ∎

3.1.2.1 Vererbung

Subklassen von Datenverträgen, die über Metadaten exportiert werden sollen, damit sie am Client bekannt sind und deserialisiert bzw. serialisiert werden können, müssen mit dem Attribut *KnowType* bekannt gemacht werden (Listing 3.3).

Listing 3.3 Verwendung von KnownType

```
[KnownType(typeof(LuxusFlug))]
[DataContract(Name="Flug",
Namespace="www.softwarearchitekt.at/FlugService")]
public class Flug
{
    [...]
}
[DataContract(Namespace = "www.softwarearchitekt.at/FlugService")]
public class LuxusFlug : Flug
{
    public int AnzahlLuxusKabinen { get; set; }
}
```

Alternativ dazu kann auch festgelegt werden, dass Subklassen nur im Rahmen bestimmter Service-Operationen herangezogen werden dürfen. Dazu wird der Typ der Subklasse unter Verwendung des Attributs *KnownServiceType* auf der Ebene für die jeweilige Operation angegeben. Listing 3.4 demonstriert dies.

Listing 3.4 Verwendung von ServiceKnownType

```
[ServiceContract]
public interface IFlugService
{
    [OperationContract]
    [ServiceKnownType(typeof(LuxusFlug))]
    List<Flug> FindFlights(String von, String nach, DateTime datum);
}
```

 HINWEIS: Das nachträgliche Hinzufügen von Subklassen stellt einen „Breaking Change" dar, da diese bereits vorhandenen Kommunikationspartner nicht bekannt sind und somit der Prozess der Serialisierung bzw. Deserialisierung scheitert. ∎

3.1.2.2 Serialisierbare Klassen als Datenverträge

Obwohl WCF die Verwendung von Datenverträgen vorsieht, besteht auch die Möglichkeit, stattdessen serialisierbare Klassen zu verwenden. In diesem Fall sind die zu serialisierenden Klassen mit *Serializable* zu annotieren.

Listing 3.5 Verwendung serialisierbarer Klassen als Datenverträge

```
[Serializable]
public class Flug2
{
    public string FlugNummer { get; set; }

}
```

3.1.2.3 Erweiterbare Objekte

Datenverträge können abwärtskompatibel erweitert werden, indem weitere optionale Eigenschaften hinzugefügt werden. Empfängt ein Service, der die ursprüngliche Version des Datenvertrages verwendet, Daten von einem Client, der bereits die neuen zusätzlichen Eigenschaften kennt, ignoriert er diese. Dies ermöglicht zwar die Implementierung abwärtskompatibler Verhalten, allerdings ergibt sich ein Problem, wenn diese Daten vom Service an einen weiteren Service weitergeleitet werden, der diese neuen Eigenschaften auch kennt. Da der erste Service die dafür empfangenen Daten verworfen hat, kann er sie nicht an den zweiten Service weiterreichen. Um diese Problematik zu umgehen, muss eine Klasse, die einen Datenvertrag repräsentiert, das Interface *IExtensibleDataObject* implementieren (Listing 3.6). Dieses Interface gibt lediglich eine Eigenschaft vom Typ *ExtensionDataObject* vor, in der nichtbekannte Eigenschaften abgelegt werden, sodass sie nicht verloren gehen und beim Weiterreichen des Datenvertrages an andere Services auch weitergesendet werden können.

Listing 3.6 Verwendung von IExtensibleDataObject

```
[DataContract]
public class Flug: IExtensibleDataObject
{
    public ExtensionDataObject ExtensionData { get; set; }
    [...]
}
```

Sendet hingegen ein älterer Client Daten an einen neuen Service, werden Standardwerte an die nicht übertragenen Parameter zugewiesen. Dabei handelt es sich um *null* für Objekte, *0* für numerische Datentypen und *false* für *Booleans*. Um diese Standardwerte mit benutzerdefinierten Standardwerten zu überschreiben, kann eine Methode, die nach dem Deserialisieren eingerichtet wird und die gewünschten Werte zuweist, eingerichtet werden. Diese Methode ist, wie mit Listing 3.7 demonstriert, mit dem Attribut *OnDeserialized* zu annotieren.

Listing 3.7 Manuelles Festlegen von Standardwerten

```
public class Flug: IExtensibleDataObject
{
    [OnDeserialized]
```

```
    private void SetValuesOnDeserialized(StreamingContext context)
    {
        if (FlugzeugArt == null) FlugzeugArt = "unbekannt";
    }
    // Neue Eigenschaft
    [DataMember(Name = "FNR", IsRequired = true, Order = 1)]
    public String FlugzeugArt { set; get; }
}
```

3.1.3 Nachrichtenverträge

Mit Nachrichtenverträgen können die übertragenen Nachrichten inkl. Kopfdaten festgelegt werden. Wie Listing 3.8 demonstriert, werden Nachrichtenverträge definiert, indem eine Klasse mit dem Attribut *MessageContract* annotiert werden. Die Eigenschaften dieser Klasse stellen SOAP-Kopfdaten dar, sofern sie mit *MessageHeader* annotiert werden, und Teile des SOAP-Bodys, wenn die Annotation *MessageBodyMember* zum Einsatz kommt. Sowohl *MessageHeader* als auch *MessageBodyMember* erlauben das Festlegen eines Namens sowie eines XML-Namensraumes.

Um die auf diese Art definierten Nachrichtenverträge zu verwenden, werden Serviceverträge mit Operationen eingesetzt, welche die Nachrichtenverträge als Übergabeparameter sowie als Rückgabewerte nutzen (Listing 3.9).

Listing 3.8 Definition von Nachrichtenverträgen

```
[MessageContract]
public class BookFlightRequest {

    [MessageHeader]
    public String Airline { get; set; }
    [MessageBodyMember]
    public String FlightNumber { get; set; }
    [...]
}
[MessageContract]
public class BookFlightResponse
{
    [MessageBodyMember]
    public String TicketNumber { get; set; }
}
```

Listing 3.9 Verwendung von Nachrichtenverträgen

```
[ServiceContract]
public interface IFlugService
{
    [OperationContract]
    BookFlightResponse BookFlight(BookFlightRequest request);
}
```

3.1.4 SOAP-Binding festlegen

Standardmäßig verwendet WCF das SOAP-Binding *Document/Literal*, was auch die emp-
fohlene Einstellung darstellt. Zu Zwecken der Kompatibilität mit anderen Kommunikationspartnern kann jedoch auch eine andere Spielart herangezogen werden. Kommen Datenverträge zum Einsatz, kann zwischen *Document* und *RPC* gewählt werden. Die Kodierung ist
dabei jedoch immer *Literal*. Dazu wird die gewünschte Option mit dem Attribut *Data-
ContractFormat* für den Servicevertrag festgelegt (vgl. Listing 3.10).

Kommen anstatt Datenverträge serialisierbare Klassen zum Einsatz, kann mit dem Attribut
XmlSerializerFormat zwischen den Alternativen *RPC/Literal, Document/Literal* und *RPC/
Encoded* gewählt werden (vgl. Listing 3.11).

Listing 3.10 Festlegen des SOAP-Bindings auf RPC/Literal

```
[DataContractFormat(Style=OperationFormatStyle.Rpc)]
public interface IService {
    [...]
}
```

Listing 3.11 Festlegen des SOAP-Bindings auf RPC/Encoded

```
[XmlSerializerFormat(
    Style = OperationFormatStyle.Rpc,
    Use = OperationFormatUse.Encoded)]
[ServiceContract]
public interface IService {
    [...]
}
```

■ 3.2 Instanziierung von Services

Host-Prozesse sind für die Instanziierung von Service-Instanzen verantwortlich. Unter welchen Umständen sie eine neue Instanz erzeugen und wie lange diese Verwendung findet,
kann jedoch vom Entwickler vorgegeben werden. Dazu stehen die folgenden drei Strategien
zur Verfügung:

- *PerCall:* Erzeugung einer eigenen Instanz pro Operationsaufruf.
- *Single:* Erzeugung einer einzigen Instanz, die alle Operationsaufrufe bedient.
- *PerSession:* Erzeugung einer eigenen Instanz pro clientseitigem Proxy und somit für die
  Dauer einer logischen Benutzersitzung.

Um die gewünschte Strategie zu definieren, ist die Service-Implementierung mit dem
Attribut *ServiceBehavior* zu annotieren und dessen Eigenschaft *InstanceContextMode* auf
eine der drei genannten Optionen zu setzen (Listing 3.12). Der Standardwert ist *PerSession*.
Unterstützt das verwendete Binding jedoch keine Sessions oder wurde die Verwendung von
Sessions deaktiviert, entspricht das Verhalten jenem von *PerCall*.

Listing 3.12 Verwendung von InstanceContextMode

```
[ServiceBehavior(
    InstanceContextMode = InstanceContextMode.PerCall)]
public class MyService : IMyService
{
    [...]
}
```

3.2.1 PerCall

Da bei Verwendung von *PerCall* bei jedem Methodenaufruf eine eigene Instanz erzeugt wird, erzwingt diese Strategie zustandslose Services und verringert somit die Komplexität sowie Probleme in Hinblick auf Nebenläufigkeit und Lastverteilung. Zustandslose Services stellen aus diesen Gründen eine Best Practice im Bereich verteilter Systeme dar. Deswegen ist diese Spielart zu bevorzugen.

Listing 3.13 veranschaulicht die Verwendung von *PerCall*. Dabei ist zu beachten, dass der gezeigte Service lediglich zu Demonstrationszecken eine Instanzvariablen aufweist. Wird dieser Service über den Client-Code in Listing 3.14 zur Ausführung gebracht, ergibt sich die Ausgabe „1 1 1", da pro Methodenaufruf eine neue Instanz erzeugt wird.

Listing 3.13 PerCall-Service

```
[ServiceBehavior(
    InstanceContextMode = InstanceContextMode.PerCall)]
public class CountingService : ICountingService
{
    private int counter = 0;
    public int Next()
    {
        counter++;
        return counter;
    }
}
```

Listing 3.14 Aufruf eines Service zur Veranschaulichung des InstanceContextMode

```
// Proxy 1 erstellen und verwenden
var proxy1 = new CountingServiceClient();
i = proxy1.Next();
Console.WriteLine(i);
i = proxy1.Next();
Console.WriteLine(i);
// Proxy 2 erstellen und verwenden
var proxy2 = new CountingServiceClient();
i = proxy2.Next();
Console.WriteLine(i);
proxy2.close();
```

3.2.2 Single

Bei Verwendung der Option *Single* teilen sich alle Aufrufer dieselbe Instanz und somit auch deren eventuelle Zustände. Eine Instanzvariable, die von einem Aufrufer gesetzt wird, kann somit von einem anderen Aufrufer gelesen werden. Listing 3.15 beinhaltet ein Beispiel für solch einen Service. Wird dieser Service über den Client-Code im Listing zur Ausführung gebracht, ergibt sich die Ausgabe „1 2 3", da alle Methodenaufrufe von derselben Instanz bedient werden und somit jeweils auf dieselbe Instanzvariable zugreifen.

Listing 3.15 Single-Service

```
[ServiceBehavior(
    InstanceContextMode = InstanceContextMode.Single)]
public class CountingService : ICountingService
{
    private int counter = 0;
    public int Next()
    {
        counter++;
        return counter;
    }
}
```

3.2.3 PerSession

Die Option *PerSession* definiert, dass pro Benutzersitzung am Client eine Service-Instanz zu erzeugen ist. Dabei wird die Dauer der Benutzersitzung prinzipiell mit der Lebensspanne des verwendeten Proxys gleichgesetzt. Allerdings existiert auch eine Zeitspanne, nach der die Session beendet wird, sofern in dieser Zeit keine Nachrichten vom Client gesendet werden. Sessions werden von Bindings, die verbindungsorientierte Techniken wie TCP oder Named Pipes verwenden, unterstützt. Beim Einsatz der „wsHttp"-Bindings (*ws2007Http Binding*, *wsHttpBinding* etc.) kommt man hingegen nur in den Genuss von Sessions, wenn *WS-ReliableSessions* oder sichere Sessions (*WS-SecureConversation*) verwendet werden. Da jedoch standardmäßig sichere Sessions verwendet werden, ist dies auch standardmäßig der Fall. *BasicHttpBinding* unterstützt keine Sessions, allerdings besteht hier die Möglichkeit, auf ASP.NET-Sessions zurückzugreifen, sofern der ASP.NET-Kompatibilitätsmodus (vgl. Abschnitt 3.13) aktiviert wurde.

Listing 3.16 zeigt ein Beispiel für einen Session-Service. Würde dieser Service über den Client-Code im Listing zur Ausführung gebracht werden, ergäbe sich die Ausgabe „1 2 1", da die ersten beiden Aufrufe über denselben und der dritte Aufruf über einen eigenen Proxy erfolgen.

Listing 3.16 Session-Service

```
[ServiceBehavior(
    InstanceContextMode = InstanceContextMode.PerSession)]
public class CountingService : ICountingService
{
    private int counter = 0;
```

```
    public int Next()
    {
        counter++;
        return counter;
    }
}
```

3.2.3.1 Dauer eine Session

Die Lebensdauer einer Service-Instanz wird durch den Proxy bestimmt. Schließt man diesen mittels *Close* bzw. *Dispose*, wird die Service-Instanz aus dem Speicher geräumt. WCF entfernt die serverseitige Instanz auch dann, wenn für die Dauer einer bestimmten Zeitspanne kein Zugriff erfolgt.

Diese Zeitspanne kann über die Eigenschaft *receiveTimeout* in der Binding-Konfiguration gesetzt werden. In Listing 3.17 wird diese auf fünf Minuten festgelegt; der Standardwert liegt bei zehn Minuten. In Fällen, in denen auch *Reliable Sessions* (*WS-ReliableMessaging*) zum Einsatz kommen, kann ein weiteres Timeout über die Eigenschaft *inactivityTimeout* des Elements *reliableSession* gesetzt werden. Auch diese Eigenschaft hat zehn Minuten als Standardwert. Immer dann, wenn eine Nachricht zum Service gesendet wird, werden diese Timeouts auf den festgelegten Wert zurückgesetzt. Wird eines der beiden Timeouts erreicht, beendet WCF die Session. Der Unterschied zwischen diesen beiden Timeouts liegt darin, dass jenes für Reliable Sessions auch dann zurückgesetzt wird, wenn eine Keep-Alive-Nachricht empfangen wird. WCF-Clients senden solche Keep-Alive-Nachrichten automatisch, wenn sie für die Verwendung von Reliable Sessions konfiguriert werden. Weitere Informationen zu Reliable Sessions finden Sie in Abschnitt 3.14.

Listing 3.17 Session-Timeouts

```
<bindings>
<wsHttpBinding>
<binding receiveTimeout="00:05:00">
<security>
<message establishSecurityContext="false"/>
</security>
    <reliableSession inactivityTimeout="00:05:00"/>
</binding>
</wsHttpBinding>
</bindings>
```

Beim Einsatz von Sessions ist das Augenmerk auf Ausnahmen zu legen: Ausnahmen, die nicht behandelt, sondern bis zur WCF weitergereicht werden, führen dazu, dass die Session beendet wird. Der Proxy darf danach nicht mehr verwendet werden, und Daten, die in Instanzvariablen vorgehalten wurden, gehen verloren. Ausgenommen sind von dieser Regel Ausnahmen, die Faults repräsentieren (siehe Abschnitt 3.12).

3.2.3.2 Sessions erzwingen

Über den Servicevertrag kann erzwungen werden, dass der sich dahinter verbergende Service für die Verwendung von Sessions konfiguriert wird. Dazu ist die Eigenschaft *SessionMode* des Attributs *ServiceContract* auf *SessionMode.Required* zu setzen (Listing 3.18). Alternativ dazu stehen auch die Werte *SessionMode.Allowed* und *SessionMode.NotAllowed* zur Verfügung. Ersterer legt fest, dass Sessions erlaubt sind, jedoch nicht erzwungen werden. Dabei handelt es sich auch um den Standardwert. Letzterer gibt an, dass Sessions nicht verwendet werden dürfen.

Listing 3.18 Sessions erzwingen

```
[ServiceContract(SessionMode = SessionMode.Required)]
public interface ICountingService
{
    [...]
}
```

3.2.3.3 Lebensdauer von Sessions beeinflussen

Wird die Verwendung von Sessions mittels *SessionMode.Required* erzwungen, kann auch festgelegt werden, welche Operationen zum Initiieren einer Session aufzurufen sind sowie welche Operationen diese beenden. Hierzu finden die Eigenschaften *IsInitiating* und *IsTerminating* von *OperationContract* Verwendung. Listing 3.19 demonstriert dies. Für die Methode *Start* wurde *IsInitiating* auf *true* gesetzt, weswegen man sie zum Starten einer Session aufrufen kann. Da *Start* die einzige Methode mit diesem Merkmal ist, muss sie sogar am Beginn aufgerufen werden. Danach kann der Client entweder *Next* oder *Stop* anstoßen, wobei *Stop* zum Abschluss der Session führt, da hier *IsTerminating* den Wert *true* aufweist. Danach darf über den verwendeten Proxy keine Methode mehr aufgerufen werden; eventuelles Zuwiderhandeln bestraft WCF mit einer Ausnahme.

Der Standardwert für *IsInitiating* ist *true*; der Standardwert für *IsTerminating* hingegen *false*. Werden diese Werte also nicht angegeben, kann jede Methode zum Initiieren einer Session herangezogen werden, und keine Methode beendet sie. In diesem Fall schließt WCF die Session erst, wenn der Proxy geschlossen, eine Ausnahme ausgelöst oder das Session-Timeout überschritten wird.

Listing 3.19 Lebensdauer von Sessions beeinflussen

```
[ServiceContract(SessionMode = SessionMode.Required)]
public interface ICountingService
{
    [OperationContract(
        IsInitiating=true,
        IsTerminating=false)]
    void Start();
    [OperationContract(
        IsInitiating = false,
        IsTerminating = false)]
    int Next();
    [OperationContract(
        IsInitiating = false,
        IsTerminating = true)]
    void Stop();
}
```

3.2.3.4 Durable-Services

Durable-Services erlauben die Verwendung von Sessions ohne die Notwendigkeit, die einzelnen Anfragen einer Session immer auf denselben Server routen zu müssen. Darüber hinaus belegen sie, im Gegensatz zu herkömmlichen Session-basierten Services, auch keinen Hauptspeicher, wenn sie nicht im Zuge einer Service-Operation benötigt werden. Möglich ist das, weil WCF nach den jeweiligen Operationsaufrufen Durable Services-Instanzen in einem Datenspeicher ablegt und vor der Ausführung einer Operation wieder lädt. Dazu verwendet WCF einen *Persistence-Provider* sowie eine Factory, welche Instanzen davon erzeugt. Im Lieferumfang von .NET ist ein *Persistence-Provider,* welcher sich auf SQL Server abstützt, enthalten. Weitere können durch Ableiten von *PersistenceProvider* bereitgestellt werden. Die Basisklasse für die dazugehörigen Factory-Implementierungen nennt sich *PersistenceProviderFactory*.

Damit der mit .NET mitgelieferte SQL Server-basierte Instance-Provider verwendet werden kann, muss man zunächst eine Datenbank anlegen. Dazu befinden sich im Lieferumfang von .NET unter *%WINDIR%\Microsoft.NET\Framework\[.NET Version]\SQL\en* zwei SQL-Skripts: *SqlPersistenceProviderSchema.sql* und *SqlPersistenceProviderLogic.sql. %WINDIR%* steht dabei für das Verzeichnis der Windows-Installation und *[.NET Version]* für die eingesetzte Version des .NET Frameworks.

PersistenceProvider für andere Speicherformen bzw. Datenbanken kann der Entwickler durch Ableiten der zuvor erwähnten Klassen *PersistenceProvider* und *PersistenceProvider Factory* selbst implementieren. Alternativ können solche Implementierungen auch von kommerziellen Anbietern, wie Devart (www.devart.com), bezogen werden.

Damit eine Service-Implementierung zum Durable-Service wird, ist sie mit dem Attribut *DurableService* zu annotieren (Listing 3.20). Dieses findet sich in der Assembly *System.WorkflowServices*, welche dazu eingebunden werden muss. Daneben müssen Durable-Service-Implementierungen serialisierbar sein. Deswegen wurde die Serivce-Implementierung in Listing 3.20 auch mit dem *Serializable* versehen. Mit dem optionalen Attribut *Durable Operation* kann pro Operation festgelegt werden, ob vor ihrer Ausführung eine neue Service-Instanz erzeugt bzw. nach ihrer Ausführung die bis dato verwendete Service-Instanz gelöscht werden soll. Um ersteres zu erzielen, wird die Eigenschaft *CanCreateInstance* auf *true* gesetzt; für letzteres *CompletesInstance* auf *false*. Ein Löschen der verwendeten Service-Instanz nach dem Ausführen der aktuellen Operation löst auch ein Aufruf der statischen Methode *DurableOperationContext.CompleteInstance* aus. Die Methode *DurableOperationContext.AbortInstance* stellt hingegen sicher, dass die von der aktuellen Service-Operation durchgeführten Zustandsänderungen nicht persistiert werden und somit beim nächsten Operations-Aufruf die ursprünglichen Werte zur Verfügung stehen.

Listing 3.20 Durable-Services implementieren

```
[DurableService]
[Serializable]
[ServiceBehavior(InstanceContextMode=InstanceContextMode.PerSession)]
public class DurableCounter : IDurableCounter
{
    private int counter = 0;
    [DurableOperation(CanCreateInstance = true, CompletesInstance = false)]
    public void Start()
    {
```

```
            Console.WriteLine("Start");
            DurableOperationContext.CompleteInstance();
        }
    [DurableOperation(CanCreateInstance = false, CompletesInstance = false)]
    public int Count()
    {
        counter++;
        return counter;
    }
    [DurableOperation(CanCreateInstance = false, CompletesInstance = true)]
    public void End()
    {
        Console.WriteLine("Bye bye");
        // DurableOperationContext.AbortInstance();
    }
}
```

In der Konfiguration (Listing 3.21) ist ein Connection-String, welcher auf die zu verwendende Datenbank verweist, zu definieren. Darüber hinaus muss man mit dem Service-Bahavior *persistenceProvider* die zu verwendende *PersistenceProviderFactory* festlegen. Im Falle von *SqlPersistenceProvider* ist auch der Name des zu verwendenden Connection-Strings anzugeben.

Daneben sind für den Einsatz von *Durable-Services* sogenannte Context-Bindings zu verwenden. Diese Bindings inkludieren in die ausgetauschten Nachrichten eine ID, welche es dem Service ermöglicht, die Aufrufe einer Sitzung zuzuordnen. Neben Durable-Services machen vor allem Workflow-Services davon Gebrauch. WCF bietet die folgenden Context-Bindings an: *BasicHttpContextBinding, NetTcpContextBinding, WSHttpContextBinding*. Diese Bindings entsprechen jeweils ihren besser bekannten Gegenstücken *BasicHttpBinding, NetTcpBinding* und *WSHttpBinding*.

Listing 3.21 Konfigurieren von Durable-Services

```
[...]
<connectionStrings>
 <add name="PersistenceStore"
      connectionString="Initial Catalog=PersistenceStore;Data Source=.\
SQLEXPRESS;Integrated Security=SSPI;"/>
</connectionStrings>

<system.serviceModel>
 <services>
    <service name="DurableSample.DurableCounter">
      <endpoint address="" binding="wsHttpContextBinding"
contract="DurableSample.IDurableCounter">
      </endpoint>
      <endpoint address="mex" binding="mexHttpBinding"
contract="IMetadataExchange"/>
      <host>
        <baseAddresses>
          <add baseAddress="http://localhost:9000/DurableCounter/"/>
        </baseAddresses>
      </host>
    </service>
 </services>
 <behaviors>
```

```
    <serviceBehaviors>
      <behavior>
        <serviceMetadata httpGetEnabled="True"/>
        <serviceDebug includeExceptionDetailInFaults="True"/>

        <persistenceProvider
            type="System.ServiceModel.Persistence.
SqlPersistenceProviderFactory"
            connectionStringName="PersistenceStore" />
      </behavior>
    </serviceBehaviors>
  </behaviors>
</system.serviceModel>
[…]
```

■ 3.3 Nebenläufigkeit

WCF kann veranlasst werden, nebenläufige Aufrufe zu synchronisieren. Das gewünschte Verhalten kann über die Eigenschaft *ConcurrencyMode* des Attributs *ServiceBehavior* gesteuert werden. Diese ist vom Typ *ConcurrencyMode* und kann die folgenden Werte annehmen.

- Single (Standardwert)
- Multiple
- Reentrant

Single legt fest, dass pro Service-Instanz (nicht pro Service!) lediglich ein Client zu einem gegebenen Zeitpunkt Zugriff erlangt; *Multiple* lässt mehrere gleichzeitige und somit eventuell konkurrierende Zugriffe zu. In diesem Fall muss das Synchronisieren manuell erfolgen. *Reentrant* funktioniert prinzipiell wie *Single*. Allerdings verhindert diese Option Deadlocks im Zuge von zyklischen Aufrufen, die zum Beispiel entstehen, wenn ein Service A einen Service B aufruft und dieser sich wieder – direkt oder indirekt – an Service A wendet.

■ 3.4 Asynchrone Service-Operationen

Um zu verhindern, dass Service-Operationen Threads unnötigerweise zu lange blockieren, indem sie zum Beispiel auf die Ergebnisse von I/O-Operationen, wie Web-Service-Aufrufe oder Datenbankzugriffe, warten, besteht die Möglichkeit mit den Mitteln von .NET 4.5 auf einfache Weise asynchrone Service-Operationen zu verfassen. Diese sind unter Verwendung des neuen Schlüsselwortes *async* deklariert und, wie ab .NET 4.5 üblich, bis zum ersten Auftreten des Schlüsselwortes *await* synchron ausgeführt. Danach wird die Operation beendet und somit der aktuelle Thread freigegeben, sodass er für andere Operationen verfügbar ist, was sich positiv auf die Gesamtperformance des Systems auswirkt. Wenn die blockierende (I/O-)Operation, auf die mit *await* gewartet wird, Ergebnisse liefert, wird zur

Ausführung der restlichen Anweisungen der Methode abermals ein Thread von der WCF bezogen.

Dabei ist zu beachten, dass mit *await* nur auf asynchrone Methoden gewartet werden kann, wovon es ab .NET 4.5 jedoch jede Menge gibt. Zusätzlich ist zu berücksichtigen, dass Methoden, die als *async* ausgezeigt werden, lediglich *void*, *Task* oder *Task<T>* zurückliefern dürfen. Im Falle von *Task<T>* wird der eigentlich zurückzuliefernde Datentyp als Typparameter *T* verwendet. Ein Beispiel hierzu finden Sie in Listing 3.22.

Listing 3.22 Einsatz einer asychronen Service-Operation

```
[ServiceContract]
public interface IFlugService
{
    [OperationContract]
    Task<string> BookFlight(
                    string flugNummer,
                    DateTime datum,
                    string vorname,
                    string nachname);
}

public class FlugService : IFlugService
{

    public async Task<string> BookFlight(
                            string flugNummer,
                            DateTime datum,
                            string vorname,
                            string nachname)
    {
        await Task.Delay(5000);
        return "Ticket-4711";
    }
}
```

■ 3.5 WCF konfigurieren

Um die WCF an die Anforderungen eines vorliegenden Projekts anzupassen, bietet sie umfangreiche Konfigurationsmöglichkeiten. Dabei bietet sie sowohl die Möglichkeit einer Konfiguration über Quellcode als auch über Konfigurationsdateien.

3.5.1 WCF deklarativ konfigurieren

Während die einzelnen Abschnitte des vorliegenden Buches die Konfigurationsmöglichkeiten für das jeweils diskutierte Thema beschreiben, geht dieser Abschnitt auf die wichtigsten Teile der WCF-Konfiguration ein.

Innerhalb der Applikationskonfigurationsdatei wird WCF unter *system.serviceModel* konfiguriert. Listing 3.23 zeigt eine WCF-Konfiguration, die eine Binding-Konfiguration für das *wsHttpBinding* sowie einen Service- und einen Endpoint-Behavior aufweist. Service-Behaviors legen das Verhalten von Services fest; Endpoint-Behaviors jenes eines bestimmten Endpunktes. Die Services, die unter *services* definiert werden, sowie deren Endpunkte verweisen auf diese Behaviors, sofern nicht das jeweilige Standardverhalten herangezogen werden soll. Endpunkte können auf Endpunkt-Konfigurationen verweisen. Der Name des Service muss den vollständigen Namen der Service-Implementierung in der Form *Namespace.Klassenname* oder *Namespace.Klassenname,Assembly*, sofern diese Teil einer anderen Assembly ist, beinhalten. Das Attribut *contract* des Elements *endpoint* hat analog auf den vollständigen Namen des Servicevertrages zu verweisen. In Fällen, in denen ein benutzerdefinierter Service-Host herangezogen werden soll, ist für den Service auch mindestens eine Basisadresse, die mit den gewählten Bindings korreliert, festzulegen.

Seit .NET 4 können auch Standard-Endpunkt-Konfigurationen festgelegt werden. Dabei handelt es sich um Endpunkt-Konfigurationen ohne Namen. Diese werden automatisch zu allen Endpunkten, die nicht explizit auf eine bestimmte Endpunkt-Konfiguration verweisen, zugewiesen. Dasselbe gilt analog für Service- und Endpoint-Behaviors. Aus diesem Grund entspricht die in Listing 3.24 gezeigte Konfiguration jener aus Listing 3.23.

Listing 3.23 Beispielhafte WCF-Konfiguration

```
[…]
<system.serviceModel>
 <bindings>
    <wsHttpBinding>
       <binding name="MyWsHttpBindingConfiguration">
          […]
       </binding>
    </wsHttpBinding>

 </bindings>

 <behaviors>
    <endpointBehaviors>
       <behavior name="MyEndpointBehavior">
         […]
       </behavior>
    </endpointBehaviors>

    <serviceBehaviors>
       <behavior name="MyServiceBehavior">
          […]
       </behavior>
    </serviceBehaviors>
 </behaviors>
 <services>
    <service
      name="FlugServiceSample.FlugService"
      behaviorConfiguration="MyServiceBehavior">
       <endpoint
           address=""
           binding="wsHttpBinding"
           contract="FlugServiceSample.IFlugService"
           behaviorConfiguration="MyEndpointBehavior"
           bindingConfiguration="MyWsHttpBindingConfiguration"
           />
```

```
            <host>
              <baseAddresses>
                <add baseAddress="http://localhost:8080"/>
              </baseAddresses>
            </host>
      </service>

  </services>
</system.serviceModel>
[…]
```

Listing 3.24 Konfiguration unter Verwendung von Standards

```
[…]
<system.serviceModel>
  <bindings>
      <wsHttpBinding>
        <binding>
            […]
        </binding>
      </wsHttpBinding>

  </bindings>

  <behaviors>
      <endpointBehaviors>
        <behavior>
          […]
        </behavior>
      </endpointBehaviors>

      <serviceBehaviors>
        <behavior>
            […]
        </behavior>
      </serviceBehaviors>
  </behaviors>
  <services>
      <service
        name="FlugServiceSample.FlugService">
        <endpoint
            address=""
            binding="wsHttpBinding"
            contract="FlugServiceSample.IFlugService"
            />
        <host>
          <baseAddresses>
            <add baseAddress="http://localhost:8080"/>
          </baseAddresses>
        </host>
      </service>

  </services>
</system.serviceModel>
[…]
```

3.5.2 WCF programmatisch konfigurieren

Sämtliche Aspekte, die über die Applikationskonfigurationsdatei deklarativ konfiguriert werden können, lassen sich auch programmatisch konfigurieren. Die Klasse *ServiceHost* bietet entsprechende Eigenschaften dazu. Beispielsweise legt die Methode in Listing 3.25 über den Konstruktor von *ServiceHost* neben dem Typ des Service auch dessen Basisadresse fest und fügt mittels *AddServiceEndpunkt* einen Endpunkt ein, der sich auf den Servicevertrag *IFlugService*, das *WSHttpBinding* sowie auf die Adresse *FlugService*, die an die Basisadresse angehängt wird, abstützt. Zusätzlich wird sichergestellt, dass ein *ServiceMetadataBehavior* existiert sowie dass dessen Eigenschaft *HttpGetEnabled* auf true gesetzt ist, was bewirkt, dass Metadaten in Form einer WSDL-Datei via HTTP abgerufen werden können.

Listing 3.25 Konfiguration unter Verwendung von Standards

```
static void Main()
{
    ServiceHost serviceHost = new ServiceHost(typeof(FlugService),
        new Uri("http://localhost:8731/ "));

    // Endpunkt erstellen mit StandardBindung
    serviceHost.AddServiceEndpoint(typeof(IFlugService),
        new WSHttpBinding(), "FlugService");

    ServiceMetadataBehavior smb = serviceHost.Description.Behaviors
        .Find<ServiceMetadataBehavior>();
    if (smb == null)
    {
        smb = new ServiceMetadataBehavior();
        serviceHost.Description.Behaviors.Add(smb);
    }
    smb.HttpGetEnabled = true;

    serviceHost.Open();
    Console.WriteLine("Dienst mit beliebiger Taste stoppen!");
    Console.ReadKey();
    serviceHost.Close();
}
```

Während das vorliegende Buch an den meisten Stellen die deklarative Art der Konfiguration verwendet, wird auf das zusätzliche Beschreiben einer programmatischen Konfiguration verzichtet. Neben Platzgründen spricht dafür die Tatsache, dass letztere aus ersterer unter Verwendung der Dokumentation der Klasse *ServiceHost* abgeleitet werden kann, zumal die einzelnen Konfigurationseinträge in der Regel auch durch gleichnamige Klassen mit gleichnamigen Eigenschaften repräsentiert werden.

3.5.3 In IIS gehostete Services programmatisch konfigurieren (ab .NET 4.5)

Seit .NET 4.5 besteht auch die einfache Möglichkeit, Services, die in IIS gehostet werden, programmatisch zu konfigurieren. Dazu ist lediglich eine statische Methode mit dem Namen *Configure*, welche eine *ServiceConfiguration* entgegennimmt und keine Ergebnisse retour-

niert, bereitzustellen. Innerhalb dieser Methode können die gewünschten Konfigurationseinstellungen der *ServiceConfiguration*-Instanz bekanntgegeben werden. Ein Beispiel hierfür finden Sie in Listing 3.26. Es registriert einen Endpunkt, welcher sich auf den
Servicevertrag *IFlugService* und einem *WsHttpBinding* abstützt und konfiguriert anschließend zwei Behaviors. Bei diesem Beispiel gilt zu beachten, dass eventuelle Einträge in der
Konfigurationsdatei ignoriert werden.

Listing 3.26 Codebasierte Konfiguration

```
using System;
using System.Collections.Generic;
using System.Linq;
using System.Runtime.Serialization;
using System.ServiceModel;
using System.Text;
using System.IO;
using System.ServiceModel.Description;
using System.Configuration;
using System.Web;

namespace CodeConfigurationSample
{

    public class FlugService : IFlugService
    {

        public static void Configure(ServiceConfiguration config)
        {
            config.AddServiceEndpoint(
                    typeof(IFlugService), new WSHttpBinding(), "");

            config.Description.Behaviors.Add(
                new ServiceMetadataBehavior
                {
                    HttpGetEnabled = true
                });

            config.Description.Behaviors.Add(
                new ServiceDebugBehavior
                {
                    IncludeExceptionDetailInFaults = true
                });
        }

        public void BucheFlug(string flugNummer,
                DateTime datum, string vorname, string nachname)
        {
            […]
        }
    }
}
```

Sollen die Einträge in der Konfigurationsdatei lediglich um die programmatisch festgelegten Aspekte erweitert werden, muss diese am Beginn von *Configure* geladen werden. Listing
3.27 demonstriert dies. Zunächst ermittelt es über die aktuelle *AppDomain* den vollständigen Namen der Konfigurationsdatei. Anschließend lädt das betrachtete Beispiel diese unter

Einsatz des *ConfigurationManagers* und übergibt ihren Inhalt an die Methode *LoadFromConfiguration* der ServiceConfiguration.

Listing 3.27 Code-basierte Konfiguration mit Konfigurationsdateien kombinieren

```
public static void Configure2(ServiceConfiguration config)
{
    var configFile =
            AppDomain.CurrentDomain.SetupInformation.ConfigurationFile;

    config.LoadFromConfiguration(
            ConfigurationManager.OpenMappedExeConfiguration(
                new ExeConfigurationFileMap
                {
                    ExeConfigFilename = configFile
                },
                ConfigurationUserLevel.None));

    config.AddServiceEndpoint(typeof(IFlugService), new
WSHttpBinding(), "");

}
```

3.5.4 Benutzerdefinierte Bindings

Entspricht keines der von WCF angebotenen Bindings den gestellten Anforderungen, können auch benutzerdefinierte Bindings aus den von WCF bereitgestellten Möglichkeiten zusammengesetzt werden. Listing 3.28 beinhaltet beispielsweise eine Binding-Konfiguration für ein benutzerdefiniertes Binding, das HTTP gemeinsam mit binärer Kodierung verwendet. Während diese Kombination ab WCF 4.5 durch das neue *netHttpBinding* geboten geboten wird, gab es in Versionen davor kein eigenes Binding hierfür.

Um einen Endpunkt, der diese Binding-Konfiguration nutzt, zu definieren, ist über die Eigenschaft *bindingConfiguration* auf diese zu verweisen. Zusätzlich muss das Binding *customBinding* herangezogen werden. Detaillierte Informationen zu den umfangreichen Möglichkeiten, die zu benutzerdefinierten Bindings geboten werden, finden Sie unter *http://tinyurl.com/3gw63vr*.

Listing 3.28 Benutzerdefinierte Bindings

```
[…]
<bindings>
 <customBinding>
    <binding name="httpBinary" >
       <binaryMessageEncoding />
       <httpTransport />
    </binding>
 </customBinding>
</bindings>
[…]
<services>
 <service name="FlugService.FlugService">
    <endpoint
```

```
        address="Binary"
        binding="customBinding"
        bindingConfiguration="httpBinary"
        contract="FlugService.IFlugService" />
  </service>
  <services>
  [...]
```

3.5.5 Einschränkungen für Bindings festlegen

Alle Bindings teilen eine Menge an Konfigurationsparametern, die das Festlegen von Time-outs, Puffergrößen und Quotas ermöglichen. Diese werden in Tabelle 3.1, Tabelle 3.2 und Tabelle 3.3 beschrieben.

Tabelle 3.1 Timeouts

Name	Beschreibung
CloseTimeout	Gibt an, wie lange das Schließen einer Verbindung max. dauern darf. Nach Überschreitung dieser Zeitspanne wird eine Ausnahme ausgelöst.
OpenTimeout	Gibt an, wie lange das Öffnen einer Verbindung max. dauern darf. Nach Überschreitung dieser Zeitspanne wird eine Ausnahme ausgelöst.
ReceiveTimeout	Wird diese Zeitspanne überschritten, ohne dass Daten empfangen werden, wird die Verbindung abgebaut.
SendTimeout	Gibt an, wie lange das Senden von Daten max. dauern darf. Nach Überschreitung dieser Zeitspanne wird eine Ausnahme ausgelöst.

Tabelle 3.2 Größenbeschränkungen

Name	Beschreibung
MaxBufferSize	Legt die Größe des Nachrichtenpuffers fest. Überschreitet eine eingehende oder ausgehende Nachricht diese Größe, wird eine Ausnahme ausgelöst, sofern nicht Streaming zum Einsatz kommt.
MaxBufferPoolSize	Definiert die max. gleichzeitige Größe aller Puffer, die zur Abarbeitung verschiedener Anfragen verwendet werden.
MaxReceivedMessageSize	Schränkt die max. Größe von empfangenen Nachrichten zur Vermeidung von Denial-of-Service-(DoS-)Attacken ein. Ob Streaming verwendet wird, ist hierbei unerheblich.

Tabelle 3.3 Quotas

Eigenschaft	Beschreibung
MaxArrayLength	Gibt die maximal zulässige Array-Länge an
MaxBytesPerRead	Gibt die bei jedem Lesevorgang zurückgegebenen maximal zulässigen Bytes an
MaxDepth	Gibt die maximale Tiefe geschachtelter Objekte an
MaxStringContentLength	Gibt die maximal zulässige Länge von Zeichenketten an

Listing 3.29 zeigt ein Beispiel für eine Konfiguration, welche diese Parameter inklusive ihrer Standardwerte beinhaltet. Eine vollständige Auflistung aller Parameter, mit denen die einzelnen Bindings konfiguriert werden können, finden Sie unter *http://tinyurl.com/ 3nmnkfc*.

Listing 3.29 Konfiguration von Einschränkungen

```
[…]
<netTcpBinding>
     <binding
          closeTimeout="00:01:00"
          openTimeout="00:01:00"
          receiveTimeout="00:10:00"
          sendTimeout="00:01:00"

          maxBufferPoolSize="524288"
          maxBufferSize="65536"
          maxReceivedMessageSize="65536">
             <readerQuotas
                  maxDepth="32"
                  maxStringContentLength="8192"
                  maxArrayLength="16384"
                  maxBytesPerRead="4096"/>
               […]
     </binding>
</netTcpBinding>
[…]
```

3.5.6 Drosselung

Um WCF-Services vor unbeabsichtigter Überbeanspruchung und/oder Denial-of-Service-Attacken (DoS-Attacken) zu schützen, kann deren Nutzung eingeschränkt werden. Dazu kommt, wie in Listing 3.30 demonstriert, das Service-Behavior *serviceThrottling* zum Einsatz. Die Option *maxConcurrentSessions* legt die maximale Anzahl der gleichzeitig erlaubten Sitzungen fest; *maxConcurrentCalls* die maximale Anzahl der gleichzeitig erlaubten Operationsaufrufe und *maxConcurrentInstances* die maximale Anzahl der zu einem Zeitpunkt erlaubten Service-Instanzen.

Listing 3.30 Konfiguration von Einschränkungen

```
<behaviors>
 <serviceBehaviors>
   <behavior>
     <serviceThrottling
       maxConcurrentSessions="150"
       maxConcurrentCalls="20"
       maxConcurrentInstances="170" />

     <serviceMetadata httpGetEnabled="true"/>
     <serviceDebug includeExceptionDetailInFaults="false"/>
   </behavior>
 </serviceBehaviors>
</behaviors>
```

In WCF 3.x wurden aus Vorsichtsgründen sehr niedrige Werte für viele Einstellungen, die die Größe und Menge der Nachrichten beschränken, gewählt. Für den Praxiseinsatz waren diese Einstellungen allerdings häufig nicht geeignet, weswegen sie nun etwas großzügiger gestaltet wurden. Tabelle 3.4 informiert darüber.

Tabelle 3.4 Standardwerte für das Drosselungsverhalten

	WCF 3.x	WCF 4.0 und WCF 4.5
MaxConcurrentSessions	10	100 * Anzahl der Prozessoren
MaxConcurrentCalls	16	16 * Anzahl der Prozessoren
MaxConcurrentInstances	26	Summe aus MaxConcurrentSessions und MaxConcurrentCalls

3.5.7 Port-Sharing bei TCP-basierten Services

Bei der Entwicklung von Produkten erscheint es wünschenswert, die Anzahl der benötigten TCP-Ports niedrig zu halten, zumal diese auf eventuellen inner- oder zwischenbetrieblichen Firewalls freigeschaltet werden müssen. Aus diesem Grund bietet WCF die Möglichkeit, verschiedene Services über denselben TCP-Port zur Verfügung zu stellen. Voraussetzung dafür ist, dass sich die einzelnen Service-URLs unterscheiden, dass Port-Sharing für das *netTcpBinding* aktiviert wird und dass der Windows-Service *Net.Tcp Port Sharing Service* gestartet ist.

Listing 3.31 zeigt eine Konfiguration, die den Einsatz von Port-Sharing vorsieht. Dazu wurde in der Standard-Binding-Konfiguration für *netTcpBinding* die Eigenschaft *portSharing-Enabled* auf *true* gesetzt und als Basisadresse *net.tcp://localhost:9000/FlugBuchungsService* definiert. Ein anderer Service-Host könnte nun ebenfalls Port 9000 verwenden, sofern er sich auf eine andere Service-Url abstützt (zum Beispiel *net.tcp://localhost:9000/Hotel Service*) und ebenfalls Port-Sharing aktiviert.

Bei Betrachtung dieser Konfiguration fällt auf, dass für die Konfiguration von Metadata-Exchange ebenfalls das *netTcpBinding* und nicht das dafür vorgesehene *mexTcpBinding* herangezogen wurde. Das ist notwendig, um Probleme im Zusammenhang mit „mex"-Bindings beim Einsatz von Port-Sharing zu vermeiden.

Listing 3.31 Konfiguration eines Service für die Nutzung von Port-Sharing

```
<configuration>
  <system.serviceModel>
    <bindings>
      <netTcpBinding>
        <binding portSharingEnabled="true">
          <security mode="None" />
        </binding>
      </netTcpBinding>
    </bindings>
    <services>

      <service name="FlugService.FlugBuchungsService">
```

```
        <endpoint
          address=""
          binding="netTcpBinding"
          contract="FlugService.IFlugBuchungsService" />
        <endpoint
          address="mex"
          binding="netTcpBinding"
          contract="IMetadataExchange" />
        <host>
          <baseAddresses>
            <add baseAddress=
  "net.tcp://localhost:9000/FlugBuchungsService" />
          </baseAddresses>
        </host>
      </service>
    </services>
    <behaviors>
      <serviceBehaviors>
        <behavior>
          <serviceMetadata httpGetEnabled="false"/>
          <serviceDebug includeExceptionDetailInFaults="true"/>
        </behavior>
      </serviceBehaviors>
    </behaviors>
  </system.serviceModel>
</configuration>
```

3.5.8 Konfiguration des Proxy-Servers

Standardmäßig verwenden HTTP-basierte Bindings jenen Proxy-Server, der auf dem jeweiligen System eingerichtet ist. Allerdings kann auch ein anderer angegeben werden. Dies wird mit der Eigenschaft *proxyAddress* in der Binding-Konfiguration bewerkstelligt. Ob der Proxy für lokale Ziele umgangen werden soll, wird darüber hinaus mit *bypassProxyOnLocal* definiert (Listing 3.32).

Listing 3.32 Festlegen eines Proxy-Servers

```
<bindings>
 <ws2007HttpBinding>
    <binding proxyAddress="..." bypassProxyOnLocal="...">
      [...]
    </binding>
  </ws2007HttpBinding>
</bindings>
```

■ 3.6 Metadaten

Wie bereits in Kapitel 2, „WCF im Überblick", erwähnt, können WCF-Services Metadaten auf zwei Arten zur Verfügung stellen: Über eine WSDL-Datei oder über *WS-Metadata-Exchange*. Bei *WS-MetadataExchange* handelt es sich um einen Standard, der SOAP-Nachrichten für das Anfordern von Metadaten definiert. In beiden Fällen muss ein *serviceMeta-data*-Behavior für den Service definiert werden (siehe Listing 3.33).

Soll eine WSDL-Datei über HTTP bereitgestellt werden, ist die Eigenschaft *httpGetEnabled* auf *true* zu setzen. Analog dazu existiert für den Einsatz mit HTTPS eine Eigenschaft *https-GetEnabled*. Standardmäßig kann die auf diese Weise angebotene WSDL-Datei durch Anhängen von *?wsdl* an die Service-Url abgerufen werden. Die einzelnen Eigenschaften von *serviceMetadata* bieten jedoch Möglichkeiten, dieses Standardverhalten abzuändern.

Listing 3.33 Metadaten via WSDL exportieren

```
[…]
<behaviors>
 <serviceBehaviors>
   <behavior>
     <serviceMetadata httpGetEnabled="true"/>
     <serviceDebug includeExceptionDetailInFaults="false"/>
   </behavior>
 </serviceBehaviors>
</behaviors>
[…]
```

Sollen Metadaten über *WS-MetadataExchange* angeboten werden, muss ein Endpunkt, der sich auf ein *MetadataExhange*-Binding sowie auf den von WCF bereitgestellten Vertrag *IMetadataExchange* abstützt, eingerichtet werden. Im Gegensatz zum Bereitstellen von WSDL-Dateien über Urls kann dieser Ansatz auch mit Nicht-HTTP-Bindings verwendet werden. In Listing 3.34 wird zum Beispiel für einen auf net.tcp-basierenden Service ein Endpunkt, der sich auf das *mexTcpBinding* abstützt, festgelegt. Die Adresse dieses Bindings kann genauso wie die Adressen von WSDL-Dateien in Visual Studio zum Generieren von Proxys verwendet werden.

Listing 3.34 Festlegen eines Proxy-Servers

```
[…]
<services>
 <service name="FlugService.FlugService">
   <endpoint
     address=""
     binding="netTcpBinding"
     contract="FlugService.IFlugService" />
   <endpoint
     address="mex"
     binding="mexTcpBinding"
     contract="IMetadataExchange"/>

   <host>
     <baseAddresses>
```

```
        <add baseAddress="net.tcp://localhost:9000/FlugService" />
      </baseAddresses>
    </host>
  </service>
</services>
[…]
```

Neben dem *mexTcpBinding* existieren noch weitere „mex-Bindings", welche zusammen mit anderen Protokollen eingesetzt werden können. Diese nennen sich *mexHttpBinding, mex HttpsBinding* und *mexNamedPipeBinding*. Das jeweils unterstützte Protokoll ist aus den Namen dieser Bindings ersichtlich.

Die über „mex-Bindings" bereitgestellten Metadaten können auch zur Laufzeit verwendet werden, um einen Proxy zu konfigurieren. Listing 3.35 demonstriert dies. Über eine Instanz von *MetadataExchangeClient* werden Metadaten unter Angabe der Url des „mex-Bindings" abgerufen. Diese werden durch ein *MetadataSet* repräsentiert und unter Verwendung einer *WsdlImporter*-Instanz in eine *ServiceEndpointCollection* übergeführt. Zur Vereinfachung wird anschließend der erste Endpoint herangezogen und damit ein generierter Proxy vom Typ *FlugServiceClient* konfiguriert. Außerdem speichert die betrachtete Implementierung diesen Endpoint in einer statischen Variablen, um zu verhindern, dass bei jedem weiteren Aufruf erneut Metadaten abgerufen werden müssen.

Listing 3.35 Auswerten von Matadaten zur Laufzeit

```
class ProxyFactory
{
    private static ServiceEndpoint endpoint;
    public static FlugServiceClient CreateProxy(string mexUrl)
    {
        if (endpoint == null)
        {
            EndpointAddress mexAddress = new EndpointAddress(mexUrl);
            MetadataExchangeClient mexClient = new MetadataExchangeClient
(mexAddress);
            MetadataSet metadataSet = mexClient.GetMetadata();
            WsdlImporter importer = new WsdlImporter(metadataSet);
            ServiceEndpointCollection endpoints = importer.ImportAll
Endpoints();
            endpoint = endpoints[0];
        }
        FlugServiceClient client = new FlugServiceClient(endpoint.Binding,
endpoint.Address);
        return client;
    }
}
```

■ 3.7 Services diagnostizieren

Treten Fehler auf, kann es nützlich oder gar notwendig sein, einen Blick hinter die Kulissen von WCF zu werfen. Die Diagnose-Möglichkeiten der WCF ermöglichen dies.

3.7.1 Protokollierung konfigurieren

WCF generiert auf Wunsch Protokollinformationen. Über die Konfiguration wird bestimmt, wo diese abzulegen sind. Im Rahmen dessen kann festgelegt werden, ob auch die ausge-tauschten Nachrichten ins Protokoll aufgenommen werden sollen sowie ob auf Service-Ebene und/oder auf Transportebene protokolliert werden soll. Protokollinformationen auf Protokollebene spiegeln die empfangenen Nachrichten wider; jene auf Service-Ebene die an die Service-Implementierung übergebenen. Während die Protokollebene zum Beispiel bei Verwendung von Verschlüsselung noch die verschlüsselten Daten beinhaltet, liegen diese auf Service-Ebene bereits unverschlüsselt vor.

Die Konfiguration in Listing 3.36 aktiviert zum Beispiel unter Verwendung des Elements *messageLogging* unter *diagnostics* die Protokollierung auf beiden Ebenen und weist WCF an, auch die ausgetauschten Nachrichten ins Protokoll aufzunehmen.

Die zu protokollierenden Informationen werden dadurch an das Tracing-System von .NET übergeben. Dieses ist unter *system.diagnostics* so zu konfigurieren, dass die von WCF erzeugten Protokollierungen in eine Datensenke umgeleitet werden. Listing 3.37 legt zum Beispiel fest, dass jene Daten, die über die Protokollierungsquelle *System.ServiceModel.MessageLogging* bereitgestellt werden und mindestens das Protokollierungslevel *Information* aufweisen, in die XML-Datei *c:\temp\trace.svclog* umgeleitet werden sollen. Dateien dieser Art können mit dem *Service Trace Viewer* eingesehen werden. Eigentlich sollte dazu ein Doppelklick auf die Datei ausreichen. Alternativ findet man diesen bei einer Standard-installation unter *C:\Programme\Microsoft SDKs\Windows\[Version]\bin\NETFX 4.0 Tools*, wobei *[Version]* als Platzhalter dient.

Die einzelnen Protokollierungslevel können Tabelle 3.5 entnommen werden; die verfüg-baren Protokollierungsquellen aus der nachfolgenden Auflistung.

- **System.ServiceModel:** Protokolliert alle Prozesse in WCF, wie die Nachrichtenverarbei-tung und das Lesen der Konfiguration.
- **System.ServiceModel.MessageLogging:** Protokolliert die Nachrichten, die durch das System fließen.
- **System.ServiceModel.Activation:** Protokolliert die Erstellung und Aktivierung von ver-walteten Hosts.
- **System.IO.Log:** Protokolliert Ereignisse im .NET Framework.
- **System.Runtime.Serialization:** Protokolliert das Erzeugen und Serialisieren von Ob-jekten.

Listing 3.36 Protokollierung aktivieren

```
[…]
    <system.serviceModel>
```

```
      <diagnostics>
        <messageLogging
          logEntireMessage="true"
          logMessagesAtServiceLevel="true"
          logMessagesAtTransportLevel="true"
          maxMessagesToLog="100000" />
            [...]
      </diagnostics>
      [...]
    </system.serviceModel>
[...]
```

Listing 3.37 Festlegen der gewünschten Datensenke für Protollinformationen

```
<system.diagnostics>

    <sharedListeners>
      <add
        name="sharedListener"
        type="System.Diagnostics.XmlWriterTraceListener"
        initializeData="c:\temp\trace.svclog" />

    </sharedListeners>

    <sources>
      <source name="System.ServiceModel.MessageLogging"
switchValue="Information">
        <listeners>
          <add name="sharedListener" />
        </listeners>
      </source>
    </sources>

</system.diagnostics>
[...]
```

Tabelle 3.5 Verfügbare Protokollierungslevel

Level	Ereignisse	Ziel
None	Keine	
Critical	Speicherfehler, Stacküberlauf, Startfehler, Dead-Locks, kritische Ausnahmen	Administration, Fehlersuche
Error	Alle Ausnahmen	Fehlersuche
Warning	Zeitüberschreitung, Sicherheitsabweisungen, Überschreitung der Queue-Kapazität, Leistungsprobleme	Fehlersuche, Optimierung
Information	Erzeugen und Verwenden von Endpunkten, Eintritt und Verlassen des Nachrichtenüber-mittlungsmoduls, Lesen der Konfiguration	Optimierung, Überwachung
Verbose	Debug-Informationen	Optimierung
ActivityTracing	Alle Übertragungen, Start-/Stopp-Operationen	Überwachung
All	Alle Informationen	Verzweifelte Entwickler auf Fehlersuche

3.7.2 Leistungsindikatoren

Neben den protokollierten Informationen bietet WCF auch die Möglichkeit zur Veröffentlichung von Leistungsindikatoren, die zum Beispiel über die Anzahl der aktiven Service-Instanzen, über die Anzahl der Anfragen in einer bestimmten Zeiteinheit oder über die Anzahl jener Instanzen, die nicht umgehend bedient werden konnten, informieren. Diese Leistungsindikatoren können auf der Ebene der einzelnen Services angefordert werden. Darüber hinaus besteht auch die Möglichkeit, diese bei Bedarf auf Endpunkte und Service-Operationen herunterzubrechen.

Um diese Möglichkeit, welche standardmäßig deaktiviert ist, zu nutzen, muss die Eigenschaft *performanceConters* des Elements *diagnostics*, wie in Listing 3.38 gezeigt, auf den Wert *All* oder *ServiceOnly* gesetzt werden. *ServiceOnly* aktiviert lediglich die Leistungsindikatoren auf Service-Ebene; *All* hingen auch jene auf der Ebene von Endpoints und Operationen. Die Optionen *Off* und *Default* deaktivieren alle Leistungsindikatoren.

Listing 3.38 Festlegen der gewünschten Datensenke für Protollinformationen

```
[...]
<system.serviceModel>
[...]
  <diagnostics performanceCounters="All">
[...]
</system.serviceModel>
[...]
```

Nach dem Starten eines Service, der Leistungsindikatoren anbietet, können diese in der Systemsteuerung unter *Verwaltung | Leistungsüberwachung* eingesehen werden (Bild 3.1). Diese sind in den Gruppen, die mit *ServiceModel* beginnen, zu finden. Die Gruppierung erfolgt dabei nach der Version (3 oder 4.x) sowie nach der Ebene (Service, Endpoint, Operation).

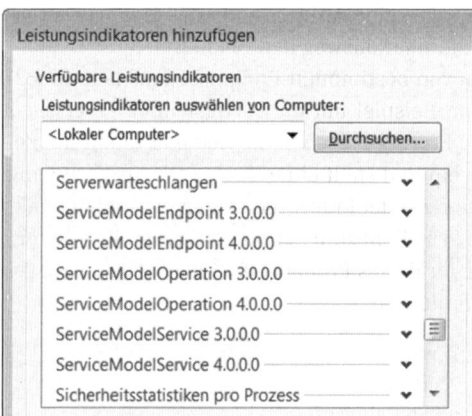

Bild 3.1
Auswahl der WCF-Leistungsindikatoren

3.8 One-Way-Operationen

In einigen Fällen muss der Aufrufer einer Service-Operation nicht warten, bis diese vollständig abgearbeitet wurde. Für solche Aufrufe bietet WCF *One-Way-Operationen* an. Diese dürfen weder *out-* oder *ref-Parameter* noch Rückgabewerte aufweisen. Daneben muss im Servicevertrag die Eigenschaft *IsOneWay* des Attributes *OperationContract* auf *true* gesetzt werden. Listing 3.39 veranschaulicht dies. Stößt der Client nun solch eine Methode an, wird er nur so lange blockiert, bis die Anfrage vom Service angenommen worden ist. Anschließend kann er sich umgehend um weitere Aufgaben kümmern. Der Nachteil dieser Vorgehensweise ist, dass der Client nicht erfährt, wann die Operation zu Ende ist bzw. ob sie erfolgreich durchgeführt werden konnte. Diese Informationen müssen auf einem anderen Weg übertragen werden. Die im nächsten Abschnitt behandelten Duplex-Nachrichten stellen eine mögliche Lösung dafür dar.

Listing 3.39 One-Way-Operation

```
[ServiceContract(
    Namespace = "www.softwarearchitekt.at/FlugService")]
public interface IFlugService {

    [OperationContract(IsOneWay=true)]
        void BookFlight(String flightNumber, DateTime datum,
                                String vorname, String nachname);
}
```

3.9 Duplex-Operationen

Bei der Duplex-Kommunikation nimmt der Service eine Anfrage entgegen und benachrichtigt anschließend über einen separaten Kommunikationsweg den Client unter Verwendung eines Callbacks (Rückruf) über das Eintreten von bestimmten Ereignissen (siehe Bild 3.2). Bei solch einem Ereignis könnte es sich zum Beispiel um die Fertigstellung einer zuvor asynchron angestoßenen Operation handeln. Hierbei tauschen Service und Client die Rollen – der Client nimmt die Rolle des Service ein und stellt einen Endpunkt zur Verfügung; der Service nimmt die Rolle des Clients ein und sendet Informationen an diesen Endpunkt. Der Callback wird jedoch fehlschlagen, wenn der Client zum Zeitpunkt des jeweiligen Ereignisses nicht mehr verfügbar ist. Eine Lösung für dieses Problem stellt die Verwendung von Nachrichtenwarteschlangen dar (siehe Abschnitt 3.16).

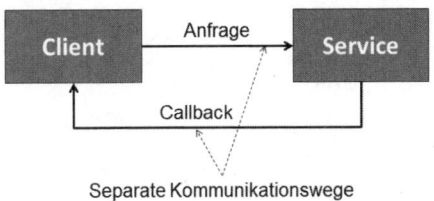

Bild 3.2 Callbacks

Bei Callbacks kann es sich um One-Way-Operationen handeln. Klassische Request-/Response-Operationen haben jedoch den Vorteil, dass der Service im Zuge des Callbacks Informationen vom Client einholen kann. Dazu werden diese Informationen als Rückgabewert von der Callback-Operation zurückgeliefert. In diesem Fall ist jedoch darauf zu achten, dass der Concurrency-Mode *Multiple* oder *Reentrant* verwendet wird, um Dead-Locks, die durch Aufrufzyklen entstehen, zu verhindern (siehe Abschnitt 3.2.3.4).

3.9.1 Unterstützte Bindings

Duplex-Kommunikation wird derzeit nur von vier Bindings, die mit WCF ausgeliefert werden, unterstützt. Es handelt sich dabei um *netTcpBinding*, *netNamedPipeBinding*, *netHttp Binding* (erst verfügbar ab NET 4.5) sowie um das *wsHttpDualBinding*. Letzteres stützt sich auf die Möglichkeiten von *WS-Addressing* sowie auf Microsoft-spezifische Erweiterungen. Aus diesem Grund ist die Wahrscheinlichkeit von Interoperabilitätsproblemen sehr hoch (vgl. *http://tinyurl.com/3cdwbtz*). Aufgrund der Beschaffenheit von HTTP öffnet der Client beim Einsatz von *wsHttpDualBinding* einen Service-Endpunkt unter Verwendung einer zufälligen Adresse. An diese Adresse sendet der Service die einzelnen Callback-Nachrichten. Dies bedeutet jedoch auch, dass der Service dazu eine eigene Verbindung aufbauen muss. Damit dies funktioniert, darf sich zwischen Client und Service keine Firewall, welche dies verhindert, befinden.

Dieser Nachteil wird vom *netHttpBinding* kompensiert. Neben der Tatsache, dass es zur Steigerung der Performance binäre Nachrichten über HTTP versendet, macht es Gebrauch von WebSockets. Das bedeutet, dass der Client zunächst eine Verbindung über HTTP initiiert. Anschließend einigen sich Client und Server darauf, ab sofort die dem HTTP-Protokoll zugrundeliegende TCP-Verbindung direkt zu nutzen. Da TCP von Haus aus eine bidirektionale Kommunikation unterstützt, können nun Nachrichten in beide Richtungen versendet werden, ohne die Einschränkungen von HTTP hinnehmen zu müssen. Damit Web Sockets genutzt werden können, müssen sowohl der Client als auch der Server das Web Socket-Protokoll unterstützen. Bei WCF ist dies seit .NET 4.5 der Fall; bei IIS ab Version 8. Damit man in IIS 8 in den Genuss von WebSockets kommt, sind die IIS-Features HTTP Activation, ASP.NET und WebSockets in der Systemsteuerung zu aktivieren. Die Express-Version von IIS, welche standardmäßig in Visual Studio 2012 zum Einsatz kommt, unterstützt WebSockets leider nicht.

Ein weiteres Binding, das Duplex unterstützt, wird im Rahmen von Silverlight verwendet. Es nennt sich *PollingDuplexHttpBinding*. Wie der Name schon vermuten lässt, verwendet es Polling, das heißt, es werden immer wieder Anfragen an den Service gerichtet, um herauszufinden, ob dieser eine Nachricht für den Client hat. Um den Overhead gering zu halten, wird die Verbindung zum Service längere Zeit offen gehalten. Innerhalb dieser Zeit werden eventuelle Nachrichten entgegengenommen. Nachdem die Verbindung, zum Beispiel aufgrund von Timeouts, beendet werden musste, wird sie erneut aufgebaut. Diese Spielart, die auch Long-Polling genannt wird, ist notwendig, da Firewalls es (Web-)Servern aus Gründen der Sicherheit untersagen, eine Verbindung zum Client von sich aus aufzubauen.

3.9.2 Implementierung von Duplex-Szenarien

Zur Implementierung von Duplex-Szenarien wird zunächst ein Servicevertrag mit den Call-back-Operationen, die der Server am Client anstößt, bereitgestellt (siehe Listing 3.40).

Listing 3.40 Callback-Vertrag

```
[ServiceContract(
    Namespace = "www.softwarearchitekt.at/FlugServiceCallback")]
public interface IFlugServiceCallback
{

    [OperationContract(IsOneWay=true)]
    void BookFlightCallback(bool success, string ticketNumber);
}
```

Der Vertrag jenes Service, der Callbacks aufruft, muss in weiterer Folge abgeändert werden, sodass er auf den Callback-Vertrag verweist. Dazu wird dessen Typ zur Eigenschaft *CallbackContract* des Attributs *ServiceContract* zugewiesen (siehe Listing 3.41).

Listing 3.41 Callback-Vertrag

```
[ServiceContract(
    Namespace = "www.softwarearchitekt.at/FlugService",
    CallbackContract = typeof(IFlugServiceCallback))]
public interface IFlugService {

    [OperationContract(IsOneWay=true)]
        void BookFlight(String flightNumber, DateTime datum,
                                String vorname, String nachname);
}
```

Damit der Service den Callback aufrufen kann, holt er sich über den aktuellen *Operation-Context* mit der Methode *GetCallbackChannel* einen Laufzeit-Proxy, der den Callback-Vertrag implementiert und Aufrufe an den Client weiterleitet. Der aktuelle *OperationContext* kann über die statische Eigenschaft *OperationContext.Current* bezogen werden. Listing 3.42 demonstriert dies, indem ein Proxy für den Vertrag *IFlugServiceCallback* angefordert und über diesen die Methode *BookFlightCallback* am Client angestoßen wird.

Listing 3.42 Aufruf des Callbacks

```
public class FlugService : IFlugService
{
    public void BookFlight(String flightNumber, DateTime datum,
                                String vorname, String nachname)
    {
        [...]
        IFlugServiceCallback callback;
        callback =
            OperationContext
            .Current
            .GetCallbackChannel<IFlugServiceCallback>();
        callback.BookFlightCallback(true, "XYO815");
    }
}
```

HINWEIS: Ein Callback muss nicht in jener Methode ausgelöst werden, in der mit der Methode *GetCallbackChannel* der Laufzeit-Proxy ermittelt wird. Stattdessen könnte der Proxy auch in eine Liste eingereiht werden, sodass beim Auftreten bestimmter Ereignisse er zusammen mit den Proxys anderer Interessenten zum Versenden von Benachrichtigungen herangezogen werden kann. Die Publish-/Subscribe-Implementierung, die in Kapitel 5, „Lose Kopplung mit WCF", vorgestellt wird, macht davon zum Beispiel Gebrauch.

Im Zuge des Generierens eines Proxys am Client wird auch der benötigte Callback-Vertrag erzeugt, der implementiert werden muss (siehe Listing 3.43).

Listing 3.43 Implementierung des Callbacks

```
class FlugServiceCallback: IFlugServiceCallback
{
    public void BookFlightCallback(
                        bool success, string ticketNumber) {
        Console.WriteLine("success: " + success.ToString());
        Console.WriteLine("ticketNumber: " + ticketNumber);
    }
}
```

Der Client instanziiert im Zuge des Service-Aufrufs diese Implementierung und übergibt sie an einen *InstanceContext* unter Verwendung dessen Konstruktors. Der *InstanceContext* wird anschließend an den generierten Proxy weitergereicht. Dazu sieht dieser auch ein entsprechendes Konstruktor-Argument vor. Anschließend kann der Client die Service-Operationen anstoßen, und vom Service generierte Callbacks werden an die Implementierung des Callback-Vertrages weitergeleitet (Listing 3.44).

Listing 3.44 Registrierung des Callbacks

```
InstanceContext ctx = new InstanceContext(
                        new FlugServiceCallback());
var client = new FlugService.FlugServiceClient(ctx);
client.BookFlight("LH4711", DateTime.Now, "Max", "Muster");
```

3.9.3 Konfigurieren von Duplex-Szenarien

Bei Verwendung von *netTcpBinding* oder *netNamedPipeBinding* muss der Service für Callback-Szenarien nicht gesondert konfiguriert werden, zumal hier verbindungsorientierte Protokolle zum Einsatz kommen und somit Callback-Nachrichten über die bestehende Verbindung, analog zu Antwortnachrichten, versendet werden. Bei der Verwendung von *wsDualHttpBinding* gestaltet sich dieser Umstand jedoch anders, da HTTP zustandslos ist. Deswegen initiiert bei Verwendung von *wsDualHttpBinding* der Service bei Bedarf eine separate Verbindung, um über diese Callback-Nachrichten zum Client zu senden. Die dazu zu verwendende clientseitige Adresse kann entweder vorgegeben oder dynamisch vom Client definiert werden. In beiden Fällen übermittelt der Client im Zuge der Anfragen die

Adresse, die Callback-Nachrichten entgegennimmt. Die Konfiguration in Listing 3.45 demonstriert dies. Als Binding kommt hier *wsDualHttpBinding* zum Einsatz. Innerhalb dieses Elements kann in der Clientkonfiguration mit dem Attribut *clientBaseAddress* die zu verwendende Basis-Adresse inkl. Port angegeben werden.

Listing 3.45 Konfiguration unter Verwendung von wsDualHttpBinding

```
[…]
<services>
 <service name="FlugService.FlugService">

    <endpoint
       address="[…]"
       binding="wsDualHttpBinding"
       contract="FlugService.IFlugService"
       bindingConfiguration="myWsDualHttpBinding"
       />
 </service>
</services>
<bindings>
 <wsDualHttpBinding>
    <binding
         name="myWsDualHttpBinding">

       <security mode="None"></security>

    </binding>
 </wsDualHttpBinding>
</bindings>
[…]
```

Das Verhalten von Callbacks kann unter Verwendung des Attributs *CallbackBehavior*, mit dem die clientseitigen Callback-Implementierungen zu annotieren sind, angepasst werden. In Listing 3.46 wird damit beispielsweise festgelegt, dass Informationen zu Ausnahmen, die im Zuge der Abarbeitung einer Callback-Nachricht auftreten, in die erzeugten Exception-Objekte aufgenommen werden sollen. Weitere Eigenschaften dieses Attributs finden sich in Tabelle 3.6.

Listing 3.46 Konfiguration unter Verwendung von wsDualHttpBinding

```
[CallbackBehavior(IncludeExceptionDetailInFaults=true)]
public class FlugServiceCallback: IFlugServiceCallback
{
    […]
}
```

Tabelle 3.6 Eigenschaften des Attributs CallbackBehavior

Eigenschaft	Beschreibung
AutomaticSessionShutdown	Gibt an, ob die Sitzung, die mit dem Callback einhergeht, automatisch geschlossen werden soll, wenn die ursprüngliche initiierende Sitzung geschlossen wird
ConcurrencyMode	Gibt an, ob gleichzeitige Zugriffe auf den Callback synchronisiert werden sollen. Die möglichen Werte sind: *Single*, *Multiple*, *Reentrant* (vgl. Abschnitt 3.2.3.4).
IgnoreExtensionDataObject	Definiert, ob unbekannte Daten in Datenverträgen ignoriert werden sollen. Der Standardwert ist *false* (vgl. Abschnitt 3.1.2.3).
IncludeExceptionDetailIn-Faults	Legt fest, ob Detailinformationen zur aufgetretenen Ausnahme in den generierten Exception-Objekten aufgenommen werden sollen. Dieser Wert sollte aus Sicherheitsgründen nur während der Entwicklung auf *true* gesetzt werden.
MaxItemsInObjectGraph	Legt die maximale Anzahl an erlaubten Objekten, die an Callback-Operationen übergeben werden, fest
TransactionIsolationLevel	Legt die gewünschte Transaktionsisolationsstufe fest (vgl. Abschnitt 3.15)
TransactionTimeout	Legt das gewünschte Transaktions-Timeout fest (vgl. Abschnitt 3.15)
UseSynchronizationContext	Legt fest, ob der aktuelle Synchronisierungskontext verwendet werden soll. Wird diese Eigenschaft auf *true* gesetzt, können zum Beispiel Steuerelemente direkt aus Callback-Methoden heraus aktualisiert werden.

3.9.4 Callbacks mit WebSockets (ab .NET 4.5)

Listing 3.47 zeigt eine Konfiguration, welche sich auf *netHttpBinding* und somit auf Web Sockets abstützt. Dazu wird in der Binding-Konfiguration unter *webSocketSettings* die Eigenschaft *transportUsage* auf *Always* gesetzt. Das bedeutet, dass WebSockets immer zum Einsatz kommen – auch dann, wenn es sich um kein Benachrichtigungs-Szenario handelt. Alternative Werte hierfür sind *WhenDuplex* und *Never*. Erstere Option gibt an, dass Web Sockets nur bei Benachrichtigungs-Szenarien verwendet werden, letztere, dass sie gar nicht heranzuziehen sind.

Darüber hinaus wurde für *subProtocol* der Wert *flights* vergeben. Hier kann ein beliebiger Wert (inklusive der standardmäßigen leeren Zeichenkette) vergeben verwenden, sofern am Client derselbe Wert konfiguriert wird. Damit soll sichergestellt werden, dass beide Kommunikationspartner die ausgetauschten Nachrichten korrekt interpretieren.

Listing 3.47 Serverseitige Konfiguration von WebSockets

```
<system.serviceModel>
   <services>
    <service name="Service.FlugService">
     <endpoint
```

```
            address=""
            binding="netHttpBinding"
            contract="Service.IFlugService" />
    </service>
  </services>

  <bindings>
    <netHttpBinding>
      <binding>
        <webSocketSettings transportUsage="Always" subProtocol="flights" />
        <security mode="None" />
      </binding>
    </netHttpBinding>

  </bindings>

  <behaviors>
    <serviceBehaviors>
      <behavior>
        <serviceMetadata httpGetEnabled="true" httpsGetEnabled="true"/>
        <serviceDebug includeExceptionDetailInFaults="true"/>
      </behavior>
    </serviceBehaviors>
  </behaviors>
  <serviceHostingEnvironment aspNetCompatibilityEnabled="true"
      multipleSiteBindingsEnabled="true" />
</system.serviceModel>
```

 HINWEIS: Damit die neuen Möglichkeiten von .NET 4.5 im Web-Server funktionieren, ist in der `web.config` – wie nachfolgend demonstriert – unter `system.web/httpRuntime` das Attribut `targetFramework` auf `4.5` zu setzen. Bei neuen Projekten fügt Visual Studio 2012 diese notwendige Konfiguration automatisch ein; bei bestehenden Projekten hat dies jedoch manuell zu erfolgen.

```
<system.web>

<compilation debug="true" targetFramework="4.5" />

<httpRuntime targetFramework="4.5" />

</system.web>
```

3.9.5 Grenzen von Callbacks

Callbacks bieten weniger Steuerungsmöglichkeiten als herkömmliche Services. Beispielsweise werden immer alle Callbacks von derselben Callback-Instanz entgegengenommen. Das Festlegen eines *InstanceContextMode*, wie in Abschnitt 3.2 beschrieben, ist zum Beispiel nicht möglich. Daneben existieren Einschränkungen bei der Implementierung von Sicherheitsszenarien und auch Nachrichtenwarteschlangen können nicht für die Implementierung von Duplex-Services herangezogen werden.

Um diese Einschränkungen zu umgehen, könnten anstelle von Callbacks eigene Services clientseitig eingerichtet werden. An jene Services, die Callbacks auslösen sollen, müsste in diesem Fall die Adresse dieser clientseitigen Services übergeben werden.

■ 3.10 UDP und Multicasts (ab .NET 4.5)

Für Fälle, in denen TCP zu viel Overhead mit sich bringt, bietet WCF 4.5 nun ein *udpBinding* an. Wie der Name vermuten lässt, stützt es sich auf das verbindungslose User Datagram Protocol (UDP) und erlaubt somit eine, in Relation zu TCP gesehen, schlanke Form der Kommunikation – ohne Three-Way-Handshake und Bestätigungsnachrichten. Dies bedeutet aber auch, dass es der Sender nicht bemerkt, wenn Nachrichten verloren gehen. Insofern macht dieses Binding nur in Fällen Sinn, wo das egal ist oder gar gewünscht ist, weil die Daten zum Beispiel nach einem erneuten Senden bereits veraltet wären.

Außerdem erlaubt UDP das Versenden von Multicasts. Damit sind Nachrichten gemeint, die von beliebig vielen Interessenten im lokalen Netzwerk empfangen werden können. Dazu verwendet man sowohl für den Service- als auch für den Client-Endpunkt eine IP-Adresse aus dem Bereich 224.x.x.x bis 239.x.x.x. Salopp könnte man diesen Bereich auch als IP-Adressen der Klasse D bezeichnen oder anders ausgedrückt: Alle Adressen dieses Bereichs haben ein binäres Muster, welches mit 1110 beginnt. Bei der Vergabe von Multicast-Adressen muss man sich jedoch vor Augen führen, dass die Adressen 224.x.x.x und 239.x.x.x für spezielle Zwecke reserviert sind, sodass sich dieser Wertebereich für die freie Verwendung auf 225.x.x.x bis 238.x.x.x beschränkt. Darüber hinaus soll an dieser Stelle nochmals ausdrücklich erwähnt werden, dass UDP-Nachrichten nicht über Netzwerkgrenzen geroutet werden und somit nur innerhalb eines Netzwerks herangezogen werden können.

Das Beispiel in Listing 3.48 zeigt die Konfiguration eines Services für die Verwendung von UDP und Multicasts. Es verwendet die Multicast-Adresse 225.1.1.1 und den Port 9999. Somit können beliebig viele Instanzen des Service gestartet werden, wobei jeder Server alle vom Client gesendeten Nachrichten erhält, sofern diese nicht verloren gehen. Antworten mehrere Services auf eine Anfrage des Clients, zieht dieser lediglich die zuerst erhaltene heran; alle anderen werden ignoriert. Eine Möglichkeit, dies zu umgehen, stellt der Einsatz von Callbacks (Duplex) dar. Allerdings unterstützt das *udpBinding* keine Duplex-Szenarien, weswegen diese manuell implementiert werden müssten. Die dazugehörige Client-Konfiguration ist aus Listing 3.49 ersichtlich.

Listing 3.48 Konfiguration von UDP am Server

```
<system.serviceModel>

    <services>
        <service name="UdpSample.FlugService">

        <endpoint
                        address="FlugService"
                        binding="udpBinding"
                        contract="UdpSample.IFlugService"/>
```

```
        <host>
            <baseAddresses>
                <add baseAddress="soap.udp://225.1.1.1:9999/" />
            </baseAddresses>
        </host>

        </service>
    </services>

    <behaviors>
        <serviceBehaviors>
            <behavior>
                <serviceMetadata
                            httpGetEnabled="false"
                            httpsGetEnabled="false"/>
                <serviceDebug
                        includeExceptionDetailInFaults="true"/>
            </behavior>
        </serviceBehaviors>
        </behaviors>
    <serviceHostingEnvironment
            aspNetCompatibilityEnabled="true"
            multipleSiteBindingsEnabled="true"/>
</system.serviceModel>
```

Listing 3.49 Konfiguration von UDP am Client

```
<system.serviceModel>

    <client>
        <endpoint
            address="soap.udp://225.1.1.1:9999/FlugService"
            binding="udpBinding"
            contract="UdpSample.IFlugService"
            name="FlugService" />
    </client>

</system.serviceModel>
```

3.11 Umgang mit binären Daten

Binäre Daten und große Datenmengen stellen im Bereich von SOAP-Services eine Herausforderung dar. Dieser Abschnitt informiert darüber, wie diese mit WCF gemeistert werden kann.

3.11.1 MTOM

Um binäre Daten innerhalb von SOAP-Nachrichten, die textbasiert sind, zu übertragen, müssen diese codiert werden. Hierzu findet meist das Verfahren *Base64*, das binär vorliegende Informationen auf 64 druckbare Zeichen abbildet, Verwendung. Es handelt sich dabei somit um ein Zahlensystem mit der Basis 64, was auch der Grund für den gewählten Namen ist. Die verwendeten Zeichen sind a–z, A–Z, 0–9 sowie + und /. Das Zeichen = wird zusätzlich als Füllzeichen verwendet. Da die zu übertragenden Bytes (8 Bit) auf diese wenigen Zeichen mit einem Informationsgehalt von jeweils (6 Bit; $2^{6}=64$) abgebildet werden müssen, vergrößert sich die Nachricht im Zuge des Kodierens um ca. 33% (8 / 6 = 1,33). Als weiterer Nachteil kommt hinzu, dass XML-Parser meist nicht gut mit langen Texten umgehen können, da lange Texte eher die Ausnahme als die Regel sind.

Um diese beiden Probleme zu umgehen, bietet es sich an, die zu übertragende Nachricht in mehrere logische Abschnitte zu teilen. Dazu wird, wie auch bei E-Mails mit Anhängen, der Standard *MIME* verwendet. Die SOAP-Nachricht befindet sich im ersten Abschnitt; die zu übertragenden Binärdaten in den restlichen. Dabei erhält jeder Abschnitt Metadaten mit einer ID und Kodierungsinformationen. Damit der Zusammenhang zwischen der SOAP-Nachricht und den Binärdaten nicht verloren geht, wird an jenen Stellen in der SOAP-Nachricht, an denen normalerweise die binären Informationen zu finden wären, ein Verweis auf einen der Anhänge definiert. Dazu wird die ID des jeweiligen Anhanges angegeben. Diese Vorgehensweise wurde unter dem Namen SOAP Message Transmission Optimization Mechanism (MTOM) standardisiert.

3.11.1.1 Aufbau MTOM-basierter Nachrichten

Listing 3.50 zeigt eine vereinfachte Nachricht, die zeigt, wie binäre Daten unter Verwendung von HTTP, SOAP und MTOM übertragen werden können. Der HTTP-Header *Content-Type* mit dem Wert *multipart/related* weist auf die Verwendung von MIME hin. Im selben Header-Eintrag sind einige Schlüssel-Wert-Paare mit Zusatzinformationen zu finden: *start* beinhaltet die ID des ersten zu lesenden Abschnitts; *boundary* eine eindeutige Zeichenkette, welche die einzelnen Abschnitte voneinander trennt. Zur besseren Lesbarkeit wurde diese im betrachteten Beispiel auf *MyBoundary* festgelegt.

Nach dem ersten Trennzeichen folgt der erste Abschnitt, der mit drei Kopfzeilen eingeleitet wird. Aus diesen gehen die ID sowie die Art der Kodierung hervor. Anschließend folgen nach einer Leerzeile die Nutzdaten. Dabei handelt es sich um die SOAP-Nachricht. Diese verweist mit dem Element *xop:Include* auf den Abschnitt mit den Binärdaten. Das Element selber befindet sich an jeder Stelle, an der sich die Binärdaten normalerweise befinden würden. Der referenzierte Abschnitt findet sich darunter nach dem nächsten Vorkommen des definierten Trennzeichens wieder. Auch er wird mit Kopfdaten eingeleitet. Anschließend finden sich die binären Daten wieder. Diese sind im betrachteten Beispiel aus Gründen der Übersichtlichkeit durch einen Platzhalter angedeutet.

Listing 3.50 Übertragene Daten bei Verwendung von MTOM

```
HTTP/1.1 200 OK
[…]
Content-Type: multipart/related; type="application/xop+xml";start="<A>";
```

```
boundary="MyBoundary";start-info="text/xml"
Connection: Close
--MyBoundary
Content-ID: <A>
Content-Transfer-Encoding: 8bit
Content-Type: application/xop+xml;charset=utf-8;type="text/xml"
<s:Envelope […]>[…]<xop:Include href="cid:B" […] />[…]</s:Envelope>
--MyBoundary
Content-ID: <B>
Content-Transfer-Encoding: binary
Content-Type: application/octet-stream
{Binäre Daten}
```

3.11.1.2 MTOM konfigurieren

Der Servicevertrag in Listing 3.51 beinhaltet die Operation *GetPicture*, die sich für die Verwendung von MTOM anbietet, da sie ein byte-Array zurückliefert. Listing 3.52 liefert eine dazu passende Service-Implementierung.

Listing 3.51 Servicevertrag für MTOM-Service

```
[ServiceContract]
public interface IHotelService
{
    [OperationContract]
    byte[] GetPicture(int hotelId);
}
```

Listing 3.52 Service-Implementierung

```
public class HotelService : IHotelService
{
    const string FILE_NAME = @"c:\temp\hotel-";
    public byte[] GetPicture2(int hotelId)
    {
        String file = FILE_NAME + hotelId + ".jpg";
        return System.IO.File.ReadAllBytes(file);
    }
    […]
}
```

Damit dieser Service MTOM verwendet, ist die Option *messageEncoding* im Zuge der Service-Konfiguration auf *MTOM* zu setzen (Listing 3.53). Dies veranlasst WCF, jene Inhalte, die größer als Verweise auf Anhänge sind, in solche auszulagern.

Listing 3.53 MTOM-Konfiguration

```
<system.serviceModel>
<services>
 <service name="HotelService.HotelService">
    <endpoint
        address=""
        binding="wsHttpBinding"
        contract="HotelService.IHotelService" />
 </service>
```

```
</services>

<bindings>
 <wsHttpBinding>
    <binding messageEncoding="Mtom">
       <security mode="None" />
    </binding>
 </wsHttpBinding>
<bindings>
[…]
</system.serviceModel>
```

Nach dem Erzeugen eines Proxys im Client-Projekt ist darauf zu achten, MTOM auf dieselbe Weise auch clientseitig zu aktivieren. Zusätzlich bietet es sich an, die Quotas *maxReceived-MessageSize* sowie *maxArrayLength* anzuheben. Ersteres bestimmt, wie der Name schon sagt, die max. Größe der zu übertragenden Nachricht; Letzteres die max. Größe von zu übertragenden Arrays (Listing 3.54). Werden größere Daten auch vom Client zum Server übertragen, sollten diese Werte auch in der Service-Konfiguration festgelegt werden.

 HINWEIS: Die konfigurierten Quotas sowie das festgelegte Message-Encoding werden leider nicht über die Metadaten der Services exportiert und somit auch nicht automatisch beim Erzeugen eines Proxys in die Client-Konfiguration eingetragen. Stattdessen werden clientseitig die Standardwerte herangezogen. Deswegen sollte man darauf achten, die Client-Konfiguration in Hinblick auf die Service-Konfiguration zu aktualisieren.

Listing 3.54 Clientseitige Konfiguration für das MTOM-Szenario

```
<system.serviceModel>
[…]
<bindings>
 <wsHttpBinding>
    <binding messageEncoding="Mtom"
             maxReceivedMessageSize="20000000" >
             <readerQuotas maxArrayLength="20000000" […] />
       <security mode="None" />
    </binding>
 </wsHttpBinding>
<bindings>
[…]
</system.serviceModel>
```

3.11.1.3 Verwendung von MTOM prüfen

Mit den von WCF erzeugten Trace-Dateien ist es nicht möglich herauszufinden, ob tatsächlich MTOM verwendet wird. Diese zeigen die übertragenen Daten in jedem Fall Base64-codiert innerhalb des SOAP-Envelopes an. Aus diesem Grund muss dazu ein anderes Tracing-Tool eingesetzt werden. Beispielsweise bieten sich hierfür Tools, die HTTP-Protokollinformationen entgegennehmen, protokollieren und an ihr eigentliches Ziel weiterleiten, an. Ein solches Tool, mit dem der Autor im Laufe der letzten Jahre gute Erfahrungen gemacht hat, ist *TCPMon* (*http://java.net/projects/tcpmon*). Es basiert auf Java und setzt somit eine installierte Java Runtime (JRE oder JDK) voraus. Um mit diesem Werkzeug die übertragenen Daten zu protokollieren, wird nach dem Starten ein Listener eingerichtet, der auf einem noch freien Port horcht und die dort empfangenen Daten an den Port, der vom WCF-Server verwendet wird, weiterleitet. In Bild 3.3 handelt es sich beim ersteren um 8888 sowie beim letzteren um 4173.

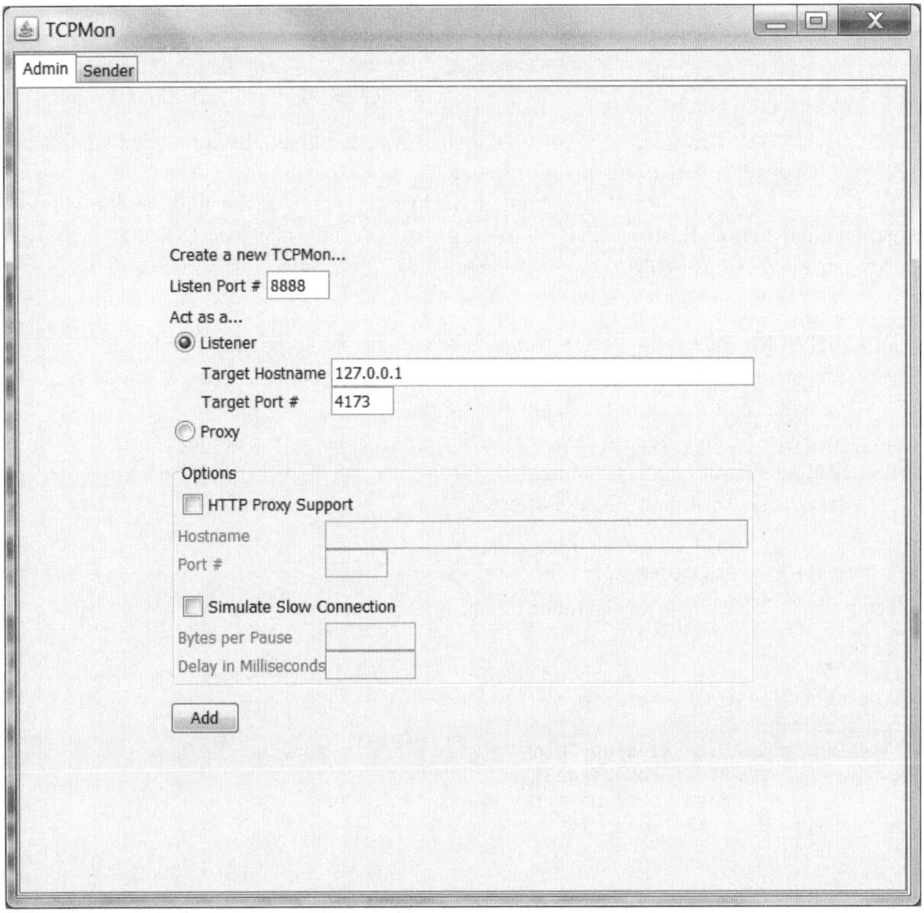

Bild 3.3 Einrichtung eines Listeners mit tcpmon

Anschließend wird die Client-Konfiguration abgeändert, sodass sämtliche Anfragen an den Port des Listeners (8888) gesendet werden.

Listing 3.55 Client-Anfragen an den Listener richten

```
[…]
<endpoint
    address="http://localhost:8888/HotelService.svc" […] />
[…]
```

Wird nun der Service gestartet und werden über den Client Daten angefordert, können die übertragenen HTTP-Protokollinformationen in *tcpmon* eingesehen werden (Bild 3.4). Somit kann auch geprüft werden, ob tatsächlich MTOM zum Einsatz kommt.

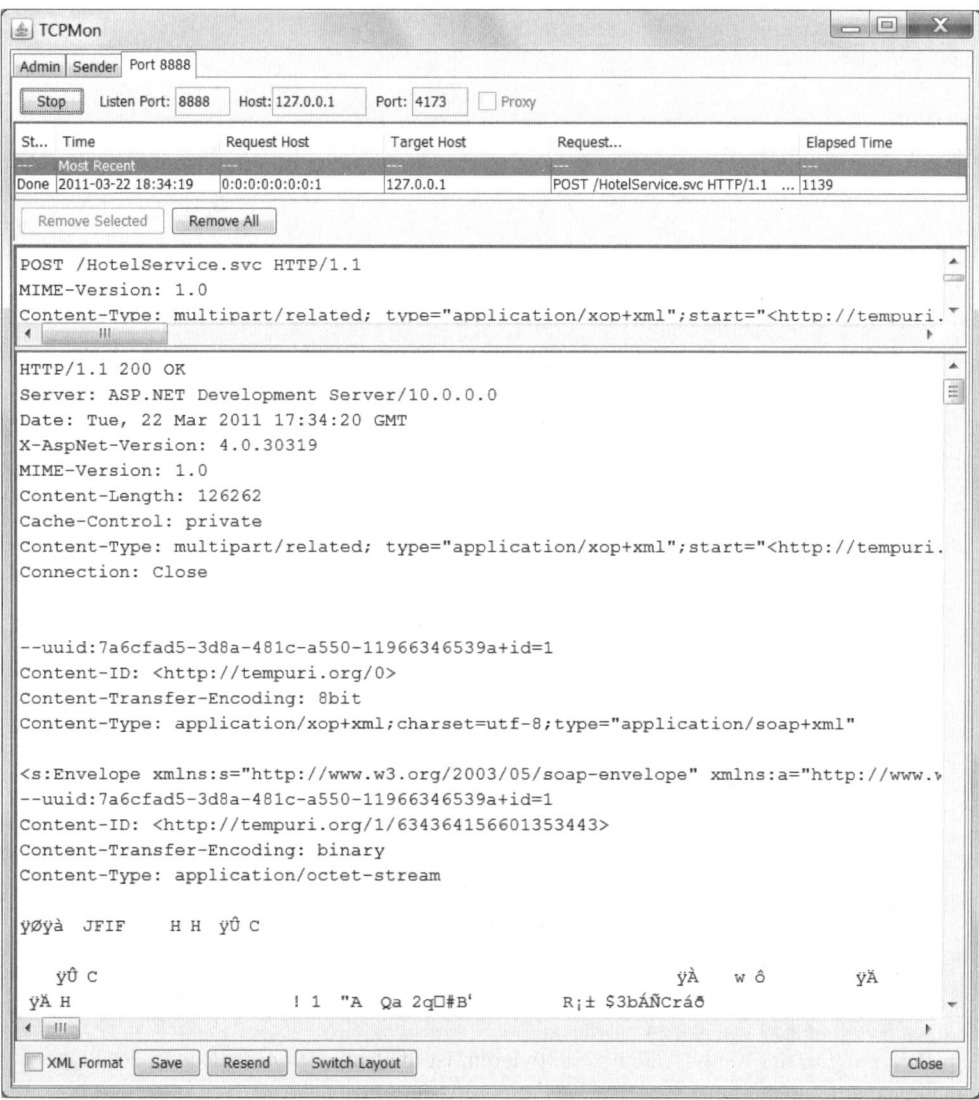

Bild 3.4 Einsehen der übertragenen Nachrichten in tcpmon

3.11.2 Streaming

Standardmäßig puffert WCF Nachrichten, bis sie vollständig empfangen wurden, um sie anschließend zu bearbeiten. Auf Wunsch können diese jedoch auch gestreamt werden. Voraussetzung dafür ist ein Binding, das dies unterstützt, sowie Methoden, die sich an bestimmte Konventionen halten. Zusätzlich ist Streaming in der Konfiguration zu aktivieren.

Die Bindings, die Streaming unterstützen, sind *netTcpBinding*, *netNamedPipeBinding* und *basicHttp*. Zusätzlich kann ein *customBinding* angelegt werden.

3.11.2.1 Streaming konfigurieren

Sollen Daten an den Service gestreamt werden, muss die Service-Operation einen einzigen Parameter vom Typ *Stream* anbieten. Sollen Daten an den Client gestreamt werden, muss sie den Rückgabewert *Stream* haben. Alternativ dazu kann auch void verwendet werden, sofern ein einziger out-Parameter vom Typ *Stream* Verwendung findet. Auch die Kombination von beidem ist möglich, also Operationen, die einen Stream entgegennehmen und einen zurückliefern.

Der in Listing 3.56 gezeigte Servicevertrag weist eine Methode auf, deren Rückgabewert gestreamt werden kann. Die Implementierung dieses Vertrages finden Sie in Listing 3.57.

Listing 3.56 Servicevertrag, der Streaming erlaubt

```
[ServiceContract]
public interface IHotelService
{
    [OperationContract]
    Stream GetPicture(int hotelId);

    [...]
}
```

Listing 3.57 Service-Implementierung für Streaming-Szenario

```
public class HotelService : IHotelService
{
    const string FILE_NAME = @"c:\temp\hotel-";
    public Stream GetPicture(int hotelId)
    {
        String file = FILE_NAME + hotelId + ".jpg";
        return File.Open(file,
                         System.IO.FileMode.Open);
    }
    [...]
}
```

Um Streaming in der Konfiguration zu aktivieren, ist die Option *transferMode* in der Binding-Konfiguration auf *Streamed*, *StreamedResponse* oder *StreamedRequest* zu setzen (siehe Listing 3.57). *Streamed* bedeutet, dass Streaming sowohl für eingehende als auch für ausgehende Daten erlaubt wird. *StreamedResponse* erlaubt Streaming hingegen nur für ausgehende Daten; *StreamedRequest* nur für eingehende. Der Standardwert dieser Option ist *Buffered*, was bedeutet, dass Daten gar nicht gestreamt werden. In Listing 3.58 wurde *StreamedResponse* gewählt, da lediglich zu streamende Daten zurückgegeben werden und der Entwicklungswebserver die beiden anderen Optionen *Streamed* und *StreamedRequest* nicht unterstützt. Wie aus diesem Listing auch hervorgeht, kann Streaming mit MTOM kombiniert werden.

Listing 3.58 Service-Konfiguration für Streaming-Szenario

```
[…]
<system.serviceModel>
 <services>
   <service name="HotelService.HotelService">
     <endpoint
         address="" binding="basicHttpBinding"
         contract="HotelService.IHotelService" />
   </service>
 </services>
 <bindings>
   <basicHttpBinding>
     <binding
       transferMode="StreamedResponse"
       messageEncoding="Mtom" />
   </basicHttpBinding>
 </bindings>
 […]
</system.serviceModel>
[…]
```

Clientseitige Proxys können ebenso wie ihre serverseitigen Gegenstücke direkt mit Streams hantieren. Das Beispiel in Listing 3.59 zeigt, wie ein solcher entgegengenommen und in eine Datei umgeleitet werden kann.

Listing 3.59 Client, der von Streaming Gebrauch macht

```
const string FILE_PATH = @"c:\temp\pic.jpg";
HotelServiceClient proxy;
proxy = new HotelServiceClient();
using (Stream s = proxy.GetPicture(1))
{
    using (FileStream fs = new FileStream(
                           FILE_PATH, FileMode.Create))
    {
        s.CopyTo(fs);
    }
}
```

Wie schon bei MTOM ist auch hier darauf zu achten, dass die clientseitige Konfiguration die nötigen Einstellungen aufweist. Auch hier ist darauf zu achten, den Parameter *transferMode* zu setzen. Zusätzlich ist es eine gute Idee, den Parameter *maxReceivedMessage* hochzusetzen, damit auch größere Datenströme empfangen werden können.

Listing 3.60 Client-Konfiguration für Streaming-Szenario

```
[…]
<system.serviceModel>
 […]
 <bindings>
   <basicHttpBinding>
     <binding
       transferMode="StreamedResponse"
       messageEncoding="Mtom" maxReceivedMessageSize="10000000" />
   </basicHttpBinding>
```

```
</bindings>
[...]
</system.serviceModel>
[...]
```

3.11.2.2 Streaming in Custom-Bindings aktivieren

Um Streaming in Custom-Bindings zu aktivieren, ist die Eigenschaft *transferMode* im verwendeten Transport-Element auf *Streamed, StreamedResponse* oder *StreamedRequest* zu setzen. Das Custom-Binding in Listing 3.61 kombiniert so den Einsatz von SOAP 1.2 mit Streaming.

Listing 3.61 Custom-Binding für den Einsatz von Streaming mit Soap 1.2

```
<customBinding>
    <binding>
        <textMessageEncoding messageVersion="Soap12" />
        <httpTransport transferMode="Streamed" maxReceivedMessage
Size="20000000"/>
    </binding>
</customBinding>
```

■ 3.12 Fehlerbehandlung und FaultContracts

WCF unterscheidet, wie andere Frameworks in diesem Bereich auch, zwischen zwei Arten von Fehlern: erwarteten und unerwarteten Fehlern. Erwartete Fehler sind auf der fachlichen Ebene angesiedelt und in der Regel spezifiziert. Ein Beispiel hierfür ist eine Ausnahme, die vom einen Service zum Buchen von Flügen ausgelöst wird, wenn der übergebene Flughafen nicht bekannt ist oder wenn ein Flug gebucht werden soll, der mittlerweile keine freien Plätze mehr aufweist. Unerwartete Fehler sind Fehler, die meist technischer Natur sind und häufig aufgrund eines Programmierfehlers auftreten. Beispiele hierfür sind *NullReferenceExceptions* oder *IndexOutOfRangeException*. Im Gegensatz zu den erwarteten Fehlern sind unerwartete in der Regel nicht spezifiziert.

Ausnahmen, die unerwartete Fehler repräsentieren und nicht vom Service abgefangen werden, führen dazu, dass die Verbindung in den Zustand *Faulted* übergeht und nicht mehr verwendet werden darf. Daten, die innerhalb der aktuellen Benutzersitzung zwischengespeichert wurden, sind in diesem Fall nicht mehr zugreifbar. Ausnahmen, die für erwartete Fehler stehen, werden als SOAP-Fault an den Client gesendet. Dort wird daraus eine Ausnahme erzeugt, die ausgelöst wird, sodass der Client diese behandeln muss. Ausnahmen für erwartete Fehler werden daran erkannt, dass sie vom Typ *FaultException* oder *Fault Exception<T>* sind. Letztere Ausnahme kann mit einem serialisierbaren Typ, dessen Objekte den aufgetretenen Fehler näher beschreiben, parametrisiert werden. Dabei handelt es sich idealerweise um einen Datenvertrag. Damit diese Typen auch am Client im Zuge der Proxy-Generierung erstellt werden können, müssen Informationen darüber in die über den Service veröffentlichten Metadaten aufgenommen werden. Dazu sind diese Typen mit dem Attribut *FaultContract* zu spezifizieren.

Listing 3.62 zeigt einen Datenvertrag mit dem Namen *InvalidAirportFault*, der Details eines erwarteten Fehlers beinhaltet. Um anzuzeigen, dass eine *FaultException<InvalidAirport Fault>* von der Operation *FindFlights* ausgelöst werden kann, wird diese Operation im Servicevertrag mit dem Attribut *FaultContract* annotiert. Dieses erhält den Typ *InvalidAirport-Fault* als Argument (siehe Listing 3.63). Listing 3.64 zeigt die Implementierung dieser Operation, die im Fehlerfall eine *FaultException<InvalidAirportFault>* instanziiert und auslöst.

Listing 3.62 Datenvertrag zur Beschreibung eines Fehlers

```
[DataContract]
public class InvalidAirportFault
{
    [DataMember]
    public String Airport { get; set; }
    [DataMember]
    public DateTime DateTime { get; set; }
}
```

Listing 3.63 Servicevertrag inkl. Fehler-Vertrag (FaultContract)

```
[ServiceContract(Namespace="www.softwarearchitekt.at/FlugService")]
public interface IFlugService
{
    [OperationContract]
    [FaultContract(typeof(InvalidAirportFault))]
    List<Flug> FindFlights(String von, String nach, DateTime datum);
}
```

Listing 3.64 Auslösen eines Fehlers

```
[…]
private List<string> flughaefen
        = new List<string> { "Graz", "Frankfurt", "Mallorca" };
public List<Flug> FindFlights(String von, String nach, DateTime datum)
{
    List<Flug> result = new List<Flug>();
    if (!flughaefen.Contains(von))
    {
        InvalidAirportFault fault = new InvalidAirportFault();
        fault.Airport = von;
        fault.DateTime = DateTime.Now;
        FaultException<InvalidAirportFault> e
            = new FaultException<InvalidAirportFault>(fault);
        throw e;
    }
    foreach (Flug f in fluege)
    {
        if (f.Von == von && f.Nach == nach && f.Abflug.Date == datum.Date)
        {
            result.Add(f);
        }
    }
    return result;
}
```

■ 3.13 ASP.NET-Kompatibilität

WCF-Services können im Kontext von ASP.NET ausgeführt werden, sodass auf die Möglichkeiten von ASP.NET, wie zum Beispiel Caching, Cookies oder Session-Handling, zurückgegriffen werden kann. Dies ist vor allem bei Web-Services, die zum Nachladen von Daten via JavaScript bzw. AJAX eingesetzt werden, nützlich. Um in den Genuss dieser Möglichkeiten zu kommen, ist die ASP.NET-Kompatibilität zu aktivieren. Dazu setzt man in der Konfiguration die Eigenschaft *aspNetCompatibilityEnabled* im Element *serviceHosting Environment* auf *true* (Listing 3.65).

Listing 3.65 Aktivierung der ASP.NET-Kompatibilität in der Konfiguration

```
[…]
<system.serviceModel>
[…]
    <serviceHostingEnvironment aspNetCompatibilityEnabled="true" />
</system.serviceModel>
[…]
```

Zusätzlich muss der ASP.NET-Kompatibilitätsmodus auf Service-Ebene erlaubt oder erzwungen werden. Dazu wird die Service-Implementierung mit dem Attribut *AspNetCompatibility-Requirements* annotiert und dessen Eigenschaft *AspNetCompatibilityRequirementsMode* auf *Allowed* oder *Required* gesetzt (Listing 3.66). Kommt *Required* zum Einsatz, kann der Service nur ausgeführt werden, wenn ASP.NET-Kompatibilität in der Konfiguration aktiviert wurde. Kommt hingegen *Allowed* zum Einsatz, kann der Service sowohl mit als auch ohne den Kompatibilitätsmodus eingesetzt werden.

Im Beispiel in Listing 3.66 wird bei jedem Aufruf von *Next* ein Zähler, der in der ASP.NET-Session gespeichert wird, inkrementiert und dessen Wert zurückgeliefert. Auf diese Weise können Daten für die Dauer einer Sitzung auch bei Verwendung von *basicHttpBinding*, das keine Unterstützung für WCF-eigene Sessions aufweist, gespeichert werden.

Listing 3.66 Service-Implementierung, die ASP.NET-Kompatibilität nutzt

```
[AspNetCompatibilityRequirements(
    RequirementsMode = AspNetCompatibilityRequirementsMode.Allowed)]
public class CountingService : ICountingService
{
    public int Next()
    {
        int counter;
        object obj;

        obj = HttpContext.Current.Session["Counter"];
        if (obj == null)
        {
            counter = 0;
        }
        else
        {
            counter = (int)obj;
        }
```

```
        counter++;
        HttpContext.Current.Session["Counter"] = counter;
        return counter;
    }
}
```

Da ASP.NET-Sessions standardmäßig Cookies zur Speicherung einer Sitzungs-ID verwenden, muss clientseitig die Unterstützung für Cookies aktiviert werden. Dazu wird in der Binding-Konfiguration der Wert *allowCookies* des Elements *binding* auf *true* gesetzt.

Listing 3.67 Aktivierung der Unterstützung für Cookies in der Client-Konfiguration

```
[…]
<system.serviceModel>
    <bindings>
        <basicHttpBinding>
            <binding allowCookies="true" […]>
                […]
            </binding>
        </basicHttpBinding>
    </bindings>
    <client>
        <endpoint
            address="http://localhost:3588/Service1.svc"
            binding="basicHttpBinding"
            bindingConfiguration="BasicHttpBinding_ICountingService"
            contract="Service.ICountingService"
            name="BasicHttpBinding_ICountingService" />
    </client>
</system.serviceModel>
[…]
```

Listing 3.68 zeigt einen dazu passenden Client. Es werden zwei Proxys erzeugt. Über den einen wird zwei Mal die Methode *next* aufgerufen; über den zweiten Proxy einmal. Die empfangenen Rückgabewerte werden jeweils ausgegeben. Da die Cookies und somit die Sitzungs-ID von der intern verwendeten *ChannelFactory* verwaltet werden, wird jene, die für die Erzeugung von *proxy1* verwendet wurde, mit *Close* geschlossen, um zu verhindern, dass diese für die Erzeugung von *proxy2* wiederverwendet wird. Somit wird für *proxy2* eine eigene Session gestartet, und das Ergebnis der Ausführung dieses Clients beträgt „1 2 1“.

Listing 3.68 Client, der ASP.NET-kompatiblen Service aufruft

```
int i;
// Proxy 1 erstellen und verwenden
using (var proxy1 = new CountingServiceClient())
{
    i = proxy1.Next();
    Console.WriteLine(i);
    i = proxy1.Next();
    Console.WriteLine(i);
    proxy1.ChannelFactory.Close();
}
// Proxy2 erstellen und verwenden
using (var proxy2 = new CountingServiceClient())
{
```

```
using (new OperationContextScope(proxy2.InnerChannel))
{
    i = proxy2.Next();
    Console.WriteLine(i);
}
}
```

■ 3.14 Zuverlässige Sitzungen

WS-ReliableMessaging ermöglicht das Etablieren von zuverlässigen Sitzungen (reliable Sessions), die zum Beispiel durch das Versenden von Bestätigungen verhindern, dass Nachrichten verloren gehen. Um solch eine Sitzung aufzubauen, werden Parameter, die die Art der Kommunikation im Detail regeln, zwischen den Kommunikationspartnern ausgehandelt. Zusätzlich wird eine eindeutige ID für die Sitzung vergeben. Sowohl Client als auch der Service inkludieren diese Sitzungs-ID in allen Nachrichten, damit diese jeweils einer Sitzung zugeordnet werden können.

 HINWEIS: Sitzungen im Sinne des Instancing-Modes *PerSession* stützen sich unter anderem auf *WS-ReliableMessaging* ab. Allerdings ist der Einsatz von *WS-ReliableMessaging* keine Voraussetzung dafür, zumal Bindings, wie *net TcpBinding* oder *netNamedPipeBinding,* verbindungsorientiert sind und somit zwangsläufig eine (Transport-)Session besteht sowie da die „wsHttp"-Bindings auch Security-Sessions, die auf *WS-SecureConversation* basieren, als Grundlage für Sitzungen verwenden. Würde man jedoch für ein „wsHttp"-Binding sowohl Security-Sessions als auch *WS-ReliableMessaging* deaktivieren, wären diese Sitzungen nicht mehr möglich. ■

Der Client versieht auch alle gesendeten SOAP-Nachrichten mit einer ID und nummeriert diese fortlaufend. Der Service sendet für die empfangenen Nachrichten Empfangsbestätigungen. Bleibt eine Empfangsbestätigung aus, sendet der Client die Nachricht erneut. Da der Client die Nachrichten fortlaufend nummeriert, können diese vom Service in der ursprünglich vorgesehenen Reihenfolge verarbeitet werden, sofern dies gewünscht ist. Daneben sendet der Client regelmäßig Infrastruktur-Nachrichten, die auch als Keep-Alive-Nachrichten bekannt sind. Diese lassen den Service wissen, dass der Client nach wie vor vorhanden ist und die aktuelle Benutzersitzung somit nicht abgebaut werden muss. Um eine Überforderung des Service zu verhindern, stoppt der Client das Senden neuer Nachrichten, wenn die Anzahl jener Nachrichten, für die eine Bestätigung aussteht, einen konfigurierbaren Schwellenwert übersteigt. Dieser Schwellenwert ist einer der Parameter, die beim Verbindungsaufbau ausgehandelt werden.

WCF unterstützt mit einigen Bindings *WS-ReliableMessaging*. Diese sind: *wsHttpBinding, ws2007HttpBinding, wsDualHttpBinding, wsFederationHttpBinding, ws2007FederationHttp Binding* und das *netTcpBinding*. Bindings, wie zum Beispiel *basicHttp* oder *netMsmqBinding,* unterstützen dieses Verfahren hingegen nicht.

3.14.1 Verlässliche Sitzungen konfigurieren

Das Beispiel in Listing 3.69 demonstriert die Konfiguration von *WS-ReliableMessaging*. Dazu wird das Element *reliableSession* in der Binding-Konfiguration verwendet. Das Attribut *enabled* bestimmt, ob *WS-ReliableMessaging* aktiviert ist. Das Attribut *ordered* bestimmt, ob die Nachrichten vom Service in der gesendeten Reihenfolge verarbeitet werden müssen, und *inactivityTimeout* gibt den Zeitraum an, nach dessen Verstreichen die Sitzung zu beenden ist. Die Option *ReceiveTimeout*, die auch dann berücksichtigt wird, wenn keine verlässlichen Sitzungen zum Einsatz kommen, bewirkt prinzipiell dasselbe. Beim Empfang einer Nachricht werden die mit diesen Timeouts verbundenen Timer auf den angegebenen Wert zurückgesetzt. Jenes Timeout, das früher eintritt, bewirkt die Beendigung der Session. Der Unterschied zwischen diesen beiden Timer ist, dass jener, der mit *inactivityTimeout* assoziiert wird, auch auf Infrastrukturnachrichten (Keep-Alive-Nachrichten), die der Client bei Verwendung verlässlicher Sessions automatisch vor dem Eintreten des *inactivityTimeout* sendet, reagiert. *ReceiveTimeout* reagiert hingegen nur auf applikationsspezifische Nachrichten.

Listing 3.69 Konfiguration von WS-ReliableMessaging

```
[…]
<system.serviceModel>
   <services>
      <service name="FlugService.FlugService">
         <endpoint address=""
                   binding="ws2007HttpBinding"
                   contract="FlugService.IFlugService"/>
      </service>
   </services>
   <bindings>
      <ws2007HttpBinding>
         <binding receiveTimeout="00:30:00">
            <security mode="None" />
            <reliableSession enabled="true" ordered="true"
                             inactivityTimeout="00:30:00" />
         </binding>
      </ws2007HttpBinding>
   </bindings>
[…]
</system.serviceModel>
[…]
```

Werden Custom-Bindings verwendet, können mehrere Details zum Verhalten von WCF in Hinblick auf *WS-ReliableMessaging* angegeben werden. In Listing 3.70 gibt zum Beispiel *maxRetryCount* an, wie häufig der Client Nachrichten, für die eine Bestätigung ausgeblieben ist, erneut versenden soll. Das Attribut *maxTransferWindowSize* gibt hingegen einen Schwellenwert für die Anzahl jener Nachrichten an, für die eine Bestätigung noch aussteht. Wird dieser Wert überschritten, stoppt der Client das Senden neuer Nachrichten, um den Service nicht zu überfordern. Weitere zur Verfügung stehende Optionen können aus *http://tinyurl. com/3ngopqy* entnommen werden.

Listing 3.70 Konfiguration von WS-ReliableMessaging mit einem Custom-Binding

```
[…]
<system.serviceModel>
 <services>
    <service name="FlugService.FlugService">
      <endpoint
         address="" binding="customBinding"
         contract="FlugService.IFlugService" />
    </service>
 </services>
 <bindings>
 <customBinding>
    <binding receiveTimeout="00:30:00">
       <binaryMessageEncoding />
       <reliableSession maxRetryCount="10"
                        maxTransferWindowSize="20" />
       <httpTransport />
    </binding>
 </customBinding>
    […]
 </system.serviceModel>
 […]
```

3.14.2 Verlässliche Sitzungen erzwingen

Mit dem Attribut *DeliveryRequirements* kann erzwungen werden, dass der Service die Nachrichten in der gesendeten Reihenfolge verarbeitet. Listing 3.71 demonstriert diese Möglichkeit. „Erzwingen" bedeutet hierbei, dass man durch diese Maßnahmen gezwungen wird, die jeweiligen Möglichkeiten in der Konfiguration zu aktivieren. Zuwiderhandeln wird mit einer Ausnahme beim Start des Service bestraft.

Listing 3.71 Erzwingen einer geordneten Verarbeitung

```
[DeliveryRequirements(RequireOrderedDelivery = true)]
public class SomeService : ISomeService { […] }
```

3.14.3 Idempotente Services als Alternative zu WS-ReliableMessaging

Auf Reliable Messaging kann in vielen Fällen verzichtet werden, wenn man Services idempotent entwickelt. Bei solchen Services spielt es keine Rolle, wie häufig eine Service-Operation angestoßen wurde – das Ergebnis ist immer dasselbe. Damit dies möglich ist, muss der Client zum Beispiel eine eindeutige Nummer mit jedem Aufruf in die gesendete Nachricht integrieren. Dabei kann es sich zum Beispiel um eine GUID handeln. Der Service muss sich nun merken, welche Nachrichten er bereits bearbeitet hat. Wurde die Nachricht mit der übersendeten Nummer bereits bearbeitet, muss er diese ignorieren. Dadurch kann der Client jede Nachricht, bei der er nicht sicher ist, ob deren Verarbeitung erfolgreich war, erneut senden.

■ 3.15 Transaktionale Services

WCF kann angewiesen werden, Service-Operationen im Rahmen von Transaktionen auszuführen. Dabei kann die Service-Operation eine eigene Transaktion starten oder sich an der Transaktion des Aufrufers beteiligen. In diesem Fall kommen sogenannte verteilte Transaktionen zum Einsatz. Das ist auch der Fall, wenn mehrere transaktionelle Ressourcen innerhalb einer lokalen Transaktion angesprochen werden. Dazu muss auf jedem beteiligten Rechner ein Transaktionskoordinator eingerichtet und gestartet sein. Unter Windows handelt es sich dabei um den Dienst *Distributed Transaction Coordinator* (DTC).

3.15.1 Zwei-Phasen-Commit

Verteilte Transaktionen finden beim Einsatz der WCF und auch in den meisten anderen Fällen in zwei Phasen statt, wobei im Zuge dessen auch vom *Zwei-Phasen-Commit* (2PC) die Rede ist. In der ersten Phase sendet der Transaktionskoordinator des Initiators der Transaktion die auszuführenden Befehle an die einzelnen transaktionalen Ressourcen. Diese führen die Anweisungen aus, ohne ein *Commit* durchzuführen, und melden danach zurück, ob ein *Commit* möglich wäre. Hierbei wird auch von Abstimmen (engl. *vote*) gesprochen. Stimmen alle Teilnehmer für die Transaktion, weist der Transaktionskoordinator in der zweiten Phase diese an, ein *Commit* durchzuführen. Stimmt auch nur ein Teilnehmer dagegen, ist die Transaktion gescheitert, und die Teilnehmer erhalten vom Koordinator den Befehl, die durchgeführten Schritte zurückzurollen (*Rollback*).

Zur Realisierung von 2PC-Szenarien unterstützt WCF zwei verschiedene Protokolle: *OleTransactions* und *WS-AtomicTransactions*. Ersteres ist ein proprietäres Protokoll aus der Microsoft-Welt, das zur effizienten Kommunikation zwischen DTC-Instanzen Verwendung findet. Letzteres ist ein offenes Protokoll, das sich auf SOAP abstützt und somit auf interoperable Weise eingesetzt werden kann. Bei Verwendung von TCP oder Named Pipes kann zwischen den beiden Transaktionsprotokollen gewählt werden; die „wsHttp"-Bindings unterstützen hingegen nur *WS-AtomicTransactions*.

3.15.2 Plug-in für WS-AtomicTransactions einrichten

Um *WS-AtomicTransactions* über die Management-Konsole von Windows administrieren zu können, ist ein Plug-in einzurichten. Dazu startet man als Administrator den *Visual Studio Command Prompt* und registriert mit der Anweisung `regasm /codebase wsatui.dll` dieses Plug-in (Bild 3.5). Die Datei *wsatui.dll* ist Teil des Windows SDK, das im Falle von Windows 7 unter *http://tinyurl.com/win7sdk-net4* heruntergeladen werden kann. Bei einer Standardinstallation befindet es sich unter *C:\Program Files \Microsoft SDKs\Windows\ v7.0A\Bin*, wobei die Versionsnummer von Fall zu Fall variieren kann. Bei 64-Bit-Systemen ist darauf zu achten, dass sowohl die 64-Bit-Version von *regasm* als auch die 64-Bit-Version von *wsatui.dll* verwendet wird. Erstere befindet sich am Rechner des Autors zum Beispiel unter *c:\Windows\Microsoft.NET\Framework64\v4.0.30319*; letztere unter *C:\Program Files (x86)\Microsoft SDKs\Windows\v7.0A\Bin\x64*.

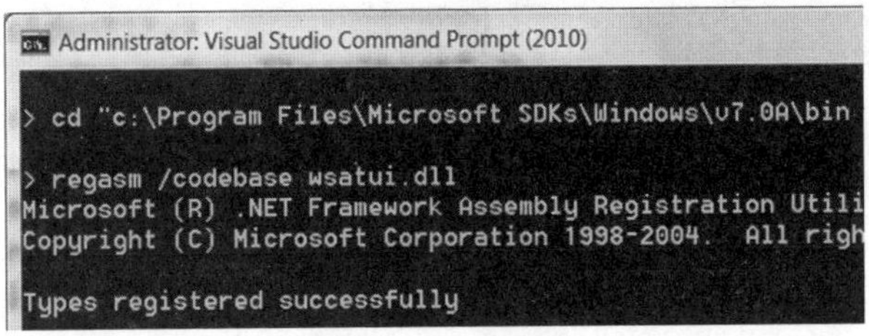

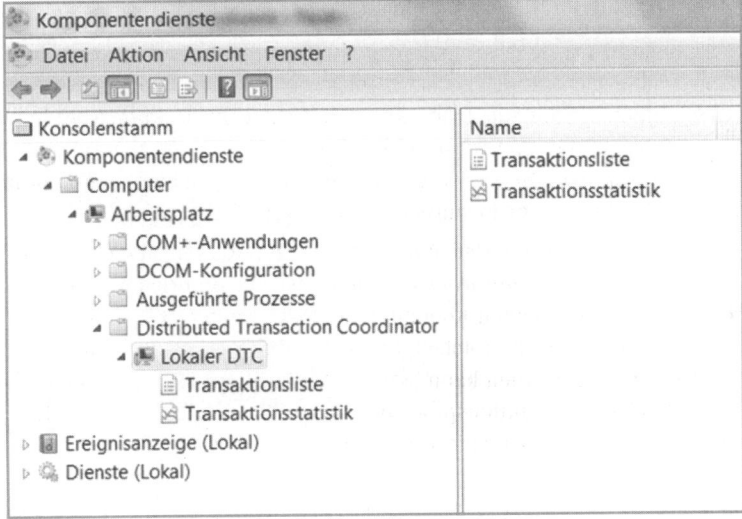

Bild 3.5 Erfolgreiche Installation des Plug-ins auf einem 32-Bit-System

3.15.3 Distributed Transaction Coordinator (DTC) einrichten

Der DTC wird, wie in Bild 3.6 gezeigt, in der Administration der Komponentendienste verwaltet (*Systemsteuerung | Verwaltung | Komponentendienste*). Dazu wird über das Kontextmenü des Knotens *Lokaler DTC*, der sich unter *Computer | Arbeitsplatz | Distributed Transaction Coordinator* befindet, die Option *Eigenschaften* angewählt.

Bild 3.6 Konfigurieren des DTC in den Windows-Komponentendiensten

Unter *Sicherheit* kann festgelegt werden, ob eingehende und/oder ausgehende Verbindungen zugelassen werden. Für Clients ist Ersteres zu ermöglichen; für Server Letzteres. Greifen Services auf weitere transaktionale Ressourcen zu, sind auch serverseitig ausgehende Verbindungen zuzulassen. Zusätzlich kann die Art der Authentifizierung festgelegt werden, wobei sich für Testszenarien die Option *Keine Authentifizierung erforderlich* anbietet.

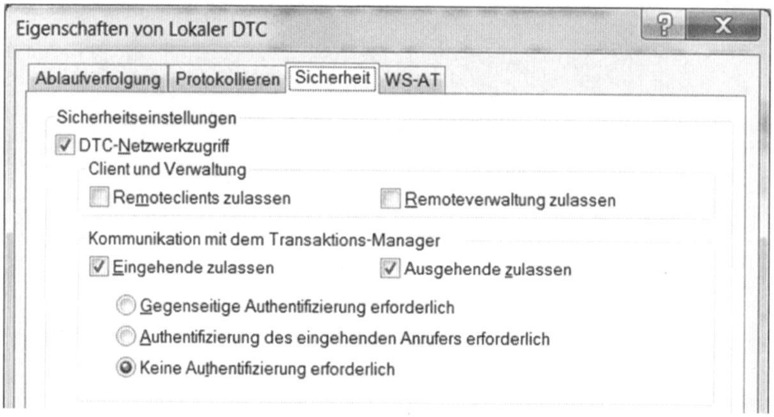

Bild 3.7 Konfigurieren der Sicherheitseinstellungen für den DTC

Wurde das unter Abschnitt 3.15.2 beschriebene Plug-in korrekt installiert, können die Eckdaten für die Verwendung von *WS-AtomicTransactions* unter *WS-AT* festgelegt werden. Um dieses Protokoll zu aktivieren, wird die Option *Enable WS-Atomic Transaction network support* gewählt. Zusätzlich sind ein HTTPS-Port sowie das zu verwendende Zertifikat anzugeben. Wurde unter *Sicherheit* eine andere Option als *Keine Authentifizierung erforderlich* gewählt, müssen unter *Authorized certificates* die Zertifikate der Kommunikationspartner angegeben werden.

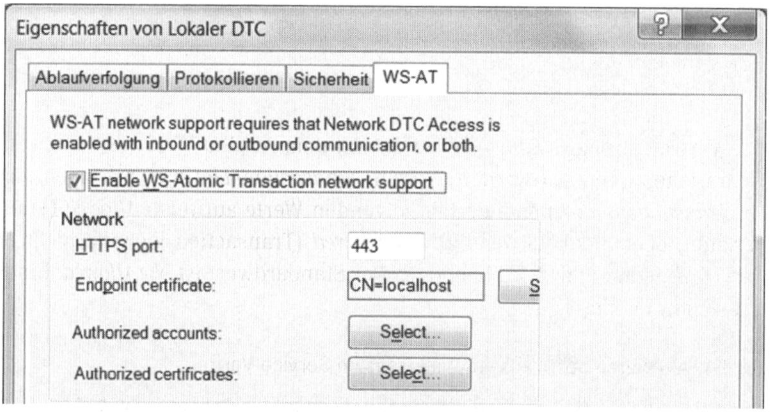

Bild 3.8 Konfigurieren von WS-AtomicTransaction

3.15.4 Transaktionen konfigurieren und nutzen

WCF sieht drei Stellen vor, über die das Transaktionsverhalten der bereitgestellten Dienste gesteuert werden kann. Über die Binding-Konfiguration wird festgelegt, ob sich der Service an einer Transaktion des Aufrufers beteiligen kann. Hierbei ist auch von Transaction Flow die Rede. Daneben wird im Service-Vertrag hinterlegt, ob ein Transaction Flow erlaubt ist oder sogar erwartet wird. Im Service kann man zusätzlich festlegen, ob die Operation in einer Transaktion ausgeführt werden darf bzw. muss. Wird auf der Serviceebene beispielsweise hinterlegt, dass eine Operation in einer Transaktion ausgeführt werden muss, Transaction Flow jedoch im Service-Vertrag verboten, führt dies dazu, dass der Service eine eigene Transaktion startet. Diese Einstellungen werden in weiterer Folge im Detail betrachtet.

Um Transaction Flow zu erlauben, ist in der Binding-Konfiguration die Option *transactionFlow* auf *true* zu setzen (siehe Listing 3.72). Standardmäßig ist *Transaction Flow* deaktiviert.

Listing 3.72 Aktivierung des Transaktionsflusses

```
[…]
<bindings>
    <wsHttpBinding>
            <binding transactionFlow="true" />
    </wsHttpBinding>
</bindings>
[…]
```

Bei *netTcpBinding* sowie bei *netNamedPipesBinding* kann zusätzlich mit der Option *transactionProtocol* das zu verwendende Protokoll festgelegt werden. Mögliche Werte sind *WS AtomicTransactionOctober2004* und *OleTransactions* (siehe Listing 3.73).

Listing 3.73 Festlegen des Transaktionsprotokolls bei TCP und Named Pipes

```
<bindings>
    <netTcpBinding>
        <binding transactionFlow="true"
                transactionProtocol="WSAtomicTransactionOctober2004" />
    </netTcpBinding>
</bindings>
```

Der Service-Vertrag aktiviert *Transaction Flow* mit dem Attribut *TransactionFlow*, mit dem Service-Operationen annotiert werden können. *TransactionFlow* erwartet einen Parameter vom Enum *TransactionFlowOption*, der die folgenden Werte aufweist: *Allowed* (Transaction Flow ist erlaubt, aber nicht notwendig), *NotAllowed* (Transaction Flow ist nicht erlaubt), *Mandatory* (Transaction Flow wird benötigt). Der Standardwert ist *NotAllowed*. Ein Beispiel dazu findet sich in Listing 3.74.

Listing 3.74 Aktivieren des Transaktionsflusses im Service-Vertrag

```
[ServiceContract(Namespace="www.softwarearchitekt.at/FlugService")]
public interface IFlugService
{
    [OperationContract]
    List<Flug> FindFlights(
        String von,
        String nach,
        DateTime datum);
    [OperationContract]
    [TransactionFlow(TransactionFlowOption.Allowed)]
    int BookFlight(string flightNumber,
        string vorname,
        string nachname);
}
```

Auf der Ebene der Service-Implementierung wird das Transaktionsverhalten mit dem Attribut *OperationBehavior* gesteuert. Die boolesche Eigenschaft *TransactionScopeRequired* legt fest, ob die annotierte Service-Operation innerhalb einer Transaktion ausgeführt werden soll. Der Parameter *TransactionAutoComplete* definiert darüber hinaus, ob für die Transaktion gestimmt werden soll, wenn die Operation keine Ausnahme auslöst. In Listing 3.75 weisen diese beiden Parameter den Wert *true* auf. Somit findet die Operation in einer Transaktion statt, und sofern es bei deren Abarbeitung zu keiner nicht behandelten Ausnahme kommt, wird auch für ein *Commit* gestimmt. Die statische Eigenschaft *Transaction.Current* bietet Informationen über die aktuelle Transaktion. Existiert keine Transaktion, hat sie den Wert *null*. Im betrachteten Listing wird *Transaction.Current* zu Demonstrationszwecken verwendet, um die ID der gerade stattfindenden Transaktion zu ermitteln und um durch die Tatsache, dass diese existiert, zu beweisen, dass Transaktionen zum Einsatz kommen.

Listing 3.75 Verwenden einer Transaktion innerhalb einer Service-Operation

```
[OperationBehavior(
    TransactionScopeRequired=true,
    TransactionAutoComplete=true)]
public int BookFlight(
    string flightNumber,
    string vorname,
    string nachname)
{
    var tid = Transaction
                 .Current
                 .TransactionInformation
                 .DistributedIdentifier;

    System.Diagnostics.Debug.WriteLine("TID: " + tid);
}
```

Kommt die Option *TransactionAutoComplete* nicht zum Einsatz, kann eine Operation durch Aufruf der Methode `OperationContext.Current.SetTransactionComplete` für die aktuelle Transaktion stimmen. Per Definition soll es sich dabei um den letzten Methodenaufruf einer Operation handeln. Bleibt dieser Aufruf aus, wird gegen die Transaktion gestimmt.

3.15.5 Transaktionsisolationslevel

Das Attribut *ServiceBehavior* bietet mit der Eigenschaft *TransactionIsolationLevel* die Möglichkeit, die Isolationsstufe der stattfindenden Transaktionen zu bestimmen (Listing 3.76). Die möglichen Werte, die von dieser Eigenschaft angenommen werden können, finden sich unter tinyurl.com/3er9vs6.

Der Standardwert ist *Unspecified*, was dazu führt, dass im Zuge eines *Transaction Flow* die Isolationsstufe des Aufrufers übernommen wird und beim Starten einer neuen Transaktion die Stufe *Serializable* Verwendung findet. Wird ein anderer Wert als *Unspecified* festgelegt, muss die angegebene Isolationsstufe bei Verwendung von *Transaktion Flow* jener des Aufrufers entsprechen. Ansonsten wird eine Ausnahme ausgelöst.

Um *TransactionIsolationLevel* verwenden zu können, muss die Assembly *System.Trans-actions* eingebunden werden. Um die maximale Dauer einer Transaktion festzulegen, bietet *ServiceBehavior* auch eine Eigenschaft *TransactionTimeout* an. In Listing 3.76 unten wird diese Eigenschaft zum Beispiel genutzt, um Transaktionen auf 20 Sekunden zu beschränken.

Listing 3.76 Festlegen der Isolationsstufe sowie des Transaktions-Timeout

```
[ServiceBehavior(
        TransactionIsolationLevel = IsolationLevel.Unspecified,
        TransactionTimeout="00:00:20")]
    public class FlugService : IFlugService
    {
[…]
}
```

3.15.6 Transaktion am Client starten

Die Klasse *TransactionScope* (aus der Assembly *System.Transactions*) startet im Zuge ihrer Instanziierung eine neue Transaktion, die beim Aufruf von *Dispose* geschlossen wird. Deswegen bietet es sich an, diese Klasse innerhalb eines *using*-Blocks zu verwenden. Mit der Methode *Complete* wird für die Transaktion gestimmt. Wird diese Methode nicht bis zum Ende der Transaktion aufgerufen, führt der *TransactionScope* einen *Rollback* durch (vgl. Listing 3.77).

Listing 3.77 Transaktion am Client starten

```
FlugServiceClient c = new FlugServiceClient();
using (TransactionScope t = new TransactionScope())
{
    int f1 = c.BookFlight("FH0815", "Max", "Muster");
    int f2 = c.BookFlight("FH0816", "Max", "Muster");

    t.Complete();
}
```

 HINWEIS: Es spricht natürlich auch nichts dagegen, unter Verwendung der Klasse *TransactionScope* eine Transaktion innerhalb einer Service-Operation zu starten. ∎

3.15.7 Transaktionen und Sessions

Werden Sessions verwendet, beendet WCF diese standardmäßig nach dem Abschluss einer Transaktion. Dies bedeutet, dass nach Transaktionsende Werte, die in Membervariablen der Service-Klasse hinterlegt wurden, nicht mehr verfügbar sind. Um diesem Verhalten entgegenzuwirken, muss die Eigenschaft *ReleaseServiceInstanceOnTransactionComplete* des

Attributs *ServiceBehavior* auf *false* gesetzt werden. Eine weitere im Zusammenhang mit Transaktionen interessante Eigenschaft von *ServiceBehavior* ist *TransactionAutoComplete-OnSessionClose*. Wird diese auf *true* gesetzt, stimmt der Service nachträglich im Namen aller innerhalb der Session aufgerufenen Operationen für ein Commit, sobald eine einzige Operation die Transaktion bestätigt. Voraussetzung dafür ist, dass innerhalb der Transaktion keine Ausnahme ausgelöst wurde.

■ 3.16 Queued Services

Zur Kommunikation zwischen Systemen bieten sich Nachrichtenwarteschlangen (Message-Queues) an. Der Vorteil dieser Technologie liegt in der Möglichkeit einer asynchronen Abarbeitung der gesendeten Nachrichten, d. h., der Sender muss im Gegensatz zu klassischen (entfernten) Methodenaufrufen nicht warten, bis sich der Empfänger um sein Anliegen gekümmert hat. Der Empfänger kann zwischenzeitlich sogar offline sein – die Nachrichten werden in der Warteschlange zwischengespeichert und bei Zeiten, wenn der Empfänger wieder verfügbar ist, abgearbeitet. Daneben ermöglichen Nachrichtenwarteschlangen durch Verwendung von Transaktionen eine verlässliche Zustellung nach dem Alles-oder-nichts-Prinzip.

3.16.1 Microsoft Message Queuing Services (MSMQ)

Bei den Microsoft Message Queuing Services (MSMQ) handelt es sich um die seit den Zeiten von Windows NT verfügbare Nachrichtenwarteschlangen-Implementierung aus dem Hause Microsoft, die mit Windows mitausgeliefert wird. Sofern installiert, können MSMQ-basierte Nachrichtenwarteschlangen über die Computerverwaltung (*Systemsteuerung | Verwaltung | Computerverwaltung*) administriert werden (siehe Bild 3.9).

Bild 3.9 Administrieren von MSMQ

Dabei wird unter anderem zwischen öffentlichen und privaten unterschieden. Erstere sind über Rechnergrenzen hinweg ansprechbar und müssen im Active Directory registriert werden. Letztere können hingegen nur am jeweiligen Rechner verwendet werden. Beim Anlegen einer Warteschlange kann angegeben werden, ob diese innerhalb von Transaktionen verwendet werden soll. Dabei ist zu beachten, dass diese Eigenschaft später nicht mehr verändert werden kann.

Neben öffentlichen und privaten Queues sieht MSMQ sogenannte Dead-Letter-Queues sowie Retry- und Poison-Queues vor. In Dead-Letter-Queues werden Nachrichten, die nicht innerhalb einer vorgegebenen Zeitspanne bearbeitet werden konnten, abgelegt. Pro Rechner existieren zwei Dead-Letter-Queues – eine für transaktionale Nachrichten und eine für nichttransaktionale Nachrichten. Die deutschen Bezeichnungen dieser Queues, die sich in der Administration unter Systemwarteschlangen befinden, sind unzustellbare Nachrichten sowie unzustellbare Transaktionsnachrichten. Retry- und Poison-Queues sind hingegen jeweils einer privaten bzw. öffentlichen Queue untergeordnet. Die Retry-Queue nimmt jene Nachrichten auf, die nicht erfolgreich verarbeitet werden konnten und deswegen auf einen weiteren Verarbeitungsversuch warten. Nach einer bestimmten zu definierenden Zeitspanne verschiebt MSMQ die dort zwischengelagerten Nachrichten wieder in die jeweilige öffentliche bzw. private Queue. Nachrichten, deren Verarbeitung immer wieder gescheitert ist, landen in der Poison-Queue. Sowohl die Poison-Queues als auch die beiden Dead-Letter-Queues sollten von einem Administrator überwacht werden. Dieser kann aus deren Nachrichten entweder auf Fehler in der Verarbeitung oder auf Fehler in den Nachrichten schließen und entsprechende Schritte einleiten.

Nachrichten, die an eine öffentliche Queue auf einem anderen Rechner gesendet werden, werden in ausgehenden Warteschlangen zwischengespeichert, bis diese erfolgreich an das Gegenüber gesendet werden konnten oder ablaufen. Letzteres führt dazu, dass sie, wie bereits angemerkt, in eine der beiden Dead-Letter-Queues verschoben werden. Dabei ist zu beachten, dass eine Transaktion, die Nachrichten an eine entfernte Queue sendet, bereits dann als erfolgreich angesehen wird, wenn diese in der ausgehenden Queue platziert wurde.

In Hinblick auf Nachvollziehbarkeit können Queues auch angewiesen werden, alle empfangenen Nachrichten zu protokollieren. Im Zuge dessen schreibt MSMQ Kopien dieser Nachrichten in eine sogenannte Journal-Queue. In der Administration findet man diese neben den beiden Dead-Letter-Queues bei den Systemwarteschlangen.

3.16.2 Implementierung von Queued Services

Mit dem *netMsmqBinding* bietet WCF eine Möglichkeit zum verlässlichen Versenden und Empfangen von Nachrichten – bei Wunsch sogar unter Verwendung von Transaktionen. Services, die davon Gebrauch machen, werden auch als *Queued Services* bezeichnet. Somit können Nachrichten beispielsweise in einer Message-Queue zwischengespeichert werden, bis der Zielservice wieder online ist bzw. für die Verarbeitung weiterer Anfragen wieder freie Ressourcen vorhanden sind. Durch die Verwendung von transaktionalen Queues wird verhindert, dass Nachrichten, deren Verarbeitung einen Fehler ausgelöst hat, verloren gehen.

Damit ein Service via MSMQ angesprochen werden kann, darf dieser lediglich asynchrone Operationen aufweisen. Obwohl es technisch möglich wäre, werden Callbacks zurzeit nicht vom *netMsmqBinding* unterstützt. Sollen transaktionale Queues zum Einsatz kommen, muss auch Transaction Flow erlaubt oder sogar erzwungen werden (siehe Listing 3.78).

Listing 3.78 Service-Vertrag für die Verwendung von Queued Services

```
[ServiceContract]
public interface IMessageService
{
    [OperationContract(IsOneWay=true)]
    [TransactionFlow(TransactionFlowOption.Allowed)]
    void SendMessage(String message, bool isUrgent);
}
```

Die Methoden der Service-Implementierung müssen bei transaktionalen Queues zusätzlich Gebrauch von Transaktionen machen. Deswegen sind diese mit dem Attribut *Operation Behavior* zu versehen, wobei die Eigenschaft *TransactionScopeRequired* auf *true* festzulegen ist. Listing 3.79 demonstriert dies. Zusätzlich wird eine Verzögerung von drei Sekunden herbeigeführt, bevor die gesendete Nachricht ausgegeben wird, sodass die Tatsache, dass Queued Services Nachrichten asynchron abarbeiten und Clients nicht warten müssen, bis das geschehen ist, in diesem Beispiel beobachtet werden kann. Wird für den Parameter *urgent* der Wert *true* übergeben, löst die Service-Operation eine Ausnahme aus. Dies soll es dem Leser ermöglichen, das konfigurierbare Verhalten von Queued Services beim Auftreten von Verarbeitungsfehlern zu testen.

Listing 3.79 Service-Implementierung für Queued Service

```
public class MessageService : IMessageService
{
    [OperationBehavior(TransactionScopeRequired=true)]
    public void SendMessage(string message, bool isUrgent)
    {
        if (isUrgent) throw new FaultException("was urgent!");
        System.Threading.Thread.Sleep(3000);
        Console.WriteLine(message);
    }
}
```

3.16.3 Queued Services konfigurieren

In der Konfiguration wird als Binding das *netMsmqBinding* angegeben. Die Adresse hat die Form *net.msmq://localhost/private/queue-name* bei Verwendung privater Queues. Sollen öffentliche Queues zum Einsatz kommen, ist die Form *net.msmq://localhost/queue-name* zu verwenden.

Da es nicht möglich ist, über Nachrichtenwarteschlangen Metadaten abzurufen, bietet es sich an, zusätzlich ein *Metadata Exchange Binding* (MEX-Binding), das sich auf HTTP, TCP oder Named Pipes abstützt, zu konfigurieren. Eine Alternative dazu stellt das Einrichten einer HTTP-basierten Basisadresse dar, über die man WSDL-Dateien abrufen kann. Damit die WSDL-Datei durch Anhängen von *?wsdl* an diese Basisadresse abgerufen werden kann, ist ein Service-Behavior mit einem *serviceMetadata*-Element, dessen Attribut *httpGet Enabled* auf *true* gesetzt wird, heranzuziehen. Listing 3.80 demonstriert dies.

Listing 3.80 Konfiguration eines Queued Service

```
[…]
<services>
      <service name="QueueServiceLib.MessageService">
            <endpoint
                  address="net.msmq://localhost/private/messageservice"
                  contract="QueueServiceLib.IMessageService"
                  binding="netMsmqBinding"
                  bindingConfiguration="netMsmq" />
            <endpoint
                  address="mex"
                  binding="mexHttpBinding"
                  contract="IMetadataExchange" />
            <host>
                  <baseAddresses>
                    <add baseAddress="http://localhost:20000/
MessageService/" />
                  </baseAddresses>
            </host>
      </service>
</services>
[…]
<behaviors>
      <serviceBehaviors>
            <behavior>
                  <serviceMetadata httpGetEnabled="True"/>
                  <serviceDebug includeExceptionDetailInFaults="False" />
            </behavior>
      </serviceBehaviors>
</behaviors>
[…]
```

Weitere Details können über die Behavior-Konfiguration von *netMsmqBinding* festgelegt werden. Listing 3.81 zeigt die möglichen Einstellungen, die bei Verwendung des *netMsmq-Binding* zur Verfügung stehen. *ExactlyOnce* legt fest, ob es sich bei der verwendeten Warteschlange um eine transaktionale Warteschlange handelt. Nur bei Verwendung von Transaktionen kann garantiert werden, dass die gesendeten Nachrichten genau ein einziges Mal zugestellt wird. Ansonsten kann es vorkommen, dass zwei Prozesse eine Nachricht gleichzeitig entdecken und diese gleichzeitig bearbeiten. Dieser Umstand spiegelt sich im Namen der Eigenschaft wider. Die Option *timeToLive* legt fest, wie lange die Nachricht gültig sein soll. Im betrachteten Fall wurde diese Zeitspanne auf zehn Minuten festgelegt. Nach Ablauf dieser Zeitspanne wird die Nachricht in die Dead-Letter-Queue verschoben.

MaxRetryCount beinhaltet die max. Anzahl an Wiederanlaufzyklen, die stattfinden, wenn im Zuge der Abarbeitung einer Nachricht Fehler auftreten. Pro Wiederanlaufzyklus finden bei Auftreten eines solchen Fehlers max. so viele Wiederanläufe statt, wie unter *receive RetryCount* angegeben ist. Nach jedem Zyklus wird die Nachricht in die Queue *retry*, die sich unterhalb der verwendeten Queue wiederfindet, verschoben. Nach Verstreichen der Zeitspanne, die im Attribut *retryCycleDelay* angegeben ist, verschiebt WCF die Nachricht zurück in die ursprüngliche Queue, wo sie vor allen anderen Nachrichten eingereiht wird. Hierbei ist zu beachten, dass von Wiederanläufen die Rede ist sowie dass jedem Wiederanlauf ein erster Versuch, dessen Scheitern erst zum Wiederanlauf führt, vorangeht.

Dasselbe gilt für den ersten Wiederanlaufzyklus – auch diesem geht ein initieller Zyklus voraus. Somit ergeben sich max. (1+*receiveRetryCount*) * (1+*maxRetryCycles*) Versuche. Im betrachteten Beispiel weisen beide Eigenschaften den Wert 2 auf. Somit ergeben sich max. neun Versuche (1+2*1+2). Konnte die Nachricht trotz all dieser Versuche nicht verarbeitet werden, wird sie als Poison-Message angesehen. Wie mit solchen Nachrichten zu verfahren ist, legt die Option *receiveErrorHandling* fest. Wird die Option *Fault* gewählt, wird der Service angehalten. Die Nachricht muss, zum Beispiel von einem Administrator, aus der Warteschlange entfernt werden. Anschließend ist der Service neu zu starten. Möchte man der Nachricht einen weiteren Wiederanlaufzyklus zugestehen, verschiebt man sie in die *Retry*-Queue der jeweiligen Warteschlange. Bei Verwendung der Option *Drop* wird die Nachricht, die nicht verarbeitet werden konnte, einfach gelöscht. *Move* legt hingegen fest, dass die Nachricht in die Poison-Queue, die der verwendeten Queue untergeordnet ist, abzulegen ist. Mit *Reject* wird alternativ dazu angegeben, dass fehlerhafte Nachrichten in eine der beiden globalen Dead-Letter-Queues zu verschieben sind.

Listing 3.81 Binding-Konfiguration

```
<bindings>
    <netMsmqBinding>
        <binding
            name="netMsmq"
            exactlyOnce="true"
            timeToLive="00:10:00"
            maxRetryCycles="2"
            receiveRetryCount="2"
            retryCycleDelay="00:00:05"
            receiveErrorHandling="Reject">
            <security mode="None">
            </security>

        </binding>
    </netMsmqBinding>
</bindings>
```

■ 3.17 REST-basierte Services mit WCF

REST wird zunehmend als schlanke Alternative zu SOAP eingesetzt. Dabei kommt, wie in Kapitel 1, „Serviceorientierung", beschrieben, HTTP in seiner Reinform zum Einsatz. Dieser Abschnitt zeigt zunächst, wie mit WCF REST-basierte Services umgesetzt und konsumiert werden können. Anschließend beschäftigt er sich mit erweiterten Möglichkeiten für REST-Szenarien.

3.17.1 REST-Services mit WCF implementieren und konsumieren

Dieser Abschnitt zeigt, wie Service-Operationen in REST-Szenarien auf URLs abgebildet werden können. Daneben wird gezeigt, wie solche Services mit WCF konsumiert werden. Als Alternative dazu wird auch auf das Konsumieren von REST-Services ohne WCF eingegangen.

3.17.1.1 Einen REST-Service implementieren

Um WCF-Services via REST anzubieten, werden die Methoden in den Service-Verträgen mit Uri-Templates versehen. Diese legen fest, mit welchem URI und welchem HTTP-Verb die Methode assoziiert werden soll. Kommt das Verb *GET* zum Einsatz, wird dazu das Attribut *WebGet* verwendet; für alle anderen Verben kommt *WebInvoke* zum Einsatz, wobei mit der Eigenschaft *Method* das jeweilige Verb anzugeben ist (Listing 3.82).

Uri-Templates bieten auch die Möglichkeit, Platzhalter in geschweiften Klammern zu hinterlegen. WCF weist im Zuge des Methodenaufrufs deren tatsächlichen Werte an die gleichnamigen Parameter zu, wobei diese vom Typ *String* sein müssen. Findet sich ein Parameter in keinem Platzhalter wieder, wird dieser in der HTTP Payload, standardmäßig in Form von XML, erwartet. Normalerweise wird nur ein einziger Parameter in der Payload übertragen. Um dies für mehrere zu erlauben, kann die Eigenschaft *BodyStyle*, die sich in den Attributen *WebGet* und *WebInvoke* findet, auf *Bare* gesetzt werden. Um das Übertragungsformat der an den Service gesendete Payload auf JSON festzulegen, wird die Eigenschaft *RequestFormat* auf *Json* gesetzt; für das Format der vom Service gesendeten Payload wird *ResponseFormat* analog dazu verwendet.

Listing 3.82 demonstriert einige dieser Aspekte: Für *FindFlight* wurde im Uri-Template ein Platzhalter, der auf den Parameter *flugNummer* mappt, definiert, im Falle von *AddFlight* wird ein Flug in der Payload erwartet, und für *FindFlightsJson* wurde JSON als Format der zum Client gesendeten Payload festgelegt.

Listing 3.82 Service-Vertrag für REST-Szenario

```
[ServiceContract]
public interface IFlugService
{
    [OperationContract]
    [WebGet(UriTemplate = "/flight/{flugNummer}")]
    Flug FindFlight(String flugNummer);
    [OperationContract]
    [WebInvoke(UriTemplate = "/flights", Method="POST")]
    Flug AddFlight(Flug f);

    [OperationContract]
    [WebGet( UriTemplate = "/flights/{von}-{nach}/{datum}?json",
                ResponseFormat = WebMessageFormat.Json)]
    List<Flug> FindFlightsJson(String von, String nach, string datum);
}
```

Als Binding ist bei REST-Szenarien das *webHttpBinding* zu verwenden. Zusätzlich muss das Behavior *webHttp* eingesetzt werden (Listing 3.83).

Listing 3.83 Konfiguration eines REST-Service

```
<services>
    <service name="FlugService.FlugService">
        <endpoint binding="webHttpBinding"
                    contract="FlugService.IFlugService" />
    </service>
</services>
<behaviors>
    <endpointBehaviors>
        <behavior>
            <webHttp />
        </behavior>
    </endpointBehaviors>
</behaviors>
```

3.17.1.2 REST-Services mit WCF konsumieren

Zum Konsumieren von REST-Services stehen mehrere Möglichkeiten zur Verfügung. Beispielsweise könnten die entsprechenden HTTP-Aufrufe manuell über Instanzen von *Web Request* durchgeführt werden. Alternativ dazu kann auch WCF am Client eingesetzt werden. Da WCF allerdings ein Beschreiben von REST-Services mittels WSDL nicht unterstützt, sind in diesem Fall die Service- und Datenverträge am Client nachzubilden oder zum Client zu kopieren. Zusätzlich muss der Service am Client unter Verwendung von *webHttpBinding* und des Behaviors *webHttp* manuell konfiguriert werden (Listing 3.84). Zum Zugriff auf den Service kann anschließend mit einer *ChannelFactory* ein Laufzeit-Proxy für den Service abgerufen werden (Listing 3.85). Dabei ist an den Konstruktor der *ChannelFactory* der Name des in der Konfiguration hinterlegten Endpunktes zu übergeben.

Listing 3.84 Client-Konfiguration für REST-Szenario

```
<system.serviceModel>
    <client>
        <endpoint address="http://localhost:4924/FlugService.svc"
                binding="webHttpBinding"
                behaviorConfiguration="myBehavior"
                contract="FlugService.IFlugService"
                name="FlugService" />
    </client>
    <behaviors>
        <endpointBehaviors>
            <behavior name="myBehavior">
                <webHttp/>
            </behavior>
        </endpointBehaviors>
    </behaviors>
</system.serviceModel>
```

Listing 3.85 Client zum Zugriff auf REST-Service

```
private static void Sample01()
{
    ChannelFactory<IFlugService> factory;
    factory = new ChannelFactory<IFlugService>("FlugService");
```

```
IFlugService client = factory.CreateChannel();
Flug f = new Flug();
f.Abflug = System.DateTime.Now;
f.Von = "Graz";
f.Nach = "Frankfurt";
f.Preis = 410;
f.FulgNummer = "AUA0815";
client.AddFlight(f);
}
```

3.17.1.3 REST-Service ohne WCF konsumieren

Da REST die direkte Verwendung von HTTP vorsieht, können REST-Services auch ohne WCF relativ einfach konsumiert werden. Auch dazu sind die Datenverträge zum Client zu kopieren oder dort nachzustellen. Anschließend kann mit einem Objekt von *WebRequest* eine HTTP-Anfrage an den Service gerichtet werden. Listing 3.86 demonstriert dies, indem es Flüge anfordert. Um das Ergebnis der Anfrage zu erhalten, verwendet es die Methode *Get Response*, die ein Objekt vom Typ *WebResponse* liefert. Dieses Objekt bietet mit *GetResponseStream* die Möglichkeit, einen Stream zum Lesen der Antwort anzufordern. Der Inhalt dieses Streams wird verwendet, um unter Einsatz eines *DataContractSerializer* das empfangene XML-Dokument in eine *List<Flug>* umzuwandeln.

Listing 3.86 REST-Service mittels GET und WebRequest aufrufen

```
WebRequest request;
WebResponse response;
request = WebRequest.Create(
                    "http://[...]/flights/Stuttgart-Mallorca/2011-05-02");
response = request.GetResponse();
DataContractSerializer dcs = new DataContractSerializer(typeof(List<Flug>));
List<Flug> fluege = (List<Flug>)dcs.ReadObject(response.GetResponseStream());
foreach (var f in fluege)
{
    Console.WriteLine(f.Datum);
}
```

Das Senden von Daten an einen REST-Service wird in Listing 3.87 veranschaulicht. Dieses definiert das zu verwendende HTTP-Verb über die Eigenschaft *Method*; den Typ der zu sendenden Nachricht legt es mittels *ContentType* auf *text/xml* fest. Da die aktuelle WCF-Version lediglich XML und JSON für REST-Szenarien unterstützt, ist diese Eigenschaft entweder auf diesen Wert oder auf *application/json* zu setzen. Danach fordert das betrachtete Beispiel mit *GetRequestStream* einen Stream an, der das Senden der Anfrage erlaubt. Um einen anzulegenden Flug zu senden, erzeugt es in weiterer Folge eine Flug-Instanz und serialisiert diese unter Verwendung eines *DataContractSerializers* nach XML. Als Ziel der Serialisierung kommt der zuvor angeforderte Stream zum Einsatz. Anschließend liefert *GetResponse* die Antwort des Service.

Listing 3.87 REST-Service mittels POST und WebRequest aufrufen

```
WebRequest request;
WebResponse response;
request = WebRequest.Create("http://localhost:8888/FlugService.svc/flights");
request.Method = "POST";
```

```
request.ContentType = "text/xml";
var stream = request.GetRequestStream();
Flug flug = new Flug();
flug.Von = "Stuttgart";
flug.Nach = "Mallorca";
flug.Datum = DateTime.Now.AddHours(6);
DataContractSerializer dcs = new DataContractSerializer(typeof(Flug));
dcs.WriteObject(stream, flug);
response = request.GetResponse();
[…]
```

3.17.2 Antwortformat dynamisch festlegen

Das gewünschte Format der Antwortnachricht kann über die Eigenschaft *ResponseFormat* der Attribute *WebGet* bzw. *WebInvoke* festgelegt werden. Da diese auf die einzelnen Methoden im Service-Interface angewendet werden, war es vor .NET 4 nicht möglich, mehrere Antwortformate durch ein und dieselbe Methode bereitzustellen. Deswegen musste pro gewünschtes Antwortformat eine eigene Methode bereitgestellt werden (Listing 3.88).

Listing 3.88 Datenformate über Attribute festlegen

```
[OperationContract]
[WebGet(UriTemplate = "/flights/{von}-{nach}/{datum}", ResponseFormat =
WebMessageFormat.Xml)]
List<Flug> FindFlightsXml(String von, String nach, string datum);
[OperationContract]
[WebGet(UriTemplate = "/flights/{von}-{nach}/{datum}?json", ResponseFormat =
WebMessageFormat.Json)]
List<Flug> FindFlightsJson(String von, String nach, string datum);
```

Ab WCF 4.0 ist dieser Workaround nicht mehr notwendig, da nun der vom Client übermittelte HTTP-Header *Accept*, der die gewünschten Nachrichtenformate des Aufrufers beinhaltet, berücksichtigt wird. Um XML anzufordern, wird *Accept* auf den Wert *text/xml* gesetzt; für JSON auf *application/json*.

Darüber hinaus kann das zu verwendende Antwortformat auch dynamisch im Zuge der Abarbeitung einer Servicemethode festgelegt werden. Listing 3.89 demonstriert dies. Zunächst wird der Wert des URL-Parameters *format* ermittelt. Beinhaltet dieser den Wert JSON, wird in weiterer Folge über die Eigenschaft *WebOperationContext.Current.OutgoingResponse.Format* JSON als Ausgabeformat definiert.

Listing 3.89 Datenformat der Antwort dynamisch festlegen

```
public List<Flug> FindFlights(String von, String nach, String datum)
{
    List<Flug> result;
    string format;
    format = WebOperationContext
                .Current
                .IncomingRequest
                .UriTemplateMatch
                .QueryParameters["format"];
```

```
    if (format == "json") {
        WebOperationContext
            .Current
            .OutgoingResponse
            .Format = WebMessageFormat.Json;
    }
    [...]
    return result;
}
```

3.17.3 Hilfe-Seiten (Help Pages)

Im Gegensatz zu auf SOAP basierenden Services existiert für REST-Services keine Möglichkeit einer formalen Beschreibung via WSDL – zumindest nicht, wenn die von WCF verwendete WSDL-Version 1.1 zum Einsatz kommt. Die neuere WSDL-Version 2.0 würde hingegen auch solche Szenarien unterstützten. Alternativ dazu existiert ein von Sun beim W3C eingereichter Vorschlag für eine Alternative zu WSDL für REST-Services, die sich Web Service Application Language (WADL) nennt. Da weder WSDL 2.0 noch WADL von WCF unterstützt werden sowie auch von anderen Frameworks nicht allzu viel Beachtung erhalten, ist es nicht unüblich, dass Client-Entwickler den Zugriff auf REST-Services selbst in die Hand nehmen. WCF 4.x unterstützt bei dieser Tätigkeit, indem die Möglichkeit einer automatisch generierten Hilfe-Seite geboten wird.

Um WCF anzuweisen, eine Hilfe-Seite zur Verfügung zu stellen, ist die Eigenschaft *help Enabled* des Behaviors *webHttp* auf *true* zu setzen (Listing 3.90).

Listing 3.90 Hilfe-Seite aktivieren

```
[...]
<endpointBehaviors>
<behavior>
    <webHttp helpEnabled="true" />
</behavior>
</endpointBehaviors>
[...]
```

Durch diese Einstellung wird die Hilfe-Seite durch Anhängen von */help* an die Service-URL erreichbar. Diese liefert, wie in Bild 3.10 veranschaulicht, Informationen über die bereitgestellten Uri und die unterstützten Methoden (HTTP-Verben) sowie eine Beschreibung der angebotenen Methoden, wobei die Beschreibung durch Anwendung des Attributes *Description* auf Methodenebene im Service-Interface angepasst werden kann.

Für die einzelnen Methoden können darüber hinaus Beispiele für die zu übertragenden Nachrichten in XML und JSON sowie XML-Schemata für die verwendeten Elemente abgerufen werden (Bild 3.11).

Bild 3.10 Generierte Hilfe-Seite eins REST-Services

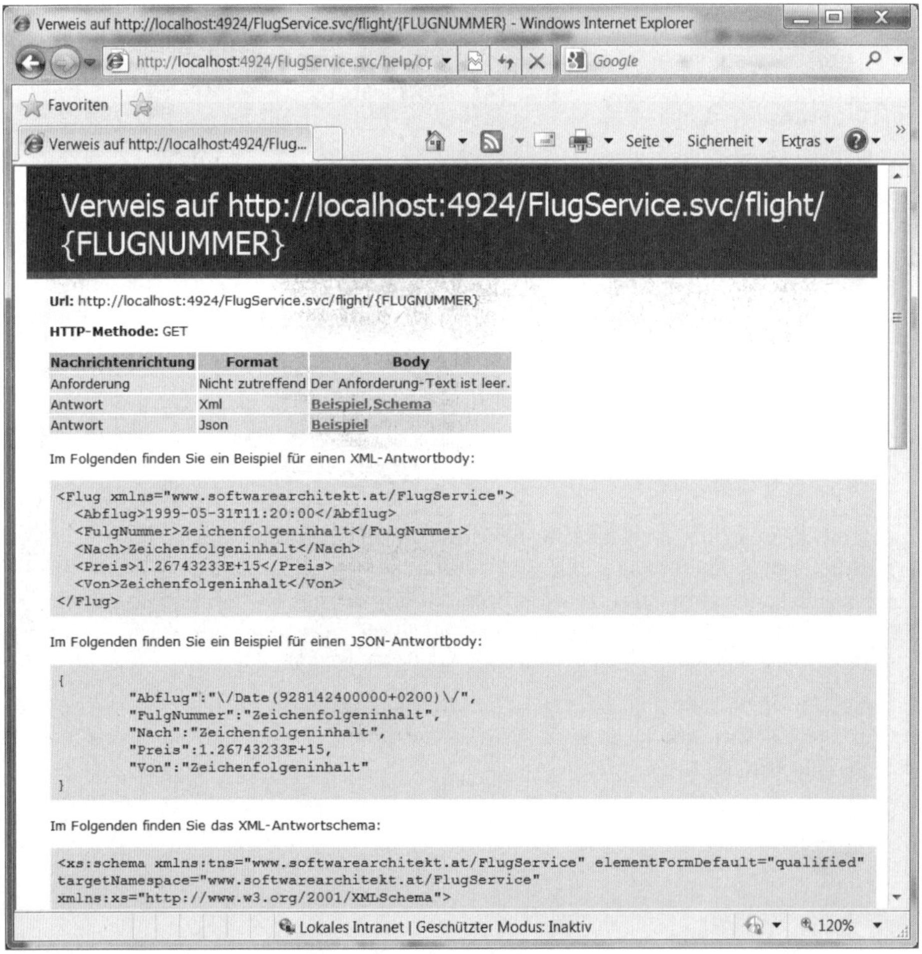

Bild 3.11 Detailinformationen für einen bereitgestellten URI

3.17.4 ASP.NET Cache Profiles

Zur Steigerung der Performance können die Caching-Mechanismen von ASP.NET auch für REST-basierte Services herangezogen werden, indem einzelne Methoden durch Verwendung des Attributs *AspNetCacheProfile* mit einem in der *web.config* definierten Cache-Profil in Verbindung gesetzt werden. Listing 3.91 demonstriert dies. Das dazugehörige Cache-Profil findet sich in Listing 3.92. Dieses definiert, dass abgerufene Daten für eine Dauer von 30 Sekunden gecached werden sollen sowie dass gecachte Einträge nur dann für weitere Anfragen verwendet werden dürfen, wenn diese dieselben Parameter (*varyByParam*) sowie denselben Wert für den HTTP-Header *Accept* (*varyByHeader*) aufweisen.

Da hierbei Konzepte aus ASP.NET Anwendung finden, muss zusätzlich der ASP.NET-Kompatibilitätsmodus aktiviert werden (Listing 3.93). Zusätzlich ist mit dem Attribut *AspNet CompatibilityRequirements* auf der Ebene der Service-Implementierung anzuzeigen, dass diese den Kompatibilitätsmodus benötigt oder zumindest erlaubt (Listing 3.94).

Listing 3.91 Verknüpfung eines Service mit einem ASP.NET-Cache-Profil

```
[ServiceContract]
public interface IFlugService
{
    [OperationContract]
    [WebGet(UriTemplate = "/flights/{von}-{nach}/{datum}")]
    [AspNetCacheProfile("MyCacheProfile")]
    List<Flug> FindFlights(
        String von,
        String nach,
        string datum);
    [...]
}
```

Listing 3.92 ASP.NET-Cache-Profil

```
<system.web>
    <caching>
        <outputCacheSettings>
            <outputCacheProfiles>
                <add name="MyCacheProfile"
                     duration="30"
                     varyByHeader="Accept"
                     varyByParam="*"/>
            </outputCacheProfiles>
        </outputCacheSettings>
    </caching>
</system.web>
```

Listing 3.93 Aktivierung des ASP.NET-Kompatibilitätsmodus

```
<system.serviceModel>
    <serviceHostingEnvironment aspNetCompatibilityEnabled="true" />
</system.serviceModel>
```

Listing 3.94 Erlauben des ASP.NET-Kompatibilitätsmodus

```
[AspNetCompatibilityRequirements(
    RequirementsMode=AspNetCompatibilityRequirementsMode.Allowed)]
public class FlugService : IFlugService { […] }
```

3.17.5 REST-Services über ASP.NET-Routen

REST-Services können nun auch über ASP.NET-Routen veröffentlicht werden, sofern der ASP.NET-Kompatibilitätsmodus Verwendung findet (siehe Abschnitt 3.13). Zur Veranschaulichung zeigt Listing 3.95 eine Implementierung der Methode *RegisterRoutes*, die unter anderem eine *ServiceRoute*, die auf den REST-Service *FlugService* verweist, registriert. An den Konstruktor dieser Methode werden die Route, eine Instanz von *WebServiceHostFactory* sowie der Typ der Service-Implementierung übergeben. Dies bewirkt, dass der REST-Service über die URL *FlugService* verfügbar gemacht wird.

Listing 3.95 ASP.NET-Route für REST-Service

```
public static void RegisterRoutes(RouteCollection routes)
{
    routes.IgnoreRoute("{resource}.axd/{*pathInfo}");
    WebServiceHostFactory factory = new WebServiceHostFactory();
    routes.Add(new ServiceRoute("FlugService", factory, typeof(FlugService.
FlugService)));
    routes.MapRoute(
        "Default", // Route name
        "{controller}/{action}/{id}", // URL with parameters
        new { controller = "Home", action = "Index", id = UrlParameter.
Optional } // Parameter defaults
    );
}
```

3.17.6 Ausnahmen auf HTTP-Statuscodes abbilden

Im Falle einer Ausnahme wird von einem REST-Service erwartet, dass dieser einen entsprechenden HTTP-Statuscode an den Aufrufer zurücksendet. Diese Aufgabe wird durch die Ausnahme *WebFaultException* erleichtert. Diese erwartet als Parameter einen HTTP-Statuscode, der über die Optionen der Enum *HttpStatusCode* angegeben wird. Wird solch eine Ausnahme von WCF gefangen, kommt der angegebene Statuscode beim Generieren der Antwortnachricht zur Verwendung.

Von *WebFaultException* existiert auch eine generische Variante. Diese nimmt neben dem Statuscode auch eine Fehlermeldung, die vom Typ des angeführten Typparameters sein muss und von WCF ebenfalls an den Client gesendet wird, entgegen. Ein Beispiel zur Verwendung dieser Ausnahme findet sich in Listing 3.96.

Listing 3.96 Auslösen einer Ausnahme, die auf einen Statuscode abgebildet wird

```
public Flug FindFlight(string flugNummer)
{
```

```
    […]
    // Wenn wir hier ankommen, wurde der Flug nicht gefunden …
    throw new WebFaultException<string>("Flug wurde nicht gefunden!",
HttpStatusCode.NotFound);
}
```

3.17.7 Conditional GET und ETag-Unterstützung

Als Conditional GET wird ein durch das HTTP-Protokoll unterstützter Mechanismus bezeichnet, der es Clients erlaubt, Dokumente lediglich unter der Bedingung, dass sie sich seit
dem letzten Aufruf geändert haben, anzufordern. Hat sich das Dokument nicht geändert,
antwortet der Server mit dem Statuscode 304 (Not Modified). Ansonsten wird das geänderte
Dokument zurückgeliefert.

Um entscheiden zu können, ob sich ein Dokument geändert hat, sendet der Server mit den
einzelnen Antworten einen sogenannten Entity Tag (*ETag*). Dieser beinhaltet einen Wert,
der die aktuelle Version repräsentiert. Dabei kann es sich zum Beispiel um eine Versionsnummer, einen Zeitstempel oder einen Hashwert handeln. Bei weiteren Anfragen, die sich
auf dasselbe Dokument beziehen, sendet der Client diesen Wert an den Server zurück.
Durch einen Vergleich mit dem aktuellen *ETag* kann dieser somit entscheiden, ob der Client
bereits die aktuelle Version oder ob sich das Dokument seit dem letzten Abrufen geändert
hat.

Ein Beispiel für die serverseitige Implementierung von Conditional GET findet sich in
Listing 3.97. Nachdem der angeforderte Flug geladen wurde, wird dessen *ETag*, der im betrachteten Listing der Eigenschaft *Version* entspricht, ermittelt. Mit der Methode *CheckCon-
ditionalRetrieve* wird anschließend geprüft, ob dieser *ETag* dem eventuell vom Client mitge-
sendeten *ETag* entspricht. Falls dem so ist, löst diese Methode eine *WebFaultException* mit
dem HTTP-Statuscode 304 (Not Modified) aus. Ansonsten wird der aktuelle *ETag* mit der
Methode *SetETag* definiert. Somit wird festgelegt, dass dieser im Zuge der Antwortnachricht
zum Client gesendet werden soll. Danach wird der gewünschte Flug zurückgeliefert.

Listing 3.97 Client, der Conditional GET verwendet

```
public Flug FindFlight(string flugNummer)
{
    Flug flug = […] // Flug laden
    string etag = flug.Version.ToString();
    WebOperationContext.Current.IncomingRequest.
CheckConditionalRetrieve(etag);
    WebOperationContext.Current.OutgoingResponse.SetETag(etag);
    return flug;
}
```

Listing 3.98 zeigt eine zur gerade betrachteten serverseitigen Implementierung passende
Implementierung eines Clients. Im Feld *lastETag* wird der *ETag* des letzten Abrufs festgehal-
ten. Die gewünschte Ressource wird unter Verwendung von *WebRequest* und *WebResponse*
abgerufen. Über den Header-Eintrag *If-None-Match* wird der letzte bekannte *ETag* an den
Client gesendet. Dieser Eintrag legt fest, dass die angeforderte Ressource nur dann an den
Client gesendet werden soll, wenn sie sich seit dem letzten Abruf geändert hat. Mit *Get*

Response wird die Antwort des Servers abgerufen. Kommt es dabei zu einer *WebException*, wird geprüft, ob es sich beim übermittelten HTTP-Statuscode um den Wert 304 (Not Modified) handelt. Ist dem so, wurde das Dokument in der Zwischenzeit nicht geändert. Ansonsten ist ein (anderer) Fehler aufgetreten. Wurde die Ressource zum Client gesendet, wird sie unter Verwendung des *DataContractSerializer* in ein Objekt übergeführt.

Listing 3.98 Service, der Conditional GET implementiert

```
[…]
private static string lastETag = null;
private static void FindFlight()
{
    WebRequest request;
    WebResponse response = null;
    request = WebRequest.Create("http://localhost:4924/FlugService.svc/
flight/LH0815");
    if (!string.IsNullOrEmpty(lastETag))
    {
        request.Headers["If-None-Match"] = lastETag;
    }
    try
    {
            response = request.GetResponse();
    }
    catch (WebException e)
    {
        HttpWebResponse r = e.Response as HttpWebResponse;
        if (r.StatusCode == HttpStatusCode.NotModified)
        {
            Console.WriteLine("Keine Änderung!");
        }
        else
        {
            Console.WriteLine(e.Message);
        }
        return;
    }

    lastETag = response.Headers["ETag"];
    DataContractSerializer s = new DataContractSerializer(typeof(Flug));
    Flug f = (Flug)s.ReadObject(response.GetResponseStream());
    Console.WriteLine(f.FulgNummer + ", Version: " + f.Version);
}
```

■ 3.18 WCF und Windows 8

Eine Untermenge von WCF wird auch in WinRT bzw. in Windows 8-Apps unterstützt. Da man von WinRT jedoch nicht direkt auf .NET zugreifen kann, beschränkt sich diese Untermenge auf die Bindings *basicHttpBinding*, *netTcpBinding* sowie auf das *netHttpBinding*. Daneben kann der Entwickler auch *customBindings*, welche sich auf die Möglichkeiten der drei zuvor genannten stützen, verwenden.

4 Sicherheit von WCF-Diensten

WCF bietet umfangreiche Möglichkeiten für das Absichern von Services. Dieses Kapitel beschreibt zunächst anhand eines Beispiels das Sicherheitssystem von WCF auf allgemeiner Ebene. In den darauffolgenden Abschnitten werden verschiedene Sicherheitsszenarien vorgestellt.

■ 4.1 Überblick über WCF-Security

Unabhängig davon, welche Technologie zur Implementierung von Services eingesetzt wird, gilt es einige Fragestellungen zu beantworten, bevor der gewünschte Service abgesichert werden kann. Diese sind unter anderem:

1. Sollen Nachrichten verschlüsselt und/oder signiert werden? Falls ja, soll die Verschlüsselung/Signierung auf der Ebene des Transportprotokolls oder auf der Ebene der SOAP-Nachricht erfolgen?
2. Wie soll sich der Benutzer zu erkennen geben?
3. Gegen welchen Benutzerpool soll die übersendete Benutzerkennung geprüft werden (Authentifizierung)?
4. Wie soll herausgefunden werden, welche Rechte der Benutzer hat (Autorisierung)?

4.1.1 Transport- und Nachrichtensicherheit

Die Absicherung (Verschlüsselung, Signierung) der übertragenen Nachrichten kann WCF auf zwei Ebenen vornehmen: auf der Transportebene und auf der Nachrichtenebene. Bei einer Absicherung auf Transportebene werden Möglichkeiten des verwendeten Protokolls herangezogen. Beispielsweise kommt bei solchen Szenarien HTTPS zum Einsatz. Das bedeutet jedoch auch, dass der Empfänger sämtliche übertragene Informationen entschlüsseln kann und ihm diese somit in Klartext vorliegen. Häufig ist das auch kein Problem. In Fällen, in denen der Empfänger jedoch nur eine Zwischenstation, zum Beispiel ein Nachrichten-Router, ist, könnte es allerdings wünschenswert sein, dass dieser nur bestimmte

Teile der Nachricht lesen darf. Dabei könnte es sich um Adressierungsinformationen, die er zum Routen der Nachricht benötigt, handeln. Für Fälle dieser Art bietet sich eine Absicherung auf der Ebene der übertragenen Nachrichten an. Zum Beispiel könnten die SOAP-Pakete verschlüsselt und signiert werden. Informationen zur Art der Verschlüsselung sind dabei in den Kopfdaten zu platzieren.

Die Wahl der gewünschten Ebene erfolgt durch Festlegen der Eigenschaft *mode* innerhalb des *security*-Elements in der Binding-Konfiguration (vgl. Listing 4.1). Die Optionen, die für diese Eigenschaft zur Verfügung stehen, finden sich in Tabelle 4.1, wobei nicht jedes Binding jede Option anbietet. Bei Verwendung von Transportsicherheit können weitere Details mit dem Element *transport* innerhalb des *security*-Elements festgelegt werden; bei Verwendung von nachrichtenbasierter Sicherheit wird stattdessen das Element *message* herangezogen. Kommt die Mischform *TransportWithMessageCredential* (vgl. Tabelle 4.1) zum Einsatz, findet sowohl das Element *transport* als auch *message* zur Spezifikation von weiteren Details Verwendung. In Listing 4.1 wird zum Beispiel mit *negotiateServiceCredential* festgelegt, dass am Beginn der Kommunikation die zu verwendenden Schlüssel ausgetauscht werden sollen. Somit muss der (öffentliche) Schlüssel des jeweiligen Kommunikationspartners dem Gegenüber nicht bekannt sein. Da das dazu verwendete Protokoll nicht interoperabel ist, sollte diese Option beim Vorliegen von dahingehenden Problemen deaktiviert werden. In diesem Fall muss ein Zertifikat mit dem öffentlichen Schlüssels des Services am Client eingerichtet werden.

Die Einstellung *establishSecurityContext* legt fest, ob WCF *Secure Sessions* verwendet. Der Einsatz von Secure Sessions verringert den Overhead für die Authentifizierung und Autorisierung bei aufeinanderfolgenden Aufrufen. Der Standardwert *true* bewirkt, dass am Beginn der Kommunikation ein Token für den Client erstellt wird. Dieser inkludiert dieses Token in alle versendeten Nachrichten. Der Service verwendet es, um den Client effizienter authentifizieren und autorisieren zu können. In Fällen, in denen der Client lediglich eine Service-Operation aufruft ist der Overhead, der mit *Secure Sessions* einhergeht, nicht gerechtfertigt. In allen anderen Fällen sollte davon gebraucht gemacht werden.

Tabelle 4.1 Zur Verfügung stehende Sicherheitsmodi

Option	Beschreibung
• Transport	Es wird auf der Ebene des Transportprotokolls verschlüsselt bzw. signiert (zum Beispiel unter Verwendung von HTTPS). Die Benutzerkennung wird mit Mitteln des Transportprotokolls übertragen.
• Message	Die SOAP-Pakete werden ganz oder teilweise verschlüsselt bzw. signiert. Die Benutzerkennung wird im SOAP-Header übertragen.
• TransportWithMessage Credential	Wie Transport, allerdings wird die Benutzerkennung im Kopf der SOAP-Nachricht übertragen.
• TransportCredentialOnly	Es werden keine Daten verschlüsselt, jedoch wird eine Benutzerkennung über das Transportprotokoll übertragen. Diese Spielart ist von Natur aus unsicher und wird deswegen nur von *basicHttp Binding* aus Gründen der Kompatibilität mit bestehenden Services angeboten.

Listing 4.1 Festlegen des Sicherheitsmodus

```
<bindings>
  <wsHttpBinding>
    <binding name="myWsHttpBinding">
      <security mode="Message">
        <message
          clientCredentialType="Windows"
          negotiateServiceCredential="true"
          establishSecurityContext="true" />

        <!--
          <transport … />
        -->
      </security>
    </binding>
  </wsHttpBinding>
</bindings>
```

4.1.2 Festlegen der zu verwendenden Credentials

Damit ein Benutzer von einem System als solcher erkannt wird, muss er beweisen, dass es sich bei ihm tatsächlich um den angegebenen Benutzer handelt. Dazu werden sogenannte Credentials herangezogen. Dabei kann es sich um die Kombination Benutzername und Passwort, um ein von einem Domänen-Controller ausgestelltes Kerberos-Ticket, ein Client-Zertifikat oder ein Sicherheitstoken handeln. Die zu verwendende Spielart wird im Element *message* bzw. *transport*, das sich unterhalb von *security* in der Binding-Konfiguration befindet, mit der Einstellung *clientCredentialType* festgelegt (vgl. Listing 4.1). Eine Auflistung der bei Verwendung von nachrichtenbasierter Sicherheit zur Verfügung stehenden Optionen findet sich in Tabelle 4.2. Jene, die zusammen mit Transportsicherheit eingesetzt werden können, in Tabelle 4.3. Auch hier gilt, dass nicht jedes Binding jede Option anbietet.

Tabelle 4.2 Credential-Typen für nachrichtenbasierte Sicherheit

Option	Beschreibung
None	Es werden keine Credentials übertragen.
Windows	Es werden Kerberos-Tickets oder NTLM-Tickets übertragen.
UserName	Es werden Benutzername und Passwort übertragen.
Certificate	Es kommen Client-Zertifikate zum Einsatz.
IssuedToken	Es wird ein Sicherheitstoken übertragen.

Tabelle 4.3 Credential-Typen für Transportsicherheit

Option	Beschreibung
None	Es werden keine Credentials übertragen.
BASIC	Passwörter werden in Klartext im HTTP-Header übertragen.
Digest	Passwörter werden verschlüsselt im HTTP-Header übertragen. Reply-Attacken sind dennoch möglich.
Ntlm	Es werden Ntlm-Tickets übertragen.
Windows	Es werden Ntlm- oder Kerberos-Tickets übertragen.
Certificate	Es kommen Client-Zertifikate zum Einsatz.
InheritedFromHost (ab .NET 4.5)	Legt fest, dass all jene Varianten, die in IIS konfiguriert werden, zum Einsatz kommen sollen

4.1.3 Authentifizierung und Autorisierung

Während es bei der Authentifizierung darum geht zu prüfen, ob der jeweilige Benutzer wirklich jener ist, der er vorgibt zu sein, wird bei der Autorisierung geprüft, ob dieser bestimmte Operationen anstoßen darf. Die Art der Authentifizierung sowie die Art der Autorisierung werden im Rahmen der *serviceBehavior* definiert. Ersteres wird durch Angabe entsprechender Elemente innerhalb von *serviceCredentials* bewerkstelligt; Letzteres über die Eigenschaft *principalPermissionMode* des Elements *serviceAuthorization*. In Listing 4.2 wurde zum Beispiel festgelegt, dass die übertragenen Credentials gegen lokale Windows-sowie Active Directory-Benutzer zu prüfen sind sowie dass zur Autorisierung deren Rollen herangezogen werden sollen. Tabelle 4.4 und Tabelle 4.5 geben Auskunft über die hierfür zur Verfügung stehenden Möglichkeiten.

Listing 4.2 Art der Authentifizierung und Autorisierung festlegen

```
[…]
   <serviceBehaviors>
      <behavior name="FlugService1.FlugServiceBehavior">
        <serviceMetadata httpGetEnabled="true" />
        <serviceDebug includeExceptionDetailInFaults="true" />
        <serviceCredentials>
            <userNameAuthentication userNamePasswordValidationMode="Windows"/>
        </serviceCredentials>
        <serviceAuthorization principalPermissionMode="UseWindowsGroups" />
      </behavior>
   </serviceBehaviors>
 </behaviors>
 […]
```

Tabelle 4.4 Konfigurationselemente zum Festlegen der Authentifizierungsart

Option	Beschreibung
`<clientCertificate … />`	Verwendung von Client-Zertifikaten
`<issuedTokenAuthentication … />`	Verwendung von Sicherheittoken
`<userNameAuthentication … />`	Verwendung von Benutzername und Passwort
`<windowsAuthentication … />`	Verwendung von Kerberos-Tickets oder NTLM

Tabelle 4.5 Optionen zum Festlegen der Autorisierungsart

Option	Beschreibung
None	Es wird von WCF keine Art der Autorisierung durchgeführt.
UseWindowsGroups	Es werden die mit dem Windows-Konto bzw. Active Directory-Konto verknüpften Benutzergruppen herangezogen.
UseAspNetRoles	Es werden die über den ASP.NET Role-Manager definierten Rollen herangezogen.
Custom	Die Rollen werden auf benutzerdefinierte Weise ermittelt (mehr dazu unter 4.3.4).

Die Autorisierung der Benutzer anhand deren Eigenschaften, wie Rollenzugehörigkeiten, kann zur Laufzeit entweder programmatisch oder deklarativ erfolgen. Für eine programmatische Autorisierung können Informationen zum aktuellen Benutzer über die aktuelle Prinzipal-Instanz ermittelt werden. Diese kann mittels *System.Threading.Thread.CurrentPrincipal* abgerufen werden und stellt eine Abstraktion für Benutzerkonten und Systemkonten dar. Wie Listing 4.3 demonstriert, können über den Prinzipal der Benutzername sowie Rollenzugehörigkeiten abgefragt werden. Mit *Identity.IsAuthenticated* wird zusätzlich geprüft, ob der Benutzer angemeldet ist oder ob es sich bei ihm um einen anonymen Benutzer handelt.

Listing 4.3 Programmatische Autorisierung

```
var u = System.Threading.Thread.CurrentPrincipal;
Debug.WriteLine("Name: " + u.Identity.Name);
Debug.WriteLine("IsAuthenticated: " + u.Identity.IsAuthenticated);
Debug.WriteLine("IsInRole Administratoren: " +
u.IsInRole("Administratoren"));
```

Zur deklarativen Autorisierung werden die zu schützenden Operationen in der Service-Implementierung mit *PrincipalPermission* annotiert. Als Argument kommt *SecurityAction.Demand* zum Einsatz. Zusätzlich kann die Eigenschaft *Role* auf eine kommagetrennte Auflistung der zulässigen Rollen gesetzt werden.

Listing 4.4 Deklarative Autorisierung

```
[PrincipalPermission(SecurityAction.Demand, Role = "Benutzer")]
public List<Flug> FindFlights(String von, String nach, DateTime datum) { … }
```

4.1.4 Service-Identitäten

Um zu verhindern, dass Clients vertrauliche Informationen in eventuell sogar sicherer Weise an einen nicht vertrauenswürdigen Service sendet, bietet WCF Clients die Möglichkeit, die Identität des Service zu überprüfen. Die Art, auf welche die Identität des Services überprüft werden soll, kann mit dem Element *identity* innerhalb des *endpoint*-Elements festgelegt werden (vgl. Listing 4.5). Zur Verfügung steht zum Beispiel die Möglichkeit, den DNS-Namen des Service zu prüfen, wenn Windows-Security oder X.509-Zertifikate zum Einsatz kommen. Darüber hinaus kann bei Verwendung von Kerberos zum Beispiel auf das Benutzerkonto, unter dem der Service ausgeführt wird, oder auf den Service Principal Name (SPN) des Service geprüft werden. Bei Einsatz von Zertifikaten kann der Client darüber hinaus angewiesen werden, das Zertifikat zu kontrollieren. Weitere Informationen dazu finden sich unter *http://tinyurl.com/42dmrc6*.

 HINWEIS: Aufgrund eines Bugs in WCF 4.x ergibt sich ein Fehler beim Prüfen gegen das vom Service verwendete Zertifikat, wenn über einen Web-Proxy zwei oder mehr Services über HTTPS angesprochen werden. In diesem Fall muss der entsprechende *identity*-Eintrag in der Client-Konfiguration entfernt werden. Dies führt zwar dazu, dass nicht mehr geprüft wird, ob das Gegenüber ein bestimmtes Zertifikat verwendet, allerdings wird nach wie vor geprüft, ob es sich beim Zertifikat um ein vertrauenswürdiges handelt (sofern dieses Verhalten nicht überschrieben wurde). Somit ergibt sich eine Sicherheit, welcher jener eines Web-Browsers, der auf eine SSL-basierte Seite zugreift, ähnelt.

Listing 4.5 Deklarative Autorisierung

```
<client>
    <endpoint address="[…]"
              binding="[…]"
              contract="FlugService.IFlugService">

        <identity>
            <dns value="softwarearchitekt.at"/>
        </identity>

    </endpoint>
</client>
```

4.1.5 Verschlüsseln und Signieren

Die mit WCF versendeten Daten können entweder signiert oder verschlüsselt und signiert werden. Zusätzlich besteht auch die Möglichkeit, auf beides zu verzichten. Der Einsatz von nachrichtenbasierter Sicherheit erlaubt auch, diese Einstellung für bestimmte Teile der Nachricht separat festzulegen. Somit könnten zum Beispiel bestimmte Kopfdaten in Klartext und der Rest verschlüsselt übertragen werden, sodass Zwischenstationen, wie Nachrichten-Router, basierend darauf Entscheidungen für das Routing treffen können, ohne dass der Inhalt der Nachricht in Klartext vorliegt.

Im Beispiel, das aus Listing 4.6 ersichtlich ist, ist zu sehen, dass Nachrichtenverträge dahingehend unter Verwendung der Eigenschaft *ProtectionLevel* parametrisiert werden können. Hier wird zum Beispiel auf der Ebene des Nachrichtenvertrages *BookFlightRequest* die Option *EncryptAndSign* festgelegt. Diese Einstellung wird auf der Ebene des definierten *MessageHeaders Airline* mit der Option *None* überschrieben. Obwohl die betrachtete API die Möglichkeit bietet, für verschiedene *MessageBodyMember* unterschiedliche *ProtectionLevel* festzulegen, ist dies nicht möglich. Weichen die einzelnen Angaben innerhalb der *MessageBodyMember*-Attribute voneinander ab, wird der höchste festgelegte *ProtectionLevel* herangezogen.

Der *ProtectionLevel* kann auf verschiedenen Ebenen definiert und auf darunter liegenden Ebenen überschrieben werden. Diese Ebenen sind, geordnet von der höchsten bis zur niedrigsten Ebene: *ServiceContract, OperationContract, FaultContract, MessageContract, MessageHeader* bzw. *MessageBodyMember*.

Listing 4.6 Festlegen von Protection-Level

```
[MessageContract(ProtectionLevel = ProtectionLevel.EncryptAndSign)]
public class BookFlightRequest {

    [MessageHeader(ProtectionLevel=ProtectionLevel.None)]
    public String Airline { get; set; }
    [MessageBodyMember(Order = 1, ProtectionLevel
    = ProtectionLevel.EncryptAndSign)]
    public String FlightNumber { get; set; }
    [MessageBodyMember(Order = 2, ProtectionLevel
    = ProtectionLevel.EncryptAndSign)]
    public DateTime Date { get; set; }
    [MessageBodyMember(Order = 3, ProtectionLevel
    = ProtectionLevel.EncryptAndSign)]
    public String FirstName { get; set; }
    [MessageBodyMember(Order = 4, ProtectionLevel
    = ProtectionLevel.EncryptAndSign)]
    public String LastName { get; set; }
    [MessageBodyMember(Order = 5, ProtectionLevel
    = ProtectionLevel.EncryptAndSign)]
    public String CreditCardNumber { get; set; }
    public override string ToString()
    {
        return string.Format("BookFlightRequest: FlightNumber: {0}, Date:
{1}, FirstName: {2}, LastName: {3}, CreditCardNumber: {4}", FlightNumber,
Date, FirstName, LastName, CreditCardNumber);
    }
}
[MessageContract(ProtectionLevel=ProtectionLevel.Sign)]
public class BookFlightResponse
{
    [MessageBodyMember(ProtectionLevel = ProtectionLevel.Sign)]
    public String TicketNumber { get; set; }
}
[ServiceContract(Namespace = "www.softwarearchitekt.at/FlugService")]
public interface IFlugService
{
```

```
    [OperationContract]
    BookFlightResponse BookFlight(BookFlightRequest request);

}
```

■ 4.2 Windows-Security

Kommen Services innerhalb einer Windows-Umgebung zum Einsatz, bietet sich die Verwendung von Windows-Security an, zumal diese Variante aufgrund der bereits bestehenden Infrastruktur relativ einfach eingerichtet werden kann. Da die Beispiele in Abschnitt 4.1 bereits den Einsatz von Windows-Security demonstriert haben, konzentrieren sich die hier zu findenden Informationen auf weiterführende Aspekte in diesem Bereich.

4.2.1 Impersonation

Wird Windows-Sicherheit verwendet, besteht die Möglichkeit, die Service-Operation teilweise oder vollständig unter dem Benutzerkonto des Aufrufers auszuführen. Dies nennt man auch Impersonation. Um dies programmatisch zu bewerkstelligen, ist, wie in Listing 4.7 gezeigt, die aktuelle *WindowsIdentity* zu ermitteln und anschließend dessen Methode *Impersonate* aufzurufen. Nach einem Aufruf von *Dispose* wird die Impersonation wieder beendet.

Listing 4.7 Programmatische Impersonation

```
var winIdentity =
        System.Threading.Thread.CurrentPrincipal.Identity as WindowsIdentity;
using (winIdentity.Impersonate())
{
   [...]
}
```

Um deklarativ festzulegen, dass der Aufrufer für die Dauer der Abarbeitung einer Service-Methode impersoniert werden soll, wird die Eigenschaft *Impersonation* des Attributs *OperationBehavior* auf *Required* gesetzt (Listing 4.8). Um Impersonation zu erlauben, aber nicht zu erzwingen, kommt *Allowed* zum Einsatz; um es zu verbieten hingegen *NotAllowed*.

Listing 4.8 Impersonation erlauben

```
[OperationBehavior(Impersonation = ImpersonationOption.Required)]
public List<Flight> FindFlights(string von, string nach, DateTime datum)
{
   [...]
}
```

Alternativ dazu kann in der Konfiguration festgelegt werden, dass alle Operationen impersoniert werden sollen. Dazu wird die Eigenschaft *impersonateCallerForAllOperations* des Service-Bahaviors *serviceAuthorization* auf *true* gesetzt (Listing 4.9).

Listing 4.9 Impersonation für alle Operationen durchführen

```
<behaviors>
  <serviceBehaviors>
    <behavior>
      [...]
      <serviceAuthorization impersonateCallerForAllOperations="true" />
    </behavior>
  </serviceBehaviors>
</behaviors>
```

Zur Realisierung von Impersonation-Szenarien muss der Aufrufer auch seine Zustimmung geben. Dazu wird die Eigenschaft *ClientCredentials.Windows.AllowedImpersonationLevel* des Proxys auf *Impersonation* oder *Delegation* gesetzt (Listing 4.10). Der Unterschied zwischen diesen beiden Optionen liegt darin, dass bei Verwendung von *Delegation* die Identität an weitere Services weitergereicht werden kann, die den ursprünglichen Benutzer ebenfalls impersonieren. Da dabei nicht sicher ist, welche Services in dieser Aufrufkette die Identität des Benutzers erlangen, ist diese Spielart mit Vorsicht zu genießen.

 HINWEIS: Damit die Delegation verwendet werden kann, muss Windows-Security über Kerberos realisiert werden.

Listing 4.10 Programmatische Impersonation

```
proxy = new FlugService.FlugServiceClient();
proxy.ClientCredentials.Windows.AllowedImpersonationLevel = TokenImper
sonationLevel.Impersonation;
```

Wird Impersonation vom Benutzer nicht erlaubt, jedoch auf Service-Ebene, wie in Listing 4.8 veranschaulicht, erzwungen, ergibt sich eine Ausnahme.

4.2.2 Kerberos vs. NTLM

Der mittlerweile standardmäßig von Active Directory verwendete Authentifizierungsdienst Kerberos scheint sicherer als das heutzutage noch bei Arbeitsgruppen eingesetzte Authentifizierungsverfahren NTLM zu sein. Die Voraussetzung für den Einsatz von Kerberos ist, dass sowohl der Client als auch der Service unter einem Domänenkonto ausgeführt werden. Daneben muss für das Benutzerkonto des Service ein SPN (Service Principal Name) im Active Directory registriert sein. Administratoren können dies mit dem Kommandozeilenwerkzeug *setspn* bewerkstelligen. Alternativ dazu besteht auch die Möglichkeit, den Service unter dem lokalen Netzwerk- oder System-Konto auszuführen, da für diese Konten automatisch eine SPN registriert wird, wenn man den Rechner in der Domäne registriert. Zusätzlich muss auch der SPN am Client als Service-Identität eingetragen sein (siehe Listing 4.11). Dies wird automatisch beim Einrichten eines Proxys bewerkstelligt.

Listing 4.11 Identität mit SPN

```
<client>
    <endpoint address="net.tcp://localhost:9000/MyFirstService"
            binding="netTcpBinding"
            contract="FlugService.IFlugService"
            name="NetTcpBinding_IFlugService">
        <identity>
            <servicePrincipalName value="host/IWI-NB-07.edu.intern" />
        </identity>

    </endpoint>
</client>
```

Um zu erfahren, ob tatsächlich Kerberos zum Einsatz kommt, reicht ein Blick in die Kategorie *Sicherheit* der Ereignisanzeige von Windows (Bild 4.1).

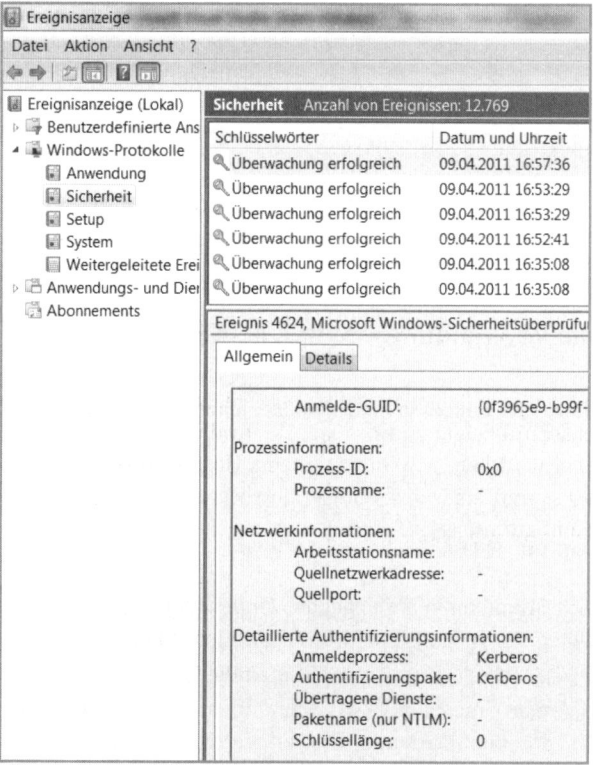

Bild 4.1 Ereignisüberwachung

■ 4.3 Web-Security mit SSL und IIS

Dieser Abschnitt demonstriert, wie WCF-Dienste mittels SSL abgesichert werden können. Dazu wird IIS zunächst für die Verwendung von SSL konfiguriert. Anschließend wird der Flug-Service entsprechend konfiguriert. Um den Service via Visual Studio im IIS bereitstellen zu können, sollte es als Administrator gestartet werden. Am einfachsten kann dies über das Registerblatt *Web* in den *Projekteigenschaften* bewerkstelligt werden. (Rechtsklick auf FlugService im *Solution-Explorer* | *Properties* | *Web*). Hier wird die Option *Use Local IIS Web server* gewählt und auf *Create Virtual Directory* geklickt (Bild 4.2).

 HINWEIS: Falls IIS nicht vollständig installiert wurde, erscheint nun eine Fehlermeldung. In diesem Fall müssen unter *Systemsteuerung* | *Programme* die in der Fehlermeldung genannten Bestandteile von IIS aktiviert werden. ■

◉ Use Local IIS Web server

Project Url: http://localhost/FlugService   Create Virtual Directory

Bild 4.2 Bereitstellen eines WCF-Projektes in IIS via Visual Studio

4.3.1 IIS für die Verwendung von SSL konfigurieren

Für Web-Szenarien hat sich die Verwendung von SSL zur Absicherung von Services eingebürgert. Dieser Abschnitt zeigt zunächst, wie IIS für die Verwendung von SSL konfiguriert werden kann. Dabei wird bewusst auf das Thema Hosting vorgegriffen, damit dieses Szenario in diesem Abschnitt als Ganzes präsentiert werden kann. Anschließend werden die benötigten WCF-Konfigurationseinstellungen besprochen.

 HINWEIS: SSL kommt in der Regel bei Verwendung von Webservern zum Einsatz. Unter *http://bit.ly/ediPIT* findet sich jedoch eine Beschreibung für die Verwendung von SSL in Self-Hosting-Szenarien. ■

4.3.1.1 Selbst signiertes Zertifikat im IIS erstellen

Zum Konfigurieren von IIS für die Verwendung von SSL wird in dieser Demonstration der Internetinformationsdienste(IIS)-Manager (*Systemsteuerung* | *Verwaltung*) herangezogen. Hier wird der Eintrag auf der obersten Ebene, der für den jeweiligen Rechner steht, ausgewählt und aus dem Bereich IIS die Option *Serverzertifikate* gewählt (Bild 4.3).

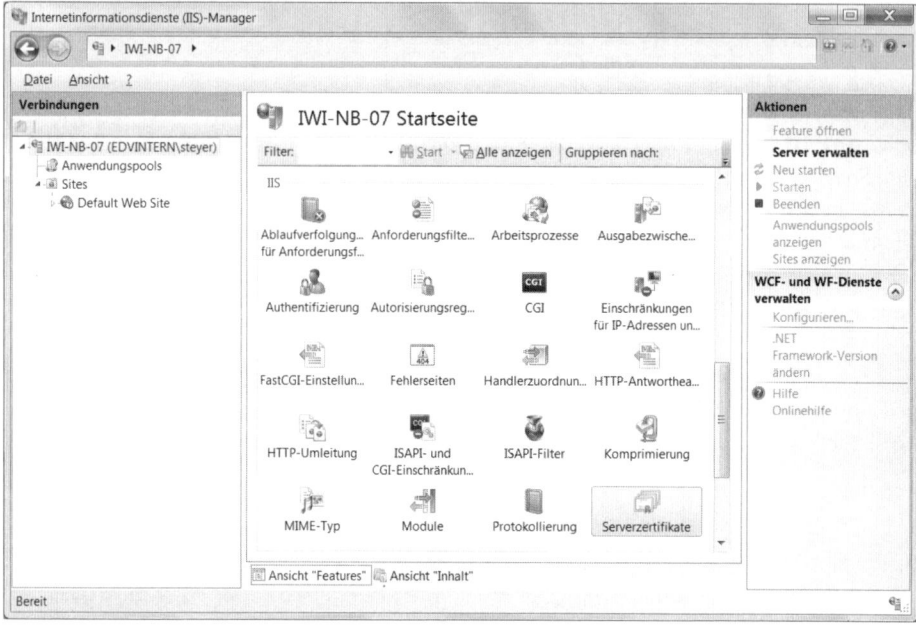

Bild 4.3 Auswahl des Rechners im IIS-Manager

Dann wählt man die Option *Selbstsigniertes Zertifikat erstellen*. Als Name wird *localhost* vergeben.

4.3.1.2 SSL-Bindung im IIS aktivieren

Damit Projekte, die in IIS gehostet werden, in den Genuss von SSL kommen, muss die SSL-Bindung aktiviert werden. Dazu wird im Kontextmenü einer Website der Befehl *Bindungen bearbeiten* gewählt.

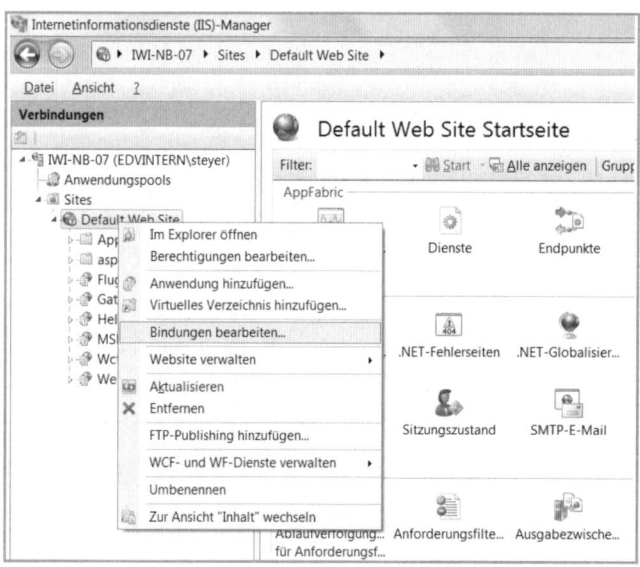

Bild 4.4
Bindungen bearbeiten
im IIS-Manager

Anschließend kann im Dialog *Sitebindungen* eine neue HTTPS-Bindung unter Verwendung eines im IIS konfigurierten Zertifikates (vgl. Abschnitt 4.3.1.1) angelegt werden (Bild 4.5).

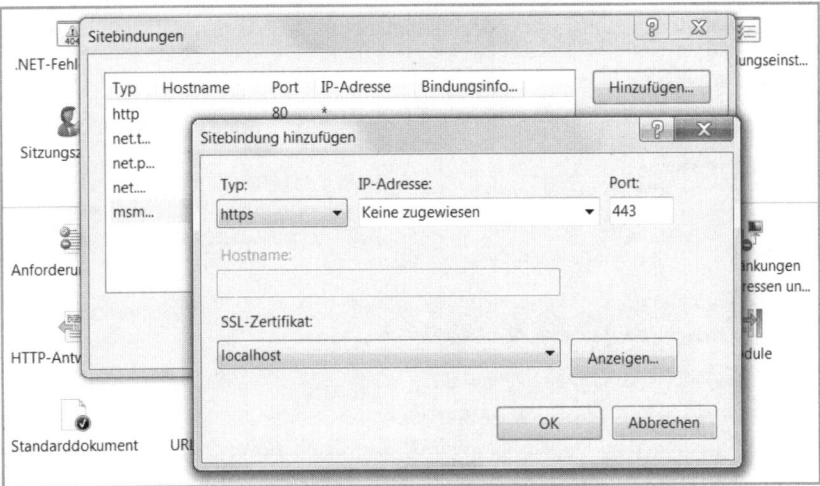

Bild 4.5 Hinzufügen einer SSL-Bindung

Nachdem die SSL-Bindung hinzugefügt wurde, muss sie für den Flug-Service aktiviert werden. Dazu wird der Befehl *Erweiterte Einstellungen* unter *Anwendung verwalten* im Kontextmenü des virtuellen Verzeichnisses gewählt (Bild 4.6).

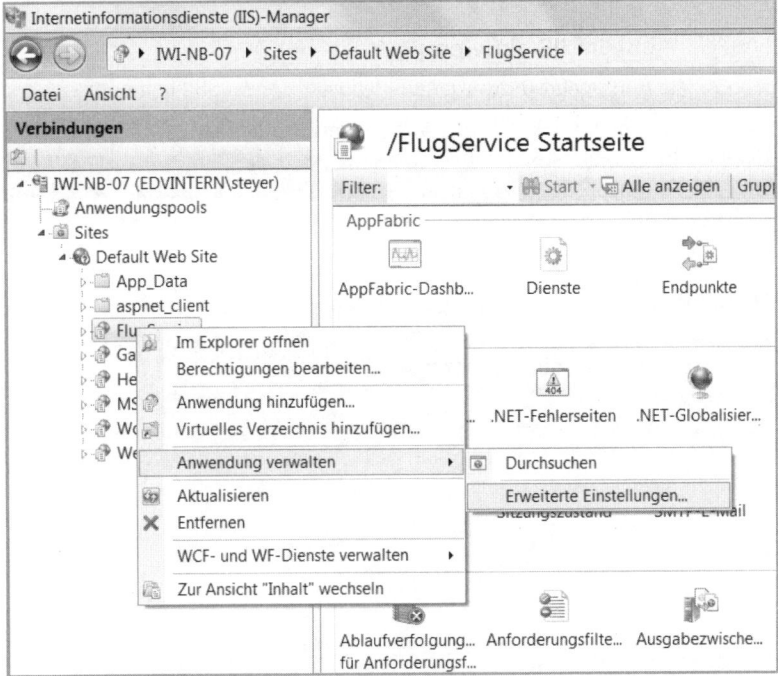

Bild 4.6 Abrufen der erweiterten Einstellungen für eine Web-Applikation

Danach wird im Dialog *Erweiterte Einstellungen* unter *Aktivierte Protokolle* das Protokoll *https* eingetragen. Hier können auch mehrere Protokolle kommagetrennt eingetragen werden, zum Beispiel *http, https, net.tcp* (Bild 4.7). Ferner sollte darauf geachtet werden, dass unter *Anwendungspool* ein Pool, der unter der gewünschten .NET-Version ausgeführt wird, ausgewählt ist.

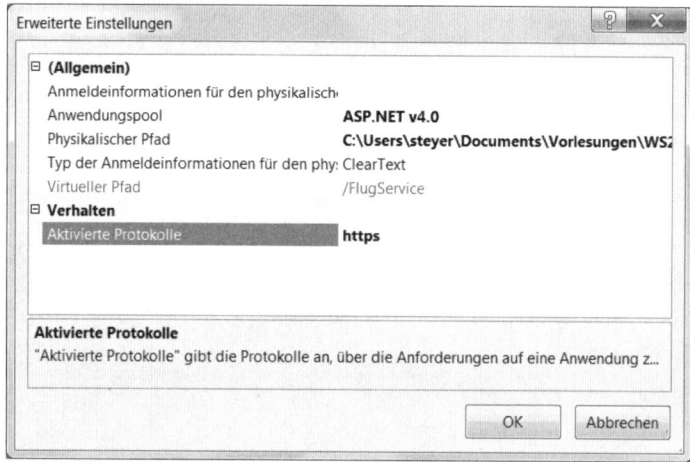

Bild 4.7 Aktivierte Protokolle unter Erweiterte Einstellungen

4.3.1.3 Art der Authentifizierung im IIS festlegen

Das hier betrachtete Szenario verwendet den Authentifizierungsmodus HTTP BASIC, der sich in der deutschen Übersetzung des IIS Managers Standardauthentifizierung nennt. Dieser Modus sieht vor, dass Benutzername und Passwort im HTTP-Header in Klartext übertragen werden. Aus diesem Grund sollte es ausschließlich gemeinsam mit SSL eingesetzt werden. Um diesen Modus zu aktivieren, wird der Eintrag *Authentifizierung* im Bereich IIS gewählt (Bild 4.8). Anschließend kann die Option *Standardauthentifizierung* über das Kontextmenü aktiviert werden.

 HINWEIS: Zur Vergewisserung, dass die letzten Schritte korrekt durchgeführt wurden, sollte nun die URL *https://localhost/FlugService/Flug Service.svc* mit einem Browser aufgerufen werden.

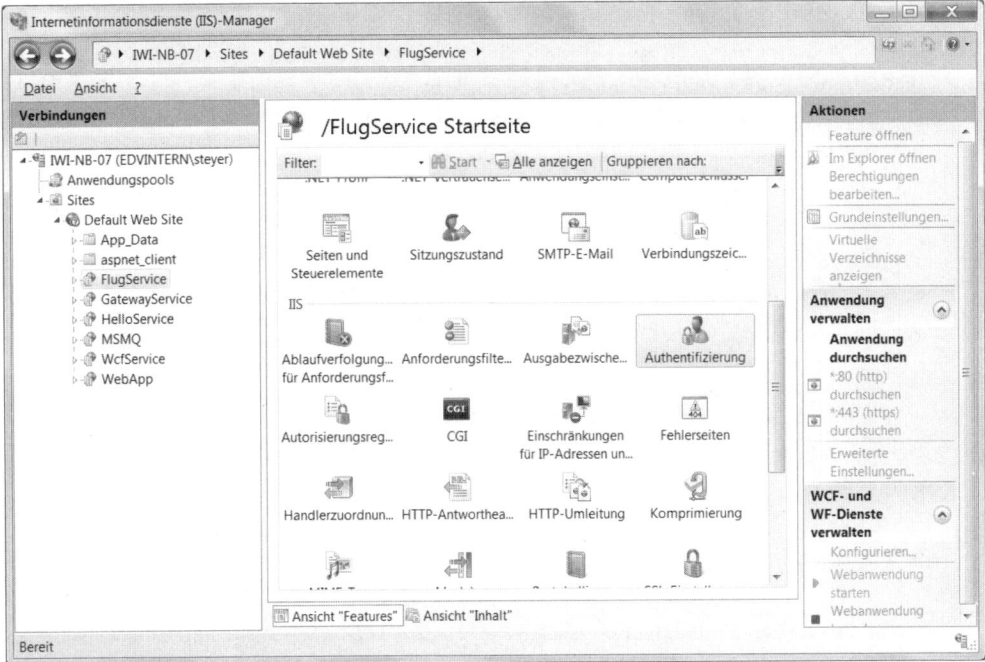

Bild 4.8 Authentifizierungseinstellungen im IIS-Manager

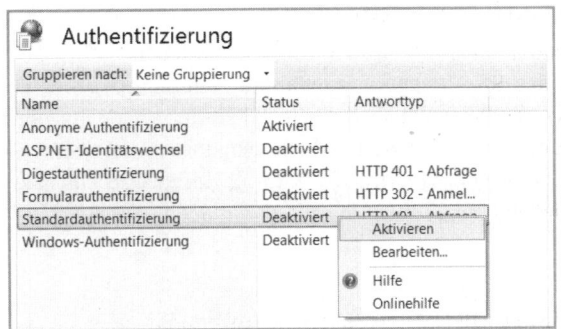

Bild 4.9
Standardauthentifizierung
(HTTP BASIC) aktivieren

4.3.2 Konfiguration des Service

Die nachfolgenden Abschnitte zeigen die nötigen Einträge in der WCF-Konfiguration, welche die Verwendung von HTTPS erlauben.

4.3.2.1 Festlegen von Transportsicherheit

Um die Verwendung von Transportsicherheit in der WCF-Konfiguration festzulegen, wird in der Binding-Konfiguration die Einstellung *mode* beim Element *security* auf *Transport* gesetzt. Da das hier beschriebene Szenario den Modus HTTP BASIC verwendet, wird dies innerhalb des *transport*-Elements definiert.

Listing 4.12 Festlegen von Transportsicherheit und HTTP BASIC

```
<bindings>
    <wsHttpBinding>
        <binding name="MyBindingConfiguration">
            <security mode="Transport">
                <transport clientCredentialType="Basic" />
            </security>
        </binding>
    </wsHttpBinding>
</bindings>
```

4.3.3 Aufruf der Service-Operation

Nachdem sowohl IIS als auch der Service wie zuvor beschrieben für den Einsatz von SSL konfiguriert wurden, kann am Client ein Proxy generiert werden. Damit dieser das selbst ausgestellte Zertifikat akzeptiert, ist ein *ServerCertificateValidationCallback* zu definieren, der für dieses Zertifikat *true* zurückliefert (Listing 4.13). Daneben wird dem Proxy über *ClientCredentials.UserName* ein Windows-Benutzername inklusive Passwort bekannt gemacht.

Listing 4.13 Identität mit SPN

```
// Alle Zertifikate akzeptieren: Sollte nicht
// im Produktiveinsatz verwendet werden!!!
ServicePointManager.ServerCertificateValidationCallback =
        ((s, certificate, chain, sslPolicyErrors) => true);
c.ClientCredentials.UserName.UserName = @"MYDOMAIN\manfred";
c.ClientCredentials.UserName.Password = "[…]";
List<Flug> result;
result = c.FindFlights("Graz", "Frankfurt", new DateTime(2009, 12, 8));
[…]
```

4.3.4 Benutzerdefinierte Authentifizierung und Autorisierung

Um Benutzer gegen einen eigenen Benutzerpool zu validieren, muss ein benutzerdefinierter Validator bereitgestellt werden. Im Falle einer Authentifizierung mittels Benutzername und Passwort ist dazu eine Subklasse von *UserNamePasswordValidator* zu implementieren. Listing 4.14 zeigt eine einfache Implementierung, die hartcodiert auf einen bestimmten Benutzernamen und ein bestimmtes Passwort prüft.

Listing 4.14 Benutzerdefinierte Validierung von Benutzername und Passwort

```
using System;
using System.IdentityModel.Selectors;
using System.Security;
namespace FlugService
{
    public class CustomPasswordValidator: UserNamePasswordValidator
    {
        public override void Validate(string userName, string password)
        {
            if (userName == "soa" && password == "geheim")
            {
                return;
            }
            throw new SecurityException("Access denied.");
        }
    }
}
```

Um die Logik des Ermittelns von Rollenzugehörigkeiten auf benutzerdefinierte Weise durchzuführen, sieht das hier beschriebene Szenario eine Subklasse von *IAuthorization Policy* vor (Listing 4.15). Die Ermittlung der Rollen für einen bereits authentifizierten Benutzer findet in der Methode *Evaluate* statt. Diese nimmt einen *EvaluationContext* entgegen und ermittelt die Identitäten des authentifizierten Benutzers, indem sie auf den Eintrag mit dem Schlüssel *Identities* in dessen Auflistung *Properties* zugreift. Anschließend werden einige Rollen für die erste Identität als String-Array definiert und ein Principal-Objekt erzeugt. Dieser Principal wird für die weitere Verwendung durch WCF in der Auflistung *Properties* der übergebenen *EvaluationContext*-Instanz unter Verwendung des Schlüssels *Principal* verstaut.

Listing 4.15 Benutzerdefinierte IAuthorizationPolicy

```
using System;
using System.Collections.Generic;
using System.Linq;
using System.Web;
using System.IdentityModel.Policy;
using System.IdentityModel.Claims;
using System.Security.Principal;
namespace FlugService
{
    public class CustomAuthorisationPolicy : IAuthorizationPolicy
    {
        Guid id = Guid.NewGuid();
        public bool Evaluate(EvaluationContext evaluationContext, ref object
state)
        {
            IIdentity identity;
            string[] roles = null;
            GenericPrincipal principal;
            IList<IIdentity> identities;
            object obj;
            bool found;
```

```
            // Identity holen
            found = evaluationContext.Properties.TryGetValue("Identities",
out obj);
            if (!found || !(obj is IList<IIdentity>))throw new
Exception("Identity expected");
            identities = (IList<IIdentity>)obj;
            if (identities.Count == 0) throw new Exception("Identity
expected");

            identity = identities[0];
            // Principal mit Rollen erstellen
            if (identity.Name == "soa") roles = new string[] { "Benutzer",
"ServiceAdmin" };
            principal = new GenericPrincipal(identity, roles);
            evaluationContext.Properties["Principal"] = principal;
            return true;
        }
        public System.IdentityModel.Claims.ClaimSet Issuer
        {
            get { return ClaimSet.System; }
        }
        public string Id
        {
            get { return id.ToString(); }
        }
    }
}
```

4.3.4.1 Konfiguration

Bei Verwendung benutzerdefinierter Routinen zum Authentifizieren und Autorisieren von
Benutzern in Szenarien, die sich auf IIS stützen, ist zu beachten, dass der Entwickler hierbei nicht den Sicherheitsmodus *Transport* einsetzen kann, sondern mit *TransportWith
MessageCredential* vorlieb nehmen muss. Der Grund hierfür liegt in der Tatsache, dass beim
Einsatz von *Transport* die Credentials im HTTP-Header übertragen werden. IIS prüft diese
gegen vorhandene Windows-Benutzer noch bevor (!) an die WCF weiterdelegiert wird. Somit
würden in diesem Fall die benutzerdefinierten Routinen zu spät zur Ausführung gebracht
werden. Der Modus *TransportWithMessageCredential* definiert hingegen, dass WCF zur Verschlüsselung zwar der Transportweg (z. B. SSL) nutzt, die Credentials aber in der (SOAP-)
Nachricht, welche von IIS nicht analysiert wird, hinterlegt.

Listing 4.22 zeigt eine WCF-Konfiguration, welche auf die im letzten Abschnitt beschriebe-
nen Routinen zur Authentifizierung und Autorisierung verweist. Auf den implementierten
Validator verweist das Element *userNameAuthentication*, indem dessen Eigenschaft *user
NamePasswordValidationMode* den Wert *Custom* und *customUserNamePasswordValidator
Type* den vollständigen Namen der Implementierung (*Namespace.Klassenname, Assembly*)
beinhalten.

Um anzuzeigen, dass auch die für die Autorisierung benötigten Rollenzuweisungen benutzerdefiniert zu ermitteln sind, weist die Eigenschaft *principalPermissionMode* von *service
Authorization* ebenfalls den Wert *Custom* auf, und in der Auflistung *authorizationPolicies*
findet sich der vollständige Name der *AuthorisationPolicy* wieder.

Listing 4.16 Konfiguration nachrichtenbasierter Web-Sicherheit

```
[…]
<system.serviceModel>
 <services>
    <service behaviorConfiguration="FlugService.FlugServiceBehavior"
             name="FlugService.FlugService">
      <endpoint address=""
                binding="wsHttpBinding"
                contract="FlugService.IFlugService"
                bindingConfiguration="MyBindingConfiguration" />
    </service>
 </services>
 <bindings>
    <wsHttpBinding>
      <binding name="MyBindingConfiguration">
        <security mode="TransportWithMessageCredential">
          <message clientCredentialType="UserName"
                   negotiateServiceCredential="true" />
        </security>

      </binding>
    </wsHttpBinding>
 </bindings>
 <behaviors>
    <serviceBehaviors>
      <behavior name="FlugService.FlugServiceBehavior">
        <serviceMetadata httpGetEnabled="true" />
        <serviceDebug includeExceptionDetailInFaults="true" />
        <serviceCredentials>

          <userNameAuthentication
           userNamePasswordValidationMode="Custom"
         customUserNamePasswordValidatorType="FlugService.CustomPassword
Validator,FlugService"
           />
        </serviceCredentials>
        <serviceAuthorization principalPermissionMode="Custom">

          <authorizationPolicies>
            <add policyType="FlugService.CustomAuthorisationPolicy,
FlugService" />
          </authorizationPolicies>
        </serviceAuthorization>
      </behavior>
    </serviceBehaviors>
 </behaviors>
</system.serviceModel>
[…]
```

4.3.4.2 Aufruf der Service-Operation

Damit beim Aufruf von Service-Methoden auch Benutzername und Passwort übertragen werden, müssen diese Informationen dem Proxy über *ClientCredentials.UserName* bekannt gegeben werden (Listing 4.17). Zusätzlich sollte die Service-Referenz am Client aktualisiert werden.

Listing 4.17 Übergabe von Benutzername und Passwort

```
FlugServiceClient c = new FlugServiceClient();
c.ClientCredentials.UserName.UserName = "soa";
c.ClientCredentials.UserName.Password = "geheim";
[…]
```

4.3.4.3 ASP.NET Membership-Provider und Role-Manager

ASP.NET beinhaltet seit Version 2 eine Abstraktion für den Zugriff auf Benutzer und deren Rollen: Membership-Provider und Role-Manager. Im Lieferumfang befinden sich ein Membership-Provider und ein Role-Manager, die sich auf das Active Directory stützen, sowie jeweils eine weitere Implementierung, die auf einer SQL Server-Datenbank, die unter anderem über einen Assistenten eingerichtet werden kann, basiert. Für diese Datenbank steht sogar eine webbasierte Administrationsoberfläche zur Verfügung. Daneben können auch benutzerdefinierte Implementierungen bereitgestellt werden.

Um Mehrgleisigkeiten zu vermeiden, bietet auch WCF Unterstützung für Membership-Provider und Role-Manager. Dieser Abschnitt beschreibt anhand eines Beispiels, wie dieses Konzept in WCF verwendet werden kann.

Um die auf SQL-Server basierende Standardimplementierung verwenden zu können, muss zunächst die benötigte Datenbank eingerichtet werden. Dies kann zum Beispiel mit dem Assistenten *aspnet_regsql.exe*, der sich unter *%WINDIR%/Microsoft.NET/Framework/[VERSION]* befindet, bewerkstelligt werden. Bei *[Version]* handelt es sich um einen Platzhalter für die jeweils verwendete .NET-Version und bei %WINDIR% um die Umgebungsvariable, die auf das Verzeichnis der aktuellen Windows-Installation verweist.

In der Konfiguration ist anschließend eine Verbindungszeichenfolge, die auf diese Datenbank verweist, einzutragen (siehe Listing 4.18). Zusätzlich ist in der Konfiguration unter */system.web/membership* (und nicht unter *system.serviceModel*!) ein Membership-Provider, der sich auf die Implementierung in der Klasse *System.Web.Security.SqlMembershipProvider* und der zuvor definierten Verbindungszeichenfolge stützt, zu registrieren. Da ein Membership-Provider Benutzer für mehrere Applikationen verwalten kann, weist die Eigenschaft *application* eine entsprechende Bezeichnung auf. Daneben verweist *system.web/membership* auf den Namen des standardmäßig heranzuziehenden Membership-Providers. Der Role-Manager wird analog dazu unter *system.web/roleManager* eingerichtet. Als Implementierung kommt hier die Klasse *System.Web.Security.SqlRoleProvider* zum Einsatz.

 HINWEIS: Benutzerdefinierte Role-Manager und Membership-Provider können durch Ableiten von den Basisklassen *System.Web.Security.RoleProvider* bzw. *System.Web.Security.MembershipProvider*, die sich ab .NET 4.0 innerhalb der Assembly *System.Web.ApplicationServices.dll* befinden, bereitgestellt werden. In diesem Fall sind die vollständigen Namen dieser benutzerdefinierten Klassen in der Konfiguration anzugeben.

Listing 4.18 Konfiguration des ASP.NET Membership-Providers und Role-Managers

```
[...]
<system.serviceModel>
 [...]
</system.serviceModel>
[...]
<connectionStrings>
 <clear/>
 <add
    name="AspNetDb"
    connectionString="Integrated Security=SSPI;Persist Security
Info=False;Initial Catalog=aspnetdb;Data Source=.\SQLEXPRESS"
    providerName="System.Data.SqlClient"
    />
</connectionStrings>
[...]
<system.web>
 <roleManager enabled="true" defaultProvider="MySqlRoleManager">
    <providers>
       <remove name="AspNetSqlRoleProvider" />
       <add connectionStringName="AspNetDb"
            name="MySqlRoleManager"
            type="System.Web.Security.SqlRoleProvider"
            applicationName="MyApplication" />
    </providers>
 </roleManager>
 <membership defaultProvider="MySqlMembershipProvider" >
    <providers>
       <clear />
       <add name="MySqlMembershipProvider"
            type="System.Web.Security.SqlMembershipProvider"
          connectionStringName="AspNetDb"
          applicationName="MyApplication"
       />
    </providers>
 </membership>
 [...]
</system.web>
[...]
```

Um in weiterer Folge Benutzer und Rollen zu warten, kann die ASP.NET Web Application Administration herangezogen werden. Es handelt sich dabei um eine Web-Anwendung, die direkt über Visual Studio 2012 über den Menübefehl *Project | ASP.NET configuration* erreichbar ist. Soll diese Anwendung mit eigenen Projekten ausgeliefert werden, finden sich die Quellcodedateien unter *%WINDIR%\Microsoft.NET\Framework\{Version}\ASP.NET WebAdminFiles*, wobei *{Version}* für die installierte .NET-Version und *%WINDIR%* für das Verzeichnis der aktuellen Windows-Installation steht.

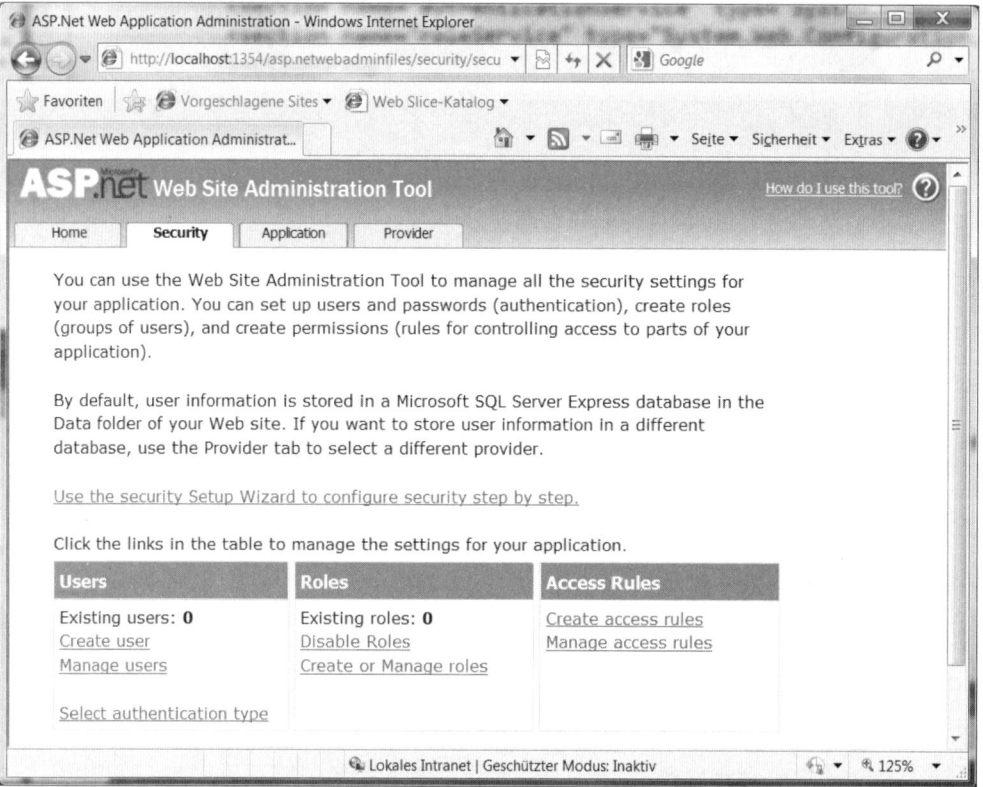

Bild 4.10 ASP.NET Web Site Administration

Damit WCF den konfigurierten Membership-Provider und den konfigurierten Role-Manager auch heranzieht, wird der *userNamePasswordValidationMode* im Element *userNameAuthentication* auf den Wert *MembershipProvider* festgelegt und *principalPermissionMode* in *serviceAuthorization* auf *UseAspNetRoles* (vgl. Listing 4.19).

Listing 4.19 WCF-Sicherheit mit ASP.NET Membership-Provider und Role-Manager

```
[…]
<system.serviceModel>
  <services>
    <service behaviorConfiguration="FlugService1.FlugServiceBehavior"
             name="FlugService1.FlugService">
      <endpoint address=""
                binding="wsHttpBinding"
                contract="FlugService1.IFlugService"
                bindingConfiguration="myWsHttpBinding">
      </endpoint>
    </service>
  </services>
  <bindings>
    <wsHttpBinding>
      <binding name="myWsHttpBinding">
        <security mode="TransportWithMessageCredential">
```

```
      <message
        clientCredentialType="UserName"
        negotiateServiceCredential="true" />
      </security>
    </binding>
  </wsHttpBinding>
</bindings>
<behaviors>
  <serviceBehaviors>
    <behavior name="FlugService1.FlugServiceBehavior">
      <serviceMetadata httpGetEnabled="true" />
      <serviceDebug includeExceptionDetailInFaults="true" />
      <serviceAuthorization principalPermissionMode="UseAspNetRoles" />
      <serviceCredentials>
        <userNameAuthentication
          userNamePasswordValidationMode="MembershipProvider"/>
        <serviceCertificate
          findValue="localhost"
          storeLocation="LocalMachine"
          storeName="My"
          x509FindType="FindBySubjectName"
        />
      </serviceCredentials>
    </behavior>
  </serviceBehaviors>
</behaviors>
</system.serviceModel>
[…]
```

4.4 Web-Security mit SSL ohne IIS

Auch Self-Hosting-Szenarien unterstützen die Verwendung von SSL. Dazu wird ein Zertifikat auf der Kommandozeile dem Port der Wahl zugewiesen. Listing 4.20 demonstriert dies unter Verwendung des Ports 4443 (in Anlehnung an den offiziellen SSL-Port 443). Die erste Anweisung gibt dem angegebenen Benutzer, unter dem die Anwendung auszuführen ist, das Recht, diesen Port zu verwenden. Die zweite Anweisung assoziiert diesen Port mit dem gewünschten Zertifikat, wobei dessen Fingerabdruck unter *certhash* anzugeben ist. Anschließend kann eine *Self-Host*, welcher sich auf https und den genannten Port abstützt, erzeugt und geöffnet werden. Die Konfigurationsmöglichkeiten entsprechen dabei jenen, die auch beim Einsatz von IIS existieren.

Listing 4.20 HTTP-Port an Benutzer delegieren und mit SSL-Zertifikat verknüpfen

```
netsh http add urlacl url=http://+:4443/ user=machine\username
netsh http add sslcert ipport=0.0.0.0:4443 certhash=24e2f9c13090f52f378ffcd401
72787daa0d930a appid={00000000-0000-0000-0000-000000000000}
```

■ 4.5 Nachrichtenbasierte Sicherheit

Für Fälle, in denen Sicherheit auf Transportebene nicht ausreichend ist, da verhindert werden muss, dass Zwischenstationen die gesamten Nachrichten einsehen können, bietet WCF nachrichtenbasierte Sicherheit. Dieser Abschnitt zeigt anhand eines weiteren Szenarios, wie diese Möglichkeit genutzt werden kann. Dazu wird zunächst gezeigt, wie Zertifikate eingerichtet werden können. Danach werden die benötigten Konfigurationseinstellungen besprochen.

4.5.1 Zertifikate einrichten

Für nachrichtenbasierte Sicherheitsszenarien wird ein Zertifikat, für das dem Service auch ein privater Schlüssel vorliegt, benötigt. Damit die einzelnen Clients dem Zertifikat Vertrauen schenken, muss es von einem vertrauenswürdigen Herausgeber signiert werden. Dasselbe gilt für dessen Zertifikat. Am Ende dieser Vertrauenskette steht ein sogenanntes Root-Zertifikat, das mit sich selbst signiert wurde und den verwendeten Clients als solches bekannt sein muss.

Das hier beschriebene Szenario sieht die Erstellung eines eigenen Root-Zertifikats inklusive einer Widerrufsliste (= Sperrliste oder Certificate Revocation List, kurz CRL) vor, die über nicht mehr gültige Zertifikate informiert. Das eigentliche Zertifikat wird anschließend mit dem Root-Zertifikat signiert. Auf den einzelnen Clients muss somit das Root-Zertifikat vorliegen. Am Rechner, auf dem der Service ausgeführt wird, sind alle drei Elemente über den Windows Certificate Store bereitzustellen und mit den entsprechenden Berechtigungen zu versehen. Alternativ dazu könnte ein Zertifikat von einem Anbieter, wie zum Beispiel *VeriSign* (*www.verisign.de*), dem allgemein vertraut wird, erworben werden.

Die Zertifikate sowie die Widerrufsliste werden mit dem Werkzeug *makecert* über den Visual Studio Command Prompt (*Start | Alle Programme | Visual Studio | Visual Studio Tools | Visual Studio Command Prompt*) angelegt. Die dazu notwendigen Anweisungen finden sich in Listing 4.21. Eine detaillierte Beschreibung dieses Werkzeugs kann *http://bit.ly/lU9mxb* entnommen werden.

Listing 4.21 Root-Zertifikate inkl. Widerrufsliste und Service-Zertifikate erstellen

```
REM Root-Zertifikat erstellen
makecert -n "CN=RootCATest" -r -sv RootCATest.pvk RootCATest.cer

REM Widerrufsliste für Root-Zertifikat erstellen
makecert -crl -n "CN=RootCATest" -r -sv RootCATest.pvk RootCATest.crl
REM Zertifikat für Service erstellen und mit Root-Zertifikat signieren
makecert -sk localhost -iv RootCATest.pvk -n "CN=localhost" -ic RootCATest.
cer localhost.cer -sr localmachine -ss My -sky exchange -pe -a sha1
```

Das Root-Zertifikat sowie die Widerrufsliste sind im *Certificate Store* von Windows abzulegen. Dazu startet man die *Management Console* (*Start | Ausführen | mmc*) und fügt das Snap-In mit dem Namen *Zertifikate* hinzu (*Snap-In hinzufügen/entfernen | Hinzufügen | Zertifikate | Computerkonto | Computerkonto*).

Das Root-Zertifikat *RootCATest.cer* ist unter *Vertrauenswürdige Stammzertifizierungsstellen* bereitzustellen (*Rechtsklick* auf *Vertrauenswürdige Stammzertifizierungsstellen | Alle Aufgaben | Importieren | Weiter | Durchsuchen | Zuvor erstelltes Root-Zertifikat auswählen*). Dasselbe gilt für die Widerrufsliste *RootCATest.crl*. Im Ordner *Eigene Zertifikate* sollte sich das zuvor angelegte Zertifikat bereits wiederfinden. Dabei ist darauf zu achten, dass dieses nur am Rechner des Service in den Certificate Store aufzunehmen ist.

Damit dem Service die nötigen Berechtigungen zum Zugriff auf den privaten Schlüssel des Service-Zertifikates zugewiesen werden können, ist die Datei, in welcher der Certificate Store diesen Schlüssel speichert, zu ermitteln. Dies kann zum Beispiel mit dem Werkzeug *FindPrivateKey*, das in der Beispielsammlung (*http://tinyurl.com/5vzx4x6*) zur WCF enthalten ist, bewerkstelligt werden. Die Visual Studio-Solution, die *FindPrivateKey* beinhaltet, findet sich nach dem Entpacken der Beispiele unter *WCF\Tools\FindPrivateKey*. Nachdem diese kompiliert wurde, steht das Werkzeug unter *bin\Release* bereit. Anschließend kann mit der Anweisung

```
FindPrivateKey.exe My LocalMachine -n "CN=localhost"
```

der benötigte Dateiname herausgefunden werden. Für diese Datei sind dem Benutzer, unter dem der Service ausgeführt wird, Leseberechtigungen einzurichten.

4.5.2 Konfiguration

Damit das zuvor eingerichtete Zertifikat zur Absicherung des Service mittels nachrichtenbasierter Sicherheit sowie der bereitgestellte *Validator* und die implementierte *AuthorizationPolicy* zum Authentifizieren und Autorisieren der Benutzer verwendet werden können, muss die Konfigurationsdatei auf diese Elemente verweisen. Listing 4.16 zeigt die dazu notwendigen Konfigurationseinträge.

Auf das Zertifikat wird über das Service-Behavior *serviceCredentials* verwiesen. Dazu wurden im Element *serviceCertificate* Suchkriterien, mit denen es innerhalb des Certificate-Stores gefunden werden kann, hinterlegt. Diese Suchkriterien müssen genau zu einem Zertifikat führen. Entsprechen mehrere Zertifikate oder kein Zertifikat diesen Kriterien, wird man von WCF mit einer Ausnahme abgemahnt.

Die Eigenschaft *storeLocation* definiert dazu, dass innerhalb der Zertifikate des lokalen Computerkontos zu suchen ist; mit *storeName* wird auf das Verzeichnis *Eigene Zertifikate* im Certificate Store, dessen interne Bezeichnung *My* ist, verwiesen. Aus der Eigenschaft *x509FindType* geht hervor, dass das Zertifikat aufgrund des Namens, auf den es lautet, gesucht werden soll, wobei dieser Name, der hier auf *localhost* lautet, mit *findValue* angegeben wurde.

Daneben verwendet das hier betrachtete Beispiel die in Abschnitt 4.3.4 beschriebenen Routinen zur benutzerdefinierten Authentifizierung und Autorisierung. Auf den heranzuziehenden *Validator* verweist das Element *userNameAuthentication*, indem dessen Eigenschaft *userNamePasswordValidationMode* den Wert *Custom* und *customUserNamePasswordValidatorType* den vollständigen Namen der Implementierung (*Namespace.Klassenname, Assembly*) beinhalten.

Um anzuzeigen, dass auch die für die Autorisierung benötigten Rollenzuweisungen benutzerdefiniert zu ermitteln sind, weist die Eigenschaft *principalPermissionMode* von *service Authorization* ebenfalls den Wert *Custom* auf, und in der Auflistung *authorizationPolicies* findet sich der vollständige Name der *AuthorisationPolicy* wieder.

 HINWEIS: Mit den möglichen Werten der Eigenschaft *X509FindType* kann das heranzuziehende Zertifikat auf unterschiedliche Arten ermittelt werden. Eine beliebte Variante stellt die Verwendung von *FindByThumbprint* dar, die das Zertifikat anhand seines Fingerabdrucks, der unter *findValue* abzulegen ist, sucht. Fingerabdrücke sind zwar länger und weniger gut lesbar als der *SubjectName* – allerdings sind sie auch mit einer sehr hohen Wahrscheinlichkeit eindeutig, was beim *SubjectName* nicht zwangsläufig der Fall ist. Eine detaillierte Auflistung der möglichen Werte für *X509FindType* findet sich unter *http://bit.ly/jeGrBQ*.

Listing 4.22 Konfiguration nachrichtenbasierter Web-Sicherheit

```
[…]
<system.serviceModel>
 <services>
    <service behaviorConfiguration="FlugService.FlugServiceBehavior"
             name="FlugService.FlugService">
     <endpoint address=""
             binding="wsHttpBinding"
             contract="FlugService.IFlugService"
             bindingConfiguration="MyBindingConfiguration" />
    </service>
 </services>
 <bindings>
    <wsHttpBinding>
     <binding name="MyBindingConfiguration">
       <security mode="Message">
         <message clientCredentialType="UserName"
                negotiateServiceCredential="true" />
       </security>

     </binding>
    </wsHttpBinding>
 </bindings>
 <behaviors>
    <serviceBehaviors>
     <behavior name="FlugService.FlugServiceBehavior">
       <serviceMetadata httpGetEnabled="true" />
       <serviceDebug includeExceptionDetailInFaults="true" />
       <serviceCredentials>

        <serviceCertificate
          findValue="localhost"
          storeLocation="LocalMachine"
          storeName="My"
          x509FindType="FindBySubjectName"
          />
```

```
        <userNameAuthentication
            userNamePasswordValidationMode="Custom"
        customUserNamePasswordValidatorType="FlugService.Custom
PasswordValidator,FlugService"
            />
        </serviceCredentials>
        <serviceAuthorization principalPermissionMode="Custom">

        <authorizationPolicies>
            <add policyType="FlugService.CustomAuthorisationPolicy,
FlugService" />
        </authorizationPolicies>
        </serviceAuthorization>
      </behavior>
    </serviceBehaviors>
  </behaviors>
</system.serviceModel>
[…]
```

4.5.3 Aufruf der Service-Operation

Damit beim Aufruf von Service-Methoden auch Benutzername und Passwort übertragen werden, müssen diese Informationen dem Proxy über *ClientCredentials.UserName* bekannt gegeben werden (Listing 4.17). Zusätzlich sollte die Service-Referenz am Client aktualisiert werden.

Listing 4.23 Übergabe von Benutzername und Passwort

```
FlugServiceClient c = new FlugServiceClient();
c.ClientCredentials.UserName.UserName = "soa";
c.ClientCredentials.UserName.Password = "geheim";
[…]
```

■ 4.6 Client-Zertifikate

Ebenso wie serverseitig eingesetzte Zertifikate werden Client-Zertifikate von einer vertrauenswürdigen Partei ausgestellt. Sie werden unter anderem verwendet, um zu beweisen, dass eine bestimmte Person sich im Besitz eines gegebenen öffentlichen Schlüssels befindet. Zusätzlich können sie Informationen über diese Person, wie zum Beispiel Adresse oder Alter, beinhalten. Im Zuge einer Authentifizierung mit einem Client-Zertifikat signiert der Client eine vom Service erhaltene zufällige Zeichenfolge mit seinem privaten Schlüssel und sendet diese retour. Der Service kann nun mit dem öffentlichen Schlüssel die Signatur überprüfen sowie Informationen über den Aufrufer aus dem Zertifikat beziehen.

Listing 4.24 zeigt eine Service-Konfiguration, welche die Verwendung von Client-Zertifikaten vorsieht. Diese weist innerhalb von *serviceCredentials* den Eintrag *clientCertificate* auf. Die Eigenschaft *certificateValidationMode* des darin enthaltenen Elements *authentication* legt fest, wie geprüft werden soll, ob das übersendete Zertifikat vertrauenswürdig ist. *Peer-Trust* bedeutet, dass das Client-Zertifikat im Certificate Store des Servers unter *Vertrauens-würdige Zertifikate* installiert sein muss. *ChainTrust* legt hingegen fest, dass sich eine mit dem Client-Zertifikate assoziierte Zertifizierungsstelle innerhalb des Ordners *Vertrauens-würdige Stammzertifizierungsstellen* im Certificate Store wiederzufinden hat. Die im betrachteten Beispiel verwendete Option *PeerOrChainTrust* verlangt, dass min. eine beliebige der beiden zuvor erwähnten Regeln zutrifft. *None* würde zu keiner Validierung der Client-Zertifikates führen, und wird *Custom* gewählt, kann man den Klassennamen eines benutzerdefinierten *X509CertificateValidator*-Derivats, das zur Prüfung herangezogen werden soll, angeben.

Für die Autorisierung können beliebige Verfahren gewählt werden. In der diskutierten Konfiguration wird eine benutzerdefinierte *AuthorisationPolicy* gewählt. Alternativ dazu hätte aber zum Beispiel auch ein ASP.NET Role-Manager herangezogen werden können. Hierbei gilt zu beachten, dass der Identitätsname auf *CN=SubjectName; Fingerprint* gesetzt wird, zum Beispiel *CN=localhost; AF0ED4EF475A9E9E0F1BDB872D0EA2A4365C1381*.

Listing 4.24 Konfiguration der Verwendung von Client-Zertifikaten

```
<system.serviceModel>
 <services>
    <service name="Cert.Service1">
      <endpoint
            address=""
            binding="wsHttpBinding"
            contract="Cert.IService1" />
    </service>
 </services>
 <bindings>
    <wsHttpBinding>
      <binding>
        <security mode="Message">
          <message clientCredentialType="Certificate" />
        </security>
      </binding>
    </wsHttpBinding>
 </bindings>
 <behaviors>
    <serviceBehaviors>
      <behavior>
        <serviceMetadata httpGetEnabled="true"/>
        <serviceDebug includeExceptionDetailInFaults="false"/>
        <serviceAuthorization principalPermissionMode = "Custom">
          <authorizationPolicies>
            <add policyType="Cert.CustomAuthorisationPolicy,Cert"/>
          </authorizationPolicies>
        </serviceAuthorization>
        <serviceCredentials>
          <serviceCertificate
              findValue="localhost"
              storeLocation="LocalMachine"
              storeName="My"
              x509FindType="FindBySubjectName" />
          <clientCertificate>
            <authentication certificateValidationMode="PeerOrChainTrust" />
```

```
        </clientCertificate>
      </serviceCredentials>
    </behavior>
  </serviceBehaviors>
 </behaviors>
</system.serviceModel>
```

Um clientseitig das zu verwendende Client-Zertifikat anzugeben, wird die Methode *Client-Credentials.ClientCertificate.SetCertificate* des Proxys verwendet, um Suchkriterien für den Certificate Store anzugeben (Listing 4.25).

Listing 4.25 Clientseitige Angabe eines Client-Zertifikates

```
ServiceReference1.Service1Client c = new ServiceReference1.Service1Client();
c.ClientCredentials.ClientCertificate.SetCertificate(
    StoreLocation.LocalMachine,
    StoreName.My,
    X509FindType.FindBySubjectName,
    "localhost");

string result = c.GetData(4711);
```

In den Service-Operationen besteht die Möglichkeit, über *OperationContext.Current.ServiceSecurityContext.AuthorizationContext.ClaimSets* auf die im Zertifikat enthaltenen Informationen zuzugreifen.

Listing 4.26 Clientseitige Angabe eines Client-Zertifikates

```
var claimSet = OperationContext.Current
                        .ServiceSecurityContext
                        .AuthorizationContext
                        .ClaimSets[0];
foreach (var claim in claimSet)
{
    Debug.WriteLine(claim.ClaimType + ": " + claim.Resource.ToString());
}
```

■ 4.7 Federated und Claims-based Security mit Windows Identity Foundation (WIF)

In einem serviceorientierten Umfeld sieht sich ein Benutzer schnell mit einer Vielzahl an Benutzerkonten zum Zugriff auf einzelne Dienste konfrontiert. Um diese Menge so weit wie möglich zu reduzieren, erscheint es wünschenswert, die Benutzerverwaltung aus den einzelnen Services in eine zentrale Instanz, einen sogenannten *Security Token Service*, kurz STS, auszulagern. Wie der Name schon suggeriert, hat ein STS die Aufgabe, Security-Tokens auszustellen. Diese Tokens können mit einem Passierschein verglichen werden. Sie beinhalten Informationen über den Benutzer, für den der Passierschein ausgestellt wurde. Aus diesen Informationen kann unter anderem auf die vorhandenen Rechte geschlossen werden. Informationen dieser Art werden allgemein als Claims (Behauptungen, Ansprüche) bezeichnet. Dabei kann es sich um das Alter, die Adresse, die Art der Anstellung, Gruppenzugehörigkeiten etc. handeln. Um Claims eindeutig zu gestalten, werden sie mit URIs benannt. Neben den Claims beinhalten Security Tokens auch ein Ablaufdatum, Informationen über den Bereich, für den sie ausgestellt wurden (*Audience*), den Aussteller sowie dessen digitale Signatur (bzw. HMAC). Darüber hinaus bietet es sich an, das Token verschlüsselt zu übertragen.

4.7.1 Architektur

Die besprochene Sicherheitsarchitektur, die auch Claims-based Security oder Federated Security genannt wird, steht und fällt mit der Vertrauensstellung zwischen dem Service, der in diesem Umfeld auch als *Relying Party* (RP) bezeichnet wird, und dem STS. Bild 4.11 zeigt ein mögliches Szenario, um Clients unter Verwendung eines Tokens zu authentifizieren und zu autorisieren. Dabei fordert der Client unter Angabe bestimmter Credentials beim STS ein Token für den Zugriff auf einen bestimmten Service an. Bei diesen Credentials kann es sich zum Beispiel um ein anderes Token oder um Benutzername und Passwort handeln. Nachdem der STS diese erfolgreich geprüft hat, stellt er ein Token aus, mit dem sich der Client an den Service wendet. Dieser kann nun aufgrund der Signatur prüfen, ob das Token tatsächlich von einem vertrauenswürdigen STS stammt. Ferner prüft der Service das Ablaufdatum und ermittelt aufgrund der Claims, ob der Benutzer die gewünschte Operation anstoßen darf.

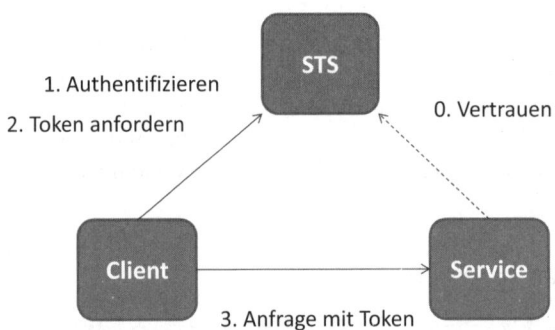

Bild 4.11 Beispiel einer Architektur für Federated Security

Bild 4.12 verdeutlicht ein weiterführendes Szenario, bei dem der aufgerufene Service (Service 1) im Auftrag des Clients auf einen weiteren Service (Service 2) zugreift. Damit dies möglich ist, wendet sich Service 1 an STS 2, der das Vertrauen von Service 2 genießt und selbst STS 1 vertraut. Service 1, der ebenfalls STS 1 vertraut, übergibt den Token von STS 1 an STS 2 und erhält ein weiteres Token (Token 2), das ihn berechtigt, in der Rolle des Clients auf Service 2 zuzugreifen. Hierbei ist auch von Delegation die Rede. Durch dieses Vorgehen werden die Rechte von Service 1 im Zuge des Zugriffs auf Service 2 auf jene des Clients beschränkt, was die Wahrscheinlichkeit von Missbrauchsfällen verringert. Darüber hinaus wird die Anzahl der benötigten Benutzerkonten minimiert und Single-Sign-on-Szenarien werden ermöglicht.

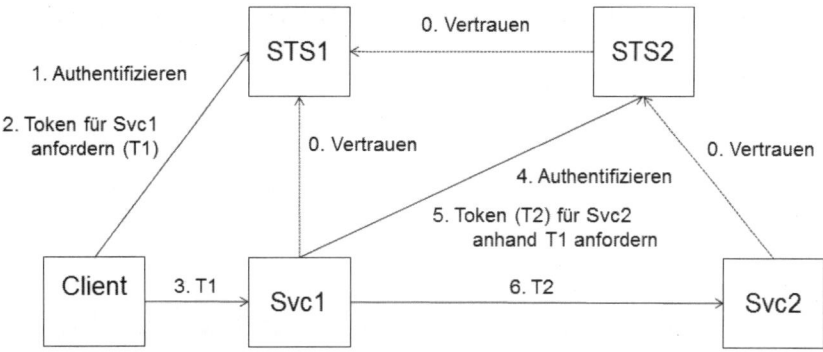

Bild 4.12 Federated Security und Delegation

4.7.2 Web-Service-Standards

Um Szenarien, wie die gerade beschriebenen, auf interoperable Weise via Web-Services zu realisieren, wurden Standards geschaffen. *WS-Trust* normt beispielsweise die Kommunikation mit Security Token Services via SOAP. *WS-Federation* findet unter anderem Verwendung, um Vertrauensstellungen zwischen einzelnen STS zu etablieren. Als Format für Tokens findet dabei häufig das XML-Derivat *Security Assertion Markup Language* (SAML) Verwendung.

Die nachfolgenden Abschnitte zeigen anhand eines Beispiels, wie mit diesen Standards eine offene Sicherheitsarchitektur, die sich an jener in Bild 4.12 orientiert, mit den Mitteln von WCF realisiert werden kann. Dabei wird auch auf die *Windows Identity Foundation* (WIF), die zur Unterstützung solcher Szenarien geschaffen wurde, zurückgegriffen. An dieser Stelle soll allerdings auch betont werden, dass sich WIF nicht auf den gemeinsamen Einsatz mit WCF beschränkt, sondern auch in ASP.NET-Projekten verwendet werden kann.

4.7.3 Implementierung in .NET 4.5

Dieser Abschnitt zeigt, wie Federated und Claims-based Security mit WIF in .NET 4.5 umgesetzt werden kann.

4.7.3.1 Verweis auf STS einrichten

Um das beschriebene Szenario zu implementieren, wird zunächst im FlugService ein Verweis auf den STS eingerichtet. Dazu wählt der Entwickler im Kontextmenü des Projekts FlugService den Befehl *Identity and Access* aus (Bild 4.13). Dieser Befehl steht erst nach dem Einrichten der Erweiterung *Identity and Access-Tool* über den Extension-Manager (*Tools | Extensions and Updates*) zur Verfügung und startet diese.

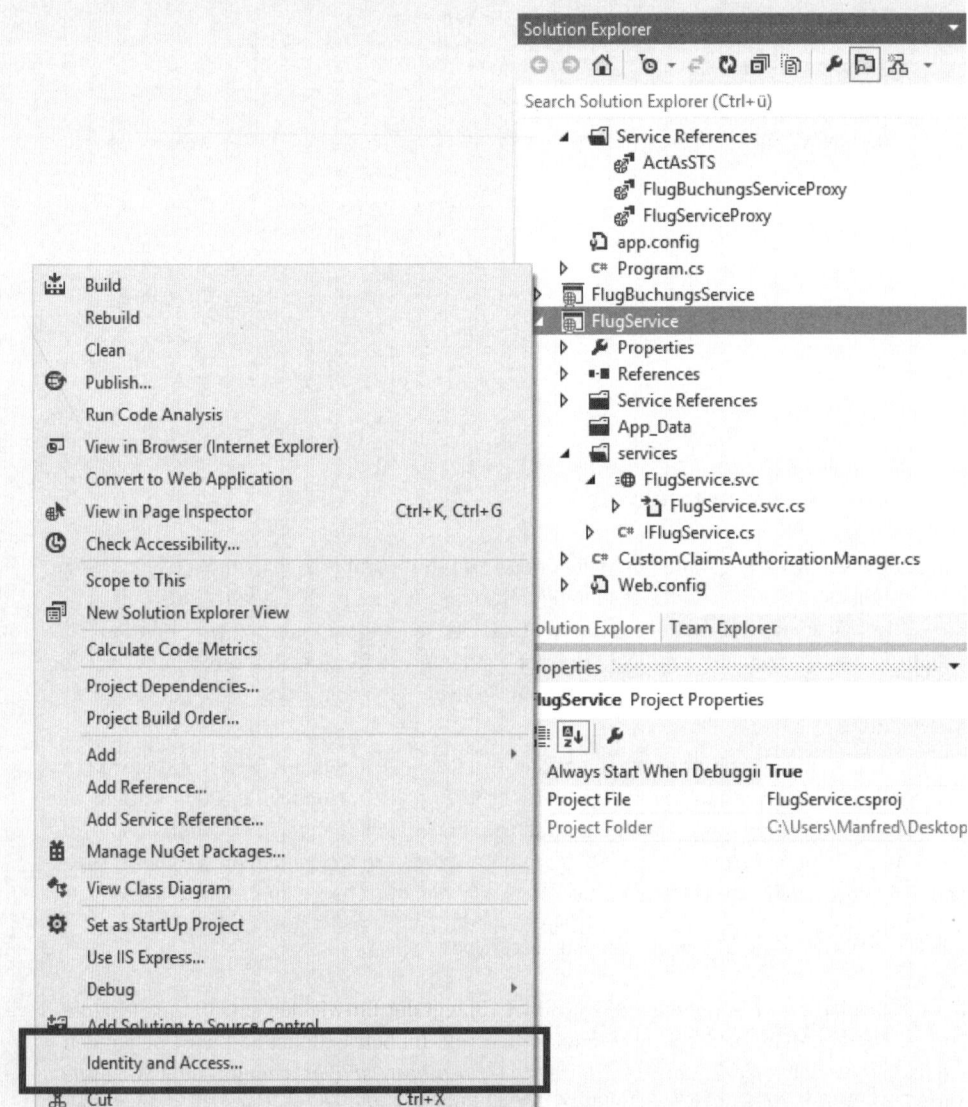

Bild 4.13 Neuer Kontextmenübefehl zum Einfügen eines Verweises auf einen STS

Im Registerblatt mit dem Namen *Providers* wählt der Entwickler für Testzwecke die Option *Use the Local Development STS to test your application* (Bild 4.14) aus. Für den Produktivbetrieb ist hingegen die zweite Option zu wählen. Diese erlaubt das Angeben der benötigten Eckdaten, damit sich WIF zu einem produktiven STS, wie zum Beispiel jenem, der von *Active Directory Federation Services* (ADFS) bereitgestellt wird, verbinden kann.

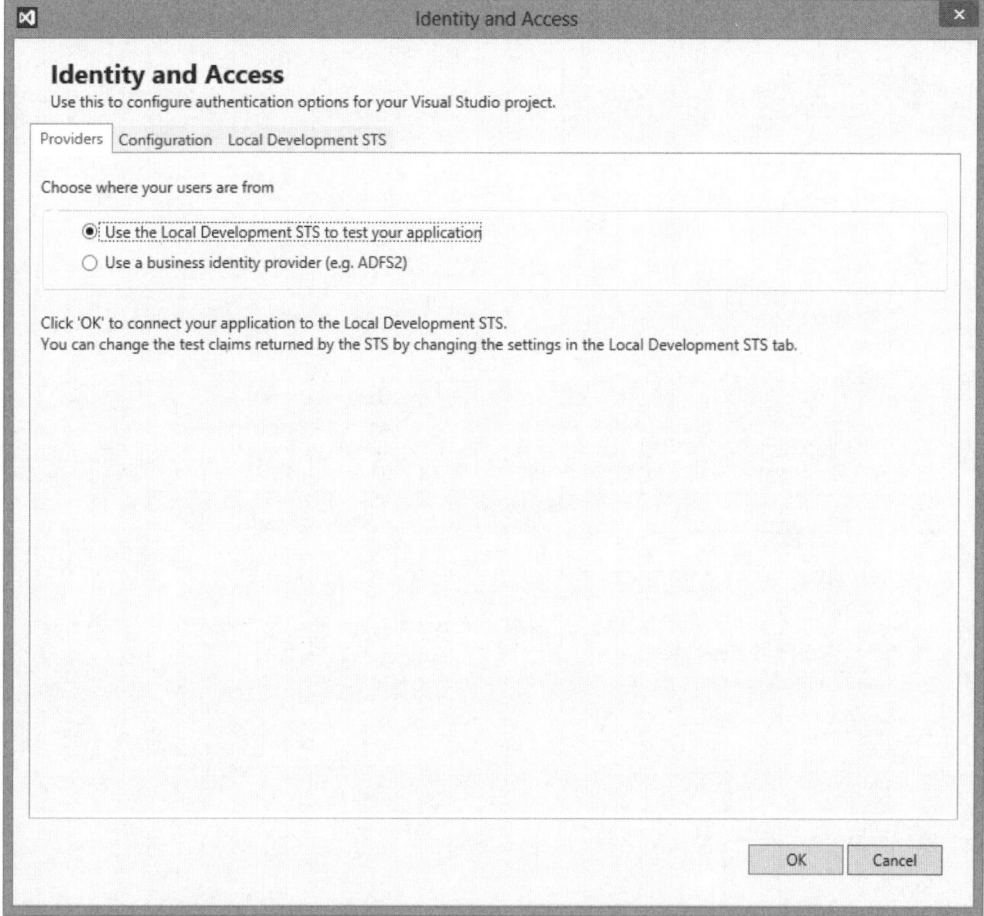

Bild 4.14 Auswahl einer STS im Identity and Access-Tool

Im Registerblatt *Local Development STS* (Bild 4.15) legt der Entwickler jene Claims fest, die der Development-STS zu Testzwecken ausstellen soll. Im betrachteten Fall wird neben den bereits vorgeschlagenen Claims der Claim *http://localhost/IsFlightAgent* mit dem Wert *true* angegeben. Wie weiter oben beschrieben, ist es üblich, URLs als Namen für Claim-Typen heranzuziehen, damit diese eindeutig sind.

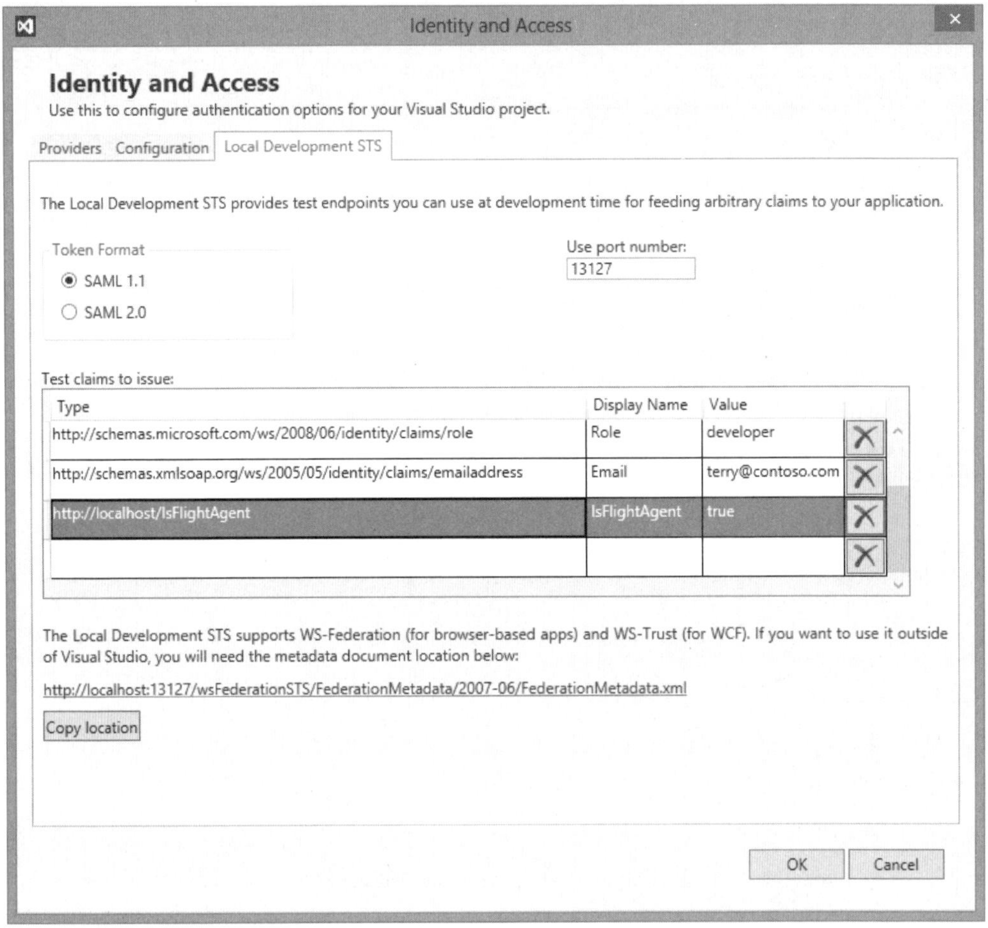

Bild 4.15 Festlegen der gewünschten Claims im Identity and Access-Tool

Per Klick auf *OK* aktualisiert das *Identity and Access-Tool* die Datei *web.config* anhand der festgelegten Daten. Unter *system.serviceModel* (Listing 4.27) richtet es ein Service-Behavior, welches mit dem Eintrag <*serviceCredentials useIdentityConfiguration="true"*> den Einsatz von WIF aktiviert, ein. Darüber hinaus stellt es das Binding des betroffenen Services auf *ws2007FederationHttpBinding* um. Dieses Binding erlaubt den Einsatz von *WS-Trust*. Da im betrachteten Fall der Service vor der Konfiguration durch das *Identity and Access-Tool* nicht explizit konfiguriert war, hat dieses lediglich unter *protocolMapping* festgelegt, dass das *ws2007FederationHttpBinding* für sämtliche HTTP-basierende Services, für die keine Konfiguration vorliegt, heranzuziehen ist. Wäre der Service explizit konfiguriert gewesen, hätte es dessen Endpunktkonfiguration entsprechend abgeändert.

Darüber hinaus hat es eine Binding-Konfiguration angelegt. Diese verweist auf den Metadata-Exchange-Endpunkt des STS. Diese Information wird in weiterer Folge vom Client benötigt, damit dieser in Erfahrung bringen kann, wie er mit dem STS zu kommunizieren hat. Daneben könnte der Entwickler mit dem hier nicht verwendeten Element *claimsType Requirement* anführen, welche Claims die ausgestellten Token aufweisen müssen.

Listing 4.27 WCF-Konfiguration

```
<system.serviceModel>
  <behaviors>
    <serviceBehaviors>

      <behavior>
        <serviceMetadata httpGetEnabled="true" httpsGetEnabled="true" />
        <serviceDebug includeExceptionDetailInFaults="false" />
        <serviceCredentials useIdentityConfiguration="true">
          <serviceCertificate
                  findValue="CN=localhost" storeLocation="LocalMachine"
                  storeName="My" x509FindType="FindBySubjectDistinguished
Name" />
        </serviceCredentials>
      </behavior>

    </serviceBehaviors>
  </behaviors>

  <protocolMapping>
    <add scheme="http" binding="ws2007FederationHttpBinding" />
    <add binding="basicHttpsBinding" scheme="https" />
  </protocolMapping>

  <serviceHostingEnvironment
          aspNetCompatibilityEnabled="true" multipleSiteBindings
Enabled="true" />
  <bindings>

    <ws2007FederationHttpBinding>
      <binding name="">
        <security mode="Message">
          <message>
            <issuerMetadata address="http://localhost:12251/wsTrustSTS/
mex" />
          </message>
        </security>
      </binding>
    </ws2007FederationHttpBinding>

  </bindings>
</system.serviceModel>
```

Die vom *Identity and Access-Tool* eingeführte Konfigurations-Sektion *system.identityModel* legt eine *identityConfiguration* fest (Listing 4.28). Da dieser im betrachteten Fall kein Name zugewiesen wurde, handelt es sich um die standardmäßig heranzuziehende Konfiguration. Diese wird automatisch dem verwendeten WCF-Service zugewiesen, zumal das Element *serviceCredentials* im zuvor betrachteten Service-Behavior nicht explizit auf eine andere *identityConfiguration* verweist.

Dieses Verhalten korreliert mit der seit Version 4 in WCF üblichen Konvention zur Definition von Standard-Konfigurationseinträgen. Wollte der Entwickler hingegen die *identity Configuration* dem Service explizit zuweisen, müsste er zum einen unter Verwendung des Attributes *name* der *identityConfiguration* einen Namen zuweisen und diesen auch im Attribut *identityConfiguration* des Elements *serviceCredentials* anführen.

Die hier betrachtete *identityConfiguration* legt unter *audienceUris* fest, welche Audience-URIs im Token zur Identifikation des Empfängers angegeben werden dürfen. Darüber hinaus gibt sie unter *trustedIssuers* die Fingerabdrücke jener Zertifikate, mit denen der STS das Token signieren darf, an. Übersendete Tokens, welche diese Eigenschaften nicht aufweisen, werden von WIF abgelehnt.

Listing 4.28 WIF-Konfiguration

```
<system.identityModel>
  <identityConfiguration>
    <audienceUris>
      <add value="http://localhost:49972/Service1.svc" />
    </audienceUris>
    <issuerNameRegistry […]>
      <trustedIssuers>
        <add
            thumbprint="9B74CB2F320F7AAFC156E1252270B1DC01EF40D0"
                name="LocalSTS" />
      </trustedIssuers>
    </issuerNameRegistry>
    <certificateValidation certificateValidationMode="None" />
  </identityConfiguration>
</system.identityModel>
```

4.7.3.2 Übermittelte Claims prüfen

Nachdem der FlugService zur Verwendung des STS konfiguriert wurde, soll dieser nun erweitert werden, sodass er die in den Token enthaltenen Claims zur Prüfung der Berechtigungen heranzieht. Dazu wird die Assembly *System.IdentityModel* eingebunden und eine Subklasse von *ClaimsAuthorizationManager* bereitgestellt (Listing 4.29). Ein *ClaimsAuthorizationManager* hat die Aufgabe, zu prüfen, ob der aktuelle Benutzer aufgrund seiner Claims auf eine bestimmte Ressource zugreifen bzw. eine bestimmte Aktion anstoßen darf. Diese Prüfung kann in der zu überschreibenden Methode *CheckAccess*, die jeweils vor der Ausführung einer Service-Operation aufgerufen wird, platziert werden. Lautet der Rückgabewert *true*, darf der aktuelle Benutzer die gewünschte Operation ausführen; ansonsten nicht.

Zur Prüfung übergibt WIF eine Instanz von *AuthorisationContext*. Diese beinhaltet Informationen über den aktuellen Benutzer (Eigenschaft *Principal*) sowie über die auszuführende Aktion und die angeforderte Ressource (Eigenschaften *Action* und *Resource*). Die Implementierung in Listing 4.29 ermittelt, ob versucht wird, auf die Operation *GetFlightInfo* zuzugreifen. Wenn dem so ist, wird geprüft, ob die erste Identität des aktuellen Prinzipals einen Claim *http://localhost/IsTravelAgent* mit dem Wert *true* aufweist. Auf andere, wohl bekannte Claim-Typen, könnte über Konstanten der statischen Klasse *ClaimTypes* Bezug genommen werden, um zu verhindern, dass deren URLs explizit angeführt werden müssen. Die Methode *CheckAccess* liefert *true*, wenn diese Bedingung erfüllt ist und erlaubt somit in diesem Fall Zugriff auf die Operation. Ansonsten verweigert sie den Zugriff auf die abgesicherte Operation. Der Zugriff auf andere Operationen ist an keine Bedingungen geknüpft, weswegen am Ende der Methode *true* zurückgegeben wird.

Listing 4.29 ClaimsAuthorizationManager für WCF-Szenario

```
public class CustomClaimsAuthorizationManager : ClaimsAuthorizationManager
{
    public override bool CheckAccess(AuthorizationContext context)
    {
        const string operation = "/GetFlightInfo";

        if (context.Action.First().Value.EndsWith(operation))
        {

            var isManagerClaim =
                        context.Principal.FindFirst("http://localhost/
IsFlightAgent");
            if (isManagerClaim != null && isManagerClaim.Value == "true")
            {
                return true;
            }
            return false;
        }

        return true;
    }
}
```

Damit der bereitgestellte *ClaimsAuthorizationManager* auch Verwendung findet, ist er über die Konfiguration bekannt zu machen. Dies erfolgt im Rahmen der zuvor betrachteten *identityConfiguration*. Hier wird der vollständige Name des *ClaimsAuthorizationManagers* im üblichen Format *Namespaces.Klassename, Assembly-Name* innerhalb eines *claimsAuthorizationManager*-Elements hinterlegt (Listing 4.30).

Listing 4.30 Registrieren eines ClaimsAuthorizationManagers

```
<system.identityModel>
  <identityConfiguration saveBootstrapContext="true" name="MyIdentityConfig">
    <claimsAuthorizationManager
           type="WCFClaims.CustomClaimsAuthorizationManager, WCFClaims" />
    [...]
  </identityConfiguration>
</system.identityModel>
```

4.7.3.3 Claims in Service-Methoden verwenden

Um die im Token enthaltenen Claims innerhalb der Service-Methoden zu verwenden, wird das Principal-Objekt, welches den Aufrufer beschreibt, über *OperationContext.Current. ClaimsPrincipal* abgerufen (Listing 4.31). Wie bei allen *Principals* ab .NET 4.5 handelt es sich dabei um einen *ClaimsPrincipal*, welcher Eigenschaften und Methoden zum Zugriff auf die Claims des Benutzers bietet. Mit *HasClaim* prüft die Service-Operation, ob der *Principal* den angeführten Claim mit dem angeführten Wert aufweist. Mit *FindFirst* bringt sie hingegen den Wert des ersten Claims mit dem übergebenen Typ in Erfahrung. Daneben könnte man über die Eigenschaft *Claims* direkt auf sämtliche im *Principal* enthaltenen Claims zugreifen oder mit *FindAll* sämtliche Claims eines bestimmten Claim-Typs in Erfahrung bringen.

Für einen sanften Umstieg auf Claims-basierte Sicherheit, weist WIF den Wert des Claims mit dem Benutzernamen auch an den Namen der jeweiligen Identität (Eigenschaft *Name*) zu. Analog geht WIF mit dem Claim, der die übermittelten Rollenzugehörigkeiten widerspiegelt, vor: Seine Werte werden an die Rollen des *Principals* übergeben. Somit kann auf diese Informationen auch auf die gewohnte Art und Weise über *Identity.Name* bzw. *Principal.IsInRole* zugegriffen werden. Dies macht es auch möglich, eine Prüfung gegen Rollenzuweisungen deklarativ unter Verwendung des Attributes *PrincipalPermission* zu veranlassen. Beide Möglichkeiten sind mit den Kommentaren im betrachteten Listing angedeutet.

Listing 4.31 Zugriff auf Claims

```
// [PrincipalPermission(SecurityAction.Demand, Role = "TravelAgent")]
public string GetFlightInfo(int flightNumber)
{
    var p = OperationContext.Current.ClaimsPrincipal;

    // isInRole = p.IsInRole("...")

    if (!p.HasClaim("http://localhost/IsFlightAgent", "true") )
                throw new SecurityException("Kein Flight-Agent");

    var emailAddress = p.FindFirst(ClaimTypes.Email);
    return string.Format(
                "User: {0}, Flight: {1}, EmailAddress: {2}",
                p.Identity.Name, value, emailAddress);
}
```

Alternativ zu *OperationContext.Current.ClaimsPrincipal* kann der Entwickler auch die gängigere Variante *System.Threading.Thread.CurrentContext* als *ClaimsPrincipal* verwenden. Damit WCF den *Principal*, welcher den Aufrufer beschreibt, jedoch auch über diese Eigenschaft bereitstellt, ist im Rahmen des Service-Behaviors der folgende Eintrag zu platzieren.

```
<serviceAuthorization principalPermissionMode="Always" />
```

4.7.3.4 Szenario testen

Nun ist noch die Service-Referenz am Client zu aktualisieren (Rechtsklick auf *Service-Referenz FlugService* im Solution Explorer | *Update Service Reference*). Die Erfahrung hat gezeigt, dass es ab und an notwendig ist, diesen Befehl zweimal hintereinander zur Ausführung zu bringen. Falls der Service nicht innerhalb einer Domäne verwendet wird, ist anschließend noch ein eventuell generiertes *identity*-Element, welches sich auf einen *userPrincipalName* (!) bezieht, in der *app.config* auszukommentieren (Listing 4.32), da die dadurch beschriebene Prüfung des Services durch den Client nur innerhalb Domänen möglich ist.

Listing 4.32 Identitäts-Prüfung

```
<ws2007FederationHttpBinding>
[…]
    <!--
    <identity>
        <userPrincipalName value="DOMÄNE\benutzer" />
    </identity>
    -->
[…]
<ws2007FederationHttpBinding>
```

Damit der Client dem STS vertraut, sollte dessen öffentliches Zertifikat als vertrauens-würdig gekennzeichnet werden. Dieses Zertifikat trägt den Namen *LocalSTS.cer*. Leider wird es nicht im Zuge der Installation des *Identity and Access-Tools* bereitgestellt. Glücklicher-weise ist es Bestandteil des Identity Developer Training Kit (*http://www.microsoft.com/en-us/download/details.aspx?id=14347*). Um dieses Zertifikat als vertrauenswürdig einzu-stufen, ist es im Windows Certificate Store in den Ordner Trusted People abzulegen (*Start | Ausführen | mmc | Add/ Remove Snap-In | Certificates | Computer account |* Rechtsklick auf *Trusted People | All Actions | Import*).

Ruft der Client nun eine Service-Operation über den Proxy auf, wendet er sich ohne Zutun des Entwicklers an den STS um ein Token anzufordern. Dieses Token übergibt er, ebenfalls ohne Zutun des Entwicklers, an den aufzurufenden Service.

4.7.3.5 Delegation implementieren

Nachdem in den letzten Abschnitten die Realisierung der in Bild 4.11 dargestellten Archi-tektur beschrieben wurde, soll das verwendete Beispiel nun um ein Delegationsszenario (Bild 4.12) erweitert werden. Im Zuge dessen soll sich der FlugService auf einen Flug BuchungsService stützen, um herauszufinden, ob der angegebene Flug noch frei ist.

Leider unterstützt der Development-STS keine Delegationsszenarien, weswegen in weiterer Folge auf einen anderen Demo-STS zurückgegriffen wird. Dieser ist in Form eines Visual Studio-Projektes im Identity Developer Training Kit (*http://www.microsoft.com/en-us/down-load/details.aspx?id=14347*) unter *Labs\WebSitesAndIdentity\Source\Ex3-InvokingViaDele-gatedAccess\End\ActAsSts* enthalten und kann somit der aktuellen Solution hinzugefügt werden.

Der Demo-STS stützt sich unter anderem auf drei Konfigurationseinträge in der *web.config* ab, die den Namen des STS sowie den Namen zweier Zertifikate, welche erzeugt und im Certificate Store eingerichtet werden müssen, festlegen (Listing 4.33): *SigningCertificate-Name* spiegelt den Namen jenes Zertifikates wider, mit dem der STS das Token signieren soll; *EncryptingCertificateName* wird hingegen zum Verschlüsseln des Tokens verwendet. Zum Signieren muss ein privater Schlüssel zur Verfügung stehen, zum Verschlüsseln reicht lediglich der öffentliche Schlüssel. Beim Service (*Relying Party*) gestaltet es sich genau anders herum.

Das Ausstellen der Claims erfolgt innerhalb der Demo-STS am Ende der Methode *GetOutput ClaimsIdentity* der Klasse *CustomSecurityTokenService*. Dazu wird die Methode *outputIden-tity.AddClaim* bemüht.

Listing 4.33 Angabe der zu verwendenden Schlüssel

```
<appSettings>
  <add key="IssuerName" value="ActAsSTS" />
  <add key="SigningCertificateName" value="CN=WIF_STS" />
  <add key="EncryptingCertificateName" value="CN=WIF_Service" />
</appSettings>
```

Listing 4.34 beinhaltet Kommandozeilen-Befehle, welche die benötigten Zertifikate für Test- und Entwicklungsszenarien erzeugen. Auszuführen sind diese als Administrator auf der Visual Studio-Kommandozeile. Der Reihe nach generieren diese Anweisungen mit dem Werkzeug *makecert* ein Root-Zertifikat *CA_WIF_DEMO*, eine Widerrufsliste für das Root-

Zertifikat sowie zwei durch das Root-Zertifikat signierte Zertifikate: *WIF_STS* ist für das Signieren durch den Authorization Server gedacht; *WIF_Service* zum Verschlüsseln für den Ressource Server. Anschließend werden aus den generierten Zertifikaten und den dazugehörigen privaten Schlüsseln *pfx*-Dateien generiert, welche in den Windows Certificate Store importiert werden können.

Zum Einrichten der Zertifikate startet man die Management Console (*Start | Ausführen | mmc*) und fügt das Snap-In mit dem Namen *Zertifikate* hinzu (*Snap-In hinzufügen/entfernen Zertifikate auswählen / Hinzufügen | Computerkonto | Lokaler Computer*).

Das Root-Zertifikat ist unter Vertrauenswürdige Stammzertifizierungsstellen bereitzustellen (Rechtsklick auf *Vertrauenswürdige Stammzertifizierungsstellen | Alle Aufgaben | Importieren | Weiter | Durchsuchen | Zuvor erstelltes Root-Zertifikat auswählen*). Dasselbe gilt für die Widerrufsliste mit der Endung crl. Damit diese Datei ausgewählt werden kann, ist der vorgegebene Filter auf **.crl* abzuändern. In den Ordner *Eigene Zertifikate* sollten auf dieselbe Weise die *pfx*-Dateien (nicht die *cer*-Dateien!) der beiden verbleibenden Zertifikate hinterlegt werden. Dazu ist ebenfalls der Filter zu modifizieren.

Darüber hinaus muss sichergestellt werden, dass IIS sowie der aktuelle Benutzer Zugriff auf die Dateien, in denen der Certificate Store die privaten Zertifikate ablegt, haben (Rechtsklick auf *Zertifikat im Store | Alle Aufgaben | Private Schlüssel verwalten*).

Listing 4.34 Benötigte Zertifikate erstellen

```
makecert -n "CN=CA_WIF_DEMO" -pe -r -sv ca_WIF_demo.pvk ca_WIF_demo.cer

makecert -crl -n "CN=DA_WIF_DEMO" -r -sv ca_WIF_demo.pvk ca_WIF.crl

makecert -iv ca_WIF_demo.pvk -n "CN=WIF_STS" -ic ca_WIF_demo.cer
              -sv WIF_sts.pvk WIF_sts.cer -sky exchange -pe -a sha1

makecert -iv ca_WIF_demo.pvk -n "CN=WIF_Service" -ic ca_WIF_demo.cer
              -sv WIF_service.pvk WIF_service.cer -sky exchange -pe
-a sha1

pvk2pfx -pvk WIF_sts.pvk -spc WIF_sts.cer -pfx WIF_sts.pfx -po P@ssw0rd

pvk2pfx -pvk WIF_service.pvk -spc WIF_service.cer
              -pfx WIF_service.pfx -po P@ssw0rd
```

Nun muss noch eine Verbindung zwischen dem *FlugBuchungsService* und dem Demo-STS hergestellt werden. Das *Identity and Access-Tool* kann dazu nicht verwendet werden, da der Demo-STS nicht in der Lage ist, die von ihm veröffentlichen WS-Federations-konformen Metadaten an die konfigurierten Aspekte anzupassen. Um nicht alles manuell machen zu müssen, bietet es sich jedoch an, den FlugBuchungsService unter Verwendung des *Identity and Access-Tools* mit dem Development-STS (!) zu verbinden und anschließend die auf diesem Weg erhaltenen Konfigurationseinträge so anzupassen, dass der Service stattdessen auf den neuen Demo-STS verweist. Zum Anpassen der Konfigurationseinträge kann Listing 4.35 herangezogen werden, wobei zu beachten ist, dass der Fingerabdruck des Zertifikates (*Thumbprint*) an den tatsächlich vergebenen anzupassen ist. Diesen kann man über die Eigenschaften des Zertifikates im Certificate Store in Erfahrung bringen. Beim Kopieren des Fingerabdruckes ist zu beachten, dass der Certificate Store ab und an ein nicht druckbares („unsichtbares") Zeichen am Beginn einfügt. Dieses ist vor dem Einfügen in die Konfiguration zu entfernen.

Listing 4.35 Konfiguration für Delegationsszenario

```
<system.serviceModel>
<bindings>

  <ws2007FederationHttpBinding>
  <binding name="">
    <security mode="Message">
    <message>
      <issuerMetadata
                  address="http://localhost:40010/ActAsSts/Issue.svc/mex" />
    </message>
    </security>
  </binding>
  </ws2007FederationHttpBinding>

</bindings>
</system.serviceModel>


[…]

<system.identityModel>
<identityConfiguration>
  <audienceUris>
  <add value="http://localhost:1673/FlugBuchungsService.svc" />
  </audienceUris>
  <issuerNameRegistry […]>
  <trustedIssuers>
    <add thumbprint="--Fingerabdruck Ihres Zertifikates!--"
              name="ActAsSTS" />
  </trustedIssuers>
  </issuerNameRegistry>
  <certificateValidation certificateValidationMode="None" />

</identityConfiguration>
</system.identityModel>
```

In der Implementierung des *FlugBuchungsServices* kann auf die gewohnte Weise über den aktuellen *ClaimsPrincipal* auf die Claims des übersendeten Tokens zugegriffen werden. Darüber hinaus kann dessen Eigenschaft *Actor* verwendet werden, um herauszufinden, welcher Benutzer im Namen des Client-Benutzers auf den Service zugreift. Im betrachteten Fall ist dies jener Benutzer, unter dem der *FlugService* auf den Demo-STS zugreift.

Listing 4.36 Implementierung des FlugBuchungsServices

```
public class FlugBuchungsService : IFlugBuchungsService
{

    public bool IsAvailable(string flightNumber, DateTime date)
    {
        var p = OperationContext.Current.ClaimsPrincipal;

        File.AppendAllText(
              @"c:\temp\actAs.txt",
              string.Format("{0}: {1} acts as {2}\r\n",
                  DateTime.Now.ToString(),
                  p.Identities.First().Actor.Name,
```

```
                    p.Identity.Name));

        // Zum Testen muss min. ein Flug ausgebucht sein …
        if (flightNumber == "9999") return false;
        return true;
    }
}
```

Der konfigurierte *FlugBuchungsService* kann nun vom *FlugService* aufgerufen werden. Wie zu Beginn erwähnt, soll der *FlugService* im Zuge dessen die Identität seines Aufrufers annehmen. Dazu wird dieser das erhaltene Token verwenden, um sich ein neues Token zum Zugriff auf den *FlugBuchungsService* ausstellen zu lassen. Damit das möglich ist, muss in der Konfiguration des *FlugServices* angegeben werden, dass er dieses aufbewahren soll. Erreicht wird dies, indem das Attribut *saveBootstrapContext* im Element *system.identity Model* auf *true* gesetzt wird (Listing 4.37).

Listing 4.37 Konfiguration zum Aufbewahren des Bootstrap-Contexts

```
<system.identityModel>
  <identityConfiguration saveBootstrapContext="true">
    [...]
  </identityConfiguration>
</system.identityModel>
```

Anschließend erhält der *FlugService* eine Service-Referenz, welche auf den *FlugBuchungs-Service* verweist. Falls der verwendete Rechner von seiner Domäne getrennt ist, muss – wie bereits zuvor – das generierte *Identity*-Element auskommentiert werden (Listing 4.38). Danach spendiert der Entwickler der Service-Implementierung die Methode *IsFree*, die unter Verwendung des *FlugBuchungsService* prüft, ob ein angegebener *Flug* noch verfügbar ist (Listing 4.37). Dazu wird das empfangene Token aus dem *BootstrapContext* der ersten Identität des aktuellen Prinzipals entnommen und unter Angabe des Namens der Service-referenz, die beim Hinzufügen dieser in der *web.config* festgelegt wurde, eine *Channel Factory* instanziiert. Anschließend wird unter Verwendung der Methode *CreateChannel WithActAsToken* ein Proxy erzeugt, wobei dieser Methode das erhaltene Token zu übergeben ist. Danach findet über den Proxy der Aufruf der Service-Operation *IsAvailable* statt. Im Zuge dessen verwendet WIF das zuvor angegebene Token, um beim Demo-STS ein weiteres Token für den Zugriff auf den *FlugBuchungsService* anzufordern.

Listing 4.38 Delegation

```
private bool IsFree(string flightNumber, DateTime date)
{
    const string clientEndpointName = "WS2007FederationHttpBinding_
IFlugBuchungsService";

    var claimsPrincipal = OperationContext.Current.ClaimsPrincipal;
    var bootstrapContext = claimsPrincipal
                            .Identities.First()
                            .BootstrapContext as BootstrapContext;

    var bootstrapToken = bootstrapContext.SecurityToken;

    using (var cf =
```

```
                   new ChannelFactory<IFlugBuchungsService>(clientEndpoint
Name))
    {
        var proxy = cf.CreateChannelWithActAsToken(bootstrapToken);
        //var proxy = cf.CreateChannel();

        var result = proxy.IsAvailable(flightNumber, date);
        ((IDisposable)proxy).Dispose();
        return result;
    }
}
```

 HINWEIS: Neben *CreateChannelWithActAsToken* steht auch eine Erweiterungsmethode *CreateChannelWithOnBehalfOfToken* zur Verfügung. Diese Methode führt dazu, dass ein Token angefordert wird, aus dem lediglich der Benutzer, in dessen Auftrag auf einen Service zuzugreifen ist, nicht jedoch der eigentliche Benutzer (*Actor*), hervorgeht. ∎

Anschließend ist noch die Methode *IsFree* innerhalb der Service-Operation *GetFlugInfo* aufzurufen (Listing 4.39).

Listing 4.39 Aufruf von IsFree

```
public string GetFlightInfo(int value)
{
    var p = OperationContext.Current.ClaimsPrincipal;
    var isFree = IsFree(value.ToString(), DateTime.Now);

    return string.Format(
            "User: {0}, Flight: {1}, IsFree: {2}",
            p.Identity.Name, value, isFree);
}
```

Wird nun der Client abermals gestartet, zeigt dieser im Rahmen der Informationen, die er vom *FlugService* erhalten hat auch die Information *IsFree* an, welche durch den *Flug BuchungsService* ermittelt wurde.

4.7.3.6 Token manuell anfordern

Das Anfordern der Sicherheits-Tokens wurde bis dato deklarativ bewerkstelligt, indem das Binding, welches zum Zugriff auf den Service verwendet wird, mit entsprechenden Informationen über den STS versehen wurde. Dies hat den Vorteil, dass man im Programmcode möglichst wenig von der damit einhergehenden Komplexität bemerkt. Der Service-Proxy fordert einfach anhand der hinterlegten Informationen ein Token an und verwendet dieses beim Zugriff auf den Service.

Allerdings wird nicht für jeden neuen Proxy ein neues Token benötigt, denn mitunter kann ein bereits bestehendes Token weiterverwendet werden. Dies würde sich auch positiv auf die Leistung des Systems auswirken, da dadurch unnötige Anfragen beim STS verhindert werden. Für solche Szenarien sind ein paar Zeilen Code vonnöten. Listing 4.40 beinhaltet zur Demonstration die Methode *RequestToken*. Sie erstellt ein Binding für die Kommunikation mit dem STS. Dazu wird an den Konstruktor der Name der Binding-Konfiguration, welche Visual Studio beim Referenzieren des STS hinzugefügt hat, übergeben. Dieser Name gleicht im betrachteten Beispiel der URL des STS. *RequestToken* erzeugt auch eine Adresse, welche auf den STS zeigt, und konfiguriert anschließend eine Instanz von *WSTrustChannel-Factory* mit dieser Adresse und dem Binding. Die Eigenschaft *TrustVersion* wird auf die vom STS unterstützte Version von *WS-Trust* gesetzt. Anschließend erzeugt *RequestToken* über die *ChannelFactory* einen Proxy vom Typ *WSTrustChannel*. Ein *RequestSecurityToken*, welches die Anfrage für das gewünschte Token repräsentiert, wird erzeugt und parametrisiert. Die Eigenschaft *AppliesTo* repräsentiert den Gültigkeitsbereich (*Scope*) für den das Token benötigt wird. Im betrachteten Fall handelt es sich um den *FlugService*. An *ActAs* könnte ein bestehendes Token übergeben werden. Damit würde angezeigt werden, dass dieses Token im Rahmen eines Delegationsszenarios (siehe Abschnitt 4.7.1) gegen ein neues Token getauscht werden soll. Die Methode *Issue* fordert beim STS ein Token an. Dieses wird zurückgeliefert.

Listing 4.40 Token manuell anfordern

```
private static SecurityToken RequestToken()
{
  WS2007HttpBinding binding;
  EndpointAddress addr;
  WSTrustChannelFactory trustChannelFactory = null;
  WSTrustChannel channel = null;
  RequestSecurityToken rst;
  RequestSecurityTokenResponse rstr;
  SecurityToken token;

  binding = new WS2007HttpBinding("http://localhost:13127/wsTrustSTS/");
                                  // ^^^-- config-name!!

  addr = new EndpointAddress("http://localhost:13127/wsTrustSTS/");
                                  // ^^^-- Adresse

  trustChannelFactory = new WSTrustChannelFactory(binding, addr);
  trustChannelFactory.TrustVersion = TrustVersion.WSTrust13;

  try
  {
    channel = (WSTrustChannel)trustChannelFactory.CreateChannel();
    rst = new RequestSecurityToken(RequestTypes.Issue);

    // ActAs wird in diesem Beispiel nicht benötigt
    // rst.ActAs = new SecurityTokenElement(existingToken);

    rst.AppliesTo = new
                    EndpointReference("http://localhost:1928/
FlugService.svc");

    rstr = null;
    token = channel.Issue(rst, out rstr);
    return token;
  }
  Catch
  {
    if (channel != null) channel.Abort();
```

```
      throw;
   }
   Finally
   {
      if (channel != null) channel.Close();
      if (trustChannelFactory != null) trustChannelFactory.Close();
   }
}
```

Das auf diese Art angeforderte Token kann in weiterer Folge zum Konfigurieren eines Proxys herangezogen werden. Listing 4.41 demonstriert dies, indem es mit einer *ChannelFactory* unter Verwendung von *CreateChannelWithIssuedToken* einen Laufzeitproxy erzeugt. An
CreateChannelWithIssuedToken übergibt sie dabei das zu verwendende Token.

Listing 4.41 Mit manuell angefordertem Token auf Service zugreifen

```
var token = RequestToken();

using (var cf = new ChannelFactory<IFlugService>
                        ("WS2007FederationHttpBinding_IService1"))
{
   var proxy = cf.CreateChannelWithIssuedToken(token);

   var data = proxy.GetFlightInfo(4711);
   Console.WriteLine(data);

   ((IDisposable)proxy).Dispose();
}
```

4.7.4 Implementierung für Versionen vor 4.5

Dieser Abschnitt zeigt, wie Federated und Claims-based Security in .NET-Versionen vor 4.5
mittels WIF umgesetzt werden kann.

4.7.4.1 Verweis auf STS einrichten

Das hier beschriebene Beispiel sieht vor, dass ein Client über einen Flug-Service Flüge
abruft. Damit dieser die bereits ausgebuchten Flüge nicht an den Client zurückmeldet,
greift er im Namen des Clients auf einen Flugbuchungsservice zu. Zum Nachstellen dieses
Beispiels finden Sie im Downloadmaterial zu diesem Kapitel eine Solution mit den beiden
Services und dem Client. Diese Solution ist die Ausgangsbasis für die nachfolgenden
Beschreibungen, die neben Visual Studio 2010/.NET 4 auch eine Installation von WIF
(*http://bit.ly/hjMXdF*) sowie des WIF SDK (*http://bit.ly/ew6K5z*) vorsehen.

Um das Szenario zu implementieren, wird zunächst im *FlugService* unter Verwendung von
Metadaten, die mittels *WS-Federation* bereitgestellt werden, ein Verweis auf den STS eingerichtet. Dazu wählt man im Kontextmenü des Projekts *FlugService* den Befehl *Add STS
Reference*, der nach der Installation des *Windows Identity Foundation SDK* zur Verfügung
steht (Bild 4.16).

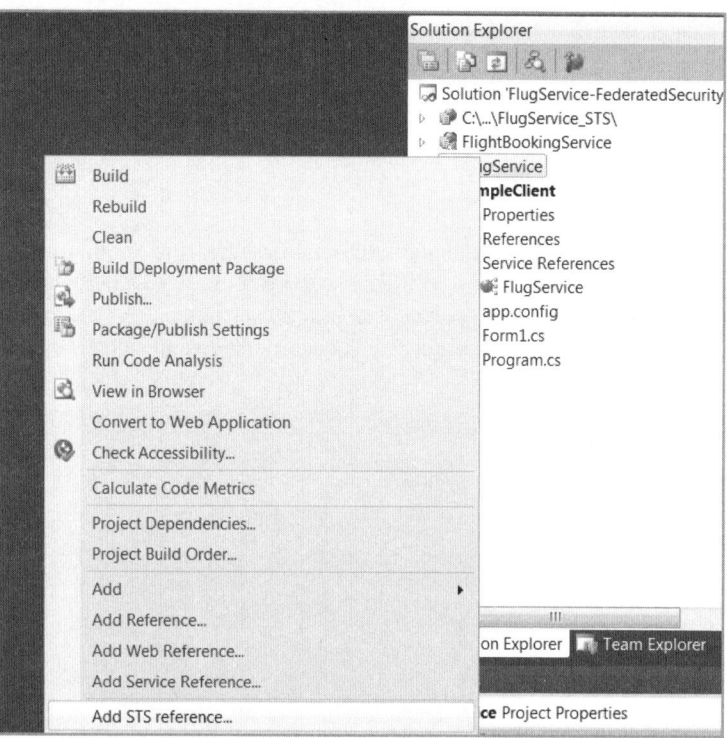

Bild 4.16 Neuer Kontextmenü-Eintrag Add STS reference

Dies führt dazu, dass der Assistent *Federation Utility* gestartet wird. Auf der ersten Seite, die den Titel *Security Token Service* trägt, ist unter *Application URI* die URL des Service einzutragen. Im betrachteten Beispiel lautet diese *http://localhost:1928/FlugService.svc.* (Bild 4.17).

Auf der Seite *Application Information* wird die Auswahl des Service *FlugService* und des Vertrags *IFlugService* beibehalten. Mit *Create a new STS project in the current solution* auf der Seite *Security Token Service* gibt man an, dass ein neues Projekt mit einer beispielhaften STS angelegt werden soll. Während im Produktivbetrieb ein professioneller STS, wie z. B. *Active Directory Federation Services* (ADFS), eingesetzt werden soll, bietet sich der vom Assistenten generierte STS für Testzwecke sowie für die Entwicklung an. Anschließend wird auf *Finish* geklickt und somit ein STS-Projekt, das mit dem Projekt *FlugService* in Verbindung gesetzt wird, erzeugt. Dabei erweitert der Assistent die Konfiguration in der Datei *web.config* anhand der festgelegten Daten für die Verwendung des definierten STS. Im Zuge dessen erstellt er auch Einträge unter *system.serviceModel* für WCF sowie Einträge unter *microsoft. identityModel* für WIF. Zusätzlich legt er die benötigten Zertifikate und damit assoziierten Schlüssel zum Signieren und Verschlüsseln der Token an.

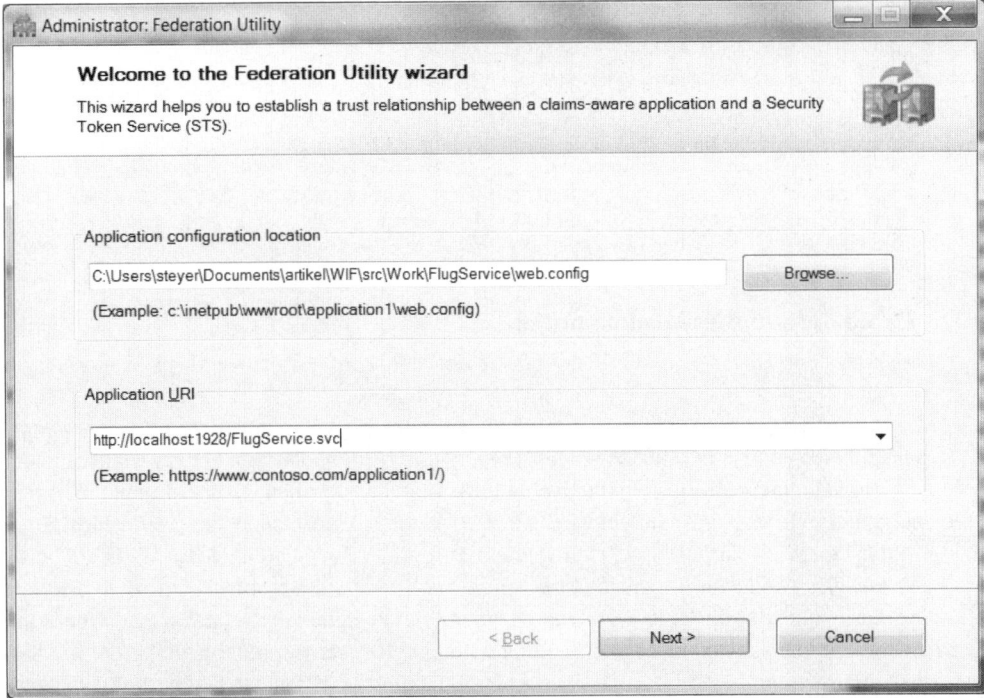

Bild 4.17 Erste Seite des Assistenten Federation Utility

4.7.4.2 STS aktualisieren

Da der benötigte Funktionsumfang über jenen des generierten STS hinausgeht, muss dieser für das hier beschriebene Beispiel anhand der Dateien im beiliegenden Ordner *STS_Update* aktualisiert werden. Dazu sind die .*cs*-Dateien in den Ordner *AppCode* des STS-Projektes zu kopieren, wobei bereits vorhandene Dateien überschrieben werden sollen. Auch die *web.config* wird mit ihrem Gegenstück aus dem Ordner *STS_Update* überschrieben. Diese Aktualisierung führt dazu, dass zu Testzwecken für jeden anfragenden Benutzer ein Token, das die Claims aus Tabelle 4.6 widerspiegelt, erzeugt wird. Daneben erlaubt diese Aktualisierung auch die Verwendung von Delegationsszenarien (Bild 4.12). Die Vergabe der Claims findet in der Methode *GetOutputClaimsIdentity* der Klasse *CustomSecurityToken Service* statt.

Listing 4.42 zeigt zur Demonstration einen Ausschnitt dieser Methode.

Tabelle 4.6 Ausgestellte Claims

Claim-Typ	Wert
Name	TravelAgency OneWayTicket
Role	TravelAgency
Email	office@it-visions.de
HasAccessToFlightService	true

Listing 4.42 Vergabe von Claims in der Beispiel-STS

```
[…]
outputIdentity.Claims.Add(new Claim(System.IdentityModel.Claims.ClaimTypes.
Name, "TravelAgency OneWayTicket"));
outputIdentity.Claims.Add(new Claim(ClaimTypes.Role, "TravelAgency"));
outputIdentity.Claims.Add(new Claim(ClaimTypes.Email, "office@example.org"));
outputIdentity.Claims.Add(new Claim("http://softwarearchitekt.at/Claims/
HasAccessToFlightService", "true"));
return outputIdentity;
```

4.7.4.3 Übermittelte Claims prüfen

Nachdem der *FlugService* zur Verwendung des STS konfiguriert wurde, soll dieser nun erweitert werden, sodass er die in den Token enthaltenen Claims zur Prüfung der Berechtigungen heranzieht. Dazu wird die mit WIF ausgelieferte Assembly *Microsoft.IdentityModel* eingebunden und eine Subklasse von *ClaimsAuthorizationManager* bereitgestellt (Listing 4.43). Ein *ClaimsAuthorizationManager* hat die Aufgabe zu prüfen, ob der aktuelle Benutzer aufgrund seiner Claims auf eine bestimmte Ressource zugreifen bzw. eine bestimmte Aktion anstoßen darf. Diese Prüfung kann in der zu überschreibenden Methode *Check Access*, die jeweils vor der Ausführung einer Service-Operation aufgerufen wird, platziert werden. Lautet der Rückgabewert *true*, darf der aktuelle Benutzer die gewünschte Operation ausführen – ansonsten nicht. Zur Prüfung wird eine Instanz von *AuthorizationContext* übergeben. Diese beinhaltet Informationen über den aktuellen Benutzer (Eigenschaft *Principal*) sowie über die auszuführende Aktion bzw. angeforderte Ressource (Eigenschaften *Action* und *Resource*).

Die Implementierung in Listing 4.43 ermittelt, ob versucht wird, auf die Operation *FindeFluege* zuzugreifen. Wenn dem so ist, wird geprüft, ob die erste Identität des aktuellen *Principal* ein Claim *Role* mit dem Wert *TravelAgency* aufweist. Auf dieses Claim wird über eine Konstante der statischen Klasse *ClaimTypes* Bezug genommen. Zusätzlich wird geprüft, ob ein benutzerdefiniertes Claim mit der Bezeichnung *http://softwarearchitekt.at/Claims/ HasAccessToFlightService* und dem Wert *true* existiert. Die Methode *CheckAccess* liefert *true*, wenn beide Bedingungen erfüllt sind, und erlaubt in diesem Fall Zugriff auf die Operation. Ansonsten verweigert sie den Zugriff auf die Operation *FindeFluege*. Der Zugriff auf andere Methoden ist an keine Bedingungen geknüpft, weswegen am Ende der Methode *true* zurückgegeben wird.

Listing 4.43 Authorisierung mit Claims

```
public class CustomClaimsAuthorizationManager : ClaimsAuthorizationManager
{
    public override bool CheckAccess(AuthorizationContext ac)
    {
        bool exists1, exists2;
        // Zugang zu FindeFluege ist limitiert
        if (ac.Action[0].Value.EndsWith("/FindeFluege"))
        {
            exists1 = ac.Principal
                        .Identities[0]
                        .Claims
                        .Exists(
```

```
                              c => c.ClaimType == ClaimTypes.Role
                              && c.Value == "TravelAgency");

            exists2 = ac.Principal
                         .Identities[0]
                         .Claims
                         .Exists(
                         c => c.ClaimType == "http://software
   architekt.at/Claims/HasAccessToFlightService"
                              && c.Value == "true");

            if (exists1 && exists2) return true;
            return false;
         }
         return true;
      }
}
```

Damit der bereitgestellte *ClaimsAuthorizationManager* auch Verwendung findet, ist er über die Konfiguration bekannt zu machen. Dazu fügt man in der Datei *web.config* dem mit dem Service assoziierten *service*-Element in der Sektion *microsoft.identityModel*, die von WIF verwendet wird, ein *claimsAuthorizationManager*-Element hinzu (Listing 4.44).

Listing 4.44 Konfiguration des ClaimsAuthorizationManagers

```
<microsoft.identityModel>
 <service name="FlugService.FlugService">
    <claimsAuthorizationManager
            type="FlugService.CustomClaimsAuthorizationManager, FlugService"/>
    [...]
 </service>
</microsoft.identityModel>
```

Darüber hinaus ist die Binding-Konfiguration des Service zu erweitern, sodass die benötigten Claims beim STS angefordert werden. Im betrachteten Beispiel sind dies der Name des Benutzers, die Rolle, die E-Mail-Adresse sowie das benutzerdefinierte Claim *HasAccess ToFlightService*. Dazu wird das Element *claimTypeRequirements* der Binding-Konfiguration erweitert (Listing 4.45).

Listing 4.45 Definition der benötigten Claims in der Konfiguration

```
<ws2007FederationHttpBinding>
 <binding name="FlugService.IFlugService_ws2007FederationHttpBinding">
    <security mode="Message">
      <message>
        <issuerMetadata
               address="http://localhost:19184/FlugService_STS/Service.svc/
mex" />
        <claimTypeRequirements>
<add claimType="http://schemas.xmlsoap.org/ws/2005/05/identity/claims/name"
        isOptional="true" />
<add claimType="http://schemas.microsoft.com/ws/2008/06/identity/claims/role"
        isOptional="true" />
<add
      claimType="http://schemas.xmlsoap.org/ws/2005/05/identity/claims/
emailaddress"
```

```
      isOptional="true" />
<add claimType="http://softwarearchitekt.at/Claims/HasAccessToFlightService"
      isOptional="true" />
        </claimTypeRequirements>
      </message>
    </security>
  </binding>
</ws2007FederationHttpBinding>
```

4.7.4.4 Claims in Service-Methoden verwenden

Um die im Token enthaltenen Claims innerhalb der Service-Methoden zu verwenden, muss das aktuelle *Principal*-Objekt in eine Instanz von *IClaimsPrincipal* umgewandelt und dessen Identitäten müssen nach den gewünschten Claims durchforstet werden. Daneben weist WIF den Wert des Claims mit dem Benutzernamen auch dem Namen der jeweiligen Identität (Eigenschaft *Name*) zu; die als Claims übermittelten Rollenzugehörigkeiten werden den Rollen des *Principals* zugewiesen. Somit kann auf diese Informationen auch auf die gewohnte Art und Weise zugegriffen werden. Listing 4.46 demonstriert dies. Zunächst greift die Methode *FindeFluege* auf den Benutzernamen sowie auf die Rollen mittels *identity.Name* bzw. *principal.IsInRole* zu. Außerdem wird mit einem *PrincipalPermission*-Attribut deklarativ gegen die Rolle *TravelAgency* geprüft. Anschließend wandelt die Methode den aktuellen *Principal* in einen *IClaimsPrincipal* um und ermittelt den Wert des ersten Claims, das vom Typ *ClaimTypes.Email* ist.

Listing 4.46 Auswertung der Claims

```
[PrincipalPermission(SecurityAction.Demand, Role = "TravelAgency")]
public List<Flug> FindeFluege(String von, String nach, DateTime datum)
{
    var p = System.Threading.Thread.CurrentPrincipal;
    Debug.WriteLine("");
    Debug.WriteLine("Name: " + p.Identity.Name);
    Debug.WriteLine("IsAuthenticated: " + p.Identity.IsAuthenticated);
    Debug.WriteLine("IsInRole Administratoren:" +
p.IsInRole("Administratoren"));
    Debug.WriteLine("IsInRole TravelAgency:" + p.IsInRole("TravelAgency"));

    IClaimsPrincipal cp = (IClaimsPrincipal)p;
    var emailClaim = cp.Identities[0]
                        .Claims
                        .Where(c => c.ClaimType == ClaimTypes.Email)
                        .FirstOrDefault();
    if (emailClaim != null)
    {
        Debug.WriteLine("EMail: " + emailClaim.Value);
    }
    Debug.WriteLine("");
    [...]
}
```

4.7.4.5 Szenario testen

Nun ist noch die Service-Referenz am Client zu aktualisieren (Rechtsklick auf *Service-Refe-renz FlugService* im Solution Explorer | *Update Service Reference*). Falls der Service nicht innerhalb einer Domäne verwendet wird, ist anschließend noch ein eventuell generiertes *identity*-Element, das sich auf einen *userPrincipalName* (!) bezieht, in der *app.config* aus-zukommentieren (Listing 4.47).

Listing 4.47 Identity-Prüfung auskommentieren

```
<ws2007FederationHttpBinding>
[…]
    <!--
    <identity>
        <userPrincipalName value="DOMÄNE\benutzer" />
    </identity>
    -->
[…]
<ws2007FederationHttpBinding>
```

Werden anschließend mit dem Client Flugbuchungen angefordert, können die ermittelten Claims im Fenster *Output* eingesehen werden, sofern der Service im Debug-Modus ausge-führt wird (Bild 4.18).

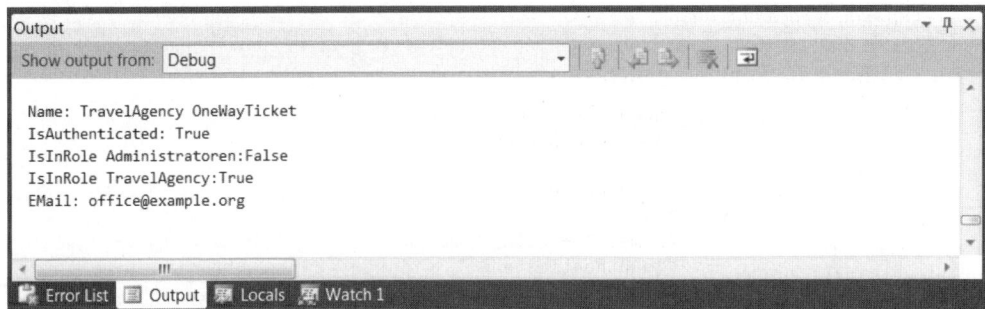

Bild 4.18 Ausgabe der im Token übermittelten Claims

4.7.4.6 Delegation implementieren

Nachdem in den letzten Abschnitten die Realisierung der in Bild 4.11 dargestellten Archi-tektur beschrieben wurde, soll das verwendete Beispiel nun um ein Delegationsszenario (Bild 4.12) erweitert werden. Im Zuge dessen wird der Service *FlugBuchungsService* vom *FlugService* aufgerufen, um bereits ausgebuchte Flüge aus der Ergebnismenge von *Finde-Fluege* auszuschließen. Zur Vereinfachung übernimmt der bereits bestehende STS auch die Rolle des zweiten STS. Zunächst ist der *FlugBuchungsService* zur Verwendung mit dem STS über den bereits bekannten *Assistent Federation Utility* zu konfigurieren (Rechtsklick auf *Projekt FlugBuchungsService* im Solution-Explorer | *Add STS reference*). Auf der ersten Seite ist die URL des Service unter *Application URI* anzugeben. Diese lautet *http://localhost:1152/FlugBuchungsService.svc*. Auf der Seite *Security Token Service* kommt die Option *Use an exis-ting STS* zum Einsatz. Zusätzlich verweist man hier auf die Datei *FederationMetadata.xml* aus dem Verzeichnis *FederationMetadata\2007-06* des Projekts *FlugBuchungsService*. Auf der Seite *Security token encryption* fällt die Wahl auf *Enable encryption* und *Generate a default certificate*. Auf der Seite *Offered claims* werden keine Einstellungen vorgenommen, und auf der Seite *Summary* wird der Vorgang per Klick auf *Finish* abgeschlossen.

Nun wird sichergestellt, dass die Assembly *Microsoft.IdentityModel* eingebunden ist und dem *FlugBuchungsService* ein *ClaimsAuthorizationManager* hinzugefügt wurde. Dazu kann die Implementierung aus Listing 4.48 herangezogen werden. Diese gibt zunächst den Namen des Benutzers, mit dessen Berechtigungen auf den Service zugegriffen wird, und anschließend den eigentlichen Benutzer, der diese Identität angenommen hat, aus. Schließlich wird unter Zuhilfenahme des Claims *HasAccessToFlightService* festgestellt, ob auf den Service zugegriffen werden darf.

Listing 4.48 ClaimsAuthorizationManager für Delegationsszenario

```
public class CustomClaimsAuthorizationManager : ClaimsAuthorizationManager
{
    public override bool CheckAccess(AuthorizationContext ac)
    {
        bool ok;

        // Zugriff wird "protokolliert"
        Debug.WriteLine("");
        Debug.WriteLine("User: " + ac.Principal.Identity.Name);
        if (ac.Principal.Identities[0].Actor != null)
        {
            Debug.WriteLine("Actor: " + ac.Principal.Identities[0].Actor.
Name);
        }
        Debug.WriteLine("");
        ok = ac.Principal
                  .Identities[0]
                  .Claims
                  .Exists(
                      c => c.ClaimType == "http://softwarearchitekt.at/
Claims/HasAccessToFlightService"
                           && c.Value == "true");
        return ok;
    }
}
```

Damit auch dieser *ClaimsAuthorizationManager* herangezogen wird, ist er in der Konfiguration bekannt zu machen. Listing 4.49 zeigt den dazu vorgesehenen Abschnitt in der *web.config*.

Listing 4.49 ClaimsAuthorizationManager für Delegationsszenario

```
<microsoft.identityModel>
  <service>
    [...]
    <claimsAuthorizationManager type="FlugBuchungsService.CustomClaims
AuthorizationManager, FlugBuchungsService"/>
    [...]
  </service>
</microsoft.identityModel>
```

4.7.4.7 FlugBuchungsService aufrufen

Der konfigurierte *FlugBuchungsService* kann nun vom *FlugService* aufgerufen werden. Wie zu Beginn erwähnt, soll der *FlugService* im Zuge dessen die Identität seines Aufrufers annehmen. Dazu wird dieser das erhaltene Token verwenden, um sich ein neues Token zum Zugriff auf den *FlugBuchungsService* ausstellen zu lassen. Damit das möglich ist, muss in der Konfiguration des *FlugService* angegeben werden, dass dieses nach der Authentifizierung aufbewahrt werden soll. Erreicht wird dies, indem das Attribut *saveBootstrapTokens* im Element *microsoft.identityModel\service* auf *true* gesetzt wird (Listing 4.50).

Listing 4.50 Token aufbewahren

```
<microsoft.identityModel>
  <service name="FlugServiceSample.FlugService" saveBootstrapTokens="true">
     [...]
  </service>
</microsoft.identityModel>
```

Anschließend wird im *FlugService* eine Service-Referenz, die auf den *FlugBuchungsService* verweist, eingerichtet. Falls der verwendete Rechner von seiner Domäne getrennt ist, muss danach – wie bereits zuvor – das generierte Identity-Element auskommentiert werden (Listing 4.51). Anschließend spendiert man der Service-Implementierung die Methode *IstFrei*, die unter Verwendung des *FlugBuchungsService* prüft, ob noch ein bestimmter Flug verfügbar ist (Listing 4.51). Dazu wird das empfangene Token aus der ersten Identität des aktuellen Prinzipals entnommen und unter Angabe des Namens der Service-Referenz, die beim Hinzufügen dieser in der *web.config* festgelegt wurde, wird eine *ChannelFactory* instanziiert. Die *ChannelFactory* wird mit der Methode *ConfigureChannelFactory* für die Verwendung mit WIF konfiguriert. Anschließend erstellt man unter Verwendung der Erweiterungsmethode *CreateChannelActingAs* einen Proxy, wobei dieser Methode das erhaltene Token zu übergeben ist. Danach findet über den Proxy der Aufruf der Methode *GetFreeSeatCount*, die die Anzahl der freien Plätze ermittelt, statt. Im Zuge dessen verwendet WIF das zuvor angegebene Token im Hintergrund, um beim STS ein weiteres Token für den Zugriff auf den *FlugBuchungsService* anzufordern.

Listing 4.51 Delegation durchführen

```
private bool IstFrei(string flugNummer, DateTime datum)
{
    SecurityToken bootstrapToken;
    IClaimsPrincipal claimsPrincipal;
    ChannelFactory<IFlugBuchungsService> factory;
    IFlugBuchungsService proxy;
    const string svcName = "WS2007FederationHttpBinding_IFlugBuchungs
Service";
    claimsPrincipal = (IClaimsPrincipal)Thread.CurrentPrincipal;
    bootstrapToken = claimsPrincipal.Identities[0].BootstrapToken;
    factory = new ChannelFactory<IFlugBuchungsService>(svcName);
    factory.ConfigureChannelFactory();
    proxy = factory.CreateChannelActingAs<IFlugBuchungsService>(bootstrap
Token);
    int count = proxy.GetFreeSeatCount(flugNummer, datum);
    return (count > 0);
}
```

HINWEIS: Neben *CreateChannelActingAs* steht auch eine Erweiterungsmethode *CreateChannelOnBehalfOf* zur Verfügung. Diese Methode führt dazu, dass ein Token angefordert wird, aus dem lediglich der Benutzer, in dessen Auftrag auf einen Service zuzugreifen ist, nicht jedoch der eigentliche Benutzer (Actor) hervorgeht.

Anschließend ist noch die Methode *IstFrei* zum Filtern der ermittelten Flüge innerhalb der Methode *FindeFluege* aufzurufen (Listing 4.52).

Listing 4.52 Erweiterte Methode FindeFluege

```
public List<Flug> FindeFluege(String von, String nach, DateTime datum)
{
    [...]
    List<Flug> result;
    result = new List<Flug>();
    foreach (Flug f in fluege)
    {
        if (f.Von == von && f.Nach == nach && f.Abflug.Date == datum.Date) {
            if (IstFrei(f.FlugNummer, f.Abflug))
            {
                result.Add(f);
            }
        }
    }
    return result;
}
```

Wird nun der Client abermals gestartet und zum Abrufen von Services verwendet, zeigt dieser eine gefilterte Ergebnismenge an, und das Fenster *Output* spiegelt nun auch die Debug-Ausgaben des *FlugBuchungsService* (Bild 4.19) wider. Aus diesen geht zum einen der Benutzer, unter dessen Auftrag auf den Service zugegriffen wird, zum anderen der dahinter stehende Benutzer, unter dem der *FlugService* ausgeführt wird (Actor), hervor.

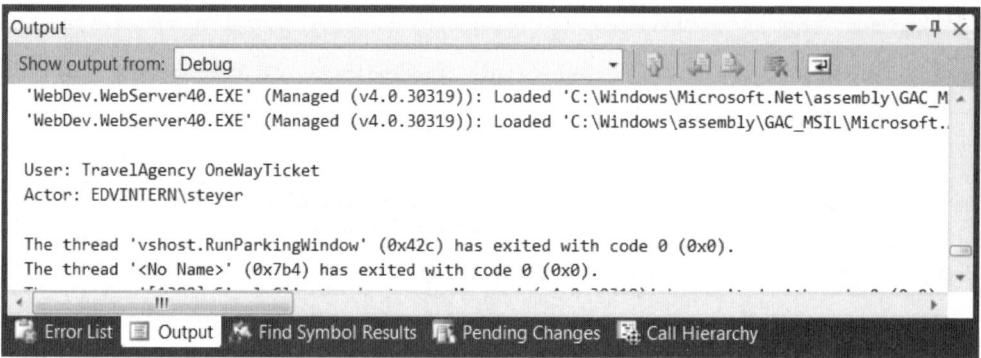

Bild 4.19 Debug-Ausgabe des FlugBuchungServices

4.7.4.8 Token direkt anfordern

Das Anfordern der Sicherheits-Tokens wurde bis dato deklarativ bewerkstelligt, indem das Binding, welches zum Zugriff auf den Service verwendet wird, mit entsprechenden Informationen über den STS versehen wurde. Dies hat den Vorteil, dass man im Programmcode möglichst wenig von der damit einhergehenden Komplexität bemerkt. WCF fordert einfach anhand der hinterlegten Informationen bei der Erzeugung von Proxies einen Token an und verwendet diesen zur Authentifizierung und Autorisierung beim Service.

Allerdings wird nicht für jeden neuen Proxy ein neues Token benötigt, denn mitunter kann ein bereits bestehendes Token weiterverwendet werden. Dies würde sich auch positiv auf die Leistung des Systems auswirken, da dadurch unnötige Anfragen beim STS verhindert werden. Für solche Szenarien sind ein paar Zeilen Code vonnöten. Listing 4.53 beinhaltet zur Demonstration eine Methode *RequestToken*. Sie erstellt ein Binding für die Kommunikation mit dem STS. Dazu wird an den Konstruktor der Name der Binding-Konfiguration, welche beim Referenzieren des STS hinzugefügt wurde, übergeben. Dieser Name gleicht im betrachteten Beispiel der URL des STS. *RequestToken* erzeugt auch eine Adresse, welche auf den STS zeigt und konfiguriert anschließend eine Instanz von *WSTrustChannelFactory* mit dieser Adresse und dem Binding. Die Eigenschaft *TrustVersion* wird auf die vom STS unterstützte Version von WS-Trust gesetzt. Anschließend erzeugt *RequestToken* über die *ChannelFactory* einen Proxy vom Typ *WSTrustChannel*. Ein *RequestSecurityToken*, welches die Anfrage für das gewünschte Token repräsentiert, wird erzeugt und parametrisiert. Die Eigenschaft *AppliesTo* repräsentiert den Geltungsbereich (Scope) für den das Token benötigt wird. Im betrachteten Fall handelt es sich um den Flug-Service. Die Methode *Issue* fordert beim STS ein Token an. Dieses wird zurückgeliefert.

Listing 4.53 Manuelles Anfordern eines Tokens

```
private SecurityToken RequestToken()
{
    WS2007HttpBinding binding;
    EndpointAddress addr;
    WSTrustChannelFactory trustChannelFactory = null;
    WSTrustChannel channel = null;
    RequestSecurityToken rst;
    RequestSecurityTokenResponse rstr;
    SecurityToken token;
    binding = new WS2007HttpBinding("http://localhost:2351/FlugService_STS/
Service.svc/IWSTrust13");
    addr = new EndpointAddress("http://localhost:2351/FlugService_STS/
Service.svc/IWSTrust13");

    trustChannelFactory = new WSTrustChannelFactory (binding, addr);
    trustChannelFactory.TrustVersion = TrustVersion.WSTrust13;
    try
    {
        channel = (WSTrustChannel)trustChannelFactory.CreateChannel();
        rst = new RequestSecurityToken(RequestTypes.Issue);
        // ActAs wird in diesem Beispiel nicht benötigt
        // rst.ActAs = new SecurityTokenElement(existingToken);
        rst.AppliesTo = new EndpointAddress(new Uri("http://localhost:1928/
FlugService.svc"));
        rstr = null;
        token = channel.Issue(rst, out rstr);
```

```
        return token;
    }
    catch
    {
        if (channel != null
                && channel.State == CommunicationState.Faulted)
        {
            channel.Abort();
        }
        if (trustChannelFactory != null
                && trustChannelFactory.State == CommunicationState.Faulted)
        {
            trustChannelFactory.Abort();
        }
        throw;
    }
    finally
    {
        if (channel != null) channel.Close();
        if (trustChannelFactory != null) trustChannelFactory.Close();
    }
}
```

Das auf diese Art angeforderte Token kann in weiterer Folge zum Konfigurieren eines Proxys herangezogen werden. Die Methode *CreateProxy* in Listing 4.54 demonstriert dies, indem sie mit einer *ChannelFactory* unter Verwendung der Erweiterungsmethode *CreateChannelWithIssuedToken* einen Laufzeitproxy erzeugt. An *CreateChannelWithIssuedToken* übergibt sie dabei den zu verwendenden Token.

Listing 4.54 Proxy unter Verwendung eines Tokens erzeugen

```
private IFlugService CreateProxy()
{
    ChannelFactory<IFlugService> cf;
    SecurityToken token = RequestToken();

    cf = new ChannelFactory<IFlugService>("WS2007FederationHttpBinding_
IFlugService");
    cf.ConfigureChannelFactory();
    return cf.CreateChannelWithIssuedToken(token);

}
```

5 Lose Kopplung mit WCF

Zur Integration verschiedener Services kommen in der Praxis häufig Enterprise Service-Bus-Lösungen (ESB) zum Einsatz. Diese kümmern sich unter anderem um das Routen und Transformieren von Nachrichten und helfen somit, Services ortstransparent und austauschbar zu gestalten. Obwohl WCF keinen ESB beinhaltet, werden dennoch einige Bausteine zum Realisieren typischer Aufgaben eines ESB bereitgestellt. Beispielsweise können Services mit dem seit Version 4 enthaltenen Routing-Service ortstransparent gestaltet werden. Die Möglichkeit, mittels WS-Discovery die benötigten Services zur Laufzeit im Netzwerk aufzuspüren, schlägt in dieselbe Kerbe. Dieses Kapitel geht auf beide Aspekte ein und zeigt darüber hinaus, wie weiterführende Szenarien implementiert werden können. Darüber hinaus wird gezeigt, wie ein Publish-/Subscribe-Szenario zum Benachrichtigen von Clients implementiert werden kann. Außerdem gehen die beiden letzten Abschnitte des vorliegenden Kapitels auf das Thema Nachrichtentransformation ein und zeigen, wie ein generischer ESB mit den Mitteln von WCF entwickelt werden kann.

■ 5.1 Routing (System.ServiceModel.Routing)

Eine wesentliche neue Funktion seit WCF 4.0 ist das Routing. Mit Routing lässt sich ein Intermediär zwischen Client und Services realisieren, durch den sich der Aufruf durch einen Client von dem Service entkoppeln lässt. Der Router kann eingesetzt werden für Funktionen wie:

- Lastverteilung (Load Balacing)
- Inhaltsbasierte Weiterleitung
- Fehlerredundanz (Failover)
- Protokollüberbrückung (wenn Client und Service unterschiedliche Protokolle oder Protokollversionen verwenden, z. B. Client sendet mit HTTP/SOAP, Service versteht aber nur TCP/Binär, oder Client sendet mit SOAP 1.1, Server erwartet aber SOAP 1.2)
- Verbesserungen der Sicherheit durch zusätzliche Sicherheitsgrenze

Das Routing erfolgt auf Basis von Kriterien, die sich aus der Nachricht oder der Umgebung ergeben. Denkbare Kriterien sind zum Beispiel:

- Adresse des Clients
- Auszuführende Operation
- Verwendetes Protokoll
- Inhalt des Nachrichtenkopfes
- Inhalt der eigentlichen Nachricht
- Auslastung der Dienste
- Deterministische Zuordnung (Round-Robin-Verfahren)
- Zufällige Zuordnung
- Ziele des Einsatzes eines Routers

WCF 4.x bietet eine Bibliothek (*System.ServiceModel.Routing*), um einen solchen Router zu realisieren. Auch mit WCF 3.0/3.5 konnte man schon Router erstellen. Hier war dies aber wesentlich mehr Eigenarbeit.

5.1.1 Architektur

Bild 5.1 zeigt die Architektur eines verteilten Systems mit WCF Routing. Der Router nimmt die Funktion eines vermittelnden Intermediärs ein. Die Clients rufen nicht mehr direkt die leistungserbringenden Dienste auf, sondern die Clients rufen den Router auf. Der Router fungiert als ein „Zwischendienst", der anhand von definierten Kriterien die Aufrufe an die Dienste weiterleitet. Die Dienste antworten an den Routing Service, der wiederum den Clients die Antwort sendet.

In Bild 5.1 gibt es drei Dienste (A, B, C) mit jeweils zwei oder drei Instanzen (auf verschiedenen Servern). Die drei Clients werden in Abhängigkeit von verschiedenen Kriterien an die Instanzen der Dienste geleitet.

Für Client 1 nimmt der Routing-Dienst eine Lastverteilung zwischen A-1 und A-2 vor. Für Client 3 nimmt der Routing-Dienst ein Failover zu C-2 vor, weil C-1 nicht erreichbar war. Für Client 2 nimmt der Routing-Dienst eine funktionsabhängige Verteilung auf B-1 und C-1 vor.

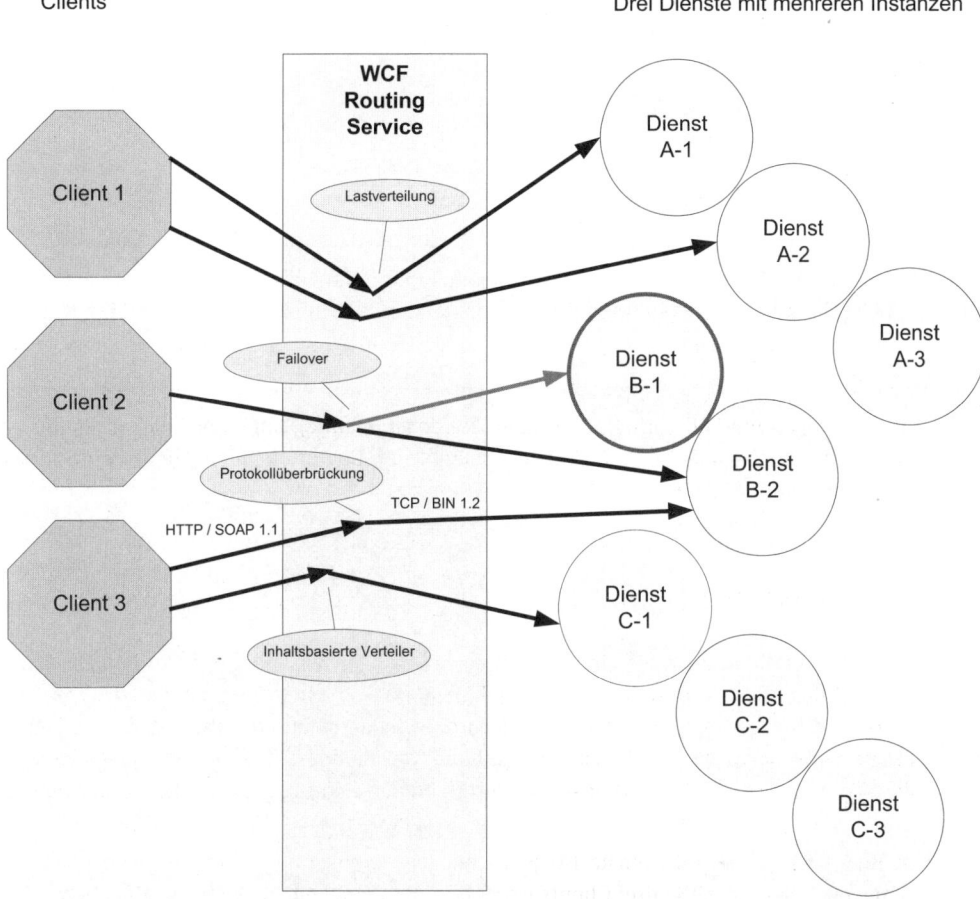

Bild 5.1 Routing-Architektur

5.1.2 **Routerarten**

Microsoft definiert vier Arten von Routern vor, und dafür gibt es jeweils eine vorgefertigte Schnittstelle, in der Routerkonfiguration zu verwenden ist.

1. *System.ServiceModel.Routing.IRequestReplyRouter*
   Standardrouter für Request-Reply-Modus

2. *System.ServiceModel.Routing.ISimplexDatagramRouter*
   Router für Einwegnachrichten, Sessions möglich, Multicast möglich

3. *System.ServiceModel.Routing.ISimplexSessionRouter*
   Router für Einwegnachrichten, Sessions erforderlich, Multicast möglich

4. *System.ServiceModel.Routing.IDuplexSessionRouter*
   Router für Einwegnachrichten, Sessions erforderlich, Callbacks möglich

5.1.3 Beispielanwendung (Routing Testclient)

Die Beispielanwendung zum WCF Routing („Routing Testclient") besteht aus drei Prozessen:

5. Einer Konsolenanwendung, die mehrere WCF-Dienste realisiert. Die Konsolenanwendung kann (wie man in Bild 5.2 sieht) mehrfach gestartet werden. Durch Kommandozeilenparameter werden verschiedene Endpunkte für die Services vergeben.

6. Einer Konsolenanwendung, die den WCF-Router realisiert (in Bild 5.2 links unten)

7. Einem WPF-Client, in dem man verschiedene Endpunkte des Zugriffs auswählen kann. Der Client zeigt die abgerufenen Flugobjekte an sowie Informationen über den Serverprozess, mit dem kommuniziert wurde. Auch die Dauer für zehn Aufrufe wird angezeigt.

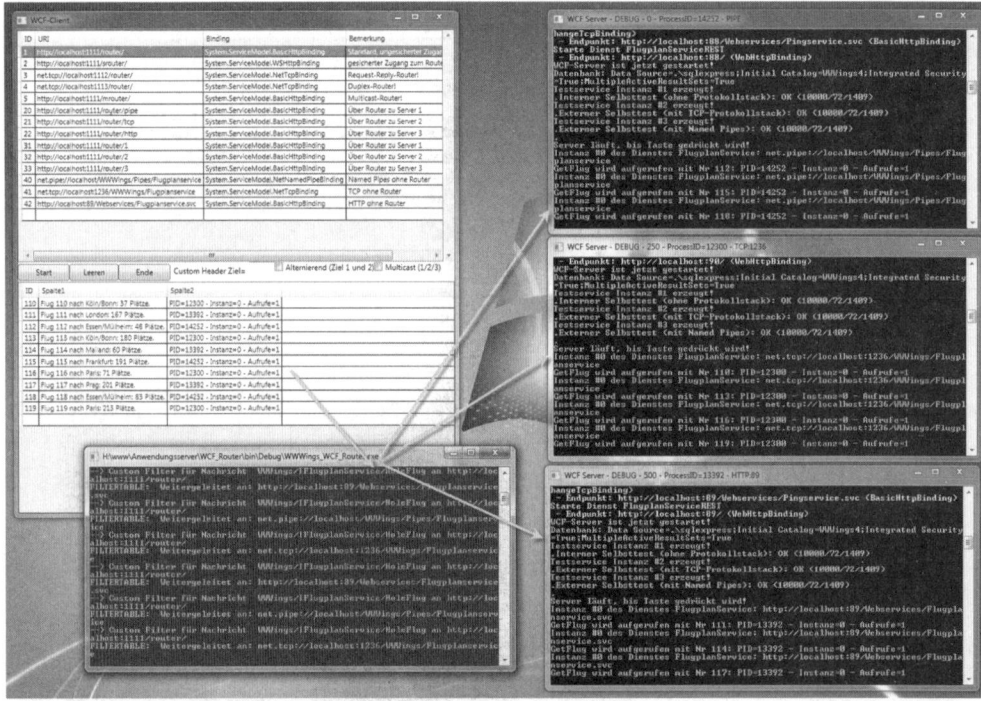

Bild 5.2 Routing-Testszenario

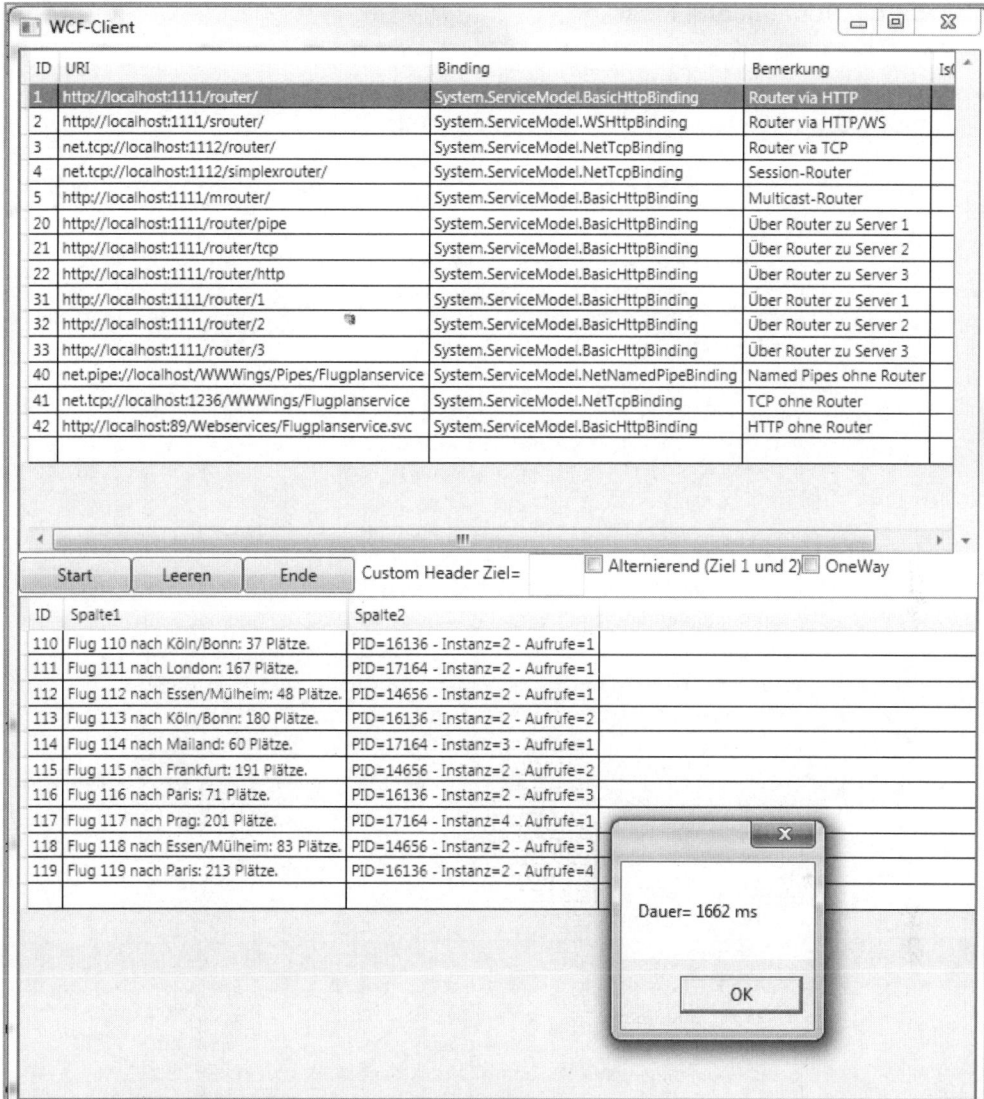

Bild 5.3 Aufruf eines Endpunktes mit dem Routing-Testclient

5.1.4 Filter

Herzstück des Routers sind die Filter. Sie entscheiden, zu welchem Ziel oder welchen Zielen (bei Multicast) eine Nachricht weitergeleitet wird. Es gibt vordefinierte statische Filter, oder man kann eigene (dynamische) Filter realisieren.

5.1.4.1 Vordefinierte Filter

Tabelle 5.1 zeigt die vordefinierten Filter in WCF 4.x.

Tabelle 5.1 Vordefinierte Routing-Filter (Quelle: [MSDN36])

Filtertyp	Beschreibung	Bedeutung der Filterdaten	Beispielfilter
Action	Verwendet die Action-MessageFilter-Klasse, um eine Übereinstimmung für Nachrichten zu erzielen, die eine bestimmte Aktion enthalten	Die Aktion, nach der gefiltert werden soll	`<filter name="action1" filterType="Action" filterData="http://namespace/contract/operation" />`
Endpoint Address	Verwendet die Endpoint AddressMessageFilter-Klasse, wobei `Include HostNameInComparison == true` gilt, um Übereinstimmungen für Nachrichten mit einer bestimmten Adresse zu erzielen	Die Adresse, nach der gefiltert werden soll (im To-Header)	`<filter name="address1" filterType="Endpoint Address" filterData="http://host/vdir/s.svc/b" />`
Endpoint Address Prefix	Verwendet die PrefixEndpointAddressMessage Filter-Klasse, wobei `IncludeHostName-InComparison == true` gilt, um Übereinstimmungen für Nachrichten mit einem bestimmten Adresspräfix zu erzielen	Die Adresse, nach der unter Verwendung der längsten Präfixübereinstimmung gefiltert werden soll	`<filter name="prefix1" filterType="EndpointAddress Prefix" filterData="http://host/" />`
And	Verwendet die StrictAnd MessageFilter-Klasse, die vor der Rückgabe immer beide Bedingungen auswertet	„filterData" wird nicht verwendet. Stattdessen verfügen „filter1" und „filter2" über die Namen der entsprechenden Nachrichtenfilter (ebenfalls in der Tabelle), die per AND verbunden sein sollten.	`<filter name="and1" filterType="And" filter1="address1" filter2="action1" />`
Benutzerdefiniert	Ein benutzerdefinierter Typ, der die Message Filter-Klasse erweitert und über einen Konstruktor verfügt, der eine Zeichenfolge verwendet	Das customType-Attribut ist der vollqualifizierte Typname der zu erstellenden Klasse. „filterData" ist die Zeichenfolge, die beim Erstellen des Filters an den Konstruktor übergeben werden soll.	`<filter name="custom1" filterType="Custom" customType="CustomAssembly.CustomMsgFilter, CustomAssembly" filterData="Custom Data" />`

Filtertyp	Beschreibung	Bedeutung der Filterdaten	Beispielfilter
Endpoint-Name	Verwendet die Endpoint-NameMessageFilter-Klasse, um für Nachrichten basierend auf dem Namen des Dienstend-punkts, an dem diese empfangen wurden, eine Übereinstimmung zu erzielen	Der Name des Dienst-endpunkts. Beispiel: „serviceEndpoint1". Hierbei sollte es sich um einen der Endpunk-te handeln, die vom Routing-Dienst verfüg-bar gemacht werden.	`<filter name="stock1" filterType="Endpoint" filterData="Svc Endpoint" />`
MatchAll	Verwendet die Match AllMessageFilter-Klasse. Dieser Filter führt für alle eingehenden Nachrichten zu Übereinstimmungen	„filterData" wird nicht verwendet. Dieser Fil-ter führt immer zu Übereinstimmungen mit allen Nachrichten.	`<filter name="match Alll" filterType= "MatchAll" />`
XPath	Verwendet die XPath-MessageFilter-Klasse, um für bestimmte XPath-Abfragen in der Nachricht Übereinstimmungen zu ermitteln	Die XPath-Abfrage, die beim Ermitteln von Übereinstimmungen für Nachrichten verwendet wird	`<filter name="XPath1" filterType="XPath" filterData= "//ns:element" />`

5.1.4.2 Beispiele für Filter

Im Folgenden sehen Sie einige Beispiele für Filter.

Filter	`<filter name="XPathFilter" filterType="XPath" filterData="sm:header()/WWWings:RouterZiel = 1"/>`
Voraussetzung	`<namespaceTable>` `<add prefix="WWWings" namespace="http://world-wide-wings.de"/>` `</namespaceTable>`
Bedeutung	Trifft zu, wenn es im SOAP-Header einen Eintrag Routerziel mit dem Wert 1 gibt

Filter	`<filter name="ServiceAFilter" filterType="XPath"filterData="/s:Envelope/ s:Header/wsa:Action[starts-with(.,'http://world-wide-wings.de/ IServiceA')]"/>`
Voraussetzung	`<namespaceTable><add prefix="s" namespace="http://schemas.xmlsoap. org/soap/envelope/" /><add prefix="wsa" namespace="http://schemas. microsoft.com/ws/2005/05/addressing/none" /></namespaceTable>`
Bedeutung	Trifft zu, wenn die SOAP-Aktion den Vertrag IServiceA als Ziel benennt

Filter	`<filter name="PrefixAddressFilter" filterType="PrefixEndpointAddress" filterData="http://localhost:1111/router/1"/>`
Voraussetzung	Router besitzt Endpunkt in `<services>`:
	`<endpoint address="http://localhost:1111/router/1" binding="basicHttp Binding"name="DirektZiel1" contract="System.ServiceModel.Routing. IRequestReplyRouter"/>`
Bedeutung	Trifft zu, wenn der Router über die Adresse *http://localhost:1111/router/1* aufgerufen wurde

Filter	`<filter name="EndpointNameFilter" filterType="EndpointName" filterData="DirektZiel1"/>`
Voraussetzung	Router besitzt Endpunkt in `<services>`:
	`<endpoint address="http://localhost:1111/router/1" binding="basicHttpBinding" name="DirektZiel1"contract="System.Service Model.Routing.IRequestReplyRouter"/>`
Bedeutung	Trifft zu, wenn der Router über die Adresse aufgerufen wurde, die im Endpunkt „DirektZiel1" hinterlegt ist

5.1.5 Erstellen des Routers mit WCF 4.x

Ein Router ist ein .NET-Prozess, entweder z. B. in Form eines Windows-Systemdienstes oder einer IIS-Anwendung oder – wie im Fall des Routing-Testszenarios – eine Konsolenanwendung. Der Router benötigt folgende Grundlagen:

- Projekt mit Ziel-Framework .NET Framework 4.0 oder 4.5
- Verweis auf *System.ServiceModel*
- Verweis auf *System.ServiceModel.Routing*
- Eine Konfigurationsdatei oder eine auf Programmcode basierende Konfiguration

Positiv ist, dass der Router keinen Verweis auf die zu vermittelnden Dienste, weder auf ihre Schnittstellendefinitionen (Contracts) noch ihre Implementierung braucht. Über den Eintrag eines Sterns („*") als Contract kann der Router jede beliebige Nachricht vermitteln.

5.1.6 Konfiguration eines Routers

Das Herzstück des Routers ist seine Konfiguration. Diese besteht aus folgenden Einträgen:

- Festlegung eines Dienstes mit dem Namen *System.ServiceModel.Routing.RoutingService*
- Festlegung der Funktionalität als Router durch den Eintrag `<routing filterTable Name="filterTable1"/>`, der als Dienstverhalten dem Dienst zugeordnet werden muss. Zusätzlich muss das Attribut `routeOnHeadersOnly="False"` gesetzt werden, wenn der Router auch auf den Inhalt und nicht nur auf den Header der Nachrichten zugreifen können soll. ACHTUNG: Diese Option verlangsamt das Routing!

- Festlegung von Adresse(n) und Bindung, unter der der Router erreichbar ist als Endpunktdefinition innerhalb des oben definierten Dienstes. Dabei ist als Schnittstelle in Contract die Art des Routers anzugeben (siehe Abschnitt 5.1.2). (Element `<services>`)

- Festlegung der Adresse(n), unter denen die Zieldienste erreichbar sind als Endpunkte in der Sektion `<client>`. Als Contract ist hier ein Stern (*) anzugeben.

- Festlegung einer Menge von Filtern und optional zugehörigen Parametern. Der einfachste Fall ist hier ein Filter des Typs *MatchAll*, der alle eingehenden Nachrichten an denselben Endpunkt weiterleitet. (Element `<filters>`)

- Festlegung einer Filtertabelle, die festlegt, mit welcher Priorität die Filter arbeiten und welche der Zieldienste bei welchem Filter angesprochen werden (Element `<filter tables>`).

- Optional: Festlegung von Failover-Listen (Element `<backupLists>`)

 HINWEIS: Auch eine codebasierte Konfiguration des Routers ist möglich. Dies ist nicht im Buch dokumentiert. Ein Beispiel finden Sie im Beispielprojekt unter *WWWings_WCF_Router/Router.cs*.

5.1.7 Router für das Routing-Testszenario

Der folgende Programmcode zeigt den sehr schlanken Programmcode des Routers.

Listing 5.1 WWWings_WCF_Router/Router.cs

```
// Einsprungpunkt des Routers
public static void Run()
{
  // Hosting der WCF-Klasse "RoutingService"
  using (ServiceHost serviceHost =
    new ServiceHost(typeof(RoutingService)))
  {
    Console.WriteLine("Router startet...");
    serviceHost.Open();

    Console.WriteLine("Router läuft, bis eine Taste gedrückt wird...");
    Console.ReadLine();
  }
}
```

Listing 5.2 zeigt die umfangreiche Konfiguration des Routers im Testszenario. Der Router ist über verschiedene Endpunkte erreichbar. Die statischen Filter berücksichtigen folgende Informationen:

- Ob ein SOAP-Header „WWWings/SOAPHeader" mit Eintrag „Ziel" vorhanden ist.

- Ob im Inhalt der Nachricht bestimmte Werte für FlugNr vorhanden sind

- Welcher Endpunkt des Routers angesprochen wurde

- Ob im angesprochenen Endpunkt der Routers bestimmte Zusätze (/pipe, /tcp oder /http) vorhanden sind.

HINWEIS: Durch Auskommentierung der Zeile *<filter name="MatchAllFilter"*
filterType="MatchAll"/> werden die darunter im Quelltext stehenden
benutzerdefinierten Filter aktiviert. Diese werden in Abschnitt 5.1.8 und
5.1.9 besprochen.

Listing 5.2 Konfiguration des Routers

```xml
<?xml version="1.0"?>
<!-- Copyright (c) Microsoft Corporation. All rights reserved -->
<configuration>
 <system.diagnostics>
 <!--Für Trace.Write-->
 <trace autoflush="true">
   <listeners>
    <add name="logListener" type="System.Diagnostics.TextWriterTraceListener"
initializeData="c:\temp\ESB_log.txt"/>
    <add name="consoleListener" type="System.Diagnostics.ConsoleTrace
Listener"/>
   </listeners>
 </trace>
 <!--Für WCF-Aktivitätsverfolgung -->
 <sources>
   <source name="System.ServiceModel"
           switchValue="Information, ActivityTracing"
           propagateActivity="true">
    <listeners>
     <add name="traceListener"
         type="System.Diagnostics.XmlWriterTraceListener"
         initializeData= "c:\temp\WCF_Activity.svclog" />
    </listeners>
   </source>
   <!--Für WCF-Nachrichtenverfolgung -->
   <source name="System.ServiceModel.MessageLogging">
    <listeners>
     <add type="System.Diagnostics.DefaultTraceListener" name="Default">
      <filter type="" />
     </add>
     <add initializeData="c:\temp\WCF_Messages.svclog" type="System.
Diagnostics.XmlWriterTraceListener"
       name="messages">
      <filter type="" />
     </add>
    </listeners>
   </source>
 </sources>
 </system.diagnostics>
 <system.serviceModel>
 <diagnostics>
   <messageLogging
       logEntireMessage="true"
       logMalformedMessages="true"
       logMessagesAtServiceLevel="true"
       logMessagesAtTransportLevel="true"
       maxMessagesToLog="3000"
       maxSizeOfMessageToLog="2000"/>
```

```xml
  </diagnostics>
  <services>
    <!--
############################################################################-->
    <!-- Endpunkte, unter denen der Router erreichbar ist-->
    <!--
############################################################################-->
    <service behaviorConfiguration="routingConfiguration" name="System.ServiceModel.
Routing.RoutingService">
    <!-- Standardeingangsendpunkt des Routers-->
    <endpoint address="http://localhost:1111/router" binding="basicHttpBinding"
name="Standard" contract="System.ServiceModel.Routing.IRequestReplyRouter"/>
    <!--Endpunkt für gezieltes Ansprechen von Ziel 1-->
    <endpoint address="http://localhost:1111/router/1" binding="basicHttpBinding"
name="DirektZiel1"
              contract="System.ServiceModel.Routing.IRequestReplyRouter"/>
    <!--Endpunkt für gezieltes Ansprechen von Ziel 2-->
    <endpoint address="http://localhost:1111/router/2" binding="basicHttpBinding"
name="DirektZiel2" contract="System.ServiceModel.Routing.IRequestReplyRouter"/>
    <!--Endpunkt für gezieltes Ansprechen von Ziel 3-->
    <endpoint address="http://localhost:1111/router/3" binding="basicHttpBinding"
name="DirektZiel3" contract="System.ServiceModel.Routing.IRequestReplyRouter"/>
    <!--Gesicherter Endpunkt -->
    <endpoint address="http://localhost:1111/srouter/" binding="wsHttpBinding"
name="SichererEndpunkt" contract="System.ServiceModel.Routing.IRequestReply
Router"/>
    <!--TCP-Endpunkt 1-->
    <endpoint address="net.tcp://localhost:1112/router/" binding="netTcpBinding"
name="TCPEndpunkt1" contract="System.ServiceModel.Routing.IRequestReplyRouter"/>
    <!--TCP-Endpunkt 2-->
    <endpoint address="net.tcp://localhost:1112/simplexrouter/"
binding="netTcpBinding" name="TCPEndpunkt2" contract="System.ServiceModel.Routing.
ISimplexSessionRouter"/>
    <!--Multicast HTTP-->
    <endpoint address="http://localhost:1111/mrouter/" binding="basicHttpBinding"
name="MultiCast" contract="System.ServiceModel.Routing.ISimplexDatagramRouter"/>
    </service>
  </services>
  <behaviors>
    <!--
############################################################################-->
    <!-- Verhalten als Router-->
    <!--
############################################################################-->
    <serviceBehaviors>
    <behavior name="routingConfiguration" >
    <routing filterTableName="RouterFilterTable"
             routeOnHeadersOnly="False"/>
    <serviceDebug includeExceptionDetailInFaults="True" />
    </behavior>
    </serviceBehaviors>
  </behaviors>
  <client>
    <!--
############################################################################-->
    <!-- Drei Ziele des Routers -->
    <!--
############################################################################-->
    <endpoint name="Ziel1" address="net.pipe://localhost/WWWings/Pipes/
Flugplanservice"
```

```xml
                binding="netNamedPipeBinding" contract="*"/>
   <endpoint name="Ziel2" address="net.tcp://localhost:1236/WWWings/Flugplan
service"
                binding="netTcpBinding" bindingConfiguration="tcp_Unsecured"
contract="*"/>
   <endpoint name="Ziel3" address="http://localhost:89/Webservices/Flugplanservice.
svc"
                binding="basicHttpBinding" contract="*"/>
 </client>

 <!--
###############################################################################-->
 <!-- Filter -->
 <!--
###############################################################################-->
 <routing>
   <!-- Namenstabelle für XPath-Filter -->
   <namespaceTable>
    <add prefix="Header" namespace="WWWings/SOAPHeader"/>
    <add prefix="Inhalt" namespace="WWWings"/>
   </namespaceTable>
   <filters>
    <!--Filtern über Header-XPath -->
    <filter name="XPathFilter1" filterType="XPath" filterData="sm:header()/
Header:Ziel=1"/>
    <filter name="XPathFilter2" filterType="XPath" filterData="sm:header()/
Header:Ziel=2"/>
    <filter name="XPathFilter3" filterType="XPath" filterData="sm:header()/
Header:Ziel=3"/>
    <!--Filtern über Message-XPath -->
    <filter name="XPathFilter4" filterType="XPath" filterData="//
Inhalt:FlugNr='200'"/>
    <filter name="XPathFilter5" filterType="XPath" filterData="//
Inhalt:FlugNr='201'"/>
    <filter name="XPathFilter6" filterType="XPath" filterData="//
Inhalt:FlugNr='202'"/>

    <!--Filtern über angesprochenen Endpunkt -->
    <filter name="EndpointNameFilter1" filterType="EndpointName"
filterData="DirektZiel1"/>
    <filter name="EndpointNameFilter2" filterType="EndpointName"
filterData="DirektZiel2"/>
    <filter name="EndpointNameFilter3" filterType="EndpointName"
filterData="DirektZiel3"/>
    <!--Filtern über angesprochenen Endpunkt -->
    <filter name="PrefixAddressFilter1" filterType="PrefixEndpointAddress"
filterData="http://localhost:1111/router/pipe"/>
    <filter name="PrefixAddressFilter2" filterType="PrefixEndpointAddress"
filterData="http://localhost:1111/router/tcp"/>
    <filter name="PrefixAddressFilter3" filterType="PrefixEndpointAddress"
filterData="http://localhost:1111/router/http"/>

    <!--Alle anderen-->
    <filter name="MatchAllFilter" filterType="MatchAll"/>
    <!--ENTWEDER: Custom Filter ohne Filtertabelle-->
    <!--<filter name="CustomFilter1" filterType="Custom" customType="WCF_Router.
CustomFilterOhneFilterTable, WWWings_WCF_Router" filterData="CustomFilter1"/>
    <filter name="CustomFilter2" filterType="Custom" customType="WCF_Router.
CustomFilterOhneFilterTable, WWWings_WCF_Router" filterData="CustomFilter2"/>
```

```
      <filter name="CustomFilter3" filterType="Custom" customType="WCF_Router.
CustomFilterOhneFilterTable, WWWings_WCF_Router" filterData="CustomFilter3"/>-->
   <!--ODER: Custom Filter mit Filtertabelle-->
      <filter name="CustomFilter1" filterType="Custom" customType="WCF_Router.
CustomFilterMitFilterTable, WWWings_WCF_Router" filterData="Gruppe1"/>
      <filter name="CustomFilter2" filterType="Custom" customType="WCF_Router.
CustomFilterMitFilterTable, WWWings_WCF_Router" filterData="Gruppe2"/>
      <filter name="CustomFilter3" filterType="Custom" customType="WCF_Router.
CustomFilterMitFilterTable, WWWings_WCF_Router" filterData="Gruppe2"/>
   </filters>
   <filterTables>
   <filterTable name="RouterFilterTable">
    <!-- statische Ziele -->
    <add filterName="XPathFilter1" endpointName="Ziel1" priority="30"
backupList="Failoverliste1"/>
      <add filterName="XPathFilter2" endpointName="Ziel2" priority="30"
backupList="Failoverliste2"/>
      <add filterName="XPathFilter3" endpointName="Ziel3" priority="30"
backupList="Failoverliste3"/>
      <add filterName="XPathFilter4" endpointName="Ziel1" priority="30"
backupList="Failoverliste1"/>
      <add filterName="XPathFilter5" endpointName="Ziel2" priority="30"
backupList="Failoverliste2"/>
      <add filterName="XPathFilter6" endpointName="Ziel3" priority="30"
backupList="Failoverliste3"/>

      <add filterName="EndpointNameFilter1" endpointName="Ziel1" priority="20"
backupList="Failoverliste1"/>
      <add filterName="EndpointNameFilter2" endpointName="Ziel2" priority="20"
backupList="Failoverliste2"/>
      <add filterName="EndpointNameFilter3" endpointName="Ziel3" priority="20"
backupList="Failoverliste3"/>

      <add filterName="PrefixAddressFilter1" endpointName="Ziel1" priority="10"
backupList="Failoverliste1"/>
      <add filterName="PrefixAddressFilter2" endpointName="Ziel2" priority="10"
backupList="Failoverliste2"/>
      <add filterName="PrefixAddressFilter3" endpointName="Ziel3" priority="10"
backupList="Failoverliste3"/>

    <!--HINWEIS: Hier den MatchAllFilter aussschließen, wenn die dynamischen
wirken sollen!-->
    <!--<add filterName="MatchAllFilter" endpointName="Ziel1" priority="5"
backupList="Failoverliste1"/>-->
    <!-- <add filterName="MatchAllFilter" endpointName="Ziel2" priority="5"
backupList="Failoverliste1"/>
      <add filterName="MatchAllFilter" endpointName="Ziel3" priority="5"
backupList="Failoverliste1"/>-->

    <!--Dynamische Lastverteilung mit Custom Filter-->
      <add filterName="CustomFilter1" endpointName="Ziel1" priority="1"
backupList="Failoverliste1"/>
      <add filterName="CustomFilter2" endpointName="Ziel2" priority="1"
backupList="Failoverliste2"/>
      <add filterName="CustomFilter3" endpointName="Ziel3" priority="1"
backupList="Failoverliste3"/>
    <!--ODER: Kombination aus beiden :-) Seien Sie kreativ! -->
   </filterTable>
```

```
          </filterTables>
          <!-- Failover-Listen -->
          <backupLists >
           <backupList name="Failoverliste1">
            <add endpointName="Ziel2"/>
            <add endpointName="Ziel3"/>
           </backupList>
           <backupList name="Failoverliste2">
            <add endpointName="Ziel1"/>
            <add endpointName="Ziel3"/>
           </backupList>
           <backupList name="Failoverliste3">
            <add endpointName="Ziel1"/>
            <add endpointName="Ziel2"/>
           </backupList>

          </backupLists>
        </routing>
        <!-- Bindingkonfiguration, die Ziel 2 erfordert! -->
        <bindings>
          <netTcpBinding>
            <binding name="tcp_Unsecured">
             <security mode="None"/>
            </binding>
            <binding name="TestService_TCP_Secure" closeTimeout="00:01:00"
        openTimeout="00:01:00" receiveTimeout="00:10:00" sendTimeout="00:01:00"
        transactionFlow="false" transferMode="Buffered" transactionProtocol=
        "OleTransactions" hostNameComparisonMode="StrongWildcard" listenBacklog=
        "10" maxBufferPoolSize="524288" maxBufferSize="99999999" maxConnections=
        "10" maxReceivedMessageSize="99999999">
             <readerQuotas maxDepth="32" maxStringContentLength="8192" maxArray
        Length="16384" maxBytesPerRead="4096" maxNameTableCharCount="16384"/>
             <reliableSession ordered="true" inactivityTimeout="00:10:00"
        enabled="false"/>
             <security mode="Transport">
             <transport clientCredentialType="Windows" protectionLevel="EncryptAnd
        Sign"/>
             <message clientCredentialType="None"/>
             </security>
            </binding>
          </netTcpBinding>
        </bindings>

        </system.serviceModel>
        <startup>
        <supportedRuntime version="v4.0" sku=".NETFramework,Version=v4.0"/>
        </startup>
        </configuration>
```

5.1.8 Entwicklung des Clients

Der Client für den Router hat auch keine Besonderheiten zu beachten. Man erstellt den Client-Proxy mit den Metadaten der Dienste (z. B. durch Add Service Reference auf der WSDL-URL des Dienstes). Danach tauscht man aber in der Konfiguration die Adresse des Dienstes durch die Adresse des Routers aus.

Wenn der Client den Header-Eintrag setzen möchte, um den Router zu steuern, muss er den Aufruf wie folgt verpacken. Der folgende Programmcode ist allgemein die Lösung zum Setzen eines SOAP-Headers, die seit der ersten WCF-Version in .NET 3.0 existiert.

Listing 5.3 Setzen eines SOAP-Header-Eintrags

```
FlugplanServiceClient c = new FlugplanServiceClient("FlugplanService_HTTP",
                                         "http://localhost:1111/router");
      using (OperationContextScope ocs = new OperationContext
Scope((c.InnerChannel)))
        {
          // Header setzen
          MessageHeaders messageHeadersElement = OperationContext.Current.
OutgoingMessageHeaders;
          messageHeadersElement.Add(MessageHeader.CreateHeader("Ziel",
                                         "WWWings/SOAPHeader", 2));

          // Aufruf
          Flug f = c.HoleFlug(i);
        }
```

Auf den Abdruck des kompletten Clients wird hier aus Platzgründen verzichtet.

5.1.9 Dynamische Filter entwickeln

Wenn die vordefinierten Filter nicht ausreichen, kann ein Entwickler mit überschaubarem Aufwand einen eigenen Filter (Custom Filter) schreiben. Ein WCF-Filter ist eine Klasse, die von der Basisklasse *MessageFilter* (aus dem Namensraum *System.ServiceModel.Dispatcher*) erbt.

5.1.9.1 Konfiguration

In der Konfigurationsdatei trägt man in der *<filter>*-Sektion bei *filterType* den Wert „*Custom*" und beim Attribut *customType* den Namen der Klasse und der Assembly ein. Das folgende Fragment zeigt drei solche Filtereinträge in der Konfigurationsdatei.

```
<filter name="CustomFilter1" filterType="Custom" customType="WCF_Router.
CustomFilterMitFilterTable, WWWings_WCF_Router" filterData="Gruppe1"/>
<filter name="CustomFilter2" filterType="Custom" customType="WCF_Router.
CustomFilterMitFilterTable, WWWings_WCF_Router" filterData="Gruppe2"/>
<filter name="CustomFilter3" filterType="Custom" customType="WCF_Router.
CustomFilterMitFilterTable, WWWings_WCF_Router" filterData="Gruppe2"/>
```

In der Filtertabelle wird dann auf diese Filter wie auf die vordefinierten Filtertypen Bezug genommen.

```
<add filterName="CustomFilter1" endpointName="Ziel1" priority="1"
backupList="Failoverliste1"/>
<add filterName="CustomFilter2" endpointName="Ziel2" priority="1"
backupList="Failoverliste2"/>
<add filterName="CustomFilter3" endpointName="Ziel3" priority="1"
backupList="Failoverliste3"/>
```

5.1.9.2 Filterimplementierung

Die in *<filter>* im Attribut *filterData* festgelegte Zeichenkette wird dem Konstruktor der eigenen Filterklasse übergeben. Diese Initialisierung erfolgt beim Start des Routers. Bei jedem einzelnen Aufruf des Routers, bei dem der Filter aufgrund seiner Priorität zum Tragen kommt (d. h., es gab in der Prioritätenliste keinen anderen Filter, der zuvor „zuschlug"), ruft WCF dann die Methode *Match()* des Filters unter Übergabe der Nachricht in Form eines Message-Objekts auf. Hier kann der Nachrichtenheader oder die eigentliche Nachricht analysiert werden. Zurückgegeben werden muss *true*, wenn der Filter zutreffen soll, sonst *false*.

 HINWEIS: Die Überladung `Match(Message message)` wird von WCF aufgerufen, wenn in der Routerkonfiguration `routeOnHeadersOnly="True"` ist, also nur der Header der Nachricht gelesen werden darf. Bei `routeOnHeadersOnly="False"` ruft WCF die Überladung `Match(MessageBuffer buffer)` auf. Hier kann man auch auf den Inhalt der Nachricht zugreifen. Dazu muss man `buffer.CreateMessage()` aufrufen.

Listing 5.4 zeigt einen eigenen Filter, der wie folgt agiert: Wenn im SOAP-Header ein Eintrag *WWWings_Ziel* existiert, wird dies als Anweisung des Clients aufgefasst, mit einem bestimmten Ziel zu kommunizieren. Die in *WWWings_Ziel* übergebene Zahl (Integer) wird als die Nummer des Filters bzw. Ziels interpretiert, der angesprochen werden soll. Falls es diesen Headereintrag nicht gibt, wird per Zufallsauswahl einer der drei Filter ausgewählt. Die Herausforderung liegt darin, dass alle drei Filter nacheinander *Match()* aufgerufen werden. Es darf höchstens ein Filter ein *true* liefern. Dies wird hier über statische Variablen erreicht.

Listing 5.4 WWWings_WCF_Router/CustomFilter/CustomFilterOhneFilterTable.cs

```
using System;
using System.ServiceModel.Channels;
using System.ServiceModel.Dispatcher;
namespace WCF_Router
{
 /// <summary>
 /// World Wide Wings
 /// Eigener Filter ohne eigene Filtertabelle für WCF 4.0
 /// Steuerung über SOAP-Header oder Zufall
 /// </summary>
 public class CustomFilterOhneFilterTable : MessageFilter
 {
 public string FilterID;
 private static bool Selected = false;
 private static int? Zufall = null;
 public CustomFilterOhneFilterTable(string filterData)
 {
   if (string.IsNullOrEmpty(filterData)) { throw new ArgumentNullException
("groupName"); }
   this.FilterID = filterData;
 }
 /// <summary>
 /// Diese Routine wird für jeden aktivierten Filter aufgerufen.
```

```
/// Der sich zuständig fühlende Filter muss mit "true" antworten.
/// Es darf aber nur einer "true" sagen, sonst Fehler! :-)
/// </summary>
public override bool Match(Message message)
{
  // Vorgabe des Clients durch einen Header? Dann beachte das
  foreach (var h in message.Headers)
  {
   // Ausnahme: Steuerung durch SOAP-Header
   if (h.Name.StartsWith("Ziel"))
   {
    int ZielID = message.Headers.GetHeader<int>(h.Name, h.Namespace);
    Console.WriteLine("Steuerung der Weiterleitung durch Header: " + h.Name
+ ": " + ZielID);
    // Wenn dieser Filter die gleiche Nummer hat wie die übergebene ID
    if (this.FilterID == "CustomFilter" + ZielID) return true;
    else return false;
   }
  }
  // --- sonst Zufallsauswahl (ziemlich umständlich)
  // Wenn es Filter 1 ist: setze statische Variablen zurück!
  if (this.FilterID == "CustomFilter1") { Selected = false; Zufall = null; }
  // Wenn schon ein Filter gewählt ist: Dann dieser nicht mehr
  if (Selected) return false;
  // Zufallszahl erzeugen, wenn noch nicht vorhanden
  if (Zufall == null) Zufall = new System.Random(System.DateTime.Now.
Millisecond).Next(300);
  // Ist gemäß Zufallszahl dieser Filter der gewählte?
  int mod = (Zufall.Value % 3)+1;
  if (this.FilterID == "CustomFilter" + mod && !Selected)
  {
   Console.WriteLine("Weiterleiten an CustomFilter #" + mod);
   Selected = true;
   return true;
  }
  return false;
}
public override bool Match(MessageBuffer buffer)
{
  return Match(buffer.CreateMessage());
}
protected override IMessageFilterTable<TFilterData> CreateFilterTable
<TFilterData>()
{
  return null;
}
}
}
```

5.1.10 Dynamische Filter mit eigener Filtertabelle

Die Realisierung eines dynamischen Filters mit der Filterklasse allein wirkt sehr umständlich, weil man dafür sorgen muss, dass verschiedene Instanzen einer Klasse untereinander koordinieren, wer antwortet.

Einfach ist die Realisierung eines eigenen Filters (Custom Filter) mit einer eigenen Filterklasse. Hier wird pro Nachricht die Filterklasse nur einmal aufgerufen, und man erhält dabei eine Liste aller Filter, aus denen einer (mehrere nur bei Multicast!) auszuwählen sind.

Die Filtertabelle ist eine Klasse, die die Schnittstelle *IMessageFilterTable<TFilterData>* implementiert. Diese Klasse wird dann in der Methode *CreateFilterTable()*, die eine Filterklasse überschreiben kann, instanziiert.

```
protected override IMessageFilterTable<TFilterData> CreateFilterTable
<TFilterData>()
{
    // Filter kann eigene Filtertabelle erzeugen!
    return new RoundRobinMessageFilterTable<TFilterData>();
}
```

Während bei einem eigenen Filter ohne Filtertabelle jeder einzelne Filter gefragt wird, ruft WCF die Filtertabelle nur ein einziges Mal auf in der Methode *GetMatchingValue()* bzw. *GetMatchingValues()* bei Multicast. Eingabeparameter ist die Nachricht (Message) oder der Nachrichtenpuffer (*MessageBuffer*) wie bei der Filterklasse. Ausgabeparameter ist der gewählte Filter (*out TFilterData value*) bzw. eine Liste der gewählten Filter (*ICollection <TFilterData> results*). Daraus ergeben sich folgende Methoden, die zu implementieren sind

- GetMatchingValue(Message message, out TFilterData value): Nachricht
- GetMatchingValue(MessageBuffer messageBuffer, out TFilterData value)
- GetMatchingValues(MessageBuffer messageBuffer, ICollection<TFilterData> results)
- GetMatchingValues(Message message, ICollection<TFilterData> results)

Das folgende Fragment zeigt einen gleichverteilten Auswahlprozess auf Basis eines Zählers. Hier können auch andere Algorithmen realisiert werden.

Listing 5.5 WWWings_WCF_Router/CustomFilter/CustomFilterTable.cs

```
using System;
using System.Collections.Generic;
using System.Linq;
using System.Text;
using System.ServiceModel.Dispatcher;
using System.Collections;
using System.ServiceModel.Channels;

namespace WCF_Router
{
    /// <summary>
    /// Eigene Filtertable für RoundRobin-Verteilung (oder Zufallsverteilung)
    /// </summary>
    /// <typeparam name="TFilterData"></typeparam>
    public class RoundRobinMessageFilterTable<TFilterData> :
IMessageFilterTable<TFilterData>
    {
        Dictionary<MessageFilter, TFilterData> filters = new Dictionary
<MessageFilter, TFilterData>();

        public RoundRobinMessageFilterTable()
        {
```

```
    }

    // Während Initialisierung: add a message filter to the Message
FilterTable
    public void Add(MessageFilter key, TFilterData value)
    {
     // füge den Filter der Liste hinzu
     this.filters.Add(key, value);
    }


    /// <summary>
    /// Einsprungpunkt: WCF ruft zur Laufzeit diese Methode auf
    /// Bei einem Request-Reply-Router ist genau ein Filter auszuwählen
    /// </summary>
    public bool GetMatchingValue(Message message, out TFilterData value)
    {
      bool outcome;
      RoundRobinAuswahl(message, out value, out outcome);
      return outcome;
    }


    /// <summary>
    /// Bei aktiviertem Content Filtering
    /// </summary>
    public bool GetMatchingValue(MessageBuffer messageBuffer, out TFilter
Data value)
    {
     return GetMatchingValue(messageBuffer.CreateMessage(), out value);
    }


    /////// <summary>
    /// Bei aktiviertem Content Filtering + Multicast

    /// </summary>
    public bool GetMatchingValues(MessageBuffer messageBuffer,
ICollection<TFilterData> results)
    {
     return GetMatchingValues(messageBuffer.CreateMessage(), results);
    }


    /// <summary>
    /// Bei Multicast
    /// </summary>
    public bool GetMatchingValues(Message message, ICollection
<TFilterData> results)
    {
     TFilterData result;
     var match = GetMatchingValue(message, out result);
     results.Add(result);
     return match;
    }

    Random Zufall = new Random(DateTime.Now.Millisecond);
    public static int Counter = 0;
    /// <summary>
    /// Die eigentliche Entscheidung auf Basis einer gleichverteilten Auswahl
    /// (Round Robin)
    /// </summary>
```

```
    /// <param name="message"></param>
    /// <param name="value"></param>
    /// <param name="outcome"></param>
    private void RoundRobinAuswahl(Message message, out TFilterData value,
out bool outcome)
    {
      Console.WriteLine("--> Custom Filter für Nachricht  " + message.
Headers.Action + " an " + message.Headers.To.AbsoluteUri.ToString());
      value = default(TFilterData);

      int Anzahlfilter = filters.Count;
      int Auswahl;

     // Round Robin
      Counter++;
      if (Counter > Anzahlfilter - 1) Counter = 0;
      Auswahl = Counter;

     // oder Zufall
     //Auswahl = Zufall.Next(Anzahlfilter);

      // "System.Collections.Generic.List'1[[System.ServiceModel.Description.
ServiceEndpoint, System.ServiceModel, Version=4.0.0.0, Culture=neutral,
PublicKeyToken=b77a5c561934e089]]"

      value = filters.Values.ElementAt(Auswahl);
      var e = (value as List<System.ServiceModel.Description.Service
Endpoint>)[0];

      Console.WriteLine("FILTERTABLE:  Weitergeleitet an: " + e.ListenUri.
ToString());

      outcome = true;
    }

  …
  }
}
```

Die zugehörigen Filterklassen sind dann sehr einfach.

Listing 5.6 WWWings_WCF_Router/CustomFilter/CustomFilterMitFilterTable.cs

```
using System;
using System.ServiceModel.Channels;
using System.ServiceModel.Dispatcher;

namespace WCF_Router
{
 /// <summary>
 /// Filter mit eigener Filter Table
 /// </summary>
 public class CustomFilterMitFilterTable : MessageFilter
 {

  public string groupName;
  // Nur Speichern der Gruppe für Filtertabelle
  public CustomFilterMitFilterTable(string groupName)
```

```
{
    if (string.IsNullOrEmpty(groupName)) { throw new
ArgumentNullException("groupName"); }

   this.groupName = groupName;
}

  // wird nicht verwendet in diesem Fall
  public override bool Match(Message message)
  {
   return true;
  }
  // wird nicht verwendet in diesem Fall
  public override bool Match(MessageBuffer buffer)
  {
   return true;
  }

  // wird nicht verwendet in diesem Fall
  protected override IMessageFilterTable<TFilterData> CreateFilterTable
<TFilterData>()
  {
    // Filter kann eigene Filtertabelle erzeugen!
    return new RoundRobinMessageFilterTable<TFilterData>();
  }

}
}
```

5.1.11 Leistungsverlust durch Routing

Natürlich ist zu beachten, dass der Einsatz eines Routers die Kommunikation verlangsamt. Der Geschwindigkeitsverlust sollte am konkreten Beispiel gemessen gegen die Vorteile abgewägt werden.

Die folgende Grafik zeigt nur exemplarisch ein Messergebnis anhand der hier verwendeten Beispielanwendung für 600 Nachrichten.

- Der oberste Balken ist die Dauer der direkten Kommunikation zwischen Client und Server.

- Der zweite Balken von oben ist die Dauer der Kommunikation über einen Router.

- Der dritte Balken von oben ist die Dauer der Kommunikation über einen Router mit Lastverteilung zwischen zwei Servern.

- Der unterste Balken ist die Dauer für die Kommunikation über einen Router mit Lastverteilung zwischen zwei Servern, wobei die Kommunikation verschlüsselt wird mit WS-Security.

Fazit: Man sieht, dass Nachrichtenverschlüsselung wesentlich mehr Leistung frisst als Routing.

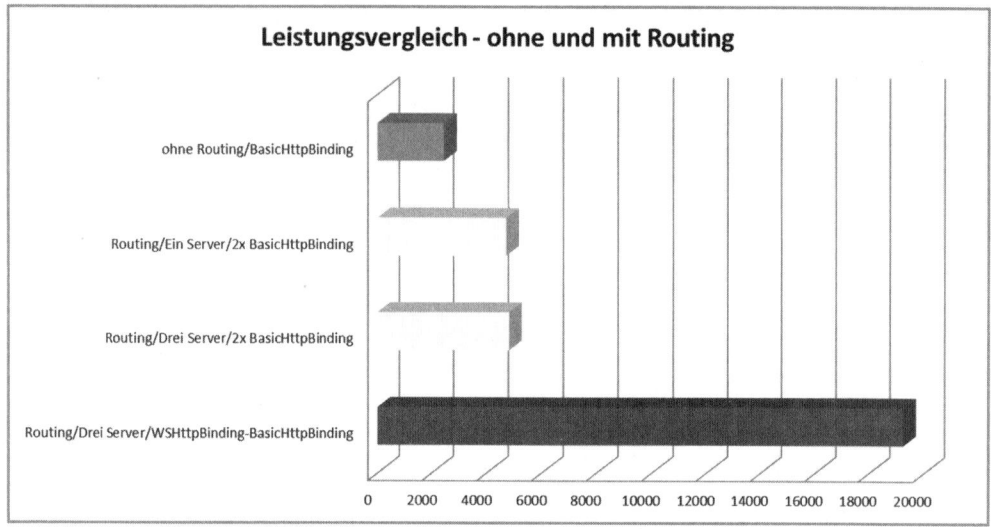

Bild 5.4 Leistungsvergleich Routing versus Nachrichtenverschlüsselung mit WS-Security

■ 5.2 Discovery

WCF bietet seit Version 4.0 Unterstützung für das Web-Service-Protokoll WS-Discovery, mit dem man durch einen UDP-Broadcast eine Implementierung eines Web-Service (im lokalen Subnetz) auffinden kann.

 HINWEIS: In größeren Netzwerken kann über einen sogenannten WS-Discovery-Proxy gesucht werden. Dies wird jedoch hier im Buch näher thematisiert.

5.2.1 Dienst mit Discovery

Ein WCF-Dienst, der von Clients gefunden werden soll, muss das Dienstverhalten *<service-Discovery>* aktivieren und einen UDP-Endpunkt zur Erforschung in der Konfiguration angeben. Im Programmcode selbst sind keine Ergänzungen notwendig. Listing 5.7 zeigt eine Konfigurationsdatei.

Listing 5.7 Konfiguration eines Dienstes, der über WS-Discovery auffindbar sein soll

```
<?xml version="1.0"?>
<configuration>
 <system.web>
 <compilation debug="false" targetFramework="4.0" />
 </system.web>
```

```
<system.webServer>
<modules runAllManagedModulesForAllRequests="true"/>
</system.webServer>
<system.serviceModel>
<services>
  <service name="Service" behaviorConfiguration="serviceBehavior">
   <host>
    <baseAddresses>
     <add baseAddress="http://SERVER/NET4_WCFWebHost/Discovery/Service.
svc"/>
    </baseAddresses>
   </host>
   <endpoint binding="basicHttpBinding" contract="IService" />
   <endpoint name="udpDiscovery" kind="udpDiscoveryEndpoint"/>
  </service>
</services>
<behaviors>
  <serviceBehaviors>
   <behavior name="serviceBehavior">
   <serviceDiscovery></serviceDiscovery>
   <serviceMetadata httpGetEnabled="true"/>
   <serviceDebug includeExceptionDetailInFaults="false"/>
   </behavior>
  </serviceBehaviors>
</behaviors>
</system.serviceModel>
</configuration>
```

5.2.2 Client mit Discovery

Der Client benötigt eine Referenz auf die Assembly *System.ServiceModel.Discovery.dll*. Listing 5.8 zeigt den Programmcode eines Clients, der eine Implementierung von *IService* sucht. Anschließend ruft der Client alle gefundenen Dienste auf.

Listing 5.8 Ein suchender Client

```
    // Erforschung
    Console.WriteLine("DiscoveryClient...");
    DiscoveryClient discoveryClient = new DiscoveryClient
(new UdpDiscoveryEndpoint());
    FindCriteria findCriteria = new FindCriteria(typeof(HalloWeltDienst
Proxy.IService));
    FindResponse findResponse = discoveryClient.Find(findCriteria);
    if (findResponse.Endpoints.Count > 0)
    {
     // Factory erzeugen
     EndpointAddress address = findResponse.Endpoints[0].Address;
     ChannelFactory<HalloWeltDienstProxy.IServiceChannel> factory =
          new ChannelFactory<HalloWeltDienstProxy.IServiceChannel>
(new BasicHttpBinding(), address);

     // Client erzeugen
     HalloWeltDienstProxy.IServiceChannel client =
factory.CreateChannel();
     Console.WriteLine(client.GetData(10));
```

```
      client.Close();
      factory.Close();
   }
   Else
   {
      Console.WriteLine("Kein Dienst gefunden!");
   }
```

Die in Listing 5.9 zu sehende Bildschirmabbildung zeigt, wie der Client drei Implementierungen findet und aufruft.

Listing 5.9 Ausgabe des Clients

5.2.3 Mögliche Services mittels Scopes einschränken

Die Menge der möglichen Services kann durch sogenannte Scopes eingeschränkt werden. Scopes sind URIs, die Eigenschaften von Services beschreiben. In Listing 5.10 wurde der Service zum Beispiel mit den Scopes *http://www.softwarearchitekt.at/Billigflieger* und *urn:HasFirstClass* versehen.

Listing 5.10 Konfiguration eines Dienstes unter Verwendung von Scopes

```xml
<behaviors>
    <serviceBehaviors>
        <behavior>
            <serviceMetadata httpGetEnabled="true"/>
            <serviceDebug includeExceptionDetailInFaults="true"/>
        <serviceDiscovery/>
        </behavior>
    </serviceBehaviors>
<endpointBehaviors>
    <behavior>
    <endpointDiscovery>
      <scopes>
        <add scope="http://www.softwarearchitekt.at/Billigflieger"/>
        <add scope="urn:HasFirstClass"/>
      </scopes>
    </endpointDiscovery>
    </behavior>
</endpointBehaviors>
</behaviors>
```

Listing 5.11 zeigt einen dazu passenden Client. Dieser schränkt über das verwendete *Find-Criteria* die Menge der in Frage kommenden Services ein, indem er angibt, dass der Service den Scope *http://www.softwarearchitekt.at/Billigflieger* aufweisen muss.

Listing 5.11 Client, welcher Scopes verwendet

```
DiscoveryClient discoveryClient = new DiscoveryClient(new UdpDiscovery
Endpoint());
FindCriteria findCriteria = new FindCriteria(typeof(IFlugService));
// Es wird gewartet, bis entweder ein Services gefunden wurde oder bis 10
sec. verstrichen sind.
findCriteria.MaxResults = 1;
findCriteria.Duration = TimeSpan.FromSeconds(10);
// Die nachfolgende Zeile demonstriert, wie die Suche
// anhand von Scopes eingeschränkt werden kann
findCriteria.Scopes.Add(new Uri
("http://www.softwarearchitekt.at/Billigflieger"));
FindResponse findResponse = discoveryClient.Find(findCriteria);
if (findResponse.Endpoints.Count == 0)
{
    Console.WriteLine("Es wurden keine Endpukte gefunden");
    Console.ReadLine();
    return;
}
Console.WriteLine("Die folgenden Endpoints wurden gefunden: ");
foreach (var ep in findResponse.Endpoints)
{
    Console.WriteLine(" " + ep.Address);
}
// Zur Vereinfachung einfach die erste Adresse nehmen ...
EndpointAddress address = findResponse.Endpoints[0].Address;
// Proxy erzeugen
FlugService.FlugServiceClient client = new FlugService.FlugServiceClient();
// Die erste Adresse verwenden ...
client.Endpoint.Address = address;
// Service-Operation aufrufen
var flights = client.FindFlights("Graz", "Frankfurt", new DateTime
(2009, 12, 8));
[...]
```

5.2.4 Clients für die Verwendung mit Discovery deklarativ konfigurieren

Clients können auch deklarativ für die Verwendung von Discovery konfiguriert werden. Dazu ist ein Endpoint ohne Adresse dafür jedoch mit dem Attribut *kind* auszustatten (Listing 5.12). Diesem Attribut spendiert man den Wert *dynamicEndpoint*. Damit wird auf eine Standard-Endpoint-Konfiguration für WS-Discovery verwiesen. Möchte man diese Standardkonfiguration anpassen, um zum Beispiel Scopes festzulegen, kann eine Konfiguration für diesen Standard-Endpunkt angelegt werden. Der Endpunkt selber verweist in diesem Fall über das Attribut *endpointConfiguration* auf dessen Namen.

Listing 5.12 Deklaratives festlegen von Discovery

```
[…]
<client>
    <endpoint
      binding="netTcpBinding"
      bindingConfiguration="NetTcpBinding_IFlugService"
      contract="FlugService.IFlugService"
      kind="dynamicEndpoint"
      endpointConfiguration="dynamicEndpointConfiguration"
      name="NetTcpBinding_IFlugService" />

</client>
<standardEndpoints>
 <dynamicEndpoint>
    <standardEndpoint name="dynamicEndpointConfiguration">
        <discoveryClientSettings>
          <endpoint kind="udpDiscoveryEndpoint" endpointConfiguration=
"adhocDiscoveryEndpointConfiguration" />
          <findCriteria scopeMatchBy="http://schemas.microsoft.com/ws/2008/06/
discovery/rfc" duration="00:00:10" maxResults="1">
            <scopes>
              <add scope="http://www.softwarearchitekt.at/Billigflieger"/>
            </scopes>
          </findCriteria>
        </discoveryClientSettings>
    </standardEndpoint>
 </dynamicEndpoint>
 <udpDiscoveryEndpoint>
    <standardEndpoint name="adhocDiscoveryEndpointConfiguration" discovery
Version="WSDiscovery11"></standardEndpoint>
 </udpDiscoveryEndpoint>
</standardEndpoints>
[…]
```

5.2.5 Ankündigungen (Announcements)

Während bei Discovery die einzelnen Clients über Broadcasts die Adressen der Services erfragen funktionieren Ankündigungen (Announcements) genau umgekehrt. Immer, wenn ein Service hochfährt, informiert er über einen Broadcast die anderen Netzwerkteilnehmer über seine Adresse. Fährt er herunter, sendet er eine Nachricht, aus der hervorgeht, dass er nun nicht mehr erreichbar ist. Obwohl Ankündigungen ohne Discovery verwendet werden können, stellt dieses Konzept auch eine gute Ergänzung zu Discovery dar, zumal es die Anzahl der von Clients verursachten Broadcasts einschränkt, sofern diese die angekündigten Informationen im Hintergrund zwischenspeichern. Um einen Service zur Versendung von Ankündigungen zu konfigurieren, ist lediglich ein Service-Behavior *serviceDiscovery* mit einem Element *announcementEndpoints* einzurichten. Diesem Element ist ein Endpoint, welcher auf die Standardkonfiguration *udpAnnouncementEndpoint* verweist, zu spendieren.

Listing 5.13 Service zur Versendung von Ankündigungen konfigurieren

```
[…]
<behaviors>
    <serviceBehaviors>
        <behavior>
            <serviceMetadata httpGetEnabled="true"/>
            <serviceDebug includeExceptionDetailInFaults="true"/>
    <serviceDiscovery>
      <announcementEndpoints>
        <endpoint kind="udpAnnouncementEndpoint"/>
      </announcementEndpoints>
    </serviceDiscovery>
  </behavior>
    </serviceBehaviors>

</behaviors>
[…]
```

Damit ein Client Ankündigungen empfangen kann, muss er eine Instanz von *Announce-mentService* über einen *ServiceHost* starten und mit einem *UdpAnnouncementEndpoint* versehen (vgl. Listing 5.14).

Dieser Service bietet zwei Ereignisse, die zu abonnieren sind: *OnlineAnnouncementReceived* wird ausgelöst, wenn eine Ankündigung, aus der hervor geht, dass ein bestimmter Service nun online ist, empfangen wurde. *OfflineAnnouncementReceived* hingegen ausgelöst, wenn ein Service angekündigt hat, dass er ab nun offline ist.

Listing 5.14 Client, welcher Ankündigungen empfängt

```
public static void Main()
{
    AnnouncementService announcementService = new AnnouncementService();
    announcementServiceHost.AddServiceEndpoint(new UdpAnnouncement
Endpoint());
    announcementService.OnlineAnnouncementReceived += OnOnlineEvent;
    announcementService.OfflineAnnouncementReceived += OnOfflineEvent;
    using (ServiceHost announcementServiceHost =
                    new ServiceHost(announcementService))
    {
        announcementServiceHost.Open();
        Console.WriteLine("Warte auf Ankündigungen.");
        Console.WriteLine("<ENTER> schließt die Applikation");
        Console.ReadLine();
    }
}
static void OnOnlineEvent(object sender, AnnouncementEventArgs e)
{
    Console.WriteLine("Online: {0}:",
        e.EndpointDiscoveryMetadata.Address);
}
static void OnOfflineEvent(object sender, AnnouncementEventArgs e)
{
    Console.WriteLine("Offline {0}:",
        e.EndpointDiscoveryMetadata.Address);
}
```

■ 5.3 Ereignisse und Publish-/ Subscribe-Szenarien

Sollen Clients über das Eintreten bestimmter Ereignisse von einem Service benachrichtigt werden, müssen die beiden Kommunikationspartner ihre Rollen tauschen: Der Client wird zum Service, der einen Endpunkt für Benachrichtigungen anbietet, und der Service wird zum Client, der Informationen an diesen Endpunkt sendet. Damit der Service weiß, welcher Client sich für welche Ereignisse interessiert, sieht das Muster Publish/Subscribe vor, dass sich diese zunächst beim Service registrieren. Dieser verwaltet die Eckdaten über die registrierten Clients. Tritt ein Ereignis auf, geht er die entsprechenden Interessenten durch und benachrichtigt diese.

Dieser Abschnitt zeigt anhand eines Beispiels, wie ein Publish-/Subscribe-Szenario mit den Mitteln von WCF umgesetzt werden kann. Das dazu betrachtete Beispiel sieht einen Flug-Service vor, der interessierte Clients immer dann informiert, wenn ein bestimmter Flug gebucht wurde. Dazu werden die bereits in Kapitel 3, „Services mit WCF", beschriebenen Callbacks verwendet, um dem Service die Möglichkeit zu bieten, den jeweiligen Clients beim Eintreten eines Ereignisses eine Nachricht zukommen zu lassen.

5.3.1 Service-Verträge

Listing 5.15 zeigt einen Service-Vertrag *IPublisher* mit einer Methode *Register*, die es Clients ermöglicht, sich als Interessent für einen Flug, dessen Flugnummer übergeben wird, zu registrieren. Der Vertrag sieht einen Callback-Vertrag *IFlightBookedCallback* vor.

Listing 5.15 Service-Contract für Publisher

```
[ServiceContract(
    Namespace = "www.softwarearchitekt.at/Publisher",
    CallbackContract = typeof(IFlightBookedCallback))]
public interface IPublisher
{
    [OperationContract(IsOneWay = true)]
    void Register(string flightNumber);
}
```

Dieser Callback-Vertrag findet sich in Listing 5.16. Er beinhaltet eine Methode *FlightBooked*, die clientseitig zu implementieren ist und vom Service aufgerufen wird, wenn ein Flug gebucht wird.

Listing 5.16 Callback-Contract für Benachrichtigungen

```
[ServiceContract(Namespace = "www.softwarearchitekt.at/FlightBooked
Callback")]
public interface IFlightBookedCallback
{
    [OperationContract(IsOneWay=true)]
    void FlightBooked(string flightNumber);
}
```

Ein weiterer Service-Vertrag, der das Buchen von Flügen erlaubt, findet sich in Listing 5.17.

Listing 5.17 Service-Contract für Flug-Service

```
[ServiceContract(
    Namespace = "www.softwarearchitekt.at/FlugService")]
public interface IFlugService
{

    [OperationContract(IsOneWay=true)]
    void BookFlight(String flightNumber, DateTime datum, String vorname,
String nachname);
}
```

5.3.2 Implementierung eines Publish-/Subscribe-Service

Listing 5.18 zeigt einen Service, der das *Publish-/Subscribe*-Muster implementiert. Zur Vereinfachung implementiert dieser Service sowohl das Interface *IFlugService* als auch *IPublisher*. Alternativ dazu könnten die Aufgaben zur Benachrichtigung von Clients in einen eigenen Service ausgelagert werden. In diesem Fall müssten jene Services, die Benachrichtigungen auslösen, mit dem Benachrichtigungsservice kommunizieren.

Im statischen Dictionary *callbacks* werden Flugnummern auf jeweils eine Liste mit *Callbacks* des Typs *IFlightBookedCallback* abgebildet. Diese Callbacks verweisen wiederum auf Clients, die sich für die jeweiligen Flugnummern interessieren. Die private Hilfsmethode *Notify* bietet die Möglichkeit, alle Clients, die sich für die übergebene Flugnummer registriert haben, zu informieren. Durch Aufruf von *Register* können sich Clients unter Angabe einer Flugnummer anmelden, und *BookFlight* ermöglicht das Buchen eines Fluges.

Der Service verwendet den *InstanceContextMode PerCall*. Das bedeutet, dass jeder Aufruf von einer eigenen Service-Instanz bedient wird. Gleichzeitige Zugriffe auf das statische Attribut *callbacks* müssen synchronisiert werden. Dazu kommt in den einzelnen Methoden das Schlüsselwort *lock* gemeinsam mit dem statischen Attribut *sync* zum Einsatz.

Listing 5.18 Implementierung des Benachrichtigungsservice

```
[ServiceBehavior(
    InstanceContextMode = InstanceContextMode.PerCall)]
public class FlugService : IFlugService, IPublisher
{

    private static Dictionary<string, List<IFlightBookedCallback>> callbacks;
    private static object sync = new object();
    static FlugService()
    {
        callbacks = new Dictionary<string, List<IFlightBookedCallback>>();
    }
    private void Notify(string flightNumber) { [...] }
    public void Register(string flightNumber) { [...] }
    public void BookFlight(String flightNumber, DateTime datum,
                                    String vorname, String nachname)
{ [...] }
}
```

Die Methode *Register* ist aus Listing 5.19 ersichtlich. Diese ermittelt zunächst über die Methode *GetCallbackChannel* des aktuellen *OperationContext* eine Referenz auf einen Proxy, der auf die Callback-Implementierung am Client verweist. Diese Callback-Implementierung wird am Client als Service unter einer dynamisch vergebenen Adresse bereitgestellt, die von WCF im Rahmen eines SOAP-Headers an den Service übergeben wird.

Im Gegensatz zu einfachen Callback-Szenarien, in denen der Callback innerhalb der aufgerufenen Methode angestoßen wird, legt die betrachtete Methode den Proxy lediglich im *Dictionary* unter Verwendung der übergebenen Flugnummer ab. Später können diese Proxys zum Benachrichtigen der Clients herangezogen werden.

Listing 5.19 Implementierung der Methode Register

```
public void Register(string flightNumber)
{
    lock (sync)
    {
        IFlightBookedCallback callback;
        List<IFlightBookedCallback> tempCallbacks;
        callback = OperationContext.Current.GetCallbackChannel<IFlightBooked
Callback>();
        if (callbacks.ContainsKey(flightNumber))
        {
            tempCallbacks = callbacks[flightNumber];
        }
        else
        {
            tempCallbacks = new List<IFlightBookedCallback>();
            callbacks[flightNumber] = tempCallbacks;
        }
        tempCallbacks.Add(callback);
    }
}
```

Listing 5.20 zeigt die Implementierung der Methode *Notify*. Diese ermittelt alle Callback-Proxys, die mit der übergebenen Flugnummer assoziiert werden, und stößt bei diesen die Callback-Methode *FlightBooked* an. Damit einzelne Callback-Aufrufe die Abarbeitung der Methode nicht verzögern, findet die Benachrichtigung in einem separaten Thread, der vom Thread-Pool verwaltet und mittels *Task.Factory.StartNew* erzeugt wird, statt. Um Concurrency-Probleme zu vermeiden, wird eine Kopie der Liste mit den jeweiligen Callbacks und nicht die Liste selbst übergeben. Tritt bei der Ausführung eines Callbacks eine Ausnahme auf, wird der Callback aus der statischen Datenstruktur entfernt.

Listing 5.20 Implementierung der Methode Notify

```
private void Notify(string flightNumber) {
    lock (sync)
    {
        if (!callbacks.ContainsKey(flightNumber)) return;
        var tempCallbacks = callbacks[flightNumber];
        List<IFlightBookedCallback> failed;
        failed = new List<IFlightBookedCallback>();
        var copy = new List<IFlightBookedCallback>(tempCallbacks);
        foreach (var callback in copy)
        {
```

```
                Task.Factory.StartNew((object o) =>
                {
                    IFlightBookedCallback cb = o as IFlightBookedCallback;
                    try
                    {
                        cb.FlightBooked(flightNumber);
                        Console.WriteLine(".");
                    }
                    catch (Exception ex)
                    {
                        Console.WriteLine(ex.Message);
                        lock (sync) { tempCallbacks.Remove(callback); };
                    }
                }, callback);
            };
        Console.WriteLine("OK");
    }
}
```

5.3.3 Konfiguration

Die Konfiguration des Publish-/Subscribe-Service kann aus Listing 5.21 entnommen werden. Es definiert zwei Endpunkte – einen für den Service-Vertrag *IFlugService*, der das Buchen von Flügen ermöglicht, und einer für den Service-Vertrag *IPublisher*, der das Anmelden von Interessenten erlaubt. Da der letztgenannte Endpunkt auf Callbacks setzt, muss ein Binding verwendet werden, das auch den Einsatz von Callbacks unterstützt. Im betrachteten Fall handelt es sich dabei um das Binding *wsDualHttpBinding*. Daneben unterstützen auch die Bindings *netTcpBinding* und *netNamedPipeBinding* Callbacks.

Listing 5.21 Konfiguration

```
[…]
<system.serviceModel>
  <bindings>

    <wsDualHttpBinding>
      <binding>
        <security mode="None">
        </security>
      </binding>
    </wsDualHttpBinding>

  </bindings>
  <services>
    <service name="FlugService.FlugService">
      <endpoint
        address="publisher"
        binding="wsDualHttpBinding"
        contract="FlugService.IPublisher" />
      <endpoint
        address=""
        binding="wsHttpBinding"
        contract="FlugService.IFlugService"
        />
```

```
    <host>
      <baseAddresses>
        <add baseAddress="http://localhost:8000/FlugService" />
      </baseAddresses>
    </host>
  </service>
</services>
<behaviors>
  <serviceBehaviors>
    <behavior>
      <serviceMetadata httpGetEnabled="true"/>
      <serviceDebug includeExceptionDetailInFaults="false"/>
    </behavior>
  </serviceBehaviors>
</behaviors>
</system.serviceModel>
[…]
```

5.3.4 Implementierung des zu benachrichtigenden Clients

Dem zu benachrichtigenden Client ist zunächst eine Service-Referenz, die auf jenen Endpunkt, der sich auf IPublish abstützt, zu spendieren. Im Zuge dessen wird das Callback-Interface *IPublisherCallback* nachgebildet. Dieses ist zu implementieren (Listing 5.22).

Listing 5.22 Implementierung des Callback-Interface

```
class FlugServiceCallback: IPublisherCallback
{
    public void FlightBooked(string flightNumber)
    {
        Console.ForegroundColor = ConsoleColor.Green;
        Console.WriteLine("Callback: Flug mit der Nummer " +
flightNumber + " wurde gebucht");
    }
}
```

Mit dieser Callback-Implementierung ist ein *InstanceContext*, der an den generierten Proxy übergeben wird, zu erstellen (Listing 5.23). Durch Aufruf der Methode *Register* kann sich der Client anschließend für eine bestimmte Flugnummer registrieren. Ausgelöste Ereignisse werden in weiterer Folge von der Callback-Implementierung in einem separaten Thread behandelt.

Listing 5.23 Client registrieren

```
InstanceContext ctx = new InstanceContext(new FlugServiceCallback());
PublisherClient client = new PublisherClient(ctx);
client.Register(flugnummer);
Console.WriteLine("Warte auf Callbacks ...\n");
Console.ReadLine();
```

5.3.5 Weiterführende Überlegungen

Der in diesem Abschnitt vorgestellte Service erlaubt Publish-/Subscribe-Szenarien unter Verwendung von Callbacks. Informationen über Interessenten werden im Hauptspeicher abgelegt. Diese Implementierung hat den Vorteil, dass sie prinzipiell recht einfach implementiert werde kann. Der Nachteil liegt darin, dass die im Hautspeicher gehaltenen Registrierungsinformationen einen eventuellen Neustart des Service nicht überstehen. Daneben können lediglich Bindings, die Callbacks unterstützen, herangezogen werden. Dies schließt zum Beispiel den Einsatz von Message-Queues zur Implementierung verlässlicher Publish-/Subscribe-Szenarien aus. Darüber hinaus bieten Callbacks weniger Konfigurationsmöglichkeiten als eigenständige Services.

Um diese Nachteile zu kompensieren, muss am Client ein eigener Service für Callbacks unter Verwendung einer ServiceHost-Instanz gestartet werden. Im Zuge der Registrierung übergibt der Client nun die Adresse dieses Service an den Benachrichtigungsservice. Dieser speichert die Adresse in einer Datenbank und verwendet sie, um zum Versenden von Benachrichtigungen einen Laufzeit-Proxy zu erzeugen.

■ 5.4 ESB-Lösungen mit WCF entwickeln

Wie in den letzten Abschnitten gezeigt wurde, bietet WCF mit dem Routing-Service und Discovery einige Möglichkeiten zur losen Kopplung von Systemen, die sich auch in ESB-Lösungen wiederfinden. Dabei kann sogar zwischen unterschiedlichen Protokollen vermittelt werden, sodass zum Beispiel ein *netTcp*-basierter Service-Konsument mit einem *wsHttp*-basierten Service kommunizieren kann.

Da in serviceorientierten Architekturen in der Regel aber Services, die ursprünglich gar nicht für einen gemeinsamen Einsatz gedacht waren, zusammenarbeiten müssen, ist es häufig zusätzlich notwendig, die übertragenen Nachrichten ins Zielformat des Gegenübers zu transformieren. Während kommerzielle Lösungen, wie Microsoft BizTalk-Server oder Neuron ESB von Neudesic, auch solche Szenarien unterstützten, beinhaltet WCF keine Komponente dafür – die für solch ein Vorhaben benötigten Bausteine jedoch schon. Beispielsweise ist es ein Leichtes, einen Service zu schreiben, der eine Nachricht entgegennimmt und mit den Informationen dieser Nachricht einen weiteren Service aufruft. Soll dieser Service jedoch universell einsetzbar sein, muss jede beliebige Nachricht entgegengenommen, transformiert und an den gewünschten Zielservice weitergeleitet werden können.

5.4.1 Catch-All-Verträge

Listing 5.24 zeigt einen Service-Vertrag für einen generischen Transformationsservice. Für den Übergabeparameter sowie für den Rückgabewert kommt hier der Typ *Message* zum Einsatz. Dies erlaubt das Entgegennehmen und Zurückliefern einer beliebigen Nachricht, mit der auf generischer Art hantiert werden kann. Damit diese Methode für sämtliche an den Service gesendete Nachrichten herangezogen wird, beinhaltet das Attribut *Action* einen Stern, der als Wildcard fungiert. Dasselbe gilt analog für *ReplyAction*.

Listing 5.24 Catch-All-Vertrag

```
[ServiceContract(Namespace = "http://softwarearchitekt.at/samples/Gateway")]
public interface IGateway
{
    [OperationContract(Action = "*", ReplyAction = "*")]
    Message ProcessMessage(Message requestMessage);
}
```

5.4.2 Nachrichtentransformation

Zur Implementierung einer generischen Transformationslogik bietet sich XSLT (Extensible Stylesheet Language Transformation, tinyurl.com/buoxh2) an. Für den Einsatz dieser Sprache zum Transformieren von XML-Nachrichten spricht, dass sie zum einen etabliert und vom Prinzip her leicht anzuwenden sowie zum anderen von vielen Produkten unterstützt wird. Allerdings bedingt diese Entscheidung, dass die verarbeiteten Nachrichten in XML vorliegen. Bei SOAP-basierten Web-Services oder bei Services, die sich auf XML und REST abstützen, wird dies auch keine Hürde darstellen. Soll jedoch ein Service, der sich nicht auf XML-basierte Nachrichten abstützt, angebunden werden, muss ein entsprechender Konverter herangezogen werden. Diese Vorgehensweise findet sich auch in vielen kommerziellen ESB-Implementierungen: Intern wird XML verwendet; extern XML oder ein beliebiges anderes Format, das nach XML konvertiert wird.

 Das vorliegende Buch geht nicht auf XSLT ein. Eine gelungene und beliebte deutschsprachige Übersicht zu dieser auf XML-basierenden Sprache finden Sie unter *tinyurl.com/3shm3fu*.

Listing 5.25 zeigt eine beispielhafte Implementierung eines Transformationsservice, der zum einen XSLT verwendet und zum anderen den zuvor diskutierten Service-Vertrag implementiert. Zur Vereinfachung wurden Konfigurationsinformationen in Konstanten untergebracht. Diese Konstanten, die in einer „Real-World"-Implementierung in eine Konfigurationsdatei ausgelagert werden müssten, werden in Tabelle 5.2 näher beschrieben. Die gezeigte Methode spiegelt die prinzipielle Struktur der Implementierung wider; die Implementierungsdetails der aufgerufenen Methoden werden weiter unten besprochen.

Zunächst extrahiert die gezeigte Methode den Nachrichtenkörper aus der Nachricht (*ExtractBody*) und transformiert ihn (*Transform*). Anschließend kreiert sie mit dem transformierten Nachrichtenkörper unter Berücksichtigung der unterstützten Nachrichtenversion sowie des erwarteten XML-Namespace eine Nachricht für den Zielservice (*CreateMessage*) und sendet sie an diesen (*SendMessage*). Die daraufhin erhaltene Antwortnachricht transformiert sie auf dieselbe Weise für den Quellservice. Hier wird allerdings zusätzlich geprüft, ob es sich bei der Antwortnachricht um einen SOAP-Fault handelt (*CheckFault*), der zur Vereinfachung ohne Transformation zurückgeliefert wird.

Listing 5.25 Implementierung des Transformationsservice

```
private readonly string REQUEST_XSLT = "A-to-B.xslt";
private readonly string RESPONSE_XSLT = "AResponse-to-BResponse.xslt";
private readonly string DESTINATION_NAMESPACE = "softwarearchitekt.at/
samples/B/OrderService/IOrderService/SendOrder";
private readonly MessageVersion DESTINATION_MSG_VERSION = MessageVersion.
Soap11;
private readonly string DESTINATION_ENDPOINT_NAME = "OrderServiceB_Client
Endpoint";
private readonly string SOURCE_NAMESPACE = "softwarearchitekt.at/samples/A/
OrderService";
private readonly MessageVersion SOURCE_MSG_VERSION = MessageVersion.Soap11;
public Message ProcessMessage(Message request)
{
    MemoryStream buffer;
    Message transformedRequest;
    Message response;
    Message transformedResponse;
    bool isFault;
    buffer = ExtractBody(request);
    buffer = Transform(buffer, REQUEST_XSLT);
    transformedRequest = BuildMessage(buffer,
                            DESTINATION_MSG_VERSION,
                            DESTINATION_NAMESPACE);
    response = SendMessage(transformedRequest,
                            DESTINATION_ENDPOINT,
                            DESTINATION_BINDING);
    buffer = ExtractBody(response);
    isFault = CheckFault(buffer);
    if (isFault) return BuildMessage(buffer,
                                SOURCE_MSG_VERSION,
                                SOURCE_NAMESPACE);
    buffer = Transform(buffer, RESPONSE_XSLT);
    transformedResponse = BuildMessage(buffer,
                            SOURCE_MSG_VERSION,
                            SOURCE_NAMESPACE);
    return transformedResponse;
}
```

Tabelle 5.2 Konstanten zum Parametrisieren des Transformationsservice

Konstante	Beschreibung
REQUEST_XSLT	XSLT-Datei, die zum Transformieren der vom Quellservice empfangenen Nachricht verwendet werden soll
RESPONSE_XSLT	XSLT-Datei, die zum Transformieren der Antwortnachricht des Zielservice verwendet werden soll
DESTINATION_NAMESPACE	Vom Zielservice verwendeter Namespace
DESTINATION_MSG_VERSION	Vom Zielservice erwartete Nachrichtenversion (z. B. SOAP 1.1)
DESTINATION_ENDPOINT_NAME	Name des Client-Endpunktes, der für den Zielservice in der Konfiguration (*web.config* bzw. *app.config*) vergeben wurde.
SOURCE_NAMESPACE	Vom Quellservice für die Antwortnachricht erwarteter Namespace
SOURCE_MSG_VERSION	Vom Quellservice für die Antwortnachricht erwartete Nachrichtenversion (z. B. SOAP 1.1)

Nun sollen die von der Service-Implementierung verwendeten Methoden genauer betrachtet werden. Die Methode *ExtractBody* (Listing 5.26) erstellt einen *MemoryStream* sowie einen sich darauf abstützenden *XmlDictionaryWriter*. Über diese Instanz schreibt sie die übergebene Nachricht in den *MemoryStream*. Anschließend setzt die Position des Streams auf 0, sodass dessen Inhalt in weiterer Folge gelesen und zurückgeliefert werden kann.

Listing 5.26 Extrahieren des Nachrichtenkörpers

```
private MemoryStream ExtractBody(Message requestMessage)
{
    MemoryStream sourceBuffer = new MemoryStream();
    using (XmlDictionaryWriter w = XmlDictionaryWriter.CreateDictionary
Writer(XmlWriter.Create(sourceBuffer)))
    {
        requestMessage.WriteBodyContents(w);
    }
    sourceBuffer.Position = 0;
    return sourceBuffer;
}
```

Die Methode *Transform* (Listing 5.27) nimmt eine Nachricht in Form eines *MemoryStream* sowie den Namen der zu verwendenden XSLT-Datei entgegen. Sie ummantelt die Nachricht zur Transformation mit einem *XPathDocument* und lädt die XSLT-Datei mit einer Instanz von *XslCompiledTransform*. Die Transformation erfolgt anschließend mit der Methode *Transform* dieser Instanz. Das Ergebnis schreibt sie in den *MemoryStream* mit dem Namen *resultBuffer*, der danach, wie weiter oben beschrieben, auf die Position 0 gesetzt und zurückgegeben wird.

Listing 5.27 Transformieren der Nachricht mittels XSLT

```
private static MemoryStream Transform(MemoryStream sourceBuffer,
string templateFileName)
{
    XPathDocument xpdoc = new XPathDocument(sourceBuffer);
    string xsltPath = System.Web.Hosting.HostingEnvironment.MapPath
("~/xslt/" + templateFileName);
    XslCompiledTransform transform = new XslCompiledTransform();
    transform.Load(xsltPath);
    MemoryStream resultBuffer = new MemoryStream();
    transform.Transform(xpdoc, new XsltArgumentList(), resultBuffer);
    resultBuffer.Position = 0;
    return resultBuffer;
}
```

Die Methode *BuildMessage* (Listing 5.28) erzeugt zum Zugriff auf den Nachrichtenkörper im übergebenen *MemoryStream* einen *XmlReader* und übergibt diesen zusammen mit der gewünschten Nachrichtenversion und dem gewünschten Namespace an die Methode *Message.CreateBody*, die eine neue Nachricht kreiert. Anschließend erzeugt sie mit *Create BufferedCopy* eine Kopie dieser Nachricht. Dies ist notwendig, damit der Nachrichtenkörper an Ort und Stelle aus dem *XmlReader* gelesen wird. Diese Kopie liefert sie zurück.

Listing 5.28 Erzeugung einer neuen Nachricht

```
private Message BuildMessage(MemoryStream resultBuffer, MessageVersion
msg_version, string destination_namespace)
{
    Message m;
    using (XmlReader r = XmlReader.Create(resultBuffer))
    {
        var temp = Message.CreateMessage(msg_version, destination_
namespace, r);
        m = temp.CreateBufferedCopy(int.MaxValue).CreateMessage();
    }
    return m;
}
```

Die Methode *SendMessage* (Listing 5.29) nimmt die zu sendende Nachricht zusammen mit dem in der Konfiguration hinterlegten Client-Endpoint-Name des Zielservice entgegen. Mit diesem Namen erzeugt sie über eine *ChannelFactory* einen Proxy. Dieser wird zum Versenden der Nachricht verwendet.

Als Service-Vertrag wird hierbei der Typ des Transformationsservice und nicht jener des Zielservice verwendet. Der Grund hierfür ist, dass es sich bei der zu versendenden Nachricht um eine beliebige, nicht näher bekannte Nachricht handelt und somit ein generischer Service-Vertrag, der in Form des Vertrages für den Transformationsservice bereits vorliegt, zu verwenden ist. Alternativ dazu könnte auch ein anderer Service-Vertrag, dessen Aufbau dem des Transformationsservice gleicht, herangezogen werden.

Listing 5.29 Versenden einer Nachricht

```
private Message SendMessage(Message m, string destinationEndpointName)
{
    using (ChannelFactory<IGateway> f = new ChannelFactory<IGateway>
( destinationEndpointName))
    {
        var proxy = f.CreateChannel();
        return proxy.ProcessMessage(m);
    }
}
```

Die Methode *CheckFault* (Listing 5.30) prüft auf eine sehr vereinfachte Art, ob es sich bei der übergebenen Nachricht um einen SOAP-Fault handelt. Dazu wird mit einem XPath-Ausdruck geprüft, ob die Nachricht einen entsprechenden XML-Knoten beinhaltet.

Listing 5.30 Prüfen auf Fault

```
private static bool CheckFault(MemoryStream buffer)
{
    bool isFault;
    XPathDocument doc = new XPathDocument(XmlReader.Create(buffer));
    var nav = doc.CreateNavigator();
    XmlNamespaceManager nsmgr = new XmlNamespaceManager(nav.NameTable);
    nsmgr.AddNamespace("s", "http://schemas.xmlsoap.org/soap/envelope/");
    var expr = nav.Compile("//s:Fault");
    expr.SetContext(nsmgr);
    isFault = (nav.Select(expr).Count > 0);
```

```
    buffer.Position = 0;
    return isFault;
}
```

■ 5.5 Freie ESB-Implementierung

Im Downloadmaterial zu diesem Kapitel finden Sie eine vom Autor entwickelte freie ESB-Implementierung, die auf den Überlegungen aus Abschnitt 5.4 basiert. Diese ermöglicht das Definieren von einfachen Workflows, die zum Beispiel Nachrichten empfangen, transformieren und weitersenden.

Listing 5.31 gibt zeigt einen solchen Workflow, der nach dem Round-Robin-Verfahren die empfangenen Nachrichten abwechselnd an zwei Services sendet. Einer der beiden Services erwartet jedoch ein anderes Nachrichtenformat. Deswegen findet eine Nachrichtentransformation unter Verwendung des Templates *A-to-B.xslt* statt.

Die einzelnen Befehle dieser XML-basierten Workflow-Sprache können einfach erweitert und angepasst werden. Zur Einarbeitung empfiehlt sich neben dem Bearbeiten von Abschnitt 5.4 eine Konsultierung der im Downloadmaterial zu findenden Readme-Datei sowie eine Betrachtung des enthaltenen Beispiels.

Listing 5.31 ESB-interner Workflow

```
<Pipeline xmlns="clr-namespace:GatewayService;assembly=GatewayService">
    <RoundRobin PoolName="Config6-Pool1">
        <SendMessageAction
            Action="softwarearchitekt.at/samples/A/OrderService/IOrder
ServiceA/PlaceOrder"
            EndpointName="WSHttpBinding_IOrderServiceA" />
        <Sequence>
            <TransformAction TemplateFileName="A-to-B.xslt" />
            <SendMessageAction
                Action="softwarearchitekt.at/samples/B/OrderService/
IOrderService/SendOrder"
                EndpointName="WSHttpBinding_IOrderService" />
            <TransformAction TemplateFileName=
"AResponse-to-BResponse.xslt" />
        </Sequence>
    </RoundRobin>
</Pipeline>
```

6 ASP.NET Web API

Egal ob auf mobilen Geräten, in Web-Browsern oder bei Cloud-Services, egal ob auf der Java-Plattform, unter PHP oder .NET: HTTP wird überall unterstützt. Dies ist auch der Grund dafür, warum die REST-Bewegung, die den puren Einsatz von HTTP ohne zusätzliche Protokolle wie SOAP oder WS-* fordert, in den letzten Jahren zunehmend an Bedeutung gewinnt.

Die ASP.NET Web API, die Microsoft im Rahmen von ASP.NET MVC 4 ausliefert und via NuGet in jedem beliebigen ASP.NET-Projekt (ab .NET 4.0) genutzt werden kann, wird in Zukunft die Entwicklung REST-basierter Services erheblich vereinfachen. Sie stellt eine leichtgewichtige Alternative zur WCF dar. Während WCF die Details der darunter liegenden Protokolle abstrahiert, gewährt Web API einen direkten Zugriff auf HTTP-Nachrichten. Da sich Web API auf die Entwicklung von REST-Services beschränkt, ist sie leichtgewichtiger als WCF, die neben REST- auch SOAP-basierte Services über verschiedenste Kommunikationsprotokolle unterstützt. ASP.NET Web API ist deswegen auch weniger komplex und für Entwickler leichter zu erlernen und stellt somit die erste Wahl dar, wenn lediglich über REST kommuniziert werden soll, was vor allem bei modernen Web-Anwendungen sowie bei mobilen Anwendungen häufig der Fall ist.

Ursprünglich sollte die Web API ein Teil von WCF werden. Allerdings entschied man sich bei Microsoft, dass sich ASP.NET MVC als übergeordnetes Framework besser eignet. Deswegen wurde sie von WCF Web API in ASP.NET Web API umbenannt.

■ 6.1 REST-Services mit ASP.NET Web API erstellen

Möchte ein Entwickler REST-Services über einen Web-Server zur Verfügung stellen, kann er dazu ein ASP.NET MVC 4-Projekt anlegen und im Zuge dessen die Vorlage für die Web API wählen. Allerdings muss er nicht auf ASP.NET MVC 4 zurückgreifen, zumal die für ASP.NET Web API benötigten Bibliotheken auch in alle anderen Arten von Web-Projekten via NuGet eingeklinkt werden können. Das dazu einzubindende NuGet-Paket nennt sich *microsoft.aspnet.webapi*.

Alternativ zum Einsatz von Web API in Web-Projekten kann sich der Entwickler auch, wie weiter unten beschrieben, selbst um das Hosting kümmern. In diesen Fällen wird ein eigener Web-Server, der im Lieferumfang der Web API enthalten ist, in einer benutzerdefinierten Anwendung gestartet.

Bei mit ASP.NET Web API entwickelten REST-Services handelt es sich um Klassen, die von *ApiController* ableiten (siehe Listing 6.1). Die vom Entwickler bereitgestellten Methoden dieser Klassen stellt Web API unter Verwendung von Konventionen via HTTP bereit. Beginnt der Name einer Methode zum Beispiel mit *Get*, kann sie über das HTTP-Verb *GET* erreicht werden. Dieses kommt per Definition immer dann zum Einsatz, wenn Daten abgerufen werden sollen, und wird zum Beispiel immer dann von einem Web-Browser herangezogen, wenn der Benutzer angibt, zu einer bestimmten Adresse navigieren zu wollen. Dasselbe gilt analog für *POST*, *PUT* und *DELETE*. *POST* steht hierbei für das Erzeugen von Ressourcen am Server, *PUT* für das Aktualisieren und *DELETE* für das Löschen.

Weicht der Name einer Methode von dieser Konvention ab, kann diese mit den Attributen *HttpGet*, *HttpPost*, *HttpPut* und *HttpDelete* mit diesen Verben assoziiert werden (siehe *FindHotelsBySterne* in Listing 6.1). Weitere Verben kann der Entwickler mit dem Attribut *AcceptVerbs* zuweisen. Beispiele hierfür finden Sie in Listing 6.2, wo unter anderem das benutzerdefinierte Verb *X-ECHO* zur Methode *Echo* zugewiesen wird. Hierbei ist jedoch zu beachten, dass benutzerdefinierte Verben zum einen unüblich sind und dass zum anderen der Entwickler den Web-Server konfigurieren muss, damit dieser benutzerdefinierte Verben akzeptiert. Der Einsatz von *AcceptVerbs* verhindert darüber hinaus nicht, dass Web API zusätzlich auch die erwähnten Konventionen anwendet. Aus diesem Grund könnte der Aufrufer die Methode *GetImplementationInfo* in Listing 6.2 sowohl über *X-INFO* als auch über *GET* erreichen. Damit ASP.NET Web API *GET* nicht automatisch zuweist, gibt das betrachtete Beispiel unter Verwendung des Attributes *ActionName* an, dass intern der Name *ImplementationInfo* statt *GetImplementationInfo* zu verwenden ist.

6.1.1 Parameter und Rückgabewerte

Die Übergabeparameter einer aufgerufenen Service-Operation entnimmt Web API aus den übersandten URL-Parametern. Wird Web API dort nicht fündig, versucht sie, die via HTTP übertragenen Nutzdaten heranzuziehen. Im Zuge dessen unterstützt Web API auch Überladungen von Methoden. Den von einer Methode zurückgelieferten Wert liefert sie immer im Rahmen der Nutzdaten zurück.

Daten, die Web API retourniert, werden standardmäßig unter Verwendung von JSON dargestellt. Auf Wunsch des Clients kann die Darstellung auch via XML erfolgen. Daneben können binäre Daten ohne weitere Formatierung übersendet werden. Dazu ist der Typ Stream als Übergabeparameter und/oder Rückgabewert heranzuziehen. Weitere Formate unterstützt Web API darüber hinaus, wie weiter unten beschrieben, unter Verwendung von benutzerdefinierten *Formatter*. Um das Format der übersendeten Daten bekannt zu geben, verwendet der Aufrufer den HTTP-Header *Content-Type*. Überträgt er beispielsweise den Header *Content-Type: text/xml*, zeigt er damit an, dass er Nutzdaten, die in Form von XML vorliegen, übersendet. Analog dazu kann der Aufrufer mittels *Accept* angeben, in welchem Format er den Rückgabewert erwartet. Zum Beispiel legt er mit *Accept: text/json* fest, dass Web API das Ergebnis der angestoßenen Operation in Form von JSON retournieren soll.

Listing 6.1 Einfacher Web API-basierter Service

```
public class HotelsController : ApiController
{
    public Hotel GetHotel(int id)
    {
        var rep = new HotelRepository();
        var hotel = rep.FindById(id);
        if (hotel == null) throw new HttpResponseException
(HttpStatusCode.NotFound);

        return hotel;
    }

    public Hotel PostHotel(Hotel hotel)
    {
        var rep = new HotelRepository();
        rep.Create(hotel);
        return hotel;
    }

    [HttpGet]
    public List<Hotel> FindHotelsBySterne(int minSterne)
    {
        var rep = new HotelRepository();
        var hotels = rep.FindBySterne(minSterne);
        return hotels;
    }

    […]
}
```

Listing 6.2 Konventionen übersteuern

```
public class HotelsController : ApiController
{
    […]

    [AcceptVerbs("X-ECHO")]
    public List<Hotel> EchoHotels(List<Hotel> hotels)
    {
        return hotels;
    }

    [AcceptVerbs("X-INFO")]
    [ActionName("ImplementationInfo")]
    public string GetImplementationInfo()
    {
        […]
    }
}
```

6.1.2 Dynamische Parameter

In Fällen, in denen der Entwickler keine eigene Klasse für das Objekt, das eine Action-
Methode zurückliefert, erstellen möchte, kann er auch ein anonymes Objekt erzeugen und
dieses als *object* zurückliefern (Listing 6.3).

Listing 6.3 Anonymes Objekt als Rückgabewert

```
public object Get()
{
    return new
    {
        Version = 0.9
    };
}
```

Wird JSON als Übergabeformat verwendet, kann er das übersendete JSON-Objekt auch
generisch als *JObject* darstellen lassen (siehe Listing 6.4). Dieses bietet über Indexer Zugriff
auf die einzelnen Eigenschaften. Das betrachtete Beispiel prüft, ob die Eigenschaft *All* die
Zeichenkette *true* aufweist, sowie in weiterer Folge, ob es eine Eigenschaft *Settings.Include-
EMail* mit dem Wert *true* gibt.

Listing 6.4 Generische Darstellung von JSON-Objekten mit JToken

```
public object Post(JObject value)
{

    if (value["All"].ToString().ToLower() == "true")
    {

        string email = "";
        JToken includeEMail = null;
        JToken settings = value["Settings"];
        if (settings != null) includeEMail = settings["IncludeEMail"];

        if (includeEMail != null && includeEMail.ToString().ToLower() ==
"true")
        {
            email = "vorname.nachname@domain.siehe.oben";
        }
        else
        {
            email = "";
        }


        var response = new
        {
            Version = 0.9,
            Autor = "Manfred Steyer",
            URL = "www.softwarearchitekt.at",
            EMail = email
        };


        return response;
```

```
    }

    return new {
        Version = 0.9
    };


}
```

6.1.3 REST-Services konfigurieren

Für das Konfigurieren von Web API-basierten REST-Services bietet sich die Datei *global. asax* an. Diese beinhaltet eine Klasse mit Methoden, die ASP.NET beim Eintreten bestimmter Ereignisse aufruft. Beispielsweise ist hier eine Methode *Application_Start* vorgesehen, die beim Hochfahren der Anwendung im Web-Server zur Ausführung kommt. Bei Verwendung der Visual Studio-Vorlage für Web API-Projekte wird hier die statische Methode *Web APIConfig.Register* aufgerufen, welche die Konfiguration von ASP.NET Web API übernimmt. Diese Methode definiert Routen, die URLs auf *ApiController* abbilden. Standardmäßig wird, wie in Listing 6.5 gezeigt, eine Route mit dem Namen *DefaultAPI* eingerichtet. Diese legt fest, dass *ApiController* über die URL *api/[controller]/[id]* erreichbar sind, wobei *[controller]* ein Platzhalter für den Name des *ApiControllers* darstellt; mit *[id]* wird ein beliebiger Wert bezeichnet, der einem eventuell vorhandenen Methoden-Parameter *id* zugewiesen wird. Wird zum Beispiel

```
http://servername:port/api/Hotel/17
```

unter Verwendung von *GET* angefordert, führt dies bei Verwendung des Controllers aus Listing 6.1 dazu, dass Web API die Methode *GetHotel* aufruft und für den Parameter *id* den Wert 17 übergibt. Dabei fällt auf, dass in der URL lediglich der Name *Hotel* und nicht *Hotel- Controller* vorkommt – die Endung *Controller* wird also weggelassen. Die URL

```
http://servername:port/api/Hotel?id=17
```

führt zur selben Action-Methode, wobei in diesem Fall die Id explizit als URL-Parameter angeführt wird. Da Web API auch Methodenüberladungen unterstützt, könnte der Aufrufer hingegen die URL

```
http://servername:port/api/Hotel?minSterne=3
```

heranziehen, um die Methode *FindHotelsBySterne* aus Listing 6.1 zur Ausführung zu bringen.

Die Methode *Web APIConfig.Register* bietet sich auch für die Konfiguration weiterer Aspekte an. Listing 6.6 nutzt das an Register übergebene *config*-Objekt, um mit der Eigenschaft *IncludeErrorDetailPolicy* das Verhalten von Web API beim Auftreten von Ausnahmen im Programmcode zu konfigurieren. Der festgelegte Wert *Always* definiert, dass Fehlermeldungen in solchen Fällen immer übertragen werden sollen. Dies kann zwar für die Diagnose von Fehlern nützlich sein, bietet jedoch potenziellen Angreifern auch eine Menge Informationen. Aus diesem Grund ist es eine gute Idee, im Produktivbetrieb die Einstellung *Local Only* oder *Never* heranzuziehen. Erstere legt fest, dass Fehlermeldungen nur dann übertragen werden, wenn sich der Aufrufer auf demselben Rechner wie der Service befindet, was im Zuge der Entwicklung in der Regel der Fall ist. *Never* gibt hingegen an, dass Fehlermeldungen nie übertragen werden.

Listing 6.5 Standardroute

```
public static class Web APIConfig
{
    public static void Register(HttpConfiguration config)
    {
        config.Routes.MapHttpRoute(
            name: "DefaultApi",
            routeTemplate: "api/{controller}/{id}",
            defaults: new { id = RouteParameter.Optional }
        );
    }
}
```

Listing 6.6 Web API-Konfiguration

```
config.IncludeErrorDetailPolicy = IncludeErrorDetailPolicy.Always;
```

6.1.4 REST-Services mit Fiddler testen

Zum Testen von REST-Services bieten sich Anwendungen an, die ein direktes Versenden und Empfangen von HTTP-Nachrichten erlauben. Eine hierfür sehr beliebte Implementierung stellt *Fiddler* dar (*http://fiddler2.com*). Neben dem direkten Versenden von Nachrichten kann damit auch die HTTP-basierte Kommunikation anderer Anwendungen, wie zum Beispiel Internet Explorer, überwacht werden.

Bild 6.1 zeigt zum Beispiel eine in Fiddler formulierte HTTP-Anfrage, die beim in Listing 6.1 dargestellten Service *Hotels* abruft. Hierzu kommt das Verb *GET* zum Einsatz. Mit dem Kopfzeileneintrag *Accept* wird angegeben, dass JSON als Antwortformat erwartet wird. Die dazugehörige Antwort findet sich in Listing 6.7.

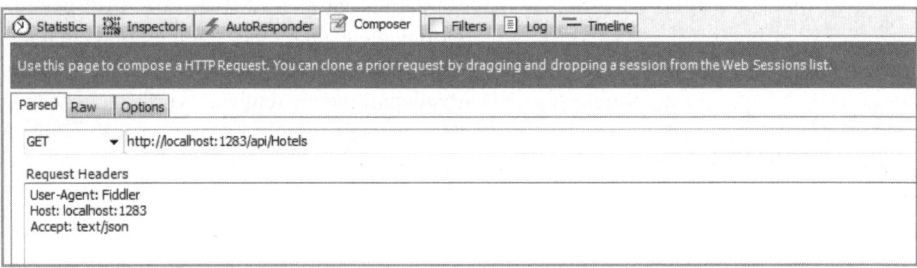

Bild 6.1 Daten mit Fiddler von REST-Service abrufen

Listing 6.7 HTTP-basierte Antwort mit JSON

```
HTTP/1.1 200 OK
[…]
Content-Type: text/json; charset=utf-8
Connection: Close
Content-Length: 57

[{"Bezeichnung":"Hotel zur Post","HotelId":1,"Sterne":3}]
```

Bild 6.2 zeigt hingen eine auf *POST* basierende Anfrage, die im Gegensatz zum zuvor betrachteten Beispiel auch Daten an den Service sendet. Der Kopfzeileneintrag *Content-Type* zeigt hier an, dass die übersendeten Daten, die im Feld *Request Body* zu finden sind, in Form von JSON vorliegen. Mit *Accept* wird auch hier angezeigt, dass der Aufrufer die Antwort in Form von *JSON* erwartet.

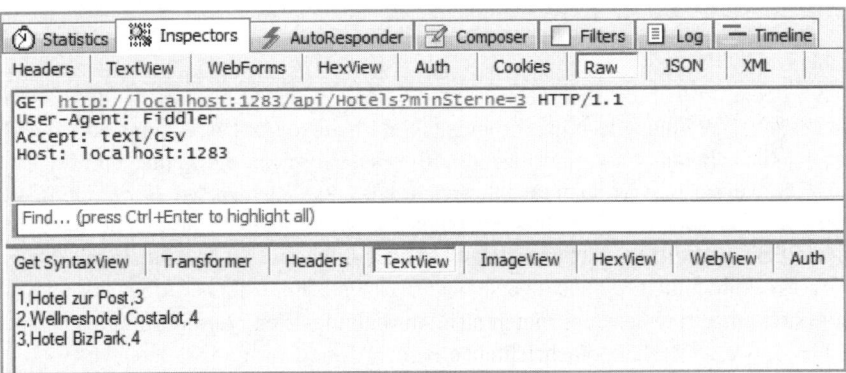

Bild 6.2 Daten mit Fiddler an REST-Service senden

6.1.5 Mehr Kontrolle über HTTP

In den bis jetzt betrachteten Beispielen hat sich der Entwickler lediglich um die zu retournierenden Daten kümmern müssen. Um die Erzeugung der HTTP-Antwortnachricht, die neben den Nutzdaten auch Kopfzeilen beinhaltet, hat sich ASP.NET Web API gekümmert. Darüber hinaus haben sich die gezeigten Beispiele auch nicht um die Kopfzeilen aus der HTTP-Anfrage gekümmert. Lediglich auf die übersendeten Parameter und Nutzdaten, die ASP.NET Web API automatisch auf Übergabeparameter abbildet, wurde zugegriffen. Dieser Abschnitt geht nun einen Schritt weiter und zeigt, wie der Entwickler direkt Zugriff auf die gesamte HTTP-Anfrage sowie Einfluss auf die HTTP-Antwort erhält.

6.1.5.1 Details von Antwort-Nachrichten festlegen

Um mehr Kontrolle über die Nachrichten, die Web API via HTTP retourniert, zu erhalten, liefert der Entwickler statt des eigentlichen Rückgabewertes eine Instanz von *HttpResponseMessage* zurück. Der *BuchungenController* in Listing 6.8 demonstriert dies. Die darin enthaltene Methode *Post* nimmt eine *HotelBuchung* entgegen und speichert diese. Anschließend erzeugt sie eine *HttpResponseMessage* und legt den HTTP-Statuscode auf den für diese Fälle vorgesehenen Wert *Created* (HTTP-Status-Code 201) fest. Danach setzt sie den Kopfzeilen-eintrag *Location* auf jene URL, unter der die soeben angelegte Ressource ab sofort zu finden ist. Am Ende liefert sie die *HttpResponseMessage* zurück.

Listing 6.8 Antwort mit HttpResponseMessage beeinflussen

```
public class BuchungenController: ApiController {
    public HttpResponseMessage Post(HotelBuchung buchung)
    {
        var rep = new HotelBuchungRepository();
        rep.Create(buchung);

        var response = new HttpResponseMessage(HttpStatusCode.Created);
        string uri = Url.Route(null, new { id = buchung.HotelBuchungId });
        response.Headers.Location = new Uri(Request.RequestUri, uri);

        return response;
    }
}
```

Während beim Aufruf der soeben betrachteten Methode ASP.NET Web API lediglich Kopf-zeilen retourniert, finden sich im Ergebnis der Methode *GetByHotel* (Listing 6.9) auch Nutz-daten wieder. Sie verwendet die Eigenschaft *Request*, welche die aktuelle Anfrage reprä-sentiert, indem sie unter Verwendung ihrer Methode *CreateResponse* ein *HttpResponse*-Objekt kreiert. Im Zuge dessen übergibt *GetByHotel* den gewünschten Status-Code sowie die im Rahmen der Nutzdaten zu übertragenden Informationen. Bei Letzterem handelt es sich um eine Liste mit Buchungen. Anschließend legt *GetByHotel* Kopfzeileneinträge für die Antwort fest und retourniert sie.

Listing 6.9 Beeinflussung der zurückgelieferten Kopfzeileneinträge

```
public HttpResponseMessage GetByHotel(int hotelId)
{
    var rep = new HotelBuchungRepository();
    var buchungen = rep.FindByHotel(hotelId);


    var response =
          Request.CreateResponse<List<HotelBuchung>>(
                          HttpStatusCode.OK, buchungen);

    response.Headers.CacheControl = new CacheControlHeaderValue();
    response.Headers.CacheControl.NoCache = true;

    return response;
}
```

Objekte der Klasse *HttpResponseMessage* verweisen auf die zurückzuliefernden Nutzdaten über ihre Eigenschaft *Content* vom Typ *HttpContent*. Die Methode *Request.CreateResponse*, die im letzten Beispiel zum Einsatz kam, erzeugt zum Beispiel eine Instanz von *Object Content*, welche die Liste mit den abgerufenen Buchungen aufnimmt, und weist diese an *Content* zu. Bei *ObjectContent* handelt es sich um eine von mehreren Subklassen von *Http Content*. Wie der Name vermuten lässt, liegt ihre Aufgabe darin, Objekte, die an den Aufrufer zu senden sind, zu repräsentieren. Bei der direkten Instanziierung dieser Klasse muss der Entwickler einen sogenannten *Formatter*, der das Übertragungsformat bestimmt, angeben. Bei der Erzeugung über *Request.CreateResponse* wählt ASP.NET Web API einen passenden *Formatter* unter Berücksichtigung des übersendeten *Accept*-Headers. Standardmäßig unterstützt ASP.NET Web API hierzu XML und JSON.

Neben *ObjectContent* bietet ASP.NET Web API noch weitere *HttpContent*-Derivate, wie zum Beispiel *ByteArrayContent*, *StreamContent* und *StringContent*. Bei diesen Klassen ist der Name Programm: *ByteArrayContent* repräsentiert Daten, die in einem *byte*-Array vorliegen; *StreamContent* Daten, die durch einen Stream repräsentiert werden, und *StringContent* einen *String*.

Das nachfolgende Codefragment demonstriert den Einsatz der Eigenschaft *Content* unter Verwendung einer *StringContent*-Instanz.

```
var r = new HttpResponseMessage();
r.Content = new StringContent("Hallo Welt");
return r;
```

6.1.5.2 Auf HTTP-Anfragen zugreifen

Um auf Kopfzeilen der Anfrage zuzugreifen, nutzt der Entwickler die Eigenschaft *Request. Headers*. Listing 6.10 demonstriert dies, um den Kopfzeileneintrag *If-None-Match* in Erfahrung zu bringen. Dieser wird zur Implementierung eines sogenannten *Conditional Get*-Szenarios herangezogen. Wie auch schon in Kapitel 3, „Services mit WCF erstellen“, diskutiert, bedeutet *Conditional Get*, dass der Aufrufer eine Ressource nur dann haben möchte, wenn eine bestimmte Bedingung erfüllt ist, beispielsweise wenn die Ressource seit dem letzten Abrufen geändert wurde. Im Fall von *If-None-Match* gibt der Aufrufer hierzu einen sogenannten *Entity-Tag* (*ETag*) an. Ein *ETag* steht für den aktuellen Zustand einer Ressource und muss sich per Definition ändern, wenn jemand die Ressource ändert. Hierbei kann es sich zum Beispiel um einen Hashwert, den Zeitstempel der letzten Änderung oder um eine Versionsnummer handeln. Hat die angeforderte Ressource nach wie vor den angegebenen *ETag*, muss sie nicht erneut über das Netzwerk übertragen werden. Diesen Umstand zeigt der Service durch den HTTP-Status-Code *Not Modified (304)* an. Haben sich jedoch der *ETag* und somit auch die gewünschte Ressource in der Zwischenzeit geändert, liefert der Service diese zurück, wobei der aktuelle *ETag* innerhalb der *Kopfzeilen* positioniert wird.

Listing 6.10 Conditional GET

```
private string Quote(string str)
{
    return "\"" + str + "\"";
}

public HttpResponseMessage Get(int id, HttpRequestMessage request)
{
    var rep = new HotelBuchungRepository();
    var buchung = rep.FindById(id);

    if (buchung == null)
    {
        return this.Request.CreateResponse(HttpStatusCode.NotFound);
```

```
    }

    var etag = Quote(buchung.Version.ToString());
    var ifNoneMatchHeader = request.Headers.IfNoneMatch.FirstOrDefault();
    if (ifNoneMatchHeader != null && ifNoneMatchHeader.Tag == etag)
    {
        return this.Request.CreateResponse(HttpStatusCode.NotModified);
    }

    var response = this.Request.CreateResponse<HotelBuchung>(
                                        HttpStatusCode.OK, buchung);

    response.StatusCode = HttpStatusCode.OK;
    response.Headers.CacheControl = new CacheControlHeaderValue();
    response.Headers.CacheControl.NoCache = true;
    response.Headers.ETag = new EntityTagHeaderValue(etag);
    return response;
}
```

Dass die übermittelten Nutzdaten nicht zwangsläufig in typisierter Form gelesen werden müssen, veranschaulicht Listing 6.10. Die hier gezeigte Methode *Put* liest die Nutzdaten über einen *Stream* und gibt sie aus Demonstrationsgründen im Debug-Fenster aus.

Listing 6.11 Übersendete Daten als Stream lesen

```
public void Put(int id)
{
    var stream = Request.Content.ReadAsStreamAsync().Result;

    using (var r = new StreamReader(stream)) {
        Debug.WriteLine(r.ReadToEnd());
    }
}
```

6.1.6 REST-Services über HttpClient konsumieren

Web API-basierte Services können mit jedem Client, der HTTP unterstützt, konsumiert werden. Unter JavaScript bietet sich dazu unter anderem der Einsatz von Bibliotheken, wie *jQuery*, an. Für .NET-basierte Clients und Windows 8-Apps bringt die Web API mit der Klasse *HttpClient* ein neues, vereinfachtes Programmiermodell für solche Szenarien, das der Entwickler unter anderem über das NuGet-Paket *microsoft.aspnet.webapi.client* beziehen kann. Wie viele neue Programmiermodelle ist auch dieses asynchron und hilft somit, Anwendungen zu schreiben, die jederzeit auf Benutzereingaben reagieren. Aus diesem Grund kommen dabei die mit .NET 4.0 eingeführten *Tasks* bzw. die mit .NET 4.5 eingeführten Schlüsselwörter *async* und *await* immer wieder zum Einsatz.

Listing 6.12 zeigt einen einfachen Client, der unter Verwendung von *HttpClient* auf den in diesem Kapitel gezeigten Hotel-Service zugreift. Dazu fordert dieser mit *GetAsync* die gegebene URL an. Der Rückgabewert dieser Methode ist ein Task, der eine asynchrone Operation repräsentiert. Mit *ContinueWith* gibt der Client einen Lambda-Ausdruck an, der auszuführen ist, wenn dieser *Task* beendet wurde. Als Parameter nimmt dieser Ausdruck den fertiggestellten Task entgegen und gibt mittels *Result.Content.ReadAsAsync* an, dass das

Ergebnis in ein *IEnumerable<Hotel>* umzuwandeln ist. Dies resultiert in einem weiteren asynchronen Task, der wiederum mit *ContinueWith* erweitert wird. Der dazu verwendete Lambda-Ausdruck nimmt das gewünschte *IEnumerable<Hotel>* entgegen und gibt die darin enthaltenen Hotels aus.

Dabei ist zu beachten, dass der Entwickler die Klasse *Hotel* am Client selber erstellen muss. Kommt sowohl am Client als auch am Server .NET zum Einsatz, könnte er die Klasse auch kopieren oder diese in eine Assembly, die sowohl am Client als auch am Server einge-bunden wird, auslagern. Dieser Umstand ist der Tatsache geschuldet, dass es keinen akzep-tierten Standard gibt, um REST-basierte Services formal zu beschreiben. Somit besteht, im Gegensatz zur SOAP-Welt, wo Web-Services durch WSDL-Dokumente beschrieben werden, leider auch nicht die Möglichkeit, die benötigten Klassen oder gar Proxies am Client zu generieren.

Listing 6.12 Ressource mit HttpClient abrufen

```
var client = new HttpClient();

var url = "http://localhost:1283/api/Hotels";

// Simple Get
client.GetAsync(url).ContinueWith(getTask =>
{
    getTask.Result
            .Content.ReadAsAsync<IEnumerable<Hotel>>()
            .ContinueWith(readTask =>
    {
        var hotels = readTask.Result;
        foreach (var hotel in hotels)
        {
            Console.WriteLine(hotel.Bezeichnung);
        }

    });
});
Console.WriteLine("Aktion wird im Hintergrund ausgeführt…");
Console.ReadLine();
```

Der Einsatz von solchen asynchronen APIs mag an dieser Stelle ein wenig kompliziert erscheinen. Die aufwendige Handhabung von *Tasks* gestaltet sich jedoch ab .NET 4.5 bei Einsatz von asynchronen Methoden, die sich auf die neuen Schlüsselwörter *async* und *await* abstützen, um einiges einfacher. Listing 6.13 demonstriert dies, indem es die Logik von Listing 6.12 unter Verwendung dieser neuen Schlüsselwörter implementiert. Die gezeigte Methode wurde mit dem Schlüsselwort *async* definiert. Das bedeutet auch, dass sie sich beim ersten Auftreten von *await* beendet und als Ergebnis einen Task, der die auf *await* folgenden Anweisungen im Hintergrund ausführt, retourniert. Dieser Task wird jedoch ver-borgen, wenn die asynchrone Methode mit *await* zur Ausführung gebracht wird. Stattdessen liefert *await* das Ergebnis des Tasks, sofern er eines ermittelt.

Listing 6.13 HttpClient unter Verwendung von async und await nutzen

```
static async void SimpleGet()
{
```

```
    var client = new HttpClient();

    var url = "http://localhost:1307/api/Hotels";

    var response = await client.GetAsync(url);
    var hotels = await response.Content.ReadAsAsync<IEnumerable<Hotel>>();

    foreach (var hotel in hotels)
    {
        Console.WriteLine(hotel.Bezeichnung);
    }
}
```

Um Kopfzeileneinträge an den Server zu senden, kann der Entwickler Gebrauch von der Auflistung *DefaultRequestHeaders* des *HttpClients* machen. Die hier hinterlegten Parameter werden bei jedem nachfolgenden Aufruf in die HTTP-Anfrage inkludiert. Das folgende Schnipsel demonstriert dessen Einsatz.

```
client.DefaultRequestHeaders.AcceptLanguage.Add(
                new StringWithQualityHeaderValue("de-DE"));
```

Analog zu *GetAsync* stehen auch weitere Methoden für den Einsatz der Verben *POST*, *PUT* und *DELETE* zur Verfügung. Diese nennen sich *PostAsync*, *PutAsync* und *DeleteAsync*. Weitere Verben können mit *SendAsync* verwendet werden.

Ein Beispiel für den Einsatz von *SendAsync* findet sich in Listing 6.14. Dieses Beispiel macht deutlich, dass *SendAsync* mehr Kontrolle über die Anfrage und Antwort erlaubt, indem diese als *HttpRequestMessage* und *HttpResponseMessage* explizit dargestellt werden. Im betrachteten Fall wird ein *HotelBuchung*-Objekt an den Service gesendet. Im Zuge dessen werden die für die Antwort bevorzugten Sprachen über den Kopfzeileneintrag *Accept-Language* angeführt.

Listing 6.14 Details einer Anfrage beeinflussen

```
private async static void SendBuchung()
{
    var url = "http://localhost:1307/api/Buchungen";

    var buchung = new HotelBuchung
    {
        HotelId = 1,
        Vorname = "Max",
        Nachname = "Muster"
    };

    var client = new HttpClient();

    var request = new HttpRequestMessage();
    request.Content = new ObjectContent<HotelBuchung>(buchung,
                                        new JsonMediaTypeFormatter());
    request.Content.Headers.ContentType = new MediaTypeHeaderValue("text/
json");


    request.Method = HttpMethod.Post;
```

```
    request.RequestUri = new Uri(url);

    request.Headers.AcceptLanguage.Add(
                new StringWithQualityHeaderValue("de-DE"));
    request.Headers.AcceptLanguage.Add(
                new StringWithQualityHeaderValue("de-AT"));

    var response = await client.SendAsync(request);

    Console.WriteLine("Status: " + response.StatusCode);
    Console.WriteLine("Location: " + response.Headers.Location);
}
```

6.1.7 Hilfe-Seiten

Da es im REST-Umfeld keinen akzeptierten Standard zur formalen Beschreibung von Services gibt, sind hier menschenlesbare Dokumentationen umso wichtiger. Aus diesem Grund bietet ASP.NET Web API die Möglichkeit, eine Hilfe-Seite abzurufen, die aus den Metadaten der Service-Implementierungen generiert wird. Dabei ist zu beachten, dass diese Hilfe-Seite auf ASP.NET MVC basiert. Es ist somit von Vorteil, für die Web API-Services ein ASP.NET MVC-Projekt zu verwenden.

6.1.7.1 Hilfe-Seiten einrichten

Um in den Genuss dieser Hilfe-Seite zu kommen, bindet der Entwickler über NuGet das Paket *microsoft.aspnet.webapi.helppage* ein. Im Zuge dessen richtet NuGet die für die Hilfe-Seite benötigten Dateien im Ordner */Areas/HelpPage* ein. Dieser Ordner erhält auch eine Klasse *HelpPageAreaRegistration*, welche unter Verwendung von Routing dafür sorgt, dass die Hilfeseite über die URL */help* erreichbar ist. Wenn der Entwickler die im Februar 2012 von Microsoft ausgelieferten ASP.NET und Web Tools 2012.2 (siehe *www.asp.net*) installiert hat, erhält er dieses NuGet-Paket automatisch beim Einsatz der Projektvorlage für ASP.NET MVC 4, sofern er im Zuge dessen angibt, ein Web API-Projekt erstellen zu wollen.

Generierte Hilfe-Seiten listen die zur Verfügung stehenden REST-Aufrufe inkl. der damit verbundenen URLs und HTTP-Verben sowie pro Operation ein Beispiel für die akzeptierten Anfragen und zu erwartenden Antworten in Form von JSON und XML (siehe Bild 6.3).

Interessant ist dabei auch die Tatsache, dass diese Hilfe-Seite mit den Mitteln von ASP.NET MVC implementiert ist und der Entwickler beim Einsatz der Projektvorlagen die damit einhergehenden Quellcodedateien zur Verfügung gestellt bekommt. Somit kann er die Hilfe-Seite nach Belieben abändern oder sogar anstatt von menschenlesbaren Hilfe-Seiten formale Service-Beschreibungen oder Proxies generieren lassen.

Response Information

Response body formats

application/json, text/json

Sample:

```json
[
  {
    "Id": 1,
    "Bezeichnung": "sample string 2",
    "Sterne": 3
  },
  {
    "Id": 1,
    "Bezeichnung": "sample string 2",
    "Sterne": 3
  },
  {
    "Id": 1,
    "Bezeichnung": "sample string 2",
    "Sterne": 3
  }
]
```

application/xml, text/xml

Sample:

```xml
<ArrayOfHotel xmlns:i="http://www.w3.org/2001/XMLSchema-instance"
xmlns="http://schemas.datacontract.org/2004/07/HotelSample.Controllers">
  <Hotel>
    <Bezeichnung>sample string 2</Bezeichnung>
    <Id>1</Id>
    <Sterne>3</Sterne>
  </Hotel>
  <Hotel>
    <Bezeichnung>sample string 2</Bezeichnung>
    <Id>1</Id>
    <Sterne>3</Sterne>
  </Hotel>
```

Bild 6.3 Generierte Hilfe-Seite

6.1.7.2 Hilfe-Seiten anpassen

Um die Generierung der Hilfe-Seite zu beeinflussen, kann der Entwickler Metadaten für die einzelnen Service-Operationen und Datentypen bereitstellen. Wie bei ASP.NET Web API üblich, erfolgt dies durch Methodenaufrufe, welche im Zuge des Hochfahrens der Web-Anwendung erfolgen. Diese werden per Definition innerhalb der Klasse *HelpPageConfig* in der Methode *Register* platziert. Diese Klasse ist im Ordner *\Areas\HelpPage\App_Start* zu finden.

Listing 6.15 demonstriert die zur Verfügung stehenden Möglichkeiten. *SetDocumentation-Provider* setzt eine Instanz einer Klasse, welche das Interface *IDocumentationProvider* implementiert, und zusätzliche Informationen zu den bereitgestellten Service-Operationen bietet.

Der hier verwendete *XmlDocumentationProvider* wird beim Einbinden des Pakets über NuGet eingerichtet und versorgt die Hilfeseite mit jenen Daten, die der Entwickler in Form von XML-Kommentaren im Quellcode hinterlegt hat (vgl. Listing 6.16). Der Konstruktor des *XmlDocumentationProviders* erwartet den vollständigen Namen der von Visual Studio aus den Kommentaren generierten XML-Datei. Damit Visual Studio diese Datei erstellt, muss der Entwickler in den Projekteigenschaften unter *Build* die Option *XML Documentation File* aktivieren und den gewünschten Dateinamen erfassen (siehe Bild 6.4).

Die Methode *SetSampleObjects* legt für gewünschte Typen jeweils eine Instanz fest, die zur Erzeugung von Beispielen im Zuge der Dokumentation genutzt werden. Legt der Entwickler auf diese Weise keine Instanzen fest, greift die Hilfe-Seite auf eigene Beispieldaten für die einzelnen Werte zurück. Dieser Umstand ist zum Beispiel in Bild 6.3 zu erkennen, wo der Wert *„sample string 2"* für die Eigenschaft *Bezeichnung* vergeben wurde.

Daneben definiert *SetSampleForType* für einen anzugebenden Typ einen String, der bei Verwendung eines spezifizierten *MimeTypes* bereits ein Beispiel für diesen Typ liefert. Hiermit wird eine eventuelle Standardeinstellung, die der Entwickler mit *SetSampleObjects* hinterlegt hat, für die angegebene *MimeType* überschrieben.

Auch auf Methodenebene können die Einstellungen, die mit *SetSampleObjects* und *SetSampleForType* getroffen wurden, überschrieben werden. Dazu nutzt der Entwickler die Methoden *SetSampleRequest* und *SetSampleResponse*.

Alternativ dazu kann der Entwickler mit *SetActualRequestType* und *SetActualResponseType* die Typen angeben, die eine Service-Operation über die Nutzdaten (den Body) des HTTP-Protokolls entgegennehmen bzw. zurückliefern. Idealerweise kann die Hilfe-Seite diese Information aufgrund der Methodensignaturen in Erfahrung bringen. In Fällen, in denen die Methode jedoch, wie in Listing 6.16 gezeigt, die übermittelten Daten direkt aus dem Request-Objekt liest und das Ergebnis in Form einer *HttpResponseMessage* retourniert, ist dies verständlicherweise nicht möglich. Für die Instanzen der auf diese Weise festgelegten Typen generiert die Hilfe-Seite Beispiele unter Verwendung der Metadaten, die der Entwickler über die zuvor diskutierten Methoden bereitstellt.

Listing 6.15 Metadaten für Hilfe-Seite bereitstellen

```
public static void Register(HttpConfiguration config)
{
    config.SetDocumentationProvider(
      new XmlDocumentationProvider(
          HttpContext.Current.Server.MapPath("~/App_Data/HelpPage.xml")));

    HotelBuchung hb1 = new HotelBuchung();
    hb1.Vorname = "Susi";
    hb1.Nachname = "Sorglos";
    hb1.HotelId = 4711;

    HotelBuchung hb2 = new HotelBuchung();
    hb2.Vorname = "Susi";
    hb2.Nachname = "Sorglos";
    hb2.HotelId = 4711;

    var buchungen = new List<HotelBuchung> { hb1, hb2 };

    config.SetSampleObjects(new Dictionary<Type, object>
```

```
{
    {typeof(HotelBuchung), hb1},
    {typeof(IEnumerable<HotelBuchung>), buchungen}
});

config.SetSampleForType(
    "HotelId=1&Vorname=Susi&Nachname=Sorglos",
    new MediaTypeHeaderValue("application/x-www-form-urlencoded"),
    typeof(HotelBuchung));

config.SetSampleRequest(
    "Hotel-4711,Max,Muster",
    new MediaTypeHeaderValue("text/plain"),
    "Buchungen",
    "Post");

config.SetSampleResponse(
    "Hotel-4711,Max,Muster\nHotel-4712,Susi,Sorglos",
    new MediaTypeHeaderValue("text/plain"),
    "Buchungen",
    "Get");
config.SetSampleResponse(
    "Hotel-4711,Max,Muster",
    new MediaTypeHeaderValue("text/plain"),
    "Buchungen",
    "Get",
    "id");

config.SetActualRequestType(
        typeof(HotelBuchung), "Buchungen", "Post");


config.SetActualResponseType(
        typeof(HotelBuchung), "Buchungen", "Post");

config.SetActualResponseType(
        typeof(IEnumerable<HotelBuchung>), "Buchungen", "Get");
config.SetActualResponseType(
        typeof(HotelBuchung), "Buchungen", "Get", "id");
}
```

Listing 6.16 Service-Operation mit XML-Dokumentation

```
/// <summary>
/// Speichert eine Buchung und liefert sie zurück
/// </summary>
/// <returns>Gespeicherte Buchung</returns>
public HttpResponseMessage Post() {
    var data = Request.Content.ReadAsAsync<HotelBuchung>().Result;
    […]
    return data;
}
```

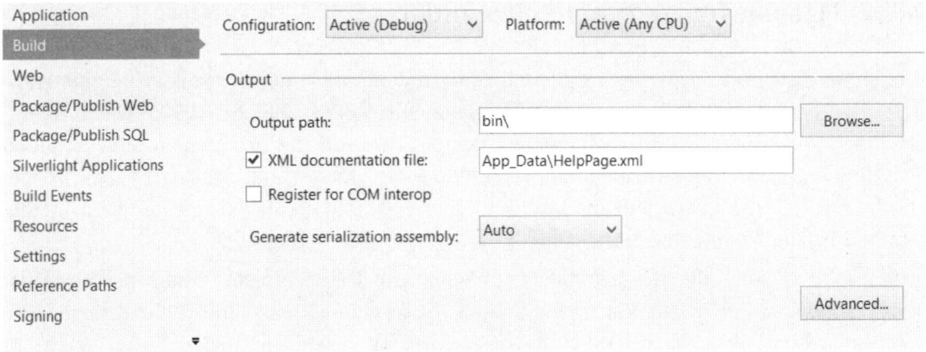

Application	Configuration:	Active (Debug) ∨	Platform:	Active (Any CPU) ∨

Build

Web

Package/Publish Web

Package/Publish SQL

Silverlight Applications

Build Events

Resources

Settings

Reference Paths

Signing

Output

Output path: `bin\`   Browse...

☑ XML documentation file: `App_Data\HelpPage.xml`

☐ Register for COM interop

Generate serialization assembly: Auto ∨

Advanced...

Bild 6.4 Angaben zur Erzeugung einer XML-Dokumentation

■ 6.2 Tracing

Um Informationen über die von ASP.NET Web API durchgeführten Aktionen zu erhalten, kann der Entwickler auf einen anpassbaren Tracing-Mechanismus zurückgreifen. Dieser Mechanismus, welcher vor allem (aber nicht nur) im Zuge der Diagnose von Problemen äußerst hilfreich sein kann, sieht vor, dass der Entwickler eine Klasse, welche das Interface *ITraceWriter* implementiert, bei ASP.NET Web API registriert. Dieser *TraceWriter* hat die Aufgabe, die von Web API protokollierten Informationen entgegenzunehmen, ggf. zu filtern und zu speichern.

6.2.1 Standard-Implementierung von ITraceWriter

Microsoft bietet eine TraceWriter-Implementierung an, welche unter Verwendung der Tracing-Infrastruktur von .NET, die über den Namensraum *System.Diagnostics* angeboten wird, Daten protokolliert. Der Entwickler kann diese über das NuGet-Package *microsoft. aspnet.webapi.tracing* beziehen. Dieses Paket wird beim Einsatz der ASP.NET und Web Tools 2012.2 automatisch eingebunden, wenn man ein Projekt mit der Vorlage ASP.NET MVC 4 erstellt und anschließend angibt, ein Web API-Projekt erstellen zu wollen.

Um diesen *TraceWriter* zu registrieren, ist innerhalb der Methode *Register*, welche sich in der Klasse *WebApiConfig* im Ordner *App_Start* befindet und von der Methode *Application_ Start* in der Datei *global.asax* zur Ausführung gebracht wird, die Erweiterungsmethode *EnableSystemDiagnosticsTracing* aufzurufen:

```
config.EnableSystemDiagnosticsTracing();
```

Standardmäßig findet der Entwickler die von diesem *TraceWriter* protokollierten Daten im Output-Fenster von Visual Studio. Mit den Mechanismen von .NET kann er diese Daten jedoch an andere Ziele, zum Beispiel an Protokoll-Dateien, weiterleiten.

6.2.2 Eigenen TraceWriter implementieren

Um einen eigenen *TraceWriter* bereitzustellen, implementiert der Entwickler das Interface *ITraceWriter* (Listing 6.17) sowie dessen Methode *Trace*, an welche ASP.NET Web API Ablaufinformationen übergibt. Im betrachteten Beispiel werden die erhaltenen Informationen lediglich mit *File.AppendAllText* an eine Protokoll-Datei angehängt. Alternativ dazu könnte der Entwickler an dieser Stelle die Daten in einer Datenbank ablegen bzw. an das Logging-Framework der Wahl delegieren.

Interessant ist auch die Tatsache, dass zunächst nur die wichtigsten Daten der zu protokollierenden Nachricht zur Verfügung stehen. Dabei handelt es sich um die aktuelle *Http RequestMessage*, eine Nachrichtenkategorie sowie ein Level, das die Art der Nachricht (*Debug, Info, Warn, Error, Fatal*) anzeigt. Aufgrund dieser Daten kann die Implementierung entscheiden, ob weitere Details der Nachricht ermittelt werden sollen. Falls dem so ist, erzeugt sie – wie in der betrachteten Implementierung gezeigt – mit den genannten Daten einen *TraceRecord* und übergibt diesen an die übergebene Action. Diese hat die Aufgabe, den *TraceRecord* mit Details zu füllen. Dadurch, dass diese Aufgabe von einer *Action* wahrgenommen wird, muss das Ermitteln von Details nur dann durchgeführt werden, wenn die Nachricht auch wirklich protokolliert werden soll. In allen anderen Fällen wird auf diese Aufgabe zugunsten der Performance verzichtet.

Listing 6.17 Benutzerdefinierter TraceWriter

```
public class CustomTraceWriter : ITraceWriter
{
    public void Trace(HttpRequestMessage request, string category,
                      System.Web.Http.Tracing.TraceLevel level,
Action<TraceRecord> traceAction)
    {
        TraceRecord record = new TraceRecord(request, category, level);
        traceAction(record);
        File.AppendAllText(
            "log.txt",
            category + ": " + level + " " + record.Message);
    }
}
```

Um den benutzerdefinierten *TraceWriter* zu registrieren, verwendet der Entwickler das nachfolgende Schnipsel, das er zum Beispiel in der Methode *WebAPIConfig.Register* platziert:

```
config.Services.Replace(typeof(ITraceWriter), new SimpleTracer());
```

Der auf diese Weise registrierte *TraceWriter* kann auch von den einzelnen Action-Methoden verwendet werden. Das folgende Schnipsel zeigt, wie dies bewerkstelligt werden kann:

```
Configuration.Services.GetTraceWriter().Info(Request,
"Kategorie123", "Hallo Welt!");
```

◼ 6.3 OData-Unterstützung

ASP.NET Web API unterstützt zur Implementierung von datenbasierten Services den Standard OData. Diese Unterstützung erlaubt es, Service-Operationen bereitzustellen, denen der Aufrufer eine Abfrage übergibt. Diese Abfrage kann mit einer weiteren Abfrage innerhalb dieser Operation, welche die zur Verfügung stehenden Daten auf jene einschränkt, die der Aufrufer sehen darf, kombiniert werden. Darüber hinaus kann der Aufrufer für OData-basierte Web APIs mit den Möglichkeiten von Visual Studio Proxies generieren, mit denen er die bereitgestellten Daten abrufen und manipulieren kann, ohne sich mit den Details von HTTP bzw. OData beschäftigen zu müssen. Informationen dazu finden Sie in Kapitel 11.

◼ 6.4 Self-Hosting mit Web APIs

Web API-basierte Services müssen nicht zwangsweise innerhalb von IIS laufen. Bei Bedarf kann der Entwickler sie auch in einer benutzerdefinierten Anwendung, zum Beispiel einer Kommandozeilenapplikation oder einem Windows-Dienst, zur Ausführung bringen. Hierbei ist von Self-Hosting die Rede. Die dazu benötigten *Assemblies System.Net.Http*, *System.Web. Extensions*, *System.Web.Http* und *System.Web.Http.SelfHost* können entweder manuell eingebunden oder über ein zu diesem Zwecke bereitgestelltes NuGet-Package mit dem Namen *Microsoft.AspNet.Web API.SelfHost* bezogen werden.

Ab Windows Vista müssen Benutzer vom Administrator eine Erlaubnis erhalten, um Services über HTTP bereitstellen zu können. Zum Erteilen dieser Rechte steht das Dienstprogramm *netsh* zur Verfügung. Die folgende Anweisung würde zum Beispiel dem Benutzer *DOMAIN\user* das Recht geben, einen HTTP-basierenden Service über Port *8080* bereitzustellen:

```
netsh http add urlacl url=http://+:8080 user=DOMAIN\user
```

Alternativ dazu können Self-Hosting-Szenarien getestet werden, indem Visual Studio oder der kompilierte Self-Host als Administrator gestartet werden (Kontextmenübefehl ALS ADMINISTRATOR STARTEN).

Wie Listing 6.18 zeigt, muss der Entwickler für Self-Hosting-Szenarien lediglich eine Instanz von *HttpSelfHostConfiguration* erzeugen und an deren Konstruktor die Adresse übergeben, auf die gehorcht werden soll. Die *HttpSelfHostConfiguration* kann mit Konfigurationsinformationen, wie zum Beispiel *Routen*, versehen werden. *IncludeErrorDetailPolicy* legt fest, ob Fehlermeldungen zum Client übertragen werden sollen. Um potenzielle Angreifer nicht mit Informationen zu versorgen, sollte diese Einstellung zumindest im Produktivbetrieb deaktiviert (Option *Never*) oder auf *LocalOnly* gesetzt werden.

MaxConcurrentRequest legt die maximale Anzahl an erlaubten gleichzeitigen Anfragen fest; *MaxReceivedMessageSize* die maximale Größe einer empfangenen Nachricht. Die maximale Größe aller gleichzeitig zu bearbeitenden Nachrichten entspricht der Größe des Nachrichtenpuffers. Diese weist der Entwickler an *MaxBufferSize* zu. Das *SendTimeout* sagt aus, wie lange das Versenden von Nachrichten dauern darf; *ReceiveTimeout* gibt an, wie viel Zeit das Empfangen von Nachrichten in Anspruch nehmen darf.

Nachdem eine *HttpSelfHostConfiguration* konfiguriert wurde, wird sie an den Konstruktor von *HttpSelfHostServer* übergeben. Dieser repräsentiert den Service-Host und ist mittels *OpenAsync* zu starten. Ab diesem Zeitpunkt bietet sie die im aktuellen Projekt verfügbaren Services über die im Konstruktor definierte URL an. Soll die *HttpSelfHostConfiguration* auch Services aus referenzierten Projekten anbieten, sind diese vor dem Aufruf von *OpenAsync* manuell in den Speicher zu laden. Dazu genügt die Ermittlung der Typen mittels *typeof* (vgl. Listing 6.18).

Listing 6.18 Self-Hosting-Szenario

```
var config = new HttpSelfHostConfiguration("http://localhost:8080");
Type hc = typeof(HotelsController);
Type bc = typeof(BuchungenController);

config.Routes.MapHttpRoute(
    "API Default", "api/{controller}/{id}",
    new { id = RouteParameter.Optional });

config.IncludeErrorDetailPolicy = IncludeErrorDetailPolicy.Always;
config.MaxConcurrentRequests = 20;
config.MaxReceivedMessageSize = 2000000;
config.MaxBufferSize = 20000000;
config.SendTimeout = TimeSpan.FromMinutes(1);
config.ReceiveTimeout = TimeSpan.FromMinutes(1);

using (HttpSelfHostServer server = new HttpSelfHostServer(config)) {
    server.OpenAsync().Wait();
    Console.WriteLine("Press Enter to quit.");
    Console.ReadLine();
}
```

■ 6.5 Querschnittsfunktionen an globalen Stellen platzieren

Als Querschnittsfunktionen werden Routinen bezeichnet, die an vielen Stellen im Code benötigt werden. Typische Querschnittsfunktionen sind das Prüfen von Berechtigungen oder die Protokollierung von Ereignissen. Eine Möglichkeit zur Realisierung solcher Routinen besteht darin, an den entsprechenden Stellen eine Hilfsmethode aufzurufen. Dies ist jedoch fehleranfällig, da der Entwickler nicht darauf vergessen darf, die Methode an allen benötigten Stellen aufzurufen, und bläht den eigentlichen Code auf, zumal sich dieser nun neben den fachlichen Aspekten um Querschnittsfunktionen kümmern muss. Aus diesem Grund bietet ASP.NET Web API zwei Konzepte an, um Querschnittsfunktionen, die in eigene Klassen ausgelagert wurden, vor und/oder nach dem Ausführen einer Service-Operation anzustoßen. Diese nennen sich Handler und Filter.

Handler können sowohl serverseitig als auch clientseitig zum Einsatz kommen und werden für sämtliche Service-Operationen ausgeführt. Im Gegensatz dazu werden Filter nur serverseitig zur Ausführung gebracht. Der Entwickler kann dabei festlegen, dass ASP.NET Web API einen bereitgestellten Filter nur für bestimmte Service-Operationen zur Ausführung bringen soll.

6.5.1 Querschnittsfunktionen mit Message-Handler implementieren

Um zu verhindern, dass der Entwickler allgemeine Logiken, wie Sicherheitsprüfungen oder Protokollierungen, in jeder Methode wiederholen muss, kann er diese in Subklassen von *DelegatingHandler* auslagern. Die gewünschte Logik ist dabei innerhalb der zu überschreibenden Methode *SendAsync* zu hinterlegen. Ein Beispiel dafür findet sich in Listing 6.19. Der hier gezeigte *LoggingHandler* gibt Informationen über den aktuellen Methoden-Aufruf im Debug-Fenster aus. Anschließend wird *base.SendAsync* aufgerufen. Diese Methode veranlasst Web API, den nächsten konfigurierten *DelegatingHandler* zur Ausführung zu bringen. Existiert kein weiterer *DelegatingHandler*, stößt *base.SendAsync* die eigentliche Service-Methode an. Somit sind Aktionen, die vor dem Ausführen der Service-Methode stattfinden sollen, vor diesem Aufruf zu platzieren und jene, die Web API erst danach zur Ausführung bringen soll, danach.

Listing 6.19 Benutzerdefinierter Handler

```
public class LoggingHandler : DelegatingHandler
{
    protected override Task<HttpResponseMessage> SendAsync
(HttpRequestMessage request,
                                          System.Threading.
CancellationToken cancellationToken)
    {
        Debug.WriteLine("Begin Request: {0} {1}", request.Method, request.
RequestUri);
        return base.SendAsync(request, cancellationToken);
    }
}
```

Ein weiteres Beispiel für einen *DelegatingHandler* weist der *LimitResultMessageHandler* in Listing 6.20 auf. Er prüft, ob die angestoßene Action-Methode ein *IEnumerable* zurückgeliefert hat. Ist dem so, limitiert er dessen Inhalt auf die ersten drei Einträge.

Listing 6.20 MessageHandler zum Limitieren der abgefragten Datenmenge

```
public class LimitResultMessageHandler : DelegatingHandler
{
    protected override async System.Threading.Tasks.
Task<HttpResponseMessage> SendAsync(
                                        HttpRequestMessage request,
                        System.Threading.CancellationToken
cancellationToken)
    {
        var response = await base.SendAsync(request, cancellationToken);
```

```
        var objectContent = response.Content as ObjectContent;
        if (objectContent == null) return response;

        var collection = objectContent.Value as IEnumerable<object>;
        if (collection == null) return response;

        if (collection.Count() > 3)
        {
            return request.CreateResponse(
                        response.StatusCode,
                        collection.Take(3),
                        objectContent.Formatter);
        }

        return response;
    }
}
```

Auch benutzerdefinierte DelegatingHandler müssen Web API bekannt gemacht werden. Hierfür bietet sich abermals die Methode *WebApiConfig.Register* an, die in der Datei *App_Start/WebApiConfig* zu finden ist. Den dazu heranzuziehenden Methodenaufruf spiegelt Listing 6.21 wider.

Listing 6.21 Handler registrieren

```
GlobalConfiguration.Configuration
                .MessageHandlers.Add(new MethodOverrideHandler());
GlobalConfiguration.Configuration.MessageHandlers.Add(new LoggingHandler());
```

6.5.2 Handler mit HttpClient verwenden

Auch clientseitig können Handler zum Ausführen allgemeiner Querschnittsfunktionen herangezogen werden. In diesem Fall ist jedoch nicht von *DelegatingHandler*, sondern von *MessageProcessingHandler* abzuleiten (Listing 6.22). Zusätzlich müssen die Methoden *ProcessRequest* und *ProcessResponse* aufgerufen werden. Wie die Namen schon vermuten lassen, ruft der *HttpClient* die Methoden *ProcessRequest* auf, bevor er eine Anfrage sendet, und *ProcessResponse*, nachdem er eine Antwort empfangen hat.

Listing 6.22 Logging-Handler

```
class LoggingMessageHandler : MessageProcessingHandler
{
    public LoggingMessageHandler() : base() { }

    public LoggingMessageHandler(MessageProcessingHandler h) : base(h) { }

    protected override HttpRequestMessage ProcessRequest(HttpRequest
Message request,
                                            System.Threading.Cancellation
Token cancellationToken)
    {
        Debug.WriteLine("Request: " + request.RequestUri.ToString());
        return request;
```

```
    }

    protected override HttpResponseMessage ProcessResponse(HttpResponse
Message response,
                                            System.Threading.Cancellation
Token cancellationToken)
    {
        Debug.WriteLine("Response: " + response.StatusCode);
        return response;
    }
}
```

Ein weiterer Unterschied zum *DelegatingHandler* besteht darin, dass beim Einsatz von *MessageHandlern* manuell eine Aufrufkette zu erzeugen ist – serverseitig kümmert sich Web API darum. Am Ende dieser Kette muss sich eine Instanz von *HttpClientHandler* befinden. Dieser Handler kümmert sich um das Verwenden von Anfragen und das Verarbeiten empfangener Antworten. Listing 6.23 demonstriert dies, indem es eine zweiteilige Kette, bestehend aus dem zuvor gezeigten *LoggingMessageHandler* und dem obligatorischen *HttpClientHandler*, erzeugt. Den ersten Knoten dieser Kette übergibt es anschließend an den Konstruktor von *HttpClient*.

Listing 6.23 HttpClient mit Handler nutzen

```
// Handler instanziieren und verketten
var handler = new LoggingMessageHandler
{
    InnerHandler = new HttpClientHandler()
};

// Client erzeugen
var client = new HttpClient(handler);

// Liste mit Formatter bereitstellen
var formatters = new List<MediaTypeFormatter>();
formatters.Add(new FlatFileFormatter());

// Accept-Header auf text/csv setzen
client.DefaultRequestHeaders.Accept.Add(
                new MediaTypeWithQualityHeaderValue("text/csv"));

var url = "http://localhost:1307/api/Hotels";

// Daten anfordern
var response = await client.GetAsync(url);
var hotels = await response.Content.ReadAsAsync<IEnumerable<Hotel>>
(formatters);

foreach (var hotel in hotels)
{
    Console.WriteLine(hotel.Bezeichnung);
}
```

Als Alternative zum manuellen Erzeugen von Handlerketten kann der Entwickler auch die Methode *Create* der statischen *HttpClientFactory* verwenden. Diese verkettet die übergebenen Handler und platziert am Ende den obligatorischen *HttpClientHandler*. Mit dieser Kette erzeugt sie anschließend einen *HttpClient* und liefert diesen retour:

```
var client = HttpClientFactory.Create(new LoggingMessageHandler());
```

An *Create* können dabei beliebig viele Handler übergeben werden, zumal diese Methode unter anderem ein Parameter-Array mit Handlern erwartet.

6.5.3 Querschnittsfunktionen mit Filter realisieren

Wie eingangs erwähnt, kann im Gegensatz zu Handler der Einsatz von Filter gezielt für ausgewählte Operationen erfolgen. Ein weiterer Unterschied zu Handler ist, dass es drei verschiedene Filter-Arten gibt: *ActionFilter*, *AuthorizationFilter* und *ExceptionFilter*.

AuthorizationFilter kommen zum Einsatz, wenn geprüft werden soll, ob der aktuelle Benutzer die adressierte Operation ausführen darf. Liefert er zum Beispiel eine *SecurityException*, wird die Operation nicht ausgeführt. Web API aktiviert *ExceptionFilter*, wenn Exceptions auftreten. Sie können eingesetzt werden, um Fehler zu protokollieren. *ActionFilter* werden hingegen eingesetzt, um Logiken vor und/oder nach der eigentlichen Service-Operation zur Ausführung zu bringen.

Zur Implementierung von Filtern leitet der Entwickler von einer Basisklasse ab, die ASP.NET Web API für die gewünschte Filterart vorsieht. Tabelle 6.1 gibt eine Übersicht über diese Klassen und die im Zuge des Ableitens zu überschreibenden Methoden.

Tabelle 6.1 Übersicht über die Arten von Filtern

Interface	Methode	Beschreibung
AuthorizationFilterAttribute	OnAuthorization	Wird ausgeführt, bevor die Anfrage abgearbeitet wird.
ActionFilterAttribute	OnActionExecuting	Wird vor der Action-Methode ausgeführt.
	OnActionExecuted	Wird nach der Action-Methode ausgeführt.
ExceptionFilterAttribute	OnException	Wird ausgeführt, wenn eine Ausnahme ausgelöst wurde.

Ein Beispiel für eine Implementierung der drei Filterarten findet sich in Listing 6.24. Die implementierten Methoden nehmen Informationen über den aktuellen Operations-Aufruf über den übergebenen Kontext entgegen und geben diese aus. Stattdessen könnten Filter auch die einzelnen Kontext-Eigenschaften abändern bzw. im Fehlerfall eine Ausnahme auslösen.

Doppelte Klassennamen

Da dieselben Klassen sowohl im *Namensraum* von ASP.NET Web API sowie im Namespace von ASP.NET MVC vorkommen, sollte beim Implementieren von Filtern darauf geachtet werden, dass jene Basisklassen aus dem *Namensraum System.Web.Http* herangezogen werden.

Listing 6.24 Beispielhafte Filter

```
public class SampleExceptionFilterAttribute : ExceptionFilterAttribute
{
    public override void OnException(HttpActionExecutedContext action
ExecutedContext)
    {
        Debug.WriteLine("SampleExceptionFilterAttribute.OnException");
        Debug.WriteLine("Exception: " + actionExecutedContext.Exception.
Message);
    }
}

public class SampleAuthorizationFilterAttribute : AuthorizationFilter
Attribute
{
    public override void OnAuthorization(System.Web.Http.Controllers.
HttpActionContext actionContext)
    {
        Debug.WriteLine("SampleAuthorizationFilterAttribute.
OnAuthorization");
        Debug.WriteLine("Authorization-Header" + actionContext.Request.
Headers.Authorization);
    }
}

public class SampleActionFilterAttribute : ActionFilterAttribute
{

    public override void OnActionExecuting(System.Web.Http.Controllers.
HttpActionContext actionContext)
    {
        var request = actionContext.Request;
        var response = actionContext.Response;
        var action = actionContext.ActionDescriptor;
        var actionArguments = actionContext.ActionArguments;
        var modelState = actionContext.ModelState;

        Debug.WriteLine("SampleActionFilterAttribute.OnActionExecuting");
        Debug.WriteLine("HTTP Method: " + request.Method);
        Debug.WriteLine("Uri: " + request.RequestUri);
        Debug.WriteLine("ActionName: " + action.ActionName);
        Debug.WriteLine("ReturnType: " + action.ReturnType);
        Debug.WriteLine("Arguments: " + actionArguments.Count);
        Debug.WriteLine("IsValid: " + modelState.IsValid);


    }
```

```
    public override void OnActionExecuted(HttpActionExecutedContext
actionExecutedContext)
    {
        var request = actionExecutedContext.Request;
        var response = actionExecutedContext.Response;
        var actionContext = actionExecutedContext.ActionContext;
        var exception = actionExecutedContext.Exception;

        Debug.WriteLine("SampleActionFilterAttribute.OnActionExecuting");
        Debug.WriteLine("HTTP Method: " + request.Method);
        Debug.WriteLine("Uri: " + request.RequestUri);
        Debug.WriteLine("ActionName: " + actionContext.ActionDescriptor.
ActionName);

        if (exception != null)
        {
            Debug.WriteLine("Exception: " + exception.Message);
        }

        if (response != null && response.Content != null)
        {
            Debug.WriteLine("Content: " + response.Content.ReadAsString
Async().Result);
        }

    }
}
```

Listing 6.25 zeigt, dass Filter angewendet werden können, indem *ApiController* oder Service-Operationen damit annotiert werden. Wird ein *ApiController* annotiert, kommt der Filter für sämtliche Operationen des Controllers zum Einsatz; ansonsten lediglich für die jeweilige Operation.

Listing 6.25 Filter anwenden, indem Controller bzw. Operationen damit annotiert werden

```
[SampleAuthorizationFilter]
public class FilterSampleController : ApiController
{
    private static string value = "42";
    [SampleActionFilter]
    public string Get()
    {
        return value;
    }
    public void Post([FromUri] string newValue) {

        if (string.IsNullOrEmpty(newValue)) throw new ArgumentException
("Darf nicht null oder leer sein!");
        value = newValue;
    }
}
```

Eine weitere Möglichkeit zum Anwenden von Filter stellt die Implementierung eines *Filter-Providers* dar. Bei einem *FilterProvider* handelt es sich um eine Klasse, die das Interface *IFilterProvider* realisiert. Dieses Interface gibt die Methode *GetFilter* vor. Immer, wenn eine Service-Operation angestoßen werden soll, ruft ASP.NET Web API diese Methode auf und übergibt Informationen über den gewünschten Aufruf. Die Aufgabe von *GetFilter* besteht darin, sämtliche Filter zu ermitteln, die im Zuge des jeweiligen Aufrufs zu verwenden sind, und sie zurückzuliefern.

Ein Beispiel dafür findet sich in Listing 6.26. Es beinhaltet einen *FilterProvider*, der prüft, ob der Aufrufer gerade eine Post-Anfrage an den *FilterSampleController* sendet. Ist dem so, erzeugt er eine Instanz von *FilterInfo*, die auf ein neues *SampleExceptionFilterAttribute* verweist. Anschließend liefert er dieses *FilterInfo*-Objekt innerhalb einer Liste zurück.

Listing 6.26 FilterProvider

```
public class CustomFilterProvider: IFilterProvider
{
    public IEnumerable<FilterInfo> GetFilters(System.Web.Http.
HttpConfiguration configuration, System.Web.Http.Controllers.HttpAction
Descriptor actionDescriptor)
    {
        var result = new List<FilterInfo>();

        if (actionDescriptor.ActionName == "Post" && actionDescriptor.
ControllerDescriptor.ControllerType == typeof(FilterSampleController))
        {
            var filterInfo = new FilterInfo(new SampleExceptionFilter
Attribute(), FilterScope.Action);
            result.Add(filterInfo);
        }

        return result;
    }
}
```

Damit ASP.NET Web API einen *FilterProvider* einsetzt, muss ihn der Entwickler bei der Konfiguration, zum Beispiel innerhalb der Methode *WebApiConfig.Register*, registrieren. Das nachfolgende Schnipsel zeigt, wie dies für den zuvor betrachteten *CustomFilterProvider* bewerkstelligt werden kann:

```
config.Services.Add(typeof(IFilterProvider), new CustomFilter
Provider());
```

Wie dieses Schnipsel vermuten lässt, können beliebig viele *FilterProvider* auf diese Weise registriert werden.

Soll ein Filter bei sämtlichen Service-Operationen zum Einsatz kommen, besteht auch die Möglichkeit, ihn in der Konfiguration unter Verwendung der Eigenschaft *Filters* zu registrieren:

```
config.Filters.Add(new SampleActionFilterAttribute());
```

Als Alternative zum Ableiten von den zuvor besprochenen Basisklassen kann der Entwickler auch die Interfaces *IExceptionFilter*, *IAuthorizationFilter* und *IActionFilter* implementieren. Auf diesem Weg können Filter bereitgestellt werden, die gleichzeitig mehrere Filterarten darstellen bzw. auch von anderen Klassen abgeleitet werden können. Sollen die auf diesem Weg entwickelten Filter auch als Attribute eingesetzt werden, muss der Entwickler jedoch zusätzlich von der Klasse *FilterAttribute* ableiten.

■ 6.6 Erweiterte Konfigurationsmöglichkeiten

Dieser Abschnitt widmet sich erweiterten Konfigurationsmöglichkeiten, wie zum Beispiel dem Definieren von benutzerdefinierten Routen oder dem bedingten Bereitstellen von Konfigurationseinstellungen.

6.6.1 Benutzerdefinierte Routen

Web API gestattet die Definition von benutzerdefinierten Routen. Diese sind unter Verwendung der Methode *MapHttpRoute* in der Datei *App_Start/WebAPIConfig.cs* innerhalb der Methode *Register* zu definieren. In Listing 6.27 wird zum Beispiel festgelegt, dass die Methoden des in den vorangegangenen Abschnitten besprochenen *BuchungenControllers* über *api/Hotels/[hotelId]/Buchungen/[id]* erreichbar sind. Dies schließt die Verwendung der Standardroute, die auch in derselben Datei definiert wird, jedoch nicht aus.

Bei *[hotelId]* handelt es sich hierbei um einen Platzhalter für einen Wert, der an einen gleichnamigen Übergabeparameter der einzelnen Methoden übergeben wird. *[id]* stellt ebenfalls einen solchen Platzhalter dar. Im Gegensatz zu *[hotelId]* ist dieser, wie im Parameter *defaults* angegeben, optional.

Listing 6.27 Benutzerdefinierte Route

```
[…]
    routes.MapHttpRoute(
        name: "BuchungenByHotelRoute",
        routeTemplate: "api/Hotels/{hotelId}/Buchungen/{id}",
        defaults: new { controller = "Buchungen", id = RouteParameter.
Optional }
    );
[…]
```

6.6.2 Controller-basierte Konfiguration

Obwohl die globale Konfiguration von ASP.NET Web API in vielen Fällen ausreicht, gibt es Situationen, in denen Einstellungen lediglich für einen einzelnen oder wenige Controller vorgenommen werden sollen. In diesen Situationen besteht die Möglichkeit, das Interface *IControllerConfiguration* zu implementieren (Listing 6.28). Dieses gibt die Methode *Initialize* vor, welche die Konfiguration eines bestimmten Controllers übernimmt. Dazu übergibt ASP. NET Web API einen Parameter vom Typ *HttpControllerSettings* sowie einen *HttpController Descriptor*. An ersteren sind die gewünschten Konfigurationseinstellungen zu übergeben; letzterer bietet Informationen über den zu konfigurierenden Controller.

Im betrachteten Fall entfernt *Initialize* den ersten *Formatter* – es handelt sich dabei um den JSON-Formatter – und ersetzt die zu verwendende *ITraceWriter*-Implementierung durch eine benutzerdefinierte, die – um das Beispiel kurz zu halten – von der eigenen Klasse bereitgestellt wird.

Listing 6.28 Controller-basierte Konfiguration

```
public class CustomConfig : Attribute, IControllerConfiguration,
ITraceWriter
{
    public void Initialize(HttpControllerSettings controller
Settings,
                                    HttpControllerDescriptor
controllerDescriptor)
    {
        controllerSettings.Formatters.RemoveAt(0);
        controllerSettings.Services.Replace(typeof(ITraceWriter), this);
    }

    public void Trace(HttpRequestMessage request, string category,
                        System.Web.Http.Tracing.TraceLevel level,
Action<TraceRecord> traceAction)
    {
        TraceRecord record = new TraceRecord(request, category, level);
        traceAction(record);
        Debug.WriteLine(category + ": " + level + " " + record.
Message);
    }
}
```

Da die betrachtete Implementierung darüber hinaus auch von der Basis-Klasse *Attribute* erbt, kann sie zum Annotieren der zu konfigurierenden Controller herangezogen werden (Listing 6.29).

Listing 6.29 Einsatz einer Controller-basierten Konfiguration

```
[CustomConfig]
public class MiniBarController : ApiController
{

    public double GetPrice(int hotelId, int roomNumber)
    {
        return 42;
    }

}
```

6.6.3 Routen-basierte Konfiguration

Auch auf der Ebene von Routen kann der Entwickler die Standardkonfiguration variieren. Dazu hat er die Möglichkeit, einer Route eine Kette von *MessageHandler* zuzuordnen. Listing 6.30 weist zum Beispiel der Route *BuchungenByHotelRoute* eine Kette bestehend aus einem *LimitResultMessageHandler* und einem *HttpControllerDispatcher* zu. Dabei ist zu beachten, dass Ketten dieser Art immer mit einem *HttpControllerDispatcher* abzuschließen sind, da dieser die entsprechende Service-Operation anstößt.

Listing 6.30 Konfiguration auf der Ebene einer Route

```
public static void RegisterRoutes(RouteCollection routes)
{
    routes.IgnoreRoute("{resource}.axd/{*pathInfo}");
    var handler = new LimitResultMessageHandler()
    {
        InnerHandler = new HttpControllerDispatcher(GlobalConfiguration.
Configuration)
    };

    routes.MapHttpRoute(
        name: "BuchungenByHotelRoute",
        routeTemplate: "api/Hotels/{hotelId}/Buchungen",
        defaults: new { controller = "Buchungen" },
        constraints: null, // Notwendig, damit richtige Überladung gewählt
wird!
        handler: handler
    );

    [...]
}
```

■ 6.7 Deklaratives Validieren von Parametern

Wie viele andere Frameworks im .NET-Umfeld, unterstützt auch ASP.NET Web API deklarative Validierungen unter Verwendung von Attributen aus der Assembly *System.ComponentModel.DataAnnotations*.

6.7.1 Verwenden von Data-Attributen

Für die Eigenschaften der in Listing 6.31 dargestellten Modell-Klasse wurden mittels *Attribute* Validierungsregeln definiert. *Required* definiert zum Beispiel ein Pflichtfeld; *Range* einen gültigen Wertebereich. Weitere verfügbare Validierungsattribute – es handelt sich dabei um Klassen, die von *ValidationAttribute* erben – finden Sie in Bild 6.5.

Die über die Eigenschaft *ErrorMessage* definierte Fehlermeldung beinhaltet Platzhalter. Der Platzhalter *{0}* steht zum Beispiel generell für den Namen der zu validierenden Eigenschaft. Anstatt die Fehlermeldungen direkt in der Eigenschaft *ErrorMessage* zu hinterlegen, besteht auch die Möglichkeit, auf Einträge in Ressourcen-Dateien zu verweisen. Dazu zieht man anstatt *ErrorMessage* die Eigenschaften *ErrorMessageResourceName* und *ErrorMessage ResourceType* heran.

In Fällen, in denen das Modell nicht editiert werden kann, weil es beispielsweise generiert wurde, besteht auch die Möglichkeit, die Validierungsregeln in einer sogenannten Metadata-Klasse (auch „Buddy-Klasse" genannt) zu hinterlegen. Dabei handelt es sich um eine Klasse, innerhalb der die Eigenschaften der Modell-Klasse nachgebildet und mit entspre-

chenden Attributen versehen werden. Anschließend wird eine zusätzliche partielle Deklaration der Modell-Klasse mit dem Attribut *MetaDataType* versehen, das auf die Metadata-
Klasse verweist. Ein Beispiel dafür findet sich in Listing 6.32. Es zeigt auch, dass die
Datentypen in der Metadata-Klasse nicht von Relevanz sind – lediglich die Namen müssen
übereinstimmen. Aus diesem Grund werden die Felder in Metadata-Klassen, wie auch hier,
meist als Felder von Typ *object* definiert. Auch die Tatsache, dass in der Metadata-Klasse
Felder und keine Properties zum Einsatz kommen, ist nicht von Belang.

```
ValidationAttribute
  Base Types
  Derived Types
      System.ComponentModel.DataAnnotations.CompareAttribute
      System.ComponentModel.DataAnnotations.DataTypeAttribute
          System.ComponentModel.DataAnnotations.CreditCardAttribute
          System.ComponentModel.DataAnnotations.EmailAddressAttribute
          System.ComponentModel.DataAnnotations.EnumDataTypeAttribute
          System.ComponentModel.DataAnnotations.FileExtensionsAttribute
          System.ComponentModel.DataAnnotations.PhoneAttribute
          System.ComponentModel.DataAnnotations.UrlAttribute
      System.ComponentModel.DataAnnotations.CustomValidationAttribute
      System.ComponentModel.DataAnnotations.MaxLengthAttribute
      System.ComponentModel.DataAnnotations.MinLengthAttribute
      System.ComponentModel.DataAnnotations.RangeAttribute
      System.ComponentModel.DataAnnotations.RegularExpressionAttribute
      System.ComponentModel.DataAnnotations.RequiredAttribute
      System.ComponentModel.DataAnnotations.StringLengthAttribute
```

Bild 6.5 Zur Verfügung stehende Validierungsattribute

Listing 6.31 Verwendung von Validierungsattributen

```csharp
public class Hotel
{
    public int Id { get; set; }

    [Required(ErrorMessage="{0} ist ein Pflichtfeld")]
    public string Bezeichnung { get; set; }

    [Range(1, 7, ErrorMessage="{0} muss sich zwischen {1} und {2} befinden")]
    public int Sterne { get; set; }
}
```

Listing 6.32 Implementierung einer Buddy-Klasse

```csharp
// -- generierte Datei --

public partial class Hotel
{
    public int Id { get; set; }
    public string Bezeichnung { get; set; }
    public int Sterne { get; set; }
}

// -- separate Datei --

[MetadataType(typeof(HotelMetadata))]
```

```
public partial class Hotel
{
}

public class HotelMetadata
{
    [Required(ErrorMessage="{0} ist ein Pflichtfeld")]
    [Display(Name="Hotel-Bezeichnung")]
    public object Bezeichnung;

    [Range(1, 7, ErrorMessage="{0} muss sich zwischen {1} und {2} befinden")]
    public object Sterne;
}
```

6.7.2 Auswerten von Validierungsattributen

Um innerhalb einer Service-Operation zu prüfen, ob die Daten korrekt validiert werden konnten, greift der Entwickler auf die von *ApiController* geerbte Eigenschaft *ModelState. IsValid* zu. Ist dem nicht so, kann er über den *Indexer* von *ModelState* die Fehlermeldungen zugreifen, die für die einzelnen Eigenschaften ermittelt wurden. Dazu übergibt er den Namen der gewünschten Eigenschaft an den Indexer. Listing 6.33 demonstriert dies. Die Methode *ThrowIfValidationError* ermittelt die Fehlermeldungen, die für sämtliche Eigenschaften vorliegen, und legt jede Fehlermeldung in einer Instanz der benutzerdefinierten Klasse *Error* ab. Diese Instanzen werden in einer Liste gesammelt und im Rahmen einer *HttpResponseException* zurückgeliefert.

Listing 6.33 Reagieren auf Validierungsergebnis

```
public class Error
{
    public string Field { get; set; }
    public string ErrorMessage { get; set; }
}

public class HotelController : ApiController
{
    public void Post(Hotel h)
    {
        ThrowIfValidationError();
    […]
    }

    private void ThrowIfValidationError()
    {
        if (!this.ModelState.IsValid)
        {
            var errors = new List<Error>();
            foreach (var key in this.ModelState.Keys)
            {
                foreach (var error in this.ModelState[key].Errors)
                {
                    errors.Add(new Error { Field = key, ErrorMessage = error.
ErrorMessage });
```

```
            }
        }
        var response = Request.CreateResponse(HttpStatusCode.BadRequest,
errors);
        throw new HttpResponseException(response);
    }
}

}
```

6.7.3 Benutzerdefinierte Validierungsattribute

Neben den vordefinierten Validierungsattributen kann der Entwickler sehr einfach auch benutzerdefinierte Attribute bereitstellen, indem er von der Klasse *ValidationAttribute* ableitet und die Methode *IsValid* überschreibt. Ein Beispiel dazu zeigt Listing 6.34. Es handelt sich dabei um ein *ValidationAttribute* zum Validieren von *Ids* für abergläubische Zeitgenossen – der Wert 13 ist nicht erlaubt. *IsValid* nimmt zwei Parameter entgegen: *value* repräsentiert den zu validierenden Wert; *validationContext* beinhaltet zusätzliche Informationen aus dem zu validierenden Objekt. Über den *validationContext* kann man zum Beispiel auf die anderen Eigenschaften oder auf den Namen der zu validierenden Eigenschaft zugreifen.

Falls *value* nicht null ist und den Wert 13 beinhaltet, geht das betrachtete Validation-Attribut davon aus, dass ein Fehler vorliegt. In diesem Fall liefert es ein *ValidationResult* zurück, das mit der vergebenen Fehlermeldung parametrisiert wird. Durch den Einsatz von *string. Format* wird dabei der Platzhalter *{0}* durch den Namen der zu validierenden Eigenschaft ersetzt. Dieser Name findet sich im übergebenen *validationContext*. Konnte kein Fehler ermittelt werden, liefert die betrachtete Routine die Konstante *ValidationResult.Success* zurück.

Listing 6.34 Benutzerdefiniertes Validierungs-Attribut

```
public class IdValidator: ValidationAttribute
{
    public IdValidator()
    {

    }
    protected override ValidationResult IsValid(object value, Validation
Context validationContext)
    {
        if (value == null) return ValidationResult.Success;
        bool failed = value.ToString() == "13";
        if (failed) {
            var msg = string.Format(base.ErrorMessage, validationContext.
DisplayName);
            return new ValidationResult(msg);
        }
        return ValidationResult.Success;
    }
}
```

Ein Beispiel für die Anwendung eines benutzerdefinierten Validierungsattributes findet sich in Listing 6.35.

Listing 6.35 Einsatz eines benutzerdefinierten Validation-Attributes

```
public class Hotel
{
    [IdValidator(ErrorMessage = "{0} muss eine gültige E-Mail-Adresse sein")]
    public int Id { get; set; }

    [Required(ErrorMessage = "{0} ist ein Pflichtfeld")]
    public string Bezeichnung { get; set; }

    [Range(1, 7, ErrorMessage = "{0} muss sich zwischen {1} und {2}
befinden")]
    public int Sterne { get; set; }
}
```

■ 6.8 Benutzerdefinierte Formate unterstützen

ASP.NET Web API unterstützt standardmäßig XML und JSON sowie Formate, die bei HTML-Formularen zum Einsatz kommen (siehe Abschnitt 6.11). Um weitere Formate zu unterstützen, kann der Entwickler benutzerdefinierte *Formatter* bereitstellen. Dieser Abschnitt zeigt, wie man *Formatter* entwickelt und diese server- als auch clientseitig einsetzt.

6.8.1 Formatter implementieren

Um *Formatter* zu implementieren, erstellt der Entwickler eine Subklasse von *MediaType Formatter* bzw. *BufferedMediaTypeFormatter*. Erstere sieht den Einsatz von asynchronen Methoden zum Lesen und Schreiben von Objekten vor. Deren Subklasse *BufferedMedia TypeFormatter* macht diese asynchrone API über synchrone Methoden zugänglicher.

Ein Beispiel dafür stellt der *FlatFileFormatter* in Listing 6.36 dar. Dieser bietet die Möglichkeit, eine *List<Hotel>* als CSV-Datei zu serialisieren sowie Daten, die in diesem Format vorliegen, wieder als *List<Hotel>* zu deserialisieren. Im Konstruktor wird der zu verwendende Mime-Type auf *text/csv* festgelegt. Dies veranlasst Web API dazu, den *FlatFileFormatter* immer dann in Erwägung zu ziehen, wenn mit Daten dieses Mime-Typs gearbeitet werden soll. Durch weitere analoge Aufrufe könnten mit dem vorliegenden *FlatFileFormatter* auch weitere Mime-Typen assoziiert werden.

Die überschriebenen Methoden *CanReadType* und *CanWriteType* zeigen an, dass der *Flat FileFormatter* lediglich Objekte des Typs *List<Hotel>* (de)serialisieren kann; die Methoden *OnWriteStream* und *OnReadStream* legen die zum Serialisieren bzw. Deserialisieren zu verwendende Logik fest.

Listing 6.36 Formatter für CSV-Dateien

```
public class FlatFileFormatter : BufferedMediaTypeFormatter
{
    public FlatFileFormatter()
    {
        this.SupportedMediaTypes.Add(new MediaTypeHeaderValue("text/csv"));
    }

    public override bool CanReadType(Type type)
    {
        return typeof(IEnumerable<Hotel>).IsAssignableFrom(type);
    }

    public override bool CanWriteType(Type type)
    {
        return typeof(IEnumerable<Hotel>).IsAssignableFrom(type);
    }

    public override object ReadFromStream(Type type, Stream readStream,
                                System.Net.Http.HttpContent content,
                                IFormatterLogger formatterLogger)
    {
        var hotels = new List<Hotel>();
        StreamReader r = new StreamReader(readStream);

        string line;
        while ((line = r.ReadLine()) != null)
        {
            if (line.Trim() == "") continue;
            var cols = line.Split(',');
            var hotel = new Hotel
            {
                HotelId = Convert.ToInt32(cols[0]),
                Bezeichnung = cols[1],
                Sterne = Convert.ToInt32(cols[2])
            };
            hotels.Add(hotel);
        }

        return hotels;
    }

    public override void WriteToStream(Type type, object value,
                        Stream writeStream, System.Net.Http.HttpContent
content)
    {
        var hotels = (IEnumerable<Hotel>)value;
        if (hotels == null) return;

        StreamWriter w = new StreamWriter(writeStream);
        foreach (Hotel h in hotels)
        {
            w.WriteLine(h.HotelId + "," + h.Bezeichnung + "," + h.Sterne);
        }
        w.Flush();

    }
}
```

6.8.2 Formatter serverseitig registrieren und testen

Damit Web API einen benutzerdefinierten *MediaTypeFormatter* verwenden kann, ist der Entwickler angehalten, diesen zu registrieren. Dazu bietet sich abermals die Methode *Web APIConfig.Register* an. Listing 6.37 zeigt den dafür benötigten Aufruf.

Listing 6.37 Benutzerdefinierten Formatter registrieren

```
[…]
GlobalConfiguration.Configuration.Formatters.Add(new FlatFile
Formatter());
[…]
```

Um einen *Formatter* zu testen, kann *Fiddler* herangezogen werden, zumal der Entwickler damit http-Anfragen generieren kann. Bild 6.6 zeigt einen solchen Aufruf sowie eine dazu passende Antwort in *Fiddler*. Dabei ist zu beachten, dass das gewünschte Format bei der Anfrage im Kopfzeileneintrag *Accept* angegeben wurde.

Bild 6.6 Mittels Fiddler Informationen im CSV-Format anfordern

6.8.3 Formatter mit HttpClient verwenden

Um auch clientseitig Formate jenseits von *JSON* und *XML* beim Senden von Anfragen heranzuziehen, hinterlegt der Entwickler beim Erzeugen einer *ObjectContent*-Instanz den gewünschten *Formatter*. Das nachfolgende Schnipsel führt den von der Web API bereitgestellten *JsonMediaTypeFormatter* an.

```
var request = new HttpRequestMessage();
request.Content = new ObjectContent<HotelBuchung>(buchung,
                              new JsonMediaTypeFormatter());
```

Eine Liste mit *Formatter*, die beim Deserialisieren der empfangenen Daten Verwendung finden sollen, kann darüber hinaus beim Aufruf von *ReadAsync* angegeben werden (Listing 6.38). Den Mime-Typ der zu sendenden Nachricht gibt der Entwickler über den Kopfzeileneintrag *Content-Type* an; jenen, den er sich für die Antwort erwartet, mittels *Accept*.

Listing 6.38 HttpClient mit Formatter nutzen

```
// Client erzeugen
var client = new HttpClient();

// Liste mit Formatter bereitstellen
var formatters = new List<MediaTypeFormatter>();
formatters.Add(new FlatFileFormatter());

// Accept-Header auf text/csv setzen
client.DefaultRequestHeaders.Accept.Add(
        new MediaTypeWithQualityHeaderValue("text/csv"));

var url = "http://localhost:1307/api/Hotels";

// Daten anfordern
var response = await client.GetAsync(url);
var hotels = await response
                    .Content
                    .ReadAsAsync<IEnumerable<Hotel>>(formatters);

foreach (var hotel in hotels)
{
    Console.WriteLine(hotel.Bezeichnung);
}
```

6.8.4 Binäre Serialisierung mit BSON

Der von ASP.NET Web API verwendete JSON-Serializer unterstützt auch die binäre Darstellung von JSON-Objekten, welche unter Binary JSON oder kurz BSON bekannt ist (siehe bsonspec.org). Durch die binäre Darstellung ergeben sich kleinere Paketgrößen und weniger Overhead im Zuge des Serialisierens bzw. Deserialisierens was, wie man sich vorstellen kann, positiv auf die Performance auswirkt. Durch die Bereitstellung eines Formatters, welcher BSON implementiert, kann man ASP.NET Web API ohne Großen aufwand dazu bringen, auch dieses Format zu unterstützen. Eine solche Implementierung findet sich im Projekt BSON, welches Teil der Beispielsammlung des vorliegenden Werkes ist.

■ 6.9 Serialisierung beeinflussen

ASP.NET Web API bietet standardmäßig einen JSON- sowie einen XML-Serializer. Diese können, zum Beispiel zur Vermeidung von Interoperabilitätsproblemen, angepasst werden.

6.9.1 JSON-Serializer konfigurieren

Details der Serialisierung sowie den zu verwendenden JSON- bzw. XML-Serializer kann der Entwickler über die globale Konfiguration anpassen – als Ort für diese Anpassungen bietet sich, wie so häufig, die Methode *WebAPIConfig.Register* an. Listing 6.39 demonstriert einige Einstellungsmöglichkeiten für jenen Serializer, der standardmäßig vom *JsonFormatter* herangezogen wird.

UseDataContractJsonSerializer definiert, ob der aus WCF bekannte *DataContractJsonSerializer* zum Einsatz kommen soll. Obwohl diese Einstellung aus Gründen der Kompatibilität zu WCF-basierten Systemen sinnvoll erscheint, sollte sie gerade bei Neuentwicklungen auf ihrem Standardwert *false* belassen werden. Dies hat zur Folge, dass ASP.NET Web API auf den mächtigeren Serializer aus dem freien Projekt *JSON.Net* (*http://json.codeplex.com*) zurückgreift.

DateTimeZoneHandling legt fest, welche Zeitzone beim Übertragen von Datumswerten zu verwenden ist. Die im betrachteten Fall verwendete Option *DateTimeZoneHandling.Local* bewirkt, dass ASP.NET Web API Uhrzeiten als lokale Uhrzeiten (unter Berücksichtigung der Einstellungen am Server) inkl. Zeitzonenoffset überträgt. Alternativen sind *DateTimeZoneHandling.Utc* sowie *DateTimeZoneHandling.RoundtripKind*. Erstere konvertiert Uhrzeiten immer nach UTC; letztere erhält die Zeitzone, die der Client übersendet hat.

Eine der wohl wichtigsten Eigenschaften, die den Umgang mit Datumswerten beeinflusst, ist *DateFormatHandling*. Sie legt fest, wie Datumswerte in JSON dargestellt werden sollen, und adressiert somit die Problemstellung, dass die JSON-Spezifikation keine Aussage darüber macht. Die Option *IsoDateFormat*, die auch den Standardwert darstellt, bewirkt, dass ASP.NET Web API Datumswerte, wie auch in XML üblich, nach ISO 8601 darstellt. Ein Beispiel dafür ist *2013-01-20T21:00:00+01:00*. Das *T* trennt dabei den Datumsteil von der Uhrzeit und am Ende wird ein eventuelles Zeitzonenoffset angehängt. Bei *+01:00* handelt es sich um das Offset für die mitteleuropäische Zeit (MEZ), die von der Standardzeit (UTC) um eine Stunde abweicht. Eine Alternative dazu stellt die Option *MicrosoftDateFormat* dar. Sie legt fest, dass jene Darstellung für Datumswerte, die Microsoft-Frameworks im Zuge der JSON-Serialisierung in der Vergangenheit verwendet haben, heranzuziehen ist. Zugunsten der allgemein akzeptierten ISO-Repräsentation sollte der Entwickler diese Einstellung nur nutzen, wenn das entwickelte System zu solchen Systemen kompatibel sein muss.

Eine weitere Eigenschaft, die in Listing 6.39 verwendet wird, ist *Formatting*. Wird sie auf *Formatting.Indented* gesetzt, kommen – zur besseren Lesbarkeit – Zeilenschaltungen und Einrückungen zum Einsatz. Ansonsten verzichtet der JSON-Serializer darauf.

Listing 6.39 JSON-Serialisierung anpassen

```
var jf = GlobalConfiguration.Configuration.Formatters.JsonFormatter;
jf.UseDataContractJsonSerializer = false;
jf.SerializerSettings.DateTimeZoneHandling =
                    Newtonsoft.Json.DateTimeZoneHandling.Local;
jf.SerializerSettings.DateFormatHandling =
                    Newtonsoft.Json.DateFormatHandling.IsoDateFormat;
// jf.SerializerSettings.DateFormatHandling =
                    Newtonsoft.Json.DateFormatHandling.Microsoft
DateFormat;
jf.SerializerSettings.Formatting = Newtonsoft.Json.Formatting.Indented;
```

6.9.2 XML-Serializer konfigurieren

Ähnlich wie der Serializer, der standardmäßig vom *JsonFormatter* verwendet wird, kann auch jener, der standardmäßig vom XML-Formatter herangezogen wird, konfiguriert werden. Listing 6.40 demonstriert dies. Die Option *UseXmlSerializer* legt fest, ob der *XmlSerializer*, der seit .NET 1.0 mit von der Partie ist, zum Serialisieren heranzuziehen ist. Wird diese Option auf *false* gesetzt, kommt der *DataContractSerializer,* der auch von WCF genutzt wird, zum Einsatz. *Ident* gibt darüber hinaus Auskunft, ob zur besseren Lesbarkeit Einrückungen verwendet werden sollen.

Listing 6.40 XML-Serialisierung anpassen

```
var xf = GlobalConfiguration.Configuration.Formatters.XmlFormatter;

xf.UseXmlSerializer = true;
xf.Indent = true;
```

6.9.3 Eigenschaften von der Serialisierung ausnehmen

Um festzulegen, dass der JSON-Serializer bestimmte Eigenschaften nicht serialisieren soll, annotiert sie der Entwickler mit dem Attribut *JsonIgnore*. Damit der *XmlSerializer* das Attribut ebenfalls nicht serialisiert, ist es mit *XmlIgnore* zu annotieren. Beim Einsatz des aus WCF bekannten *DataContractSerializers* bzw. *DataContractJsonSerializers* wird die jeweilige Eigenschaft hingegen nicht mit *DataMember* annotiert. Listing 6.41 demonstriert dies mit der Klasse *Abteilung*, deren Eigenschaft *Budget* in keinem der soeben beschriebenen Fälle serialisiert wird.

Listing 6.41 Zirkuläre Referenzen

```
[DataContract]
public class Abteilung
{
    [DataMember(Name="AbteilungsName", IsRequired=true)]
    public String Bezeichnung { get; set; }

    [DataMember]
    public Mitarbeiter Manager { get; set; }

    [JsonIgnore]
    [XmlIgnore]
    public string Budget{ get; set; }
}
```

6.9.4 Zirkuläre Referenzen serialisieren

Da sowohl XML als auch JSON prinzipiell Daten in hierarchischer Form repräsentieren, sind Fälle, in denen zwei Elemente gegenseitig aufeinander verweisen, problematisch. Diese Problemstellung wird durch die beiden Klassen in Listing 6.42 veranschaulicht: Die Klasse

Mitarbeiter verweist auf die Klasse *Abteilung* und die Klasse *Abteilung* verweist über die Eigenschaft *Manager* zurück auf die Klasse *Mitarbeiter*. Bei einer strikten hierarchischen Serialisierung würde sich eine Endlosschleife ergeben.

Listing 6.42 Zirkuläre Verweise

```
public class Mitarbeiter
{
    public String Name { get; set; }
    public Abteilung Abteilung { get; set; }
}
public class Abteilung
{
    public String Bezeichnung { get; set; }
    public Mitarbeiter Manager { get; set; }
    public string Budget{ get; set; }
}
```

Um dieses Problem zu umgehen, müssen die verwendeten Serializer angewiesen werden, Referenzen zu verwenden, anstatt referenzierte Elemente an Ort und Stelle zu platzieren und somit ggf. zu wiederholen. Der Serializer des *JsonFormatters* kann über seine Eigenschaft *PreserveReferencesHandling* zu diesem Verhalten bewegt werden (Listing 6.43).

Listing 6.43 Referenzen aktivieren

```
var jf = GlobalConfiguration.Configuration.Formatters.JsonFormatter;
[...]
jf.SerializerSettings.PreserveReferencesHandling = PreserveReferences
Handling.All;
```

Setzt der Entwickler diese Eigenschaft auf die Option *PreserveReferencesHandling.All*, vergibt der Serializer jedem serialisierten Objekt eine Id und Verweise auf diese Objekte werden unter Angabe dieser Ids modelliert. Listing 6.44 demonstriert dies, indem es das Ergebnis der JSON-Serialisierung der Mitarbeiterin Susi Sorglos, die Managerin der eigenen Abteilung ist, zeigt. Dabei fällt auf, dass der Serialisierer zum Darstellen von Ids die einzelnen Objekte um eine Eigenschaft *$id* erweitert hat. Zum Darstellen von Verweisen hat er darüber hinaus die Eigenschaft *$ref* eingeführt.

Beim Einsatz dieser Lösung ist zu beachten, dass es sich hierbei um eine Erweiterung von *JSON.Net*, die somit nicht von allen Kommunikationspartnern verstanden wird, handelt.

Listing 6.44 JSON-Objekt mit Referenzen

```
{
    "$id": "1",
    "Name": "Susi Sorglos",
    "Abteilung": {
        "$id": "2",
        "Bezeichnung": "Abteilung Einkauf",
        "Manager": {
            "$ref": "1"
        }
    }
}
```

Der *DataContractSerializer* bietet für XML-Dokumente mit zirkulären Verweisen zwei ähnliche Lösungsansätze. Zum einen kann der Entwickler bei der Definition eines Datenvertrages angeben, dass Verweise auf diesen Datenvertrag durch Angabe von Ids aufzulösen sind. Dazu legt er die Eigenschaft *IsReference* des Attributes *DataContract* auf *true* fest (siehe Listing 6.45).

Listing 6.45 Referenzen für Datenverträge aktivieren

```
[DataContract(IsReference = true)]
public class Abteilung
{
    [DataMember(Name="AbteilungsName", IsRequired=true)]
    public String Bezeichnung { get; set; }

    [DataMember]
    public Mitarbeiter Manager { get; set; }

    [JsonIgnore]
    [XmlIgnore]
    public string Budget{ get; set; }
}

[DataContract(IsReference = true)]
public class Abteilung
{
    [DataMember]
    public String Bezeichnung { get; set; }

    [DataMember]
    public Mitarbeiter Manager { get; set; }
}
```

Alternativ dazu kann der Entwickler pro Datenvertrag in der globalen Konfiguration einen vorkonfigurierten *DataContractSerializer* hinterlegen. Damit diese Serializer zum Auflösen von Verweisen Id-Referenzen einsetzen, übergibt er den Wert *true* für den Parameter *preserveObjectReferences* deren Konstruktoren (Listing 6.46).

Listing 6.46 Vorkonfigurierte Serializer registrieren

```
var dcsAbteilung = new DataContractSerializer(typeof(Abteilung), null,
                        int.MaxValue, false,
                        /* preserveObjectReferences: */ true, null);
xf.SetSerializer<Abteilung>(dcsAbteilung);

var dcsMitarbeiter = new DataContractSerializer(typeof(Mitarbeiter), null,
                        int.MaxValue, false,
                        /* preserveObjectReferences: */ true, null);
xf.SetSerializer<Mitarbeiter>(dcsMitarbeiter);
```

◼ 6.10 Streaming

Damit riesige Datenmengen, wie Datendateien, Filme oder Bilder, nicht komplett in den Hauptspeicher des Clients bzw. des Servers geladen werden müssen, bietet ASP.NET Web API die Möglichkeit, diese bereits im Zuge des Empfanges zu verarbeiten. Dieser Mechanismus, der allgemein als Streaming bezeichnet wird, ermöglicht auch das Senden von Datenmengen, ohne diese vollständig in den Speicher laden zu müssen.

6.10.1 Action-Methoden für Streaming vorbereiten

Um eine Service-Operation zu veranlassen, Daten an den Aufrufer zu streamen, verwendet der Entwickler eine Instanz von *StreamContent* und weist diese zur Eigenschaft *Content* der *HttpResponseMessage* zu. An den Konstruktor von *StreamContent* übergibt er den gewünschten Stream (Listing 6.47).

Listing 6.47 Stream zurückliefern

```
public HttpResponseMessage Get()
{
    var response = new HttpResponseMessage();
    var stream = new FileStream(@"c:\temp\bilder\info.dat", FileMode.Open);
    response.Content = new StreamContent(stream);

    return response;
}
```

Eine Service-Operation, die einen Stream entgegennehmen möchte, erhält diesen über die Methode *Content.ReadAsStreamAsync* des aktuellen Request-Objektes. Das Beispiel in Listing 6.48 liest aus diesem Stream nach und nach jeweils 100 KB und gibt danach eine Statusmeldung im Debug-Fenster aus. Durch diese Ausgabe, die im Zuge des Uploads immer wieder erfolgt, kann nachvollzogen werden, dass aus dem Stream gelesen werden kann, noch bevor der Client ihn komplett übertragen hat.

Listing 6.48 Stream entgegennehmen

```
public async void Post()
{
    Stream s = await Request.Content.ReadAsStreamAsync();
    long count = 0;

    byte[] buffer = new byte[100*1024];
    while (s.Read(buffer,0, buffer.Length) > 0)
    {
        count++;
        Debug.WriteLine(count); // Just for displaying progress
    }
}
```

6.10.2 Streaming in Self-Hosting-Szenarien konfigurieren

Das Bereitstellen von Service-Operationen, die in der Lage sind, mit Streams umzugehen, ist nur die halbe Miete. Zusätzlich ist der Entwickler angehalten, den jeweils verwendeten Service-Host, sprich IIS oder einen selbst entwickelten Host, dahingehend zu konfigurieren.

In Self-Hosting-Szenarien ist dazu die Konfigurationseigenschaft *Transfermode* zu setzen (siehe Listing 6.49). Die Standardeinstellung ist *Buffered*, was bedeutet, dass eine Nachricht erst nachdem sie vollkommen empfangen wurde, Verwendung findet – in diesem Fall wird somit nicht gestreamt. Alternativ dazu legt *StreamedRequest* fest, dass die Anfrage gestreamt wird. *StreamedResponse* veranlasst ein Streamen der Antwort und *Streamed* ist die Kombination aus diesen beiden Optionen.

Darüber hinaus ist der Entwickler bei Streaming-Szenarien, bei denen in der Regel größere Datenmengen im Spiel sind, gut beraten, sich Gedanken über die Eigenschaften *Max ReceivedMessageSize* und *MaxBufferSize* zu machen: *MaxReceivedMessageSize* legt die maximal empfangbare Nachrichtengröße fest; *MaxBufferSize* hingegen die maximale Größe jenes Nachrichtenteils, der gepuffert werden kann. Im Falle von Streaming kann dieser Wert kleiner als jener von *MaxReceivedMessageSize* sein, da hier immer nur ein Teil der gesamten Datenmenge im Hauptspeicher zur Verarbeitung vorliegt. Soll Streaming nicht zum Einsatz kommen, müssen beide Parameter dieselbe Größe aufweisen.

Listing 6.49 Konfiguration eines Self-Hosts für Streaming

```
var config = new HttpSelfHostConfiguration("http://localhost:8080");

config.Routes.MapHttpRoute(
    "API Default", "api/{controller}/{id}",
    new { id = RouteParameter.Optional });

config.IncludeErrorDetailPolicy = IncludeErrorDetailPolicy.Always;

config.TransferMode = System.ServiceModel.TransferMode.Streamed;
config.MaxReceivedMessageSize = 1000000000;
config.MaxBufferSize = 1024*100;

config.SendTimeout = TimeSpan.FromMinutes(5);
config.MaxConcurrentRequests = 20;

using (HttpSelfHostServer server = new HttpSelfHostServer(config))
{
    server.OpenAsync().Wait();
    Console.WriteLine("Press Enter to quit.");
    Console.ReadLine();
}
```

6.10.3 Streaming für IIS konfigurieren

Beim Hosting innerhalb von IIS kann der Entwickler das Streaming-Verhalten feingranularer beeinflussen. Dazu legt er eine Subklasse von *WebHostBufferPolicySelector* an und überschreibt die beiden Methoden *UseBufferedInputStream* und *UseBufferedOutputStream*

(Listing 6.50). Erstere wird von IIS aufgerufen, um zu ermitteln, ob empfangene Daten gestreamt werden dürfen; letztere, um herauszufinden, ob dies für zu sendende Daten der Fall ist.

UseBufferedInputStream nimmt einen Parameter *hostContext* entgegen, der bei Verwendung innerhalb von IIS nach *HttpContextBase* gecastet werden kann. Über diese *HttpContext Base*-Instanz kann die Methode Informationen über die aktuelle HTTP-basierte Anfrage in Erfahrung bringen und aufgrund dieser entscheiden, ob Streaming aktiviert werden soll. Im betrachteten Fall liefert diese Methode bei einer Anfrage, die an den *BilderController* gerichtet ist, den Wert *false*. Dies bewirkt, dass Web API die Daten im Rahmen dieser Anfrage nicht puffert, sondern streamt.

Innerhalb von *UseBufferedOutputStream* würde man analog dazu vorgehen. Im betrachteten Fall delegiert diese Methode jedoch lediglich an ihre Basisimplementierung weiter.

Listing 6.50 Implementierung eines WebHostBufferPolicySelector

```
public class CustomWebHostBufferPolicySelector : WebHostBufferPolicySelector
{
    public override bool UseBufferedInputStream(object hostContext)
    {
        HttpContextBase contextBase = hostContext as HttpContextBase;

        if (contextBase != null)
        {
            RouteData routeData = contextBase.Request.RequestContext.Route
Data;

            if (routeData.Values["controller"].ToString().ToLower() ==
"bilder")
            {
                return false;
            }
        }

        return true;
    }

    public override bool UseBufferedOutputStream(HttpResponseMessage
response)
    {
        return base.UseBufferedOutputStream(response);
    }
}
```

Damit ein benutzerdefinierter *WebHostBufferPolicySelector* auch Verwendung findet, ist der Entwickler angehalten, ihn in der Konfiguration zu registrieren. Dies kann zum Beispiel innerhalb der Methode *WebAPIConfig.Register* erfolgen. Listing 6.51 zeigt den dazu notwendigen Aufruf.

Listing 6.51 WebHostBufferPolicySelector registrieren

```
GlobalConfiguration.Configuration.Services.Replace(
                    typeof(IHostBufferPolicySelector),
                    new CustomWebHostBufferPolicySelector());
```

6.10.4 Streams über HttpClient verwenden

Um über einen *HttpClient* Daten hochzuladen, verwendet der Entwickler ebenfalls eine Instanz von *StreamContent*, die auf den jeweiligen Stream verweist und der Eigenschaft Content der zu sendenden *HttpRequestMessage* zugewiesen wird (Listing 6.52).

Listing 6.52 Stream hochladen

```
static async void UploadWithStreamingDemo()
{
    var url = "http://localhost:1307/api/Bilder";

    var fileName = @"c:\temp\4upload.dat";
    var fileStream = new FileStream(fileName, FileMode.Open);

    HttpClient client = new HttpClient();
    var request = new HttpRequestMessage();
    request.Method = HttpMethod.Post;
    request.RequestUri = new Uri(url);
    request.Content = new StreamContent(fileStream);

    var response = await client.SendAsync(request);
    var text = await response.Content.ReadAsStringAsync();

    Console.WriteLine(text);
}
```

Um über einen *HttpClient* einen Stream zu beziehen, ist dessen Methode *GetStreamAsync* zu verwenden. Das Beispiel in Listing 6.53, das auf diese Art einen Stream erhält, liest aus diesem Blöcke von jeweils 2 KB, während die Daten heruntergeladen werden.

Listing 6.53 Stream herunterladen

```
HttpClient client = new HttpClient();

var response = await client.GetAsync("http://localhost:1307/api/Bilder");
var stream = await response.Content.ReadAsStreamAsync();

Console.WriteLine("Habe Stream erhalten!");

using (FileStream fs = new FileStream(@"c:\temp\download.dat",
FileMode.Create))
{
    int counter = 0;
    byte[] buffer = new byte[200*1024];

    while (stream.Read(buffer, 0, buffer.Length) > 0)
    {
        counter++;
        Console.WriteLine(counter * 200 * 1024 + " Bytes gelesen");
    }
}
Console.WriteLine("Fertig gelesen");
```

■ 6.11 Fortschritt ermitteln

Zum Ermitteln des Fortschritts eines Upload- bzw. Download-Vorganges bietet ASP.NET Web API einen *ProgressMessageHandler* (Listing 6.54). Wie alle anderen *MessageHandler* auch, ist dieser mit allen anderen zu verwendenden Handlern zu verketten, wobei sich am Ende dieser Kette ein *HttpClientHandler* befinden muss. Nachdem er sie erzeugt hat, übergibt der Entwickler diese *MessageHandler*-Kette an den Konstruktor von *HttpClient*. An die Eigenschaft *HttpReceiveProgress* von *ProgressMessageHandler* weist er zusätzlich eine Methode zu, die laufend über den Fortschritt eines Downloads informiert werden soll (siehe Listing 6.55). Diese Methode erhält bei jedem Aufruf ein Argument vom Typ *HttpProgress EventArgs*, das Zugriff auf Informationen gewährt, die den aktuellen Fortschritt repräsentieren. Die Eigenschaft *ProgressPercentage* enthält zum Beispiel den Grad der Fertigstellung in Prozent. Im betrachteten Fall wird dieser Wert ausgegeben, sofern er sich seit dem letzten Aufruf der Benachrichtigungsmethode geändert hat.

Die Verwendung von *ProgressMessageHandler* schließt den Einsatz von Streaming insofern aus. Um sich über den Fortschritt eines Upload-Vorganges informieren zu lassen, geht der Entwickler analog vor. Allerdings verwendet er hierzu die Eigenschaft *HttpSendProgress* anstatt von *HttpReceiveProgress*.

Listing 6.54 Einsatz eines ProgressMessageHandlers

```
static async void DownloadDemo()
{
    var progressMessageHandler = new ProgressMessageHandler()
    {
        InnerHandler = new HttpClientHandler()
    };

    progressMessageHandler.HttpReceiveProgress +=
                    progressMessageHandler_HttpReceiveProgress;

    HttpClient client = new HttpClient(progressMessageHandler);

    var response = await client.GetAsync("http://localhost:1307/api/Bilder");
    var stream = await response.Content.ReadAsStreamAsync();

    Console.WriteLine("Habe Stream erhalten!");
    long bytes = 0;

    using (FileStream fs =
                    new FileStream(@"c:\temp\download.dat", FileMode.Create))
    {
        int b;
        while ((b = stream.ReadByte()) != -1)
        {
            fs.WriteByte((byte)b);
            bytes++;
            if (bytes % (200 * 1024) == 0)
            {
                Console.WriteLine(bytes / 1024 + " KB gelesen ...");
            }
        }
    }
```

```
    }
    Console.WriteLine("Fertig gelesen");

}
```

Listing 6.55 Ereignisbehandlungsroutine für ProgressMessageHandler

```
static int progress = -1;
[…]
static void progressMessageHandler_HttpReceiveProgress(
                            object sender, HttpProgressEventArgs e)
{
    if (progress == e.ProgressPercentage) return;
    Console.WriteLine(e.ProgressPercentage + "% heruntergeladen");
    progress = e.ProgressPercentage;
}
```

■ 6.12 Web API und HTML-Formulare

Neben der Tatsache, dass ASP.NET Web API XML- und JSON-basierte Daten empfangen und senden kann, besteht auch die Möglichkeit, Daten in jenen Formaten, in denen sie Browser senden, entgegenzunehmen. Somit können Service-Operationen auch als Ziel von HTML-basierten Formularen dienen.

6.12.1 Einfache Formular-Felder übermitteln

Die standardmäßig eingerichteten *Formatter* binden die übersendeten Felder eines HTML-Formulars an die Übergabeparameter der angestoßenen Service-Operation. Daneben kann auch mit *Request.Content.ReadAsFormDataAsync* eine Auflistung mit sämtlichen Formular-Parametern abgerufen werden (siehe Listing 6.56).

Listing 6.56 Daten von HTML-Formular lesen

```
public async Task<string> Post()
{
    if (Request.Content.IsFormData())
    {
        var formData = await Request.Content.ReadAsFormDataAsync();
        return formData["message"];
    }
    return "No Message!";
}
```

6.12.2 Dateiupload via HTML-Formular

Um Dateiuploads, die von einem HTML-Formular aus erfolgen, verarbeiten zu können, muss ASP.NET Web API dazu gebracht werden, mit Daten, die sich am Mime-Typ *multipart /form -data* orientieren, umzugehen. Dieser Mime-Typ sieht vor, dass die übersendeten Informationen in mehrere Sektionen geteilt werden, wobei jede Sektion einen eigenen Mime-Typ aufweisen kann. Diese Sektionen beinhalten zum Beispiel die hochzuladenden Dateien oder auch die Inhalte von Formularfeldern.

Zum Lesen einer solchen Nachricht verwendet der Entwickler die Methode *Content. Read AsMultipartAsync* des aktuellen Request-Objektes (Listing 6.57). An diese kann er eine Instanz einer Subklasse von *MultipartStreamProvider* übergeben, wobei diese die Art der Verarbeitung der übersendeten Daten festlegt. Im betrachteten Fall kommt ein *MultipartForm DataStreamProvider* zum Einsatz. Dieser speichert die hochgeladenen Daten in jenem Ordner, den der Entwickler über dessen Konstruktor festgelegt hat. Darüber hinaus hält er die Daten von Formularfeldern im Hauptspeicher vor und macht sie über die Eigenschaft *Form Data* zugänglich. Die Auflistung *FileData* beinhaltet daneben Informationen über die hochgeladenen Dateien, die im spezifizierten Verzeichnis abgelegt wurden. Die einzelnen Einträge sind vom Typ *MultipartFileData*, der zwei Eigenschaften aufweist: *LocalFileName* repräsentiert den vollständigen Namen der hochgeladenen Datei im festgelegten Upload-Ordner am Server; Headers liefert Kopfzeileneinträge, die der Browser für die jeweilige Datei übersendet hat. Über den Kopfzeileneintrag *Content-Disposition* kann zum Beispiel jener Name, den die Datei am Client innegehabt hat, ermittelt werden; der Kopfzeileneintrag *Content-Type* gibt hingegen Auskunft über das Dateiformat (über den Content-Type) der Datei. Im betrachteten Beispiel werden diese Informationen zur Demonstration im Debug-Fenster ausgegeben. Listing 6.58 zeigt zur Demonstration jene Ausgaben, die beim Hochladen einer Zip-Datei entstanden sind. Eine HTML-Seite zum Testen dieser Service-Operation findet sich in Listing 6.59.

Listing 6.57 File-Upload bearbeiten

```
public async Task<string> Post()
{
    if (!Request.Content.IsMimeMultipartContent("form-data"))
    {
        throw new HttpResponseException(HttpStatusCode.UnsupportedMediaType);
    }

    var formDataProvider = new
            MultipartFormDataStreamProvider(@"c:\temp\bilder");
    var bodyParts = await
            Request.Content.ReadAsMultipartAsync(formDataProvider);

    var hotelId = bodyParts.FormData["hotelId"];
    Debug.WriteLine("HotelId: " + hotelId);

    foreach (var file in bodyParts.FileData)
    {
        Debug.WriteLine("File: " + file.LocalFileName);
        foreach (var h in file.Headers)
        {
            var array = h.Value as IEnumerable<string>;
```

```
            if (array != null) {
                Debug.WriteLine("    Header: " + h.Key + ": " + string.
Join("|", array));
            }
            else {
                Debug.WriteLine("    Header: " + h.Key + ": " + h.Value);
            }

        }
    }

    return bodyParts.FileData.Count + " Dateien für Hotel #" + hotelId + "
hochgeladen!";

}
```

Listing 6.58 Ausgabe der übersendeten Daten

```
HotelId: 333
File: c:\temp\bilder\BodyPart_2dc6a787-06f1-4dff-91cc-d1f48cf7d6e6
   Header: Content-Disposition: form-data; name="data";
                   filename="C:\Users\steyer\Desktop\ExtendingMVC.zip"
   Header: Content-Type: application/x-zip-compressed
```

Listing 6.59 HTML-Formular für Datei-Upload

```
<!DOCTYPE HTML>
<html>
    <head>
        <title>Hotel-Bilder</title>

    </head>
    <body>

        <form
            method="POST"
            action="http://localhost:1307/api/Bilder"
            enctype="multipart/form-data">

            <div>
                HotelId
            </div>
            <div>
                <input name="hotelId" >
            </div>
            <div>
                Bilder:
            </div>
            <div>
                <input name="data" type="file" multiple>
            </div>
            <input type="submit" />

        </form>

    </body>

</html>
```

Neben dem *MultipartFormDataStreamProvider* existieren noch ein paar weitere Implementierungen, die in solchen Szenarien verwendet werden können. Tabelle 6.2 gibt Aufschluss darüber.

Tabelle 6.2 MultipartStreamProvider-Derivate

Implementierung	Beschreibung
MultipartMemoryStreamProvider	Speichert sämtliche Teile der Nachricht im Hauptspeicher und stellt diese in Form von MemoryStreams bereit
MultipartFileStreamProvider	Speichert sämtliche Teile der Nachricht im Dateisystem
MultipartFormDataStreamProvider	Speichert nur hochgeladene Dateien im Dateisystem; Formularfelder werden im Hauptspeicher vorgehalten
MultipartRelatedStreamProvider	Unterstützt den Mime-Typ Multipart/Related (RFC 2387), bei dem einzelnen Nachrichtenteile aufeinander verweisen können (zum Beispiel eine XML-Nachricht im ersten Teil auf ein Bild im zweiten Teil).

■ 6.13 ASP.NET Web API erweitern

Bei ASP.NET Web API handelt es sich um eine vorbildlich entworfene objektorientierte API, bei welcher der Entwickler die Möglichkeit hat, sämtliche intern verwendete Komponenten auszutauschen. Dieser Abschnitt geht auf ausgewählte Erweiterungsmöglichkeiten ein, die bis dato noch nicht aufgezeigt wurden und sich in der Praxis als nützlich erwiesen haben.

6.13.1 Abhängigkeiten auflösen mit benutzerdefiniertem DependencyResolver

Sämtliche benötigte Komponenten, wie Controller oder Validierungsattribute, fordert ASP.NET Web API bei einem globalen *DependencyResolver* an. Indem man diesen *DependencyResolver* gegen eine eigene Implementierung austauscht, kann man bestimmen, wie diese Komponenten instanziiert werden, sie auf benutzerdefinierte Weise konfigurieren sowie bei Bedarf austauschen. Darüber hinaus können auf diese Weise IoC-Container, wie *Spring.Net* oder *Microsoft Unity* (*http://unity.codeplex.com*), eingebunden werden.

Listing 6.60 zeigt ein einfaches Beispiel für einen benutzerdefinierten *DependencyResolver*. Es handelt sich dabei um eine Klasse, die das Interface *IDependencyResolver* implementiert. Zum Anfordern von Komponenten stützt sich ASP.NET Web API auf dessen beide Methoden *GetService* und *GetServices*. Erstere ruft sie immer dann auf, wenn genau eine Instanz eines gegebenen Interface benötigt wird; letztere, wenn sie mit mehreren Instanzen eines Typs umgehen kann. Zur Demonstration prüft die Implementierung von *GetService*, ob eine Instanz von *ValuesController* angefordert wurde. Ist dem so, erzeugt sie eine neue Instanz und parametrisiert sie mit Initialwerten. Anschließend liefert sie diese Instanz zurück. Andere Typen werden vom betrachteten Beispiel nicht unterstützt.

Das Interface *DependencyResolver* gibt auch die Methode *BeginScope* sowie *Dispose* vor. *BeginScope* liefert einen *DependencyResolver,* der einen neuen Wertebereich repräsentiert und für einen Typ immer dieselbe Instanz zurückliefert. Mit *Dispose* wird solch ein Wertebereich geschlossen.

Listing 6.60 Benutzerdefinierter Dependency-Resolver

```
public class CustomDependencyResolver : IDependencyResolver
{
    public IDependencyScope BeginScope()
    {
        return this;
    }

    public object GetService(Type serviceType)
    {
        if (serviceType == typeof(ValuesController))
        {
            var initData = new List<string> { "A", "B", "C" };
            var controller = new ValuesController(initData);
            return controller;
        }
        return null;
    }

    public IEnumerable<object> GetServices(Type serviceType)
    {
        return Enumerable.Empty<object>();
    }

    public void Dispose()
    {

    }
}
```

Um einen benutzerdefinierten *DependencyResolver* zu registrieren, kann der Entwickler innerhalb der Methode *WebApiConfig.Register* das nachfolgende Schnipsel heranziehen:

```
config.DependencyResolver = new CustomDependencyResolver();
```

6.13.2 Zusätzliche Assemblies mit AssemblyResolver laden

Standardmäßig durchsucht ASP.NET Web API lediglich die aktuelle Assembly nach *Api Controller*-Implementierungen. Ein Trick, der zur Umgehung dieser Einschränkung bereits in Abschnitt 6.4 beschrieben wurde, besteht darin, die Controller aus eingebundenen Assemblies mittels *typeof (ControllerName)* zu laden. Eine elegantere Möglichkeit zur Lösung dieses Problems besteht in der Umsetzung eines *AssembliesResolvers*. Dazu implementiert der Entwickler das Interface *IAssembliesResolver*. Alternativ dazu kann natürlich auch von einer bestehenden Implementierung abgeleitet werden. Das Beispiel in Listing 6.61 beschreitet letzteren Weg und leitet von der Standardimplementierung *DefaultAssembliesResolver* ab, um deren Möglichkeiten zu erweitern. Möchte ASP.NET Web API die zu durchsuchenden Assemblies ermitteln, ruft sie beim registrierten *AssembliesResolver* die Methode *GetAssemblies* auf. Das betrachtete Beispiel delegiert zunächst an die Basisimplementierung, um deren Funktionalität zu erhalten. Anschließend lädt sie eine benutzerdefinierte Assembly und retourniert die ermittelten Assemblies in Form einer *List<Assembly>* an ASP.NET Web API.

Listing 6.61 Benutzerdefinierter Assemblies-Resolver

```
public class CustomAssembliesResolver : DefaultAssembliesResolver
{
    public override ICollection<System.Reflection.Assembly> GetAssemblies()
    {
        IEnumerable<Assembly> baseAssemblies = base.GetAssemblies();
        var assemblies = new List<Assembly>(baseAssemblies);

        const string path = @"[…]\ControllerLib.dll";

        Assembly controllerLibraryAssembly = Assembly.LoadFrom(path);
        assemblies.Add(controllerLibraryAssembly);

        return assemblies;
    }
}
```

Damit ASP.NET Web API den benutzerdefinierten *AssembliesResolver* heranzieht, muss er in der Methode *WebApiConfig.Register* registriert werden. Das nachfolgende Schnipsel demonstriert diese Aufgabe:

```
var assemblyResolver = new CustomAssembliesResolver();
config.Services.Replace(typeof(IAssembliesResolver), assembly
Resolver);
```

6.13.3 Service-Operationen über HttpActionSelector auswählen

Um herauszufinden, welche Methode eines *ApiControllers* für den aktuellen Aufruf herangezogen werden soll, konsultiert ASP.NET Web API eine Instanz von *IHttpActionSelector*. An deren Methode *SelectAction* übergibt sie Informationen zum aktuellen Aufruf sowie zum adressierten *ApiController*. Diese Methode hat die Aufgabe, eine Methode auszuwählen und eine Beschreibung dieser Methode in Form einer Instanz von *HttpActionDescriptor* an ASP.NET Web API zurückzuliefern.

Das Beispiel in Listing 6.62 beinhaltet einen *HttpActionDescriptor*, der von der Standardimplementierung *ApiControllerActionSelector* ableitet, die ihrerseits *IHttpActionDescriptor* implementiert. Dieses Beispiel implementiert Unterstützung für den HTTP-Kopfzeileneintrag *X-HTTP-Method-Override*. Er wird verwendet, wenn das gewünschte HTTP-Verb nicht verwendet werden kann, zum Beispiel weil der Web-Server Anfragen mit bestimmten Verben, wie *DELETE*, abblockt. In diesem Fall verwendet der Aufrufer *POST* und übermittelt das eigentlich zu verwendende Verb über *X-HTTP-Method-Override*.

Hierzu prüft die betrachtete Implementierung, ob dieser Kopfzeileneintrag existiert. Falls ja, ändert sie die Eigenschaft *Method* der aktuellen Anfrage dahingehend ab. Anschließend ruft sie die Basisimplementierung auf, die das ggf. abgeänderte Verb verwendet, um die auszuführende Methode zu ermitteln.

Listing 6.62 Benutzerdefinierter IHttpActionSelector

```
public class CustomActionSelector : ApiControllerActionSelector
{
    public override HttpActionDescriptor SelectAction(HttpControllerContext
controllerContext)
    {
        const string X_HTTP_METHOD_OVERRIDE = "X-HTTP-Method-Override";
        var request = controllerContext.Request;

        if (request.Headers.Contains(X_HTTP_METHOD_OVERRIDE))
        {
            request.Method = new HttpMethod(request.Headers.GetValues
(X_HTTP_METHOD_OVERRIDE).First());
        }

        return base.SelectAction(controllerContext);
    }
}
```

Zum Registrieren eines benutzerdefinierten *HttpActionSelectors* bei der aktuellen Konfiguration kann der Entwickler das nachfolgende Schnipsel verwenden:

```
config.Services.Replace(typeof(IHttpActionSelector),
                        new CustomActionSelector());
```

6.13.4 Controller über HttpControllerSelector auswählen

Der *HttpControllerSelector* ist verantwortlich für die Auswahl eines Controllers im Zuge einer Anfrage. Hierbei handelt es sich um eine Implementierung des Interfaces *IHttp ControllerSelector*. Dieses gibt die folgenden Methoden vor:

```
IDictionary<string, HttpControllerDescriptor> GetController
Mapping();
HttpControllerDescriptor SelectController(HttpRequestMessage
request);
```

GetControllerMapping liefert ein *Dictionary*, welches die Namen von Controllern, die aus der URL entnommen werden, auf Instanzen von *HttpControllerDescriptor* abbildet, welche unter anderem den Typ der jeweiligen Controller-Klasse beinhalten. *SelectController* wird bei jeder HTTP-Anfrage aufgerufen, um den *HttpControllerDescriptor* des für diese Anfrage heranzuziehenden Controllers zu ermitteln. ASP.NET Web API übergibt im Zuge dessen eine Instanz von *HttpRequestMessage*, welche die aktuelle Anfrage repräsentiert.

Listing 6.63 zeigt die Implementierung eines benutzerdefinierten *HttpControllerSelectors*. Anstatt das Interface *IHttpControllerSelector* von Grund auf zu implementieren, erbt er von der Standard-Implementierung *DefaultHttpControllerSelector*. Er hat die Aufgabe, den Aufrufer auf einen Mock (eine für Testzwecke entwickelte Dummy-Implementierung einer

Komponente) des über die URL adressierten Controllers umzuleiten, wenn dieser den benutzerdefinierten HTTP-Kopfzeileneintrag *X-Debug* mit dem Wert *Mock* übergibt. Mock-Implementierungen von Controller-Klasse tragen in diesem Beispiel denselben Namen wie diese, enden jedoch nicht auf Controller, sondern auf *MockController*.

Um diese Aufgabe zu bewältigen, ruft die betrachtete Implementierung im Konstruktor die vom Interface vorgegebene Methode *GetControllerMapping* auf und legt dessen Ergebnis in der Member-Variable *cache* ab. Somit werden die zur Verfügung stehenden Controller auf die gewohnte Weise ermittelt und zwischengespeichert. Die Implementierung von *Select-Controller* prüft, ob der Kopfzeileneintrag *X-Debug* mit dem Wert *Mock* übergeben wurde. Ist dem so, hängt sie an den Namen des Controllers die Endung *Mock* an. Dabei ist zu beachten, dass die intern verwendeten Controller-Namen im Gegensatz zu den Klassen, welche die Controller implementieren, nicht auf *Controller* enden. Sie werden vom Framework zwar aus dem Namen der Controller-Klasse abgeleitet, dieses entfernt jedoch für den internen Gebrauch die Endung *Controller*. Anschließend durchsucht die betrachtete Implementierung die Membervariable *cache* nach einem Controller mit diesem Namen. Wird sie fündig, liefert sie die auf diese Weise ermittelte *HttpControllerDescriptor*-Instanz zurück. Ansonsten löst sie eine Ausnahme aus.

Listing 6.63 Benutzerdefinierter HttpControllerSelector

```
public class CustomHttpControllerSelector : DefaultHttpControllerSelector
{
    HttpConfiguration configuration;
    Dictionary<string, HttpControllerDescriptor> cache;

    public CustomHttpControllerSelector(HttpConfiguration configuration):
base(configuration) {
        this.configuration = configuration;

        cache = GetControllerMapping();
    }

    public override System.Web.Http.Controllers.HttpControllerDescriptor
SelectController(System.Net.Http.HttpRequestMessage request)
    {
        if (request.Headers.Contains("X-Debug") && request.Headers.First
(h => h.Key == "X-Debug").Value.First() == "Mock")
        {
            var controllerName = base.GetControllerName(request) + "Mock";
            controllerName = controllerName.ToLower();
            if (!cache.ContainsKey(controllerName)) throw new
HttpResponseException(HttpStatusCode.BadRequest);
            var controllerDescriptor = cache[controllerName];
            return controllerDescriptor;
        }
        return base.SelectController(request);
    }
}
```

Um ASP.NET Web API einen benutzerdefinierten *HttpControllerSelector* bekannt zu machen, registriert ihn der Benutzer beim *DependencyResolver* unter Verwendung des Schlüssels *typeof(IHttpControllerSelector)*:

```
config.Services.Replace(typeof(IHttpControllerSelector),
new CustomHttpControllerSelector(config));
```

6.13.5 Methodenparameter auf benutzerdefinierte Weise mit HttpParameterBinding

Standardmäßig übernimmt ASP.NET Web API die Parameter für Operationen entweder aus der Url oder aus den Nutzdaten der übersendeten HTTP-Nachricht. Um alternative Datenquellen hierfür zur Verfügung zu stellen, kann der Entwickler benutzerdefinierte Parameter-Bindings bereitstellen. Dazu implementiert er eine Klasse, welche von *HttpParameter Binding* ableitet. Die Logik für das Ermitteln des jeweiligen Wertes hinterlegt er in der zu überschreibenden Methode *ExecuteBindingAsync*. Diese erhält beim Aufruf Informationen über die aktuelle Anfrage sowie über den zu bindenden Parameter. Ihre Aufgabe ist es, unter Verwendung der geerbten Methode *SetValue* den Wert für diesen Parameter zu definieren. Listing 6.64 und Listing 6.65 zeigen jeweils ein Beispiel einer solchen Implementierung. Jene in Listing 6.64 bindet den aktuellen Benutzernamen an den vom Framework angezeigten Parameter; jene in Listing 6.65 das aktuelle Principal-Objekt, welches den aktuellen Benutzer repräsentiert. Dazu rufen beide Listings die Methode *SetValue* auf und übergeben als ersten Parameter den übergebenen *actionContext* sowie an den zweiten Parameter den zu bindenden Wert. Als Rückgabewert erwartet die asynchrone Methode *ExecuteBindingAsync* einen Task. Da zur Erledigung der gestellten Aufgabe im betrachteten Fall jedoch kein Task abgespalten werden muss, legen sich beide Implementierungen eine Instanz von *TaskCompletionSource* zurecht. Über diesen ermitteln sie einen Task, der vorgibt, bereits fertig ausgeführt worden zu sein und den Rückgabewert null mit sich bringt. Diesen Task liefern die beiden Implementierungen retour.

Listing 6.64 HttpParameterBinding zum Zuweisen des Benutzernamens

```
public class UserNameParameterBinding : HttpParameterBinding
{
    public UserNameParameterBinding(HttpParameterDescriptor desc)
        : base(desc)
    {
    }
    public override System.Threading.Tasks.Task ExecuteBindingAsync(System.
Web.Http.Metadata.ModelMetadataProvider metadataProvider, HttpActionContext
actionContext, System.Threading.CancellationToken cancellationToken)
    {
        SetValue(actionContext, Thread.CurrentPrincipal.Identity.Name);

        var tcs = new TaskCompletionSource<object>();
        tcs.SetResult(null);
        return tcs.Task;

    }
}
```

Listing 6.65 HttpParameterBinding zum Zuweisen des aktuellen Principals

```
public class PrincipalParameterBinding : HttpParameterBinding
{
    public PrincipalParameterBinding(HttpParameterDescriptor desc)
        : base(desc)
    {
    }

    public override System.Threading.Tasks.Task ExecuteBindingAsync(System.
Web.Http.Metadata.ModelMetadataProvider metadataProvider, HttpActionContext
actionContext, System.Threading.CancellationToken cancellationToken)
    {
        SetValue(actionContext, Thread.CurrentPrincipal);

        var tcs = new TaskCompletionSource<object>();
        tcs.SetResult(null);
        return tcs.Task;
    }
}
```

Neben den beiden Implementierungen von *HttpParameterBinding* muss der Entwickler auch einen Mechanismus, welcher entscheidet, wann welches *HttpParameterBinding* zum Einsatz kommen soll, bereitstellen. Dazu definiert er eine *ParameterBindingRule* (siehe Listing 6.66). Dabei handelt es sich um eine Methode, welche einen *HttpParameterDescriptor*, welcher einen Parameter der angestoßenen Operation entgegennimmt, und das für diesen Parameter ein *HttpParameterBinding* zurückliefert. Kann die Methode für den jeweiligen Parameter kein *HttpParameterBinding* liefern, liefert sie per Definition null. Dies veranlasst ASP.NET Web API zur Laufzeit sich an die nächsten registrierten *ParameterBindingRule* zu wenden, sofern eine solche existiert.

Listing 6.66 ParameterBindingRule zur Auswahl eines benutzerdefinierten HttpParameter-Bindings

```
public class PrincipalParameterBindingRule
{
    // Zum Testen auth in web.config aktivieren, z.B. mit <authentication
mode="Windows" />
    public static HttpParameterBinding GetRule(HttpParameterDescriptor
descriptor)
    {
        if (descriptor.ParameterName == "userName" && descriptor.Parameter
Type == typeof(string))
        {
            return new UserNameParameterBinding(descriptor);
        }
        else if (descriptor.ParameterType == typeof(IPrincipal))
        {
            return new PrincipalParameterBinding(descriptor);
        }

        return null;
    }
}
```

Eine *ParameterBindingRule* wird bei ASP.NET Web API registriert, indem der Entwickler einen Delegate, der darauf verweist, in der Auflistung *ParameterBindingRules* des Konfigurations-Objektes verstaut:

```
config.ParameterBindingRules.Insert(0,
    PrincipalParameterBindingRule.GetRule);
```

Da ASP.NET Web API für jeden zu bindenden Parameter die registrierten *ParameterBinding Rules* der Reihe nach um ein *ParameterBinding* fragt, ist die Reihenfolge, in der die *ParameterBindingRules* in dieser Auflistung platziert werden, ausschlaggebend.

Listing 6.67 zeigt einen *ApiController*, mit dem die hier beschriebene Implementierung getestet werden kann. Beim Aufruf via GET sind die Parameter a und b über die Url zu übergeben. Die Parameter *userName* und p werden hingegen durch die diskutierten *Parameter-Bindings* bestückt. Damit dieses Beispiel erfolgreich getestet werden kann, sollte das Projekt für die Verwendung von Windows-Authentifizierung konfiguriert und der anonyme Zugriff über IIS unterbunden werden. Darüber hinaus bietet es sich an, diese Implementierung über einen Browser zu testen, da sich in diesem Fall der Entwickler nicht mit der korrekten Übergabe der Credentials über die HTTP-Kopfzeilen kümmern muss.

Listing 6.67 ApiController zum Testen des benutzerdefinierten Parameter-Bindings

```
public class HttpParameterBindingSampleController : ApiController
{
    public string Get(int a, int b, string userName, IPrincipal p)
    {
        return "*" + userName + "*";
    }
}
```

7 ASP.NET Web API Security

Um zu verhindern, dass unautorisierte Personen auf Service-Operationen zugreifen oder übertragene Daten mitlesen können, sind Maßnahmen wie Verschlüsselung, aber auch Authentifizierungs- und Autorisierungsverfahren zu ergreifen. Dieses Kapitel informiert über die im Umfeld von ASP.NET Web API verfügbaren Möglichkeiten hierzu.

■ 7.1 Verschlüsselte Übertragung

Die einzige allgemein akzeptierte und unterstützte Möglichkeit zum Verschlüsseln der Kommunikation bei HTTP-basierten Services ist SSL. Daneben steht es Kommunikationspartnern frei, sich auf andere Formen der Verschlüsselung und/oder Signierung zu einigen.

7.1.1 SSL mit IIS

Werden Services in IIS gehostet, kann der Entwickler SSL auf komfortable Weise über den IIS-Manager konfigurieren. Dazu muss auf der Ebene des Rechners unter *Serverzertifikate* ein SSL-Zertifikat importiert bzw. zu Testzwecken generiert werden. Daneben ist auf der Ebene der Website ein Binding für HTTPS unter Angabe dieses Zertifikates einzurichten (Rechtsklick auf *Web-Site | Bindungen bearbeiten*). Details hierzu finden Sie in Kapitel 4, „Sicherheit von WCF-Diensten".

7.1.2 SSL in Self-Hosting-Szenarien

Auch Self-Hosting-Szenarien unterstützen die Verwendung von SSL. Dazu wird ein Zertifikat auf der Kommandozeile dem Port der Wahl zugewiesen. Listing 7.1 demonstriert dies unter Verwendung des Ports 4443 (in Anlehnung an den offiziellen SSL-Port 443). Die erste Anweisung gibt dem angegebenen Benutzer, unter dem die Anwendung auszuführen ist, das Recht, diesen Port zu verwenden. Die zweite Anweisung assoziiert diesen Port mit dem gewünschten Zertifikat, wobei dessen Fingerabdruck unter *certhash* anzugeben ist. Anschließend kann eine *HttpSelfHostConfiguration*, die sich auf https und den genannten Port abstützt, erzeugt, konfiguriert und geöffnet werden.

Listing 7.1 HTTP-Port an Benutzer delegieren und mit SSL-Zertifikat verknüpfen

```
netsh http add urlacl url=http://+:4443/ user=machine\username
netsh http add sslcert ipport=0.0.0.0:4443 certhash=24e2f9c13090f52f378ffcd40
172787daa0d930a appid={00000000-0000-0000-0000-000000000000}
```

7.1.3 Diskussion über Nachrichtensicherheit

Beim Einsatz von SSL werden Daten über einen gesicherten Kanal versendet. Sowohl dem Sender als auch dem Empfänger liegen dabei die Daten in Klartext vor, wobei die Übertragung verschlüsselt erfolgt. Alternativ dazu besteht die Möglichkeit, die versendeten Nachrichten direkt zu verschlüsseln, sodass sie der Empfänger zum Beispiel nicht oder nur teilweise lesen kann. Dies macht Sinn, wenn der Empfänger lediglich eine Zwischenstation darstellt, die aufgrund bestimmter Nachrichtenteile die Nachricht weiterroutet. Im Gegensatz zur Welt von SOAP-Services gibt es im Bereich von HTTP-basierten Services keinen Standard für solche Szenarien. Allerdings existieren Standards zum Verschlüsseln und Signieren von Dokumenten, wie zum Beispiel XML Encryption (*http://www.w3.org/TR/xmlenc-core*) und XML Signature (*http://www.w3.org/TR/xmldsig-core*). Da es Kommunikationspartnern prinzipiell freisteht, sich auf eine bestimmte Art der Kommunikation zu einigen, spricht auch nichts gegen den Einsatz solcher Standards. Da diese Standards in der Regel sehr umfangreich sind und von gängigen Service-Frameworks nicht unterstützt werden, sollte der Einsatz nachrichtenbasierter Sicherheit in Hinblick auf Kosten und Nutzen abgewogen werden.

■ 7.2 Authentifizierung und Autorisierung

Dieser Abschnitt geht auf das Authentifizieren und Autorisieren von Benutzern ein. Dazu wird aufgezeigt, wie der Entwickler den Zugriff auf Service-Operationen für nicht autorisierte Benutzer einschränken kann sowie wie er innerhalb einer Operation Informationen über den aktuellen Benutzer erhält. Daneben werden verschiedene Authentifizierungsmechanismen für den Einsatz mit IIS sowie für Self-Hosting-Szenarien beschrieben.

7.2.1 Operationen absichern

Mit dem Attribut *Authorize* legt der Entwickler fest, dass eine Service-Operation lediglich von angemeldeten Benutzern angestoßen werden darf (Listing 7.2). Daneben besteht die Möglichkeit, über dessen Eigenschaft *Roles* eine kommaseparierte Liste an Rollen anzugeben. Wird davon Gebrauch gemacht, muss der Aufrufer eine dieser Rollen innehaben, um die jeweilige Operation aufrufen zu dürfen. Alternativ dazu kann der Entwickler mit *Authorize* auch die Namen ausgewählter Benutzer hinterlegen, die die Berechtigung haben, die Methoden zur Ausführung zu bringen. Hierzu ist die Eigenschaft *Users* vorgesehen, der ebenfalls eine kommaseparierte Liste zugewiesen werden kann. Um den Zugang zu sämtlichen Operationen eines Service zu beschränken, kann der Entwickler das Attribut *Authorize* auch auf Klassenebene einsetzen.

Listing 7.2 Zugang zu Operationen mit dem Attribut Authorize beschränken

```
public class SecureController : ApiController
{
    [Authorize]
    public IEnumerable<string> Get()
    {
        return new string[] { "value1", "value2" };
    }

    [Authorize(Roles="Heros")]
    public string Get(int id)
    {
        return "value";
    }
}
```

Neben dem deklarativen Beschränken des Zugangs zu Operationen mittels *Authorize* kann der Entwickler auch innerhalb von Operationen Daten des aktuellen Benutzers einsehen, um zu ermitteln, auf welche Informationen dieser zugreifen darf. Dazu greift er auf die statische Eigenschaft *CurrentPrincipal* der Klasse *Thread* zurück (Listing 7.3). Diese Eigenschaft beinhaltet per Definition ein Objekt vom Typ *IPrincipal*, das den aktuellen Benutzer repräsentiert. Über dessen Eigenschaft *Identity* erhält der Entwickler Zugriff auf den Namen des Benutzers und kann sich darüber informieren, ob es sich hierbei um einen anonymen Benutzer oder um einen angemeldeten handelt. Daneben kann über den *Principal* geprüft werden, ob sich der Benutzer in einer bestimmten Rolle befindet.

Listing 7.3 Informationen zu aktuellem Benutzer ermitteln

```
public class SecureController : ApiController
{
    [Authorize]
    public IEnumerable<string> Get()
    {
        var cp = Thread.CurrentPrincipal;

        Debug.WriteLine("Name: " + cp.Identity.Name);
        Debug.WriteLine("IsAuthenticated: " + cp.Identity.IsAuthenticated);
        Debug.WriteLine("isHero: " + cp.IsInRole("Heros"));

        return new string[] { "value1", "value2" };
    }
}
```

7.2.2 HTTP-Authentifizierung mit IIS

IIS bietet verschiedene Arten der Authentifizierung via HTTP, die für Web API-basierende Services interessant sind (Tabelle 7.1). Diese sind jedoch nicht Teil der Standardinstallation, sondern müssen explizit bei der Installation von IIS angeführt bzw. über die Systemsteuerung nachinstalliert werden.

Entscheidet man sich für eine dieser Authentifizierungsarten, so erfolgt die Authentifizierung gegen Windows-Benutzer bzw. gegen das Active Directory. Ist dies nicht gewünscht, kann der Entwickler die Benutzerprüfung manuell durchführen. In diesem Fall würde man auf der Ebene von IIS eine anonyme Anmeldung erlauben und die Authentifizierung innerhalb von ASP.NET durchführen. Informationen dazu finden Sie in den Abschnitten 7.2.4 sowie 7.3.

Tabelle 7.1 Von IIS gebotene und für ASP.NET Web API relevante Authentifizierungsarten

Authentifizierungsart	Beschreibung
Anonyme Authentifizierung	Diese Option bedeutet, dass der Benutzer ohne Authentifizierung auf die Website zugreifen darf.
Standardauthentifizierung	Hierbei handelt es sich um eine schlechte Übersetzung der allgemein bekannten Spielart HTTP BASIC, welche die Übertragung von Benutzernamen und Passwort in Klartext vorsieht und aus diesem Grund vor allem gemeinsam mit SSL eingesetzt wird.
Digestauthentifizierung	HTTP DIGEST sieht vor, dass der Client einen Hashwert überträgt, der unter anderem aus dem Passwort sowie einer vom Server generierten zufälligen Zeichenkette besteht. Bei dieser Spielart muss das Passwort nicht übertragen werden, weswegen es Angreifern auch nicht in die Hände fallen kann. Die Übertragung geht jedoch ohne Verschlüsselung vonstatten.
Windows-Authentifizierung	Diese Spielart verwendet NTLM und erlaubt Single Sign-On-Szenarien für am Client angemeldete Windows-Benutzer.

Um über den IIS-Manager die gewünschten Authentifizierungsvarianten zu aktivieren, wählt man im Baum auf der linken Seite die jeweilige Website sowie anschließend die Option *Authentifizierung*. Danach kann man eine oder mehrere der installierten Authentifizierungsarten auswählen (Bild 7.1).

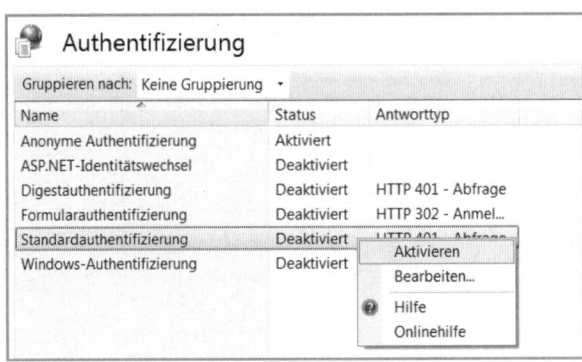

Bild 7.1
Aktivierung von HTTP BASIC

7.2.3 HTTP-Authentifizierung in Self-Hosting-Szenarien

In Self-Hosting-Szenarien kann der Entwickler über die Eigenschaft *ClientCredentialType* festlegen, auf welche Weise die Authentifizierung über HTTP erfolgen soll (Listing 7.4). Zur Auswahl stehen unter anderem die Optionen *Basic, Digest, Windows* bzw. *NTLM* (vgl. Tabelle 7.1) sowie *None*, wobei letztere Option anonymen Zugriff gestattet.

Darüber hinaus kann der Entwickler bei Verwendung von *HTTP BASIC* zur Eigenschaft *UserNamePasswortValidator* eine eigene Implementierung der Basisklasse *UserNamePasswordValidator* zuweisen (Listing 7.5). Die zu überschreibende Methode *Validate* einer solchen Implementierung nimmt einen Benutzernamen und ein Passwort entgegen und prüft, ob diese zu einem gültigen Benutzer gehören. Falls dem nicht so ist, ist per Definition eine *SecurityException* auszulösen.

Wird kein *UserNamePasswortValidator* zugewiesen, erfolgt die Prüfung des übertragenen Benutzernamens gegen den Pool lokaler Windows-Benutzer bzw. gegen das Active-Directory.

Listing 7.4 HTTP-Basic für Self-Hosting konfigurieren und benutzerdefinierten UserNamePasswortValidator festlegen

```
var config = new HttpSelfHostConfiguration("http://localhost:8080");

config.Routes.MapHttpRoute(
    "API Default", "api/{controller}/{id}",
    new { id = RouteParameter.Optional });

config.ClientCredentialType = HttpClientCredentialType.Basic;
config.UserNamePasswordValidator = new CustomUserNamePasswortValidator();

using (HttpSelfHostServer server = new HttpSelfHostServer(config))
{
    server.OpenAsync().Wait();
    Console.WriteLine("Press Enter to quit.");
    Console.ReadLine();
}
```

Listing 7.5 Benutzerdefinierter UserNamePasswordValidator

```
public class CustomUserNamePasswortValidator : UserNamePasswordValidator
{
    public override void Validate(string userName, string password)
    {
        if (userName == "max" && password == "geheim")
        {
            return;
        }
        throw new SecurityException();
    }
}
```

7.2.4 Benutzer mit HttpClient authentifizieren

Um über einen *HttpClient* Benutzername und Passwort übertragen zu können, instanziiert der Entwickler einen *WebRequestHandler* und weist dessen Eigenschaft *Credentials* eine Instanz von *NetworkCredential* zu (Listing 7.6). An den Konstruktor von *NetworkCredential* übergibt er den zu verwendenden Benutzernamen sowie das dazugehörige Passwort. Anschließend reicht er den *WebRequestHandler* an den Konstruktor von *HttpClient* weiter. Danach verwendet er den *HttpClient* wie gewohnt, um auf den Service der Wahl zuzugreifen.

Listing 7.6 Übermittlung von Benutzername und Passwort mit HttpClient

```
var handler = new WebRequestHandler();
handler.Credentials = new NetworkCredential("max", "geheim");

var client = new HttpClient(handler);
var response = await client.GetAsync("http://localhost/SecureService/api/
values");
var result = response.Content.ReadAsStringAsync().Result;
```

7.2.5 Benutzerdefinierte Security mit Handler

In Fällen, in denen sich der Entwickler nicht damit abfinden kann, dass IIS lediglich gegen Windows-Benutzer authentifiziert, sowie in Fällen, in denen man mit den von IIS und ASP. NET Web API gebotenen Mechanismen nicht auskommt, bietet sich die Implementierung eigener Authentifizierungsmechanismen an. Dabei kann der Entwickler Gebrauch vom Filterkonzept sowie vom Konzept der Handler in ASP.NET Web API machen. Da Handler vor den registrierten Filtern zur Ausführung gebracht werden, bieten diese sich eher für die Prüfung eines eventuell übersendeten Credentials an.

Als Beispiel für das dazu nötige Vorgehen findet sich in Listing 7.7 ein Handler, der das Verfahren HTTP BASIC implementiert. Dieser prüft, ob der Aufrufer über den HTTP-Header *Authorization* angegeben hat, sich mittels *HTTP BASIC* authentifizieren zu wollen. Ist dem nicht so, wird vorerst mittels *SendAsync* an den nächsten Handler weiterdelegiert und somit Zugriff gewährt. Nach der Ausführung von *SendAsync* und somit auch nach der Ausführung der gewünschten Service-Operation prüft *AddWwwAuthenticationIfUnauthorized*, ob die Operation den anonymen Zugriff verweigert hat. Dies ist zum Beispiel der Fall, wenn diese mit *Authorize* annotiert wurde. Ist dem so, wird die Antwort um den Headereintrag *WWW-Authenticate: BASIC* erweitert. Dieser zeigt dem Client an, dass er sich unter Verwendung von *HTTP BASIC* authentifizieren kann.

Findet sich in der Anfrage der Header *Authorization* mit Bezug auf *HTTP BASIC*, erwartet die betrachtete Implementierung einen String im Format *Benutzername:Passwort*, der BASE64-codiert vorliegt. Diesen dekodiert sie mit der Hilfsmethode *DecodeBase64* und prüft ihn gegen die vorhandenen Benutzer. Zur Vereinfachung findet an dieser Stelle eine Prüfung gegen einen hartcodierten Benutzernamen und ein ebenfalls hartcodiertes Passwort statt. In der Praxis würde man stattdessen über eine Datenbankabfrage prüfen, ob die übermittelten Credentials in Ordnung sind.

War die Prüfung von Benutzername und Passwort nicht erfolgreich, sendet die Implementierung einen entsprechenden Statuscode zum Client und weist dabei mit dem Header *WWW-Authenticate* darauf hin, dass dieser sich mit *HTTP BASIC* authentifizieren muss. In Fällen, in denen die Prüfung hingegen erfolgreich war, erzeugt sie einen *GenericPrincipal* auf der Basis einer *GenericIdentity*, die den Benutzernamen widerspiegelt. Der *GenericPrincipal* nimmt auch ein String-Array entgegen. Dieses spiegelt jene Rollen wider, in denen sich der Benutzer befindet. In der Praxis würde man diese Rollen über eine Datenbank laden. Im betrachteten Fall werden hingegen zur Vereinfachung zwei Rollen hartcodiert zugewiesen.

Der auf diese Weise erzeugte *Principal* wird anschließend zu *Thread.CurrentPrincipal* zugewiesen. Dabei handelt es sich um jene Eigenschaft, über die sich per Definition sämtliche Routinen in .NET über den aktuellen Benutzer informieren können. Da diese Eigenschaft nun auf einen nicht anonymen Benutzer verweist, können in weiterer Folge auch Service-Operationen angestoßen werden, die mit *Authorize* annotiert wurden.

Nach dem Setzen der Eigenschaft *Thread.CurrentPrincipal* delegiert die betrachtete Implementierung mittels *SendAsync* an den nächsten Handler weiter und bringt somit indirekt die Service-Operation zur Ausführung.

Listing 7.7 Benutzerdefinierte Implementierung von HTTP BASIC

```
class HttpBasicHandler: DelegatingHandler
{
    protected override Task<HttpResponseMessage> SendAsync(HttpRequest
Message request, System.Threading.CancellationToken cancellationToken)
    {
        HttpResponseMessage response;
        var auth = request.Headers.Authorization;

        if (auth == null || auth.Scheme.ToUpper() != "BASIC")
        {
            var resp = base.SendAsync(request, cancellationToken).Result;
            AddWwwAuthenticationIfUnauthorized(resp);
            return Task.FromResult(resp);
        }

        var parameter = DecodeBase64(auth.Parameter);

        var index = parameter.IndexOf(':');
        if (index == -1)
        {
            response = new HttpResponseMessage();
            response.Headers.WwwAuthenticate.Add(new AuthenticationHeader
Value("BASIC"));
            response.StatusCode = System.Net.HttpStatusCode.Unauthorized;
            return Task.FromResult(response);
        }

        var user = parameter.Substring(0, index);
        var password = parameter.Substring(index + 1);

        if (!(user == "max" && password == "geheim"))
        {
```

```
        response = new HttpResponseMessage();
        response.Headers.WwwAuthenticate.Add(new AuthenticationHeader
Value("BASIC"));
        response.StatusCode = System.Net.HttpStatusCode.Forbidden;
        return Task.FromResult(response);
    }

    var roles = new string[] { "Hero", "Beckenrandschwimmer" };
    var identity = new GenericIdentity(user);
    var principal = new GenericPrincipal(identity, roles);

    Thread.CurrentPrincipal = principal;

    return base.SendAsync(request, cancellationToken);

}

private static string DecodeBase64(string parameter)
{
    parameter = Encoding.UTF8.GetString(Convert.
FromBase64String(parameter));
    return parameter;
}

private static void AddWwwAuthenticationIfUnauthorized(HttpResponse
Message resp)
{
    if (resp.StatusCode == System.Net.HttpStatusCode.Unauthorized)
    {
        resp.Headers.WwwAuthenticate.Add(new AuthenticationHeaderValue
("BASIC"));
    }
}
}
```

Damit dieser Handler auch angestoßen wird, muss er der Konfiguration von ASP.NET Web API übergeben werden. Dies erfolgt bei IIS-Szenarien in der Datei *WebApiConfig.cs* bzw. bei Self-Hosting-Szenarien über die instanziierte *HttpSelfHostingConfiguration* und gestaltet sich wie nachfolgend gezeigt.

```
config.MessageHandlers.Add(new HttpBasicHandler());
```

7.2.6 Benutzerdefinierte Security mit HTTP-Module

Der Vorteil der im letzten Abschnitt betrachteten benutzerdefinierten Implementierung von *HTTP BASIC* über Handler liegt darin, dass sie sowohl in Self-Hosting-Szenarien als auch beim Einsatz von IIS genutzt werden kann. Daneben erlaubt sie beim Einsatz von IIS im Gegensatz zur darin integrierten Implementierung eine Prüfung gegen eine eigene Datenquelle. Der Nachteil dieser Variante liegt darin, dass man beim Einsatz von IIS unberechtigte Benutzer früher in der Aufrufkette abfangen könnte. Dieser Nachteil kann durch die Implementierung eines HTTP-Modules kompensiert werden, wenngleich diese Vorgehensweise den Nachteil mit sich bringt, dass sie Self-Hosting-Szenarien ausschließt.

Eine Umsetzung der im letzten Abschnitt beschriebenen *HTTP BASIC*-Authentifizierung auf der Basis von HTTP-Modulen findet sich in Listing 7.8. Es handelt sich dabei um eine Klasse, die das Interface *IHttpModule* implementiert und die von diesem Interface vorgegebene Methode *Init* nutzt, um Ereignisbehandlungsroutinen zu registrieren. Bei den verwendeten Ereignissen handelt es sich um das Ereignis *AuthenticateRequest*, das beim Entgegennehmen einer Anfrage ausgelöst wird, sowie um das Ereignis *EndRequest*, das nach dem Abarbeiten einer Anfrage zur Ausführung kommt. Innerhalb der auf diesem Wege registrierten Ereignisbehandlungsroutinen findet die bereits im letzten Abschnitt beschriebene Logik statt. Da es sich bei Modulen um einen Basismechanismus von ASP.NET handelt, muss bei einer erfolgreichen Authentifizierung der *Principal*, der den aktuellen Benutzer repräsentiert, auch zu *HttpContext.Current.User* zugewiesen werden.

Listing 7.8 Benutzerdefinierte Implementierung von HTTP BASIC über HttpModule

```
public class BasicHttpModule : IHttpModule
{
    public void Init(HttpApplication context)
    {
        context.AuthenticateRequest += context_AuthenticateRequest;
        context.EndRequest += context_EndRequest;
    }

    void context_EndRequest(object sender, EventArgs e)
    {
        var context = HttpContext.Current;
        var response = context.Response;

        if (response.StatusCode == 401)
        {
            response.AddHeader("WWW-Authenticate", "Basic");
        }
    }


    void context_AuthenticateRequest(object sender, EventArgs e)
    {
        var context = HttpContext.Current;
        var request = context.Request;
        var response = context.Response;
        var aspNetUser = context.User;

        var header = request.Headers["Authorization"];

        if (string.IsNullOrEmpty(header) ||
                !header.Trim().ToLower().StartsWith("basic"))
        {
            return;
        }

        header = header.Trim();
        header = header.Substring(5); // Basic wegschneiden …
        header = header.Trim();
        header = DecodeBase64(header);

        var index = header.IndexOf(':');
```

```
            if (index == -1)
            {
                response.Headers["WWW-Authenticate"] = "Basic";
                response.StatusCode = 401;
                response.StatusDescription = "Unauthorized";
                response.End();
                return;
            }

            var user = header.Substring(0, index);
            var password = header.Substring(index + 1);

            if (!(user == "max" && password == "geheim"))
            {
                response.Headers["WWW-Authenticate"] = "Basic";
                response.StatusCode = 403;
                response.StatusDescription = "Forbidden";
                response.End();
                return;
            }

            var roles = new string[] { };
            var identity = new GenericIdentity(user);
            var principal = new GenericPrincipal(identity, roles);

            Thread.CurrentPrincipal = principal;
            HttpContext.Current.User = principal;


    }

    private static string DecodeBase64(string header)
    {
        header = Encoding.UTF8.GetString(Convert.FromBase64String(header));
        return header;
    }

    private static string RemovePrefix(string str, string prefix)
    {
        if (str.StartsWith(prefix))
        {
            str = str.Substring(prefix.Length, str.Length - prefix.Length);
        }
        return str;
    }


    public void Dispose()
    {
    }
}
```

Damit ASP.NET das Modul auch verwendet, ist es in der Datei *web.config* unter *system.web Server/modules* zu registrieren (Listing 7.9). Im Zuge dessen wird zum einen ein beliebiger eindeutiger Name sowie zum anderen der vollständige Klassenname der Implementierung in der Form *Namespaces.Klassenname* hinterlegt.

Listing 7.9 Registrieren des benutzerdefinierten Moduls

```
<system.webServer>

  […]
  <modules>
    <add name="BasicHttpModule" type="SecureService.Modules.BasicHttpModule"
/>
  </modules>

</system.webServer>
```

7.2.7 Mit Client-Zertifikaten arbeiten

Eine weitere Möglichkeit zur Authentifizierung von Benutzern stellt der Einsatz von Client-Zertifikaten[1] dar. Der Benutzer muss bei solchen Szenarien den privaten Schlüssel seines Client-Zertifikates besitzen. Im Zuge der Authentifizierung wird damit eine Anfrage signiert. Der Service prüft diese Signatur mit dem öffentlichen Schlüssel und stellt so fest, ob es sich beim Kommunikationspartner wirklich um jenen handelt, der dieser vorgibt zu sein.

7.2.7.1 IIS konfigurieren

Wird ein Service, der eine Authentifizierung über Client-Zertifikate unterstützt, in IIS ausgeführt, muss für die jeweilige Website in IIS zum einen ein anonymer Zugriff konfiguriert werden. Zum anderen muss unter *SSL-Einstellungen* angeführt werden, dass SSL erforderlich ist sowie dass Client-Zertifikate entweder akzeptiert werden oder erforderlich sind (Bild 7.2).

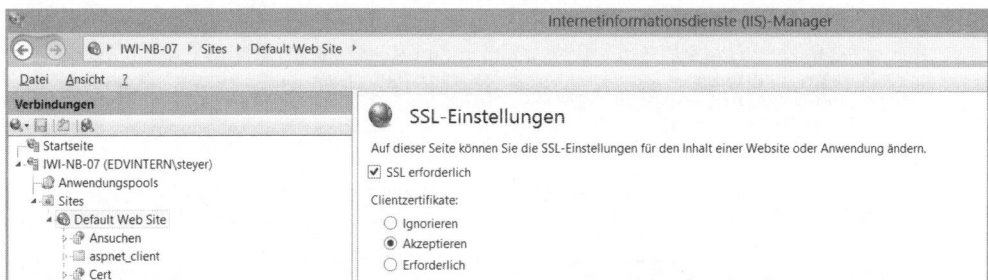

Bild 7.2 SSL-Einstellungen, um Authentifizierung über Client-Zertifikate zu ermöglichen

Eine Strategie für die Prüfung von Client-Zertifikaten muss beim Hosten in IIS nicht angegeben werden, zumal IIS übermittelte Client-Zertifikate selbst prüft. Damit ein Client-Zertifikat von IIS als vertrauenswürdig angesehen wird, muss es von einem vertrauenswürdigen Aussteller stammen. Dessen Zertifikat ist im Certificate Store unter *Vertrauenswürdige Stammzertifizierungsstellen* zu hinterlegen.

---

[1] Falls kein Client-Zertifikat zum Testen vorliegt, kann eines mit den Kommandozeilenbefehlen, die unter Abschnitt 7.3.3 diskutiert werden, erstellt werden.

7.2.7.2 Client-Zertifikate in Self-Hosting-Szenarien

Im Gegensatz zu Szenarien, bei denen Services in IIS gehostet werden, kann der Entwickler bei Self-Hosting-Szenarien eine eigene Strategie zur Prüfung von Client-Zertifikaten hinterlegen. Dazu leitet er von der Basisklasse *X509CertificateValidator* ab und überschreibt die Methode *Validate* (Listing 7.10). Innerhalb dieser Methode prüft er, ob das übermittelte Client-Zertifikat die erwarteten Merkmale aufweist. Im betrachteten Beispiel wird zum einen geprüft, ob das übermittelte Zertifikat einen bestimmten Fingerabdruck (*Thumbprint*) aufweist. In einer Implementierung für den Produktiveinsatz würde man an dieser Stelle gegen eine Datenbank prüfen, in der die Fingerabdrücke der registrierten Zertifikate gespeichert sind. Anschließend prüft die diskutierte Implementierung mittels *Verify*, ob das Zertifikat von einem vertrauenswürdigen Aussteller stammt. Damit sind Aussteller gemeint, deren Zertifikate im Windows Certificate Store unter *Vertrauenswürdige Stammzertifizierungsstellen* abgelegt wurden.

Listing 7.10 Benutzerdefinierter X509CertificateValidator

```
class CustomCertValidator : X509CertificateValidator
{

    public override void Validate(X509Certificate2 certificate)
    {
        if (certificate.Thumbprint != "060F28445427F91DE6427B5370FFB19C
2B5EAF96")
        {
            throw new SecurityException("Benutzer ist nicht registriert!");
        }
        certificate.Verify();
    }
}
```

Damit ein *HttpSelfHostServer* einen benutzerdefinierten *X509CertificateValidator* zum Prüfen von Client-Zertifikaten heranzieht, ist dieser der Eigenschaft *X509CertificateValidator* der verwendeten *HttpSelfHostConfiguration* zuzuweisen. Zusätzlich muss der Entwickler deren Eigenschaft *ClientCredentialType* auf *HttpClientCredentialType.Certificate* setzen.

Listing 7.11 Benutzerdefinierten X509CertificateValidator einsetzen

```
var config = new HttpSelfHostConfiguration("https://localhost:4443");
Type bc = typeof(SecureController);

config.Routes.MapHttpRoute(
    "API Default", "api/{controller}/{id}",
    new { id = RouteParameter.Optional });

config.X509CertificateValidator = new CustomCertValidator();
config.ClientCredentialType = HttpClientCredentialType.Certificate;

using (var host = new HttpSelfHostServer(config))
{
    host.OpenAsync().Wait();
    Console.WriteLine("Host wurde gestartet ...");
    Console.ReadLine();
}
```

7.2.7.3 In Service auf Client-Zertifikat zugreifen

Innerhalb einer Service-Operation kann der Entwickler über die für die Eigenschaft *Request* bereitgestellte Erweiterungsmethode *GetClientCertificate* ein Objekt abrufen, welches das Client-Zertifikat, mit dem sich der aktuelle Benutzer authentifiziert hat, beschreibt (Listing 7.12).

Dabei ist zu beachten, dass im Falle einer Authentifizierung mit Client-Zertifikaten kein *Principal*-Objekt, das den Aufrufer beschreibt, unter *Thread.CurrentPrincipal* eingerichtet wird. Aus diesem Grund darf die jeweilige Methode auch nicht mit dem Attribut *Authorize* gesichert werden. Um dies dennoch zu erlauben, muss der Entwickler vor dem Aufruf der Operation manuell einen *Principal*, der den aktuellen Benutzer repräsentiert, zu *Thread. CurrentPrincipal* zuweisen. Wird der Service in IIS gehostet, sollte dieser ebenfalls zu *HttpContext.Current.User* zugewiesen werden, da sich ASP.NET teilweise auf diese Eigenschaft abstützt. Die dazu benötigten Informationen können dem übersendeten Client-Zertifikat entnommen werden. Zur Implementierung dieser Logik bietet sich bei Self-Hosting-Szenarien der eingesetzte benutzerdefinierte *X509CertificateValidator* an.

Alternativ dazu kann diese Aufgabe sowohl bei Self-Hosting-Szenarien als auch beim Hosting in IIS in einen eigenen Handler ausgelagert werden. Ein Beispiel dafür stellt die Methode *SetUpPrincipal* in Listing 7.13 dar. Sie ermittelt mit *LookUpUserName* den Benutzernamen jenes Benutzers, der durch das übergebene Zertifikat repräsentiert wird. Dazu wird zur Vereinfachung eine Zeichenkette bestehend aus dem im Zertifikat hinterlegten Namen und dem Fingerabdruck des Zertifikates gebildet. In einer Implementierung für den Produktiveinsatz würde man hier abermals auf eine Datenbank zugreifen, um den Benutzernamen zu ermitteln, der mit diesem Client-Zertifikat assoziiert wird. Anschließend wird ein *GenericPrincipal* auf der Basis einer *GenericIdentity* erzeugt und *Thread.CurrentPrincipal* zugewiesen. Für Szenarien, in denen das Hosting mittels IIS stattfindet, wird der *Principal* auch auf die von ASP.NET verwendete Eigenschaft *HttpContext.Current.User* gesetzt.

Listing 7.12 Daten aus übermitteltem Client-Zertifikat auslesen

```
public IEnumerable<string> Get()
{

    var cert = Request.GetClientCertificate();
    if (cert != null) {
        Debug.WriteLine("Certificate.FriendlyName: " + cert.FriendlyName);
        Debug.WriteLine("Certificate.Subject: " + cert.Subject);
        Debug.WriteLine("Certificate.Thumbprint: " + cert.Thumbprint);
        Debug.WriteLine("Certificate.Issuer: " + cert.Issuer);
    }

    return new string[] { "value1", "value2" };
}
```

Listing 7.13 Principal manuell setzen

```
private void SetUpPrincipal(X509Certificate2 certificate)
{
    var userName = LookUpUserName(certificate);

    var roles = new string[] { }; // In dieser Demo gibt es keine Rollen
```

```
    var identity = new GenericIdentity(userName);
    var principal = new GenericPrincipal(identity, roles);

    Thread.CurrentPrincipal = principal;
    if (HttpContext.Current != null) HttpContext.Current.User = principal;
}

private string LookUpUserName(X509Certificate2 certificate)
{
    var userName = certificate.SubjectName.Name + "," + certificate.
Thumbprint;
    return userName;
}
```

7.2.7.4 Client für Authentifizierung mittels Client-Zertifikat vorbereiten

Listing 7.14 zeigt einen Client, der sich mit einem Client-Zertifikat aus dem Windows Certificate Store authentifiziert. Dazu lädt er mit der Hilfsmethode *LoadCert* unter Angabe des Fingerabdrucks des Zertifikates (*Thumbprint*) das Zertifikat aus dem Certificate Store. Der Fingerabdruck findet sich in den Eigenschaften des Zertifikates und fungiert als Id. Das auf diese Weise erhaltene Zertifikat weist er anschließend mit *ClientCertificates.Add* dem *WebRequestHandler* zu. Diesen übergibt er wiederum an den *HttpClient*, mit dem er die gewünschte Anfrage durchführt.

Listing 7.14 Client, der sich mit Client-Zertifikat authentifiziert

```
private static async Task ClientCertDemo()
{
    Console.WriteLine("[Enter]: Starten");
    Console.ReadLine();

    var handler = new WebRequestHandler();

    // Client Certificate
    var cert = LoadCert();
    handler.ClientCertificates.Add(cert);

    var client = new HttpClient(handler);
    var response = await client.GetAsync("https://localhost:4443/api/
secure");
    var result = response.Content.ReadAsStringAsync().Result;

    Console.WriteLine("Status: " + response.StatusCode);
    Console.WriteLine(result);
}

private X509Certificate2 LoadCert()
{
    X509Store store = new X509Store("My", StoreLocation.LocalMachine);
    store.Open(OpenFlags.ReadOnly);
    var certs = store.Certificates.Find(X509FindType.FindByThumbprint,
"060f28445427f91de6427b5370ffb19c2b5eaf96", validOnly: false);
    var cert = certs[0];
    store.Close();
    return cert;
}
```

■ 7.3 Single Sign-On mit OAuth2 und DotNetOpenAuth

In der heutigen Welt sieht sich ein Web-Benutzer mit zahlreichen Benutzerkonten konfrontiert. Dies legt den Wunsch nahe, sich mit nur einem oder zumindest wenigen Konten bei den Web-Angeboten der Wahl anmelden zu können. Darüber hinaus mehren sich Fälle, in denen ein Benutzer einen Teil seiner Zugriffsrechte an Dritte weitergeben möchte, ohne sein Passwort preiszugeben. Ein Beispiel hierfür stellen soziale Netzwerke dar, die anbieten, das Adressbuch des Benutzers nach potenziellen Kontakten, die ebenfalls am sozialen Netzwerk teilnehmen, zu durchsuchen.

Eine Lösung für diese Anforderungen stellt der Einsatz von Sicherheits-Token dar. Ein Token kann mit einem Passierschein verglichen werden, bei dem der Aussteller bestätigt, dass er dem Inhaber gewisse (Zutritts-)Rechte einräumt. Damit das Ausstellen sowie die Handhabung von Token zwischen allen beteiligen Parteien reibungslos funktionieren, sind diese gut beraten, sich auf ein gemeinsames Protokoll zu einigen. Ein solches Protokoll, das sich derzeit im Web-Bereich großer Beliebtheit erfreut, ist OAuth2 (*http://oauth.net/2*).

7.3.1 OAuth2

Die erste Version von OAuth wurde 2006 von Twitter und Ma.gnolia entwickelt. Das Ziel war es, Benutzern die Möglichkeit zu geben, einen Teil ihrer Rechte an Dritte weiterzugeben, ohne das eigene Passwort zu teilen. Somit können zum Beispiel Anwendungen das Recht erhalten, im Namen eines Twitter-Nutzers Nachrichten zu veröffentlichen oder abzurufen.

Mittlerweile wird OAuth bzw. dessen Nachfolger OAuth2 von Größen wie Google, Facebook, Flickr, Microsoft, Salesforce.com oder Yahoo! eingesetzt. Dabei fällt auf, dass es zunehmend nicht nur zur Delegation von Rechten (Autorisierung), sondern auch für Single Sign-On-Szenarien (Authentifizierung) eingesetzt wird. So können sich Benutzer zum Beispiel mit ihrem Google-Konto auch bei anderen Web-Lösungen anmelden. In diesem Fall erhält die betroffene Web-Lösung das Recht, auf die Profildaten des angemeldeten Google-Benutzers zuzugreifen. Auch andere der zuvor gelisteten Unternehmen bieten diese Möglichkeit. Während die einen dies als Missbrauch von OAuth2 bezeichnen und auf damit verbundenen Sicherheitslücken verweisen, arbeiten andere an einer Standardisierung der damit verbundenen Vorgehensweise unter dem Namen *OpenId Connect* (*http://openid.net/connect*). Im Zuge dessen wird auch aufgezeigt, wie die von den Kritikern georteten Sicherheitslücken zu schließen sind.

OAuth2 sieht insgesamt vier Rollen vor, die miteinander interagieren: *Resource Owner*, *Resource Server*, *Client* und *Authorization Server*. Der *Resource Owner* ist der Besitzer einer Ressource, die über einen *Resource Server* bereitgestellt wird. Andere Anwendungen, die in der Rolle des Clients auftreten, bekommen auf Wunsch des *Resource Owners* vom *Authorization Server* ein Token ausgestellt, das sie zum Zugriff auf bestimmte Ressourcen berechtigt.

Im Falle von Facebook handelt es sich bei Facebook sowohl um den *Resource Server* als auch um den *Authorization Server*. Der *Resource Owner* ist hingegen ein Facebook-Benutzer, der Ressourcen, wie zum Beispiel Bilder, hochlädt. Die Rolle des *Clients* würde von einer Drittanwendung, die Zugriff auf diese Bilder erhält, eingenommen werden.

7.3.2 OAuth2 und REST-Services

OAuth2 definiert verschiedene Spielarten, sogenannte *Flows*, zur Delegation von Rechten. Zur Implementierung von Single Sign-On-Szenarien für REST-Services bietet sich der Flow mit der Bezeichnung *Resource Owner Password Credentials Grant* an. Bei diesem erhält der Client das Recht, im Namen des Benutzers (*Resource Owners*) auf einen Service zuzugreifen. Dazu gibt der Benutzer dem Client seinen Benutzernamen und sein Passwort bekannt.

 HINWEIS: OAuth2 und DotNetOpenAuth unterstützen auch Szenarien, bei denen der Benutzer dem Client sein Passwort nicht anvertrauen muss. Informationen dazu finden sich im Online-Artikel des Autors unter http://www.dotnetopenauth.net/documentation/securityscenarios/.

Der Client sendet dieses gemeinsam mit seiner eigenen Client Id und seinem *Client Secret* (= Passwort des Clients) an den *Authorization Server* und erhält auf diesem Weg ein Token zum Zugriff auf den Service. Der Service validiert dieses und ermittelt aus den im Token inkludierten Daten die Rechte für den jeweiligen Aufruf. Die nachfolgenden Abschnitte zeigen, wie dieses Szenario mit der freien und über *NuGet* verfügbaren Bibliothek *DotNetOpenAuth* (*http://www.dotnetopenauth.net*) implementiert werden kann.

7.3.3 Implementieren eines Authorization Servers mit DotNetOpenAuth

Dieser Abschnitt widmet sich der Umsetzung eines benutzerdefinierten OAuth2-konformen *Authorization Servers*. Dreh- und Angelpunkt dieser Umsetzung ist die Implementierung des von *DotNetOpenAuth* vorgegebenen Interface *IAuthorizationServerHost*. Listing 7.15 beinhaltet ein Beispiel, das zeigt, wie diese Aufgabe bewerkstelligt werden kann. Zur Vereinfachung dieses Beispiels wurde dabei auf den Einsatz einer Datenbank verzichtet. Stattdessen werden statische Auflistungen oder hartcodierte Informationen verwendet.

GetClient wird von *DotNetOpenAuth* aufgerufen, um Informationen über den aufrufenden Client in Erfahrung zu bringen. Im betrachteten Beispiel gibt es lediglich einen Client mit der Id RP. Als Rückgabewert liefert *GetClient* eine Instanz von *IClientDescription*. Diese beinhaltet neben der *Client Id* und dem Client *Secret* auch die erlaubte Callback-URL.

Die Methode *IsAuthorizationValid* prüft, ob der aktuelle Benutzer die angeforderten Rechte (= Scope) an den Client delegieren darf. Die betrachtete Implementierung erlaubt nur, dass der Benutzer Max Muster dem Client RP das durch den Scope *http://localhost/demo* beschriebene Recht delegiert.

CreateAccessToken ist für das Ausstellen des Tokens verantwortlich. Neben dem Ablaufdatum legt diese Methode lediglich einen privaten Schlüssel zum Signieren sowie einen öffentlichen Schlüssel zum Verschlüsseln des Tokens fest. Der Scope sowie die Client Id und der Benutzername werden nach Prüfung durch *IsAuthorizationValid* in das Token übernommen.

Mit der Signatur beweist der *Authorization Server,* dass er der Aussteller ist; durch die Verschlüsselung wird sichergestellt, dass lediglich der *Resource Server* den Inhalt des Tokens lesen kann. Die beiden hierfür benötigten Schlüssel bezieht die betrachtete Methode aus dem *Windows Certificate Store.* Dazu greift sie auf die private Hilfsmethode *LoadCert* zurück. Diese erwartet den Fingerabdruck des gewünschten Zertifikates. Um Magic-Strings zu vermeiden, finden sich diese Fingerabdrücke in öffentlichen Konstanten der Klasse *Config* (Listing 7.16) wieder.

Um die Implementierung von OAuth2 einfach zu halten, wurde der Einsatz von Signaturen und Verschlüsselung als optional eingestuft. Auf die Signatur kann verzichtet werden, da der *Resource Server* das Token direkt vom *Authorization Server* abruft, und auf die Verschlüsselung des Tokens kann verzichtet werden, da OAuth2 hierbei den Einsatz von SSL vorschreibt. Trotzdem bringt der Einsatz dieser Maßnahmen ein weiteres Ausmaß an Sicherheit, da dadurch die möglichen Angriffsszenarien eingeschränkt werden.

Die Eigenschaft *CryptoStore* liefert eine benutzerdefinierte Implementierung von *ICrypto Store* zurück. Deren Aufgabe liegt im Verwalten ausgestellter Zugriffscodes und Token. Analog dazu liefert *NonceStore* eine benutzerdefinierte Implementierung von *INonceStore* zurück. Die Aufgabe eines *NonceStores* liegt im Speichern von Einmal-Passwörtern, sogenannten *Nonces,* die intern von *DotNetOpenAuth* verwendet werden. Dadurch, dass der Store bereits verwendete *Nonces* speichert, kann geprüft werden, ob ein neu generierter *Nonce* schon einmal verwendet wurde. Ein Beispiel für einen einfachen *CryptoStore,* der zur Demonstration eine statische Liste mit *CryptoKeyStoreEntry*-Instanzen (Listing 7.18) verwendet, findet sich in Listing 7.19. Eine für Demo-Zwecke geeignete Dummy-Implementierung von *INonceStore* findet sich in Listing 7.20. Anstatt zu prüfen, ob der übergebene *Nonce* bereits existiert, und diesen anschließend zu speichern, bestätigt die gezeigte Methode *StoreNonce* bei jedem Aufruf lediglich, dass der übergebene *Nonce* noch nicht verwendet wurde.

Diese Methode *AutomatedUserAuthorizationCheckResponse* hat die Aufgabe zu prüfen, ob der angegebene Benutzer mit dem angeführten Passwort existiert und, falls dem so ist, ob er überhaupt das angeforderte Recht (*Scope*) an einen Client delegieren darf.

Der Rückgabewert vom Typ *AutomatedUserAuthorizationCheckResponse* beinhaltet drei Werte: Den von *DotNetOpenAuth* an die Methode übergebene *IAccessTokenRequest*-Instanz, einen bool'schen Wert, der anzeigt, ob der Benutzer den gewünschten *Scope* delegieren darf sowie den offiziellen Benutzernamen des Benutzers. Gerade in Hinblick auf Groß-/Kleinschreibung kann sich dieser vom übersendeten Benutzernamen unterscheiden.

AutomatedAuthorizationCheckResponse wirft in der betrachteten Implementierung lediglich eine *NotImplementedException.* Der Grund dafür ist, dass diese Methode nicht für das hier betrachtete Szenario benötigt wird, sondern in Fällen, in denen der Client in seinem eigenen Namen und nicht im Namen des Benutzers Zugriff auf den *Resource Server* benötigt.

Listing 7.15 Beispielhafte Implementierung von IAuthorizationServerHost

```
public class AuthServerHostImpl : IAuthorizationServerHost
{
    public IClientDescription GetClient(string clientIdentifier)
    {
        switch (clientIdentifier)
        {
            case "RP":
                    var allowedCallback =
                            "https://localhost/RP/Secure4ownAuthSvr/OAuth";

                    return new ClientDescription(
                                    "data!", new Uri(allowedCallback),
                                            ClientType.Confidential);
        }
        return null;
    }

    public bool IsAuthorizationValid(IAuthorizationDescription authorization)
    {
        if (authorization.ClientIdentifier == "RP"
                    && authorization.Scope.Count == 1
                    && authorization.Scope.First() == "http://localhost/
demo"
                    && authorization.User == "Max Muster")
        {
            return true;
        }
        return false;
    }

    public AccessTokenResult CreateAccessToken(
                        IAccessTokenRequest accessTokenRequestMessage)
    {
        var token = new AuthorizationServerAccessToken();
        token.Lifetime = TimeSpan.FromMinutes(10);

        var signCert = LoadCert(Config.STS_CERT);
        token.AccessTokenSigningKey =
                        (RSACryptoServiceProvider) signCert.PrivateKey;

        var encryptCert = LoadCert(Config.SERVICE_CERT);
        token.ResourceServerEncryptionKey =
                        (RSACryptoServiceProvider) encryptCert.PublicKey.
Key;

        var result = new AccessTokenResult(token);
        return result;
    }

    private static X509Certificate2 LoadCert(string thumbprint)
    {
        X509Store store = new X509Store(StoreName.My, StoreLocation.
Local Machine);
```

```
        store.Open(OpenFlags.ReadOnly);
        var certs = store.Certificates.Find(
                             X509FindType.FindByThumbprint,
                             thumbprint, validOnly: false);

        if (certs.Count == 0) throw new Exception("Could not find cert");
        var cert = certs[0];
        return cert;
    }

    public ICryptoKeyStore CryptoKeyStore
    {
        get { return new InMemoryCryptoKeyStore(); }
    }

    public INonceStore NonceStore
    {
        get { return new DummyNonceStore(); }
    }


    public AutomatedAuthorizationCheckResponse
            CheckAuthorizeClientCredentialsGrant(
                        IAccessTokenRequest accessRequest)
    {
        throw new NotImplementedException();
    }

    public AutomatedUserAuthorizationCheckResponse
            CheckAuthorizeResourceOwnerCredentialGrant(
                    string userName, string password,
                    IAccessTokenRequest accessRequest)
    {

        if (userName != "Max Muster" || password != "test123")
        {
            return new AutomatedUserAuthorizationCheckResponse(
                                    accessRequest: accessRequest,
                                    approved: false,
                                    canonicalUserName: null);
        }
        if (accessRequest.Scope.Count != 1
            || accessRequest.Scope.First() != "http://localhost/demo")
        {
            return new AutomatedUserAuthorizationCheckResponse(
                                    accessRequest: accessRequest,
                                    approved: false,
                                    canonicalUserName: null);
        }

        return new AutomatedUserAuthorizationCheckResponse(
                                    accessRequest: accessRequest,
                                    approved: true,
                                    canonicalUserName: userName);
    }
}
```

Listing 7.16 Klasse Config mit Namen der zu verwendenden Zertifikate

```
public static class Config
{
    public const string STS_CERT = "[…]";
    public const string SERVICE_CERT = "[…]";
}
```

 Zertifikate generieren und einrichten

Listing 7.17 beinhaltet Kommandozeilenbefehle, welche die benötigten Zertifikate für Test- und Entwicklungsszenarien erzeugen. Auszuführen sind diese als Administrator auf der Visual Studio-Kommandozeile. Der Reihe nach generieren diese Anweisungen mit dem Werkzeug *makecert* ein Root-Zertifikat *CA_DNOA_DEMO*, eine Widerrufsliste für das Root-Zertifikat sowie zwei durch das Root-Zertifikat signierte Zertifikate: *DNOA_STS* ist für das Signieren durch den *Authorization Server* gedacht; *DNOA_Service* zum Verschlüsseln für den Ressourcen-Server. Anschließend werden aus den generierten Zertifikaten und den dazugehörigen privaten Schlüsseln *pfx*-Dateien erzeugt, die in den *Windows Certificate Store* importiert werden können.

Zum Einrichten der Zertifikate startet man die *Management Console* (*Start* | *Ausführen* | *mmc*) und fügt das Snap-In mit dem Namen *Zertifikate* hinzu (*Snap-In hinzufügen/entfernen* | *Hinzufügen* | *Zertifikate* | *Computerkonto* | *Computerkonto*).

Das Root-Zertifikat ist unter *Vertrauenswürdige Stammzertifizierungsstellen* bereitzustellen (Rechtsklick auf *Vertrauenswürdige Stammzertifizierungsstellen* | *Alle Aufgaben* | *Importieren* | *Weiter* | *Durchsuchen* | *Zuvor erstelltes Root-Zertifikat auswählen*). Dasselbe gilt für die Widerrufsliste mit der Endung *crl*. Damit diese Datei ausgewählt werden kann, ist der vorgegebene Filter auf **.crl* abzuändern. In den Ordner *Eigene Zertifikate* sollten auf dieselbe Weise die *pfx*-Dateien (nicht die *cer*-Dateien) der beiden verbleibenden Zertifikate hinterlegt werden. Dazu ist ebenfalls der Filter zu modifizieren.

Daneben muss sichergestellt werden, dass IIS sowie der aktuelle Benutzer Zugriff auf die Dateien haben, in denen der Certificate Store die privaten Zertifikate ablegt (Rechtsklick auf *Zertifikat im Store* | *Alle Aufgaben* | *Private Schlüssel verwalten*).

Listing 7.17 Erstellen von Zertifikaten auf der Visual Studio-Kommandozeile

```
makecert -n "CN=CA_DNOA_DEMO" -pe -r -sv ca_dnoa_demo.pvk ca_dnoa_demo.cer
makecert -crl -n "CN=DA_DNOA_DEMO" -r -sv ca_dnoa_demo.pvk ca_dnoa.crl
makecert -iv ca_dnoa_demo.pvk -n "CN=DNOA_STS" -ic ca_dnoa_demo.cer
         -sv dnoa_sts.pvk dnoa_sts.cer -sky exchange -pe -a sha1
makecert -iv ca_dnoa_demo.pvk -n "CN=DNOA_Service" -ic ca_dnoa_demo.cer
         -sv dnoa_service.pvk dnoa_service.cer -sky exchange -pe -a sha1
pvk2pfx -pvk dnoa_sts.pvk -spc dnoa_sts.cer -pfx dnoa_sts.pfx -po P@ssw0rd
pvk2pfx -pvk dnoa_service.pvk -spc dnoa_service.cer -pfx dnoa_service.pfx
        -po P@ssw0rd
```

Listing 7.18 CryptoKeyStoreEntry

```
public class CryptoKeyStoreEntry
{
     public string Bucket { get; set; }
     public string Handle { get; set; }
     public CryptoKey Key { get; set; }
}
```

Listing 7.19 Implementierung von ICryptoKeyStore

```
public class InMemoryCryptoKeyStore: ICryptoKeyStore {

     private static List<CryptopKeyStoreEntry> keys
                         = new List<CryptopKeyStoreEntry>();

     public CryptoKey GetKey(string bucket, string handle)
     {
          return keys.Where(k => k.Bucket == bucket
                              && k.Handle == handle)
                     .Select(k => k.Key)
                     .FirstOrDefault();
     }

     public IEnumerable<KeyValuePair<string, CryptoKey>> GetKeys(string
bucket)
     {
          return keys.Where(k => k.Bucket == bucket)
                     .OrderByDescending(k => k.Key.ExpiresUtc)
                     .Select(k =>
                              new KeyValuePair<string,
CryptoKey>(
                                        k.Handle, k.Key));
     }

     public void RemoveKey(string bucket, string handle)
     {
          keys.RemoveAll(k => k.Bucket == bucket && k.Handle == handle);
     }

     public void StoreKey(string bucket, string handle, CryptoKey key)
     {
          var entry = new CryptopKeyStoreEntry();

          entry.Bucket = bucket;
          entry.Handle = handle;
          entry.Key = key;

          keys.Add(entry);
     }
}
```

Listing 7.20 Dummy-Implementierung von INonceStore

```
class DummyNonceStore : INonceStore
{
    public bool StoreNonce(string context, string nonce, DateTime
timestampUtc)
    {
        return true;
    }
}
```

Hat der Entwickler eine Implementierung des Interface *IAuthorizationServerHost* vorliegen, kann er sich an die Implementierung des *Controllers* für den *Authorization Servers* machen. Ein Beispiel dafür findet sich in Listing 7.21. Dieses Beispiel basiert auf einem ASP.NET-MVC-Controller, dessen Methode *Token* zur Ausstellung des gewünschten Tokens führt. Die Prüfung der Passwörter wird hierbei von *HandleTokenRequest* übernommen.

Listing 7.21 Controller für Authorization-Server

```
public class OAuthController : Controller
{
    public ActionResult Token()
    {
        var authSvr = new AuthorizationServer(new AuthServerHostImpl());
        var response = authSvr.HandleTokenRequest(Request);
        return response.AsActionResult();
    }
}
```

7.3.4 Client für OAuth2-Szenario

Um den Client zu berechtigen, im Namen des Benutzers auf den Service zuzugreifen, gibt dieser im hier beschriebenen Szenario seinen Benutzernamen und sein Passwort dem Client bekannt. Der Client übersendet diese Informationen gemeinsam mit der *Client Id* und dem *Client Secret* sowie dem gewünschten *Scope* an den *Authorization Server* und erhält daraufhin das gewünschte Token.

Dazu verwendet der Client die von *DotNetOpenAuth* bereitgestellte Klasse *UserAgentClient* (Listing 7.22). Sie stützt sich auf eine *AuthorizationServerDescription*, die u. a. Auskunft über die Endpunkte des *Authorization Servers* gibt. Mit *ExchangeUserCredentialForToken* kann der Client den Benutzernamen und das Passwort des Benutzers gegen das gewünschte Token eintauschen.

Listing 7.22 Access Token abrufen

```
private static IAuthorizationState GetAccessTokenFromOwnAuthSvr()
{
    var server = new AuthorizationServerDescription();
    server.TokenEndpoint = new Uri("https://localhost/STS/OAuth/Token");
    server.ProtocolVersion = DotNetOpenAuth.OAuth2.ProtocolVersion.V20;

    var client = new UserAgentClient(server, clientIdentifier: "RP");
```

```
        client.ClientCredentialApplicator =
                    ClientCredentialApplicator.PostParameter("data!");

        var token = client.ExchangeUserCredentialForToken(
                    "Max Muster", "test123", new[] { "http://localhost/
demo"});

        return token;
}
```

Hat der Client das Token erhalten, kann er es zum Zugriff auf Services nutzen (Listing 7.23).

Listing 7.23 Mit Token auf Service zugreifen

```
var token = GetAccessTokenFromOwnAuthSvr();

HttpWebRequest request =
        (HttpWebRequest)WebRequest.Create("http://localhost/RP/api/demo");

request.Headers.Add("Authorization", "Bearer " + token.AccessToken);

var response = request.GetResponse();
var msg = new StreamReader(response.GetResponseStream()).ReadToEnd();

Console.WriteLine(msg);
```

7.3.5 Service mittels OAuth2 absichern

Ein Beispiel für eine Service-Methode, die das übersendete Token zu prüfen hat, findet sich in Listing 7.24. Zur Token-Prüfung zieht sie das Attribut *OAuth2* heran, dessen Implementierung aus Listing 7.25 ersichtlich ist. Dieses Attribut fungiert als *Authorization*-Filter und nimmt über die bereitgestellten Konstruktoren keinen, einen oder mehrere Bezeichner entgegen, die im Rahmen des Scopes des übersendeten Tokens erwartet werden. In der Methode *OnAuthorization* wird unter Verwendung der von der Klasse *ResourceServer* angebotenen Methode *GetAccessToken* das übersendete Token ermittelt. Im Zuge dessen wird es entschlüsselt. Daneben finden eine Prüfung der Signatur sowie eine Prüfung gegen den angegebenen *Scope* statt. Schlagen diese Aktionen fehl, wird eine Ausnahme ausgelöst und die Abarbeitung der Anfrage somit abgebrochen. Um zu verhindern, dass diese Prüfung bei jedem Aufruf stattfinden muss, könnte bei Erfolg auch ein Session-Cookie oder ein entsprechender Session-Eintrag erzeugt werden. Die Lösungs-Variante, welche auf Session-Cookies basiert, lässt sich zum Beispiel mit dem Membership-Provider von ASP.NET sehr einfach erledigen.

Listing 7.24 Service-Methode

```
[OAuth2("http://localhost/demo")]
public string Demo()
{
    return "Hallo Welt";
}
```

Listing 7.25 OAuth2-Attribut

```
public class OAuth2Attribute: FilterAttribute, IAuthorizationFilter
{
    String[] scopes = new String[0];

    public OAuth2Attribute() { }
    public OAuth2Attribute(String scope) { scopes = new String[] { scope };
}

    public OAuth2Attribute(String[] scopes) { this.scopes = scopes; }

    public void OnAuthorization(AuthorizationContext filterContext)

        var signCert = AuthHelper.LoadCert(Config.STS_CERT);
        var encryptCert = AuthHelper.LoadCert(Config.SERVICE_CERT);

        var analyzer = new StandardAccessTokenAnalyzer(

    (RSACryptoServiceProvider)signCert.PublicKey.Key,

    (RSACryptoServiceProvider)encryptCert.PrivateKey);

        var resourceServer = new ResourceServer(analyzer);

        var token =
                resourceServer.GetAccessToken(
                    filterContext.HttpContext.Request, scopes);
    }
}
```

8 ASP.NET SignalR

Da das Web auf Kommunikation nach dem Request/Response-Prinzip basiert, bietet es für Benachrichtigungsszenarien keine ideale Ausgangsbasis. Der Grund dafür liegt unter anderem an der Funktionsweise von Firewalls: Sie blocken aus Sicherheitsgründen Anfragen, die von außen initiiert werden. Nachrichten, die von den dahinter liegenden Clients versendet werden, sowie Antworten darauf werden hingegen zugelassen (siehe Bild 8.1). Um diese Einschränkung zu umschiffen, setzen Web-Entwickler seit Jahren auf Long-Polling. Daneben ermöglicht der aufkommende Standard Web Sockets eine bidirektionale Kommunikation ohne Umwege, indem sich Client und Server darauf einigen, eine Verbindung, die vom Client unter Verwendung von HTTP und somit „Firewall-freundlich" initiiert wurde, fortan als TCP-Verbindung zu nutzen.

■ 8.1 Long-Polling

Long-Polling bedeutet, dass der Client eine Verbindung zum Server aufbaut und der Server mit einer Benachrichtigung antwortet. Da der Client nicht wissen kann, wann eine zu versendende Benachrichtigung vorliegt, hält er die Verbindung so lange offen, bis dies der Fall ist oder bis sie aufgrund eines *Timeouts* terminiert wird. Da HTTP verbindungslos arbeitet, wird die Verbindung auch nach dem Erhalt einer Antwort vom Server, die im diskutierten Fall die Benachrichtigung darstellt, geschlossen. Egal weswegen die Verbindung abgebaut wird, der Client initiiert immer wieder eine neue und legt somit die Basis für weitere Benachrichtigungen durch den Server. Der Nachteil dieser Vorgehensweise liegt im Kommunikations-Overhead, der durch das ständige Aufbauen einer neuen HTTP-Verbindung entsteht.

Zur Implementierung von Long-Polling existieren im Web-Umfeld mehrere Ansätze. Beispielsweise kann hierfür das *XmlHttpRequest*-Objekt unter JavaScript eingesetzt werden. Alternativ dazu kann der Browser auch einen versteckten Inner-Frame vorsehen, der auf eine Seite verweist, die ständig Informationen vom Server, zum Beispiel in Form von JavaScript-Aufrufen, entgegennimmt. Hierbei ist auch von einem „Forever-Frame" die Rede. Unabhängig davon, wie die Implementierung erfolgt, spricht man hierbei auch von Reverse-AJAX oder COMET.

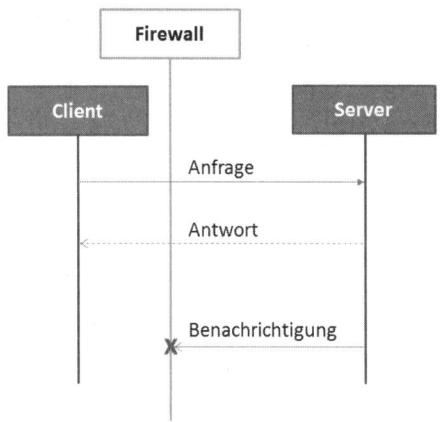

Bild 8.1
Während Firewalls Antwort-Nachrichten
durchlassen, blocken sie Anfragen,
die vom Server initiiert wurden.

■ 8.2 Web Sockets

Wie eingangs erwähnt, sieht der aufkommende Standard Web Sockets vor, dass der Client zunächst eine Verbindung mittels HTTP initiiert. Im Zuge dessen gibt er an, dass er ab sofort die darunter liegende TCP-Verbindung direkt nutzen möchte. Ist der Server damit einverstanden, wird fortan über TCP kommuniziert (Bild 8.2).

Der Vorteil davon liegt in der Tatsache, dass TCP im Gegensatz zu HTTP verbindungsorientiert ist und initiierte Verbindungen somit nicht nach dem Empfang einer Antwort geschlossen werden müssen. Darüber hinaus können beide Kommunikationspartner dem Gegenüber zu jeder Zeit Nachrichten über einen eingerichteten TCP-Kanal zukommen lassen.

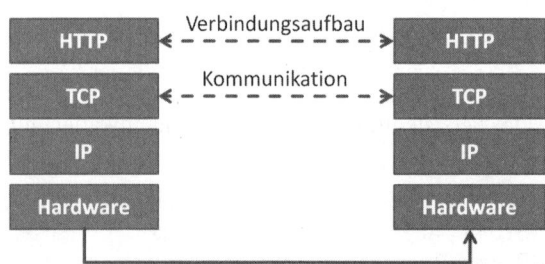

Bild 8.2
Nachdem sich Client und Server über
den Einsatz von Web Sockets geeinigt
haben, wird die über HTTP initiierte
Verbindung als bidirektionale
TCP-Verbindung genutzt

■ 8.3 ASP.NET SignalR

Um in den Genuss von Web Sockets zu kommen, müssen sowohl der Client als auch der Server dieses Protokoll unterstützen. Auf der Microsoft-Plattform ist dies zum Beispiel ab IE 10 und IIS 8 der Fall, wobei die Web Sockets-Unterstützung für IIS 8 explizit über die Systemsteuerung installiert werden muss. Ist einer der Kommunikationspartner nicht in der Lage, Web Sockets zu verwenden, müssen diese mit Long-Polling vorliebnehmen. Genau hier kommt ASP.NET SignalR ins Spiel, indem es zum einen sowohl Web Sockets als auch verschiedene Long-Polling-Verfahren unterstützt und zum anderen anhand der Fähigkeiten von Client und Server selbstständig eine dieser Möglichkeiten wählt. Falls möglich, kommen Web Sockets zum Einsatz; ansonsten eine Long-Polling-Implementierung.

SignalR-basierte Services können sowohl über ASP.NET-Projekte als auch mittels Self-Hosting über Windows-Anwendungen, wie zum Beispiel Windows-Services, angeboten sowie über JavaScript als auch über Windows-Clients konsumiert werden.

 Self-Hosting

Mit Drucklegung dieses Buches gab es den Beschluss, die seit einiger Zeit zur Verfügung stehende Self-Hosting-Implementierung durch eine neue zu ersetzen. Aus diesem Grund verweisen wir für Informationen zu diesem Thema auf *https://github.com/SignalR/SignalR/wiki*.

Der Entwickler hat die Möglichkeit, Services in Form von sogenannten *PersistentConnections* oder in Form von *Hubs* bereitzustellen, wobei PersistentConnections lediglich in der Lage sind, Strings zu empfangen und zu versenden. Hubs, die auf *PersistentConnections* basieren, bieten hingegen Operationen an, die der Client über Web Sockets anstoßen kann. Zur Realisierung von Benachrichtigungen erhält auch der Hub die Möglichkeit, Operationen bei allen oder auch nur bei ausgewählten Clients zur Ausführung zu bringen. Das dem Konzept von Hubs zugrundeliegende Protokoll basiert auf JSON-Strings, die über Web Sockets versendet werden, und passt somit perfekt in die Welt von HTTP und REST-basierten Services.

◼ 8.4 PersistentConnection

Dieser Abschnitt zeigt, wie der Entwickler PersistentConnections zur Kommunikation mit ASP.NET SignalR einsetzen kann.

8.4.1 Erste Schritte mit SignalR und PersistentConnection

Um innerhalb eines ASP.NET-Projektes einen Service auf der Basis von *PersistentConnections* bereitzustellen, inkludiert der Entwickler das NuGet-Package *microsoft.aspnet.signalr*. Anschließend implementiert er eine Klasse, die von *PersistentConnection* ableitet und die Methode *OnReceiveAsync* überschreibt (Listing 8.1). Alternativ dazu steht auch ein Item-Template für *PersistentConnections* zur Verfügung, sofern man *ASP.NET and Web Tools 2002.2* installiert hat. Die Installationsdateien dazu finden sich unter www.asp.net.

SignalR erzeugt pro Client-Verbindung eine Instanz dieser Klasse und bringt *OnReceived* immer dann zur Ausführung, wenn der Client Daten liefert. Dabei übergibt SignalR drei

Parameter: *IRequest* repräsentiert die HTTP-Anfrage, *connectionId* eine ID, die für die aktuelle Verbindung zwischen Client und Server steht, und *data* die gesendeten Daten in Form eines Strings. Da die Verbindung zwischen Client und Server für die Dauer einer Benutzersitzung erhalten bleibt, kann jeder verbundene Benutzer über die *connectionId* identifiziert werden.

Im betrachteten Beispiel sendet *OnReceived* den erhaltenen String an alle verbundenen Clients weiter und implementiert somit einen einfachen Chat. Dazu retourniert sie das Ergebnis von *Connection.Broadcast*. Bei *Connection* handelt es sich hierbei um eine von *PersistentConnection* geerbte Eigenschaft des Typs *IConnection*. Wie die auskommentierte Zeile andeutet, könnte *OnReceived* stattdessen auch das Ergebnis von *Connection.Send* retournieren, um einem bestimmten Benutzer eine Information zukommen zu lassen. Diese Methode nimmt die *connectionId* des gewünschten verbundenen Benutzers sowie die zu versendenden Daten entgegen.

Listing 8.1 Einfache Implementierung von PersistentConnection

```
public class SimplePersistentConnection : PersistentConnection
{
    protected override Task OnReceivedAsync(
                    IRequest request, string connectionId, string data)
    {
        // return this.Connection.Send(connectionId, data);
        return this.Connection.Broadcast(data);
    }
}
```

Beachtenswert ist auch die von *PersistentConnection* geerbte Eigenschaft *Groups*. Sie ist vom Typ *IGroupManager* und gibt dem Entwickler die Möglichkeit, Verbindungen in verschiedene Gruppen zu teilen sowie allen Clients einer Gruppe eine Nachricht zukommen zu lassen. Das folgende Schnipsel weist die aktuelle Verbindung zur Gruppe *VIP* zu und sendet anschließend allen Mitgliedern dieser Gruppe eine Nachricht:

```
this.Groups.Add(connectionId, "VIP");
this.Groups.Send("VIP", "Einladung zur VIP-Lounge ...");
```

Analog zur Verwendung von *Add* kann der Entwickler eine Gruppenzuweisung mittels *Remove* wieder aufheben.

8.4.2 Lifecycle-Methoden

Neben der im letzten Abschnitt betrachteten Methode *OnReceived* stellt die Basisklasse *PersistentConnection* noch einige weitere Methoden zur Verfügung, die der Entwickler überschreiben kann, um auf bestimmte Ereignisse zu reagieren: *OnConnected* wird zum Beispiel von SignalR aufgerufen, wenn mit einem Client eine Verbindung hergestellt wird; *OnDisconnected* wenn eine Verbindung getrennt wird, und *OnReconnected*, wenn sich ein Client nach einem Verbindungsabbruch erneut verbindet.

Da bei einem Verbindungsabbruch sämtliche Informationen über die Gruppenzugehörigkeiten der jeweiligen Verbindung verloren gehen, ruft SignalR im Zuge des Wiederverbindens die Methode *OnRejoiningGroups* auf, um diese Information wieder in Erfahrung zu bringen. Durch das Überschreiben dieser Methode kann der Entwickler festlegen, wie diese Informationen zu ermitteln sind. Beispielsweise könnten sie zuvor in einer Datenbank gespeichert und nun aus dieser wieder geladen werden.

Vor einem Verbindungsaufbau ruft SignalR auch die Methode *AuthorizeRequest*. In dieser kann der Entwickler die gewünschten Authentifizierungslogiken platzieren. Alternativ dazu kann er für diese Aufgabe jedoch auch auf die in Kapitel 7 beschriebenen Mechanismen zurückgreifen.

8.4.3 URL-Mapping für PersistentConnection

Damit Clients eine *PersistentConnection* verwenden können, muss der Entwickler für sie serverseitig eine Route vergeben. Dies kann er beispielsweise in der Datei *global.asax* erledigen, wie im Folgenden gezeigt wird:

```
RouteTable
    .Routes
    .MapConnection<SimplePersistentConnection>
                    ("simple", "/simple");
```

Bei der Methode *MapConnection* handelt es sich um eine Erweiterungsmethode aus dem Namensraum *System.Net.Routing*. Der Typparameter verweist auf die erstellte Subklasse von *PersistentConnection*. Der erste Parameter repräsentiert den Namen der Route; der zweite die URL, die ASP.NET mit der *PersistentConnection* assoziieren soll.

8.4.4 Einfacher Client für eine PersistentConnection

Listing 8.2 zeigt einen einfachen Client, der auf die soeben betrachtete *PersistentConnection* zugreift. Dazu verwendet er das NuGet-Paket *microsoft.aspnet.signalr.client.*

Der Client baut unter Verwendung der Klasse *Connection* eine Verbindung zur *Persistent-Connection* auf. An den Konstruktor übergibt er die zu adressierende Url. Anschließend registriert der Client zwei Ereignisbehandlungsroutinen: Eine für das Ereignis *Received* und eine für *Error*. Erstere kommt zur Ausführung, wenn die *Connection* Daten vom Server empfängt; letztere, wenn ein Fehler auftritt. Beide geben die empfangenen Informationen auf der Konsole aus.

Mit der Methode *Start* der Connection initiiert der Client die Verbindung zum Server. *Start* wird im Hintergrund ausgeführt und liefert aus diesem Grund einen *Task* retour. Um anzugeben, dass nach der Fertigstellung dieser im Hintergrund ausgeführten Routine eine weitere Aufgabe auszuführen ist, registriert der Client diese in Form eines Lambda-Ausdrucks unter Verwendung der Methode *ContinueWith*, die der *Task* anbietet. Dieser Lambda-Ausdruck prüft, ob der *Task* erfolgreich ausgeführt werden konnte, und gibt eine entsprechende Statusmeldung auf der Konsole aus.

Anschließend sendet der Client innerhalb einer Schleife Nachrichten in Form von Strings an den Server. Dazu zieht er die Methode *Send* heran. Da auch diese einen *Task* abspaltet, der im Hintergrund ausgeführt wird, registriert der Client auch bei diesem Task einen Lambda-Ausdruck, der zur Ausführung kommt, wenn der Sendevorgang abgeschlossen wurde. Dieser prüft abermals, ob die angestoßene Routine – das Senden von Daten – erfolgreich ausgeführt werden konnte, und zeigt dies durch eine Konsolenausgabe an.

Listing 8.2 Einfacher Chat-Client

```
var connection = new Connection("http://localhost:49222/simple");

connection.Received += data =>
{
    Console.WriteLine("Empfangen: " + data);
};

connection.Error += ex =>
{
    Console.WriteLine("Fehler: " + ex.Message);
};

connection.Start().ContinueWith(task =>
{
    if (task.IsFaulted)
    {
        Console.WriteLine("Fehler: " + task.Exception.Message);
    }
    else
    {
        Console.WriteLine("Verbindung aufgebaut!");
    }
});

string line;
while ((line = Console.ReadLine()) != "exit")
{
    connection.Send(line).ContinueWith(task =>
    {
        if (task.IsFaulted)
        {
            Console.WriteLine("Fehler: " + task.Exception.Message);
        }
        else
        {
            Console.WriteLine("Gesendet");
        }
    });
}
```

8.4.5 Einfacher JavaScript-Client für eine PersistentConnection

Listing 8.3 zeigt anhand einer einfachen HTML-Seite, wie der Entwickler via JavaScript eine *PersistentConnection* verwenden kann. Dieses Beispiel geht davon aus, dass das populäre JavaScript-Framework *jQuery (jquery.org)* eingebunden ist.

Die View, die einen einfachen Chat darstellt, beinhaltet ein Eingabefeld zum Erfassen einer Nachricht, eine Schaltfläche zum Verwenden von Nachrichten sowie eine anfangs leere Liste zum Darstellen empfangener Nachrichten. Um SignalR nutzen zu können, referenziert sie die JavaScript-Datei *jquery.signalR-1.0.0.js*, die NuGet beim Einbinden des Paketes *microsoft.aspnet.signalr* in das Verzeichnis *scripts* kopiert. Dabei ist zu beachten, dass sich der konkrete Name dieser Datei von Version zu Version ändern kann.

Nach dem Laden der Seite erzeugt die View durch Aufruf von *$.connection* eine Verbindung zur serverseitig bereitgestellten *PersistentConnection*. Dazu übergibt sie deren URL als Parameter. Anschließend registriert sie für das Ereignis *received*, das immer dann, wenn Daten empfangen werden, ausgelöst wird, eine Ereignisbehandlungsroutine. Im betrachteten Beispiel erzeugt die Ereignisbehandlungsroutine damit einen neuen Eintrag in der zuvor besprochenen Liste.

Zusätzlich registriert die View auch eine Ereignisbehandlungsroutine für das Ereignis *error*. Wie der Namen vermuten lässt, löst SignalR dieses Ereignis immer dann aus, wenn ein Fehler auftritt.

Der Aufruf von *connection.start* startet die Verbindung zur *PersistentConnection*. Im Zuge dessen übergibt die View an *done* eine Funktion, die SignalR ausführen soll, wenn die Verbindung erfolgreich aufgebaut wurde. Im Falle eines Fehlers ruft SignalR hingegen jene Funktion auf, die an *fail* übergeben wurde.

Anschließend registriert die View eine Ereignisbehandlungsroutine für das Klick-Ereignis des Buttons. Diese ermittelt die vom Benutzer erfasste Nachricht und sendet sie mittels *connection.send* an die *PersistentConnection*. Danach leert sie die Textbox.

Listing 8.3 Einfacher Chat-Client

```
<h2>PersistentConnectionDemo</h2>

<input id="msg" /><input type="button" value="Senden" id="btnSend" />

<div>
    <ul id="messages">

    </ul>
    <p> </p>

</div>

    <!-- Dateiname kann von Version zu Version variieren -->
    <script src="/Scripts/jquery.js"></script>
    <script src="/Scripts/jquery.signalR-1.0.0.js"></script>
    <script>
        $(function () {

            var connection = $.connection('/simple');
            connection.received(function (data) {
                $("#messages").append("<li>" + data + "</li>");
            });

            connection.error(function(error) {
                alert("Fehler: " + error);
            });
```

```
Connection
    .start()
    .done(function () {
        alert("Verbindung aufgebaut!"); })
    .fail(function () { alert("Fehler!"); });

$("#btnSend").click(function () {
    var val = $("#msg").val();
    connection.send(val);
    $("#msg").val("");
});
});

</script>
```

8.4.6 Daten über serverseitige Prozesse an Connection senden

In manchen Fällen ist es notwendig, Daten an SignalR-Connections aus einem serverseitigen Prozess heraus zu senden. Dabei kann es sich zum Beispiel um einen Controller, der mit den Möglichkeiten von ASP.NET MVC oder ASP.NET Web API erstellt wurde, handeln. Dies kann wie folgt bewerkstelligt werden:

```
var context = GlobalHost
                .ConnectionManager
                .GetConnectionContext<MyConnection>();
context.Connection.Broadcast("Hallo Connection!");
context.Groups.Send("NiceGuys", "Hallo Connection!");
```

■ 8.5 Hubs

Im Gegensatz zu *PersistentConnections* bieten Hubs die Möglichkeit, Operationen, die über das Netzwerk angestoßen werden können, einzurichten. Dieser Abschnitt geht auf diese Möglichkeit ein.

8.5.1 Methoden und Callbacks mit SignalR und Hubs

Während sich der Entwickler beim Einsatz von *PersistentConnection* mit dem Versand von Strings zwischen den Clients und dem Server zufriedengeben muss, bieten Hubs die Möglichkeit, Service-Operationen zu definieren. Clients können Service-Operationen bei einem *Hub* aufrufen und im Zuge dessen Parameter übergeben. Der *Hub* kann allerdings auch Service-Operationen, die die Clients anbieten, zur Ausführung bringen, um ihnen eine Benachrichtigung zukommen zu lassen. Um einen *Hub* bereitzustellen, bindet der Entwickler da NuGet-Package *microsoft.aspnet.signalr* ein, und erstellt eine Subklasse von *Hub*.

Alternativ dazu steht auch ein Item-Template für Hubs zur Verfügung, sofern man *ASP.NET and Web Tools 2002.2* (*www.asp.net*) installiert hat.

Listing 8.4 beinhaltet einen einfachen *Hub*, der die Möglichkeit bietet, Flüge zu buchen. Immer dann, wenn ein Flug gebucht wurde, versendet er eine Benachrichtigung mit der betroffenen Flugnummer und der Anzahl der verbleibenden Sitzplätze an alle Clients. Zur Vereinfachung wird die Anzahl der freien Sitzplätze in einem statischen *Dictionary* mit dem Namen *freePerFlight*, das *FlugIds* auf die Anzahl der freien Sitzplätze abbildet, abgelegt. Die nächste zu vergebende *TicketId* wird ebenfalls in einem statischen Member vorgehalten. Ein statischer Konstruktor initialisiert das Dictionary *freePerFlight*, indem er für die Flüge 4711, 4712 und 4713 jeweils 100 freie Plätze vergibt.

Sämtliche Methoden eines *Hubs* werden den Clients als Service-Operationen angeboten. Im betrachteten Fall beschränkt sich diese Menge auf die Methode *BookFlight*. Diese Methode prüft, ob der übergebene Flug existiert, und wirft eine *Exception*, falls dem nicht so ist. Sie ermittelt die Anzahl der freien Plätze für den gewünschten Flug und dekrementiert diesen Wert. Außerdem ermittelt sie für die aktuelle Buchung eine *TicketId*. Dazu zieht sie den aktuellen Wert des statischen Zählers *nextTicketId* heran und inkrementiert ihn anschließend. Danach wird es spannend: Über *this.Clients.Caller.BookFlightCompleted* bringt sie beim Aufrufer die Methode *BookFlightCompleted* zur Ausführung. Bei Clients handelt es sich dabei um eine von *Hub* geerbte Eigenschaft, die über deren Eigenschaft *Caller* den Aufrufer repräsentiert. Da es sich hierbei um eine dynamische Eigenschaft handelt, kann der Entwickler über dieses Objekt jede beliebige Methode aufrufen. Damit dies zur Laufzeit funktioniert, muss sie am Client natürlich existieren.

Anschließend ruft das betrachtete Beispiel die Methode *this.Clients.All.FlightUpdated* auf und bewirkt somit, dass bei sämtlichen verbundenen Clients die Methode *FlightUpdated* zur Ausführung kommt. Um zu demonstrieren, dass Service-Operationen in *Hubs* auch Rückgabewerte liefern können, retourniert *BookFlight* am Ende die aktuelle *TicketId*.

Listing 8.4 Einfacher Hub

```
public class FlugHub: Hub
{
    // FlugId --> Anzahl freier Plätze
    private static Dictionary<int, int> freePerFlight
                                    = new Dictionary<int, int>();
    private static int nextTicket = 1;

    static FlugHub()
    {
        freePerFlight[4711] = 100;
        freePerFlight[4712] = 100;
        freePerFlight[4713] = 100;
    }

    public string BookFlight(int flugId, string vorname, string nachname)
    {
        int free;
        string ticketId;
        lock (freePerFlight)
        {
            if (!freePerFlight.ContainsKey(flugId))
                    throw new Exception("Flug " + flugId + " existiert
nicht!");
```

```
        free = freePerFlight[flugId];
        free--;
        freePerFlight[flugId] = free;
        ticketId = "T" + nextTicket;
        nextTicket++;
    }

    this.Clients.Caller.BookFlightCompleted(flugId, ticketId, vorname,
nachname);
    this.Clients.All.FlightUpdated(flugId, ticketId, free);
    return ticketId;
    }
}
```

8.5.2 URL-Mapping für Hubs

Damit sämtliche implementierte Hubs auch über eine URL zur Verfügung gestellt werden, muss der Entwickler die Methode *RouteTable.Routes.MapHubs* zur Ausführung bringen. Dieser Aufruf hat im Zuge des Startens der Web-Anwendung zu erfolgen, weswegen sich die Methode *Application_Start* in der *global.asax* dafür anbietet. Übergibt der Entwickler keine Parameter, werden die Hubs an die URL */signalr/hubs* gebunden. Eine davon abweichende URL, welche stattdessen heranzuziehen ist, kann der Entwickler an eine Überladung von *MapHubs* übergeben. Im Zuge dessen kann er auch ein Konfigurationsobjekt an SignalR weiterreichen. Im folgenden Schnipsel gibt der Entwickler an, dass detaillierte Fehlermeldungen übers Netzwerk zum Client übertragen werden dürfen:

```
var config = new HubConfiguration();
config.EnableDetailedErrors = true;
RouteTable.Routes.MapHubs(config);
```

8.5.3 Lifecycle-Methoden

Wie auch die Basisklasse *PersistentConnection* bietet Hub einige Lifecycle-Methoden an, die der Entwickler überschreiben kann, um auf bestimmte Ereignisse zu reagieren. *OnConnected* wird aufgerufen, wenn eine Verbindung aufgebaut wird, *OnDisconnected*, wenn sie beendet wird, und *OnReconnected*, wenn eine abgebrochene Verbindung erneut aufgebaut wird. Da beim Abbruch einer Verbindung die Information über die aktuellen Gruppenzugehörigkeiten verloren geht, ist es die Aufgabe des Entwicklers, diese innerhalb der Methode *OnReconnected* wiederherzustellen. Dazu kann er sich zum Beispiel auf eine Datenbank, in der er diese Informationen zuvor abgelegt hat, stützen.

8.5.4 Hubs konsumieren

Listing 8.5 zeigt, wie ein Client auf den soeben besprochenen Hub zugreifen kann. Dazu verwendet er das NuGet-Paket *microsoft.aspnet.signalr.client*. Dieses beinhaltet die Klasse *HubConnection*, die eine Verbindung mit einem *Hub* repräsentiert. An den Konstruktor dieser Klasse übergibt er die Basisadresse; an die Methode *CreateProxy* den Namen des Hubs. Mit diesen Informationen erzeugt *CreateProxy* eine Instanz von *IHubProxy*.

Bei diesem *Proxy* registriert der Client Lambda-Ausdrücke, die zur Ausführung kommen sollen, wenn der *Hub* clientseitige Operationen anstößt. Dazu kommt die Methode *On* zum Einsatz. Sie nimmt den Namen der clientseitigen Operation als String sowie den auszuführenden Lambda-Ausdruck entgegen. Außerdem registriert der Client eine Ereignisbehandlungsroutine für das Ereignis *Error*, das von der *HubConnection* angeboten wird und immer dann zur Ausführung kommt, wenn ein Fehler auftritt.

Der darauffolgende auskommentierte Codeabschnitt demonstriert, wie bei der Verwendung des *Hubs Credentials* bzw. *Cookies* an den Server übermittelt werden können. Die auf diesem Weg angegebenen *Credentials* werden innerhalb der HTTP-Kopfzeilen unter Verwendung der Spielart *HTTP BASIC* übermittelt.

Mit der Methode *Start* der *HubConnection* initiiert der Client die Verbindung zum *Hub*. Diese Methode spaltet einen *Task* ab, der im Hintergrund ausgeführt wird. Mit der Methode *ContinueWith* registriert der Client einen Lambda-Ausdruck, der auszuführen ist, wenn der *Task* beendet wurde.

Anschließend ruft der Client innerhalb einer Schleife die Methode *Invoke* beim *Proxy* auf. Diese Methode bringt eine serverseitige Operation, die der *Hub* anbietet, zur Ausführung. Der Typ des Rückgabewerts – hier String – wird als Typparameter angegeben. Den Namen der gewünschten Operation übergibt der Client als String. Danach führt er die zu übersendenden Parameter an. Auch *Invoke* spaltet einen *Task* ab, der im Hintergrund ausgeführt wird. Bei diesem *Task* registriert der Client abermals einen Lambda-Ausdruck, der nach dessen Ausführung angestoßen wird. Dieser ermittelt über die Eigenschaft *Result* das Ergebnis der angestoßenen Operation. Über die Eigenschaft *Exception* könnte er hingegen prüfen, ob eine *Exception* ausgelöst wurde.

Listing 8.5 Zugriff auf Hub

```
var connection = new HubConnection("http://localhost:49222/");
IHubProxy proxy = connection.CreateProxy("FlugHub");

proxy.On("bookFlightCompleted",
    (int flugId, string ticketId, string vorname, string nachname) => {

        Console.WriteLine(
            "bookFlightCompleted: flugId={0}, ticketId={1}, vorname={2},
nachname={3}",
            flugId, ticketId, vorname, nachname);

});

proxy.On("flightUpdated", (int flugId, string ticketId, int free) => {

    Console.WriteLine(
        "flightUpdated: flugId={0}, ticketId={1}, free={2}",
        flugId, ticketId, free);
});


connection.Error += (Exception obj) =>{
    Console.WriteLine("Fehler: " + obj.Message);
```

```
}

// connection.Credentials = new NetworkCredential("max", "geheim");

//connection.CookieContainer = new CookieContainer();
//connection.CookieContainer.Add(new Cookie(
//    name: "userName",
//    value: "max",
//    path: "/",
//    domain: "localhost"));


connection.Start().ContinueWith(t =>
{
    if (t.Exception != null)
    {
        t.Exception.Handle(e =>
        {
            Console.WriteLine(e.Message);
            return true;
        });
    }
    else
    {
        Console.WriteLine("Verbindung aufgebaut!");
    }

});


string line;

while ((line = Console.ReadLine()) != "exit")
{
    if (string.IsNullOrWhiteSpace(line)) continue;

    var parts = line.Split(' ');
    var command = parts[0];

    int flugId = 0;
    flugId = Convert.ToInt32(parts[1]);
    var vorname = parts[2];
    var nachname = parts[3];

    proxy
      .Invoke<string>("BookFlight", flugId, vorname, nachname)
      .ContinueWith(t => {

            // t.Exception
          Console.WriteLine("TicketId: " + t.Result);

    });

}
connection.Stop();
```

8.5.5 Hubs über JavaScript konsumieren

Bild 8.3 zeigt eine Web-Seite, die den zuvor diskutierten *FlugHub* konsumiert. Sie gibt dem Benutzer die Möglichkeit, einen Flug zu buchen. Dazu erfasst dieser Vorname, Nachname und eine Flugnummer und betätigt anschließend die Schaltfläche BUCHEN. Vom *FlugHub* erhaltene Rückgabewerte oder Benachrichtigungen, die direkt an den Aufrufer gerichtet waren, zeigt die Web-Seite unter *Callbacks* an. Benachrichtigungen, die der *Hub* an alle Clients gesendet hat, findet der Benutzer unter *Broadcasts*.

Bild 8.3
Diese Web-Seite gibt dem Benutzer die Möglichkeit, Flüge zu buchen, und zeigt darüber hinaus erhaltene Rückgabewerte und Benachrichtigungen an.

Die Implementierung dieser Web-Seite findet sich in Listing 8.6. Es wird an dieser Stelle davon ausgegangen, dass die betrachtete Seite das populäre JavaScript-Framework jQuery (*jquery.org*) einbindet. Um die Möglichkeiten von SignalR nutzen zu können, referenziert die betrachtete View die Datei */Scripts/jquery.signalR-1.0.0.js*, die beim Einbinden des SignalR-Packages *microsoft.aspnet.signalr* via NuGet ins Projekt eingebunden wurde. Darüber hinaus referenziert die View die dynamisch von SignalR generierte JavaScript-Datei */signalr/hubs*, die Proxies zur Kommunikation mit sämtlichen serverseitig bereitgestellten Hubs beinhaltet.

Nach dem Laden der Seite holt sich die betrachtete View mittels *$.connection.flugHub* einen Verweis auf den serverseitigen *FlugHub*. Anschließend registriert die View jene Funktionen, die serverseitige Routinen am Client anstoßen können, bei der Eigenschaft *client*. Die Funktion *bookFlightCompleted* erzeugt einen Eintrag auf der Web-Seite unter Callbacks; die Funktion *flightUpdated* macht dasselbe im Bereich Broadcasts.

Für die Schaltfläche, die der Benutzer zum Buchen eines Fluges betätigt, richtet die View eine Ereignisbehandlungsroutine ein. Diese ermittelt die erfassten Daten und ruft damit über das aktuelle *connection* -Objekt die Methode *bookFlight* bei der Eigenschaft *server* des Hubs auf. Beim Ergebnis dieses Aufrufs registriert sie anschließend zwei Callbacks: An *done* übergibt sie eine Funktion, die SignalR nach einem erfolgreichen Ausführen der Service-Operation anstoßen soll; an *fail* hingegen eine Funktion, die beim Auftreten eines Fehlers zum Zug kommt. Während erste den Rückgabewert der Service-Operation entgegennimmt, erwartet letztere als Argument eine Fehlerbeschreibung. Beide Funktionen platzieren die erhaltenen Daten auf der Web-Seite. Um Fehler, die sich nicht auf einen bestimmten Aufruf beziehen, abzufangen, registriert die View zusätzlich eine Routine unter Verwendung der Funktion *$.connection.hub.error* .

Nachdem sämtliche Funktionen und Ereignisbehandlungsroutinen registriert wurden, startet die View durch Aufruf von *$.connection.hub.start* die Verbindung zum *Hub*. Auch beim hiermit erhaltenen Rückgabewert registriert sie mit *done* und *fail* zwei Funktionen, die auszuführen sind, wenn der Aufruf von *start* erfolgreich war bzw. fehlgeschlagen ist.

Wenig auffällig, aber umso interessanter ist die Tatsache, dass SignalR sowohl im betrachteten JavaScript-Code als auch im serverseitig implementierten C#-Code die Anwendung der jeweiligen Konventionen in Hinblick auf Groß-/Kleinschreibung erlaubt. Während serverseitig zum Beispiel eine Methode *BookFlight* definiert wird, erfolgt deren Aufruf in JavaScript via *bookFlight*. Dasselbe gilt unter anderem auch für die in JavaScript definierte Funktion *flightUpdated* und den dazu passenden serverseitigen Aufruf *FlightUpdated*.

Listing 8.6 Zugriff auf Hub via JavaScript

```
<div class="box">
    <h2>Flug Buchen</h2>

    <div class="label">
        Vorname/ Nachname
    </div>
    <div>
        <input id="txtVorname" /> <input id="txtNachname" />
    </div>
    <div class="label">
        FlugId
    </div>
    <div>
        <input id="flugId" />
    </div>
    <div class="button">
        <input type="button" value="Buchen" id="btnBuchen" />
    </div>
</div>


<div class="box">
    <h2>Callbacks</h2>

    <ul id="callbacks">
    </ul>
</div>

<div class="box">
    <h2>Broadcasts</h2>

    <ul id="broadcasts">
    </ul>
</div>
```

```html
<!-- Dateinamen können sich bei neueren Versionen ändern -->
<script src="/Scripts/jquery.js "></script>
<script src="/Scripts/jquery.signalR-1.0.0.js"></script>
<script src="/signalr/hubs" type="text/javascript"></script>

<script>
    $(function () {

        connection = $.connection.flugHub;

        connection.client.bookFlightCompleted = function (flugId,
ticketId, vorname, nachname) {
            var info = vorname + " " + nachname + ", Ihr Flug " + flugId
+ " wurde gebucht. TicketId: " + ticketId;
            $("#callbacks").append("<li>" + info + "</li>");
        }

        connection.client.flightUpdated = function (flugId, ticketId,
free) {
            var info = "Flug " + flugId + " wurde gebucht. TicketId:
" + ticketId + ", Anzahl freie Plätze: <b>" + free + "</b>";
            $("#broadcasts").append("<li>" + info + "</li>");
        }

        $("#btnBuchen").click(function () {
            var vorname = $("#txtVorname").val();
            var nachname = $("#txtNachname").val();
            var flugId = $("#flugId").val();

            connection
                .server
                .bookFlight(flugId, vorname, nachname)
                .done(function (result) {
                    $("#callbacks").append("<li>Result: " + result +
"</li>");
                })
                .fail(function (error) {
                    $("#callbacks").append("<li>Error: " + error +
"</li>");
                });
        });

        $.connection.hub.error(function () {
            alert("An error occured");
        });
        $.connection.hub.start()
                            .done(function () {
                                alert("Verbindung aufgebaut!"); })
                            .fail(function () { alert("Fehler!"); });

    });

</script>
```

8.5.6 Gruppen

Hubs geben dem Entwickler auch die Möglichkeit, Verbindungen verschiedener Gruppen zu unterteilen und Nachrichten nur an die Clients bestimmter Gruppen zu senden. Um dies zu demonstrieren, beinhaltet Listing 8.7 eine modifizierte Variante des zuvor betrachteten Hubs. Sie bietet nun die beiden zusätzlichen Service-Operationen *RegisterForFlight* und *UnRegisterForFlight* an und gibt den Clients somit die Möglichkeit, sich für ausgewählte Flüge zu registrieren. *RegisterForFlight* registriert die aktuelle Verbindung für den übergebenen Flug unter Verwendung der Methode *this.Groups.Add*. Als ersten Parameter übergibt sie hierzu die *ConnectionId* der aktuellen Verbindung; als zweiten Parameter den Gruppennamen, der im betrachteten Fall ein String im Format *flug + FlugId* ist (z.B. *flug4711*). Um den aktuellen Client aus einer Gruppe auszutragen, geht die Service-Operation *UnRegisterForFlight* analog unter Verwendung von *Groups.Remove* vor.

Bucht ein Client einen Flug, so informiert die Methode *BookFlight* lediglich jene Clients, die sich für diesen Flug interessieren und sich deswegen in der Gruppe dieses Fluges eingetragen haben. Dazu ermittelt sie über *this.Clients.Groups("flug" + flugId)* ein dynamisches Objekt, das die betroffenen Clients repräsentiert, und ruft bei diesem Objekt die clientseitige Methode *FlightUpdated* auf. Dies führt dazu, dass diese Methode bei allen betroffenen Clients angestoßen wird.

Listing 8.7 Einsatz von Gruppen

```
public class MulticastFlugHub : Hub
{
    private static Dictionary<int, int> freePerFlight
                            = new Dictionary<int, int>();
    private static int nextTicket = 1;

    static MulticastFlugHub()
    {
        freePerFlight[4711] = 100;
        freePerFlight[4712] = 100;
        freePerFlight[4713] = 100;
    }

    public void RegisterForFlight(int flugId)
    {
        this.Groups.Add(this.Context.ConnectionId, "flug" + flugId);
    }

    public void UnRegisterForFlight(int flugId)
    {
        this.Groups.Remove(this.Context.ConnectionId, "flug" + flugId);
    }

    public string BookFlight(int flugId, string vorname, string nachname)
    {
        int free;
        string ticketId;
        lock (freePerFlight)
        {
            if (!freePerFlight.ContainsKey(flugId))
                throw new Exception("Flug " + flugId + " existiert
nicht!");
```

```
                free = freePerFlight[flugId];
            free--;
            freePerFlight[flugId] = free;
            ticketId = "T" + nextTicket;
            nextTicket++;
        }

        this.Clients.Caller.BookFlightCompleted(flugId, ticketId, vorname,
    nachname);
        this.Clients.Group("flug" + flugId).FlightUpdated(flugId, ticketId,
    free);
        return ticketId;
    }
}
```

8.5.7 Hubs über serverseitige Prozesse benachrichtigen

In manchen Fällen ist es notwendig, Daten an SignalR-Hubs aus einem serverseitigen Prozess heraus zu senden. Dabei kann es sich zum Beispiel um einen Controller, der mit den Möglichkeiten von ASP.NET MVC oder ASP.NET Web API erstellt wurde, handeln. Dies kann wie folgt bewerkstelligt werden:

```
var context = GlobalHost.ConnectionManager.GetHubContext<MyHub>();
context.Clients.All.bookFlight(4711, "Max", "Muster");
```

■ 8.6 Pipeline-Modules für Querschnitts- funktionen

Mithilfe von Pipeline-Modules kann der Entwickler Querschnittsfunktionen festlegen, die SignalR zu bestimmten Zeitpunkten unabhängig vom jeweils konsumierten Hub zur Ausführung bringen soll. Um ein Pipeline-Modul zu implementieren, leitet der Entwickler von *HubPipelineModule* ab. Anschließend überschreibt er jene Methoden, welche SignalR beim Eintreten bestimmter Ereignisse aufruft. Die folgende Auflistung beschreibt diese:

- *OnAfterConnect:* Wird aufgerufen, nachdem eine Verbindung mit einem Client aufgebaut wurde
- *OnAfterDisconnect:* Wird aufgerufen, nachdem eine Verbindung mit einem Client geschlossen wurde
- *OnAfterIncoming:* Wird aufgerufen, nachdem ein Hub Daten empfangen hat
- *OnAfterOutgoing:* Wird aufgerufen, nachdem ein Hub Daten gesendet hat
- *OnAfterReconnect:* Wird aufgerufen, wenn eine abgebrochene Verbindung erneut aufgebaut wird

- *OnBeforeAuthorizeConnect:* Wird aufgerufen, wenn eine Verbindung aufgebaut wird. Hier kann der Entwickler Autorisierungslogiken platzieren.

- *OnBeforeConnect:* Wird aufgerufen, bevor eine Verbindung mit einem Client aufgebaut wird.

- *OnBeforeDisconnect:* Wird aufgerufen, bevor eine Verbindung mit einem Client getrennt wird

- *OnBeforeIncoming:* Wird aufgerufen, bevor der Hub Daten empfängt

- *OnBeforeOutgoing:* Wird aufgerufen, bevor der Hub Daten sendet

- *OnBeforeReconnect:* Wird aufgerufen, bevor eine abgebrochene Verbindung wieder aufgebaut wird

- *OnIncomingError:* Wird aufgerufen, wenn ein Fehler auftritt

Das Beispiel in Listing 8.8 zeigt ein Pipeline-Module, welches ausgewählte Ereignisse unter Verwendung von *Debug.WriteLine* protokolliert.

Listing 8.8 Einfaches Pipeline-Module

```
public class LoggingPipelineModule : HubPipelineModule
{
    protected override bool
        OnBeforeIncoming(IHubIncomingInvokerContext context)
    {
        Debug.WriteLine(
            "[{0}] OnBeforeIncoming: Method {1} on Hub {2}",
            DateTime.Now,
            context.MethodDescriptor.Name,
            context.MethodDescriptor.Hub.Name );

        return base.OnBeforeIncoming(context);
    }

    protected override bool OnBeforeOutgoing(
                    IHubOutgoingInvokerContext context)
    {
        Debug.WriteLine(
            "[{0}] OnBeforeOutgoing: Method {1} on Hub {2}",
            DateTime.Now,
            context.Invocation.Method,
            context.Invocation.Hub);

        return base.OnBeforeOutgoing(context);
    }
}
```

Um ein Pipeline-Module bei SignalR zu registrieren, ist es an die Methode *AddModule* der statischen Auflistung *HubPipeline* von *GlobalHost* zu übergeben:

```
GlobalHost.HubPipeline.AddModule(new LoggingPipelineModule());
```

Wie alle programmatischen Konfigurationen erfolgt dieser Aufruf bevorzugterweise innerhalb der Methode *Application_Start*, die sich in der Datei *global.asax* befindet.

■ 8.7 SignalR konfigurieren

SignalR bietet einige wenige Konfigurationseinstellungen. Hierbei handelt es sich um Eigenschaften jenes Objektes, das über die statische Eigenschaft *GlobalHost.Configuration* in Erfahrung gebracht werden kann. Da die Konfigurationseinstellungen im Zuge des Hochfahrens der Web-Anwendung gesetzt werden sollten, bietet sich hierfür die Methode *Application_Start* innerhalb der Datei *global.asax* an.

Die folgende Auflistung beschreibt die zur Verfügung stehenden Konfigurationseinstellungen:

- *ConnectionTimeout:* Gibt an, nach welcher Zeitspanne, innerhalb der der Client keine Nachricht sendet, die Verbindung abzubauen ist
- *DisconnectTimeout:* Gibt an, wie lange nach dem Abbruch einer Verbindung gewartet werden soll, bis hierfür das Ereignis *Disconnect* aufzurufen ist
- *KeepAlive:* Gibt an, in welchem Intervall Clients Keep-Alive-Nachrichten an den Server senden sollen, um zu verhindern, dass die Verbindung nicht abgebaut wird

■ 8.8 SignalR skalieren

Verteilt man eine Anwendung, die SignalR verwendet, auf mehrere Server, ergibt sich das Problem, dass Nachrichten von Clients auf dem einen Server nicht an die Clients des anderen Servers weitergeleitet werden. Der Grund dafür liegt in der Tatsache, dass zum einen beide Server nichts voneinander wissen sowie zum anderen SignalR standardmäßig einen lokalen Message-Bus verwendet, um Nachrichten zu verteilen.

Die Lösung besteht nun darin, die Implementierung des Message-Bus durch eine zu ersetzen, die alle empfangenen Nachrichten an eine übergeordnete Entität übergibt. Bei dieser übergeordneten Entität kann es sich beispielsweise um ein Topic (Nachrichtenwarteschlage für Point-to-Multipoint-Kommunikation) oder um eine Datenbank handeln. Die Aufgabe dieser Entität besteht darin, alle empfangenen Nachrichten an die einzelnen lokalen Message-Bus-Instanzen weiterzureichen (siehe Bild 8.4).

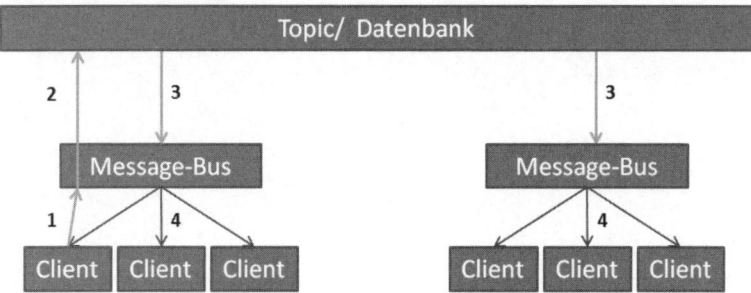

Bild 8.4 SignalR kann durch Hinzuziehen eines Topics, Netzwerkcaches oder einer Datenbank skaliert werden.

Derzeit existieren Message-Bus-Implementierungen für Windows *Azure Service Bus* bzw. *Windows Server Service Bus*, den freien Key/Value-Store *Redis* und *SQL Server*. Informationen dazu finden sich unter *https://github.com/SignalR/SignalR/wiki*.

9 Hosting von WCF- und Web API-Diensten

WCF- bzw. Web API-basierende Dienste (fortan zur Vereinfachung lediglich als Dienste bezeichnet) müssen in einem Windows-Prozess gehostet werden. Dieser Host-Prozess ist Voraussetzung dafür, dass ein Dienst aufrufbar ist. Wenn der Host-Prozess nicht läuft, kann der Dienst nicht aufgerufen werden.

Es gibt folgende Möglichkeiten zum Hosting von Diensten:

- Konsolenanwendungen oder Windows-Desktop-Anwendungen (Windows Forms oder WPF). Auch diese Möglichkeit ist in der Regel nur zum Entwickeln und Testen geeignet, da diese Anwendungsarten keine Sicherung haben, die nach einem Prozessende einen automatischen Wiederanlauf ermöglicht.
- Windows-Systemdienste
- Internet Information Services (IIS), optional mit AppFabric-Erweiterungen

 HINWEIS: Oft wird in Bezug auf Dienste auch der Begriff „Application Server" synonym zum Begriff „Host-Prozess" verwendet. Ein Application Server umfasst auch das Hosting, in der Regel kann ein Application Server aber mehr als ein einfacher Host, z.B. besitzt er Überwachungsfunktionen. IIS zusammen mit AppFabric ist ein Application Server.

■ 9.1 Hosting in Windows-Systemdiensten

Als „Windows-Systemdienst" werden hier die Dienste bezeichnet, die im Hintergrund von Windows laufen. Mit der Vorsilbe „System" sollen diese Dienste von WCF- bzw. Web API-Diensten abgegrenzt werden, denn ein Systemdienst muss nicht notwendigerweise irgendeine Form der Netzwerkkommunikation ermöglichen. „System" heißt aber nicht, dass es dabei nur um die bei Windows mitgelieferten Systemdienste geht. Jeder Entwickler kann Systemdienste erzeugen, in .NET sehr einfach mit den Klassen im Namensraum *System. ServiceProcess*.

Man kann Systemdienste über die MMC-Konsole *Services* oder Kommandozeilenwerkzeuge wie *net start/net stop* bzw. Start-Service/Stop-Service verwalten.

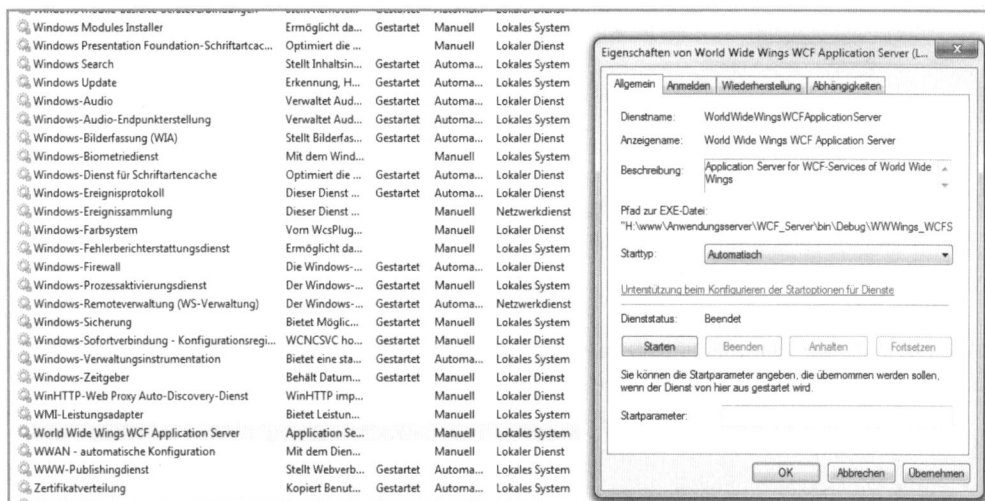

Bild 9.1 Ein Systemdienst in der Windows-Managementkonsole „Services" bzw. „Dienste"

Ein Windows-Systemdienst läuft unter einem bestimmten Benutzerkonto (siehe Register-karte *Anmelden*). Man kann einen Systemdienst unter der allmächtigen Identität *System* (alias *Lokales Systemkonto*) ausführen. Dies ist aber aus Sicherheitsgründen nicht emp-fohlen, denn wenn ein Angreifer es schafft, eine Sicherheitslücke in einem Systemdienst zu finden, kann er dann ggf. die Kontrolle über das ganze Betriebssystem übernehmen.

Windows kann Systemdienste automatisch beim Start des Betriebssystems starten. Win-dows kann auch abgebrochene Systemdienste automatisch neustarten (siehe Registerkarte *Wiederherstellung*).

9.1.1 Erstellen eines Windows-Systemdienstes

Zum einfachen Erstellen eines Systemdienstes bietet Visual Studio die Projektvorlage *Win-dows Service* (nicht zu verwechseln mit WCF Service Library und vielen anderen Projekt-vorlagen mit „Service" im Namen!).

Es entsteht daraus ein Projekt wie in Bild 9.2 dargestellt. Im ersten Schritt sollte man *Service1.cs* umbenennen, z. B. in *WorldWideWingsWCFApplicationServer.cs*.

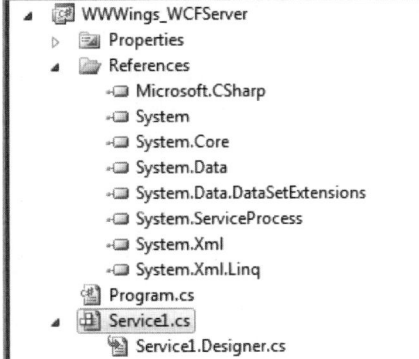

Bild 9.2 Projektvorlage „Windows Service"

Das Herzstück ist der Inhalt der Datei *WorldWideWingsWCFApplicationServer.cs* (vorher *Service1.cs*). *OnStart()* wird beim Start des Systemdienstes aufgerufen, *OnStop()* beim Beenden.

Listing 9.1 Leerer Systemdienst

```
using System;
using System.Collections.Generic;
using System.ComponentModel;
using System.Data;
using System.Diagnostics;
using System.Linq;
using System.ServiceProcess;
using System.Text;

namespace WWWings_WCFServer
{
 public partial class WorldWideWingsWCFApplicationServer : ServiceBase
 {
  public WorldWideWingsWCFApplicationServer()
  {
   InitializeComponent();
  }

  protected override void OnStart(string[] args)
  {
  }

  protected override void OnStop()
  {
  }
 }
}
```

9.1.2 Ergänzen eines WCF-Dienstes in einem Systemdienst

Vor der Bearbeitung dieser Methoden sollte man nun die entsprechenden Referenzen erstellen. Folgende Referenzen werden benötigt:

- *System.ServiceModel* für den Kern von WCF (nicht zu verwechseln mit *System.Service Process*, der Bibliothek für Systemdienste, zu der eine Referenz bereits in der Projektvorlage enthalten ist)
- *Assembly*, die die Schnittstellen für die zu hostenden WCF-Dienste realisiert (hier: *WWWings_WCF_Contracts.dll*)
- *Assembly*, die die zu hostenden WCF-Dienste realisiert (hier: *WWWings_WCF_Services.dll*).

Nun kann man den Programmcode zum Öffnen und Schließen eines WCF-Service-Host-Objekts in die Methoden des Systemdienstes einfügen (siehe Listing 9.2).

 PRAXISTIPP: Den Start- und Stop-Code in eine getrennte öffentliche Methode auszulagern, erleichtert das Debugging (siehe Abschnitt 9.1.4). ∎

Listing 9.2 Hosting eines WCF-Dienstes in einem Systemdienst

```
using System;
using System.ServiceProcess;
using System.ServiceModel;

namespace WWWings_WCFServer
{
 public partial class WorldWideWingsWCFApplicationServer : ServiceBase
 {
  public WorldWideWingsWCFApplicationServer()
  {
   InitializeComponent();
  }

  private ServiceHost host;

  protected override void OnStart(string[] args)
  {
   Starten();

  }

  public void Starten()
  {

   Uri uri = new Uri("http://localhost:9999/WorldWideWings/");
   host = new ServiceHost(typeof(de.WWWings.Dienste.FlugplanService), uri);
   host.AddServiceEndpoint(typeof(de.WWWings.Dienste.IFlugplanService),
new BasicHttpBinding(), "FlugplanDienst");
   host.Open();
  }

  protected override void OnStop()
  {
```

```
  Stoppen();
 }

 public void Stoppen()
 {
  if (host.State != CommunicationState.Closed) host.Close();
 }
 }
}
```

 HINWEIS: Die Konfiguration kann natürlich auch XML-basiert erfolgen. Dann legt man in der Konfigurationsdatei *app.config* einen entsprechenden *<service>*-Eintrag an.

9.1.3 Ergänzen eines Web API-Dienstes in einem Systemdienst

Um einen ASP.NET Web API-basierten Dienst um einen Windows-Dienst zu erweitern, ist analog zur Beschreibung im letzten Abschnitt vorzugehen, unter Verwendung des Programmiermodells von ASP.NET Web API (siehe Kapitel 6, „ASP.NET Web API").

9.1.4 Trick für das Debugging eines Systemdienstes

Einen Systemdienst kann man normalerweise nur sehr schwer zur Laufzeit debuggen. Um dies zu vereinfachen, sollte man folgenden Trick anwenden: Stellen Sie in den Projekteigenschaften des Dienstprojektes den Output Type von *Windows Application* auf *Console Application*. Schreiben Sie dann die *Main()*-Routine des Systemdienstes in *Program.cs* um. Diese sieht normalerweise so aus:

Listing 9.3 Program.cs

```
using System;
using System.Collections.Generic;
using System.Linq;
using System.ServiceProcess;
using System.Text;

namespace WWWings_WCFServer
{
 static class Program
 {
  /// <summary>
  /// The main entry point for the application.
  /// </summary>
  static void Main()
  {
   ServiceBase[] ServicesToRun;
   ServicesToRun = new ServiceBase[]
```

```
                          {
                   new WorldWideWingsWCFApplicationServer()
                };
    ServiceBase.Run(ServicesToRun);
    }
  }
}
```

Diesen Code ersetzt man nun durch den folgenden.

Listing 9.4 Program.cs in der Ursprungsfassung

```
using System;
using System.Collections.Generic;
using System.Linq;
using System.ServiceProcess;
using System.Text;

namespace WWWings_WCFServer

{
  static class Program
  {
    /// <summary>
    /// The main entry point for the application.
    /// </summary>
    static void Main(string[] args)
    {

    bool debug = false;
    if (args.Contains("debug")) debug = true;

#if #debug
    debug = true;
#endif

    if (debug) // Start als Konsolenanwendung
    {
      Console.WriteLine("WCF-Dienst startet...");
      var service = new WorldWideWingsWCFApplicationServer();
      service.Starten();
      Console.WriteLine("WCF-Dienst läuft!");
      Console.ReadLine();
      Console.WriteLine("WCF-Dienst wird beendet...");
      service.Stoppen();
      Console.WriteLine("WCF-Dienst beendet!");
    }
    else  // Start als Systemdienst
    {
      ServiceBase[] ServicesToRun;
      ServicesToRun = new ServiceBase[]
                      {
                   new WorldWideWingsWCFApplicationServer()
                };
      ServiceBase.Run(ServicesToRun);
    }
   }
  }
}
```

Die neue *Main()*-Routine enthält eine Fallunterscheidung: Der WCF-Dienst wird entweder als Systemdienst oder als – besser zu debuggende – Konsolenanwendung gestartet. Eine Konsolenanwendung entsteht, wenn das Projekt im Debug-Modus kompiliert oder mit dem Kommandozeilenparameter *debug* aufgerufen wurde.

Listing 9.5 Program.cs in der Neufassung

```
using System;
using System.Collections.Generic;
using System.Linq;
using System.ServiceProcess;
using System.Text;
using System.Diagnostics;

namespace WWWings_WCFServer
{
  static class Program
  {
    /// <summary>
    /// The main entry point for the application.
    /// </summary>
    static void Main(string[] args)
    {

      bool debug = false;
      if (args.Contains("debug")) debug = true;
#if DEBUG
      debug = true;
#endif
      if (debug) // Start als Konsolenanwendung
      {
        Console.WriteLine("WCF-Dienst startet...");
        var service = new WorldWideWingsWCFApplicationServer();
        service.Starten();
        Console.WriteLine("WCF-Dienst läuft!");
        Console.ReadLine();
        Console.WriteLine("WCF-Dienst wird beendet...");
        service.Stoppen();
        Console.WriteLine("WCF-Dienst beendet!");
      }
      else  // Start als Systemdienst
      {
        ServiceBase[] ServicesToRun;
        ServicesToRun = new ServiceBase[]
                    {
                       new WorldWideWingsWCFApplicationServer()
                    };
        ServiceBase.Run(ServicesToRun);
      }
    }
  }
}
```

Wenn man nun die kompilierte EXE entweder im Visual Studio-Debugger oder mit dem Kommandozeilenparameter *debug* aufruft, sieht man das folgende Bild. Man kann nun Clients auf den WCF-Dienst zugreifen lassen. Beim Start im Visual Studio-Debugger stehen alle Debugging-Funktionen zur Verfügung. Beim Start außerhalb kann man immerhin noch durch Konsolenausgaben eine Fehlersuche vereinfachen.

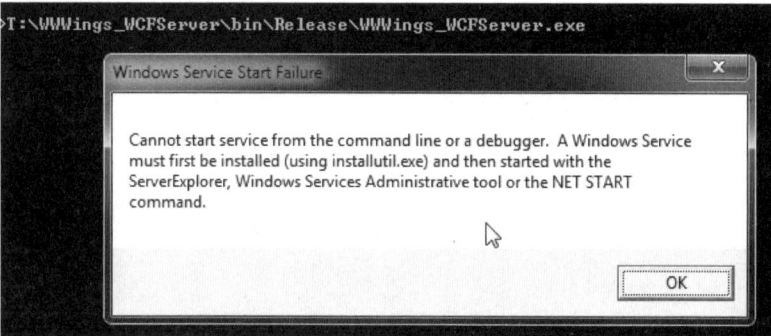

Bild 9.3 Debugging eines Systemdienstes

Startet man jedoch die Release-Version, sieht man folgende Fehlermeldung.

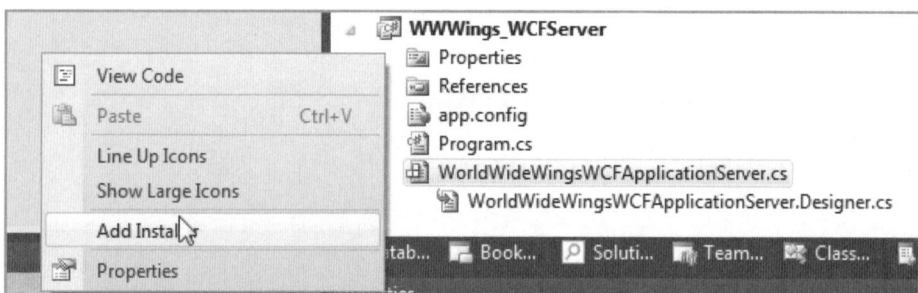

Bild 9.4 Einen Systemdienst kann man nicht direkt starten.

9.1.5 Vorbereiten der Installation eines Systemdienstes

Ein Systemdienst muss installiert werden, da Registrierungsdatenbankeinträge notwendig sind. Das aus vielen Bereichen bekannte XCopy-Deployment ist hier nicht möglich.

Voraussetzung für die Installation sind zwei Projektinstallationskomponenten, die Microsoft *ServiceInstaller* und *ServiceProcessInstaller* nennt. Man erstellt diese am einfachsten, indem man in der grauen Designer-Oberfläche des Dienstes *Add Installer* wählt.

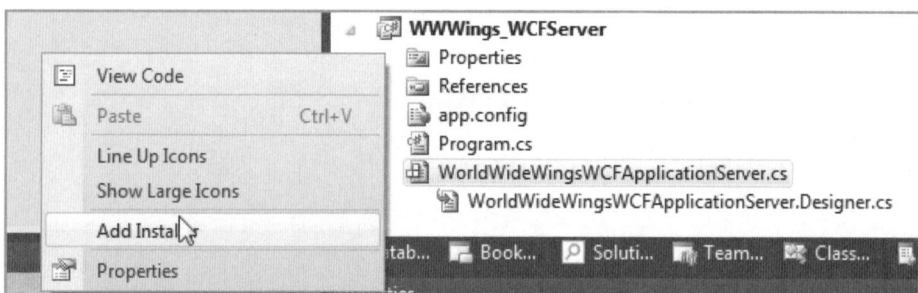

Bild 9.5 Aufruf von Add Installer

Man erhält dann zwei Komponenten auf der Designer-Oberfläche. Bei beiden sollte man die Eigenschaften anpassen (siehe Bild 9.6 und Bild 9.7).

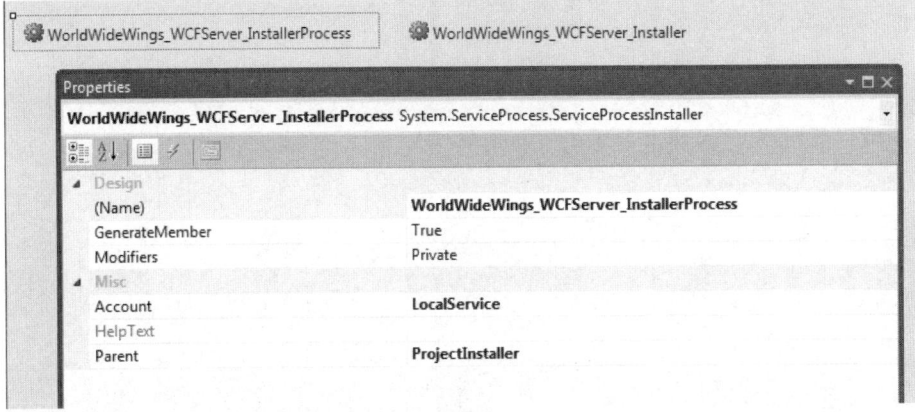

Bild 9.6 Eigenschaften des ServiceProcessInstaller

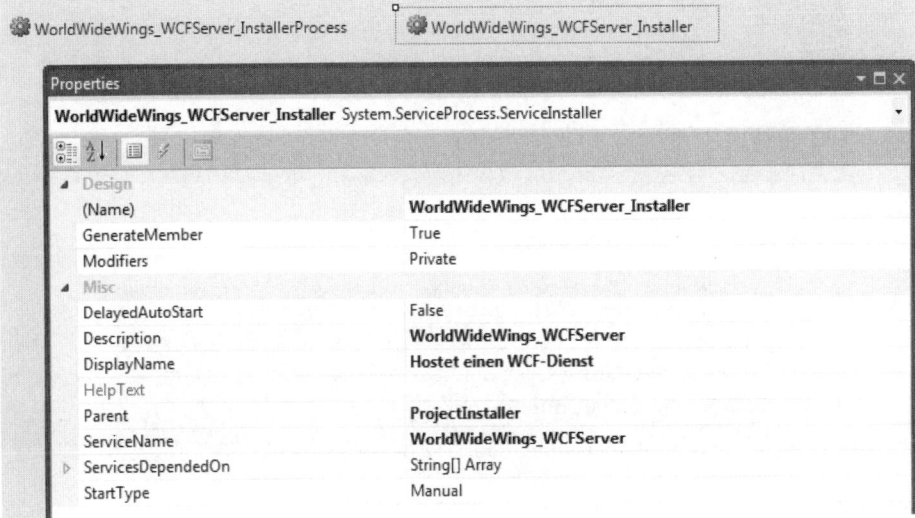

Bild 9.7 Eigenschaften des ServiceInstaller

9.1.6 Installation eines Systemdienstes

Zur Installation ruft man das im .NET Framework mitgelieferte Werkzeug *installutil.eXE* unter Angabe der EXE auf, die den Systemdienst enthält. „The Commit phase completed successfully" zeigt Ihnen an, dass alles o. k. ist.

Listing 9.6 Installation eines Systemdienstes mit installutil.exe

```
Administrator: Visual Studio Command Prompt (2010)

H:\www\Anwendungsserver\WCF_Server\bin\Debug>installutil WWWings_WCFServer.exe
Microsoft (R) .NET Framework Installation utility Version 4.0.30319.1
Copyright (c) Microsoft Corporation.  All rights reserved.

Running a transacted installation.

Beginning the Install phase of the installation.
See the contents of the log file for the H:\www\Anwendungsserver\WCF_Server\bin\Debug\WWWings_WCFServer.exe assembly's progress.
The file is located at H:\www\Anwendungsserver\WCF_Server\bin\Debug\WWWings_WCFServer.InstallLog.
Installing assembly 'H:\www\Anwendungsserver\WCF_Server\bin\Debug\WWWings_WCFServer.exe'.
Affected parameters are:
   logtoconsole =
   logfile = H:\www\Anwendungsserver\WCF_Server\bin\Debug\WWWings_WCFServer.InstallLog
   assemblypath = H:\www\Anwendungsserver\WCF_Server\bin\Debug\WWWings_WCFServer.exe
Installing service WorldWideWingsWCFApplicationServer...
Service WorldWideWingsWCFApplicationServer has been successfully installed.
Creating EventLog source WorldWideWingsWCFApplicationServer in log Application...

The Install phase completed successfully, and the Commit phase is beginning.
See the contents of the log file for the H:\www\Anwendungsserver\WCF_Server\bin\Debug\WWWings_WCFServer.exe assembly's progress.
The file is located at H:\www\Anwendungsserver\WCF_Server\bin\Debug\WWWings_WCFServer.InstallLog.
Committing assembly 'H:\www\Anwendungsserver\WCF_Server\bin\Debug\WWWings_WCFServer.exe'.
Affected parameters are:
   logtoconsole =
   logfile = H:\www\Anwendungsserver\WCF_Server\bin\Debug\WWWings_WCFServer.InstallLog
   assemblypath = H:\www\Anwendungsserver\WCF_Server\bin\Debug\WWWings_WCFServer.exe

The Commit phase completed successfully.

The transacted install has completed.

H:\www\Anwendungsserver\WCF_Server\bin\Debug>_
```

 HINWEIS: Beachten Sie, dass es installutil.eXE in einer 32- und einer 64-Bit-Version gibt. Wenn Sie mit „Any CPU" kompiliert haben, richtet sich die zu verwendende Version nach dem Betriebssystem. Wenn Sie „x86" kompiliert haben, müssen Sie immer die 32-Bit-Version verwenden.

Nun müssen Sie den Dienst noch starten.

```
Administrator: C:\Windows\System32\WindowsPowerShell\v1.0\powershell.exe

PS P:\> Get-Service *WCF*

Status   Name            DisplayName

Stopped  WorldWideWingsW...  World Wide Wings WCF Application Se...

PS P:\> Start-Service *WCF*
PS P:\> _
```

Bild 9.8 Start eines Systemdienstes mit der Windows PowerShell

Dieser stellt eine .NET Application Domain bereit. Dieser Prozess wird als WCF-Server oder WCF-Service-Host oder WCF-Anwendungsserver bezeichnet.

Ebenso wie bei .NET Remoting stehen als Hosting-Optionen der Internet Information Server (IIS), der Anwendungsserver COM+ (alias .NET Enterprise Services), ein Windows-Dienst oder eine einfach von Hand zu startende Konsolenanwendung zur Verfügung. Ab Windows Vista gibt es darüber hinaus einen leichtgewichtigen Standard-Host-Prozess mit Namen Windows (Process) Activation Service (WAS; früherer Name Webhost). Der WAS ist das Basiselement für den IIS Version 7.x und kann auch in WCF eingesetzt werden, um HTTP-, TCP-, MSMQ- und Named-Pipe-Dienste zu hosten.

 HINWEIS: Sie können InstallUtil.eXE auch benutzen, um den Dienst wieder zu deinstallieren. Dazu wird lediglich als weiterer Parameter der Schalter /u angegeben.

■ 9.2 Hosting im Internet Information Server (IIS)/Windows Server AppFabric

Ein Application Server dient nicht nur der Bereitstellung von Diensten (Services) für den entfernten Aufruf durch Clients. Er nutzt auch der Protokollierung und Überwachung. Außerdem stellt er einfache Mechanismen zur Verteilung von Diensten bzw. zur Verlagerung von Diensten von einem Server zum anderen bereit.

In der .NET-Welt war das Thema Application Server jahrelang ein Politikum. Nachdem es in der COM-Welt vor .NET mit COM+ noch ein Äquivalent zum JEE-Application-Server-Konzept gab, versuchte Microsoft erst sein altes COM+ unter dem neuen Namen .NET Enterprise Services (System.EnterpriseServices) zu verkaufen, und dann war Microsoft lange Jahre der Meinung, dass es eines dedizierten Application Servers für .NET nicht bedarf. Interessanterweise gab es hier auch keine nennenswerten Versuche von Drittanbietern, diese zu Lücke zu schließen.

9.2.1 Von IIS über WAS zu AppFabric

Microsoft pries seinen Webserver Internet Information Server (IIS) oft als Application Server an. Aber lange Zeit unterstützte der IIS nur die Kommunikation mit HTTP. Seit Version 7.0 (ab Windows Vista bzw. Windows Server 2008) beherrscht der IIS auch andere Protokolle wie TCP, MSMQ und Named Pipes. Microsoft nannte diese neue Komponente den Windows (Process) Activation Service (WAS).

Aber es fehlten ihm weiterhin Werkzeuge für die Installation, Verwaltung und Überwachung von Diensten. Diese wurden in der folgenden Zeit sukzessive ergänzt. Seit 2010 spricht Microsoft nun von einem eigenständigen Application Server mit Namen Windows Server AppFabric. AppFabric umfasst IIS, WAS und zusätzliche Komponenten für Verbreitung, Verwaltung und Überwachung sowie das Zwischenspeichern („Cachen") von Daten. AppFabric ist vergleichbar mit den in der Java-Welt seit Langem bekannten Application Servern.

Windows Server AppFabric unterstützt die Bereitstellung von ASP.NET-Anwendungen inklusive ASP.NET Web API-basierter Dienste und WCF-Diensten sowie Workflows.

 AppFabric ist eine kostenlose Erweiterung zum Internet Information Server. AppFabric kann als Zusatz zum IIS 7.0/7.5/8.0 auf Windows Vista, Windows 7, Windows 8, Windows Server 2008 (inkl. R2) sowie Windows Server 201 installiert werden (jeweils 32 und 64 Bit, soweit verfügbar).

Aktuelle Version ist 1.1. Download unter http://www.microsoft.com/de-de/download/details.aspx?id=27115.

AppFabric wird nicht nur als Erweiterung des IIS gesehen, sondern von Microsoft auch eher als eine Dachmarke für den IIS und andere Erweiterungen „verkauft".

> Es gilt:
>
> AppFabric = IIS + WAS + MSDeploy + neue Monitoring-Funktionen + verteiltes Caching (Codename „Velocity").
>
> MSDeploy ist ein Werkzeug zur Paketierung und Installation von Webanwendungen und Webservices einschließlich Datenbanken, Registrierungsdatenbankeinträgen und anderen Einstellungen.

9.2.2 IIS-Websites

Dieses Kapitel erläutert die Grundprinzipien und die Administration des IIS anhand der MMC-basierten IIS-Verwaltungskonsole (alias IIS Manager). Andere Administrationswege (Skripte, PowerShell, APIs) werden hier aus Platzgründen nicht thematisiert.

9.2.2.1 Websites (Virtuelle Webserver)

Ein IIS (alias physischer Webserver) besteht aus einem oder mehreren sogenannten „virtuellen Webservern". Ein virtueller Webserver ist die Zuordnung einer Kombination aus IP-Adresse und Portnummer zu einem physischen Verzeichnis auf einem Laufwerk.

 HINWEIS: Ein virtueller Webserver wird im normalen Sprachgebrauch mit einer Website gleichgesetzt. Man spricht von Websites unabhängig davon, ob diese eine HTML-basierte Webanwendung für einen Browser, einen WCF- bzw. Web API-Dienst oder eine Mischung aus beiden beinhalten.

9.2.2.2 Webserver erstellen

Zum Anlegen einer Website in der IIS-Verwaltungskonsole wählt man „Website hinzufügen" (*Add Web Site*) im Zweig *Sites*. Hier erfolgt die Zuordnung IP-Adresse und TCP-Portnummer zum Dateisystemverzeichnis. Anzugeben sind in diesem Dialog:

- Name der Website
- Pfad im Dateisystem (Standort der Webanwendungsdateien)
- Protokollart (HTTP, HTTPS, FTP etc.)
- IP-Adresse
- Portnummer

 HINWEIS: Die Einstellung *Keine zugewiesen* (*All Unassigned*) für die IP-Adresse bedeutet, dass der WWW-Dienst auf alle dem Computer in der Netzwerkkonfiguration zugeordneten IP-Adressen reagiert.

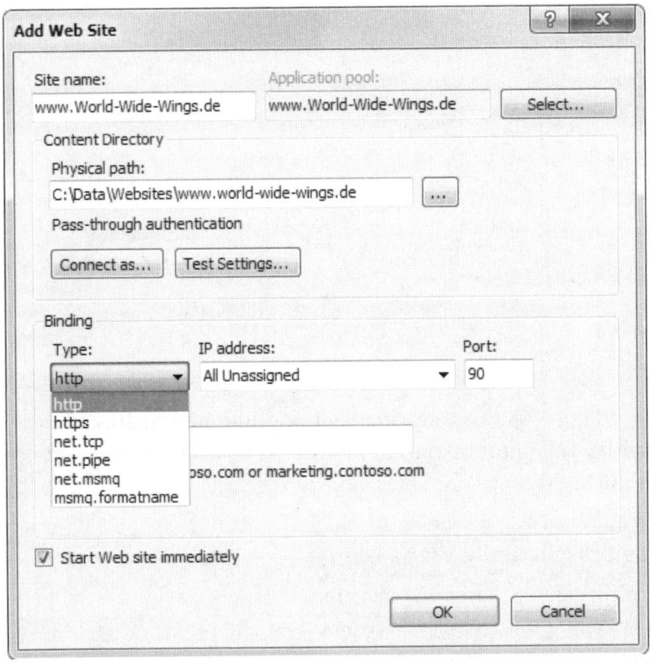

Add Web Site

Site name:
www.World-Wide-Wings.de

Application pool:
www.World-Wide-Wings.de   Select...

Content Directory

Physical path:
C:\Data\Websites\www.world-wide-wings.de   ...

Pass-through authentication

Connect as...   Test Settings...

Binding

Type:
http

IP address:
All Unassigned

Port:
90

http
https
net.tcp
net.pipe
net.msmq
msmq.formatname

oso.com or marketing.contoso.com

☑ Start Web site immediately

OK   Cancel

Bild 9.9 Website anlegen

Nach dem Anlegen erscheint die neue Website in der Liste der Websites. Für die Website kann man die Inhalte ansehen (Ansicht *Inhalt* bzw. *Content View*) und die Einstellungen ändern (Ansicht *Features* bzw. *Features View*).

Die Liste der virtuellen Webserver lässt sich durch Gruppierung und Filter übersichtlicher gestalten (Bild 9.10). Damit wird es leicht, eine große Anzahl von virtuellen Webservern zu verwalten. Jeder virtuelle Webserver kann eine eigene Liste von Administratoren besitzen, was die Delegation von administrativen Aufgaben vereinfacht.

Eine im Wesentlichen nur für die Browser-Webanwendung zu prüfende Einstellung befindet sich in der Rubrik *IIS/Standarddokument* (*IIS/Default Document*): Hier ist festzulegen, welches Dokument an den Webbrowser gesendet werden soll, wenn der Aufrufer nur den Verzeichnisnamen (z. B. http://localhost/MeineAnwendung) angibt, aber kein konkretes Dokument (z. B. http://localhost/MeineAnwendung/Produktliste.aspx). Falls die Startseite nicht bereits unter den hier aufgelisteten Seitennamen zu finden ist, müssen Sie einen entsprechenden Eintrag hinzufügen.

Soll dem Benutzer gestattet werden, eine Liste der in dem Verzeichnis verfügbaren Dateien einzusehen, um selbst eine Datei auszuwählen, ist dies unter *Verzeichnis durchsuchen* (*Directory Browsing*) einzustellen. Voraussetzung dafür ist, dass das entsprechende Feature *Verzeichnis durchsuchen* (*Directory Browsing*) in der Installation des IIS aktiviert wurde.

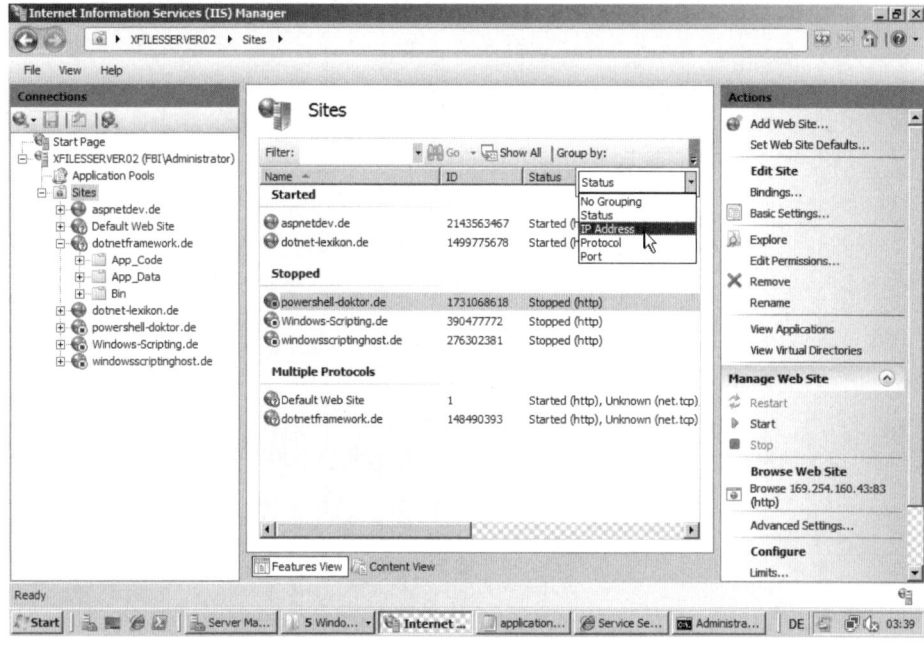

Bild 9.10 Liste der Website im IIS Manager

9.2.2.3 Beschränken der möglichen Clients

Der Zugriff auf einen IIS-Webserver kann so eingeschränkt werden, dass nur bestimmte Netze oder Hostsysteme als Client zugelassen sind. Dies ist möglich in der Funktion *Einschränkungen für IP-Adressen und Domänenname* (*IP Address and Domain Restrictions*). Bild 9.11 zeigt ein Szenario, bei dem alle IP-Adressen verboten sind außer IP-Adressen aus den Bereichen 192.168.1.* und 192.168.2.*. Clients, die durch eine IP-Adressbeschränkung ausgeschlossen sind, erhalten beim Versuch, die Webanwendung anzusprechen, die Fehlermeldung „HTTP Error 403.6 – Forbidden: IP address of the client has been rejected". Von diesen Clients geht dann nur noch geringe Bedrohung aus.

Bild 9.11 Einschränkung der Clients

9.2.2.4 Authentifizierung

Standardmäßig ist in IIS der „anonyme Zugriff" aktiviert, das heißt, in einer HTTP-Anfrage müssen keine Authentifizierungsdaten enthalten sein. Sofern Sie IIS explizit nicht als öffentlichen Webserver nutzen wollen, sollten Sie unbedingt den anonymen Zugriff deaktivieren. In einer reinen Windows-Umgebung ist die Integrierte Windows-Authentifizierung sinnvoll, die eine Einmalanmeldung (Single-Sign-on) innerhalb einer Domäne ermöglicht. Der Internet Explorer und auch andere moderne Browser unterstützen die Weitergabe der Anmeldeinformationen der Windows-Domäne an den IIS. Sobald Sie die *Integrierte Windows-Authentifizierung* aktivieren und den *anonymen Zugriff* deaktivieren, haben Clients, die sich nicht an der Windows-Domäne angemeldet haben, keinen Zugriff auf die Webanwendung. Sie erreichen die Authentifizierungseinstellungen (siehe Bild 9.12) im IIS-Manager unter *Authentifizierung* (*Authentication*).

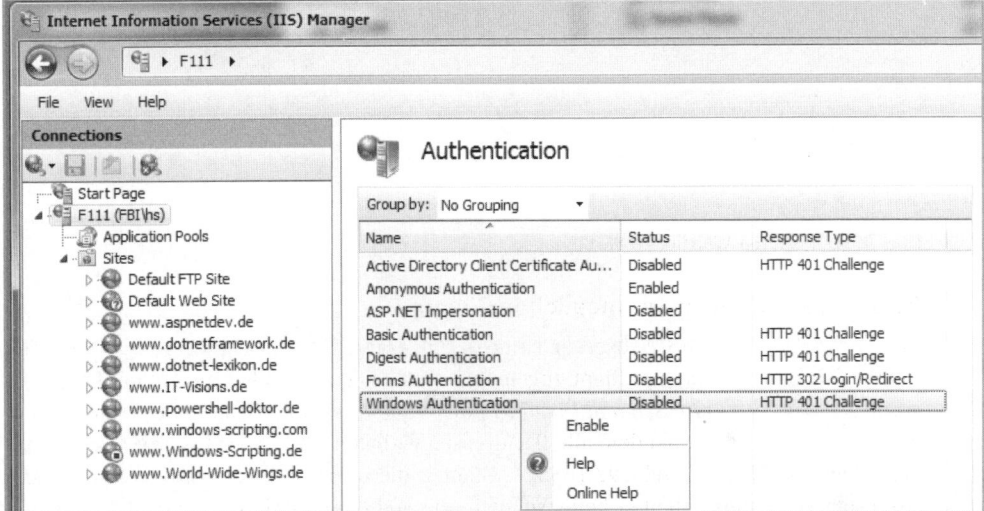

Bild 9.12 Einstellung der Authentifizierung

9.2.2.5 Secure Socket Layer (SSL)

Um den Zugang zu einer Website mit Secure Socket Layer (SSL) zu ermöglichen, muss man zunächst ein Server-Zertifikat (unter *Server Certificates*) einfügen. Dies muss im Stammverzeichnis des physischen Webservers erfolgen (siehe Symbol mit Servergehäuse im Baum). Man kann hier ein selbst signiertes Zertifikat anlegen. Für den Betrieb im Internet braucht man aber in der Regel ein Zertifikat einer der in Windows bereits bekannten Zertifizierungsstellen (z. B. VeriSign, Thawte, Deutsche Telekom, GlobalSign und andere). Anschließend wählt man auf der Ebene des virtuellen Webservers *Bindings* und dort *https* mit dem eingefügten Zertifikat. Wenn die Website nur per SSL erreichbar sein soll, müssen Sie dort die Bindung für HTTP entfernen.

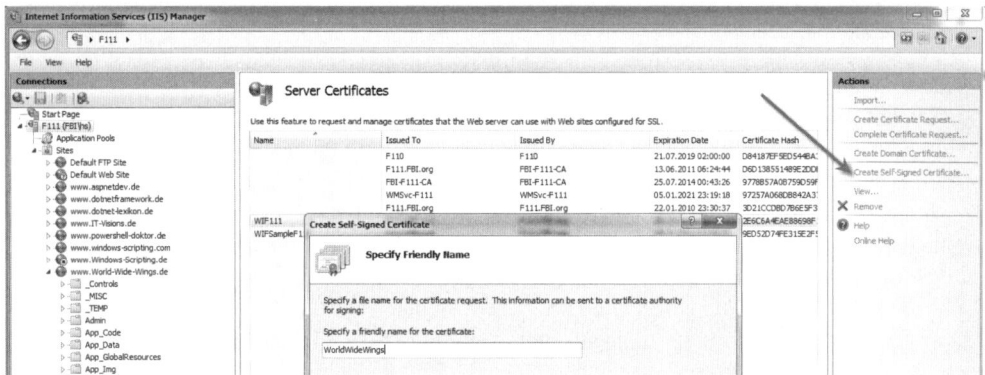

Bild 9.13 Testzertifikat für SSL anlegen

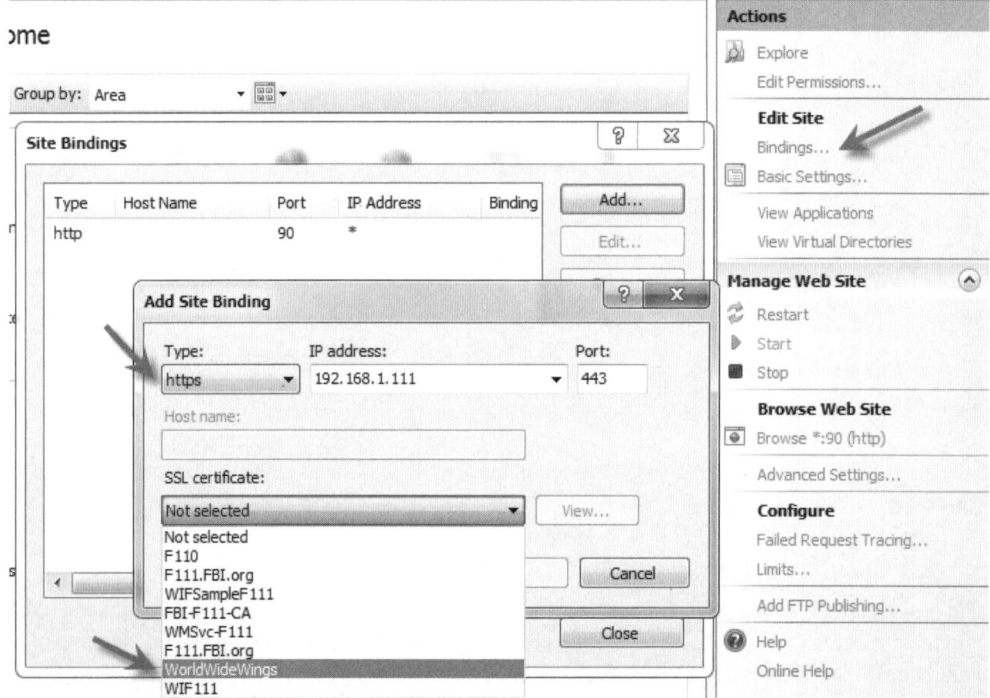

Bild 9.14 Binding für SSL aktivieren

9.2.2.6 Nicht-HTTP-Protokolle und WCF

IIS war lange Zeit ein Web-, Datei-, Mail- und Newsserver. Ab Version 7.0 versteht IIS auch TCP, MSMQ und Named Pipes und wird damit zum allgemeinen Host für Windows Communication Foundation (WCF). Neben dem bereits aus der Vorgängerversion bekannten Kernel-Mode-Listener HTTP.sys installiert IIS 7.x/8.0 die Listener NET.TCP, NET.PIPE und NET.MSMQ. Beim Eintreffen einer Anfrage in einem der Listener prüft Windows Activation

Service (WAS), ob es bereits einen Arbeitsprozess gibt, der die Anfrage bearbeiten kann. Sofern noch keiner vorliegt, erzeugt WAS einen passenden Prozess. Der Aktivierungsdienst kann auf Wunsch verschiedene Protokolle in einem Arbeitsprozess bedienen.

Das Hinzufügen weiterer Protokolle erfolgt in zwei Schritten.

1. Pro Website muss man zunächst weitere Protokolle eintragen unter *Erweiterte Einstellungen/Aktivierte Protokolle* (siehe Bild 9.15). Zu beachten ist, dass für TCP hier *net.tcp* und für Named Pipes *net.pipe* einzutragen ist.

2. Unter *Bindungen* muss man anschließend das Protokoll ebenfalls eintragen. Im Fall von TCP ist ein Port zu vergeben (siehe Bild 9.16).

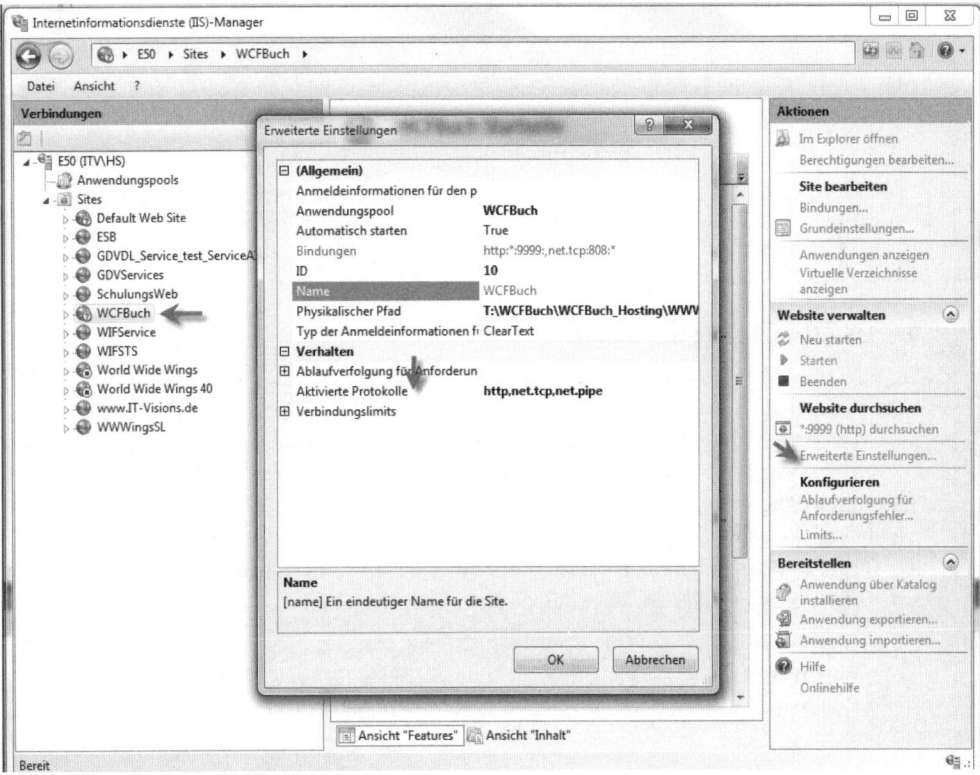

Bild 9.15 Aktivierung für andere Protokolle

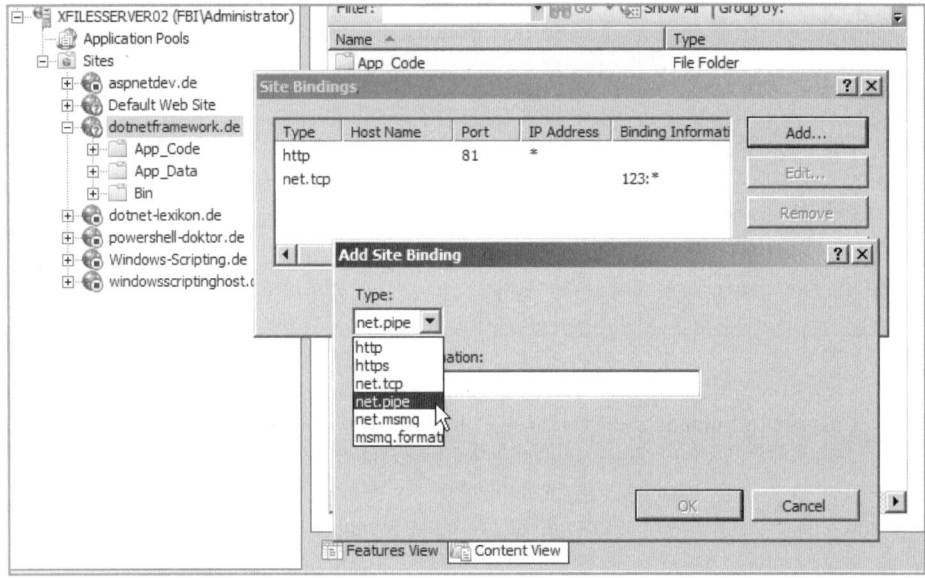

Bild 9.16 Bindings für andere Protokolle

9.2.2.7 Virtuelle Verzeichnisse

Ein virtuelles Verzeichnis ist ein Konzept, das es erlaubt, jedes Unterverzeichnis als eine eigenständige Anwendung zu betrachten. Hierbei werden IP-Adresse, TCP-Portnummer und relatives Verzeichnis einem Dateisystemverzeichnis zugeordnet. Dabei muss das Dateisystemverzeichnis nicht in der gleichen Beziehung zu dem Basisverzeichnis stehen, wie es der relative Pfad in der URL angibt. Konkret bedeutet dies, dass für jedes virtuelle Verzeichnis ein beliebiger Pfad im Dateisystem gebunden werden kann. Zum Anlegen eines virtuellen Verzeichnisses rufen Sie nach Auswahl einer Website den Eintrag *Virtuelles Verzeichnis hinzufügen* (*Add Virtual Directory*) auf.

 HINWEIS: Virtuelle Verzeichnisse sind vor allem für Browser-Webanwendungen wichtig und sollen hier daher nicht weiter thematisiert werden.

9.2.3 IIS-Anwendungen

Aus der Sicht des IIS-Webservers ist eine Anwendung etwas anderes als aus der Sicht des Webentwicklers. Für IIS ist eine Anwendung ein Element in der Konfigurationshierarchie, das auch auf ASP.NET wirkt.

Aus Sicht von IIS gehören alle Seiten, die in der gleichen IIS-Anwendung laufen, zu einer einzigen ASP.NET-Webanwendung. Eine IIS-Anwendung ist eine Funktion des Webservers zur Abgrenzung von dynamischen Inhalten. In IIS kann man für jede IIS-Anwendung einen eigenen Anwendungspool festlegen und damit einen eigenen Webserver-Arbeitsprozess erzeugen.

Eine IIS-Anwendung hat eine eigene Zustandsverwaltung, und es gibt auch keine gemeinsame Authentifizierung. Sie kann Authentifizierungsdaten nicht automatisch, sondern nur manuell mit anderen IIS-Anwendungen teilen.

Eine IIS-Anwendung besitzt eine eigene Konfigurationshierarchie und erbt keine Konfigurationseinstellungen von anderen IIS-Anwendungen, die im Konfigurationsbaum über ihr stehen.

Eine IIS-Anwendung gehört zu genau einem IIS-Anwendungspool (gilt nur ab IIS 6.0, vgl. Abschnitt 9.2.4).

Ein virtueller Webserver (alias Website) ist immer eine IIS-Anwendung. Ein virtuelles Verzeichnis kann eine IIS-Anwendung sein. Ein physisches Verzeichnis kann eine IIS-Anwendung sein.

Eine IIS-Anwendung legt man entweder an, indem man *In Anwendung konvertieren* (*Convert to Application*) auf einem Unterverzeichnis in einer Website wählt oder *Anwendung hinzufügen* (*Add Application*). Beide Funktionen fragen nach dem Alias. Durch Vergabe eines Alias erzeugt man gleichzeitig ein virtuelles Verzeichnis.

Eine IIS-Anwendung erkennt man an dem anderen Symbol im Baum.

9.2.4 IIS-Anwendungspools

Seit der Version 6.0 von IIS kann man Webanwendungen durch Anwendungspools isolieren. Ein IIS-Anwendungspool erlaubt verschiedene Einstellungen hinsichtlich Stabilität und Sicherheit.

In IIS 5.x gab es immer nur eine Warteschlange und einen Arbeitsprozess (Worker Process) für alle Webanwendungen auf einem IIS-Server. Ab IIS 6.0 sind nun beliebig viele Warteschlangen und Arbeitsprozesse möglich. Eine Kombination aus Warteschlange und Arbeitsprozess nennt man Anwendungspool.

Ein Anwendungspool umfasst eine oder mehrere IIS-Anwendungen. Die im Kernel-Modus arbeitende http.sys-Komponente verteilt Anfragen an den Webserver auf die verschiedenen Warteschlangen; die Warteschlangen werden durch Arbeitsprozesse (w3wp.exe) abgearbeitet.

Jedem Anwendungspool steht mindestens ein eigener Arbeitsprozess zur Verfügung. Die zur Anfrageverarbeitung notwendigen Erweiterungen (ISAPI-Filter wie ASP und ASP.NET) werden in den Arbeitsprozess geladen.

Der Absturz eines einzelnen Pools hat keine Auswirkung auf die anderen Anwendungspools und den IIS-Webdienst als Ganzes. Das Limit konfigurierbarer Anwendungspools wird im Wesentlichen durch den vorhandenen Speicher gesetzt.

Ein Anwendungspool umfasst eine oder mehrere IIS-Anwendungen. Eine IIS-Anwendung ist dabei ein virtueller Webserver oder ein virtuelles Verzeichnis, das in der IIS-Metabase als Anwendung konfiguriert ist. Jeder Anwendungspool hat seine eigene Instanz von w3wp. exe. Es kann auch pro Anwendungspool mehr als eine Instanz des Arbeitsprozesses geben. Der IIS-Arbeitsprozess ersetzt den ASP-Arbeitsprozess, den es in IIS 5.0/5.1 gab: Er ist der .NET Runtime Host für ASPX-Seiten. Gleichzeitig beheimatet dieser Prozess aber auch andere dynamische Webtechniken, die innerhalb von IIS-Anwendungen verwendet werden, die zum gleichen Anwendungspool gehören.

9.2.4.1 Liste der Anwendungspools

Anwendungspools werden im IIS-Manager in dem neuen Zweig *Anwendungspools* (*Application Pools*) verwaltet. Hier sieht man die vorhandenen Pools, ihren Status, die darin verwendete ASP.NET-Version sowie die Prozessidentität (Bild 9.17).

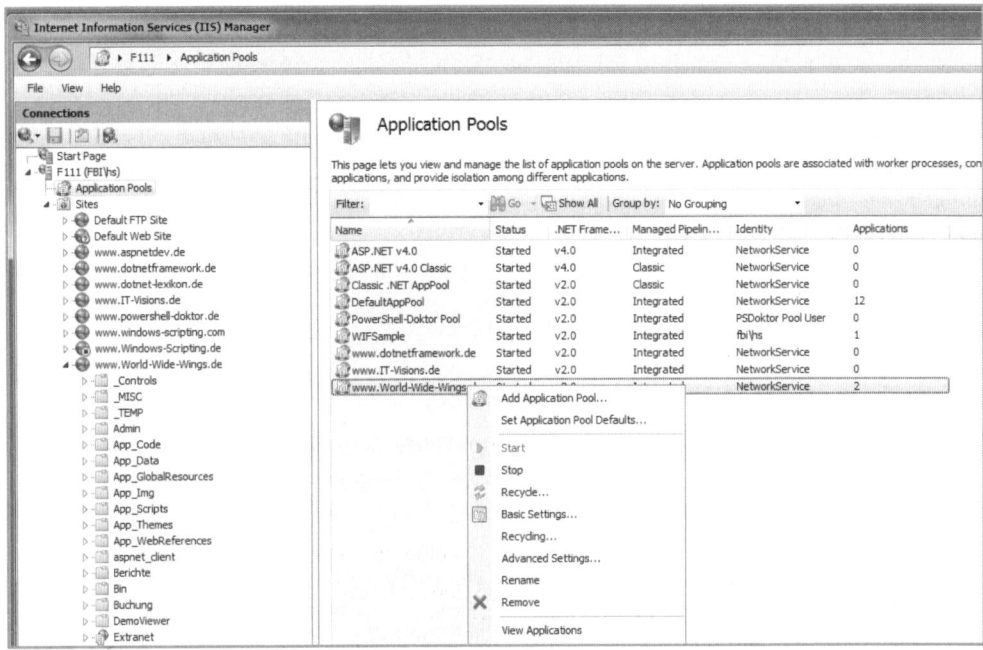

Bild 9.17 Anwendungspoolliste im IIS-Manager

9.2.4.2 Zuordnung von Websites und IIS-Anwendungen zu Anwendungspools

Der IIS-Manager erzeugt jeweils beim Anlegen einer Website auch automatisch einen neuen Anwendungspool unter der Prozessidentität NetworkService und mit der ASP.NET-Version 2.0, auch wenn ASP.NET 4.0 installiert ist. Die Zuordnung einer Website zu einem Pool kann man ändern, indem man *Erweiterte Einstellungen/Anwendungspool* (*Advanced Settings/ Application Pool*) ändert.

Eine IIS-Anwendung erhält im Standard den gleichen IIS-Anwendungspool wie die übergeordnete Website. Auch dies kann man in den erweiterten Einstellungen einer IIS-Anwendung ändern.

Eine Website kann zu mehreren verschiedenen Anwendungspools gehören, wenn sie aus mehreren IIS-Anwendungen besteht.

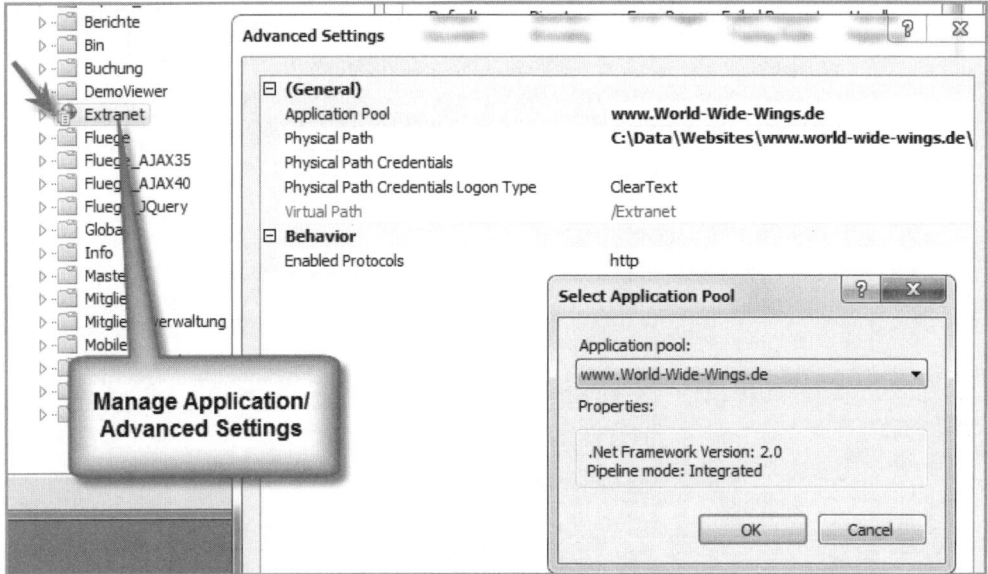

Bild 9.18 Zuordnen einer IIS-Anwendung zu einem Anwendungspool

9.2.4.3 Eigenschaften eines Anwendungspools

Zu den zahlreichen Einstellungen für einen IIS-Anwendungspool gehören:

- Das Benutzerkonto (die Identität), unter dem der IIS-Arbeitsprozess läuft, kann frei gewählt werden.
- Die Anzahl der Arbeitsprozesse pro Anwendungspool kann eingestellt werden.
- Die maximale Prozessornutzung eines Arbeitsprozesses kann festgelegt werden.
- Das Recycling (Erneuern des Prozesses, das heißt kontrolliertes Beenden und Neustarten) von Prozessen unter bestimmten Bedingungen kann eingestellt werden.

Es kann eingestellt werden, dass IIS den Arbeitsprozess regelmäßig überprüft und recycelt, wenn es zu Problemen kommt. Diese Funktion wird Pinging genannt.

9.2.4.4 ASP.NET-Version

Nicht nur für ASP.NET, sondern auch für WCF 4.0 muss man unbedingt unter *Grundeinstellungen* (*Basic Settings*) des Anwendungspools die .NET Framework-Version ändern.

Hier verzweifeln viele: In dem Dialog kann man – je nach den installierten .NET Framework-Versionen – nur zwischen ASP.NET 1.0, 1.1 und 2.0 und 4.0 wählen. .NET 3.5 erscheint dort nie. Ein Unterschied zwischen ASP.NET 2.0 und 3.5 ist auf dieser Ebene auch nicht vorhanden, sodass Microsoft – zur Verwirrung der Anwender – darauf verzichtet (oder vergessen) hat, hier einen neuen Eintrag bereitzustellen bzw. hätte hier Bezug nehmen sollen auf die CLR-Version statt auf die .NET Framework-Version.

.NET 2.0.50727 ist also die richtige Auswahl, wenn Sie noch über Services für WCF 3.5 verfügen.

PRAXISTIPP: Wenn Sie zum Test einen Service (oder eine Webseite) im Browser öffnen und dann *Configuration Error* lesen, weil `<compilation debug="true" targetFramework="4.0" />` nicht gefunden wurde, haben Sie den IIS-Anwendungspool nicht auf .NET 4.0 eingestellt.

9.2.4.5 Erweiterte Einstellungen

Zahlreiche weitere Einstellungen werden unter *Erweiterte Einstellungen* (*Advanced Settings*) vorgenommen (siehe Bild 9.19).

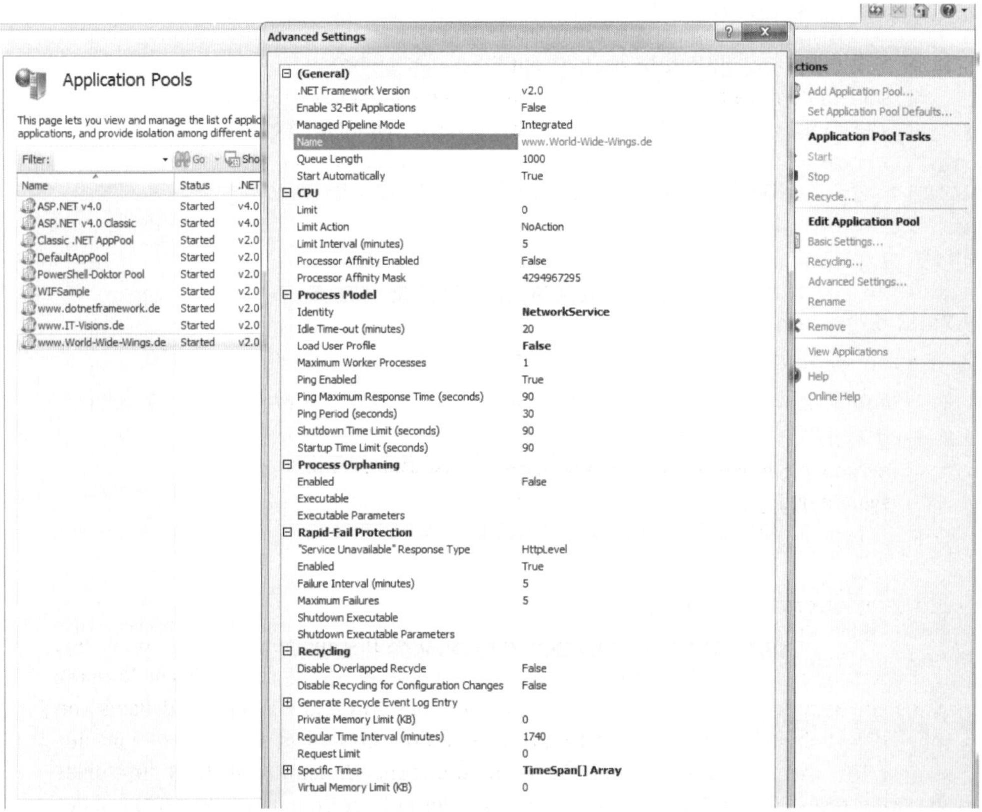

Bild 9.19 Erweiterte Einstellungen für einen IIS-Anwendungspool

9.2.4.6 Anwendungspoolidentität

Jedem IIS-Anwendungspool muss ein Benutzerkonto als Anwendungsidentität zugeordnet werden. Der dem Pool zugeordnete Arbeitsprozess (w3wp.exe) benutzt diese Identität zur Interaktion mit dem Windows-Betriebssystem und zum Zugriff auf andere Prozesse (z.B. einen Microsoft SQL Server-Datenbankmanagementsystemprozess).

Zur Festlegung der Identität eines Anwendungspools werden vier vordefinierte Konten angeboten:

- **LocalSystem:** Alle Rechte auf dem System wie Administratoren
- **NetworkService:** Mitglieder der Gruppe Users, Zugriff auf Netzwerk (Standards beim Anwendungspool, die durch Anlegen einer Website entstehen)
- **LocalService:** Mitglieder der Gruppe Users, kein Zugriff auf Netzwerk
- **ApplicationPoolIdentity:** Pseudobenutzer mit sehr wenigen Rechten (Standard bei manuell angelegten Anwendungspools)

 PRAXISTIPP: Bei der Installation einer Anwendung in IIS ist es regelmäßig die Identitätseinstellung, die Schwierigkeiten bereitet. Ein Entwickler, der seine Anwendung mit ASP.NET Development Server entwickelt hat, testet unter seinem Benutzerkonto. Wenn die Anwendung dann auf dem IIS-Webserver eingerichtet wird, hat die Anwendung in der Standardkonfiguration möglicherweise weniger Rechte und kann nicht mehr korrekt auf Datenbanken, Dateisystem und andere Ressourcen zugreifen.

 PRAXISTIPP: Bei einer Konfiguration der Identität sollte man ein Benutzerkonto auswählen, das im Kontext der Anwendung mit minimal möglichen Rechten auf dem System und Netzwerk ausgestattet ist. Wählen Sie folgenden Weg:

Erstellen Sie ein eigenes Domänen-Benutzerkonto (das lokale Benutzerkonto, wenn kein Zugang zum Netzwerk notwendig ist) für den Anwendungspool.

Vergeben Sie dem Konto explizite Rechte in der Datenbank, im NTFS-Dateisystem und gegebenenfalls in anderen Ressourcen (aber so wenige wie möglich!)

9.2.4.7 Wiederverwendung (Recycling)

Eine zentrale Funktion der IIS-Anwendungspools ist, dass IIS eine neue Instanz von w3wp. exe starten kann, wenn es zu Problemen bei der Verarbeitung kommt. Diesen Vorgang nennt man Recycling. IIS ersetzt Arbeitsprozesse eines Anwendungspools auf Basis von Konfigurationseinstellungen aufgrund eintretender Ereignisse. Der Ersatz geschieht aus Benutzersicht ohne Unterbrechungen der Webanwendungen, denn beim Recycling eines Arbeitsprozesses wird ein Ersatzprozess gestartet, der mit der Entnahme von Anfragen des Anwendungspools aus der zugehörigen Warteschlange beginnt. Der bestehende Arbeitsprozess stoppt die Annahme weiterer Webanfragen und beendet die in Bearbeitung befindlichen. Die alte Instanz wird nach Beantwortung der letzten Anfrage beendet (dies gilt, solange Sie nicht *Überlappende Wiederverwendung* deaktivieren – (*Disable Overlapped Recycle* – und manuell von False auf True stellen!).

Recycling kann automatisch erfolgen (siehe folgender Abschnitt) oder manuell im IIS-Manager (Funktion *Wiederverwenden* (*Recycle*)) ausgelöst werden. Auch skriptbasiert bzw. über die APIs ist dies möglich.

Das automatische Recycling lässt sich festlegen:

- zu bestimmten Zeiten zwischen 00:00 und 24:00 Uhr (Specific Times)
- auf Basis der „Lebenszeit" des Prozesses (Request Time Interval – in Minuten)
- auf Basis der Zahl von Anfragen (Request Limit)
- auf Basis des Speicherverbrauchs (Virtual Memory Limit)

Das Recycling von Prozessen kann insbesondere Services, die Probleme beim Ressourcenmanagement bereiten (z. B. zunehmender Speicherverbrauch), zu höherer Stabilität im Betrieb verhelfen.

9.2.4.8 Leistungseinstellungen

Mit der Eigenschaft *Prozessmodell/Leerlauftimeout* (*Process Model/Idle Time-out*) eines Anwendungspools wird bei festgestellter Inaktivität eines Arbeitsprozesses über einen festgelegten Zeitraum hinweg dieser gestoppt. Der Zeitraum ist in Minuten konfigurierbar und sollte sich an der Sitzungsdauer von ASP bzw. ASP.NET orientieren, um nicht versehentlich Sitzungen zu beenden.

Um einen weiteren Single Point of Failure zu vermeiden, kann einem Anwendungspool mehr als ein Arbeitsprozess zugeordnet werden (*Maximale Anzahl von Arbeitsprozessen* (*Maximum Worker Process*)). Sollte beispielsweise einer von vier konfigurierten Prozessen abstürzen, stehen dem Pool drei weitere zur Verarbeitung zur Verfügung, womit eine kontinuierliche Serviceleistung möglich ist.

Um eine Überlastung eines Anwendungspools mit Anfragen zu vermeiden, die sich in der zugeordneten Warteschlange ansammeln, kann man die Warteschlangenlänge (Queue Length) beschränken (gleichnamige Eigenschaft). Beim Überschreiten des Limits beantwortet die http.sys-Kernel-Komponente die Anfrage mit einem Fehler *503: Service unavailable.*

Für einen Anwendungspool kann auch der maximale Prozessorverbrauch (siehe Einstellungen im Bereich CPU) eingestellt werden. Sofern ein Pool diese Beschränkung überschreitet, werden die Arbeitsprozesse bei entsprechender Konfiguration gestoppt und nach einem bestimmten Zeitintervall wieder gestartet. So wird der Prozessorverbrauch durch einzelne Webanwendungen kontrollierbar.

9.2.4.9 Zustandsüberwachung

Ein weiteres Leistungsmerkmal von IIS ermöglicht die Kontrolle laufender und das Aufspüren von nicht mehr reagierenden Arbeitsprozessen. Bei Aktivierung von Process Pinging schickt Web Administration Service (WAS) in definierbaren Abständen eine Kontrollnachricht an den Anwendungspool bzw. den zugeordneten Prozess. Hierbei kann im IIS-Manager das Ping-Intervall festgelegt werden. Wird auf die Nachricht von WAS nicht innerhalb einer konfigurierten Zeit geantwortet, beginnt WAS mit dem Recycling des Arbeitsprozesses.

Sollte das Recycling innerhalb eines einstellbaren Zeitraums wiederholt misslingen bzw. der Arbeitsprozess eines Anwendungspools innerhalb eines einstellbaren Zeitraums wiederholt nicht reagieren, wird der Pool deaktiviert, und weitere Anfragen an den Pool werden von der http.sys-Systemkomponente mit einem Fehler *503:Service unavailable* beantwortet.

Um blockierenden Prozessen beim Starten oder Stoppen eines Anwendungspools vorzu-
beugen, ist es möglich, ein Zeitlimit für die Initialisierung bzw. die Beendigung eines
Arbeitsprozesses anzugeben. Bei Überschreitung der Beschränkung wird der Prozess durch
WAS terminiert und eine Fehlermeldung in das Windows Server 200-Ereignisprotokoll
geschrieben.

9.2.5 Autostart

.NET-basierte Webanwendungen (ASP.NET Webforms, ASP.NET Websites, ASP.NET Web
API-Dinste, WCF-Dienste, etc.) unterliegen verschiedenen Kompilierungsschritten. Sofern
nicht mit kompletter Vorkompilierung gearbeitet wird, erfolgt ein Teil der Kompilierung
immer auf dem Zielsystem beim ersten Aufruf. Auf jeden Fall ist beim ersten Aufruf ein
Schritt notwendig, der sich „Schattenkopie" nennt. Der IIS kopiert alle Dateien der IIS-
Anwendung in das Verzeichnis */Windows/Microsoft .NET Framework/v4.0/Temporary ASP.
NET Files* (auch bei WCF-Diensten!) und führt diese dort aus. Der Grund dafür ist einfach:
So kann man jederzeit die Website aktualisieren, ohne das Problem gesperrter Dateien zu
haben, weil diese gerade ausgeführt werden.

Beim ersten Aufrufer eines Webdienstes nach einer Installation oder Aktualisierung fällt
daher in der Regel die Performanz schlecht aus. Zudem gibt es Webdienste, die größere
Datenmengen in einen Cache laden. Auch dies wirkt negativ auf den ersten Benutzer, in
diesem Fall den ersten Benutzer nach jedem Neustart des Webserverprozesses.

.NET 4.0 unterstützt das Aufwärmen von Webanwendungen schon beim Prozessstart des
Webservers (Start der w3wp.eXE für die Webanwendung). Der Entwickler kann in einem
sogenannten Preload-Provider (alias: Autostart-Provider) Programmcode festlegen, der noch
vor dem ersten Besuch während der Initialisierung der Webwendungen (Start der w3wp.
exe, auch nach einem Recycling) ausgeführt werden soll.

Es sind folgende Voraussetzungen notwendig:

- IIS 7.5 (enthalten in Windows Server 2008 R2 und Windows 7)
- .NET 4.0
- Der Anwendungspool in IIS muss auf .NET 4.0 konfiguriert sein.
- Der Anwendungspool in IIS muss auf *startMode="AlwaysRunning"* konfiguriert sein.
- Implementierung der Methode *Preload()* in einer Klasse, die die Schnittstelle *System.Web.
  Hosting*.IProcessHostPreloadClient realisiert.
- In IIS muss diese Klasse unter *<serviceAutoStartProviders>* hinterlegt werden.
- Die IIS-Website muss mit *serviceAutoStartEnabled="true"* und *serviceAutoStartProvider=
  Name* konfiguriert sein. Dabei muss sich Name auf einen der in *<serviceAutoStart
  Providers>* hinterlegten Namen beziehen. Im World-Wide-Wings-Beispiel sieht dies so aus:
  serviceAutoStartProvider="WorldWideWingsAutoStart".

Die IIS-Einstellungen kann man leider nicht alle über den IIS-Manager vornehmen. Man
muss die Datei *applicationHost.config* manuell bearbeiten.

Listing 9.7 Einträge in der Datei applicationHost.config von IIS

```
<system.applicationHost>
<applicationPools>
...
    <add
        name="World Wide Wings"
        managedRuntimeVersion="v4.0"
        startMode="AlwaysRunning"
    />
...
</applicationPools>
...
<sites>
...
    <site name="World Wide Wings" id="4">
        <application path="/" applicationPool="ASPNEt40Demos"
            serviceAutoStartEnabled="true"
            serviceAutoStartProvider="WorldWideWingsAutoStart">
                <virtualDirectory path="/"
                    physicalPath="H:\TFS\Demo\NET4\ASPNET4Demos\ASPNET4Demos" />
        </application>
        <bindings>
            <binding protocol="http" bindingInformation="*:111:" />
        </bindings>
    </site>...

<serviceAutoStartProviders>
    <add name="WorldWideWingsAutoStart"
        type="ASPNET4Demos_LIB.WorldWideWingsAutoStart, ASPNET4Demos_LIB" />
</serviceAutoStartProviders>
```

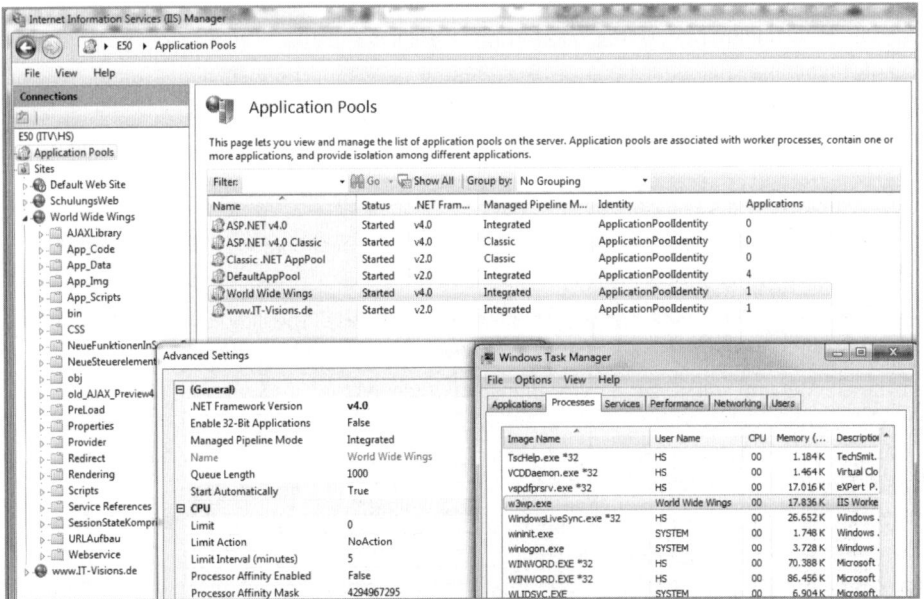

Bild 9.20 Eine Website wird noch vor dem ersten Besucher gestartet. Man sieht deutlich den Webserverprozess (w3wp.exe) im Windows Task-Manager.

In einem solchen Preload-Provider (alias Autostart-Provider) könnte z. B. die zeitaufwen-
dige Initialisierung eines größeren ADO.NET Entity Framework-Modells stehen. Die lästige
Zusatzwartezeit für den ersten Benutzer verlagert sich damit auf den Bootvorgang des
Servers.

Listing 9.8 zeigt eine Implementierung eines Preload-Providers, der ein Entity Framework-
Modell initialisiert und eine erste Speicheraktion ausführt. Dies führt dazu, dass alle folgen-
den Zugriffe auf diesen Kontexten in den Diensten schneller werden. Zudem erzeugt der
Preload-Provider einen Protokolleintrag im Dateisystem und in der Datenbank.

Listing 9.8 Beispiel eines Preload-Providers

```
using System;

namespace ASPNET4Demos_LIB
{

  /// <summary>
  ///    ASP.NET 4.0 AutoStart-Provider (alias Preload-Provider)
  /// </summary>
  public class WorldWideWingsAutoStart : System.Web.Hosting.IProcessHost
PreloadClient
  {
      public void Preload(string[] parameters)
      {
          // Protokollierung
          System.IO.StreamWriter sw = new System.IO.StreamWriter(@"c:\temp\
autostartlog.txt",
              true);
          sw.WriteLine("Autostart beginning: " + DateTime.Now);
          if (parameters != null) sw.WriteLine(String.Join(";", parameters));

          // Erste Instanz des EF-Modells
          ASPNET4Demos_LIB.WWWings6Entities modell = new ASPNET4Demos_
LIB.WWWings6Entities();
          // Erste Speicheroperation

          var p = new Protokoll();
          p.Zeit = DateTime.Now;
          p.Text = "ASP.NET Webapp Preload";
          modell.AddToProtokoll(p);
          modell.SaveChanges();

          // Protokollierung
          sw.WriteLine("Autostart completed: " + DateTime.Now);
          sw.Close();
      }
  }
}
```

Ein Fehler in der Preload()-Routine sorgt dafür, dass der IIS Application Pool anhält: „There
was an error during processing of the managed application service auto-start". Den Fehler
findet man dann im Windows-Ereignisprotokoll (Rubrik Application).

Die Funktion *Response.Redirect*(„Ziel.aspx") ist uralt: Sie gab es schon zu Zeiten der klassischen Active Server Pages (ASP), die noch auf dem Component Object Model (COM) basier-
ten. *Response.Redirect()* sendet den Statuscode HTTP 302 Found (Temporary Redirect) an
den Client unter Angabe der neuen Seitenadresse.

■ 9.3 WCF-Projekte für den IIS

Beim Hosting eines WCF-Dienstes im IIS (oder WAS) wird der WCF-Dienst in Form einer WCF-Dienstdatei (.svc) auf dem Webserver bereitgestellt. Dabei wurde das Konzept von .asmx-Dateien übernommen, d. h., die .svc-Datei selbst enthält nicht mehr als einen Verweis auf eine Klasse, die den eigentlichen Dienst implementiert. Eine .svc-Datei erstellt man in Visual Studio in einem Webprojekt.

 Es gibt zwei Arten von Webprojekten in Visual Studio: Webanwendungen (*New Project/Web Application*) und Websites (*New Website*). Es gibt mehrere kleine Unterschiede. Die wichtigsten sind:

- Zu einer Website gehören alle Dateien, die in dem Pfad im Dateisystem liegen. Zu einer Webanwendung gehören nur die explizit ins Projekt aufgenommenen Dateien.
- Eine Webanwendung hat eine explizite Projektdateien (.csproj, .vbproj, etc.). Eine Website hat keine Projektdatei.
- Bei einer Webanwendung müssen vor dem Ausführen bzw. Verbreiten die Programmcodedateien (.cs, .vb) kompiliert werden. Bei einer Website kann man diese Dateien im Quellcode verbreiten.

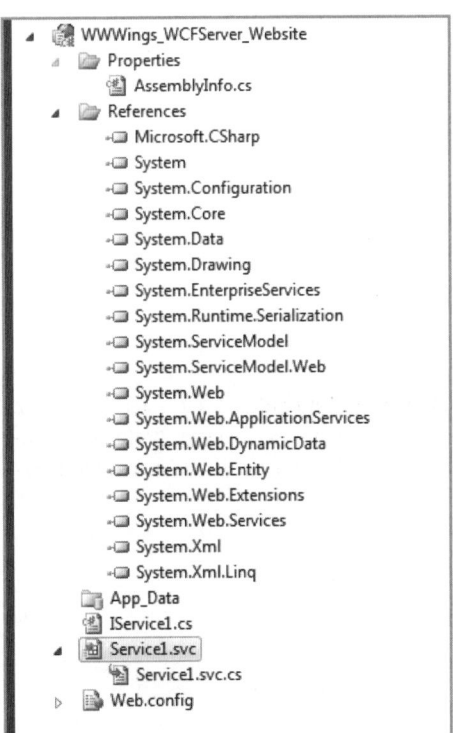

Bild 9.21 Ein leeres Webanwendungsprojekt

9.3.1 .svc-Dateien

Egal für welches Modell man sich entscheidet: Einen WCF-Dienst legt man an über die Elementvorlage „WCF-Service". Daraus entsteht eine .svc-Datei. Einige Webprojektvorlagen z. B. „WCF Service Application" beinhalten eine kleine Hallo-Welt-ähnliche Implementierung in „Service1.svc".

Die .svc-Datei verweist dabei in der Standardeinstellung auf eine Klasse, die im */App_Code*-Verzeichnis der Webanwendung liegt. Diese Klasse wiederum entspricht exakt der zuvor in diesem Kapitel beschriebenen Dienstklasse (einschließlich der Annotationen *[Service Contract]* und *[OperationContract]* entweder in der Klasse selbst oder in einer Schnittstellendefinition einer Schnittstelle, die die Klasse implementiert).

Listing 9.9 Standardinhalt einer .svc-Datei

```
<%@ ServiceHost
Language="C#"
Debug="true"
Service="WWWings_WCFServer_Website.Service1"
CodeBehind="Service1.svc.cs" %>
```

 PRAXISTIPP: In Praxisprojekten sollten Sie nicht die von der Elementvorlage erzeugte Standardstruktur verwenden, sondern die Dienstklasse in eine eigene Bibliothek (DLL-Assembly) auslagern. Wenn Sie dann aus dem Projekt die DLL-Assembly referenzieren, reduziert sich der Inhalt der .svc-Datei wie nachfolgend dargestellt.

Listing 9.10 Angepasster Inhalt einer .svc-Datei

```
<%@ ServiceHost
Debug="true"
Service="de.WWWings.Dienste.FlugplanService" %>
```

9.3.2 Test des Dienstes

Aus Visual Studio kann man eine .svc-Datei im Browser aufrufen („View in Browser"). Dadurch zeigt sich eine Informationsseite. „You have created a service" heißt, dass zumindest die ABC-Grundkonfiguration richtig ist. Ob der Dienst dann aber tatsächlich funktioniert, zeigt sich erst beim Aufruf.

Es gibt hier aber – anders als bei den alten ASP.NET-basierten Webdiensten – keine Möglichkeit, die Operationen auch aufzurufen. Es gibt nur einen Link zum WSDL.

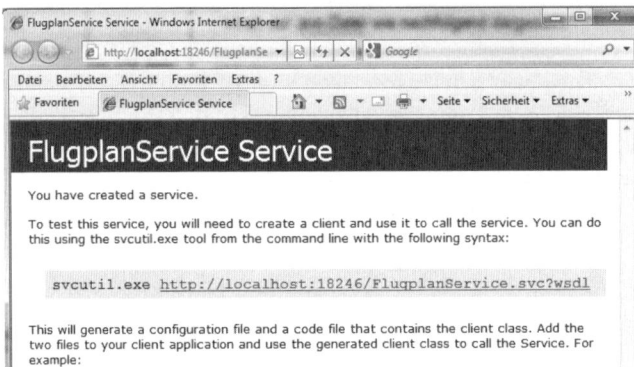

Bild 9.22 Testseite für Webdienst

9.3.3 Abruf der Metadaten

Je nach Einstellung des Dienstverhaltens sind die Metadaten über das Anhängen von *?wsdl*
oder unter einer durch einen konfigurierten MEX-Endpunkt explizit benannten Adresse zu
beziehen.

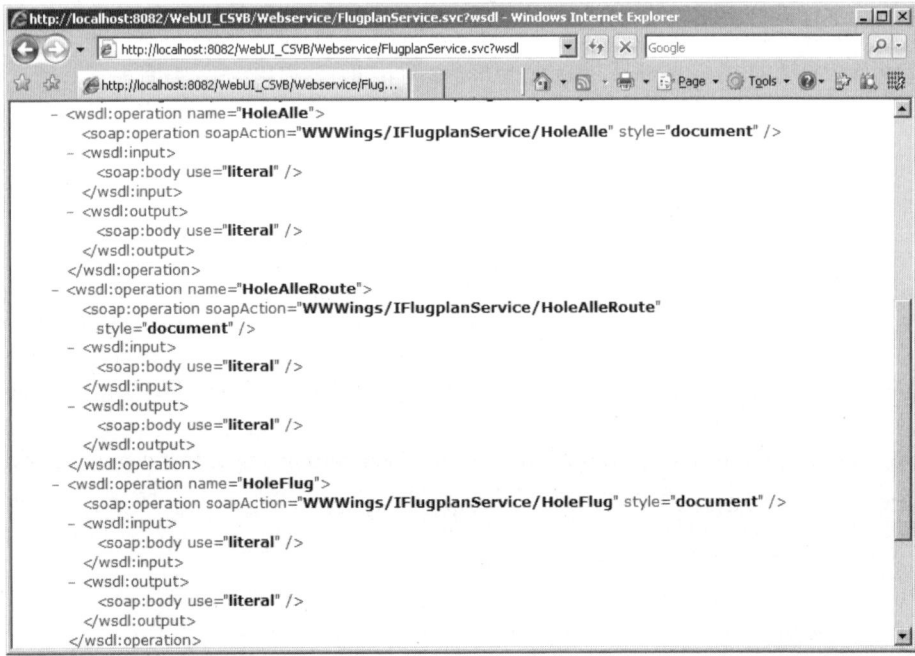

Bild 9.23 WSDL des WCF-Dienstes

9.3.4 Konfigurationsdatei

Bei Webprojektvorlagen für WCF-Dienste (z.B. *WCF Service Application*) wird auch eine *web. config*-Datei angelegt. Dabei wird aber nicht mehr wie früher ein konkreter *<service>*-Eintrag angelegt. Es wird die Standardkonfiguration verwendet, die auf die Adresse, unter der die .svc-Datei erreichbar ist, ein *BasicHttpBinding* bindet. Auch beim Anlegen eines weiteren WCF-Dienstes im gleichen Projekt wird kein *<service>*-Eintrag erzeugt.

Listing 9.11 zeigt die Standardeinträge in einer web.config-Datei in einer *WCF Service Application*. Hier wird lediglich festgelegt, dass Metadaten (WSDL) unter der Adresse *NameDerDatei.svc?WSDL* erreichbar sind.

Listing 9.11 Standardeinträge in einer web.config-Datei in einer WCF Service Application

```
<system.serviceModel>
 <services>
  <behaviors>
   <serviceBehaviors>
    <behavior>

       <!-- To avoid disclosing metadata information, set the value
below to false and remove the metadata endpoint above before
deployment -->
       <serviceMetadata httpGetEnabled="true"/>
       <!-- To receive exception details in faults for debugging purpo-
ses, set the value below to true.  Set to false before deployment to avoid
disclosing exception information -->
       <serviceDebug includeExceptionDetailInFaults="false"/>
    </behavior>
   </serviceBehaviors>
  </behaviors>
  <serviceHostingEnvironment multipleSiteBindingsEnabled="true" /> </
system.serviceModel>
```

Die absolute Adresse, unter der der Dienst dann erreichbar ist, ergibt sich aus der Konfiguration des Webservers. Nutzt man den in Visual Studio integrierten Webserver, wird eine Portnummer zugewiesen. Eine Datei wäre dann z.B. unter *http://localhost:18246/FlugplanService.svc* erreichbar. Man kann in Visual Studio in den Projekteigenschaften die Portnummer auch statisch setzen. Alternativ bindet man die Website in den IIS ein und vergibt dort beim Anlegen der Website die Portnummer.

Möchte man ein modifiziertes Binding oder eine andere Bindung verwenden, muss man diese explizit konfigurieren über *<service>*-Einträge.

Listing 9.12 Explizite Bindungen konfigurieren

```
 <services>

  <!-- ############################### explizite Konfiguration
für Flugplandienst  ###################### -->
  <service  name="de.WWWings.Dienste.FlugplanService">

   <host>
    <baseAddresses>
     <add baseAddress="net.tcp://localhost:998/" />
```

```
      <add baseAddress="net.pipe://localhost" />
    </baseAddresses>
    </host>

    <endpoint address="FlugplanService.svc" binding="basicHttpBinding"
name="FlugplanService_HTTP" contract="de.WWWings.Dienste.IFlugplanService"/>
    <endpoint address="FlugplanService.svc/WS" binding="wsHttpBinding"
name="FlugplanService_HTTP" contract="de.WWWings.Dienste.IFlugplanService"/>
    <endpoint address="" binding="netTcpBinding" name="FlugplanService_
TCP" contract="de.WWWings.Dienste.IFlugplanService"/>
    <endpoint address="" binding="netNamedPipeBinding" name="Flugplan
Service_PIPE" contract="de.WWWings.Dienste.IFlugplanService"/>

    </service>
  </services>
```

Allerdings wird nun der in Visual Studio integrierte Webserver schon die Testseite nicht mehr im Browser anzeigen. „Could not find a base address that matches scheme net.tcp for the endpoint with binding NetTcpBinding. Registered base address schemes are [http].“ Der integrierte Webserver kann nur HTTP. Auch der IIS 7.x/8.0 wird so reagieren, solange man nicht die Protokolle aktiviert und die Bindungen eingerichtet hat. Dies erfolgt im IIS auf der Ebene der IIS-Website an zwei Orten: *Erweiterte Einstellungen/Aktivierte Protokolle* sowie unter *Bindungen*.

 HINWEIS: Auch der IIS 5.x und 6.0 unterstützen nur HTTP-basierte Bindungen.

In den alten ASP.NET-basierten Webservices konnte man direkt auf die Sitzungsverwaltung von ASP.NET über das Objekt *Page.Session* zugreifen. Die Sitzungsverwaltung (und andere ASP.NET-Funktionen wie z. B. Impersonifizierung) kann in WCF genutzt werden, wenn man einen WCF-Dienst im Internet Information Server betreibt und den ASP.NET-Kompatibilitätsmodus in der Konfiguration aktiviert. Danach kann man im Programmcode auf *System. Web.HttpContext.Current* und dort z. B. auf das Unterobjekt *Session* zugreifen.

Listing 9.13 Aktivieren des ASP.NET-Kompatibilitätsmodus

```
<system.serviceModel>
<serviceHostingEnvironment aspNetCompatibilityEnabled="true"/>
</system.serviceModel>
```

 PRAXISTIPP: Wenn Sie WCF-Dienste in Unterverzeichnissen ablegen, reicht es, eine lokale web.config-Datei anzulegen und dort die WCF-Endpunktkonfiguration einzutragen. Dies vermeidet das „Zumüllen" der Anwendungskonfigurationsdateien, das man bei anderen WCF-Hosts vorfindet.

9.3.5 WCF ohne SVC-Datei

Seit WCF 4.0 gibt es auch die Möglichkeit, auf die .svc-Datei beim Hosting im IIS zu verzichten. Neu in WCF 4.0 ist, dass man anstelle einer .svc-Datei auch einen Eintrag in der web.config-Datei hinzufügen kann, der eine »virtuelle« .svc-Datei definiert. Diese Definition trägt man unter *<serviceHostingEnvironment>><serviceActivations>* ein mit Angabe eines Dateinamens und der Dienstklasse.

Zur Klarstellung: Eine Datei *FlugplanService.svc* muss man in diesem Szenario nicht anlegen.

Listing 9.14 Definieren einer virtuellen .svc-Datei in der web.config-Datei

```
<system.serviceModel>
 <!-- Für Hosting ohne SVC -->
 <serviceHostingEnvironment> .
   <serviceActivations>
    <add relativeAddress="FlugplanService.svc"
     service="de.WWWings.Dienste.FlugplanService" />
   </serviceActivations>
 </serviceHostingEnvironment>
 ...
</system.serviceModel>
```

9.3.6 Eigene ServiceHostFactory

Der Eintrag *<%@ ServiceHost ... %>* in der .svc-Datei übernimmt bei dem Hosting in einem Webprojekt die Funktion der Instanziierung der ServiceHost-Klasse, die man in anderen Hosts vornehmen muss. Im eigenen Host kann man von der Klasse *ServiceHost* ableiten, um das Hosting anzupassen. In Webprojekten geht dies über eine *ServiceHostFactory*. Man schreibt eine Klasse, die von *System.ServiceModel.Activation.ServiceHostFactory* (aus *System.ServiceModel.Activation.dll*) erbt und implementiert *protected override ServiceHost Create ServiceHost(Type t, Uri[] baseAddresses)*. Diese *ServiceHostFactory*-Klasse trägt man dann im Attribut *Factory* in das *ServiceHost*-Tag ein.

Listing 9.15 Beispiel für eine eigene ServiceHostFactory

```
using System;
using System.Collections.Generic;
using System.Linq;
using System.Web;
using System.ServiceModel.Activation;
using System.ServiceModel;

public class WCFBuchFactory : ServiceHostFactory
{
    protected override ServiceHost CreateServiceHost(Type t,
                                          Uri[] baseAddresses )
    {
     System.IO.StreamWriter sw = new System.IO.StreamWriter(@"t:\Hostlog.
txt", true);
     sw.WriteLine("Dienst aktiviert: " + DateTime.Now);
```

```
    sw.Close();

    // Standardservicehost zurückliefern
    return new ServiceHost(t, baseAddresses);
    }
}
```

■ 9.4 ASP.NET Web API-Projekte für den IIS

Beim Einrichten von ASP.NET Web API-basierten Diensten ist darauf zu achten, dass Routen eingerichtet sind, welche zu den einzelnen Services führen. Glücklicherweise richtet die Projektvorlage, die im Rahmen von ASP.NET MVC ausgeliefert wird, eine Standardroute ein. Möchte man in ASP.NET Web Forms-Projekten auf die Möglichkeiten von Web API zugreifen, ist dies jedoch manuell zu bewerkstelligen. Die benötigten Bibliotheken können in diesem Fall über NuGet bezogen werden.

■ 9.5 Installieren von WCF- und Web API-Diensten im IIS

Es gibt zahlreiche Möglichkeiten, einen Dienst, der in einem Webprojekt (Website oder Webanwendung) vorliegt, im IIS zu installieren. Grundsätzlich die wichtigsten Optionen sind:

- Manuelles Verbreiten durch Kopieren im Dateisystem (XCopy-Deployment)
- Verbreiten mit der Funktion „Build/Publish" in Visual Studio direkt auf einen IIS
- Erstellen eins MSDeploy-Pakets mit Visual Studio und installieren des Pakets auf dem IIS
- Erstellen eines Web-Setup-MSI-Pakets (ist eher ein exotischer Weg und wird hier nicht besprochen).

9.5.1 Manuelles Verbreiten von Diensten (XCopy-Deployment)

Manuelle Verbreitung bedeutet: Man nimmt die Dateien eines Visual Studio-Webprojekts, kopiert sie auf das Zielsystem und richtet dort eine IIS-Website ein. Bei Webprojekten nach dem Webanwendungsmodell muss man vorher in Visual Studio kompilieren, bei Webprojekten nach Website-Modell ist nicht mal das notwendig.

Im Minimalfall muss man nur kopieren: .svc-Datei, web.config-Datei und /bin-Ordner.

HINWEIS: Man muss nur den Inhalt des Webprojekts selbst kopieren. Abhängige DLL-Projekte muss man nicht kopieren, denn deren Kompilat findet sich im /bin-Verzeichnis.

Dieser „XCopy"-Deployment genannte Weg ist einfach, hat aber den Nachteil, dass auf dem Zielsystem der komplette Quellcode vorliegt.

9.5.2 Verbreiten mit der Funktion „Build/Publish" in Visual Studio direkt auf einen IIS

Die „Build/Publish"-Funktion in Visual Studio erlaubt es, als Ziel einen IIS, ein FTP-Verzeichnis oder einen Dateisystempfad anzugeben. Dabei werden die Programmcodedateien (.cs, .vb) immer entfernt.

 HINWEIS: Die Wahl *Web Deploy* (nur beim Webanwendungsmodell) erfordert, dass der Zielwebserver einen speziellen Webservice *msdeploy.axd* anbietet. Es gibt einige Webhoster, die *msdeploy.asd* unterstützen und damit eine komfortable Möglichkeit zur Beförderung einer lokal entwickelten Anwendung auf den Webspace beim Provider bieten.

Bei Website-Modellprojekten hat man neben der Wahl („Allow this precompiled site to be updateable") sogar noch die Möglichkeit, den Inhalt der .svc-Dateien zu eliminieren. In der Datei steht dann nur noch: „This is a marker file generated by the precompilation tool, and should not be deleted!" Das spart zwar meist keinen Platz gegenüber dem sowieso schon minimalen Inhalt der .svc-Dateien. Aber der Vorteil ist: Niemand kann durch bewusste oder unbewusste Änderung der .svc-Datei einen Dienst zerstören.

Bild 9.24
Dialog „Build/Publish" beim Web-anwendungsmodell

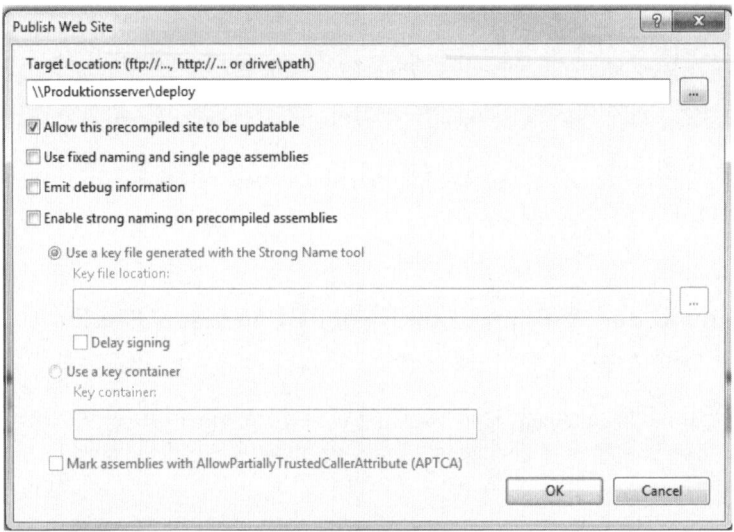

Bild 9.25 Dialog „Build/Publish" beim Websitemodell

<%@Service name="Quelldatei.cs" %>

Die entsprechenden .cs- (C#) oder .vb-Dateien (VB.NET) müssen natürlich vollständig kopiert werden. Achten Sie auf die in der Datei *web.config* referenzierten Assemblys, die am richtigen Ort gefunden werden müssen. Sinnvollerweise ist dies erneut der Ordner *bin*. Besser ist freilich immer die Option, die nötigen Assemblys im Global Assembly Cache zu halten.

9.5.3 Verbreiten von Diensten mit dem IIS Web Deployment Tool (MSDeploy)

IIS Web Deployment Tool (alias MSDeploy) ist eine recht neue Verbreitungsmöglichkeit für Browser-Webanwendungen und Webservices. Grundidee von Web Deployment Tool ist es, alle für eine Website notwendigen Codedateien (*.aspx, .config, .asax, .css, .html, .dll, .svc*, gegebenenfalls auch *.cs* oder *.vb*), alle notwendigen Datendateien (z. B. *.mdf, .mdb, .xml, .resx* etc.) und alle zugehörigen Konfigurationseinstellungen für IIS, das Dateisystem, den Global Assembly Cache (GAC), die Windows-Registrierungsdatenbank und Microsoft SQL Server in ein Zip-Paket zusammenzufassen. Dieses Zip-Paket kann auf einem Zielsystem entpackt und angewendet werden, sodass eine komplette Webanwendung leicht von einem IIS-Webserver zum nächsten kopiert oder bewegt werden kann.

9.5.3.1 Erstellen eines MSDeploy-Bereitstellungspakets
Visual Studio 2010 bietet drei Funktionen im Zusammenhang mit IIS Web Deployment Tool:

- *Veröffentlichen* (*Publish*) im Kontextmenü eines Webprojekts oder im Menü *Erstellen* (*Build*)

- *Paket-/Veröffentlichungseinstellungen* (*Package/Publish Settings*) im Kontextmenü eines Webprojekts oder im Menü *Projekt* (*Project*)

- *Bereitstellungspaket erstellen* (*Build Deployment Package*) im Kontextmenü eines Webprojekts oder im Menü *Projekt* (*Project*)

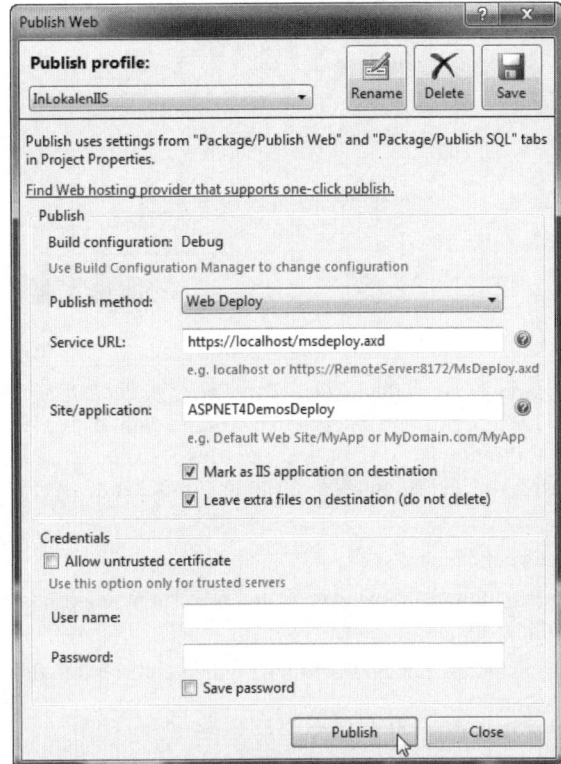

Bild 9.26
„Web Deploy"-Option unter
„Build/Publish"

In den Projekteigenschaften Registerkarte *Web packen/veröffentlichen* (*Package/Publish Web*) Hier sich das Deployment-Paket für IIS Web Deployment Tool konfigurieren. Man kann unter anderem auswählen:

- Welche Dateien auf das Zielsystem kopiert werden

- Ob das Deployment-Paket als Zip-Paket oder als unkomprimierter Ordner erstellt werden soll

- Wie die IIS-Website auf dem Zielsystem heißen soll

Die Funktion zur Übernahme aller bestehenden IIS-Einstellungen ist ausgegraut, wenn man in Visual Studio 2010 den integrierten Web Development Web Server benutzt. Man muss die Website dann erst auf dem lokalen IIS konfigurieren und dies unter der Registerkarte *Web* auch Visual Studio bekannt machen.

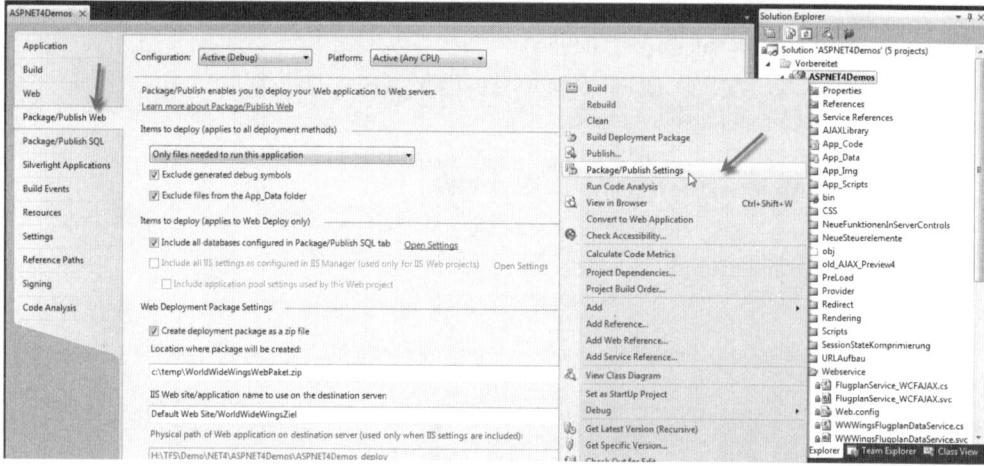

Bild 9.27 Projektregisterkarte „Package/Publish Web"

Auf einer weiteren Registerkarte (*SQL packen/veröffentlichen* bzw. *Package/Publish SQL*) legt man fest, ob und wie Datenbanken in das Deployment-Paket aufgenommen werden sollen. Man kann die bestehenden Verbindungszeichenfolgen aus der web.config-Datei übernehmen. Anschließend lassen sich die Verbindungen anwählen und dann separat festlegen:

- Verbindungszeichenfolge für das Zielsystem
- Ob Schema und Daten aus dem Entwicklungssystem übernommen werden sollen oder einfach nur die Verbindungszeichenfolge angepasst werden soll
- Ob in das Deployment-Paket nur das Schema, nur die Daten oder Schema und Daten des Entwicklungssystems übernommen werden sollen
- Optional weitere SQL-Skripte, die bei der Installation auf der Zieldatenbank ausgeführt werden sollen

Nach dem Konfigurieren des Deployment-Pakets stößt man die eigentliche Erstellung des Pakets dann mit *Bereitstellungspaket erstellen* (*Build Deployment Package*) an. Den Ablauf sieht man im Fenster *Ausgabe* (*Output*). Bei erfolgreicher Ausführung steht dort etwa:

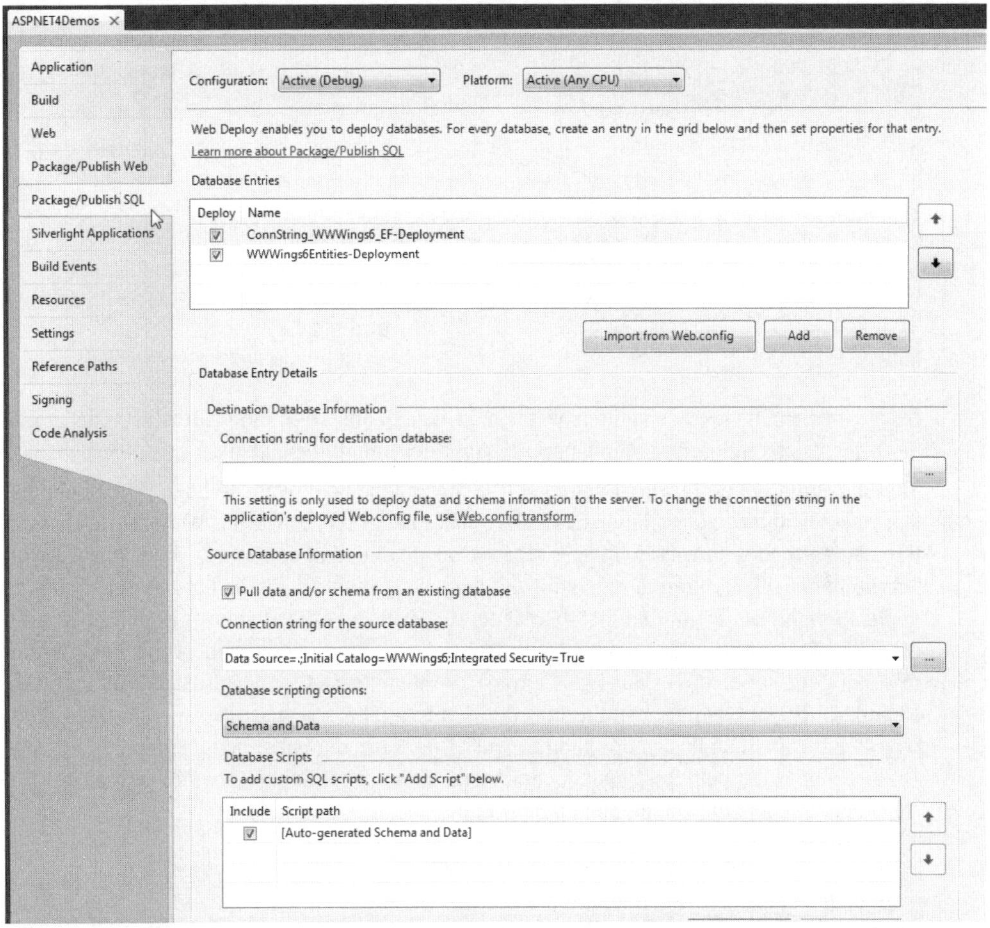

ASPNET4Demos ×

| Application |
| Build |
| Web |
| Package/Publish Web |
| Package/Publish SQL |
| Silverlight Applications |
| Build Events |
| Resources |
| Settings |
| Reference Paths |
| Signing |
| Code Analysis |

Configuration: Active (Debug) ▼   Platform: Active (Any CPU) ▼

Web Deploy enables you to deploy databases. For every database, create an entry in the grid below and then set properties for that entry.

Learn more about Package/Publish SQL

Database Entries

Deploy	Name
☑	ConnString_WWWings6_EF-Deployment
☑	WWWings6Entities-Deployment

Import from Web.config   Add   Remove

Database Entry Details

Destination Database Information

Connection string for destination database:

This setting is only used to deploy data and schema information to the server. To change the connection string in the application's deployed Web.config file, use Web.config transform.

Source Database Information

☑ Pull data and/or schema from an existing database

Connection string for the source database:

Data Source=.;Initial Catalog=WWWings6;Integrated Security=True   ▼ ...

Database scripting options:

Schema and Data ▼

Database Scripts

To add custom SQL scripts, click "Add Script" below.

Include	Script path
☑	[Auto-generated Schema and Data]

Bild 9.28 Projektregisterkarte „Package/Publish SQL"

9.5.3.2 Verbreiten von Deployment-Paketen

Zum Installieren eines Deployment-Pakets benötigt man einen IIS-Webserver 7.x mit IIS Web Deployment Tool, das man als kostenlose Zugabe unter *http://www.iis.net/download/ webdeploy* erhält. In der IIS-Konsole gibt es dann im Kontextmenü der Servers oder einer einzelnen Website ein neues Kontextmenü *Deploy*.

 HINWEIS: Durch Installieren der AppFabric-Erweiterungen wird MSDeploy automatisch mitinstalliert.

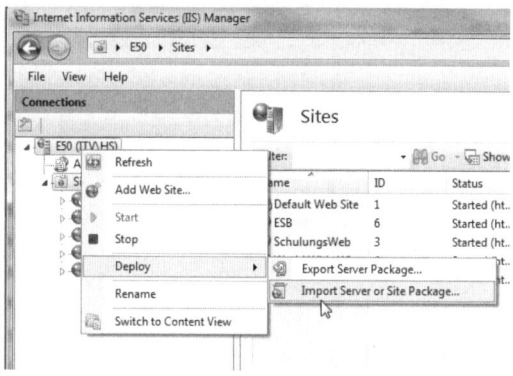

Bild 9.29
Menü Deploy in der IIS-Konsole

Im ersten Schritt des Assistenten wählt man das zu installierende Zip-Paket. Die zweite Seite des Assistenten gibt einen Überblick über den Inhalt des Pakets.

Man muss die Ebene für das Deployment (Serverebene oder Website-Ebene) in Abhängigkeit davon wählen, auf welcher Grundlage das Paket erstellt wurde. Wenn ein Paket auf Basis eines virtuellen Verzeichnisses erzeugt wurde und man dann versuchen würde, es auf Serverebene zu installieren, erscheint die Fehlermeldung „The selected package contains applications which cannot be installed at server level", denn es fehlen Informationen über die IIS-Website. Man muss dann die IIS-Website erst manuell anlegen. Umgekehrt erhält man bei dem Versuch, ein auf Basis einer IIS-Website erstelltes Paket unterhalb einer bestehenden IIS-Website zu installieren, den Fehler: „The selected package contains sites, which cannot be installed under another site". Dies kann man aber beheben, indem man die Serverebene wählt oder auf Siteebene im Assistentenschritt *Contents of the Package* den IIS-Anwendungspool vom Deployment ausschließt.

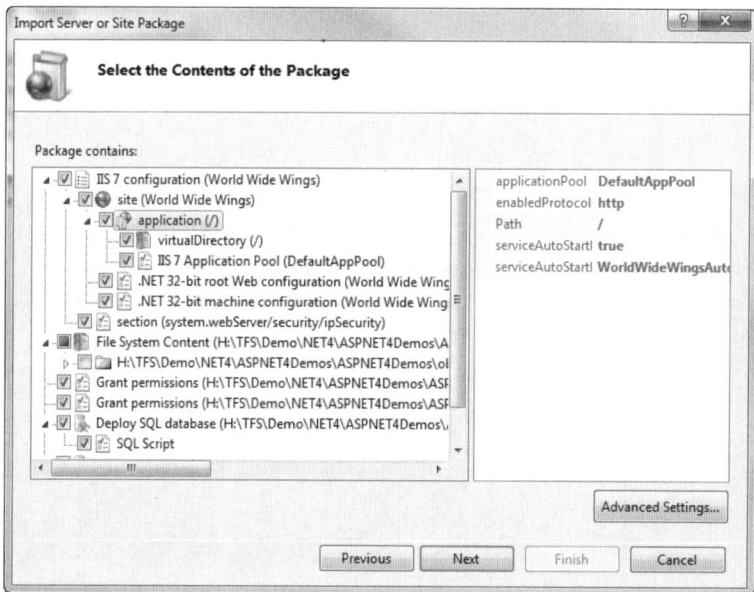

Bild 9.30 Inhalt des Pakets

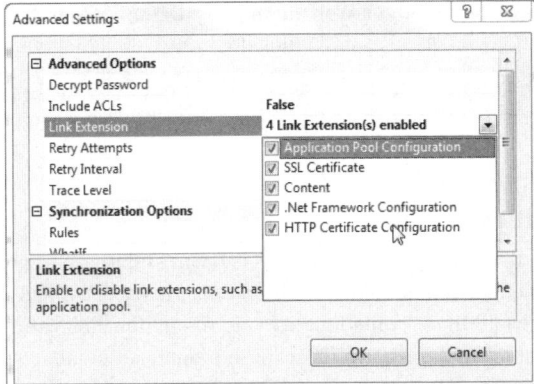

Bild 9.31 Erweiterte Einstellungen

Im dritten Schritt ist der Pfad im IIS-Verzeichnisbaum zu setzen und die Verbindungs-zeichenfolgen für die Datenbanken.

Hier sind einige Dinge zu beachten, sonst bekommt man Probleme:

- Für die Verbreitung eines virtuellen Verzeichnisses muss man als Application Path eine bestehende IIS-Website mit angeben, z. B. Default Web Site oder WorldWideWings40.

- Für jede im Paket konfigurierte Datenbankverbindung wird man nach einem Ziel-Daten-bankserver gefragt. Leider sind die Dialogfelder nicht gut beschriftet, sodass man die verschiedenen Datenbankverbindungen nur gemäß ihrer im Paket hinterlegten Reihen-folge identifizieren kann.

- Datenbankverbindungen sind als normale Verbindungszeichenfolgen anzugeben, auch wenn die Ursprungsverbindungen für ADO.NET Entity Framework vorgesehen waren, das umfangreichere Verbindungszeichenfolgen besitzt.

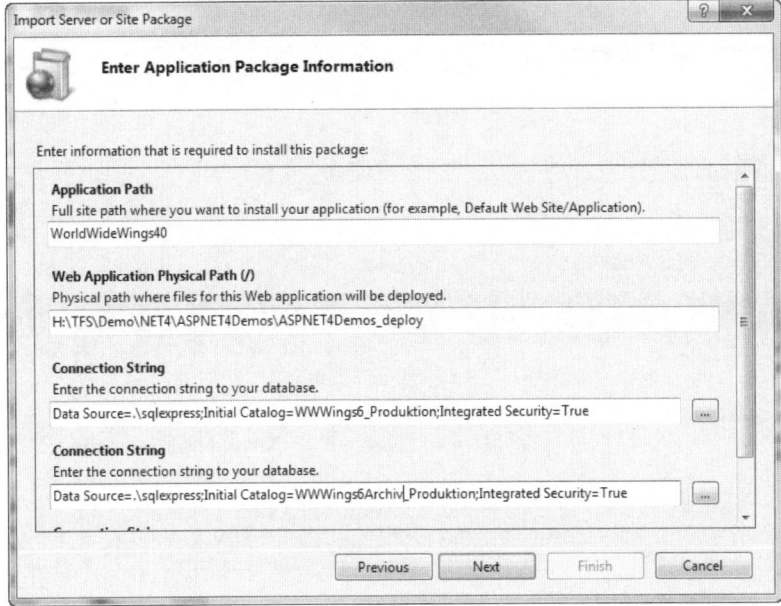

Bild 9.32 Festlegung des Deployment-Ziels

Nach Beenden dieses Schrittes wird die Installation der Website und der Datenbanken ausgeführt. Der Benutzer sieht am Ende ein Protokoll des Installationshergangs.

Alternativ kann man die Installation eines Deployment-Pakets an der Befehlszeile ausführen mit msdeploy.exe. Codebasiert kann man mithilfe der Klasse *Microsoft.Web.Deployment.DeploymentManager* installieren.

9.5.3.3 Konfigurationstransformationen

Beim Installieren von Anwendungen ist die Regel, dass auf dem Zielsystem andere Konfigurationseinstellungen als auf dem Entwicklersystem gelten (z. B. Datenbankverbindungen). Microsoft bietet (derzeit nur für Webanwendungen) eine Möglichkeit, die in den XML-Konfigurationsdateien (*web.config*) gespeicherten Konfigurationsinformationen automatisiert abzuändern im Zuge der Erstellung eines Deployment-Pakets ab Visual Studio 2010.

Die beim Installieren des Deployment-Pakets angegebenen Verbindungszeichenfolgen dienten nur dazu, die Datenbankskripte während der Installation auszuführen. Die in der web.config-Datei hinterlegten Verbindungszeichenfolgen bleiben unberührt. Um diese anzupassen, muss man in Visual Studio zusätzlich sogenannte Konfigurationsdateitransformationen anlegen. In einer Konfigurationsdateitransformation legt man fest, welche Teile der Konfiguration beim Verbreiten ersetzt, gelöscht und ergänzt werden sollen.

Microsoft verwendet hierfür nicht die XML Stylesheet Transformations (XSLT), sondern eine eigene XML-basierte Syntax, die Microsoft XML Document Transform (XDT) nennt.

Zum Erstellen von Erstellen der Transformationsdateien wählt man im Kontextmenü einer web.config-Datei die Aktion *Add Config Transforms*. Visual Web Developer erzeugt dann für jede im Configuration Manager hinterlegte Build Configuration eine Transformationsdatei.

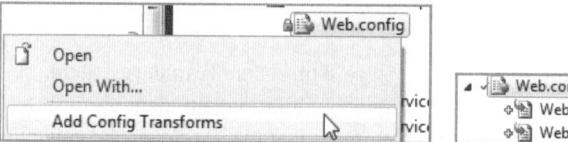

Bild 9.33 Erstellen der Transformationsdateien

Die Syntax der Transformationsdateien besteht aus zwei Arten von Befehlen: Locators und Transformers.

Tabelle 9.1 Locators

Locators	Beschreibung
xdt:Locator="Match(xy)"	Finde ein Element, das ein Attribut xy besitzt mit dem gleichen Inhalt
xdt:Locator="Condition(@x='a' or @y='b')"	Finde ein Element innerhalb des aktuellen Elements, das auf den XPath-Ausdruck zutrifft
xdt:Locator="XPath(//m/n)"	Finde ein Element global im Dokument, das auf den XPath-Ausdruck zutrifft

Tabelle 9.2 Transformers

Transformers	Beschreibung
`xdt:Transform= "Replace"`	Ersetzt das erste passende Element
`xdt:Transform= "Remove"`	Entfernt das erste passende Element
`xdt:Transform= "RemoveAll"`	Entfernt alle passenden Elemente
`xdt:Transform= "Insert"`	Fügt ein Element ein
`xdt:Transform= "SetAttributes(x)"`	Setzt einen Attributwert für Attribut x
`xdt:Transform= "RemoveAttributes(x,y,z)"`	Entfernt die drei Attribute x, y und z
`xdt:Transform= "InsertAfter(/m/n/[@x='a'])"`	Ergänzt das Element nach dem durch den XPath-Ausdruck festgelegten Element
`xdt:Transform= "InsertBefore(/m/n/[@x='a'])"`	Ergänzt das Element vor dem durch den XPath-Ausdruck festgelegten Element

Voraussetzung ist folgende XML-Namespace-Deklaration:

```
<configuration xmlns:xdt="http://schemas.microsoft.com/
XML-Document-Transform">
```

9.5.3.4 Beispiel

Es folgt ein Beispiel zur sinnvollen Anwendung der Transformationen in Bezug auf WCF-Dienste. Listing 9.16 zeigt die Ausgangssituation auf dem Entwicklerrechner mit einer Verbindungszeichenfolge für die Datenbankinstanz „.\sqlexpress", mit einem *BasicHttp Binding*-Endpunkt und *includeExceptionDetailInFaults="true"*.

Listing 9.16 Ausgangssituation auf dem Entwicklerrechner

```
<?xml version="1.0"?>
<configuration>

<system.web>
  <compilation debug="true" targetFramework="4.0" />
</system.web>

<connectionStrings>
  <!-- Setzte Verbindungszeichenfolge -->
  <add name="WWWings6EF" connectionString=
    "metadata=res://*/EF.EFModell.csdl|res://*/EF.EFModell.ssdl|res://*/
EF.EFModell.msl;
    provider=System.Data.SqlClient;provider connection string=&quot;
    Data Source=.\sqlexpress;Initial Catalog=WWWings6_Produktion;Integrated
Security=True;
```

```
   MultipleActiveResultSets=True&quot;" providerName="System.Data.Entity
Client"/>
 </connectionStrings>

 <system.serviceModel>
  <services>
   <!-- ################################### explizite Konfiguration
für Flugplandienst ##################### -->
   <service  name="de.WWWings.Dienste.FlugplanService">
    <host>
     <baseAddresses>
      <add baseAddress="http://localhost:999/" />
     </baseAddresses>
    </host>
    <endpoint address="FlugplanService.svc" binding="basicHttpBinding"
name="FlugplanService_HTTP" contract="de.WWWings.Dienste.IFlugplanService"/>

   </service>
  </services>
  <behaviors>
   <serviceBehaviors>
    <behavior>
     <serviceMetadata httpGetEnabled="true"/>
     <serviceDebug includeExceptionDetailInFaults="true"/>
    </behavior>
   </serviceBehaviors>
  </behaviors>
  <serviceHostingEnvironment multipleSiteBindingsEnabled="true"/>
 </system.serviceModel>
 <system.webServer>
  <modules runAllManagedModulesForAllRequests="true"/>
 </system.webServer>
</configuration>
```

Nun folgt ein Transformationskonfigurationsdatei *Web.Release.Config*, die vier Änderungen vornimmt:

1. Entfernen des Attributs *debug="true"*.

2. Ersetzen der Verbindungszeichenfolge

3. Entfernen des Attributs *includeExceptionDetailInFaults="true"*.

4. Ergänzen eines weiteren Endpunktes

Listing 9.17 Transformationsdatei

```
<?xml version="1.0"?>
<configuration xmlns:xdt="http://schemas.microsoft.com/XML-Document-
Transform">

 <connectionStrings>
  <!-- Setzte Verbindungszeichenfolge -->
  <add name="WWWings6EF" connectionString=
   "metadata=res://*/EF.EFModell.csdl|res://*/EF.EFModell.ssdl|res://*/
EF.EFModell.msl;
   provider=System.Data.SqlClient;provider connection string=&quot;
   Data Source=Produktionsserver;Initial Catalog=WWWings6_Produktion;
Integrated Security=True;
```

```
    MultipleActiveResultSets=True&quot;" providerName="System.Data.Entity
Client"
    xdt:Transform="Replace" xdt:Locator="Match(name)"/>
  </connectionStrings>

  <system.serviceModel>

  <!-- Entferne includeExceptionDetailInFaults-Attribut -->
  <behaviors>
    <serviceBehaviors>
      <behavior>
        <serviceDebug xdt:Transform="RemoveAttributes(includeExceptionDetailIn
Faults)"/>
      </behavior>
    </serviceBehaviors>
  </behaviors>

  <services>
    <service  name="de.WWWings.Dienste.FlugplanService" xdt:
Locator="Match(name)">
      <!-- Ergänze Endpunkt -->
      <endpoint address="FlugplanService.svc/WS" binding="wsHttpBinding"
name="FlugplanService_HTTP" contract="de.WWWings.Dienste.IFlugplanService"
xdt:Transform="Insert"/>
    </service>
  </services>
  </system.serviceModel>

</configuration>
```

Listing 9.18 zeigt die web.config-Datei nach dem Deployment. Alle drei Änderungen wurden vorgenommen.

Listing 9.18 Ausschnitt aus der web.config-Datei nach der Installation des Pakets

```
<?xml version="1.0"?>
<configuration>
  <system.web>
    <compilation targetFramework="4.0" />
  </system.web>
  <connectionStrings>
  <!-- Setze Verbindungszeichenfolge -->
  <add name="WWWings6EF"
connectionString="metadata=res://*/EF.EFModell.csdl|res://*/EF.EFModell.
ssdl|res://*/EF.EFModell.msl;&#xD;&#xA;    provider=System.Data.
SqlClient;provider connection string=&quot;&#xD;&#xA;    Data Source=
Produktionsserver;Initial Catalog=WWWings6_Produktion;Integrated
Security=True;&#xD;&#xA;    MultipleActiveResultSets=True&quot;"
    providerName="System.Data.EntityClient"/>
  </connectionStrings>
  <system.serviceModel>
    <services>
      <!-- ################################### explizite Konfiguration für
Flugplandienst ######################### -->
      <service name="de.WWWings.Dienste.FlugplanService">
        <host>
          <baseAddresses>
            <add baseAddress="http://localhost:999/" />
```

```
        </baseAddresses>
       </host>
       <endpoint address="FlugplanService.svc" binding="basicHttpBinding"
name="FlugplanService_HTTP" contract="de.WWWings.Dienste.IFlugplanService"/>
       <!--<endpoint address="FlugplanService.svc/WS" binding="wsHttpBinding"
name="FlugplanService_HTTP" contract="de.WWWings.Dienste.IFlugplan
Service"/>-->
       <!--<endpoint address="" binding="netTcpBinding" name="FlugplanService_
TCP" contract="de.WWWings.Dienste.IFlugplanService"/>
       <endpoint address="" binding="netNamedPipeBinding"
name="FlugplanService_PIPE" contract="de.WWWings.Dienste.IFlugplan
Service"/>-->
       <endpoint address="FlugplanService.svc/WS" binding="wsHttpBinding"
name="FlugplanService_HTTP" contract="de.WWWings.Dienste.IFlugplanService"/>
      </service>
    </services>
    <behaviors>
      <serviceBehaviors>
        <behavior>
          <serviceDebug/>
        </behavior>
      </serviceBehaviors>
    </behaviors>
    <serviceHostingEnvironment multipleSiteBindingsEnabled="true"/>
  </system.serviceModel>
  <system.webServer>
    <modules runAllManagedModulesForAllRequests="true"/>
  </system.webServer>
</configuration>
```

■ 9.6 Konfiguration und Monitoring mit den „AppFabric"-Erweiterungen

Windows Server AppFabric ist eine im August 2010 erschienene kostenfreie Erweiterung für den Internet Information Server 7.x. Zukünftige Windows-Versionen sollen diese Funktion bereits fest beinhalten.

AppFabric bietet für WCF nur zwei wesentliche Zusatzfunktionen:

- Grafische Oberfläche für einige Konfigurationsmöglichkeiten
- Dashboard für die Überwachung von WCF-Diensten

 Weitere Funktionen von AppFabric beziehen sich auf Workflows und werden in Kapitel 12, „Workflows und Workflow-Services", erläutert. Es gibt zudem eine Variante von AppFabric für Windows Azure. Auch diese wird hier jedoch nicht besprochen.

Spezifische Unterstützung für ASP.NET Web API bietet AppFabric leider nicht.

9.6.1 Installation

Bei der Installation findet man in den Optionen eine Unterscheidung zwischen „Hosting-Diensten" und „Cache-Diensten". Alle in diesem Buch dargestellten Funktionen fallen unter „Hosting-Dienste". Die Funktionalität eines über mehrere Server verteilten Zwischenspeichers (Cache) wird in diesem Buch aus Platzgründen nicht beschrieben. Der verteilte Zwischenspeicher ist auch keine Funktion, die explizit an WCF gebunden wäre.

Nach der Installation startet ein Konfigurationsassistent. Dieser fragt für zwei Dienste (Überwachung und Workflow Persistenz) jeweils ein Dienstkonto und eine Datenbank ab. Der Assistent legt auf Wunsch eine neue Datenbank an. Die angegebene Datenbank wird mit dem notwendigen Schema befüllt.

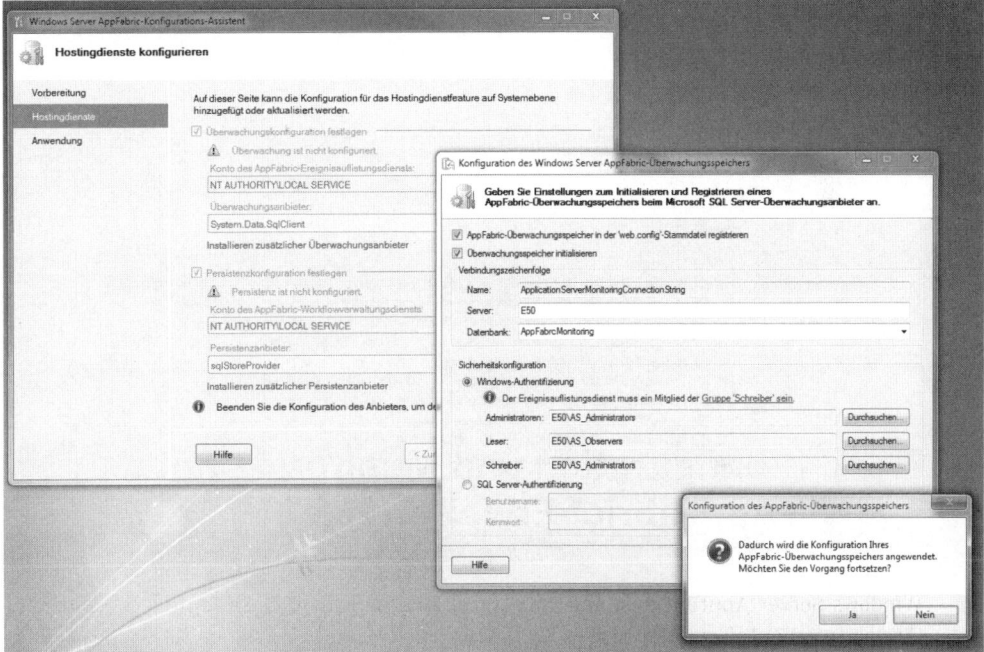

Bild 9.34 Konfigurationsassistent

```
□ 🗀 Databases
   ⊞ 🗀 System Databases
   ⊞ 🗀 Database Snapshots
   □ 🗎 AppFabricMonitoring
      ⊞ 🗀 Database Diagrams
      □ 🗀 Tables
         ⊞ 🗀 System Tables
         ⊞ 🗔 dbo.ASConfigurationPropertiesTable
         ⊞ 🗔 dbo.ASDBVersionTable
         ⊞ 🗔 dbo.ASEventSourcesTable
         ⊞ 🗔 dbo.ASFailedStagingTable
         ⊞ 🗔 dbo.ASJobsTable
         ⊞ 🗔 dbo.ASOperationsHistoryTable
         ⊞ 🗔 dbo.ASStagingTable
         ⊞ 🗔 dbo.ASTransferEventsTable
         ⊞ 🗔 dbo.ASWcfEventsTable
         ⊞ 🗔 dbo.ASWfEventAnnotationSetsTable
         ⊞ 🗔 dbo.ASWfEventAnnotationsTable
         ⊞ 🗔 dbo.ASWfEventPropertiesTable
         ⊞ 🗔 dbo.ASWfEventsTable
         ⊞ 🗔 dbo.ASWfInstancesTable
         ⊞ 🗔 dbo.ASWfPropertyNamesTable
         ⊞ 🗔 dbo.ASWfTrackingProfilesTable
      ⊞ 🗀 Views
      ⊞ 🗀 Synonyms
      ⊞ 🗀 Programmability
      ⊞ 🗀 Service Broker
      ⊞ 🗀 Storage
      ⊞ 🗀 Security
   □ 🗎 AppFabricPersistenz
      ⊞ 🗀 Database Diagrams
      □ 🗀 Tables
         ⊞ 🗀 System Tables
         ⊞ 🗔 Microsoft.ApplicationServer.DurableInstancing.AbandonedInstanceControlCommandsCleanupTable
         ⊞ 🗔 Microsoft.ApplicationServer.DurableInstancing.AbandonedInstanceControlCommandsTable
         ⊞ 🗔 Microsoft.ApplicationServer.DurableInstancing.InstanceControlCommandsTable
         ⊞ 🗔 Microsoft.ApplicationServer.DurableInstancing.StoreVersionTable
         ⊞ 🗔 System.Activities.DurableInstancing.InstanceMetadataChangesTable
         ⊞ 🗔 System.Activities.DurableInstancing.InstancePromotedPropertiesTable
         ⊞ 🗔 System.Activities.DurableInstancing.InstancesTable
         ⊞ 🗔 System.Activities.DurableInstancing.KeysTable
         ⊞ 🗔 System.Activities.DurableInstancing.LockOwnersTable
         ⊞ 🗔 System.Activities.DurableInstancing.RunnableInstancesTable
         ⊞ 🗔 System.Activities.DurableInstancing.ServiceDeploymentsTable
         ⊞ 🗔 System.Activities.DurableInstancing.SqlWorkflowInstanceStoreVersionTable
```

Bild 9.35 Von AppFabric angelegte Tabellen

9.6.2 AppFabric-Ansichten

Nach der Installation der AppFabric-Erweiterungen findet man in der IIS-Verwaltungskonsole sowohl auf der Ebene des physikalischen Webservers als auch auf der Ebene der
Websites eine zusätzliche Sektion *AppFabric*.

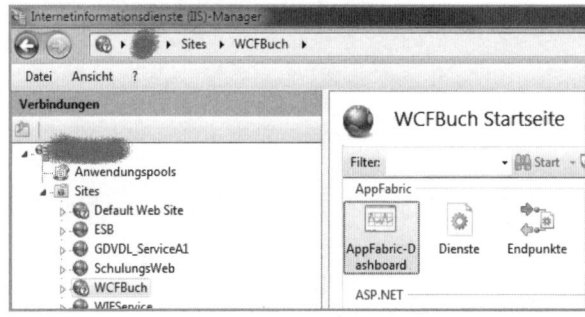

Bild 9.36
AppFabric-Menüpunkte

Die Rubrik *Dienste* zeigt auf dem Webserver bzw. in der Website vorhandene WCF-Dienste und eine Aufrufstatistik an.

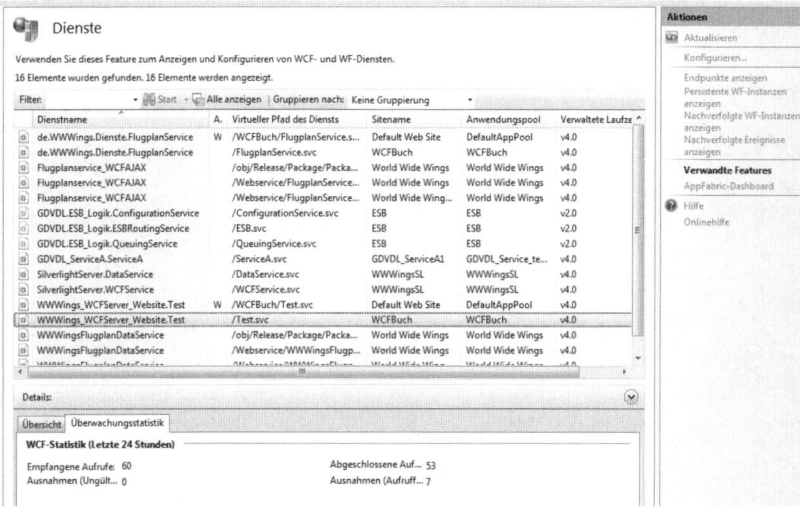

Bild 9.37 Liste der WCF-Dienste

Unter der Rubrik *Endpunkte* kann man die einzelnen Endpunkte der Dienste sehen und nach verschiedenen Kriterien gruppieren, z. B. Schnittstelle, Bindung oder Name.

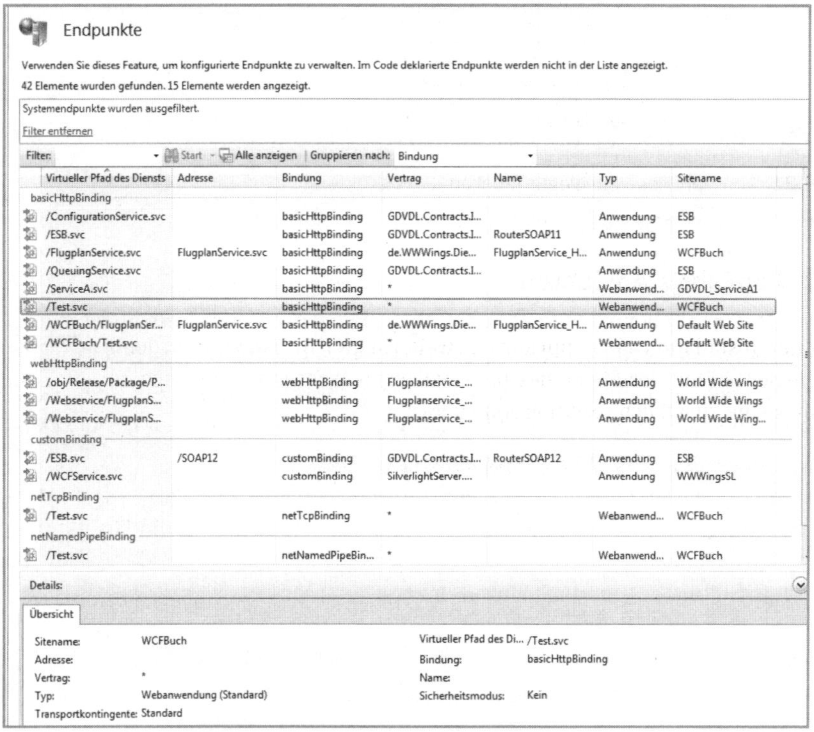

Bild 9.38 Liste aller Endpunkte in WCF-Diensten

Die Dashboard-Übersicht zeigt eine Statistik über einen wählbaren Zeitraum über alle Dienste auf der aktuell gewählten Ebene.

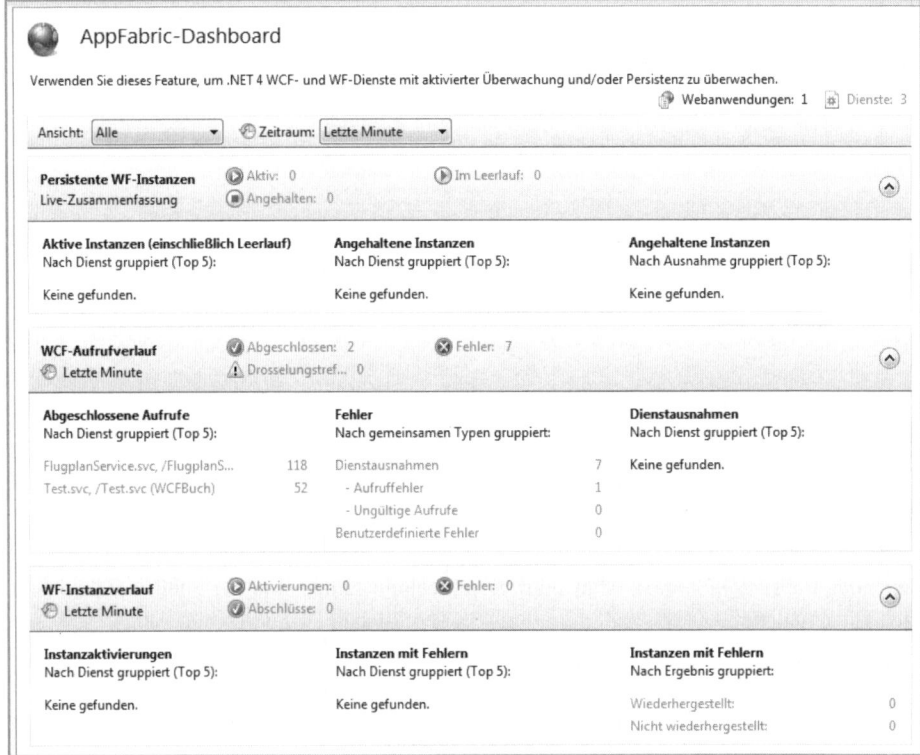

Bild 9.39 AppFabric-Dashboard

9.6.3 Überwachungsfunktionen

Über den neuen Kontextmenüpunkt *WCF- und WF-Dienste verwalten* auf der Ebene einer IIS-Website kommt man in einen Konfigurationsdialog. Unter *Allgemein* findet man nur ein Häkchen, um die Einstellung *HttpGetEnabled* in der web.config-Datei zu ändern.

Unter *Überwachung* kann man den Grad der Protokollierung der *AppFabricMonitoring*-Datenbank einstellen und auch die Standardprotokollierung von WCF in eine Datei aktivieren.

Um die protokollierten Ereignisse abzurufen, gibt es verschiedene Wege, z. B. *Nachverfolgte Ereignisse anzeigen* (Bild 9.41) auf einem Dienst oder ein Klick auf die Position im Dashboard (z. B. *Aufruffehler*). Alle diese Ereignislisten basieren auf einer Abfrage, die man im oberen Teil des Bildschirms auch anpassen kann.

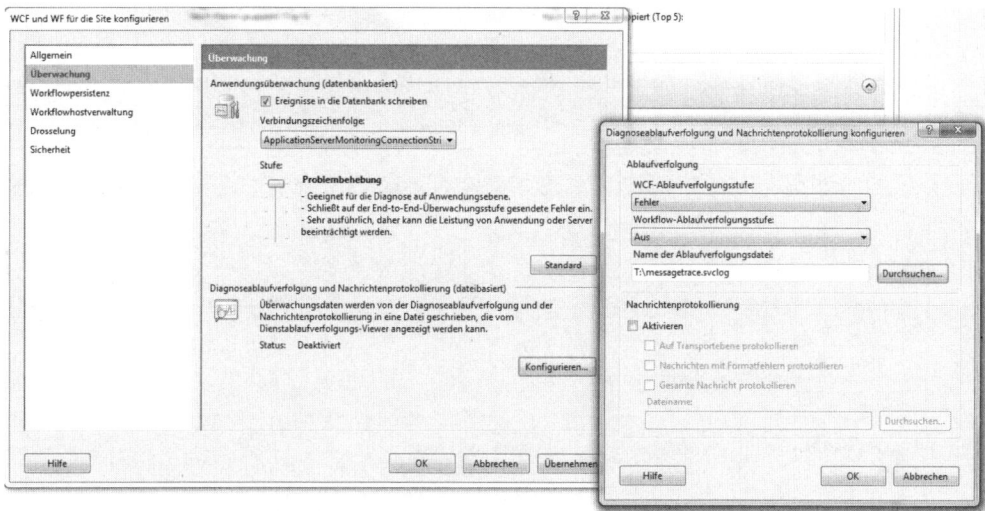

Bild 9.40 Konfiguration der Überwachungsfunktionen

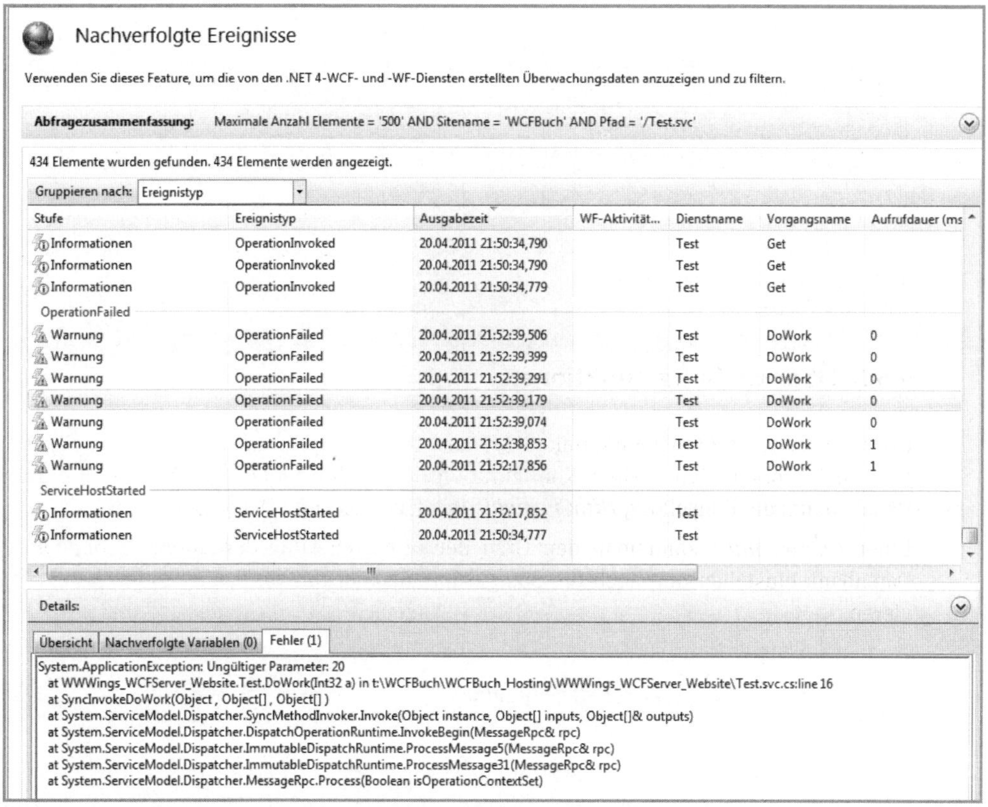

Bild 9.41 Funktion „Nachverfolgte Ereignisse anzeigen"

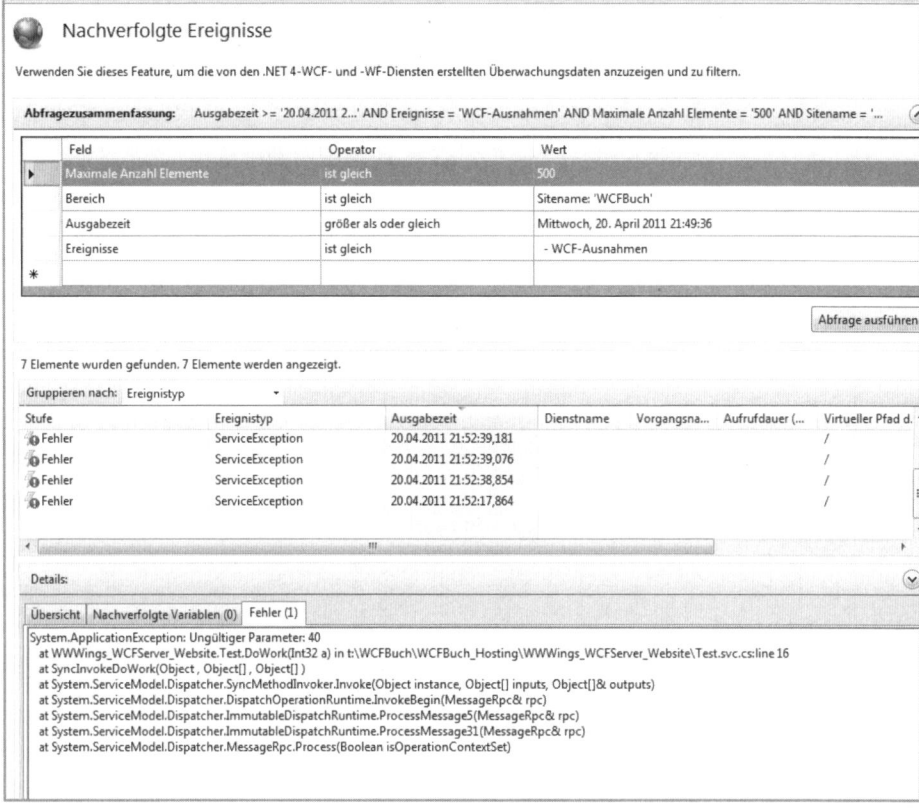

Bild 9.42 Anzeige der Aufruffehler

 PRAXISTIPP: Wenn Sie diese Daten in anderer Form auswerten möchten, können Sie alternativ auch direkt die Datenbank *AppFabricMonitoring* per SQL abfragen.

9.6.4 Weitere Konfigurationsmöglichkeiten

Über den Dialog *WCF- und WF-Dienste verwalten* kann man außerdem noch einstellen:

- WCF Throttling
- Dienstzertifikat
- Einige (wenige) Eigenschaften der Endpunkte

 HINWEIS: Diese Einstellungen kann man alle auch ohne AppFabric direkt in den XML-Dateien vornehmen.

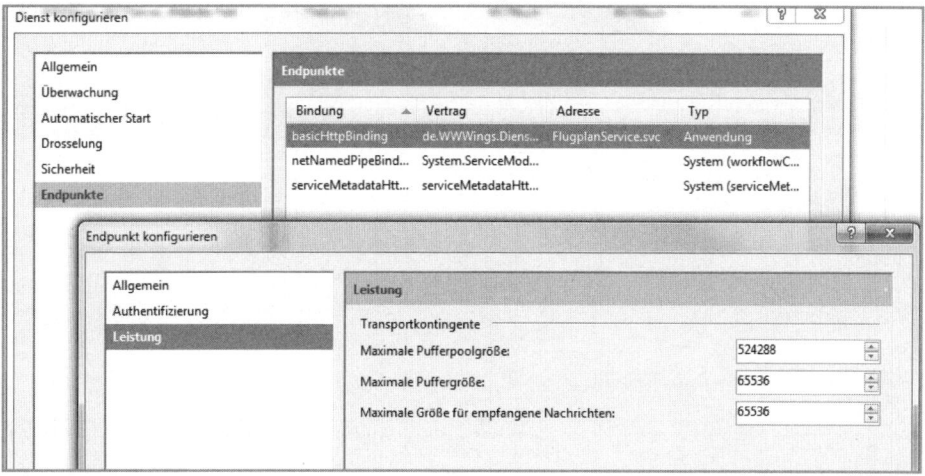

Bild 9.43 Endpunktkonfiguration

10

Service Bus und Access Control für Windows Azure und Windows Server

Die Cloud-Plattform aus dem Hause Microsoft, Windows Azure, bietet neben der Möglichkeit, Rechenleistung und Datenspeicher zu mieten, mit *Azure Service Bus* auch ein Werkzeug zur standortübergreifenden Integration von Systemen. Daneben bietet Windows Azure einen Security Token Service (STS, vgl. Kapitel 4, „Sicherheit von WCF-Diensten"), der schlicht *Access Control (AC)* genannt wird. *Azure Service Bus* steht mittlerweile auch für lokale Installationen unter der Bezeichnung *Windows Server Service Bus* zur Verfügung. Da sich Service Bus für die Zugriffskontrolle auf *Access Control* abstützt, wird mit Windows Server Service eine stark vereinfachte lokale Version davon ausgeliefert.

Dieses Kapitel beschreibt zunächst die Möglichkeiten von Azure Service Bus und Access Control und zeigt im Anschluss daran auf, wie die damit einhergehenden Möglichkeiten unter Verwendung von Windows Server Service Bus auch lokal genutzt werden können.

■ 10.1 Überblick

Der Service Bus erlaubt die Integration von Services, die sich an unterschiedlichen Standorten befinden. Somit sind zum Beispiel cloud-basierte Dienste mit lokalen Anwendungen integrierbar. Bei Azure Access Control handelt es sich um einen Security Token Service (STS), der Token zum Zugriff auf Services ausstellt. Dies erlaubt ein Zentralisieren der Benutzerverwaltung für Cloud-Dienste. Neben dem Einsatz von Benutzername und Passwort kann die Authentifizierung auch unter Verwendung eines Tokens, das von einem anderen, eventuell sogar lokalen STS ausgestellt wurde, erfolgen. Dadurch wird es möglich, lokale Benutzerkonten auch in der Cloud zu verwenden und somit ein unternehmensübergreifendes Single-Sign-On zu realisieren.

Diese beiden Technologien erweitern somit die Möglichkeiten serviceorientierter Architekturen. Daneben integrieren sie sich auch in WCF. Alternativ dazu wird ein REST-Interface geboten. Eine Beschreibung anderer Aspekte von Windows Azure, die nicht unmittelbar etwas mit serviceorientierten Architekturen zu tun haben, wird im vorliegenden Werk nicht erfolgen. Informationen dazu sowie zur Preisgestaltung und Anmeldung finden Sie unter azure.com.

HINWEIS: Um den Azure Service Bus nutzen zu können, benötigt der Entwickler einen Azure-Zugang. Ein solcher kann unter *www.azure.com* eingerichtet werden und ist in der Regel kostenpflichtig. Allerdings bietet Microsoft immer wieder freie Testzugänge, die zeitlich sowie in Hinblick auf die gebotenen Ressourcen beschränkt sind. Weitere Informationen dazu finden sich ebenfalls auf *www.azure.com*.

■ 10.2 Namespace einrichten

Damit der Service Bus verwendet werden kann, ist ein Namensraum im *Azure-Portal* einzurichten, das sich unter *manage.windowsazure.com* befindet. Der dazu heranzuziehende Menüpunkt nennt sich *Service Bus*. Im Zuge dessen sind der Name des Namensraums sowie die zu verwendende Region (Europe/West, Europe/North etc.) anzugeben (Bild 10.1).

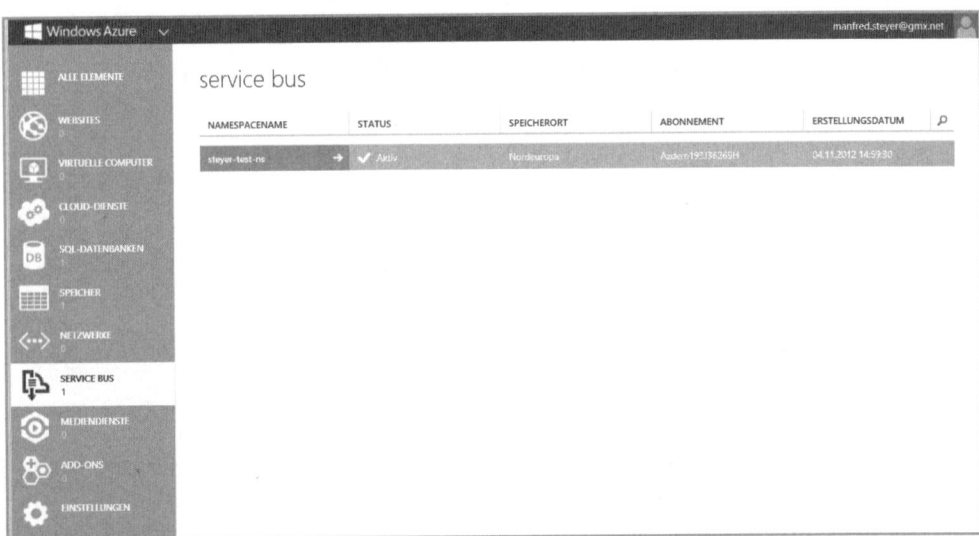

Bild 10.1 Namespace für Service Bus anlegen

Nach dem Auswählen eines Namespace können die für die programmatische Verwaltung notwendigen Credentials durch einen Klick auf das Schlüssel-Symbol am unteren Seitenrand in Erfahrung gebracht werden (Bild 10.2).

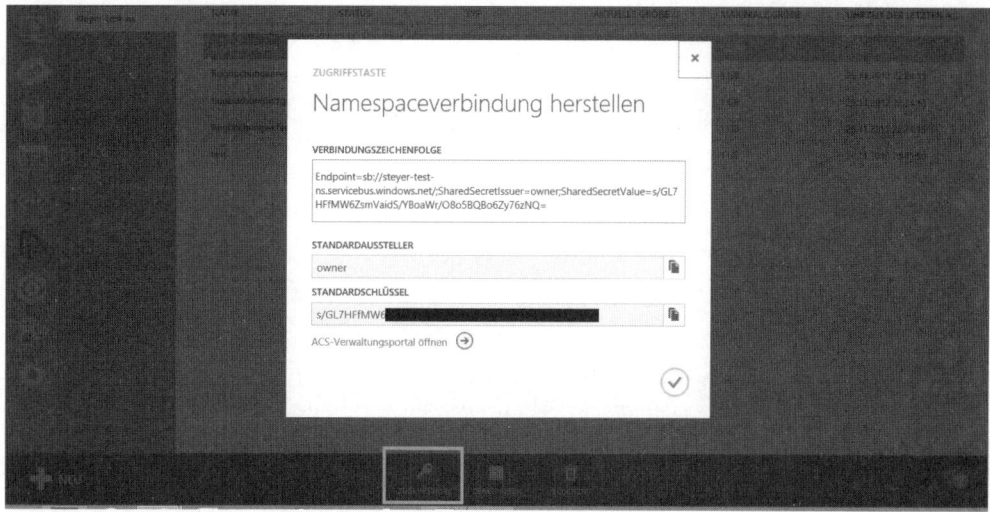

Bild 10.2 Credentials zum Zugriff auf Service Bus in Erfahrung bringen

10.3 Relaying

Relaying erlaubt ein direktes Verbinden zweier oder auch mehrerer Anwendungen über den Service Bus unter Verwendung von WCF-Bindings. Bild 10.3 demonstriert dies: Zunächst baut der Service eine Verbindung zum Bus auf; anschließend der Client (durchgezogene Linien). Dadurch, dass sowohl der Client als auch der Service die Kommunikation von sich aus initiieren, kann diese trotz einer eventuell vorhandenen Firewall erfolgen, sofern diese ausgehende Verbindungen zulässt. Anschließend können Nachrichten über den Service Bus ausgetauscht werden, wobei dieser das Routing zum Kommunikationspartner übernimmt (gestrichelte Linie). Damit dies möglich ist, müssen Client und Service dieselbe URL beim Verbindungsaufbau angeben.

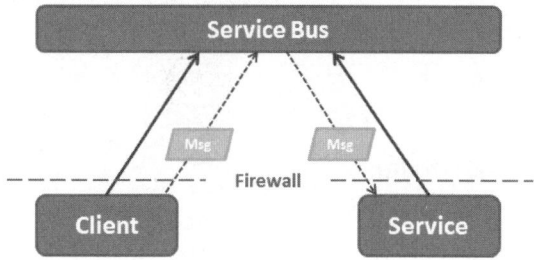

Bild 10.3 Azure Service Bus

10.3.1 Relay-Bindings

Die Kommunikation zwischen den Systemen erfolgt beim Einsatz von Relaying über WCF. Dazu stellen die Bibliotheken für .NET, die in NuGet unter dem Namen *WindowsAzure.ServiceBus* zu finden sind, einige zusätzliche WCF-Bindings zur Verfügung. Darüber hinaus richtet NuGet beim Beziehen dieser Bibliotheken WCF-Erweiterungen in der Konfigurationsdatei ein.

Tabelle 10.1 zeigt diese sogenannten Relay-Bindings und stellt sie, sofern möglich, den entsprechenden in WCF inkludierten Standardbindungen gegenüber. Daneben ist aus der dritten Spalte das verwendete URI-Schema ersichtlich. Dabei fällt auf, dass es für zwei Bindungen keine Entsprechung unter den Standard-WCF-Bindungen gibt: Das *NetOnewayRelayBinding* wird zur asynchronen Kommunikation mit einem Service herangezogen. Dasselbe gilt für das *NetEventRelayBinding*, wobei bei dessen Verwendung die gesendeten Nachrichten an beliebig viele Services, die sich zur jeweiligen URL verbunden haben, weitergeleitet werden können.

Tabelle 10.1 Relay-Bindings und ihre Gegenstücke in der WCF

Standard-WCF-Binding	Relay-Binding	URI-Schema
BasicHttpBinding	BasicHttpRelayBinding	http(s)
WebHttpBinding	WebHttpRelayBinding	http(s)
WS2007HttpBinding	WS2007HttpRelayBinding	http(s)
NetTcpBinding	NetTcpRelayBinding	sb
N/A	NetOnewayRelayBinding	sb
N/A	NetEventRelayBinding	sb

Ein Service, der sich auf Relay-Bindings abstützt, versucht standardmäßig, den Service Bus über TCP zu kontaktieren – auch wenn eine HTTP-basierte Bindung zum Einsatz kommt. Ist dies nicht möglich, kommt HTTP(S) zum Einsatz. Das *NetTcpBinding* kann der Entwickler darüber hinaus auch anweisen, nach der Vermittlung durch den Service Bus eine direkte Verbindung zum Gegenüber auszuhandeln. Somit lässt sich der Service Bus zur Steigerung der Ausführungsgeschwindigkeit umgehen. Sofern die betrachteten Bindungen nicht HTTP(S) verwenden, kommen die ausgehenden Ports 9350 bis 9353 zum Einsatz.

10.3.2 Service über Relaying bereitstellen

Dieser Abschnitt zeigt anhand eines Beispiels den Einsatz von Azure Service Bus. Dazu wird eine auf Azure basierende Blog-Anwendung erweitert, die als Quellcode in den Beispielen dieses Werkes zu finden ist, sodass diese beim Anlegen eines neuen Eintrags über den Bus beliebig viele interessierte WCF-Dienste unter Verwendung des *NetEventRelay Binding* benachrichtigt.

Für die hier beschriebene Demonstration wird ein Kommandozeilen-Projekt *Syndication Service* angelegt. In dieses sind die für die Verwendung der WCF benötigten Assemblies einzubinden. Dabei handelt es sich um *System.ComponentModel.DataAnnotations*, *System. Runtime.Serialization* sowie um *System.ServiceModel*. Darüber hinaus wird über NuGet die Bibliothek *WindowsAzure.ServiceBus* eingebunden. Danach sind ein Service-Vertrag (Listing 10.1), ein Datenvertrag (Listing 10.2) sowie eine Service-Implementierung (Listing 10.3) hinzuzufügen. Zusätzlich wird über NuGet das Paket *WindowsAzure.Servicebus* einge-bunden. Im Zuge dessen registriert NuGet WCF-Erweiterungen in der Konfigurationsdatei. Da Benachrichtigungen mittels *NetEventRelayBinding* asynchron zu erfolgen haben, ist da-rauf zu achten, dass alle im Service-Vertrag definierten Operationen als *OneWay*-Operatio-nen definiert sind.

Listing 10.1 Service-Vertrag

```
[ServiceContract]
public interface IBlogSyndicationService
{
    [OperationContract(IsOneWay=true)]
    void Create(BlogPosting posting);
}
```

Listing 10.2 Datenvertrag

```
[DataContract]
public class BlogPosting
{
    [DataMember]
    public string Author { get; set; }
    [DataMember]
    public string EMail { get; set; }
    [DataMember]
    public DateTime Date { get; set; }
    [DataMember]
    public string Title { get; set; }
    [DataMember]
    public string Text { get; set; }

}
```

Listing 10.3 Service-Implementierung

```
public class BlogSyndicationService: IBlogSyndicationService
{
    public void Create(BlogPosting posting)
    {
        Console.WriteLine("Neues Posting: ");
        Console.WriteLine("Autor: " + posting.Author);
        Console.WriteLine("Titel: " + posting.Title);
        Console.WriteLine("Text: " + posting.Text);
        Console.WriteLine();
    }
}
```

Die Konfiguration des hier betrachteten Service findet sich in Listing 10.4. Als Endpunkt-Adresse ist eine URL mit dem Schema *sb* anzugeben. Der erste Teil der Adresse entspricht dem im Management-Portal angelegten Namensraum (hier: *sb-sample*) gefolgt von *servicebus.windows.net/*. Der Rest der URL, den der Entwickler frei wählen kann, wird hier auf *blog-syndication* festgelegt. Als Binding kommt *netEventRelayBinding* zum Einsatz.

Unter *behaviors/endpointBehaviors* wurde im Attribut *issuerSecret* der zuvor im Management-Portal ermittelte Management Key eingetragen. Der dazugehörige *issuerName* nennt sich *owner*. Alternativ dazu können auch andere Schlüssel, die mit den Mitteln von AC eingerichtet werden können, herangezogen werden. Der Wert *Public* im Attribut *discoveryMode* des Elements *serviceRegistrySettings* legt fest, dass die URL dieses Service über einen Feed, der über das Management-Portal erreichbar ist, veröffentlicht werden darf.

Listing 10.4 Service-Konfiguration

```xml
<?xml version="1.0" encoding="utf-8" ?>
<configuration>
 <system.serviceModel>
    [...]
    <services>
      <service name="SyndicationService.BlogSyndicationService">
        <endpoint
            address="sb://sb-sample.servicebus.windows.net/blog-syndication"
            binding="netEventRelayBinding"
            contract="SyndicationService.IBlogSyndicationService" />
      </service>
    </services>
    <bindings>
      <netEventRelayBinding>
        <binding name="lab" receiveTimeout="00:05:00">
          <security mode="None">
          </security>
        </binding>
      </netEventRelayBinding>
    </bindings>
    <behaviors>
      <endpointBehaviors>
        <behavior>
          <serviceRegistrySettings discoveryMode="Public" />
          <transportClientEndpointBehavior credentialType="SharedSecret">
            <clientCredentials>
              <sharedSecret
                  issuerName="owner"
                  issuerSecret="{Default Issuer Key}" />
            </clientCredentials>
          </transportClientEndpointBehavior>
        </behavior>
      </endpointBehaviors>

      <serviceBehaviors>
        <behavior>
          <serviceDebug includeExceptionDetailInFaults="true" />
        </behavior>
      </serviceBehaviors>
    </behaviors>
```

```
</system.serviceModel>

</configuration>
```

10.3.3 Service über Relaying konsumieren

Eine Konfiguration für einen Client, der über den Bus den zuvor beschriebenen Service konsumiert, findet sich in Listing 10.5. In das Client-Projekt sind auch der Service-Vertrag und der Datenvertrag in dieses Projekt zu kopieren. Alternativ dazu könnte man auch Meta-daten über den Service Bus bereitstellen und am Client damit einen Proxy samt Service-Vertrag, Datenvertrag und Konfigurationseinträgen generieren. Zur Vereinfachung und da die auf diesem Weg generierten Konfigurationseinträge modifiziert werden müssten, wird an dieser Stelle davon Abstand genommen.

 HINWEIS: Um MEX-Bindings über den Service Bus bereitzustellen, sind – wie gewohnt – ein Endpunkt für den Vertrag *IMetadataExchange* sowie ein *serviceMetadata*-Behavior einzurichten. Allerdings ist als Binding das Relay-Binding des zu verwendenden Protokolls zu verwenden, zum Beispiel *NetTcpRelayBinding*, da keine eigenen Bindings für die Verwendung mit dem Service Bus zur Verfügung stehen.

Listing 10.5 Client-Konfiguration in Projekt AzureBlog_Worker

```
<?xml version="1.0" encoding="utf-8" ?>
<configuration>
   [...]
 <system.serviceModel>
    <bindings>
      <netEventRelayBinding>
        <binding name="lab" receiveTimeout="00:05:00">
          <security mode="None" />
        </binding>
      </netEventRelayBinding>
    </bindings>

    <client>
      <endpoint
          address="sb://sb-sample.servicebus.windows.net/blog-syndication"
          binding="netEventRelayBinding"
          contract="IBlogSyndicationService"
          name="SyndicationService" />
    </client>
    <behaviors>
      <endpointBehaviors>
        <behavior>
          <serviceRegistrySettings discoveryMode="Public" />
          <transportClientEndpointBehavior credentialType="SharedSecret">
            <clientCredentials>
              <sharedSecret issuerName="owner"
```

```
                          issuerSecret="{Default Issuer Key}" />
            </clientCredentials>
          </transportClientEndpointBehavior>
        </behavior>
      </endpointBehaviors>
    </behaviors>
    </system.serviceModel>
  […]
</configuration>
```

Listing 10.6 zeigt, wie der konfigurierte Service konsumiert werden kann. Dazu erzeugt es mit einer *ChannelFactory* einen Laufzeit-Proxy, der sich auf die konfigurierten Eckdaten abstützt, und greift damit über den Bus auf den Service zu. Dabei ist zu beachten, dass der Name, der an den Konstruktor der *ChannelFactory* übergeben wird (hier: *SyndicationService*), dem Namen des konfigurierten Endpunkts (vgl. Listing 10.6) entsprechen muss.

Listing 10.6 Client-Konfiguration in Projekt AzureBlog_Worker

```
private void PublishPostingUsingService([…])
{
    BlogPosting postingForService;
    ChannelFactory<IBlogSyndicationService> factory;
    IBlogSyndicationService proxy;
    factory = new ChannelFactory<IBlogSyndicationService>
("SyndicationService");
    proxy = factory.CreateChannel();
    postingForService = new BlogPosting();
    postingForService.Author = […];
    postingForService.Date = […];
    postingForService.EMail = […];
    postingForService.Title = […];
    postingForService.Text = […];
    try
    {
        proxy.Create(postingForService);
    }
    catch(Exception e) {
        Trace.WriteLine("Could not send Posting. Are there any clients
listening?");
        Trace.WriteLine(e.ToString());
    }
}
```

◼ 10.4 Lose Kopplung mit Queues und Topics

Message Queues erlauben eine asynchrone Kommunikation sowie eine sichere Zustellung, indem sie Nachrichten so lange zwischenspeichern, bis sich der Empfänger darum kümmern kann. Somit muss der Empfänger nicht ständig online sein, und wenn er online ist, schützt ihn die Queue vor einer Überlastung. Der Absender muss hingegen nicht warten, bis sich der Empfänger um sein Anliegen gekümmert hat. Zusätzlich garantieren Message

Queues durch Transaktionen oder ähnliche Konzepte, dass Nachrichten nicht verloren gehen, wenn die Verarbeitung durch den Empfänger scheitert. Führt das Verarbeiten derselben Nachricht immer wieder zu einem Scheitern, verschiebt die Middleware diese in eine andere Queue, die man auch als Poison Queue oder Dead Letter Queue bezeichnet. Dasselbe gilt für Nachrichten, die innerhalb einer vorgegebenen Zeitspanne nicht bearbeitet wurden. Somit können Administratoren, die solche Queues überwachen, den Grund des Scheiterns herausfinden und darauf reagieren.

Topics funktionieren prinzipiell ähnlich wie Queues. Während jedoch bei Verwendung von Message Queues prinzipiell eine Punkt-zu-Punkt-Verbindung zwischen Sender und Empfänger vorliegt, erlauben Topics die Implementierung von Punkt-zu-Multipunkt-Verbindungen bzw. Publish-/Subscribe-Szenarien. Interessenten registrieren sich dazu bei einem Topic, oder anders ausgedrückt: Sie abonnieren ein Topic. Sendet nun jemand eine Nachricht an das Topic, speichert die Middleware diese so lange, bis sie von allen Abonnenten abgeholt wurde.

Bild 10.4 bis Bild 10.6 veranschaulichen den Unterschied zwischen Queues und Topics. Bild 10.4 zeigt dazu, wie zwei Applikationen über Queues miteinander kommunizieren. Dazu sendet Applikation A die Nachricht 1 an die Message Queue. Wenn Applikation B bereit ist, holt sie die Nachricht ab und verarbeitet sie. Bild 10.5 erweitert dieses Szenario, indem mehrere Empfänger Daten aus derselben Queue lesen. Wie hier zu sehen ist, teilt die Middleware die einzelnen Nachrichten auf die Empfänger auf und realisiert somit ein Load-Balancing. Dieselbe Konstellation findet sich auch in Bild 10.6. Hier kommt jedoch an der Stelle der Queue ein Topic zum Einsatz, weswegen die Empfänger auch als Abonnenten auftreten. Eine Nachricht, die ein Sender nun zu einem Topic sendet, steht allen Abonnenten zur Verfügung. Jeder erhält somit dieselben Informationen.

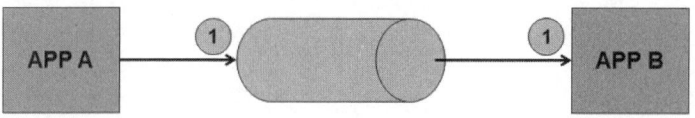

Bild 10.4 Message Queue

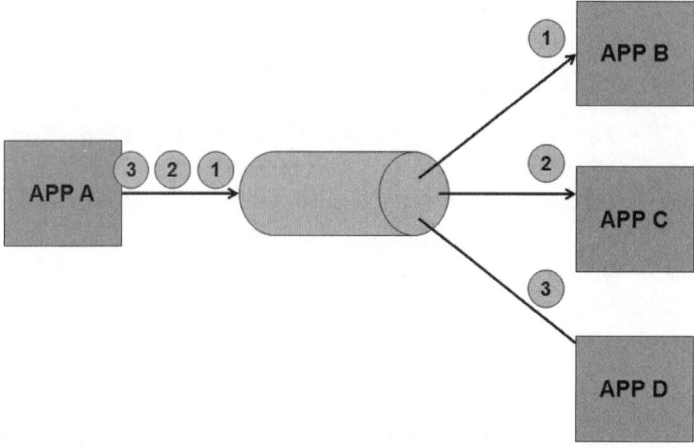

Bild 10.5 Message Queue mit mehreren Empfängern

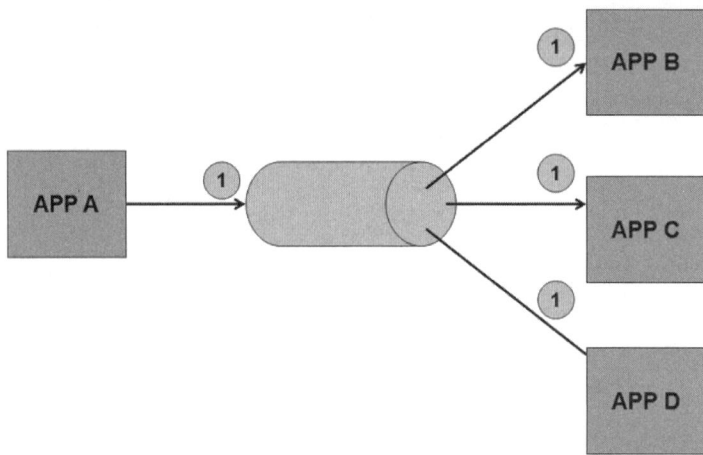

Bild 10.6 Topic mit mehreren Abonnenten

10.4.1 Zugriff auf Queues und Topics

Damit man über möglichst viele Plattformen auf die via Azure Service Bus bereitgestellten Queues und Topics zugreifen kann, steht eine REST-Schnittstelle zur Verfügung. Zur Vereinfachung existieren Wrapper für .NET, Java, Ruby und PHP. .NET-Entwickler können alternativ dazu auch auf eigens dafür bereitgestellte WCF-Bindings zurückgreifen. Die dazu benötigten Bibliotheken findet man unter dem Namen *WindowsAzure.ServiceBus* in NuGet.

10.4.2 Transaktionen

Da REST keine Unterstützung für Transaktionen bietet, wie es zum Beispiel bei COM+, CORBA oder WCF der Fall ist, ist es üblich, diese mit dem Peek-Lock-Delete-Muster nachzubilden. Das bedeutet, dass der Service Bus Nachrichten nicht – wie normalerweise üblich – löscht, nachdem ein Empfänger sie gelesen hat. Stattdessen sperrt er die Nachricht für eine bestimmte Zeitspanne und macht sie somit für andere Empfänger unsichtbar. Diese Zeitspanne steht dem Empfänger zur Verfügung, um die Nachricht abzuarbeiten. Ist dies erfolgreich, löscht er die Nachricht. Scheitert die Abarbeitung, löscht er die Nachricht nicht, wodurch sie nach Ablauf der Sperre wieder alle Empfänger sehen können. In weiterer Folge kann somit derselbe oder ein anderer Empfänger einen Wiederanlauf starten.

Um zu verhindern, dass dieselbe Nachricht immer wieder zum Scheitern der Vererbung führt, sind die Empfänger angehalten, sich über die Anzahl der Wiederanläufe zu informieren und die Nachricht bei Überschreiten eines Grenzwertes in die Dead Letter Queue zu verschieben. Den Service Bus kann man ebenfalls anweisen, Nachrichten automatisch in die Dead Letter Queue zu verschieben, falls sie nicht binnen einer festgelegten Zeitspanne verarbeitet wurden.

Ist ein transaktionelles Verhalten beim Lesen nicht vonnöten, besteht auch die Möglichkeit, den Service Bus anzuweisen, die Nachricht im Zuge des Lesens zu löschen.

10.4.3 Sitzungen

Sender können Nachrichten logischen Sitzungen zuordnen, indem sie die Nachrichten mit einer Sitzungs-Id versehen. Empfänger haben analog dazu die Möglichkeit, Nachrichten gruppiert nach ihrer Sitzungs-Id zu lesen. Steht innerhalb einer Sitzung keine Nachricht mehr zur Verfügung, wendet sich der Empfänger allen verfügbaren Nachrichten der nächsten Sitzung zu. Darüber hinaus kann ein Empfänger die verfügbaren Nachrichten auch nach einer bestimmten Sitzung filtern. Somit lassen sich zum Beispiel Antwort-Nachrichten realisieren. Dazu gibt der Sender im Zuge einer Anfrage eine Sitzungs-Id für die Antworten des Empfängers an. Der Empfänger würde in weiterer Folge seine Antwort an diese Sitzung senden.

10.4.4 Metadaten, Filtern und Stamping

Der Sender kann jeder Nachricht Metadaten zuweisen. Topic-Abonnenten können diese zum Filtern einsetzen. Beispielsweise könnte man somit ein Abonnement einrichten, das sich lediglich um Premiumkunden kümmert. Darüber hinaus besteht die Möglichkeit, aus Metadaten weitere Metadaten abzuleiten. Dies bezeichnet Microsoft auch als Stamping (stempeln). Ein Abonnent kann den Service Bus zum Beispiel anweisen, alle Nachrichten, die von Premiumkunden stammen, mit dem Vermerk *eilt* zu versehen.

10.4.5 Queues über die .NET-API ansprechen

Klassen, deren Objekte über Queues oder Topics zu versenden sind, müssen serialisierbar sein. Dazu ist die Klasse mit dem Attribut *Serializable* zu annotieren oder, wie in Listing 10.7 gezeigt, als Datenvertrag zu modellieren.

Listing 10.7 Datenvertrag zum Versenden von Flugbuchungen über den Service Bus

```
[DataContract]
public class FlugBuchung
{
    [DataMember]
    public string Von { get; set; }
    [DataMember]
    public string Nach { get; set; }

 [...]

    [DataMember]
    public string VielfliegerNummer { get; set; }
    public override string ToString()
    {
        return "Flugbuchung: " + Von + " nach " + Nach + "[...]";
    }
}
```

Beim hier betrachteten Beispiel werden Methoden, die auf Queues zugreifen, in der Klasse *QueueManager* gekapselt. Zur Vereinfachung beinhaltet diese auch Konstanten mit dem Namen des Namespace, des Benutzernamens und Passworts, die zum Zugriff auf den Service Bus heranzuziehen sind (vgl. Listing 10.8). Bei einem realen Projekt würde man diese Daten aus der Konfiguration auslesen. Die einzelnen Methoden werden in weiterer Folge beschrieben.

Listing 10.8 Grundgerüst der benutzerdefinierten Klasse QueueManager

```
public class QueueManager
{
    const string ServiceNamespace = "steyer-test";
    const string IssuerName = "owner";
    const string IssuerKey = "NichtGucken";

    [...]
}
```

10.4.6 Queues programmatisch erzeugen

Neben dem Anlegen von Queues über das Management-Portal besteht auch die Möglichkeit, diese programmatisch zu erzeugen. Um dies zu demonstrieren, wurde der Klasse *Queue Manager* eine Methode *CreateIfNotExist* spendiert (Listing 10.9). Diese nimmt den Namen der zu erzeugenden Queue sowie einen Boolean entgegen, der anzeigt, ob die Queue Sitzungen unterstützen soll. Sie erzeugt eine Instanz von *NamespaceManager* zum Verwalten von Queues und Topics innerhalb eines eingerichteten Namespace. Der Konstruktor von *NamespaceManager* erwartet die Adresse des Namespace sowie eine Instanz von *Namespace ManagerSettings*. Die Adresse wird unter Verwendung der Methode *ServiceBusEnvironment. CreateServiceUri* kreiert, die das *Url-Schema*, den Namespace sowie einen Pfad entgegennimmt. Die verwendete Instanz von *NamespaceManagerSettings* erhält einen TokenProvider, der zum Zugriff auf den Service Bus bei Azure Access Control ein Token anfordert. Dieser wird mit der Methode *TokenProvider.CreateSharedSecretTokenProvider* erzeugt, welche die von Access Control erwarteten Credentials entgegennimmt.

Die Methode *GetQueues* des *NamespaceManagers* liefert eine Auflistung mit allen Queues, die sich im angegebenen Namespace befinden. Befindet sich die gewünschte Queue noch nicht unter diesen, erzeugt der *NamespaceManagers* sie mit seiner Methode *CreateQueue*. Die zu erzeugende Queue beschreibt die betrachtete Methode mit einer Instanz von *Queue-Description*. Diese legt die gewünschten Eigenschaften der Queue fest, darunter die Tatsache, ob abgelaufene Nachrichten automatisch in die Dead Letter Queue zu verschieben sind (*EnableDeadLetteringOnMessageExpiration*), ob die Queue Sitzungen unterstützen sowie wie lange Einträge nach dem Lesen vor dem Hintergrund des Verfahrens Peek-Lock-Delete gesperrt werden sollen.

Listing 10.9 Programmatisches Erzeugen einer Queue

```
private void CreateIfNotExist(string name, bool sessions = false)
{
    var address = ServiceBusEnvironment.CreateServiceUri(
                    "sb", ServiceNamespace, string.Empty);
```

```
    var settings = new NamespaceManagerSettings();
    settings.TokenProvider =
                TokenProvider
                    .CreateSharedSecretTokenProvider(
                                    IssuerName, IssuerKey);

    var namespaceClient = new NamespaceManager(address, settings);

    var qs = namespaceClient.GetQueues();

    if (qs.Count(q => q.Path == name.ToLower()) > 0)
    {
        namespaceClient.GetQueue(name);
    }
    else
    {
        var desc = new QueueDescription(name);
        if (sessions) desc.RequiresSession = true;
        desc.EnableDeadLetteringOnMessageExpiration = true;
        desc.LockDuration = TimeSpan.FromSeconds(30);
        namespaceClient.CreateQueue(desc);
    }
}
```

10.4.7 Nachrichten an Queues senden

Für das Übermitteln von Flugbuchungen an die Queue zeichnet die Methode *Send* verantwortlich (Listing 10.10). Sie erzeugt zunächst mit der Methode *MessagingFactory.Create* eine Instanz von *MessagingFactory*, die beim Erzeugen eines *MessageSenders* Verwendung findet.

Die zu übertragende Nachricht wird von einer *BrokeredMessage* repräsentiert. Als Nachrichtenkörper fungiert dabei die an *Send* übergebene *FlugBuchung*. Zusätzlich weist die betrachtete Methode der Nachricht auch Metadaten zu, wie zum Beispiel eine aussagekräftige Bezeichnung, das Ablaufdatum der Nachricht in Form einer Zeitspanne oder eine Sitzungs-Id. Daneben hinterlegt *Send* in der Eigenschaft *Properties* eine benutzerdefinierte Eigenschaft *IstVielFlieger*.

Anschließend versendet der *MessageSender* die Nachricht. Da *MessageSender* auch bei Topics zum Einsatz kommen, kann man damit die zu verwendende Datenstruktur (Queue oder Topic) vom Rest der Applikation verbergen.

Listing 10.10 FlugBuchung an Queue senden

```
public string Send(FlugBuchung buchung) {

    var qName = "FlugBuchungen";

    var address = ServiceBusEnvironment
                    .CreateServiceUri(
                        "sb", ServiceNamespace, string.Empty);
    var tokenProvider = TokenProvider
```

```
                                .CreateSharedSecretTokenProvider(
                                        IssuerName, IssuerKey);
    var factory = MessagingFactory.Create(address, tokenProvider);
    MessageSender sender = factory.CreateMessageSender(qName);

    BrokeredMessage msg = new BrokeredMessage(buchung);
    msg.Properties["IstVielFlieger"] =
            !string.IsNullOrEmpty(buchung.VielfliegerNummer);
    msg.Label = "Flugbuchung für " +
                    buchung.Vorname + " " + buchung.Nachname;
    msg.ReplyToSessionId = Guid.NewGuid().ToString();
    msg.TimeToLive = TimeSpan.FromMinutes(10);

    sender.Send(msg);
    return msg.ReplyToSessionId;
}
```

10.4.8 Nachrichten aus Queues abrufen

Zum Empfangen von Nachrichten wurde im betrachteten Beispiel die Methode *Receive* geschaffen (Listing 10.11). Sie erlaubt transaktionelles Lesen aus der Queue und verbirgt dabei den Einsatz des Peek-Lock-Delete-Musters. Als Parameter erwartet sie eine Callback-Methode, die eine empfangene Flugbuchung übergeben bekommt und verarbeitet. War die Verarbeitung erfolgreich, hat diese Methode *true* zu liefern; ansonsten *false*. Mit der zu übergebenden Zeitspanne kann der Aufrufer angeben, wie lange er auf das Eintreffen einer Nachricht warten möchte.

Wie auch beim Versenden von Nachrichten kommt hier eine *MessagingFactory* zum Einsatz. Diese erzeugt mit ihrer Methode *CreateMessageReceiver* einen *MessageReceiver*. Im Zuge dessen gibt der Aufrufer durch das Argument *PeekLock* an, dass das Peek-Lock-Delete-Muster Anwendung finden soll. Ist transaktionelles Verhalten nicht gewünscht, könnte er alternativ dazu mit *ReceiveAndDelete* festlegen, dass Nachrichten nach dem Abrufen zu löschen sind.

Die betrachtete Methode versucht, mit *Receive* innerhalb der festgelegten Zeitspanne eine Nachricht abzurufen. Gelingt dies, gibt sie einige Metadaten der Nachricht auf der Konsole aus. Darunter befindet sich auch die Eigenschaft *DeliveryCount*, die angibt, wie viele Verarbeitungsversuche die Nachricht bereits hinter sich hat. Anschließend entnimmt sie der Nachricht die im Nachrichtenkörper transportierte *FlugBuchung* und übergibt diese an die Callback-Methode. Zeigt diese mit dem Rückgabewert *true* an, dass die Verarbeitung erfolgreich war, löscht die Methode *Complete* die Nachricht; ansonsten verschiebt der Service Bus sie in die Dead Letter Queue, sofern ein vordefinierter Grenzwert an Wiederversuchen überschritten wurde. Konte die Methode innerhalb der festgelegten Zeitspanne keine Nachricht abrufen, zeigt sie dies dem Aufrufer an, indem sie *null* an die Callback-Methode übergibt.

Mit dem Aufruf von *SendReply* deutet das betrachtete Listing darüber hinaus das Versenden einer Antwortnachricht an die vom Sender angegebene Sitzung an. Ein Beispiel für den Aufruf der hier betrachteten Methode *Send* findet sich in Listing 10.12; der Aufbau von *Reply* in Listing 10.13.

Listing 10.11 Daten aus Queue lesen

```
public void Receive(Func<FlugBuchung, bool> action, TimeSpan span)
{
    string qname;

    qname = "FlugBuchungen";

    var address = ServiceBusEnvironment.CreateServiceUri("sb",
ServiceNamespace, string.Empty);
    var settings = new NamespaceManagerSettings();

    var tokenProvider = TokenProvider
                        .CreateSharedSecretTokenProvider(
                                        IssuerName, IssuerKey);
    var factory = MessagingFactory.Create(address, tokenProvider);
    var myMessageReciever = factory
                            .CreateMessageReceiver(
                                qname, ReceiveMode.PeekLock);


    BrokeredMessage message;
    if ( (message = myMessageReciever.Receive(span)) != null)
    {
        Console.WriteLine(
            string.Format(
                "Message received: {0}, {1}, {2}",
                message.SequenceNumber,
                message.Label,
                message.MessageId));
        Console.WriteLine("IstVielFlieger: " +
            message.Properties["IstVielFlieger"].ToString());
        Console.WriteLine("DeliveryCount: " +
                        message.DeliveryCount);
        FlugBuchung buchung = message.GetBody<FlugBuchung>();

        if (action(buchung))
        {
            message.Complete();

            if (!string.IsNullOrEmpty(message.ReplyToSessionId))
            {
                Reply("OK", message.ReplyToSessionId);
            }
        }
        else
        {
            if (message.DeliveryCount >= 3)
            {
                message.DeadLetter();
                Console.ForegroundColor = ConsoleColor.Yellow;
                Console.WriteLine("Moved to DLQ ...");
                Console.ForegroundColor = ConsoleColor.Gray;
            }
        }

        Console.WriteLine();
    }
    else
```

```
        {
            action(null);
        }
    }
}
```

Listing 10.12 Flugbuchungen abrufen

```
QueueManager qm = new QueueManager();
[...]
qm.Receive(fb => {
    last = fb;
    if (fb == null) return false;
    Console.WriteLine(fb.ToString());

    if (fb.VielfliegerNummer.EndsWith("13"))
    {
        Console.WriteLine("x13 considered harmful ...");
        return false;
    }
    return true;
}, new TimeSpan(0,0,20));
```

Listing 10.13 Antwort über Queue zurückliefern

```
public void Reply(string status, string sessionId)
{
    var address = ServiceBusEnvironment
                        .CreateServiceUri(
                            "sb", ServiceNamespace, string.Empty);
    var settings = new NamespaceManagerSettings();
    var tokenProvider =
                TokenProvider
                    .CreateSharedSecretTokenProvider(
                                    IssuerName, IssuerKey);
    var factory = MessagingFactory.Create(address, tokenProvider);
    var sender = factory.CreateMessageSender("FlugBuchungenReply");

    BrokeredMessage msg;
    msg = new BrokeredMessage(status);
    msg.SessionId = sessionId;

    sender.Send(msg);
}
```

10.4.9 Mit Sitzungen arbeiten

Während Reply dem Aufbau von Send ähnelt, ist *ReceiveReply* (Listing 10.14) mit Receive vergleichbar. Allerdings fordert *ReceiveReply* mit der Methode *AcceptMessageSession* ein Session-Objekt an, das die aktuelle Sitzung repräsentiert. Dazu übergibt sie die Sitzungs-Id, nach der die Nachrichten zu filtern sind. Würde sie keine Sitzungs-Id angeben, könnte sie die Nachrichten sämtlicher Sessions abrufen. Service Bus würde diese nach der Sitzungs-Id gruppieren.

Listing 10.14 Antwort über Queue empfangen

```
public string ReceiveReply(string sessionId)
{
    var address = ServiceBusEnvironment
                        .CreateServiceUri(
                            "sb", ServiceNamespace, string.Empty);
    var settings = new NamespaceManagerSettings();
    var tokenProvider =
                TokenProvider
                    .CreateSharedSecretTokenProvider(
                                        IssuerName, IssuerKey);
    var factory = MessagingFactory.Create(address, tokenProvider);
    var myQueueClient = factory
                        .CreateQueueClient(
                            "FlugBuchungenReply",
                            ReceiveMode.PeekLock);
    MessageSession session = null;

    try
    {
        session = myQueueClient.AcceptMessageSession(
                            sessionId, TimeSpan.FromSeconds(10));
    }
    catch
    {
        return "No Reply";
    }

    var msg = session.Receive();
    var body = msg.GetBody<string>();
    msg.Complete();
    return body;
}
```

10.4.10 Aus Dead Letter Queue lesen

Auch das Lesen aus der Dead Letter Queue gestaltet sich ähnlich wie das Empfangen von herkömmlichen Nachrichten. Dabei muss man sich jedoch die Tatsache vor Augen halten, dass Dead Letter Queues den herkömmlichen Queues hierarchisch untergeordnet sind, sodass sie per Definition auf den Namen *$DeadLetterQueue* lauten.

Listing 10.15 Aus Dead Letter Queue lesen

```
public void ReceiveFromDlq()
{
    string qname;
    qname = "FlugBuchungen";

    var address = ServiceBusEnvironment.CreateServiceUri(
                        "sb", ServiceNamespace, string.Empty);
    var settings = new NamespaceManagerSettings();
    var tokenProvider =
            TokenProvider
```

```
              .CreateSharedSecretTokenProvider(
                        IssuerName, IssuerKey);
    var factory = MessagingFactory.Create(address, tokenProvider);
    var myMessageReciever =
              factory.CreateMessageReceiver(
                        qname + "/$DeadLetterQueue",
                        ReceiveMode.ReceiveAndDelete);
    BrokeredMessage message;
    int i = 0;

    while ( (message =  myMessageReciever.Receive(
                        TimeSpan.FromSeconds(5))) != null)
    {
        FlugBuchung buchung = message.GetBody<FlugBuchung>();
        Console.WriteLine(buchung.ToString());
        i++;
    }
    Console.WriteLine("{0} Einträge gelesen.", i);
    Console.WriteLine();
}
```

10.4.11 Topics und Abonnenten einrichten

Analog zur Klasse *QueueManager* verwendet der vorliegende Abschnitt die Klasse *Topic Manager*, um den Umgang mit Topics zu veranschaulichen (Listing 10.16).

Listing 10.16 Grundgerüst der benutzerdefinierten Klasse TopicManager zum Zugriff auf Topics

```
public class TopicManager
{
    static string ServiceNamespace = "steyer-test";
    static string IssuerName = "owner";
    static string IssuerKey = "NichtGucken";
    [...]
}
```

Zum programmatischen Erzeugen von Topics kommt in *CreateIfNotExist* (Listing 10.17), wie auch beim Erzeugen von Queues, eine Instanz von *NamespaceManager* zum Einsatz. Die Methode *GetTopics* liefert alle im Namespace eingerichteten Topics. Anschließend filtert *CreateIfNotExist* nach dem Namen des gewünschten Topics. Ist dieses nicht vorhanden, legt sie es an, indem sie es mit einer Instanz von *TopicDescription* beschreibt und diese an die Methode *CreateTopic* des *NamespaceManagers* übergibt.

Anschließend ruft sie mit der Methode *GetSubscriptions* des *NamespaceManagers* sämtliche hierfür registrierten Abonnenten ab. Sie prüft, ob die Abonnenten mit den Namen *Accounting* und *BonusMilesManager* existieren, und erzeugt diese, falls dem nicht so ist. Dazu beschreibt sie die Abonnenten mit einer *SubscriptionDescription* und übergibt diese an die Methode *CreateSubscription* des *NamespaceManagers*.

Aus einer *SubscriptionDescription* gehen Details über das gewünschte Verhalten des Topics hervor, zum Beispiel ob die Dead Letter Queue für abgelaufene Nachrichten zu verwenden ist. Eine Regelbeschreibung beschreibt Stamping-Vorgänge, die auf die Nachricht anzuwenden sind. Das betrachtete Listing richtet zum Beispiel in den auskommentierten Zeilen für den Abonnent *Accounting* eine Regelbeschreibung ein, die alle Nachrichten, die sich auf Vielflieger beziehen, mit dem Vermerk Premiumkunde versieht. Dazu kommen hier SQL-Ausdrücke zum Einsatz. Neben dem Stamping bewirkt diese Regelbeschreibung ein Filtern der Nachrichten, sodass der Abonnent lediglich Flugbuchungen von Vielflieger empfängt. Für den Abonnenten *BonusMilesApplication* erzeugt *CreateIfNotExist* einen Filterausdruck, der ebenfalls eine Filterung nach Vielflieger veranlasst.

Bei der Verwendung von Regelbeschreibungen und Filterausdrücken ist zu beachten, dass sich diese lediglich auf Metadaten von Nachrichten beziehen, die in der Auflistung *Properties* zu finden sind. Möchte man Nachrichten anhand von Daten im Nachrichtenkörper filtern oder „stempeln", sind diese somit zusätzlich in diese Auflistung aufzunehmen.

Listing 10.17 Topic programmatisch anlegen

```
private void CreateIfNotExist(string suffix)
{
    var address =
        ServiceBusEnvironment.CreateServiceUri(
            "sb", ServiceNamespace, string.Empty);
    var settings = new NamespaceManagerSettings();

    settings.TokenProvider =
                TokenProvider
                    .CreateSharedSecretTokenProvider(
                                IssuerName, IssuerKey);

    var namespaceClient = new NamespaceManager(address, settings);
    string topicName = "FlugBuchungenTopic" + suffix;

    TopicDescription myTopic;

    myTopic = namespaceClient
                    .GetTopics()
                    .FirstOrDefault(
                        t => t.Path == topicName.ToLower());
    if (myTopic == null)
    {
        myTopic = namespaceClient.CreateTopic(topicName.ToLower());
    }

    var subs = namespaceClient.GetSubscriptions(myTopic.Path);

    if (subs.Count(s => s.Name == "Accounting".ToLower()) == 0)
    {
        SubscriptionDescription subDescription;
        subDescription = new SubscriptionDescription(
                                myTopic.Path,
                                "Accounting".ToLower());
        subDescription
            .EnableDeadLetteringOnMessageExpiration = true;

        RuleDescription ruleDesc;
        ruleDesc = new RuleDescription();
        ruleDesc.Filter = new SqlFilter("IstVielFlieger = 'True'");
```

```
        ruleDesc.Action =
                new SqlRuleAction("set PremiumKunde = 'True'");

        namespaceClient.CreateSubscription(subDescription);
    }

    if (subs.Count(
            s => s.Name == "BonusMilesManager".ToLower()) == 0)
    {
        SubscriptionDescription desc;
        desc = new SubscriptionDescription(
                            myTopic.Path,
                            "BonusMilesManager".ToLower());
        desc.EnableDeadLetteringOnMessageExpiration = true;
        var filter = new SqlFilter("IstVielFlieger = 'True'");
        namespaceClient.CreateSubscription(desc, filter);
    }
}
```

10.4.12 Nachrichten unter Verwendung von Topics senden und abrufen

Während zum Senden von Nachrichten an Queues ein *QueueClient* zum Einsatz kommt, ist für Topics ein *TopicClient* heranzuziehen (Listing 10.18). Dieser bietet die Möglichkeit, einen *MessageSender* zu erzeugen, der *BrokeredMessages* an ein Topic sendet.

Listing 10.18 Nachricht an Topic senden

```
public void Send(FlugBuchung b)
{
    MessagingFactory factory = MessagingFactory.Create(
        ServiceBusEnvironment
                .CreateServiceUri("sb", ServiceNamespace, string.Empty),
        TransportClientCredentialBase
                .CreateSharedSecretCredential(IssuerName, IssuerKey));

    var client = factory.CreateTopicClient("FlugBuchungenTopic");

    MessageSender sender = client.CreateSender();

    BrokeredMessage msg = BrokeredMessage.CreateMessage(b);
    msg.Properties["IstVielFlieger"]
            = (!string.IsNullOrEmpty(b.VielfliegerNummer)).ToString();

    sender.Send(msg);
}
```

Das Empfangen von Nachrichten aus Topics verläuft analog zum Empfangen von Nachrichten aus Queues. Listing 10.19 veranschaulicht dies, indem es einen *SubscriptionClient* für den gewünschten Abonnenten bei der *MessagingFactory* anfordert und diesen anschließend zum Abrufen von Nachrichten verwendet.

Listing 10.19 Nachrichten aus Topic lesen

```
public void Receive(string subscriberName,
                    Func<FlugBuchung,bool> action, TimeSpan span)
{
    var address = ServiceBusEnvironment.CreateServiceUri(
                        "sb", ServiceNamespace, string.Empty);
    var tokenProvider =
            TokenProvider
            .CreateSharedSecretTokenProvider(
                        IssuerName, IssuerKey);
    var factory = MessagingFactory.Create(address, tokenProvider);
    var client = factory
                 .CreateSubscriptionClient(
                        "FlugBuchungenTopic", subscriberName);

    BrokeredMessage msg = null;

    try
    {
        msg = client.Receive(span);
    }
    catch (Exception e)
    {
        Console.WriteLine(e.ToString());

        action(null);
        return;
    }

    if (msg == null)
    {
        action(null);
        return;
    }

    Console.ForegroundColor = ConsoleColor.Gray;
    if (msg.Properties.ContainsKey("PremiumKunde"))
    {
        Console.WriteLine("PremiumKunde: " +
                        msg.Properties["PremiumKunde"]);
    }
    if (msg.Properties.ContainsKey("IstVielFlieger"))
    {
        Console.WriteLine("IstVielFlieger: " +
                        msg.Properties["IstVielFlieger"]);
    }

    Console.ForegroundColor = ConsoleColor.White;
    FlugBuchung b = msg.GetBody<FlugBuchung>();

    if (action(b))
    {
        msg.Complete();
    }
    else
    {
        if (msg.DeliveryCount >= 0) msg.DeadLetter();
    }
}
```

10.4.13 Queues über WCF ansprechen

Als Alternative zum Einsatz der REST-API bzw. der darauf basierenden Wrapper kann der Entwickler Queues und Topics auch über WCF ansprechen. Somit besteht die Möglichkeit, existierendes Know-how wiederzuverwenden und innerhalb von WCF-Projekten ein einheitliches Programmiermodell einzusetzen.

Services, die Daten aus Queues und Topics empfangen, dürfen lediglich aus *OneWay*-Operationen bestehen (vgl. Listing 10.20).

Listing 10.20 Service-Vertrag für einen Queued Service, der sich auf den Service Bus abstützt

```
[ServiceContract()]
public interface IFlugBuchungService
{
    [OperationContract(IsOneWay = true)]
    void Buche(FlugBuchung b);
}
```

Soll das Lesen aus der Queue bzw. aus dem Topic transaktionell erfolgen, muss man dazu den mit WCF 4 eingeführten *ReceiveContext* heranziehen, der Peek-Lock-Delete-Szenarien unterstützt. Dazu sind die jeweiligen Service-Methoden, wie in Listing 10.21 demonstriert, mit dem Attribut *ReceiveContextEnabled* zu annotieren; ihre Eigenschaft *ManualControl* ist dabei auf *true* zu setzen. Die Service-Implementierung in Listing 10.22 ruft mit der statischen Methode *ReceiveContext.TryGet* den aktuellen *ReceiveContext* ab. War die Abarbeitung der Operation erfolgreich, ruft sie am Ende die Methode *Complete* auf. Dies führt dazu, dass Service Bus die Nachricht löscht und somit kein weiterer Service einen Wiederanlauf starten kann.

An die Service-Operation kann man lediglich den Nachrichtenkörper als Parameter übergeben. Die Metadaten der Nachricht finden sich hingegen in den eingehenden Nachrichteneigenschaften, die durch die Auflistung *OperationContext.Current.IncomingMessageProperties* repräsentiert werden, in Form einer Instanz von *BrokeredMessageProperty*. Als Schlüssel ist beim Zugriff auf diese Auflistung der Wert von *BrokeredMessageProperty.Name* heranzuziehen. Neben den Metadaten enthält dieses Objekt auch eine Eigenschaft *Message*, welche die gesamte Nachricht repräsentiert. Listing 10.22 verwendet diese zum Beispiel, um die Nachricht im Fehlerfall in die Dead Letter Queue zu verschieben.

Listing 10.21 Service-Vertrag zum transaktionalen Lesen aus einer Queue

```
[ServiceContract()]
public interface IFlugBuchungService
{
    [OperationContract(IsOneWay = true)]
    [ReceiveContextEnabled(ManualControl = true)]
    void Buche(FlugBuchung b);
}
```

Listing 10.22 Implementierung der Service-Operation Buche in Hinblick auf transaktionales Lesen

```
[OperationBehavior()]
public void Buche(FlugBuchung b)
{
    ReceiveContext receiveContext;

    var incomingProperties =
            OperationContext.Current.IncomingMessageProperties;
    var property = (BrokeredMessageProperty)
            incomingProperties[BrokeredMessageProperty.Name];

    if (!ReceiveContext.TryGet(
            incomingProperties, out receiveContext))
    {
        throw new InvalidOperationException("…..");
    }

    Console.WriteLine(b);
    if (b.VielfliegerNummer != null
                && b.VielfliegerNummer.EndsWith("13"))
    {
        property.Message.DeadLetter();
        throw new Exception("Endung 13 ist nicht erlaubt!");
    }
    receiveContext.Complete(TimeSpan.FromSeconds(10));
}
```

Sowohl die serverseitige als auch die clientseitige Konfiguration des soeben betrachteten Service ist aus Listing 10.23 ersichtlich. Die am Beginn deklarierten WCF-Erweiterungen werden zum Glück von NuGet beim Einbinden der Bibliothek eingerichtet. Die restliche WCF-Konfiguration legt das heranzuziehende Binding auf *netMessagingBinding* fest und gibt über ein *transportClientEndpointBehavior* die Benutzerkennung und das Passwort zum Zugriff auf den Service Bus an.

Listing 10.23 Konfiguration für Queued Service

```
<configuration>
  <system.serviceModel>
    <extensions>
      <bindingElementExtensions>
        <add name="netMessagingTransport" type="[…]" />
        <add name="tcpRelayTransport" type="[…]" />
        <add name="httpRelayTransport" type="[…]" />
        <add name="httpsRelayTransport" type="[…]" />
        <add name="onewayRelayTransport" type="[…]" />
      </bindingElementExtensions>
      <bindingExtensions>
        <add name="basicHttpRelayBinding" type="[…]" />
        <add name="webHttpRelayBinding" type="[…]" />
        <add name="ws2007HttpRelayBinding" type="[…]" />
        <add name="netTcpRelayBinding" type="[…]" />
        <add name="netOnewayRelayBinding" type="[…]" />
        <add name="netEventRelayBinding" type="[…]" />
        <add name="netMessagingBinding" type="[…]" />
```

```
    </bindingExtensions>
    <behaviorExtensions>
      <add name="connectionStatusBehavior" type="[…]" />
      <add name="transportClientEndpointBehavior" type="[…]" />
      <add name="serviceRegistrySettings" type="[…]" />
    </behaviorExtensions>
  </extensions>
  <behaviors>
    <endpointBehaviors>
      <behavior name="securityBehavior">
        <transportClientEndpointBehavior>
          <tokenProvider>
            <sharedSecret issuerName="owner" issuerSecret="[…]" />
          </tokenProvider>
        </transportClientEndpointBehavior>
      </behavior>
    </endpointBehaviors>
    <serviceBehaviors>
      <behavior>
        <serviceDebug includeExceptionDetailInFaults="true" />
        <serviceMetadata httpGetEnabled="true" />
      </behavior>
    </serviceBehaviors>
  </behaviors>
  <bindings>
    <netMessagingBinding>
      <binding name="serviceBusBinding"
              closeTimeout="00:03:00" openTimeout="00:03:00"
              receiveTimeout="00:03:00" sendTimeout="00:03:00">
        <transportSettings batchFlushInterval="00:01:00" />
      </binding>
    </netMessagingBinding>
  </bindings>
  <client>
    <endpoint
      name="FlugBuchungWcfQueue"
      address="sb://steyer-test.servicebus.windows.net/
          FlugBuchungWcfQueue"
      binding="netMessagingBinding"
      bindingConfiguration="serviceBusBinding"
      contract="WCF_Queue_Service.IFlugBuchungService"
      behaviorConfiguration="securityBehavior" />
  </client>
  <services>
    <service name="WCF_Queue_Service.FlugBuchungService">
      <endpoint
        name="FlugBuchungWcfQueueEP"
        address="sb://steyer-test.servicebus.windows.net/
            FlugBuchungWcfQueue" binding="netMessagingBinding"
        bindingConfiguration="serviceBusBinding"
        contract="WCF_Queue_Service.IFlugBuchungService"
        behaviorConfiguration="securityBehavior" />
      <host>
        <baseAddresses>
          <add baseAddress=
              "http://localhost:8080/FlugBuchungService" />
        </baseAddresses>
      </host>
```

```
        </service>
      </services>
    </system.serviceModel>
  </configuration>
```

Den Quellcode eines dazugehörigen Clients findet man in Listing 10.24. Dieses Beispiel erzeugt über eine *ChannelFactory* einen Laufzeitproxy, der sich auf den Client-Endpunkt mit dem Namen *FlugBuchungWcfQueue* abstützt. Der Client verwendet ihn, um die bereitgestellte Service-Operation aufzurufen. Da diese, wie bereits oben angemerkt, lediglich den Nachrichtenkörper entgegennimmt, ist für die Metadaten ein *OperationContextScope* zu erzeugen. Der Client übergibt die gewünschten Metadaten innerhalb dieses Scopes an den *OperationContext*. Dazu hinterlegt er eine Instanz von *BrokeredMessageProperty* in dessen Auflistung *OutgoingMessageProperties*. Dabei ist zu beachten, dass der Entwickler pro Methodenaufruf einen eigenen *OperationContextScope* erzeugen muss.

Listing 10.24 Zugriff auf Queued Service über Proxy

```
IFlugBuchungService proxy;
ChannelFactory<IFlugBuchungService> cf =
    new ChannelFactory<IFlugBuchungService>("FlugBuchungWcfQueue");
proxy = cf.CreateChannel();

FlugBuchung fb = new FlugBuchung();
[…]
using (new OperationContextScope((IContextChannel) proxy)) {

    var property = new BrokeredMessageProperty();
    property.TimeToLive = TimeSpan.FromSeconds(500);

    OperationContext
          .Current
          .OutgoingMessageProperties
          .Add(BrokeredMessageProperty.Name, property);

    fb.VielfliegerNummer = "LH-0000-0000-0013";
    proxy.Buche(fb);

}
```

10.4.14 WCF-Sitzungen realisieren

Mit den Sitzungen auf der Ebene der versendeten Nachrichten kann WCF Benutzersitzungen realisieren. Dazu sind serverseitig im Service-Vertrag Sessions zu erzwingen. Clientseitig ist dies jedoch nicht erlaubt. Somit sind zwei Service-Verträge einzurichten, wobei der serverseitige idealerweise vom clientseitigen erbt. Listing 10.25 veranschaulicht dies. Außerdem ist für die Service-Implementierung der *InstanceContextMode PerSession* heranzuziehen, damit WCF Benutzersitzungen einrichtet.

Übergibt ein Client an solch einen Service eine Sitzungs-Id, wie in den Kommentaren von Listing 10.25 angedeutet, weist WCF jene Nachrichten mit derselben Id jeweils derselben Service-Instanz zu, sofern diese nicht aufgrund von Timeouts, Ausnahmen oder durch das explizite Schließen des Proxys freigegeben wurde.

Listing 10.25 Queued Service mit Unterstützung für WCF-Sessions

```
[ServiceContract()]
public interface IFlugBuchungService
{
    [OperationContract(IsOneWay = true)]
    [ReceiveContextEnabled(ManualControl = true)]
    void Buche(FlugBuchung b);
}

[ServiceContract(SessionMode = SessionMode.Required)]
public interface IFlugBuchungSessionService : IFlugBuchungService
{
}

[ServiceBehavior(InstanceContextMode = InstanceContextMode.PerSession)]
public class FlugBuchungService : IFlugBuchungSessionService
{
    int count = 0;
    public void Buche(FlugBuchung b)
    {
        [...]
        count++;
        Console.WriteLine(b);
        Console.WriteLine("Count: {1}\n", count);

        [...]
      receiveContext.Complete(TimeSpan.FromSeconds(10.0d));
    }
}
```

10.4.15 Topics via WCF abonnieren

WCF-Services können auch als Abonnenten eines Topics auftreten. Die Vorgehensweise für die Implementierung solch eines Service entspricht jener für die Einrichtung eines Service, der die Nachrichten einer Queue verarbeitet. Zusätzlich ist der vollständige Name des Abos im Service-Endpunkt in der Eigenschaft *listenUri* anzuführen (Listing 10.26). Dieser setzt sich zusammen aus dem vollständigen Namen des Topics gefolgt von „/subscriptions/" und vom Namen des Abos.

Listing 10.26 Konfiguration eines Service, der Nachrichten von einem Topic bezieht

```
[...]
  <service name="WCF_Queue_Service.FlugBuchungService">
    <endpoint name="FlugBuchungWcfQueueEP"
             address="sb://steyer-test  .servicebus.appfabriclabs.com/
flugbuchungentopicwcf"
             listenUri="sb://steyer-test.servicebus.appfabriclabs.com/
flugbuchungentopicwcf/subscriptions/accounting"
             binding="netMessagingBinding"
             bindingConfiguration="serviceBusBinding"
             contract="WCF_Queue_Service.IFlugBuchungService"
             behaviorConfiguration="securityBehavior" />
  </service>
[...]
```

■ 10.5 Windows Azure Access Control

Mit Azure Access Control (AC) stellt Microsoft einen Security Token Service (STS) in der Cloud zur Verfügung. Dieser STS kann als sogenannter Ressource-STS verwendet werden, der Sicherheitstoken von verschiedenen Sicherheitsdomänen in Token für eine Applikation umwandelt. Somit können zum Beispiel die Benutzer verschiedener Windows-Domänen in Cloud-Anwendungen autorisiert werden. Informationen über Security Token Services und damit einhergehende Single-Sign-On-Szenarien finden Sie in Kapitel 4, „Sicherheit von WCF-Diensten".

AC unterstützt unter anderem die Web-Service-Protokolle *WS-Trust* und *WS-Federation* sowie das für REST-Szenarien konzipierte Protokoll *OAuth WRAP*. Als Datenformat für Token werden das XML-Derivat *SAML* (Security Assertion Markup Language) sowie das leichtgewichtige für den Einsatz mit REST geeignete Format *SWT* (Simple Web Token) unterstützt, das auf Name-Wert-Paaren basiert. Daneben wird seit einiger Zeit auch das Format *JWT* (*JSON Web-Token*) unterstützt.

10.5.1 AC konfigurieren

Derzeit bietet das aktuelle, auf HTML 5 basierende Azure-Portal noch keine Möglichkeit zum Verwalten von AC. Aus diesem Grund muss der Entwickler hierzu auf das alte Portal, das noch auf Silverlight basiert, zurückgreifen. Dieses wird geöffnet, indem der Entwickler beim HTML 5-Portal auf seine E-Mail-Adresse rechts oben klickt und anschließend die Option *Vorheriges Portal* auswählt.

Um AC zur Implementierung des hier besprochenen Beispiels nutzen zu können, wird für den jeweiligen Namespace unter Verwendung der Option *Access Control Service* eine Konfigurationskonsole aufgerufen.

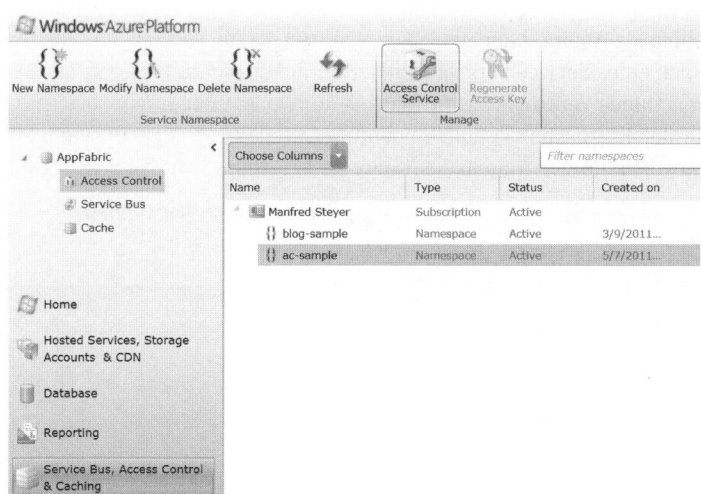

Bild 10.7
Namensraum für AC

Unter *Service Identities* legt man zwei Benutzer an: *BlogReader* (Bild 10.8) und *BlogWriter*. Für beide ist auch jeweils ein Passwort anzulegen.

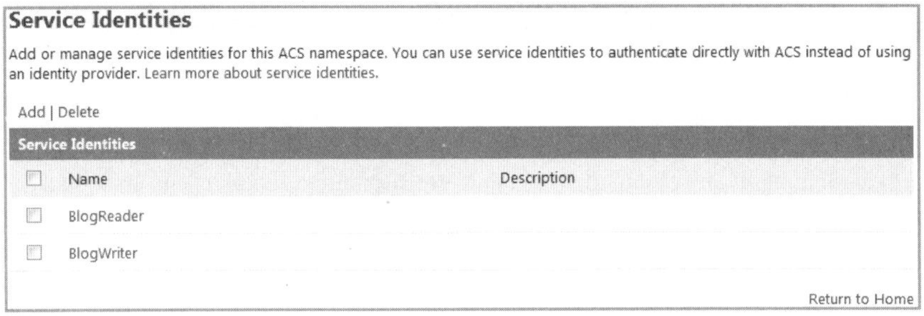

Bild 10.8 Service-Identitäten

Unter *Relying party applications* werden jene Applikationen, für die Token ausgestellt werden sollen, konfiguriert (Bild 10.9). Für das hier beschriebene Beispiel erstellen wir eine Applikation *BlogService*, die im URI *http://localhost/BlogService* als *Realm* angegeben wird. Dieser URI wird in die ausgestellten Token aufgenommen, sodass die Applikation prüfen kann, ob das Token auch wirklich für sie gilt. Als Token-Format kommt in diesem Beispiel *SWT* zum Einsatz. Im Zuge des Anlegens einer Applikation wird auch ein Token Signing Key erzeugt. Mit diesem signiert AC die ausgestellten Token. Es kann sich dabei um ein X509-Zertifikat zur Erzeugung digitaler Signaturen oder um einen symmetrischen Schlüssel zur Kreierung von HMACs handeln. Im betrachteten Beispiel wird Letzteres verwendet.

Im Bereich *Rule Groups* sind nun unter *Default Rule Group for BlogService* Regeln zu hinterlegen, aus denen hervorgeht, wie die eingehenden Claims auf ausgehende abgebildet werden sollen (Bild 10.10). Da sich Benutzer im betrachteten Szenario mittels Benutzername und Kennwort authentifizieren, ist das einzige verfügbare eingehende Claim der Benutzername. In Bild 10.10 wird beispielsweise festgelegt, dass für den Benutzer *BlogReader* ein ausgehendes Claim *Action* mit dem Wert *FindAll* erstellt werden soll. Dieselbe Regel ist ebenfalls für den Benutzer *BlogWriter* zu hinterlegen, wobei dieser zusätzlich auch noch eine zweite Regel erhält, aus der hervorgeht, dass er ein weiteres Claim *Action* mit dem Wert *Create* zugesprochen bekommt.

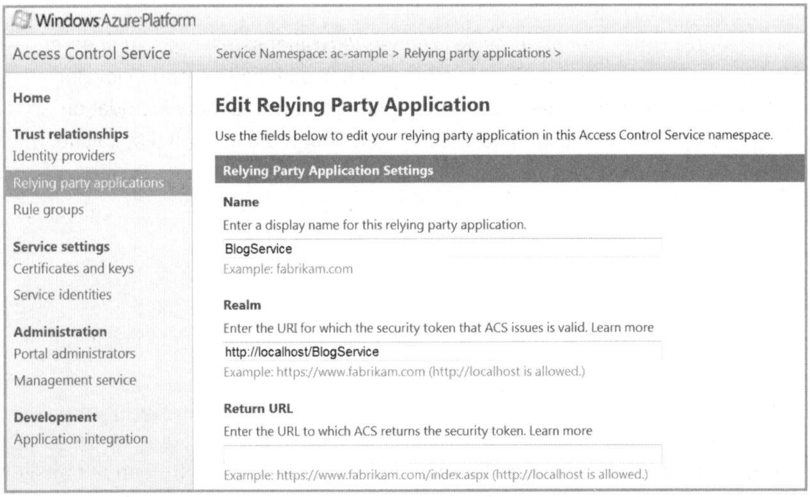

Bild 10.9 Anlegen einer Relying Party

If

Claim issuer

Select the claim issuer that this rule applies to. Select Identity Provider to process input claims from various identity providers, or select Access Control Service to process input claims from a service identity or another claim rule. Learn more

○ Identity Provider: [Windows Live ID ▼]
◉ Access Control Service

And

Input claim type

Select or enter an input claim type. The available input claim types will change based on the identity provider specified above. An input claim type can be a string or a URI, and is case-sensitive. Learn more

○ Any
◉ Select type: [http://schemas.xmlsoap.org/ws/2005/05/identity/claims/nameidentifier ▼]
○ Enter type: [   ]

Example: http://schemas.xmlsoap.org/ws/2005/05/identity/claims/name

And

Input claim value

Select or enter an input claim value. Input claim values are case-sensitive. Learn more

○ Any
◉ Enter value: [BlogReader   ]

Then

Output claim type

An output claim type can be a string or a URI. Learn more

○ Pass through input claim type
◉ Select
type: [http://docs.oasis-open.org/wsfed/authorization/200706/claims/action ▼]
○ Enter
type: [   ]

Example: http://schemas.xmlsoap.org/ws/2005/05/identity/claims/name

Output claim value

The input claim value can be passed through or replaced with a custom value. Learn more

○ Pass through input claim value
◉ Enter value: [FindAll   ]

Bild 10.10 Regel zum Abbilden von Claims

HINWEIS: Unter *Identity Provider* können Vertrauensstellungen zu anderen STS eingerichtet werden. Dies erlaubt zum Beispiel die Integration lokaler Sicherheitsdomänen unter Verwendung der Windows Identity Foundation (WIF). Informationen über solche Szenarien finden Sie in Kapitel 4, „Sicherheit von WCF-Diensten".

10.5.2 Service mit AC absichern

Dieser Abschnitt demonstriert in weiterer Folge den Einsatz von AC anhand eines Beispiels. Es handelt sich dabei um einen auf Azure basierenden Blog, der Services zum Lesen und Schreiben von Einträgen veröffentlicht. Die nachführenden Ausführungen zeigen, wie unter Verwendung von AC das Recht zum Lesen bzw. das Recht zum Schreiben auf ausgewählte Benutzer eingeschränkt werden kann.

Die durch AC verkörperte STS kann gemeinsam mit Windows Identity Foundation (WIF), wie die in Kapitel 4, „Sicherheit von WCF-Diensten", verwendeten STS, zur Implementierung von Sicherheitsszenarien herangezogen werden. Im Rahmen dessen kommen *WS-Trust/WS-Federation* sowie SAML zum Einsatz. Als Alternative dazu demonstriert dieser Abschnitt die Verwendung von *OAuth WRAP* und *SWT*.

10.5.2.1 Token am Client anfordern

Das hier gezeigte Beispiel basiert zum einen auf den unter 10.5.1 beschriebenen Konfigurationseinstellungen sowie auf einem Service, der dem Service-Vertrag in Listing 10.27 folgt.

Listing 10.27 Demo-Anwendung zum Zugriff auf den BlogService

```
[ServiceContract]
public interface IBlogService
{
    [OperationContract]
    void Create(string title, string text);
    [OperationContract]
    List<BlogEntry> FindAll();
}
```

Da WIF zum Zeitpunkt, als dieses Kapitel verfasst wurde, *OAuth WRAP* und *SWT* noch nicht unterstützt hat, kommen in weiterer Folge einige Hilfsklassen, die den Beispielen dieses Buches beiliegen, zum Einsatz. Im Ordner *Tools\AC_Client* befinden sich zum Beispiel zwei Hilfsklassen, die clientseitig die Verwendung von *OAuth WRAP* und *SWT* erleichtern und in veränderter Form dem *Azure Training Kit* (tinyurl.com/2umwcdc) entnommen wurden.

Listing 10.28 zeigt einen Client, der mit diesen Hilfsklassen ein SWT-Token bei AC anfordert. Im Zuge dessen muss die Konstante *serviceNamespace* auf den zu verwendenden Namensraum und *scope* auf den konfigurierten *Realm* gesetzt werden. Unter Verwendung des Namensraums wird eine Instanz von *AccessControlClient* erstellt. Die Methode *GetACS-Token* fordert unter Angabe von Benutzername, Kennwort und Gültigkeitsbereich bei AC ein Token an. Die in den Hilfsklassen enthaltene Erweiterungsmethode *SetSimpleWebToken* legt fest, dass dieses Token, das als Zeichenkette vorliegt, beim nächsten Service-Aufruf in Form eines durch *OAuth WRAP* definierten HTTP-Headers mitzusenden ist. Eine eventuelle Ausnahme, die in Ermangelung an Berechtigungen auftritt, wird in roten Lettern auf der Konsole ausgegeben.

Listing 10.28 Demo-Anwendung zum Zugriff auf den BlogService

```
const string serviceNamespace = "sb-sample";
const string scope = "http://localhost/BlogService";
static void Main(string[] args)
{
    string username;
    string key;
    AccessControlClient acc;
    string token;
    BlogServiceClient proxy;
    acc = new AccessControlClient(serviceNamespace);
    Console.Write("Username: ");
    username = Console.ReadLine();
    Console.Write("Key: ");
```

```
        key = Console.ReadLine();
        token = acc.GetACSToken(username, key, scope);
        Console.WriteLine("Token: " + token);
        Console.WriteLine();
        proxy = new BlogServiceClient();

        using (new OperationContextScope(proxy.InnerChannel))
        {
            WebOperationContext.Current.OutgoingRequest.Headers.
SetSimpleWebToken(token);
            var entries = proxy.FindAll();

            Console.WriteLine("Titel der abgefragten Einträge: ");
            foreach (var entry in entries)
            {
                Console.WriteLine(entry.Title);
            }
            try
            {
                string title = "Test-Eintrag von " + username + " am " +
DateTime.Now.ToString();
                proxy.Create(title, "test");
                Console.WriteLine();
                Console.WriteLine("Test-Eintrag hinzugefügt");
            }
            catch (Exception e)
            {
                Console.ForegroundColor = ConsoleColor.Red;
                Console.WriteLine(e.Message);
                Console.ForegroundColor = ConsoleColor.Gray;
            }
        }
        Console.WriteLine("<ende>");
        Console.ReadLine();

    }
```

10.5.2.2 Token prüfen

Um das übermittelte Token zu prüfen, muss für den Service ein *AuthorizationManager* implementiert werden. Für diese Aufgabe finden Sie im Downloadmaterial zu diesem Kapitel Hilfsklassen, die in veränderter Form dem Azure Training Kit entnommen wurden. Diese befinden sich unter *Tools\AC_Service* und müssen im Service-Projekt eingebunden werden. Im Konstruktor der Klasse *ActionWrapAuthorizationManager* (Listing 10.29) müssen die Werte der Variablen angepasst werden. Zu *issuerName* weist man die URL von AC zu, die mit dem vergebenen Namensraum beginnt und sich auf HTTPS (!) abstützt; an *trustedAudienceValue* die URL des konfigurierten *Realms* und an *trustedSigningKeyAsString* den unter *Relying Party* erzeugten Schlüssel. Die Methode *CheckAccess*, die in Hinblick auf eigene Anforderungen abgeändert werden kann, prüft, ob es ein *Claim* mit dem Namen *Action* und einem Wert gibt, der dem Namen der aufgerufenen Service-Operation entspricht. Falls ja, wird der Zugriff gewährt; ansonsten nicht.

Listing 10.29 Übermittelte Token prüfen

```
class ActionWrapAuthorizationManager: AbstractWrapAuthorizationManager
{
    public ActionWrapAuthorizationManager()
    {
        string issuerName = "https://sb-sample.accesscontrol.windows.net/";
        string trustedAudienceValue = "http://localhost/BlogService";
        string trustedSigningKeyAsString = "{Signing Key}";
        byte[] trustedSigningKey = Convert.FromBase64String(trustedSigning
KeyAsString);
        base.Init(issuerName, trustedAudienceValue, trustedSigningKey);
    }
    protected override bool CheckAccess(Dictionary<string, string> claims)
    {
        // Prüfen, ob Action-Claim existiert
        string actionClaimValue;
        if (!claims.TryGetValue("Action", out actionClaimValue))
        {
            return false;
        }
        // Falls Claim mehrere Werte hat: splitten
        string[] actions = actionClaimValue.ToLower().Split(',');
        // Erwarteten Wert für Action-Claim ermitteln
        string operationName = OperationContext.Current.IncomingMessageHea-
ders.Action.Split('/').Last();
        // Prüfen, ob gewünschter Wert vorhanden ist
        if (!actions.Contains(operationName.ToLower()))
        {
            return false;
        }
        return true;
    }
}
```

Damit der bereitgestellte *AuthorizationManager* Verwendung findet, ist er in der Konfigurationsdatei *web.config* zu registrieren. Listing 10.30 demonstriert dies.

Listing 10.30 AuthorizationManager registrieren

```
<system.serviceModel>
 <behaviors>
    <serviceBehaviors>
      <behavior>
        <serviceAuthorization serviceAuthorizationManagerType="WrapTools.
ActionWrapAuthorizationManager, AzureBlog_Web" />

        <serviceMetadata httpGetEnabled="true" />
        <serviceDebug includeExceptionDetailInFaults="false" />
      </behavior>
    </serviceBehaviors>
 </behaviors>
 <serviceHostingEnvironment multipleSiteBindingsEnabled="true" />
</system.serviceModel>
```

Zum Testen wird zunächst der Benutzer *BlogWriter* mit dem zuvor konfigurierten Schlüssel angegeben. Der Client sollte ohne Fehlermeldung laufen. Anschließend wiederholt man dies unter Verwendung des Benutzers *BlogReader* und dessen Schlüssel. Nun zeigt der Client zwar die Titel der bestehenden Blogeinträge, beim Aufruf von Create kommt es jedoch zu einer Ausnahme, da dieser Benutzer die dafür nötigen Berechtigungen nicht aufweist.

10.5.3 Azure Service Bus mit AC absichern

Auch Azure Service Bus verwendet Azure Access Control zur Autorisierung von Benutzern. Um für einen Namespace unter Verwendung von AC Benutzer anzulegen, wählt der Entwickler im Silverlight-Portal den Menübefehl *Service Bus, Access Control & Caching* und selektiert anschließend im Baum auf der linken Seite den Eintrag *Service Bus*. Danach wählt er den gewünschten Namespace und klickt auf das Icon *Access Control Service* im oben angezeigten Ribbon (Bild 10.11).

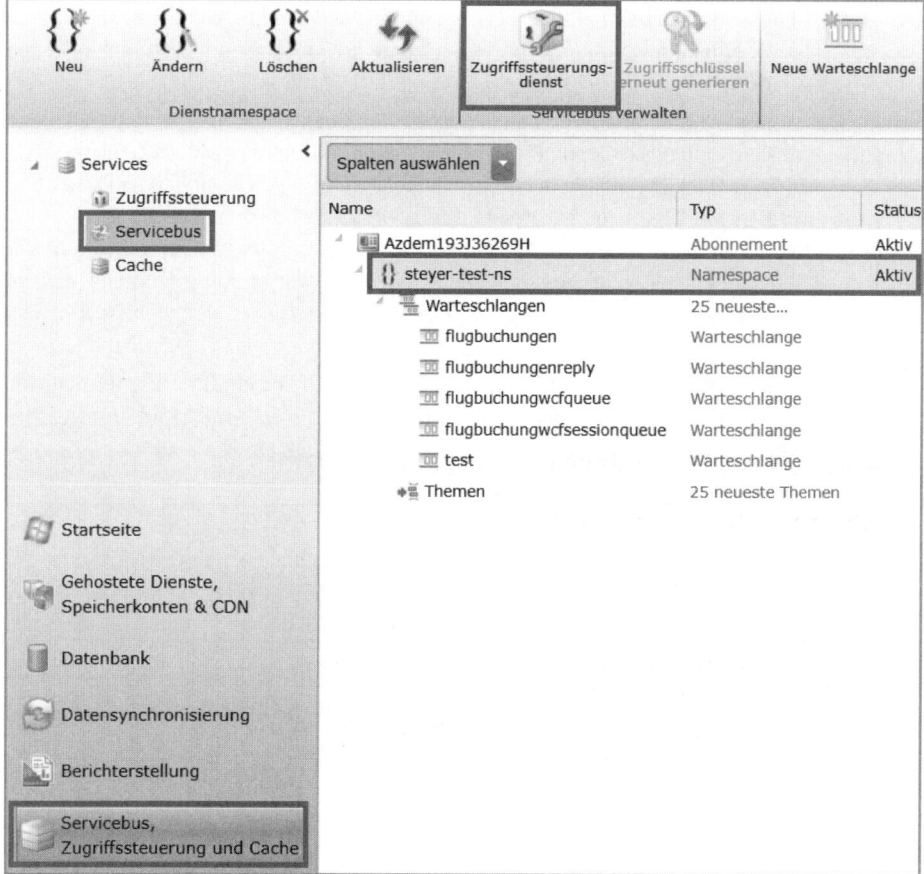

Bild 10.11 Access Control-Administrator für Service-Bus starten

In der auf diese Weise abgerufenen Administrationskonsole findet man den Benutzer *owner* wieder, dessen Passwort auch über das HTML 5-Portal in Erfahrung gebracht werden kann. Darüber hinaus findet der Entwickler in dieser Konfiguration eine konfigurierte Anwendung, deren URL der des Namespace entspricht. Bei genauerer Betrachtung fällt auch auf, dass für den Benutzer *owner* innerhalb dieser Anwendung drei Regeln zur Vergabe von Claims vorliegen, die ihm die folgenden Claims zugestehen:

- net.windows.servicebus.action = Listen
- net.windows.servicebus.action = Send
- net.windows.servicebus.action = Manage

Bei *net.windows.servicebus.action* handelt es sich dabei um den Claim-Typ; bei *Listen, Send* und *Manage* um dessen mögliche Werte. *Listen* bedeutet, dass der Benutzer aus Queues und Topics lesen sowie über Relaying Daten empfangen kann. *Send* legt hingegen fest, dass der Benutzer Daten an diese Konstrukte senden darf, und *Manage* ist die Lizenz zum Verwalten von Queues und Topics.

Um einen weiteren Benutzer anzulegen, der zum Beispiel lediglich lesen darf, legt der Administrator eine neue Identität an und weist dieser für die Anwendung, die den Namespace repräsentiert, den Claim *net.windows.servicebus.action=Listen* zu.

Möchte der Administrator hingegen dem Benutzer nur Rechte für eine bestimmte Queue gewähren, würde er für diese Queue eine eigene Anwendung in der Access Control-Konfiguration anlegen und als deren URL die URL der Queue hinterlegen, zum Beispiel *steyer-test. servicebus.windows.net/MyQueue*. In diesem Fall stellt *steyer-test* den Namespace und *My Queue* den Namen der Queue dar. Für diese Anwendung kann der Administrator in weiterer Folge der Identität des Benutzers entsprechende Claims zuweisen, beispielsweise *net.windows.servicebus.action=Listen*. Analog würde er im Falle von Topics vorgehen (vgl. Absatz 10.5.1).

Dieser Benutzer kann danach, wie in den vorangegangenen Abschnitten gezeigt, auf die Queue/auf das Topic zugreifen, wobei an der Stelle des Benutzers *owner* und dessen Passwort der erzeugte Benutzername und sein Passwort anzugeben sind.

■ 10.6 Windows Server Service Bus

Seit Herbst 2012 stellt Microsoft auch eine Version von Azure Service Bus zur lokalen Installation zur Verfügung. Diese Version beinhaltet die Möglichkeit zur Nutzung von Queues und Topics. Sie setzt SQL Server in einer beliebigen Edition inkl. Express voraus und bietet die Möglichkeit, mehrere Installationen zu sogenannten „Farmen" (Farms) zusammenzuschließen, um die Verfügbarkeit sowie die Performance zu steigern.

Die Bibliotheken zum Zugriff auf den lokalen Service Bus findet man in NuGet unter dem Namen *servicebus.v1_0*.

10.6.1 Namespaces administrieren

Die Administration von Service Bus for Windows Server erfolgt über PowerShell. Mit den Anweisungen *get-SBNamespace* und *get-SBClientConfiguration* können zum Beispiel Informationen zu den aktuell eingerichteten Namespaces in Erfahrung gebracht werden. Mittels *New-SBNamespace* kann der Administrator hingegen einen neuen Namespace hinzufügen. Die Anweisung

New-SBNamespace-Name 'ServiceBusDefaultNamespace'-AddressingScheme 'Path'-Manage Users 'max.muster@home;

bewirkt zum Beispiel, dass ein neuer Namespace mit dem Namen *ServiceBusDefault Namespace* eingerichtet wird sowie dass der Benutzer max.muster der Domäne home zur Administration darauf zugreifen darf.

10.6.2 Auf Queues und Topics zugreifen

Service Bus for Windows Server erlaubt den Zugriff auf Queues und Topics über REST auf dieselbe Weise wie Azure Service Bus (vgl. Abschnitt 10.4). Zum Thema WCF schweigt die Dokumentation jedoch.

So wie sein Azure-Gegenstück verlangt auch der lokale Service Bus ein Token zur Autorisierung des Benutzers. Aus diesem Grund beinfindet sich ein einfacher Ersatz für Azure Access Control im Lieferumfang. Dieser erteilt Berechtigungen anhand des Windows-Benutzerkontos des aktuellen Benutzers.

Listing 10.31 zeigt, wie ein *NamespaceManager* sowie eine *MessagingFactory* zum Zugriff auf den Service Bus erstellt werden können. Die Variable *HttpPort* beinhaltet den standardmäßigen Port, den der Service Bus nutzt. In *TcpPort* findet man den Port, über den die API ein Zugangs-Token beim mitgelieferten STS anfordert. *ServiceNamespace* spiegelt den zu verwendenden Namespace wider, der über die mitgelieferten PowerScript-Anweisungen erstellt werden kann, und *Server* den Namen des Rechners, auf dem Service Bus installiert wurde.

Hat der Entwickler auf diesem Weg eine Instanz von *NamespaceManager* bzw. *Messaging-Factory* erzeugt, kann er damit, wie von Azure Service Bus gewohnt, auf Queues und Topics zugreifen (vgl. Abschnitt 10.4).

Listing 10.31 NamespaceManager und MessagingFactory für Service Bus for Windows Server erstellen

```
static int HttpPort = 9355;
static int TcpPort = 9354;
static string ServiceNamespace =
                    "ServiceBusDefaultNamespace";
string Server = "Win8-VM";

private static NamespaceManager CreateNamespaceManager()
{

    ServiceBusConnectionStringBuilder connBuilder = new Service
```

```
BusConnectionStringBuilder();
            connBuilder.ManagementPort = HttpPort;
            connBuilder.RuntimePort = TcpPort;
            connBuilder.Endpoints.Add(new UriBuilder() { Scheme = "sb", Host
= Server, Path = ServiceNamespace }.Uri);
            connBuilder.StsEndpoints.Add(new UriBuilder() { Scheme = "https",
Host = Server, Port = HttpPort, Path = ServiceNamespace }.Uri);

            var cnnStr = connBuilder.ToString();

            var namespaceClient = NamespaceManager.CreateFromConnectionString
(cnnStr);
            return namespaceClient;
        }

        private static MessagingFactory CreateMessagingFactory()
        {

            string Server = "Win8-VM";

            ServiceBusConnectionStringBuilder connBuilder = new Service
BusConnectionStringBuilder();
            connBuilder.ManagementPort = HttpPort;
            connBuilder.RuntimePort = TcpPort;
            connBuilder.Endpoints.Add(new UriBuilder() { Scheme = "sb",
Host = Server, Path = ServiceNamespace }.Uri);
            connBuilder.StsEndpoints.Add(new UriBuilder() { Scheme =
"https", Host = Server, Port = HttpPort, Path = ServiceNamespace }.Uri);

            var cnnStr = connBuilder.ToString();

            return MessagingFactory.CreateFromConnectionString(cnnStr);
        }
```

10.6.3 Zugriff auf Queues und Topics einschränken

Um den Zugriff auf Queues und Topics für ausgewählte Windows-Benutzer zu beschränken,
kann der Entwickler der jeweiligen *QueueDescription* (vgl. Abschnitt 10.4.6) bzw. *Topic
Description* (vgl. Abschnitt 10.4.11) Regeln zuweisen. Diese werden durch die Klasse
AllowRule repräsentiert und beinhalten einen Verweis auf den jeweiligen Windows-Benut-
zer sowie auf dessen Zugriffsrechte für die beschriebene Queue/das beschriebene Topic.
Diese Rechte werden dabei in Form von Strings angegeben, wobei die folgenden Werte
erlaubt sind: *Manage* (Queue/Topic administrieren), *Send* (Nachrichten senden), *Listen*
(Nachrichten abrufen). Listing 10.32 demonstriert dies.

Listing 10.32 Zugriff auf Queue einschränken

```
QueueDescription sourceQ = new QueueDescription(sourceQName);
string domainGroup = "MyGroup@" + Environment.GetEnvironmentVariable
("USERDNSDOMAIN");
AuthorizationRule sourceQRule = new AllowRule("owner", RoleClaimType,
domainGroup, new List<string>() {"Manage", "Send" });
sourceQ.Authorization.Add(sourceQRule );
```

11 Datenbasierte Services

■ 11.1 Was sind datenbasierte Services?

Oftmals haben Anwendungen als Hauptzweck die Pflege von Daten in einem Datenspeicher, d.h., es gibt die typischen Aufgaben Daten anzeigen, Daten filtern, in Daten suchen, Daten ändern, Daten einfügen und löschen. Man spricht auch vom CRUD-Szenario (Create Read Update Delete). In diesem Szenario spricht man von „Datenbankanwendung" oder „Datenbankbasierter Anwendung". Microsoft verwendet seit einiger Zeit im Englischen den Begriff „Forms over Data".

Wenn eine solche „Datenbankanwendung" eine verteilte Anwendung ist, braucht man Dienste, die die CRUD-Operationen auf Datenbanken abbilden. Datenbasierte Services sind solche Dienste, deren Aufgabe es ist, Daten aus Datenspeichern (meist relationalen Datenbanken) zum Client bzw. neue und geänderte Daten zurück zum Datenspeicher zu befördern. Datenbasierte Services kommen sehr häufig vor, denn in vielen verteilten Anwendungen befindet sich auf der Serverseite ein Datenspeicher.

■ 11.2 Services und ADO.NET Entity Framework

Dieser Abschnitt behandelt die Erstellung von datenbasierten Services ohne weitere Abstraktionstechniken. Auch wenn sich das abschließende Beispiel in diesem Abschnitt auf WCF stützt sind die gezeigten Konzepte ebenso in der Welt von ASP.NET Web API gültig.

11.2.1 Vom DataSet zum Entity Framework

ADO.NET ist seit der ersten Version von .NET die Bibliothek für den Datenzugriff. Mit DataReader und DataSet wird ein tabellenorientierter Datenzugriff realisiert. Der DataReader ist nicht geeignet für verteilte Szenarien, weil er eine stetige Verbindung zwischen dem Data-

Reader und der Datenbank benötigt. Der DataReader kann daher nicht über Prozessgrenzen hinweg genutzt werden. Das DataSet ist hingegen in verteilten Systemen einsetzbar, weil es zu Beginn befüllt wird und dann keine Verbindung zur Datenbank braucht. Das DataSet besitzt eine Änderungsverfolgung, die auch nach dem Versenden über eine Prozessgrenze noch funktioniert: Mit *GetChanges()* erhält man alle Änderungen seit dem Befüllen bzw. der Übernahme der letzten Änderungen.

Allerdings ist das DataSet nicht mehr „State of the Art". Microsoft hat in .NET 3.5 Service Pack 1 mit dem ADO.NET Entity Framework eine Alternative eingeführt, die nicht mehr tabellenorientiert, sondern echt objektorientiert im Sinne des objektrelationalen Mapping (ORM) arbeitet. Das ADO.NET Entity Framework ist einerseits ein ORM-Werkzeug und andererseits auf Basis der Language Integration Query (LINQ) auch eine SQL-Abstraktion, die nicht nur die Eingabe von Datenbankabfragen für den Entwickler wesentlich prägnanter und typischer macht, sondern auch eine Abstraktion von den verschiedenen SQL-Dialekten bietet.

Im Zentrum der Arbeit mit dem ADO.NET Entity Framework steht der sogenannte Objektkontext. Er nimmt Anfragen entgegen und sendet diese als SQL-Befehle zur Datenbank. Er wandelt die empfangenen Daten in .NET-Objekte um. Er verfolgt die Änderungen und sendet diese auf Befehl (*SaveChanges()*) zur Datenbank.

Leider war die Unterstützung für verteilte Systeme in ADO.NET Entity Framework 1.0 (in .NET 3.5 Service Pack 1) sehr dürftig, insbesondere fehlte auf der Clientseite die Änderungsverfolgung, und auf der Serverseite war relativ viel Programmieraufwand notwendig, um die Änderungen der losgelösten Objekte auf den Objektkontext zu übertragen. In der zweiten Version, die sich ADO.NET Entity Framework 4.0 (in .NET 4.0) nennt, ist dies aber wesentlich verbessert auf Basis der sogenannten „Self Tracking Entities".

Mittlerweile gibt es einige gravierende Veränderungen:

- Das Entwicklungsteam des Entity Framework hat sich von dem Entwicklungszyklus des .NET Frameworks losgelöst und daher erscheinen in kurzen Abständen neue Versionen.

- Das Entity Framework ist ein Open Source-Projekt, das aber weiterhin mit Personal von Microsoft weiterentwickelt wird und für das es auch offiziellen Support von Microsoft gibt.

- Das ADO.NET ist aus dem Namen verschwunden. Es heißt meist nur noch „Entity Framework"

Die zu Redaktionsschluss dieses Buchs aktuelle Version ist 5.0, die zeitgleich zum .NET Framework 4.5 erschienen ist, aber nicht Bestandteil dieses ist. Man muss die aktuelle Version von NuGet (http://nuget.org/packages/entityframework) beziehen. Gleichwohl werden Sie feststellen, dass beim Anlegen eines neuen Entity Framework-Modell in Visual Studio 2012 automatisch die Version 5.0 verwendet wird. Dies liegt daran, dass Visual Studio 2012 bei seiner Installation das NuGet-Paket von Entity Framework 5.0 mitbringt. Auf einem Entwicklungsrechner mit Visual Studio 2012 ist also Entity Framework 5.0 vorhanden. Entity Framework 5.0 lässt sich nur in .NET Framework 4.5 nutzen. Wenn man in einem .NET 4.0-Projekt das Entity Framework 5.0 installiert, dann erhält man in Wirklichkeit die Version 4.4.

Zum Redaktionsschluss dieses Buch gibt es schon eine Alpha2-Version des Entity Framework 6.0, die aber noch bei weitem nicht fertig ist. Da sich auch die Features, Konzepte und

Programmierschnittstellen noch ändern können, lohnt sich eine Beschreibung hier nicht. Eine gute Nachricht für Entwickler, die noch .NET 4.0 nutzen müssen, sei aber verkündet: Entity Framework 6.0 wird auch auf .NET 4.0 laufen und einige der neuen Features aus Version 5.0 (z. B. Unterstützung für Enumeration und Geo-Datentypen) werden damit dann auch für .NET 4.0 verfügbar.

> Die kurzen Hinweise zum Entity Framework in diesem Abschnitt können eine ausführliche Einführung in diese kompleXE Technik nicht ersetzen. Hierzu sei auf das Buch von Holger Schwichtenberg verwiesen: „.NET 4.0 Crashkurs", Microsoft Press, 2011 (ISBN 978-3-86645-531-3). Die Neuerungen in Entity Framework 5.0 finden Sie in „.NET 4.5 Update", Microsoft Press 2012 (ISBN 978-3866454682)

11.2.2 Grundlagen der Self-Tracking Entities

Self-Tracking Entities sind eine Codegenerierungsvorlage für das Entity Framework, die zum Standardlieferumfang von Visual Studio 2010 gehört. Diese Codegenerierungsvorlage muss man auf einem Entity Data Model (EDM) anwenden.

11.2.2.1 Erstellung eines Entity Data Model (EDM)

Zunächst muss der Entwickler ein Entity Data Model (EDM) anlegen. Dabei erstellt er entweder aus einer bestehenden Datenbank ein EDM (Reverse Engineering alias Database First) oder erstellt ein neues EDM und lässt sich dazu eine passende Datenbank generieren (Forward Engineering alias Model First) oder man erstellt .NET-Klassen und lässt daraus EDM und Datenbank erzeugen (vgl. Abschnitt 11.3).

> **HINWEIS:** Im Folgenden wird zunächst Database First beschrieben, in Abschnitt 11.3 folgt dann Code First. Auf das wenig verbreitete Model First wird in diesem Buch aus Platzgründen verzichtet.

Als Beispieldatenbank kommt die Datenbank der fiktiven Fluggesellschaft World Wide Wings (WWWings) in der Version 6 zum Einsatz. Die SQL Server-Datenbank bzw. entsprechende T-SQL-Skripte können Sie unter www.world-wide-wings.de herunterladen.

Der Entwickler legt ein Modell über die Elementvorlage ADO.NET Entity Data Model an. Dadurch startet ein Assistent (Entity Data Model Wizard), mit dem man die Datenbank und die Tabelle auswählen kann. Der Assistent erstellt dann eine Designer-Ansicht (Entity Data Model Designer), wobei Entitätstypen für Tabellen entstehen. Der Designer fragt im ersten Schritt nach der gewünschten Vorgehensweise. Entweder es wird eine Datenbank als Vorlage genommen (Database First alias Reverse Engineering), oder man startet mit einem Modell (Modell First alias Domain First alias Forward Engineering). Bei Reverse Engineering folgt nun im zweiten Schritt die Auswahl der Datenbankverbindung. Hieran hat sich gegenüber Visual Studio 2008 SP1 nichts geändert. Im dritten Schritt erfolgt die Auswahl der Tabellen, Sichten und gespeicherten Prozeduren, die im Modell verwendet werden sollen.

Danach öffnet sich der Designer, in dem nun die Tabellen durch Entitäten repräsentiert werden. Fremdschlüsselbeziehungen zwischen Tabellen wurden in Assoziationen umgesetzt. Zwischentabellen für N-M-Beziehungen, die in einer relationalen Datenbank, aber nicht in einem Objektmodell notwendig sind, sind im Model nicht mehr sichtbar.

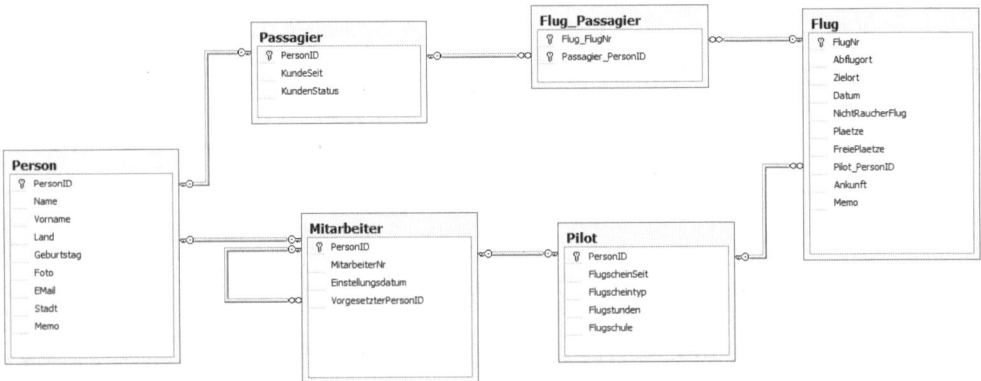

Bild 11.1 Das Schema der relationalen Datenbank von World Wide Wings (Version 6)

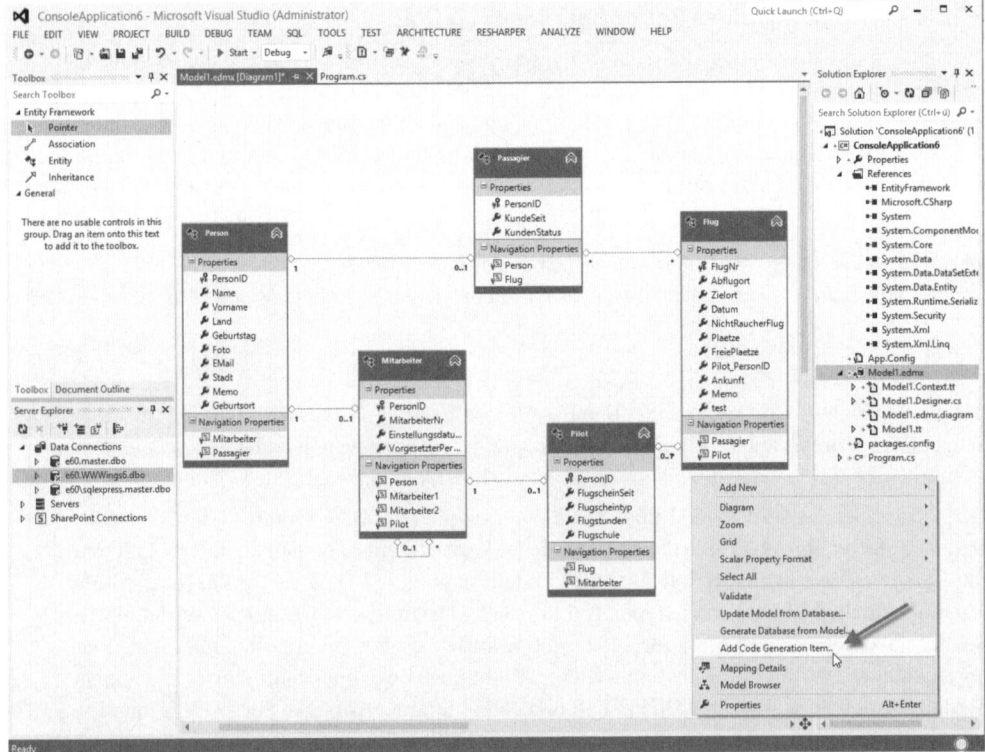

Bild 11.2 Das aus der WWWings6-Datenbank entstandene Entity Data Model

11.2.2.2 Anwendung der Codegenerierungsvorlage „Self Tracking Entities (STE)"

Der Entity Framework-Assistent hat auch .NET-Klassen generiert. Für jede Entität ist eine Klasse entstanden. Zusätzlich ist eine Klasse für den Objektkontext dazugekommen.

Die generierten Klassen sind für verteilte Szenarien aber nicht geeignet, weil Sie kein Change Tracking auf dem Client bietet. Daher muss man die Codegenerierungsvorlage (eine Codegenerierungsvorlage schreibt man mit dem Text Template Transformation Toolkit – kurz: T4) ändern.

Zur Anwendung der T4-Vorlage für die Self-Tracking Entities muss man zwei Schritte ausführen:

- Man löscht die beiden T4-Dateien mit Dateinamenserweiterung .tt, die es im Solution Explorer unterhalb der .edmx-Datei gibt (dieser Schritt war in Visual Studio 2010 nicht notwendig, da im Standard es gar keine T4-Dateien gab).

- Man wählt auf dem Hintergrund des Entity Framework-Designers in Visual Studio im Kontextmenü „Add Code Generation Item" (siehe Bild 11.2). Anders als bei Visual Studio 2010 wird die notwendige Vorlage in Visual Studio 2012 nicht mehr direkt mitgeliefert. Sie müssen daher im Assistenten „Online" wählen und dann dort „EF 5.x STE Generator" (siehe Bild 11.3).

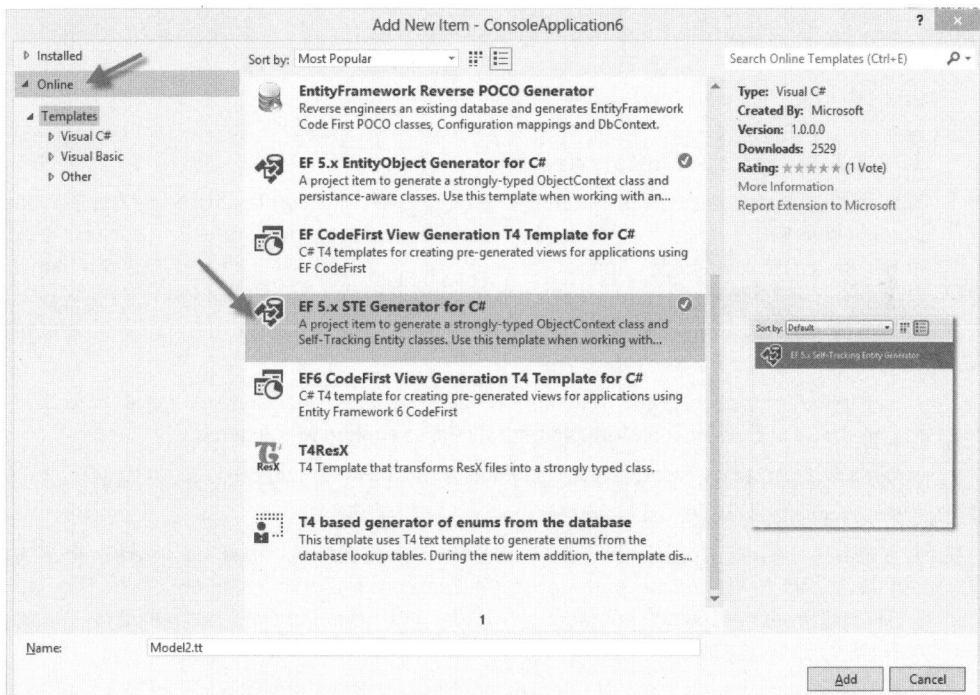

Bild 11.3 Auswahl der STE-Codegenerierungsvorlage

Es entstehen nun mehrere Codedateien im Projekt (Bild 11.4 zeigt rechts im Solution Explorer schon den Stand nach dem Anwenden der T4-Vorlage für Self-Tracking Entities):

- Für jede Entitätsklasse entstehen eine Klassendatei sowie Hilfsklassen für die Änderungsverfolgung (ca. 400 Zeilen Code). Dieser Programmcode wird auch in einem Client benötigt, der serialisierte/deserialisierte Objekte verwendet. Der Client muss also die Assembly, die diesen Programmcode enthält, referenzieren.

- Es entstehen eine Codedatei mit der von *ObjectContext* abgeleiteten Klasse und zahlreiche Hilfsfunktionen in einer getrennten Klassendatei (ca. 1200 Zeilen Code). Dieser Programmcode wird im Client nicht benötigt. Die architektonisch beste Lösung ist es, diesen Programmcode in eine andere Assembly zu verschieben, die nicht vom Client referenziert wird.

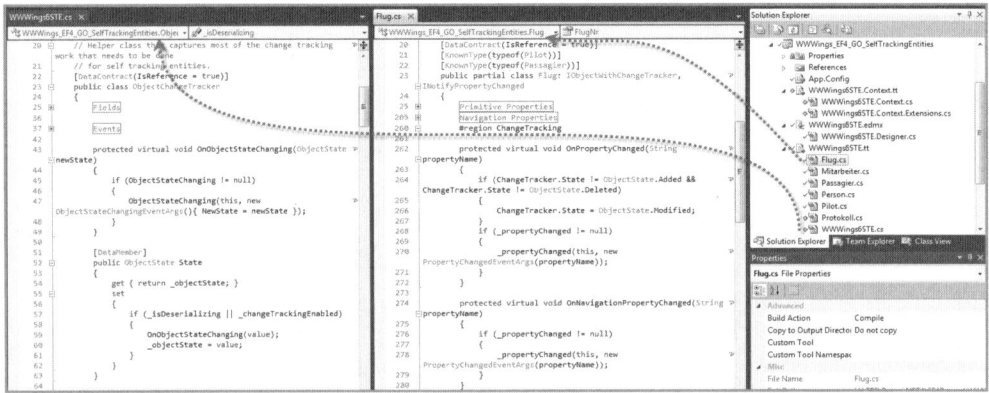

Bild 11.4 Ausschnitte aus den generierten Codedateien

11.2.2.3 Aufbau der Entitätsklassen

Jede Entitätsklasse besitzt ein Attribut *ChangeTracker* vom Typ *ObjectChangeTracker*. Die Klasse *ObjectChangeTracker* stammt nicht aus dem Entity Framework selbst, sondern wird durch den generierten Programmcode erzeugt. Die Entitätsklasse realisiert die Schnittstelle *INotifyPropertyChanged*. Jedes einzelne Attribut der Klasse löst im Setter *OnProperty Changed*() aus. Die Implementierung von *OnPropertyChanged*() setzt das Attribut *State* im Unterobjekt *ChangeTracker* voraus.

Über Erweiterungsmethoden (realisiert in der ebenfalls generierten Klasse *ObjectWith ChangeTrackerExtensions*) erhält jede Entitätsklasse weitere Methoden:

- *StartTracking()* setzt *ChangeTrackingEnabled* des Objekts *ChangeTracker* auf true.

- *StopTracking()* bewirkt das Gegenteil.

- Markieren eines Objekts für einen bestimmten Zustand: *MarkAsDeleted(), MarkAs Added(), MarkAsModified()* und *MarkAsUnchanged().* Dadurch wird jeweils der State des *ChangeTracker* gesetzt. Außerdem wird *ChangeTrackingEnabled* des Objekts *Change Tracker* auf true gesetzt.

- *AcceptChanges()* setzt die Liste der geänderten Attribute des Objekts zurück und den Zustand des Objekts auf unmodified

11.2.2.4 Aufbau des Objektkontextes

Der Objektkontext wird wie schon erwähnt nur auf dem Server gebraucht. Diese Klasse ist von der Basisklasse *ObjectContext* abgeleitet. Einige Erweiterungsmethoden bieten eine spezielle Unterstützung für verteilte Szenarien.

Über die Erweiterungsmethoden der Klasse *SelfTrackingEntitiesContextExtensions* werden die Klassen *ObjectContext* und *ObjectSet<T>* erweitert um die Methode *ApplyChanges()*. Diese recht kompleXE Methode informiert den Objektkontext über alle Änderungen in dem jeweils übergebenen Entitätsobjekt. Intern verwendet die Methode u. a. *ObjectStateManager. ChangeObjectState()* sowie *ChangeRelationshipState()* sowie *GetUpdatableOriginalValues()*. Dies sind im Entity Framework hinterlegte Verbesserungen für N-Tier-Anwendungen.

ChangeObjectState() und *ChangeRelationshipState()* erlauben den Zustand, den der *Object StateManager* von einem Entitätsobjekt verwaltet, zu beeinflussen (z. B. dem *ObjectState Manager* mitteilen, dass ein Objekt als „modified" gelten soll). In Entity Framework 1 war dies nicht möglich. *GetUpdatableOriginalValues()* liefert eine Liste der Originalwerte mit der Möglichkeit, diese zu ändern.

Es gibt weitere neue Basismechanismen im Entity Framework für die Handhabung von losgelösten Objekten, z. B. ApplyCurrentValues() und *ApplyOriginalValues()*. Um Änderungen in einem vom Kontext losgelösten Objekt auf das gleiche Objekt im Kontext zu übertragen, ruft man *kontext.Flug.ApplyCurrentValues(FlugNeu)* auf. Alternativ kann man in einem Szenario, in dem der Kontext die neuen Werte enthält und die früheren Werte separat vorliegen, *ApplyOriginalValues()* anwenden, damit der Kontext weiß, was er speichern muss. Diese Basismechanismen muss man aber bei den Self-Tracking Entities nicht anwenden. Sie sind hier nur der Vollständigkeit halber erwähnt.

11.2.2.5 Einschränkungen der Self-Tracking Entities

Für Leser, die das Entity Framework schon aus anderen Anwendungsfällen kennen, seien hier vier Einschränkungen der Self-Tracking Entities dokumentiert

- Lazy Loading wird bei Self-Tracking Entities nicht unterstützt, weder transparent noch explizit. Eager Loading mit Include() ist aber möglich.

- Self-Tracking Entities hat einen eigenen Change-Tracking-Mechanismus. Die Informationen, die der *ObjectStateManager* liefert, sind daher nicht aussagekräftig.

- Die Methode *AcceptAllChanges()* wirkt nicht bei Self-Tracking Entities.

- Die Entitätsklassen im Self-Tracking-Entities-Modell sind mit *[DataContract]*, aber nicht mit *[Serializable]* ausgezeichnet, daher ist die Serialisierung mit den alten Serialisierern wie *BinaryFormatter* und *SoapFormatter* zunächst nicht möglich. Dies könnte man in der T4-Vorlage aber selbst nachbessern.

11.2.3 Beispielanwendung

Zur Veranschaulichung des Praxiseinsatzes der Self-Tracking Entities soll ein Datengitter (DataGrid) in einer Windows Presentation Foundation(WPF)-Anwendung dienen. Die Anwendung zeigt Flüge, wobei ein Filtern nach Abflugort möglich ist. Der Benutzer kann in dem Datengitter die Daten verändern, neue Datensätze anfügen und bestehende Datensätze löschen.

Dabei werden in dem Beispiel bewusst drei verschiedene Architekturmodelle (und deren Verbindung in einer einzigen Anwendung) gezeigt:

- Auswahl „DBDirekt": Direkter Zugriff aus der Anwendung auf die Datenbank (2-Layer/2-Tier)
- Auswahl „BL": Zugriff über die dedizierte Geschäftslogikschicht auf die Datenbank (3-Layer/2-Tier)
- Auswahl „Service": Zugriff über einen Web-Service auf einen Application Server, der auf die Datenbank zugreift (n-Layer/3-Tier)
- Auswahl „Data Service": Zugriff über einen WCF Data Service (vgl. Abschnitt 11.5) auf einen Application Server, der auf die Datenbank zugreift (2-Layer/3-Tier)

Die drei verschiedenen Zugriffswege wählt man über ein Auswahlmenü.

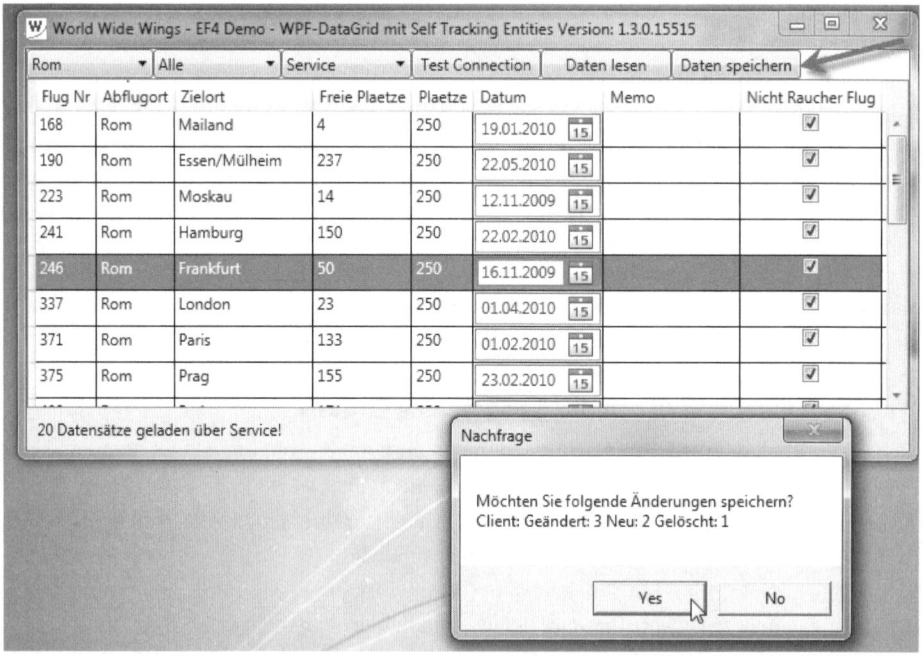

Bild 11.5 Beispielanwendung für den Einsatz der Self-Tracking Entities

Die „Service"-Variante arbeitet dabei mit Shared Contracts, d. h., der Client besitzt eine Komponentenreferenz auf die Bibliothek, in der die Entitätsklassen realisiert sind. Dies ist sowieso für die ersten beiden Szenarien notwendig. Es werden also keine Proxy-Klassen für die Entitätsklassen benötigt.

Der Einsatz von Shared Contracts vereinfacht die Umschaltung zwischen den drei Architekturmodellen im Client erheblich. Mit generierten Proxy-Klassen wäre mehr Aufwand notwendig. Generierte Proxy-Klassen wären nur dann wirklich zwingend notwendig, wenn der Client nicht .NET wäre. Dann müsste man aber auch in der anderen Programmiersprache den ChangeTracking-Mechanismus selbst realisieren, was ein umfangreiches Unterfangen ist. Dies soll in diesem Buch aber aus Platzgründen ausgeklammert sein.

11.2.3.1 Implementierung der Geschäftslogik

Listing 11.1 zeigt die Implementierung der Geschäftslogik. Der Kontext wird für jede einzelne Operation neu erzeugt. Im Architekturszenario BL könnte die Geschäftslogik natürlich alternativ eine Instanz des Kontextes behalten. Dann wäre diese Geschäftslogik aber nicht mehr für den zustandslosen Web-Service nutzbar. Daher ist die Geschäftslogik ebenfalls zustandslos realisiert.

Interessant (und wichtig!) ist nur der Aufruf von *ApplyChanges()* für jedes einzelne Flug-Objekt, das beim Speichern übergeben wird. *ApplyChanges()* wertet die ChangeTracker-Informationen in jedem Objekt aus und übergibt sie dem Objektkontext, sodass dieser bei *SaveChanges()* weiß, was er speichern muss.

Listing 11.1 Geschäftslogik für das Self-Tracking-Entities-Beispiel

```
/// <summary>
/// Geschäftslogik für Beispiel "WPF-DataGrid mit Self-Tracking Entities"
/// </summary>
 public class BLManager
 {

    /// <summary>
    /// Flüge laden
    /// </summary>
    public List<WWWings_EF4_GO_SelfTrackingEntities.Flug> GetFluege(string
Ort)
    {
        // Laden und als Liste zurückgeben
        using (WWWings_EF4_GO_SelfTrackingEntities.WWWings6STE db =
                new WWWings_EF4_GO_SelfTrackingEntities.WWWings6STE())
        {
            return (from f in db.Flug where f.Abflugort == Ort select
f).ToList();
        }
    }


    /// <summary>
    /// Flüge speichern
    /// </summary>
    public string SaveFluege(List<WWWings_EF4_GO_SelfTrackingEntities.Flug>
Fluege)
    {
        using (WWWings_EF4_GO_SelfTrackingEntities.WWWings6STE db =
                new WWWings_EF4_GO_SelfTrackingEntities.WWWings6STE())
        {

            // Änderungen für jeden einzelnen Flug übernehmen
            foreach (Flug f in Fluege)
            {
                db.Flug.ApplyChanges(f);

                // Konsistenzprüfung :-)
                if (f.Datum < new DateTime(1900, 1, 1)) f.Datum = DateTime.Now;
            }

            // Statistik der Änderungen zusammenstellen
            string Rueckgabe = "";
```

```
        Rueckgabe += "Geändert: " +
            db.ObjectStateManager.GetObjectStateEntries(System.Data.
EntityState.Modified).Count();
        Rueckgabe += " Neu: " +
            db.ObjectStateManager.GetObjectStateEntries(System.Data.
EntityState.Added).Count();
        Rueckgabe += " Gelöscht: " +
            db.ObjectStateManager.GetObjectStateEntries(System.Data.
EntityState.Deleted).Count();

        // Änderungen speichern
        db.SaveChanges();

        // Statistik der Änderungen zurückgeben
        return Rueckgabe;
    }
  }
}
```

11.2.3.2 Implementierung des WCF-Service

Der WCF-Service ist nur eine Fassade für die oben beschriebene Geschäftslogik. Der Web-Service ist mit der Windows Communication Foundation (WCF) realisiert.

Auf den Abdruck der übrigen Bestandteile der WCF-Service-Realisierung (Schnittstelle, Konfigurationsdatei, Client-Proxy) wird hier aus Platzgründen verzichtet. Sie finden diese in den Downloads zum Buch.

Listing 11.2 Service-Fassade für das Self-Tracking-Entities-Beispiel

```
/// <summary>
/// Service ist nur Fassade für Geschäftslogik
/// </summary>
public class FlugService : IFlugService
{
    public List<WWWings_EF4_GO_SelfTrackingEntities.Flug> GetFluege(string
Ort)
    {
      return new WWWings_EF4_BL.BLManager().GetFluege(Ort);
    }

    public string SaveFluege(List<WWWings_EF4_GO_SelfTrackingEntities.Flug>
Fluege)
    {
      return new WWWings_EF4_BL.BLManager().SaveFluege(Fluege);
    }

}
```

11.2.3.3 Implementierung der Benutzerschnittstelle

Die Benutzerschnittstelle ist ein WPF-Fenster, das aus Steuerelementen des Typs *ComboBox* und Button sowie jeweils einem *DataGrid* und einer *StatusBar* besteht.

In der Code-Behind-Datei in der Coderegion Variablen werden zunächst für jeden der drei Zugriffswege die entsprechenden Zugangsobjekte instanziiert. Dies ist im Fall DBDirekt der Entity Framework-Kontext, im Fall BL die Geschäftslogikklasse und bei Service der Client-Proxy des Web-Service.

Für die Speicherung der geladenen Flüge gibt es zwei statt, wie man erwarten könnte, nur eine Liste. Dies ist notwendig für das Löschen von Objekten. Wenn eine Liste von Entity Framework-Objekten vom Kontext losgelöst ist, muss man später dem Kontext bei der Zurückführung der Objekte auch diejenigen Objekte erneut übermitteln, die gelöscht wurden. Sie sind als gelöscht zu markieren, und daher weiß der Kontext, was er löschen soll. Das Datengitter arbeitet aber nach einem anderen Prinzip: Es markiert die Objekte nicht als gelöscht, sondern löscht sie wirklich aus der gebundenen Liste. Dann kann man später dieses Objekt nicht zum Kontext zurückführen. Daher muss die Anwendung zusätzlich zu der gebundenen Liste die Originalliste verwalten.

Listing 11.3 Variablendeklarationen

```
#region Variablen
// DBDirekt
WWWings6STE DB = new WWWings6STE();
// BL
WWWings_EF4_BL.BLManager BL = new WWWings_EF4_BL.BLManager();
// Service
WCFClient. FlugServiceClient
Dienst = new WWWings_EF4_WPF.WCFClient. FlugServiceClient
();

// Liste der Flüge - an das Datengitter gebunden
ObservableCollection<Flug> fluegeAktuelleAnsicht;
// Kopie der Flüge für Feststellung der gelöschten Flüge
ObservableCollection<Flug> fluegeKomplett;
#endregion
```

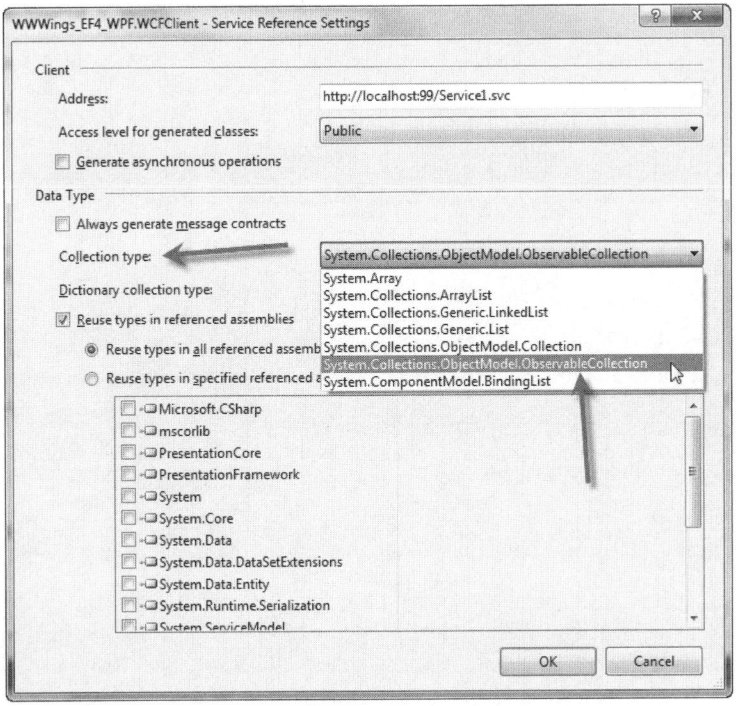

Bild 11.6 Konfigurieren des Typs für die Objektmengen im Client-Proxy für den WCF-Service

Listing 11.4 zeigt das Laden der Flüge. Die Menge der Flugobjekte wird in allen drei Fällen als *ObservableCollection<Flug>* an das Datengitter gebunden, denn dadurch ist es möglich, im Fall des Anfügens und Löschens von Objekten ein Ereignis zu erhalten. Im Fall DBDirekt und BL muss die gelieferte List*<Flug>* in *ObservableCollection<Flug>* überführt werden. Der Client-Proxy für den Web-Service wurde bereits beim Anlegen unter Advanced Settings so konfiguriert, dass er die Menge als *ObservableCollection<Flug>* liefert.

Listing 11.4 Laden der Flüge mit Fallunterscheidung für die drei Architekturszenarien

```
/// <summary>
/// Laden der Flüge
/// </summary>
    private void C_Lesen_Click(object sender, RoutedEventArgs e)
    {
        if (this.C_Modus.Text == "") { SetStatus("Keinen Datenzugriffsweg
gewählt!"); return; }
        // Anzeige löschen
        this.flugDataGrid.ItemsSource = null;
        // Ausgewählter Ort
        string Ort = this.C_Orte.Text.ToString();
        // Statusanzeige
        SetStatus("Lade über " + this.C_Modus.Text + "...");

        // DBDirekt
        if (this.C_Modus.Text == "DBDirekt")
        {
            fluegeAktuelleAnsicht = new System.Collections.ObjectModel.
ObservableCollection<Flug>(
                                         from f in DB.Flug where f.Abflugort ==
Ort select f);
        }
        // BL
        if (this.C_Modus.Text == "BL")
        {
            fluegeAktuelleAnsicht =
                   new System.Collections.ObjectModel.
ObservableCollection<Flug>(BL.GetFluege(Ort));
        }
        // Service
        if (this.C_Modus.Text == "Service")
        {
            fluegeAktuelleAnsicht = Dienst.GetFluege(Ort);
        }

        // Registrieren auf Änderungsereignis der Liste (für Anfügen und
Löschen von Objekten!)
        fluegeAktuelleAnsicht.CollectionChanged +=
                   new System.Collections.Specialized.NotifyCollectionChanged
EventHandler(
                          fluegeAktuelleAnsicht_CollectionChanged);

        // Aktivieren der Änderungsverfolgung (für DBDirekt und BL wichtig!)
        foreach (Flug f in fluegeAktuelleAnsicht)
        { f.StartTracking(); }

        // Kopie anlegen für Merken der gelöschten Objekte
        fluegeKomplett = new ObservableCollection<Flug>(fluegeAktuelleAnsicht);
```

```
        // Datenbindung an Datengitter
        this.flugDataGrid.ItemsSource = fluegeAktuelleAnsicht;

        // Status setzen
        SetStatus((this.flugDataGrid.ItemsSource as IEnumerable<Flug>).Count()
 +
                       " Datensätze geladen über " + this.C_Modus.Text +
 "!");
        }
```

Lästige Aufgaben gibt es insbesondere mit dem Anfügen und dem Löschen von Objekten:

Wenn ein Objekt angefügt werden soll, reicht es nicht, das Objekt der Liste hinzuzufügen. Man muss es zusätzlich auch dem Kontext mit der Add()-Methode als neu anmelden.

Wenn ein Objekt gelöscht wurde, dann erwartet das Entity Framework, dass man das Objekt auch mit *DeleteObject()* explizit aus dem Kontext löscht.

Das WPF-Datengitter kennt diese Mechanismen nicht, für andere Datengitter gilt dies auch. Microsoft hätte es den Entwicklern einfach machen können mit der Implementierung einer speziellen Objektmengenklasse, die *INotifyCollectionChanged* implementiert im Sinne der o. g. Anforderungen des Entity Framework. Leider hat Microsoft diese Unterstützung auf eine kommende Version verschoben.

Der Entwickler muss daher selbst für die Benachrichtigung des Kontextes sorgen. Dabei ist noch zu unterscheiden, ob die Objekte an den Kontext angefügt (Attached) oder losgelöst sind (Detached). Angefügt sind die Objekte nur im Szenario DirektDB. In diesem Fall muss im Ereignis *CollectionChanged* der *ObservableCollection DB.DeleteObject(f)* bzw. *DB.Flug. Add(f)* aufgerufen werden.

In den anderen Fällen ist *MarkAsDeleted()* für die gelöschten Objekte aufzurufen. Dieser Aufruf markiert das zu löschende Objekt. Es wird dann durch das Datengitter aus der Menge *fluegeAktuelleAnsicht* tatsächlich gelöscht, bleibt aber in *fluegeKomplett* mit dieser Markierung bestehen (Hinweis: Beide Listen enthalten jeweils nur Verweise auf dieselben Objekte). Das Pendant *MarkAsAdded()* muss man nicht explizit aufrufen. Das Entity Framework erkennt selbst, dass es sich um ein neues Objekt handelt. Da in dem Beispiel aber die Implementierung mit der Originalliste *fluegeKomplett* gewählt wurde, sollte man diese auch um das Objekt ergänzen. Das vereinfacht nachher die Speicherung, denn man muss sich um die Menge *fluegeAktuelleAnsicht* gar nicht mehr kümmern, sondern kann die Menge *fluege-Komplett* heranziehen.

Die Verwaltung der Originalliste ist nicht die einzige Implementierungsalternative. Man könnte zum Beispiel auch nur eine Liste der gelöschten Elemente separat verwalten, an die ein Objekt immer erst beim Löschen angefügt wird. Beim Zurückspeichern könnte man diese Liste der gelöschten Objekte dann entweder separat zum Kontext übermitteln oder – wenn man den zusätzlichen Rundgang vermeiden will – die Liste der gelöschten Objekte in einer neuen Liste mit der Hauptliste verbinden. Weniger eigener Codierungsaufwand ist das aber nicht.

Listing 11.5 Implementierung der notwendigen Sonderbehandlung für Löschen und Anfügen

```
/// <summary>
    /// Sonderbehandlung für angefügte und gelöschte Objekte
```

```
    /// </summary>
    void fluegeAktuelleAnsicht_CollectionChanged(object sender,
                        System.Collections.Specialized.NotifyCollection
ChangedEventArgs e)
    {
      if (e.Action == System.Collections.Specialized.NotifyCollection
ChangedAction.Remove)
      {
        foreach (Flug f in e.OldItems)
        { // Als zu löschen markieren (wirkt auf beide Listen)
          f.MarkAsDeleted();
          // Für direkten DB-Zugriff: Löschanweisung an Kontext senden
          if (this.C_Modus.Text == "DBDirekt") DB.DeleteObject(f);
        }
      }

      if (e.Action == System.Collections.Specialized.NotifyCollection
ChangedAction.Add)
      {
        foreach (Flug f in e.NewItems)
        { // Auch der Originalliste anfügen, damit diese alle Änderungen
enthält
          fluegeKomplett.Add(f);
          // Für direkten DB-Zugriff: An Kontext anfügen
          if (this.C_Modus.Text == "DBDirekt") DB.Flug.AddObject(f);
        }
      }
    }
```

Vor dem Speichern zeigt die Anwendung dem Benutzer an, wie viele Änderungen verzeichnet wurden. Dies kann sehr einfach für alle drei Fälle auf Basis der Menge *fluegeKomplett* erfolgen, denn diese Liste besitzt alle Elemente, sowohl die geänderten als auch die gelöschten und hinzugefügten. Eine Methode *GetChanges()* wie im DataSet gibt es nicht. Den *Object-StateManager* des Entity Framework-Objektkontextes kann man nicht verwenden, denn auf diesen hat man nur im Architekturmodell DBDirekt Zugang. Die Self-Tracking Entities besitzen aber jeweils ein Unterobjekt *ChangeTracker*, das den Zustand verwaltet. Durch LINQ to Objects-Abfragen kann man einfach die Objektmenge durchsuchen und diejenigen Objekte herausfiltern, die in *ChangeTracker.State* einen bestimmten Zustand haben.

Danach folgt die Fallunterscheidung für die drei Architekturmodelle:

- Bei DBDirekt kann man direkt *SaveChanges()* auf dem Kontext aufrufen.

- Bei BL ruft man die *SaveFluege()*-Methode unter Angabe der *fluegeKomplett*-Menge auf

- Bei Service ruft man die *SaveFluege()*-Operation des Web-Service auf. Hier empfiehlt es sich, diejenigen Objekte vorher auszufiltern, die sich nicht verändert haben, denn damit reduziert man die Netzwerklast erheblich. Auch dazu kann man wieder LINQ to Objects einsetzen, denn ein *GetChanges()* wie im DataSet gibt es ja nicht. Natürlich kann man diesen Mechanismus auch im Fall BL anwenden; dort hat er aber kaum einen Effekt, denn die *SaveFluege()*-Methode befindet sich ja im gleichen Adressraum.

Wichtig sind dann zum Abschluss noch zwei Schritte:

- Man muss auf jedem Objekt *AcceptChanges()* aufrufen, um den Zustand des Objekts auf unmodified zurückzusetzen

- Man muss die Liste *fluegeKomplett* auf den Zustand der *fluegeAktuelleAnsicht* setzen, damit die gelöschten Objekte aus *fluegeKomplett* verschwinden und nicht beim nächsten Speichern versucht würde, sie erneut zu löschen

Listing 11.6 Speichern der geänderten Flüge mit Fallunterscheidung für die drei Architekturszenarien

```
/// <summary>
    /// Speichern der geänderten Flüge
    /// </summary>
    private void C_Speichern_Click(object sender, RoutedEventArgs e)
    {
        if (fluegeKomplett == null) return; // keine Daten geladen!

        // Änderungen anzeigen und nachfragen
        if (MessageBox.Show("Möchten Sie folgende Änderungen speichern?\n" +
                String.Format("Client: Geändert: {0} Neu: {1} Gelöscht: {2}",
                (from f in fluege where f.ChangeTracker.State ==
ObjectState.Modified
                    select f).Count(),
                (from f in fluegeKomplett where f.ChangeTracker.State ==
ObjectState.Added
                    select f).Count(),
                (from f in fluegeKomplett where f.ChangeTracker.State ==
ObjectState.Deleted
                    select f).Count()),
                "Nachfrage", MessageBoxButton.YesNo) == MessageBoxResult.No)
return;

        string Ergebnis = "";
        // DB DIREKT
        if (this.C_Modus.Text == "DBDirekt")
        {
            //DB.DetectChanges(); nur, wenn nicht StartTracking()!
            Ergebnis = DB.SaveChanges().ToString();
        }
        // BL
        if (this.C_Modus.Text == "BL")
            Ergebnis = BL.SaveFluege(fluegeKomplett.ToList()).ToString();

        // APP SERVER
        if (this.C_Modus.Text == "Service")
        {
            // nur geänderte Objekte an den Server senden (vgl. GetChanges() im
DataSet!)
            ObservableCollection<Flug> fluegeNurGeaenderte = new
ObservableCollection<Flug>(
                (from f in fluegeKomplett where f.ChangeTracker.State != Object
State.Unchanged
                    select f).ToList());
            // Web-Service aufrufen
            Ergebnis = Dienst.SaveFluege(fluegeNurGeaenderte);
        }

        // AcceptChanges muss man für jedes Objekt nun einzeln aufrufen !!!
        foreach (Flug f in fluege)
```

```
    {
        f.AcceptChanges();
    }

    // Originalliste aktualisieren, damit die gelöschten Objekte dort
verschwinden
    fluegeKomplett = new ObservableCollection<Flug>(fluegeAktuelleAnsicht);

    // Status anzeigen
    SetStatus("Gespeichert in der Datenbank: " + Ergebnis);
}
```

■ 11.3 ADO.NET Entity Framework Code First (Code Only)

Seit Version 4.1 des ADO.NET Entity Framework gibt es eine neue Spielart für das objekt-relationale Mapping: die Vorgehensweise Code First (auch Code Only genannt). Dabei erzeugt der Entwickler selbst die Klassen, und daran werden dann die Datenbank und unsichtbar auch ein Entity Data Model erzeugt.

11.3.1 Die drei Ebenen des ADO.NET Entity Framework

Beim ADO.NET Entity Framework gibt es drei Ebenen (siehe Bild 11.7):

- Das relationale Datenbankmodell
- Das Entity Data Model mit den XML-basierten Sprachen SSDL, MSL und CSDL
- Das Objektmodell mit der Kontextklasse und den Entitätsklassen

Grundsätzlich kann man auf jeder der drei Ebenen mit der Arbeit beginnen. ADO.NET Entity Framework 1.0 kannte aber nur das Reverse Engineering, bei dem man von einer bestehenden Datenbank ausgeht (vgl. Abschnitt 11.2). Ein Assistent erzeugt dabei aus der Datenbank das Entity Data Model (.edmx-Datei); und aus der .edmx-Datei wiederum erzeugt ein Codegenerator das Objektmodell.

Seit der zweiten Version mit Nummer 4.0 (es gab keine Versionen 2.x oder 3.x!) gibt es auch Model First alias Domain First. Hierbei erstellt der Entwickler von Grund auf ein Entity Data Model. Daraus generiert sich dann nicht nur das Objektmodell, sondern auch ein SQL-Skript zum Anlegen des passenden Modells. Model First ist eine Form des sogenannten Forward Engineering.

Mit Code First bietet das Entity Framework eine extreme Forward-Engineering-Strategie als dritten Weg. Hierbei legt man kein Modell mit dem Entity Framework-Designer an, sondern schreibt eine einfache .NET-Klasse. Daraus erzeugt das Entity Framework dann auf Basis von Konventionen das SQL-Skript. Ein Entity Data Model entsteht nur unsichtbar im Hintergrund.

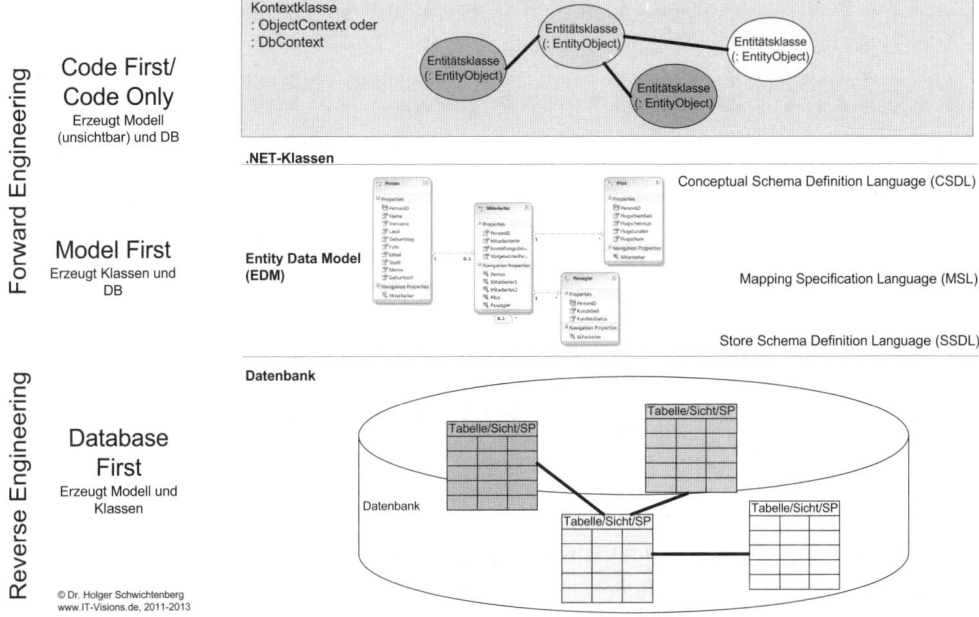

Bild 11.7 Die drei Ebenen und die drei Vorgehensweisen des ADO.NET Entity Framework

11.3.2 Vorbereitungen

Für Code First gibt es keine neue Projekt- oder Elementvorlage. Sie erstellen ein Projekt wie gewohnt und binden dann neben der System.Data.Entity.dll auch die Assembly Entity-Framework.dll hinzu. Am einfachsten laden Sie die aktuellsten DLLs, indem Sie den NuGet-Package-Manager in Visual Studio 2012 verwenden.

11.3.3 Entitätsklassen

Es soll nun das bereits im vorherigen Abschnitt verwendete Objektmodell der Fluggesellschaft World Wide Wings (WWWings) mit Code First realisiert werden. Dabei soll aber anders als bei dem Reverse Engineering-Modell auch Vererbung angewandt werden. Passagiere und Mitarbeiter erben von Personen. Piloten erben wieder von Mitarbeitern. Passagiere und Flug haben eine N:M-Beziehung. Zwischen Flug und Pilot gibt es aber weiterhin nur eine N:1-Beziehung – hier spart die Fluggesellschaft am Copiloten. Listing 11.7 realisiert die Klassen, die man in einer oder mehreren ganz normalen C#-Codedateien manuell erfassen muss.

Bei der Implementierung der Klassen sieht man nur Plain Old CLR Objects (POCOs) mit C#-Standardkonstrukten: Properties, Vererbung und Mengen mit ICollection<T>. Die Deklaration bei Objektbeziehungen ist virtual notwendig, damit Lazy Loading funktioniert. Zu den Properties muss es immer einen Getter und Setter geben. Man kann automatische Properties nutzen, muss dies aber nicht. Wie bei den Self-Tracking Entity-Objekten des

Entity Framework arbeitet auch Code First mit Runtime Proxy-Objekten. `Nullable<T>` ist erlaubt.

Listing 11.7 Implementierung der Klassen für das EF-Code Only-Modell

```
namespace de.WWWings.CodeOnly
{
 public partial class Flug
 {
  #region Primitive Properties

  public int FlugId
  {
   get;
   set;
  }

  public string Abflugort
  {
   get;
   set;
  }

  public string Zielort
  {
   get;
   set;
  }

  public System.DateTime Datum
  {
   get;
   set;
  }

  public bool NichtRaucherFlug
  {
   get;
   set;
  }

  public short Plaetze
  {
   get;
   set;
  }

  public Nullable<short> FreiePlaetze
  {
   get;
   set;
  }

  public Nullable<System.DateTime> Ankunft
  {
   get;
   set;
  }
```

```csharp
  public string Memo
  {
   get;
   set;
  }

  #endregion
  #region Navigation Properties

  public virtual Pilot Pilot
  {
   get;
   set;
  }

  public virtual ICollection<Passagier> Passagiere
  {
   get;
   set;
  }

  #endregion
 }
}
namespace de.WWWings.CodeOnly
{
 public partial class Person
 {
  #region Primitive Properties

  public int PersonId
  {
   get;
   set;
  }

  private string name;
  public string Name
  {
   get { return name; }
   set { name = value; }
  }

  public string Vorname
  {
   get;
   set;
  }

  public string Land
  {
   get;
   set;
  }

  public string Strasse
  {
   get;
```

```csharp
   set;
  }

  public Nullable<System.DateTime> Geburtstag
  {
   get;
   set;
  }

  public byte[] Foto
  {
   get;
   set;
  }

  public string Email
  {
   get;
   set;
  }

  public string Stadt
  {
   get;
   set;
  }

  public string Memo
  {
   get;
   set;
  }

  #endregion
 }
}

namespace de.WWWings.CodeOnly
{
 public partial class Passagier : Person
 {
  #region Primitive Properties

  public Nullable<System.DateTime> KundeSeite
  {
   get;
   set;
  }

  public string KundenStatus
  {
   get;
   set;
  }

  #endregion
  #region Navigation Properties
```

```
  public virtual ICollection<Flug> Flug
  {
   get;
   set;
  }

  #endregion
 }
}

namespace de.WWWings.CodeOnly
{
 public partial class Mitarbeiter : Person
 {
  #region Primitive Properties

  public Nullable<int> MitarbeiterNr
  {
   get;
   set;
  }

  public Nullable<System.DateTime> Einstellungsdatum
  {
   get;
   set;
  }

  #endregion
  #region Navigation Properties
  #endregion

 }
}

namespace de.WWWings.CodeOnly
{
 public partial class Pilot : Mitarbeiter
 {
  #region Primitive Properties

  public Nullable<System.DateTime> FlugscheinSeite
  {
   get;
   set;
  }

  public string Flugscheintyp
  {
   get;
   set;
  }

  public Nullable<int> Flugstunden
  {
   get;
   set;
  }
```

```
public string Flugschule
{
  get;
  set;
}

#endregion

}
}
```

11.3.4 Kontextklasse

Um diese Klassen persistieren zu können, benötigt man auch bei Code Only noch einen Entity Framework-Kontext. In Entity Framework 1.0/4.0 gab es nur die Klasse System. Data.Objects.ObjectContext. Mit Entity Framework 4.1 hat Microsoft System.Data. Entity.DbContext neu eingeführt. DbContext ist eine Alternative zu ObjectContext.

 HINWEIS: Man kann darüber streiten, ob überhaupt eine neue Basisklasse notwendig und ob DbContext ein guter Name war. Doch man kann sich auch einfach sagen: Es ist, wie es ist.

Der Entwickler muss für Code First eine von DbContext abgeleitete Klasse schaffen. Hier sind die einzelnen zu persistierenden Klassen als Properties vom Typ DbSet<T> zu registrieren. DbSet<T> entspricht damit ObjectSet<T> in der ObjectContext-Welt. Um diese Mengen für bessere Testbarkeit durch Mock-Objekte zu ersetzen, kann man alternativ IDbSet<T> in der Deklaration verwenden.

Listing 11.8 Minimalversion der Kontextklasse

```
public class WWWingsCodeOnlyContext : DbContext
{
  public DbSet<Flug> Fluege { get; set; }
  public DbSet<Pilot> Piloten { get; set; }
  public DbSet<Person> Personen { get; set; }
  public DbSet<Mitarbeiter> Mitarbeiter { get; set; }
  public DbSet<Passagier> Passagiere { get; set; }
  public DbSet<Flughafen> Flughafen { get; set; }
  public WWWingsCodeOnlyContext()
  {
  }
  public WWWingsCodeOnlyContext(string Connstring) : base(Connstring)
  {
  }
}
```

11.3.5 Nutzen der Kontextklasse

Der optionale Konstruktor der eigenen Kontextklasse kann die Informationen über Datenbankverbindung an die Basisklasse weitergeben, sodass der Aufruf des folgenden Codes ausgeführt werden kann.

Listing 11.9 Übergabe einer Verbindungszeichenfolge

```
string ConnString = @"Data Source=.\sqlexpress;Initial Catalog=
WWWings6CodeOnly;Integrated Security=True";
var ctx = new WWWingsCodeOnlyContext(ConnString);
```

Will man eine lokale SQL Server Express-Edition mit der Datenbank bestücken, reicht die Angabe eines Namens für die Datenbank. Über diesen Automatismus kann man streiten.

Listing 11.10 Übergabe eines SQL Server-Express-Datenbanknamens

```
ConnString = "WWWings6CodeOnly";
var ctx = new WWWingsCodeOnlyContext(ConnString);
```

Lässt man den Konstruktor ganz weg, erhält die Datenbank den Namen der Kontextklasse mit Namensraum, z. B. `de.WWWings.CodeOnly.WWWingsCodeOnlyContext`. Über den Konstruktor kann man auch eine bereits geöffnete Datenbankverbindung übergeben; dies kennt man schon aus dem ObjectContext.

Noch eine Möglichkeit zur Übergabe der Datenbankverbindung ist die Ablage in der Konfigurationsdatei.

Listing 11.11 Festlegen der Datenbankverbindung in der Konfigurationsdatei

```
<configuration>

 <connectionStrings>

  <add name ="de.WWWings.CodeOnly.WWWingsCodeOnlyContext"

      providerName="System.Data.SqlClient"

      connectionString="Server=.\SQLEXPRESS;Database=WWWingsCodeOnly;
Integrated Security=True" />

 </connectionStrings>

</configuration>
```

Dieser Konfigurationseintrag wird herangezogen, wenn der Name der Verbindungszeichenfolge dem Namen der Kontextklasse entspricht (wobei hier der Namensraum entfallen darf) und über den Konstruktor nichts übergeben wird.

Hinterlegt ist dieses Verhalten in `System.Data.Entity.Infrastructure.SqlConnection Factory`. Man kann in dem statischen Mitglied `System.Data.Entity.Database.Default ConnectionFactory` eine andere Klasse zuweisen, die `IDbConnectionFactory` realisiert. Neben `SqlConnectionFactory` liefert Microsoft noch `SqlCeConnectionFactory` mit.

Die Datenbank wird aber nicht bei der Instanziierung des Kontextes angelegt, sondern erst in dem Moment, in dem das erste Objekt an den Kontext angefügt wird. Dies geschieht dann kurioserweise beim Aufruf `Add()`, nicht erst bei `SaveChanges()`, siehe zum Beweis Bild 11.8. Das Persistieren der Objekte hängt aber weiterhin an einem `SaveChanges()`.

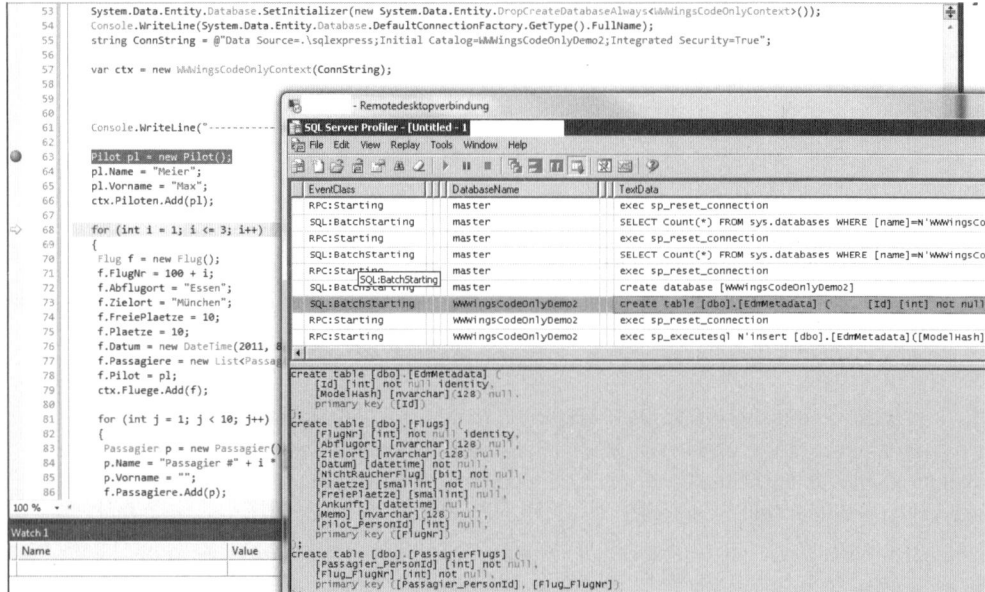

Bild 11.8 Die Datenbanktabellen werden mit Create Table-Befehlen erzeugt, wenn das erste Objekt dem Kontext hinzugefügt wird.

11.3.6 Einsatzbeispiel

Listing 11.12 zeigt Programmcode, der den Kontext erzeugt, Objekte erstellt, mit `Save Changes()` persistiert und dann abfragt. Bei der Abfrage ist sowohl Lazy Loading (im Beispiel mit den abhängigen Pilot-Objekten) als auch Eager Loading (im Beispiel mit den abhängigen Passagier-Objekten) möglich. Gegenüber dem bisherigen Vorgehen in Entity Framework ist der einzige Unterschied, dass man die Menge der Passagiere in Flug explizit mit `new List<Passagier>` initialisieren muss.

Listing 11.12 Objekte erstellen, persistieren und abfragen

```
public static void Run()
{
  Console.WriteLine("---------- Datenbank erstellen");
  string ConnString = @"Data Source=.\sqlexpress;Initial Catalog=WWWings6Code
Only;Integrated Security=True";

  var ctx = new WWWingsCodeOnlyContext(ConnString);

  //Console.WriteLine(ctx.)
```

```
Console.WriteLine("----------- Datenbank befüllen");

Pilot pl = new Pilot();
pl.Name = "Meier";
pl.Vorname = "Max";
ctx.Piloten.Add(pl);

for (int i = 1; i <= 3; i++)
{
  Flug f = new Flug();
  f.FlugNr = 100 + i;
  f.Abflugort = "Essen";
  f.Zielort = "München";
  f.FreiePlaetze = 10;
  f.Plaetze = 10;
  f.Datum = new DateTime(2011, 8, 1);
  f.Passagiere = new List<Passagier>();
  f.Pilot = pl;
  ctx.Fluege.Add(f);

  for (int j = 1; j < 10; j++)
  {
    Passagier p = new Passagier();
    p.Name = "Passagier #" + i*j;
    p.Vorname = "";
    f.Passagiere.Add(p);
  }
}

ctx.SaveChanges();

Console.WriteLine("----------- Abfragen");

var q = from f in ctx.Fluege.Include("Passagiere") where f.
Abflugort == "Essen" select f;

foreach (var f in q.ToList())
{
  Console.WriteLine("Flug #" + f.FlugNr + " wird geflogen von " + f.Pilot.
Name);
  foreach (var p in f.Passagiere)
  {
    Console.WriteLine(" - " + p.Name);
  }
}
}
```

Was sich danach in der Datenbank befindet, zeigt Bild 11.9. Entity Framework hat nur vier Tabellen angelegt: EdmMetadata, Flugs, People und PassagierFlugs. Die Pluralbildung ist auch ein Automatismus. Durch die hinterlegte Wortliste, die man schon kennt, wenn man die EDM-Pluralisierungsoption beim Reverse Engineering-Assistenten in Visual Studio nutzt, wird aus „Person" dann „People".

PassagierFlugs beinhaltet die N:M-Beziehung zwischen Flug und Passagier. Dass es nur eine Tabelle People und nicht vier einzelne Tabellen für die Vererbungshierarchie aus Person, Passagier, Mitarbeiter und Pilot gibt, deutet darauf hin, dass hier das Prinzip „Table per Hierarchy (TPH)" angewendet wurde. Und tatsächlich findet man am Ende der Tabelle

People dann auch die dazu notwendige Diskriminator-Spalte, in der Entity Framework den Klassennamen (z. B. Person, Passagier) ablegt – siehe Pfeile in Bild 11.9.

Die Tabelle EdmMetadata beinhaltet den sogenannten ModelHash, einen Hashwert über das Datenbankschema. Entity Framework verwendet dies, um festzustellen, ob das Datenbankschema dem Modell entspricht. Sofern die gewählte Datenbank schon existiert, fragt Entity Framework zu Beginn diesen ModelHash ab (`SELECT TOP (1) [Extent1].[Id] AS [Id], [Extent1].[ModelHash] AS [ModelHash] FROM [dbo].[EdmMetadata] AS [Extent1] ORDER BY [Extent1].[Id] DESC`). Sofern sich daraus ergibt, dass das Datenbankschema sich geändert hat, kommt es zu einer `InvalidOperationException` mit dem Text "`The model backing the 'WWWingsCodeOnlyContext' context has changed since the database was created.`".

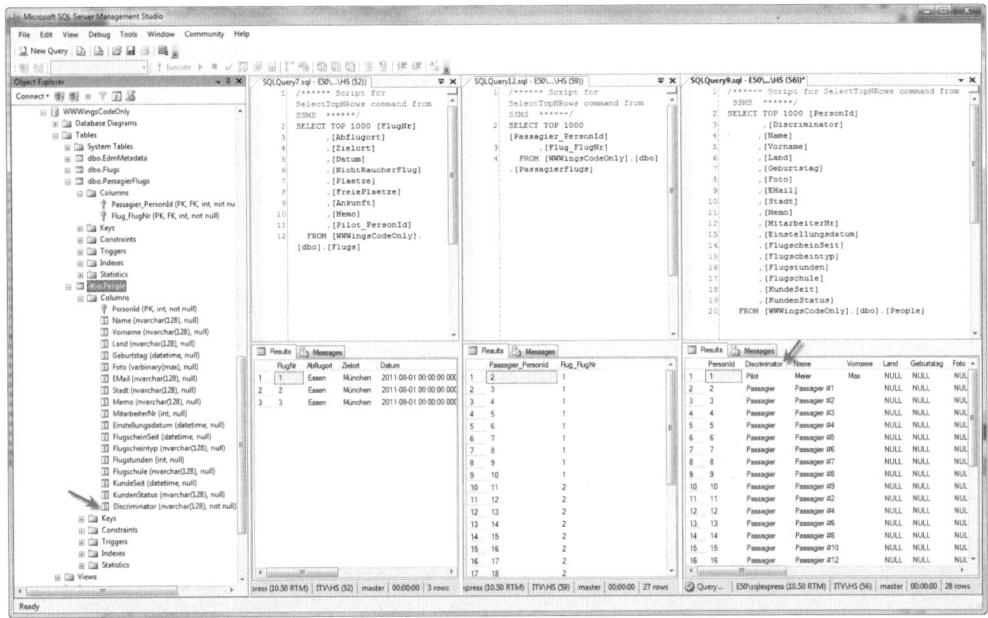

Bild 11.9 Die generierte Datenbank

Das geschilderte Verhalten entspringt der Standardstrategie „CreateDatabaseIfNotExists". Man kann aber mit einem Aufruf der statischen Methode `System.Data.Entity.Database.SetInitializer()` zu Programmbeginn eine Strategie für die Datenbankerzeugung und Schemamodifikationen festlegen. Der Namensraum `System.Data.Entity` enthält drei Datenbankinitialisierungsklassen:

- `CreateDatabaseIfNotExists`: Die Datenbank wird angelegt, wenn sie nicht existiert. Wenn sie schon existiert und das Schema identisch ist, bleibt die Datenbank erhalten. Wenn das Schema sich geändert hat, wird ein Laufzeitfehler ausgelöst.

- `DropCreateDatabaseAlways`: Die Datenbank mit allen Inhalten wird zu Beginn immer verworfen. Man startet also mit einer leeren Datenbank.

- `DropCreateDatabaseIfModelChanges`: Die Datenbank mit allen Inhalten wird zu Beginn nur dann verworfen, wenn sich das Schema nicht geändert hat.

Kurioserweise ist diese Strategie nur über dieses statische Mitglied und nicht in der Kontextklasse festlegbar:

```
System.Data.Entity.Database.SetInitializer<WWWingsCodeOnlyContext>
(new System.Data
.Entity.DropCreateDatabaseAlways<WWWingsCodeOnlyContext>());
```

Wenn man hier `null` übergibt, versucht Entity Framework gar nicht, eine Datenbank anzulegen.

Das statische Mitglied `SetInitializer()` ist kurios, aber es gibt auch noch ein Problem, das richtig ärgerlich ist: Leider fehlt es noch an der Implementierung einer Schemamodifikation unter Erhalt der Daten. Man kann lediglich durch Ableiten von einer der o. g. Klassen die `Seed()`-Methode überschreiben und in dieser die Datenbank manuell befüllen.

11.3.7 Konvention vor Konfiguration

Die Erzeugung des unsichtbaren Entity Data Model und die daraus resultierende Datenbank vollzieht Entity Framework nach dem Prinzip „Konvention vor Konfiguration". Insgesamt 33 Konventionen sind im Namensraum `System.Data.Entity.ModelConfiguration.Conventions` hinterlegt. Zu den Konventionen gehört zum Beispiel:

- `PluralizingTableNameConvention`: die oben schon dokumentierte Pluralbildung für Tabellennamen
- `IdKeyDiscoveryConvention`: Properties, die „ID" oder „KlassennameID" (auch in Kleinschreibung) heißen, werden automatisch zum Primärschlüssel.
- `AssociationInverseDiscoveryConvention`: Entity Framework bildet automatisch Assoziationen zwischen zwei Klassen, die mit Properties gegenseitig aufeinander verweisen (hier im Beispiel Flug-Passagier und Flug-Pilot).

Ob der Entwickler Freude an diesen Konventionen hat, hängt ganz vom Fall ab. Gibt es zum Beispiel in der Klasse `Flug` die Property `FlugId` und `ID`, dann wird `ID` zum Primärschlüssel. Gibt es `FlugId` und `FlugID`, dann kommt es zum Laufzeitfehler.

Um Einfluss auf die Generierung zu nehmen, hat man drei Möglichkeiten:

- Vergabe von Annotationen auf den zu persistierenden Klassen
- Deaktivieren von Konventionen
- Explizite Festlegung von Konfigurationen im Code

Für den Annotationsweg braucht man die Klassen aus dem Namensraum `System.ComponentModel.DataAnnotations`, den es schon in .NET 4.0 in der Datei System.ComponentModel.DataAnnotations.dll gibt. In der EntityFramework.dll stecken zusätzliche Klassen für diesen Namensraum. Ohne eine Referenz auf System.ComponentModel.DataAnnotations. dll wird man also einiges nicht finden.

Möchte Sie zum Beispiel als Primärschlüssel statt `FlugId` den Namen `FlugNr` vergeben, müssen Sie die Annotation `[System.ComponentModel.DataAnnotations.Key]` anwenden.

Listing 11.13 Verwendung von [Key]

```
[Key]
public virtual int FlugNr
{
  get;
  set;
}
```

Soll die Pluralbildung deutsch sein, würde man manuell den Tabellennamen explizit angeben.

Listing 11.14 Verwendung von [Table]

```
[Table("Fluege")]
public partial class Flug
{ ... }
```

Auch die Namen von Spalten und deren Position lassen sich beeinflussen.

Listing 11.15 Verwendung von [Column]

```
[Column("FlugDatum", Order=2)]
public virtual System.DateTime Datum { ... }
```

Setzt man ein [NotMapped] vor ein Attribut, wird keine Spalte in der Datenbank für dieses Attribut angelegt. [Required] zeigt an, dass eine Spalte nicht null in der Datenbank sein darf. [Required] wirkt auch, wenn das Attribut als Nullable<T> deklariert ist. Zeichenketten sind im Standard als nvarchar(MAX) angelegt, außer bei Schlüssel- und Diskriminatorspalten; diese sollen bei 128 bleiben .Mit [MaxLength(x)] kann man die Länge im Code beeinflussen.

Mit [ForeignKey] legt man fest, dass es zu einer 1:0/1- bzw. 1:0/N-Beziehung auch ein Fremdschlüsselattribut in der Klasse geben soll. Mit dem Code aus Listing 11.16 wird PilotFK zum Fremdschlüsselattribut für die Beziehung zwischen Flug und Pilot. PilotFK wird dann in der Tabelle „Flug" der Name der Fremdschlüsselspalte. Ohne die Annotation [ForeignKey] würde PilotFK als zusätzliche normale Spalte zur automatisch generierten Fremdschlüsselspalte PilotPersonID angelegt werden.

Listing 11.16 Verwendung von [ForeignKey]

```
public int PilotFK
{
  get;
  set;
}

#endregion
#region Navigation Properties

[ForeignKey("PilotFK")]
public virtual Pilot Pilot
{
  get;
  set;
}
```

11.3.8 Codebasierte Konfiguration

Die codebasierte Konfiguration muss in der Kontextklasse in der zu überschreibenden Methode OnModelCreating() erfolgen. In der Methode erhält man eine Instanz der Klasse DbModelBuilder. Dieses Objekt erlaubt über die Mitglieder Conventions und Configurations sowie Entity<T>() Einfluss auf die Generierung. Listing 11.17 zeigt, wie man die AssociationInverseDiscoveryConvention, PluralizingTableNameConvention und die TableAttributeConvention ausschaltet. Danach findet nun mehr weder eine automatische Pluralisierung statt und auch die [Table]-Annotationen werden ignoriert. Alle Tabellen heißen dann genauso wie die Klassennamen.

Nun erfolgt in Listing 11.17 die benutzerdefinierte Konfiguration über das sogenannte „Fluent-API" der Klasse DbModelBuilder. Zuerst wird ein Datenbankname für die Klasse „Flug" vergeben. Dann wird die Spalte „Datum" als „Required" (d. h. nicht null) gesetzt und ebenfalls umbenannt.

Anschließend werden die beiden Beziehungen codebasiert konfiguriert, wobei im 1:N-Fall zwischen Pilot und Flug auch wieder ein Fremdschlüssel konfiguriert wird. Mit Has Optional() steht für die Kardinalität 0/1, HasRequired() steht für 1 und HasMany() für N. Als Gegenstück ist dann WithOptional() für 0/1 bzw. WithMany() für M einzusetzen.

Listing 11.17 Fluent API des DbModelBuilder

```
  public class WWWingsCodeOnlyContext : DbContext
  {
...
protected override void OnModelCreating(DbModelBuilder modelBuilder)
  {
    modelBuilder.Conventions.Remove<PluralizingTableNameConvention>();
    modelBuilder.Conventions.Remove<TableAttributeConvention>();
    //modelBuilder.Conventions.Remove<AssociationInverseDiscovery
Convention>();

    // Klasse Flug soll auf Tabelle "Fluege" abgebildet werden
    modelBuilder.Entity<Flug>().ToTable("Fluege");

    // Datum ist ein Pflichtfeld
    modelBuilder.Entity<Flug>().Property(f=>f.Datum).IsRequired();
    // Datum bekommt einen anderen Namen
    modelBuilder.Entity<Flug>().Property(f=>f.Datum).
HasColumnName("Abflugdatum");
    // N:1 Beziehung zwischen Flug und Pilot mit PilotPersonID als
Fremdschlüssel für die Beziehung zwischen
    modelBuilder.Entity<Flug>()
    .HasRequired<Pilot>(f => f.Pilot)
    .WithMany(p => p.Flug)
    .HasForeignKey(f => f.PilotPersonID).WillCascadeOnDelete(false);
    // N:M Beziehung zwischen Flug und Passagier
    modelBuilder.Entity<Flug>()
    .HasMany<Passagier>(f => f.Passagiere)
    .WithMany(p => p.Flug);
  }
...
  }
```

Der Inhalt von `OnModelCreating()` könnte bei größeren Modellen unübersichtlich werden. Microsoft bietet hier eine Aufteilungsmöglichkeit über Modellkonfigurationsklassen. Für jede Modellklasse kann es solch eine Konfigurationsklasse geben, die man durch Ableitung von `EntityTypeConfiguration<Modellklasse>` erstellt. Die Konfigurationsklasse zeigt Listing 11.18. Man muss sie durch `modelBuilder.Configurations.Add(new FlugConfiguration())` in `OnModelCreating()` registrieren.

Listing 11.18 Eine eigene Konfigurationsklasse für eine Entitätsklasse

```
public class FlugConfiguration : EntityTypeConfiguration<Flug>
{
  public FlugConfiguration()
  {
    // Klasse Flug soll auf Tabelle "Fluege" abgebildet werden
    this.ToTable("Fluege");
    // Datum ist ein Pflichtfeld
    this.Property(f => f.Datum).IsRequired();
    // Datum bekommt einen anderen Namen
    this.Property(f => f.Datum).HasColumnName("Abflugdatum");

    // N:1 Beziehung zwischen Flug und Pilot mit PilotPersonID als
Fremdschlüssel für die Beziehung zwischen
    this.HasRequired<Pilot>(f => f.Pilot)
    .WithMany(p => p.Flug)
    .HasForeignKey(f => f.PilotFK).WillCascadeOnDelete(false);
    // N:M Beziehung zwischen Flug und Passagier
    this.HasMany<Passagier>(f => f.Passagiere)
    .WithMany(p => p.Flug);
  }
}
```

Leider gibt es auch einige Beschränkungen in Code First bis einschließlich Version 5.0. Man kann die vordefinierten Konventionen nicht konfigurieren, sondern nur so nehmen, wie sie sind, oder komplett ausschalten. Diese Einschränkung wird erst in ADO.NET Entity Framework 6.0 aufgehoben werden.

Code First unterstützt auch keine Stored Procedures zum Mapping. Allenfalls über die direkte SQL-Unterstützung (`ctx.Database.SqlQuery("…")`) kann man sie nutzen. Hier ist zum Redaktionsschluss noch keine Lösung in Sicht.

11.3.9 Schemamigrationen

Mit dem Code Only-Modell kann ein Entwickler seit ADO.NET Entity Framework 4.1 Datenbanken aus .NET-Klassendateien erzeugen. Mit Version 4.3 reichte Microsoft die schmerzlich vermisste Möglichkeit nach, das Datenbankschema unter Beibehaltung der bereits vorhandenen Daten nachträglich zu ändern und diese Änderungen bei Bedarf auch wieder rückgängig zu machen. Dies wird gesteuert über drei PowerShell-Commandlets, die man in der NuGet Package-Manager-Konsole eingibt.

▪ `Enable-Migrations`: Nutzt man, um Schemamigrationen zu aktivieren.

- Add-Migration: Führt man aus, wenn es Veränderungen im Objektmodell gab. Dadurch wird Programmcode für die Schemamigration in einer von DbMigrationsConfigura tion<Contextklasse> abgeleiteten Klasse erzeugt.

- Update-Database: Nutzt man, um die Änderungen entweder direkt in die Datenbank einzuspielen oder ein SQL-Skript zu erzeugen. Auch eine Rückwärtsmigration zu früheren Zuständen der Datenbank ist möglich!

Leider reicht der Platz in diesem Buch nicht aus, dieses Thema ausführlich zu diskutieren.

11.3.10 Entity Framework Power Tools

Bei Code Only ist das Entity Data Model unsichtbar. Mit den Entity Framework Power Tools für Visual Studio 2010 und 2012, aktuell zum Redaktionsschluss im Produktstadium Beta 2 (http://visualstudiogallery.msdn.microsoft.com/72a60b14-1581-4b9b-89f2-846072eff19d), kann man auch bei Code Only das Modell visualisieren. Dazu wählt man im Projektmappen-Explorer eine Programmcodedatei, die einen Code First-Kontext (eine von System.Data. Entity.DbContext abgeleitete Klasse) enthält, und wählt dann im Kontextmenü ENTITY FRAMEWORK den Punkt VIEW ENTITY DATA MODEL (READ-ONLY) (siehe Bild 11.10).

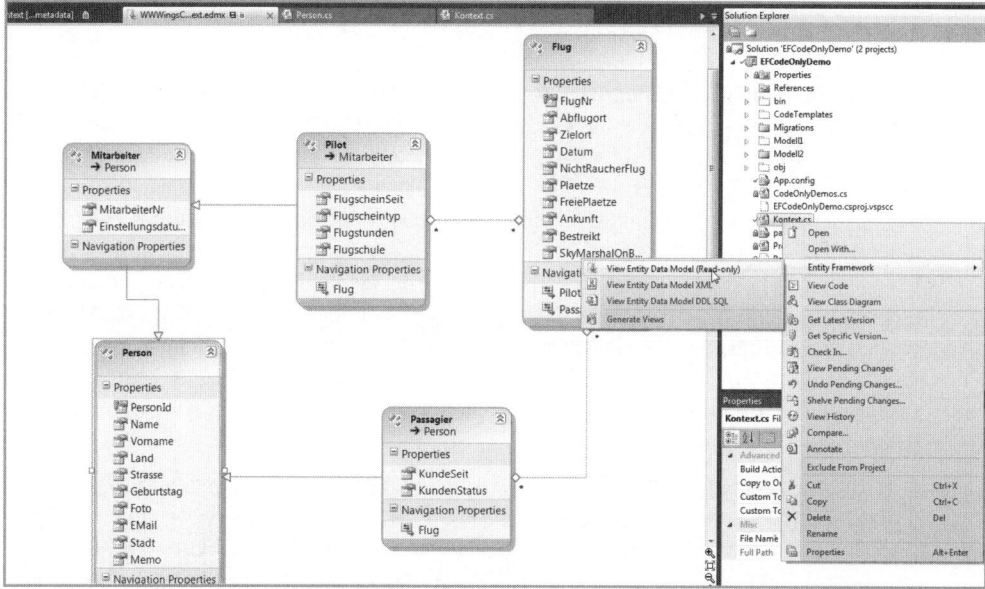

Bild 11.10 Anzeigen des Entity Data Model für einen Code First-Kontext

Bei Code First entsteht die Datenbank wahlweise in der Entwicklungsumgebung oder zur Laufzeit z. B. beim Programmstart. Dazu sendet die Entwicklungsumgebung oder die Laufzeitumgebung ein SQL-Data-Definition-Language-(DDL-)Skript mit Create Table-Befehlen an die Datenbank. Dieses SQL-Skript kann man mit ENTITY FRAMEWORK/VIEW ENTITY MODEL DDL SQL sichtbar machen (vgl. Bild 11.11).

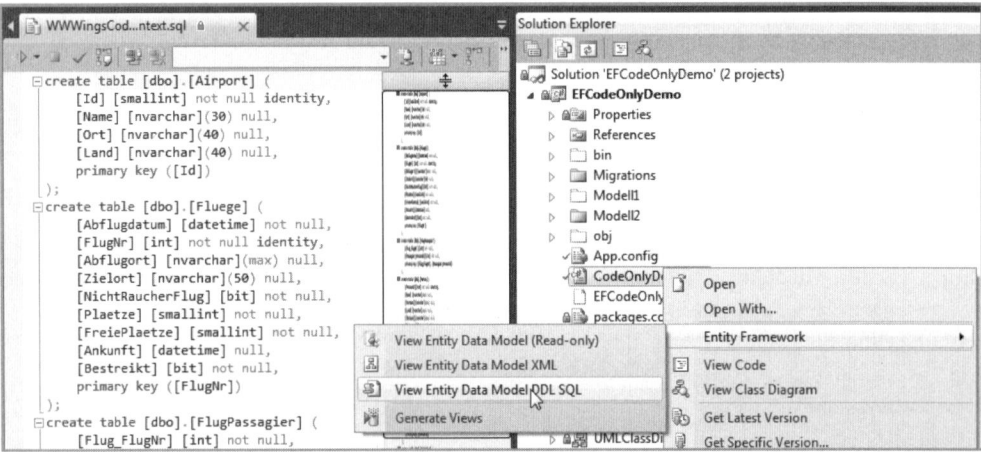

Bild 11.11 Anzeigen der SQL-DDL-Befehle für einen Code First-Kontext

Das Code First-Model ist eigentlich darauf ausgerichtet, dass es zu Beginn keine Datenbank gibt. Möglicherweise besitzen Sie aber schon eine bestehende Datenbank und wollen deren Schema zukünftig nicht mehr klassisch auf SQL-Ebene weiterentwickeln, sondern über das Code First-Model mit dem Entity Framework. In diesem Fall kann der Entwickler einmalig aus einer Datenbank passende Code First-Klassen erzeugen lassen. Dazu gibt es die Funktion ENTITY FRAMEWORK/REVERSE ENGINEER CODE FIRST im Projektmappen-Explorer auf der Ebene einer Projektdatei. Es entstehen dann für jede Tabelle Entitätsklassen und eine Konfigurationsklasse mit Namen der Entitätsklasse plus dem Wort „Map" (z. B. PersonMap). Die generierten Entitätsklassen sind ganz reine POCO-Klassen, d. h., es gibt auch keine Datenannotationen (siehe Bild 11.12). Anschließend kann der Entwickler die Entitätsklassen bzw. die Konfigurationsklasse weiterentwickeln und daraus das Datenbankschema aktualisieren.

Der Umwandlungsprozess in Entitätsklassen und Konfigurationsklassen wird gesteuert durch T4-Vorlagen, die man durch „Entity Framework/Customize Reverse Engineering Templates" sichtbar machen kann. Die T4-Vorlagen kann man verändern. Beim nächsten Aufruf von „Entity Framework/Reverse Engineer Code First" werden die geänderten Vorlagen noch berücksichtigt.

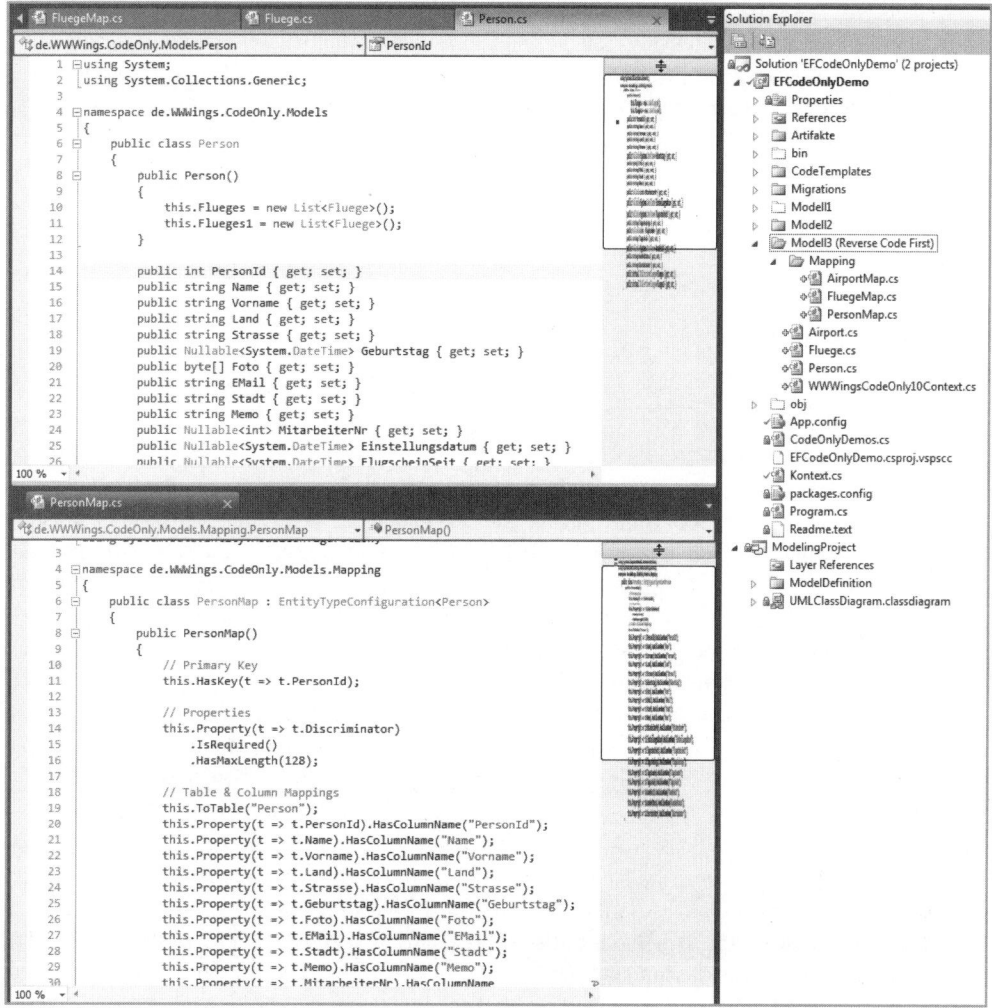

Bild 11.12 Erzeugte Klassen beim Reverse Engineering mit Code First

11.3.11 Code Only und Webservices

Das Code Only-Objektmodell kann man ohne Weiteres in WCF-Webservices nutzen. Es fehlt aber ein Change Tracking auf dem Client. Die Self-Tracking Entity-Codegenerierungsvorlage basiert auf dem Reverse Engineering. Für die Code First-Vorgehensweise liefert Microsoft dies nicht. Manfred Steyer zeigt in den Blogeinträgen http://www.softwarear chitekt.at/post/2011/08/25/Self-Tracking-Entities-mit-Code-Only-implementieren.aspx und http://www.softwarearchitekt.at/post/2011/10/26/Entity-Framework-Code-Only-Self-Track ing-Entities.aspx, wie so eine eigene Lösung aussehen könnte.

Um Probleme beim Serialisieren von Entitäten zu verhindern, sollte die Option *ProxyCreationEnabled* der verwendeten *DbContext*-Instanz auf *false* gesetzt werden (*context.Configura-*

tion.ProxyCreationEnabled = false). Dies verhindert, dass das Entity Framework zur Laufzeit von der Entitätsklasse ableitet, um diese um zusätzliche Möglichkeiten wie Lazy Loading zu erweitern, sowie dass in weiterer Folge der Serializer mit Klassen konfrontiert wird, die er nicht (de)serialisieren kann.

Da Entitätsklassen in der Regel zyklische Abhängigkeiten zueinander haben, sollte darüber hinaus der Serializer darauf vorbereitet werden. Informationen dazu finden sich in Kapitel 6.

■ 11.4 Kritik an der Implementierung eines datenbasierten Service mit WCF

Die Implementierung datenbasierter Services mit WCF unter Verwendung der Self-Tracking Entities funktioniert. Der Aufwand ist aber erheblich, denn letztlich muss man für jede Tabelle in der Datenbank zumindest die zwei Operationen *Load()* und *Save()* implementieren. In der Praxis wird man aber in vielen Fällen filtern, sortieren und blättern wollen. Das dies in der Regel auf der Serverseite erfolgen soll, muss man entsprechende Dienstoperationen erstellen mit verschiedenen Parametern. Pro Tabelle kommen dann manchmal Dutzende Operationen zusammen. Dies veranschaulicht Bild 11.13.

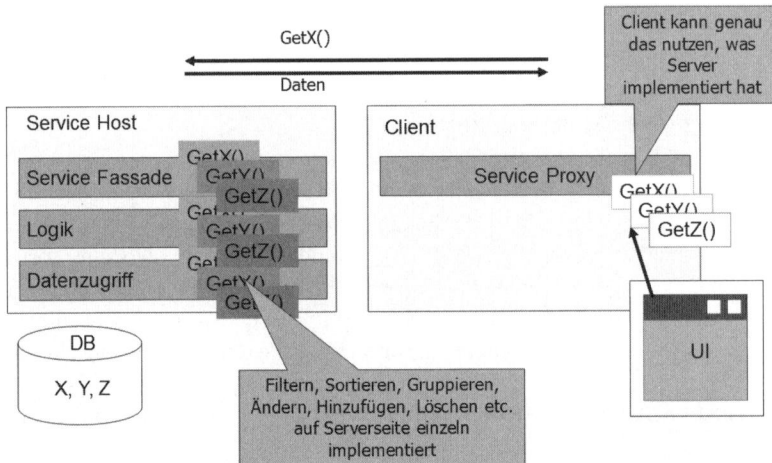

Bild 11.13 Architektur datenbasierter Services mit WCF

Schnell überlegt man sich dann einen generischen Ansatz, wie der Client Parameter für Filtern, Sortieren und Blättern übergeben kann. Einen solchen generischen Ansatz performant, komfortabel und sicher (man möchte ja die möglichen Operationen begrenzen!) zu implementieren, ist sehr viel Aufwand. Microsoft hat den Bedarf erkannt und bietet mit WCF Data Services und WCF RIA Services zwei Abstraktionen von WCF, die einen solchen generischen Ansatz für datenbasierte Services realisieren. Beide nutzen das elegante LINQ im Client für die Festlegung von Filtern, Sortieren und Blättern.

■ 11.5 WCF Data Services (Open Data Protocol)

WCF Data Services sind eine WCF-basierte Bibliothek für die schnelle Realisierung daten-basierter Services. WCF Data Services realisieren datenbasierte Services auf generische Weise, d.h., man muss nicht mehr explizit alle Operationen festlegen, wie dies bei der direkten Nutzung von WCF der Fall ist.

Der Codename war „Astoria". WCF Data Services erschienen erstmals in .NET 3.5 Service Pack 1 unter dem Namen ADO.NET Data Services. Seit .NET 4.0 heißt die Bibliothek WCF Data Services, was eine bessere Bezeichnung ist, da die Data Services immer auf WCF basieren, aber nicht notwendigerweise ADO.NET als Datenzugriffstechnik verwenden müssen. Zudem hat Microsoft die Data Services in den allgemeinen Protokollteil (Open Data Protocol – OData) und die konkrete Implementierung (WCF Data Services) aufgetrennt.

In .NET 4.5 sind die WCF Data Services in Version 5.0 enthalten. Seit .NET 4.5 werden die WCF Data Services (ebenso wie das Entity Framework) unabhängig vom .NET Framework weiterentwickelt. Die Mit Drucklegung des Buches aktuelle Version ist 5.2.

 HINWEIS: Das von WCF Data Services verwendete Verfahren nennt Microsoft Open Data Protocol (OData). Microsoft versucht, mit OData einen Standard zu schaffen (siehe *http://www.odata.org*).

11.5.1 Lizenz und Standardisierung

Microsoft bot OData zunächst im Rahmen seiner Open Specification Promise (OSP) frei an. Nun liegt Version 3.0 des Protokolls seit Mai 2012 der Organization for the Advancement of Structured Information Standards (OASIS) zur Standardisierung vor (*https://www.oasis-open.org/committees/tc_home.php?wg_abbrev=odata*). Unterstützung findet dieser Standardisierungsvorstoß von SAP, IBM, Citrix, Progress Software und WSO2. Google hingegen hat mit Google Data API (GData) eine andere ähnliche Idee, die Google aber selbst anscheinend nicht mehr forciert („Most newer Google APIs are not Google Data APIs.", siehe *https://developers.google.com/gdata*). Vielmehr bietet Google mit odata4j selbst eine OData-Implementierung für Java an (*http://code.google.com/p/odata4j/*).

11.5.2 Bezug der WCF Data Services

Der Bezug der aktuellen Version erfolgt über NuGet. Es gibt dort Server und Client getrennt:

- WCF Data Services Server
  http://www.nuget.org/packages/Microsoft.Data.Services
- WCF Data Services Client
  http://www.nuget.org/packages/Microsoft.Data.Services.Client

Darüber hinaus listen die Websites *http://msdn.microsoft.com/en-us/data/ee720179.aspx* und *http://www.odata.org/libraries* weitere Bibliotheken für die Nutzung des Open Data Protocol (ODATA) auf.

11.5.3 Andere Bibliotheken

Grundsätzlich kann man OData mit jedem beliebigen XML-Toolkit oder JSON-Serialisierer bereitstellen und nutzen. Komfortabler ist die Verwendung natürlich mit spezifischen Bibliotheken. Die OData-Website (*http://www.odata.org/libraries*) listet inzwischen zahlreiche Frameworks. Neben .NET und Silverlight aus der Microsoft-Ecke gibt es zum Beispiel OData für Java, JavaScript (sowohl im Browser als auch auf dem Server mit node.js), PHP, Ruby und Objective-C. CMS-Systeme wie Joomla, Drupal, Sitefinity und Webnodes sowie Clients wie Excel (über die „Datenfeed"-Funktion im Add-in „PowerPivot", siehe *http://www.microsoft.com/en-us/bi/powerpivot.aspx*) und der Business Intelligence-Client Tableau Desktop (*http://www.tableausoftware.com*) können inzwischen direkt OData nutzen. Auch MySQL, SAP und Microsoft Dynamic CRM machen mit.

Verschiedene Anbieter stellen Daten über OData ins Internet (*http://www.odata.org/ecosystem*). Microsoft bietet öffentliche Daten über OData im Rahmen seines Windows Azure Data Markets an (*https://datamarket.azure.com*) – zum Teil kostenfrei, zum Teil kostenpflichtig. Bild 11.14 zeigt beispielhaft den Abruf von Daten über kreisfreie Städte, die T-Systems Multimedia Solutions kostenfrei über den Data Market anbietet (*https://datamarket.azure.com/dataset/e172edb9-6b0f-4352-bf9a-9e4dc4582d5a*).

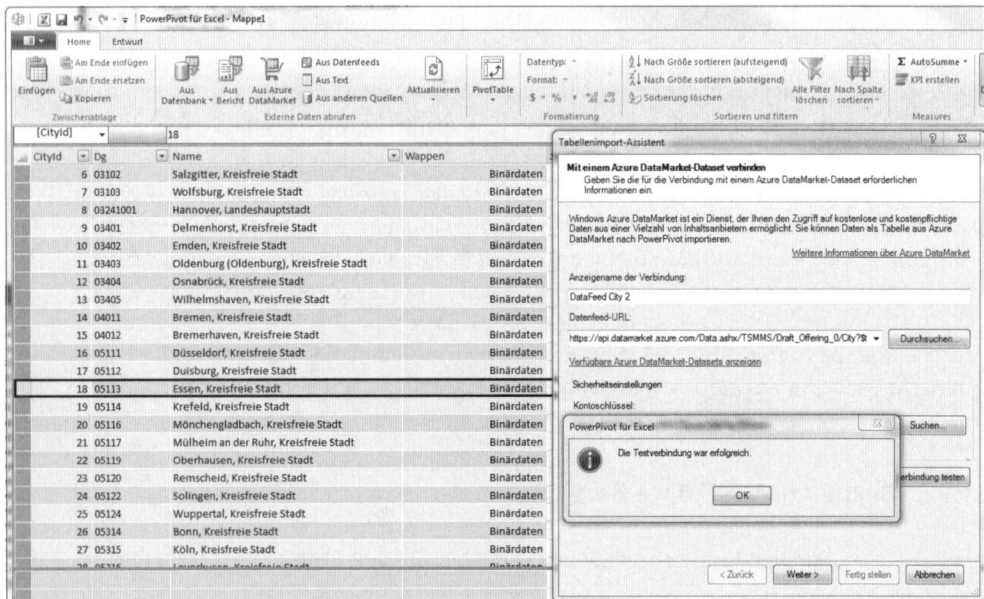

Bild 11.14 Nutzung eines OData Feeds mit WCF Data Services

11.5.4 Rahmenbedingungen

Es gelten folgende Rahmenbedingungen für OData und WCF Data Services:

- Die Datenübertragung erfolgt via HTTP in der Representational-State-Transfer-(REST-) Semantik mit den HTTP-Standardverben GET, POST, PUT, DELETE und PATCH (in OData Version 1 und 2 wurde stattdessen noch MERGE verwendet) gemäß RFC 2616 und RFC 5789.

- Abfragen werden durch eine URL-basierte Syntax spezifiziert. Die Groß-/Kleinschreibung ist bei den OData-URLs übrigens relevant. Für Filterbedingungen sind zahlreiche Vergleichsoperatoren (eq, ne, gt, ls, le, and, or, not u. a.), Zeichenkettenoperationen, Datum-/ Zeit-Operationen und mathematische Operationen definiert. Mit `$format` kann der Anfrager das Rückgabeformat festlegen, z. B. `$format=json`.

- Die Daten selbst werden mit dem Atom Publishing Protocol (AtomPub, *http://www.ietf. org/rfc/rfc4287.txt*) oder mit der JavaScript Object Notation (JSON, *http://json.org*) serialisiert. Der W3C-Webservice-Standard „SOAP" ist hier nicht vorgesehen – dieser kommt ja zusehends aus der Mode.

- Die WCF Data Services sind unabhängig von dem Datenspeicher. Es kann grundsätzlich jede Datenmenge mit der *System.Linq.IQueryable*-Schnittstelle genutzt werden. Man benötigt aber zusätzlich einen sogenannten Data Service-Provider mit den Schnittstellen *IDataServiceMetadataProvider*, *IDataServiceQueryProvider*, *IDataServiceUpdateProvider*, *IDataServicePagingProvider* und *IDataServiceStreamProvider*. Die Nutzung des ADO.NET Entity Framework als Datenzugriffsschnittstelle unterhalb der Data Services ist sehr naheliegend, weil Microsoft dafür bereits einen Data Service Provider mitliefert.

- Clients können Daten abfragen und auch Daten anfügen, ändern sowie löschen (sofern die Zugriffsrechte bestehen).

- Clients können nicht nur .NET-Anwendungen, sondern auch beliebige andere Sprachen sein. Die Sprache muss minimal nur einen HTTP-Request absetzen und XML oder JSON auswerten können.

- Komfortabler ist die Nutzung von Data Services über spezielle Client-Bibliotheken. Für .NET-Clients bietet Microsoft mit LINQ to DataServices eine besonders komfortable Client-Bibliothek. Spezielle Client-Bibliotheken gibt es aber aktuell auch schon für JavaScript, PHP, Java und Objective-C (iPhone).

11.5.5 OData-Beispiel

Die folgende URL gibt ein Beispiel für einen Datenabruf über ODATA:

```
http://server/WWWingsDataService.svc/Flug?$filter=startswith(Abflugort,
'Rom')%20eq%20true%20and%20Zielort%20eq%20'Berlin'&$orderby=Datum%20desc&$
skip=10&$top=5&$select=FlugNr,Abflugort,Zielort,Datum,FreiePlaetze
```

Konkret bedeutet diese URL: Rufe aus der Datenmenge „Flug" diejenigen Entitäten ab, für die gilt, dass der Abflugort mit „Rom" beginnt und der Zielort „Berlin" (`$filter`) ist; sortiere die Ergebnisse absteigend nach Datum (`$orderby`); überspringe die ersten zehn Entitäten ($skip) und rufe dann die nächsten fünf ab ($top). $select schließlich beschränkt die Entitäten auf die Eigenschaften FlugNr, Abflugort, Zielort, Datum und FreiePlaetze. Zum Test kann man eine solche URL in einen Webbrowser eingeben, der dann – je nach Browsereinstellung – die Daten entweder in seiner Newsfeed-Darstellung oder als rohes XML anzeigt (siehe Bild 11.15).

```xml
<?xml version="1.0" encoding="utf-8" standalone="yes" ?>
- <feed xml:base="http://localhost:87/WWWingsDataService.svc/"
    xmlns:d="http://schemas.microsoft.com/ado/2007/08/dataservices"
    xmlns:m="http://schemas.microsoft.com/ado/2007/08/dataservices/metadata"
    xmlns="http://www.w3.org/2005/Atom">
  <title type="text">Flug</title>
  <id>http://localhost:87/WWWingsDataService.svc/Flug</id>
  <updated>2012-07-05T09:54:38Z</updated>
  <link rel="self" title="Flug" href="Flug" />
- <entry>
    <id>http://localhost:87/WWWingsDataService.svc/Flug(7971)</id>
    <title type="text" />
    <updated>2012-07-05T09:54:38Z</updated>
  + <author>
    <link rel="edit" title="Flug" href="Flug(7971)" />
    <category term="WWWings6Model.Flug"
        scheme="http://schemas.microsoft.com/ado/2007/08/dataservices/scheme" />
  - <content type="application/xml">
    - <m:properties>
        <d:FlugNr m:type="Edm.Int32">7971</d:FlugNr>
        <d:Abflugort>Rom</d:Abflugort>
        <d:Zielort>Berlin</d:Zielort>
        <d:Datum m:type="Edm.DateTime">2013-03-06T01:47:59.65</d:Datum>
        <d:FreiePlaetze m:type="Edm.Int16">244</d:FreiePlaetze>
      </m:properties>
    </content>
  </entry>
- <entry>
    <id>http://localhost:87/WWWingsDataService.svc/Flug(9487)</id>
    <title type="text" />
    <updated>2012-07-05T09:54:38Z</updated>
  - <author>
      <name />
    </author>
    <link rel="edit" title="Flug" href="Flug(9487)" />
    <category term="WWWings6Model.Flug"
        scheme="http://schemas.microsoft.com/ado/2007/08/dataservices/scheme" />
  - <content type="application/xml">
    - <m:properties>
        <d:FlugNr m:type="Edm.Int32">9487</d:FlugNr>
        <d:Abflugort>Rom</d:Abflugort>
        <d:Zielort>Berlin</d:Zielort>
        <d:Datum m:type="Edm.DateTime">2013-03-05T01:41:10.43</d:Datum>
        <d:FreiePlaetze m:type="Edm.Int16">243</d:FreiePlaetze>
      </m:properties>
    </content>
  </entry>
- <entry>
    <id>http://localhost:87/WWWingsDataService.svc/Flug(2642)</id>
    <title type="text" />
    <updated>2012-07-05T09:54:38Z</updated>
  - <author>
      <name />
    </author>
    <link rel="edit" title="Flug" href="Flug(2642)" />
    <category term="WWWings6Model.Flug"
```

Bild 11.15 Ausschnitt aus dem Ergebnis einer OData-Datenabfrage, hier im ATOM-Format

Neben den in obigem Beispiel verwendeten Operationen gibt es weitere Operationen, z. B. um verbundene Entitäten einzubeziehen ($expand, $all, $any) oder Zähloperationen ($count, $inlinecount).

11.5.6 Architektur

Von übergeordneter Ebene betrachtet, zeigt sich das bei einem WCF Data Service in Bild 11.16 dargestellte Bild. Auf der Serverseite gibt es ein Objektmodell (z. B. mit Entity Framework erstellt). Dieses wird über einen WCF Data Service veröffentlicht und auf den Client über einen Proxy zugänglich gemacht. Der Client arbeitet mit LINQ gegen diese Proxy-Objekte. Alle hier ausgeführten Operationen werden aber zum Server übermittelt und dort ausgeführt mithilfe des Entity Frameworks.

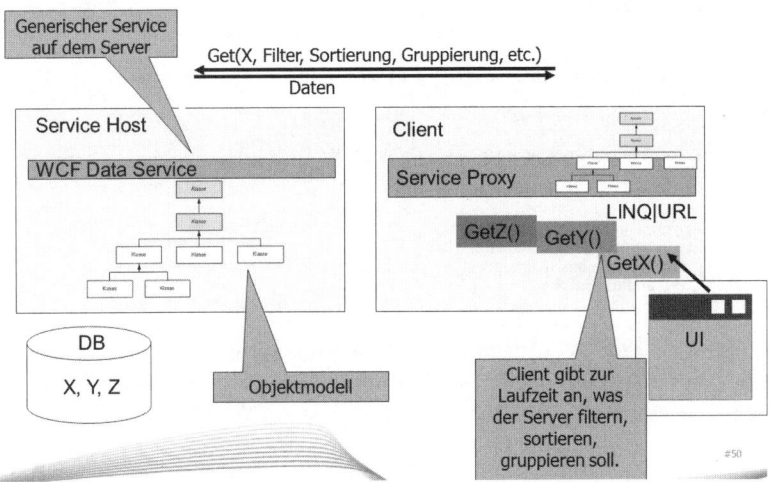

Bild 11.16 Realisierung der CRUD-Operationen mit OData

Bild 11.17 detailliert den Ablauf in .NET-Clients und WCF Data Services:

1. Der WCF Data Service basiert auf einem Entity Data Model.
2. Der Data Service verweist auf den ObjectContext des Entity Data Model.
3. Der Client bindet den WCF Data Service über eine Service-Referenz ein.
4. Der generierte Proxy bietet dem Client LINQ-to-DataServices auf Proxy-Klassen an, die den serverseitigen Entitätsklassen entsprechen. Auch einen clientseitigen Objektkontext gibt es.
5. Der Client formuliert LINQ-Abfragen gegen den clientseitigen Objektkontext. Die Clientbibliothek der WCF Data Services wandelt diese Abfrage in die URL-Syntax der Data Services um und schickt einen entsprechenden HTTP-Request zum Server.
6. Auf dem Server wandelt der WCF Data Service die URL-Syntax in eine LINQ-Abfrage zurück, die nun gegen den serverseitigen Objektkontext ausgeführt wird.
7. Der Objektkontext wandelt die LINQ-Abfrage in SQL und sendet diese zur Datenbank.
8. Die von der Datenbank gelieferten Datensätze wandelt das ADO.NET Entity Framework in .NET-Objekte um.
9. Die WCF Data Services serialisieren diese .NET-Objekte in XML oder JSON (je nach Wunsch des Clients).
10. Der Client empfängt die HTTP-Antwort und deserialisiert die Objekte.

Auch Datenänderungen, Datenlöschungen und das Anfügen neuer Datensätze sind auf diesem Wege möglich.

Architektur der WCF Data Services
© Dr. Holger Schwichtenberg, www.IT-Visions.de, 2008-2011

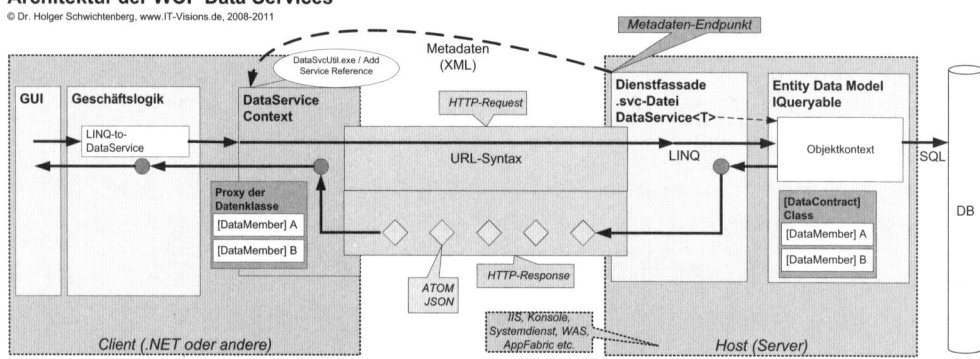

Bild 11.17 Architektur einer verteilten Anwendung mit WCF Data Services

11.5.7 Abfragesyntax

Tabelle 11.1 erläutert die URL-basierte Abfragesyntax der WCF Data Services anhand zahlreicher Beispiele. Zu beachten ist, dass die Abfragesprache zwischen Groß- und Kleinschreibung unterscheidet. Basis für die Beispiele ist ein WCF Data Services für das Entity Data Model der World-Wide-Wings-Datenbank (vgl. Abschnitt 11.2).

Tabelle 11.1 Beispiel für Abfragen mit WCF Data Services

URL	Erläuterung
http://SERVER/WWWingsDataService.svc/	Auflisten der verfügbaren Entitäten
http://SERVER/WWWingsDataService.svc$metadata	Abruf der Metadaten
http://SERVER/WWWingsDataService.svc/Flug	Alle Instanzen der Entität Flug
http://SERVER/WWWingsDataService.svc/Flug(105)	Die Instanz der Entität Flug mit dem Wert 105 im Primärschlüssel
http://SERVER/WWWingsDataService.svc/Flug(101)/FreiePlaetze	Nur die Anzahl der freien Plätze in der Instanz 105 der Entität Flug
http://SERVER/WWWingsDataService.svc/Flug?$filter=Abflugort%20eq%20'Rom'	Alle Instanzen der Entität Flug mit dem Abflugort »Rom«
http://SERVER/WWWingsDataService.svc/Flug?$filter=Abflugort%20eq%20'Rom'%20and%20Zielort%20eq%20'Berlin'	Alle Instanzen der Entität Flug mit dem Abflugort „Rom" und dem Zielort „Berlin"
http://SERVER/WWWingsDataService.svc/Flug(101)/Passagier	Alle Passagiere auf dem Flug 101
http://SERVER/WWWingsDataService.svc/Flug?$orderby=FreiePlaetze%20desc	Sortieren: Instanz der Entität Flug absteigend sortiert nach freien Plätzen

URL	Erläuterung
http://SERVER/WWWingsDataService.svc/ Flug?$skip=100&$top=5	Paging: Instanz 200 bis 204 der Entität Flug
http:// SERVER/ WWWingsDataService. svc/Flug/$count	Anzahl der Flüge
http:// SERVER/WWWingsDataService.svc/ Flug(101)/Passagier/$count	Anzahl der Passagiere auf Flug 101
http:// SERVER/WWWingsDataService.svc/ Flug/$count?$filter=Abflugort eq 'Berlin'	Anzahl der Flüge von Rom
http://SERVER/WWWingsDataService.svc/ Flug(110)?$expand=Passagier/Person,Pilot/ Mitarbeiter/Person	Liefert den Flug 101 zusammen mit dem Piloten (und zugehörigen Details in Mitarbeiter und Person) sowie allen Passagierdaten mit den jeweiligen Personendaten

11.5.8 Einen WCF Data Service erstellen

Zum Anlegen eines WCF Data Service fügt man einem Webprojekt (Webanwendungsmodell oder Websitemodell) ein Projektelement von der Vorlage „WCF Data Services" hinzu. Daraus entsteht eine WCF-Dienstdatei (Dateinamenerweiterung .svc) mit zugehöriger Hintergrund-codedatei.

In der Hintergrundcodedatei ist eine Klasse implementiert, die von der generischen Klasse *DataService* erbt. Es steht noch ein „TODO" im Programmcode. An diese Stelle muss man die *ObjectContext*-Klasse des mit dem ADO.NET Entity Framework erstellten Entity-Data-Modells (EDM in einer .edmx-Datei) als Parameter eintragen.

> *public class WWWingsDataService :*
> *System.Data.Services.DataService<WWWingsModel.WWWingsEntities> public*

Eine Implementierung von Dienstmethoden ist nicht notwendig. Die Dienstmethoden für das Lesen, Anfügen, Ändern und Löschen werden automatisch erzeugt.

11.5.9 Zugriffsrechte

Es ist aber notwendig, die Zugriffsrechte zu setzen, denn in der Grundeinstellung sind keine festgelegt. Die Rechte sind zu vergeben in der Methode *InitializeService()*. Wer alles erlauben will, schreibt einfach:

```
config.SetEntitySetAccessRule("*", EntitySetRights.All);
```

Einige Entwickler haben das Vorurteil gegen WCF Data Services, das man dieses Technik nur einsetzen können in Fällen, wo jeder Benutzer alles mit allen Daten machen dürfe. Und das gäbe es ja nur in ganz seltenen Fällen. Das Vorurteil ist nicht berechtigt. Richtig ist, dass im Standard jeder Benutzer alle für eine jeweilige Entität freigeschalteten Operationen ausführen darf. Mit der generellen Initialisierungsanweisung config.SetEntitySetAccess

Rule(„*", EntitySetRights.All); wird tatsächlich für alle zugreifbaren Entitäten (in der Regel Datenbanktabellen) der Zugriff auf alle Operationen (Create, Read, Update, Delete) gestattet.

Diese Rechte können nun auf zwei Ebenen eingeschränkt werden:

- Entity Set Access Rules: Rechte für Entitäten und darauf erlaubte Operationen
- Interceptoren: Rechteeinschränkungen auf Gruppen- und Benutzerebene

Mit Entity Set Access Rules kann der Entwickler in der Intialisierungsroutine Initialize Service() festlegen, welche Operationen auf welche Entitäten erlaubt sind. Im Standard sind keine Rechte vergeben, d. h. es darf niemand etwas auf irgendeiner Entität machen. Nun vergibt man mit SetEntitySetAccessRule() für namentlich zu benennende Entitätenklassen die Zugriffsrechte mit Hilfe der flagbasierten Enumeration EntitySetRights. Zu beachten ist dabei, dass die Namen etwas vom üblichen Standard abweichen. WriteAppend entspricht Insert, WriteDelete ist ein Löschen und WriteMerge ein ändern einer Entitäts.

```
config.SetEntitySetAccessRule("Flug", EntitySetRights.All);
config.SetEntitySetAccessRule("Pilot", EntitySetRights.AllRead | Entity
SetRights.WriteMerge);
config.SetEntitySetAccessRule("Person", EntitySetRights.AllRead | Entity
SetRights.WriteAppend | EntitySetRights.WriteMerge);
config.SetEntitySetAccessRule("Passagier", EntitySetRights.AllRead | Entity
SetRights.WriteAppend | EntitySetRights.WriteMerge);
```

Möchte man nun aber für verschiedene Gruppen oder einzelne Benutzer andere Rechte vergeben, kommt man so nicht weiter. Die Lösung besteht darin, einen Interceptor in der eigenen Datenservice-Klasse zu schreiben, der der Nutzung einer Entitätsklasse aufgerufen wird. Der folgende Interceptor verhindert, dass Piloten von Leuten genutzt werden, die nicht zur Benutzerrolle „FlugAdminsEuropa" gehören. Da WCF Data Services auf der Windows Communication Foundation (WCF) aufbauen, stehen hier alle Möglichkeiten der Rollendefinition von WCF zur Verfügung, z. B. Active Directory-Benutzergruppen oder das ASP. NET-Membership-System.

```
// Interceptor für Piloten
[QueryInterceptor("Pilot")]
[PrincipalPermission(SecurityAction.Demand, Role = "FlugAdminsEuropa")]
public Expression<Func<Pilot, bool>> FilterPilot()
{
 return o => true;
}
```

Obwohl sich der Interceptor in der Annotation als QueryInterceptor verkauft, wirkt eine Rechtebeschränkungen auf diesem auch bei anderen Operationen wie Löschen, Anfügen und Ändern. Der WCF Data Service antwortet in jedem Fall mit „Request for principal permission failed.", wenn der Benutzer nicht zur geforderten Rolle gehört.

Ein Interceptor kann aber noch mehr, statt nur manche Benutzergruppe zuzulassen und manche zu verbieten: er kann verschiedenen Benutzergruppen unterschiedliche Daten anbieten. Mit dem Lamdba-Expression in Methodeninhalt der Interceptor-Methode kann man steuern, welche Daten man weitergeben will. So sorgt der nächste Interceptor dafür, dass Mitglieder der Gruppe FlugAdminsEuropa alle Flugdaten sehen, während alle anderen Benutzer nur diejenigen Flüge abfragen und ändern können, die in der Zukunft liegen und noch nicht ausgebucht sind.

```
// Interceptor für Einschränkung der Operationen: nur Ort mit "R" für
jedermann zulassen
 [QueryInterceptor("Flug")]
 public Expression<Func<Flug, bool>> FilterFluege()
 {
   if (HttpContext.Current != null && HttpContext.Current.User.
IsInRole("FlugAdminsEuropa"))
     return o => true; // alle Flüge
   else
     return o.Datum > DateTime.Now && o.FreiePlaetze > 0; // nur Flüge
in der der Zukunft, die noch nicht ausgebucht sind
 }
```

Aber Achtung: Ein solcher Interceptor verhindert nicht, dass ein Benutzer einen Flug anlegt, der nicht den hinterlegten Abfragekriterien entspricht. Er verhindert nur, dass ein Benutzer diesen Flug später wieder lesen, ändern oder löschen kann.

11.5.10 Fehlermeldungen aktivieren

Wie bei WCF üblich, liefert auch ein Data Service im Standard keine aufschlussreichen Fehlermeldungen. Man erhält nur eine Rückmeldung mit dem Text „Fehler beim Verarbeiten dieser Anforderung."

```
HTTP/1.1 500 Internal Server Error
Server: ASP.NET Development Server/10.0.0.0
Date: Wed, 18 Jul 2012 13:46:08 GMT
X-AspNet-Version: 4.0.30319
X-Content-Type-Options: nosniff
DataServiceVersion: 1.0;
Content-Length: 233
Cache-Control: private
Content-Type: application/xml;charset=utf-8
Connection: Close

<?xml version="1.0" encoding="utf-8" standalone="yes"?><error xmlns=
"http://schemas.microsoft.com/ado/2007/08/dataservices/metadata"><code></
code><message xml:lang="de-DE">Fehler beim Verarbeiten dieser Anforderung.
</message></error>
Wenn man wirklich wissen will, was auf dem Server schief gegangen ist, muss
man in InitializeService() ergänzen: config.UserVerboseErrors = true. Dann
gibt es das ganze Exception-Objekt inklusive StackTrace. In Produktions-
umgebungen sollte man hier aber vorsichtig sein mit der Herausgabe dieser
Informationen an dir Clients.

HTTP/1.1 500 Internal Server Error
Server: ASP.NET Development Server/10.0.0.0
Date: Wed, 18 Jul 2012 14:00:14 GMT
X-AspNet-Version: 4.0.30319
X-Content-Type-Options: nosniff
DataServiceVersion: 1.0;
Content-Length: 4421
Cache-Control: no-cache
Content-Type: application/xml;charset=utf-8
Connection: Close
```

```
<?xml version="1.0" encoding="utf-8" standalone="yes"?><error xmlns="http://
schemas.microsoft.com/ado/2007/08/dataservices/metadata"><code></
code><message xml:lang="de-DE">Fehler beim Verarbeiten dieser Anforderung.
</message><innererror><message>The underlying provider failed on Open.
</message><type>System.Data.EntityException</type><stacktrace>    at System.
Data.EntityClient.EntityConnection.OpenStoreConnectionIf(Boolean openCondi-
tion, DbConnection storeConnectionToOpen, DbConnection originalConnection,
String exceptionCode, String attemptedOperation, Boolean&amp; closeStore
ConnectionOnFailure)…</stacktrace><internalexception><message>Cannot open
database "WWWings6_3a" requested by the login. The login failed.&#xD;
Login failed for user 'ITV\HS'.</message><type>System.Data.SqlClient.Sql
Exception</type><stacktrace>…</stacktrace></internalexception></innererror>
</error>
```

Es gibt übrigens leider Fehlerfälle, in denen man dennoch nur ein „The server encountered an error processing the request. See server logs for more details." zurückbekommt.

11.5.11 Einen WCF Data Service im Webbrowser testen

Zum Testen kann man einen WCF Data Service über einen beliebigen Webbrowser aufrufen. Dabei erhält man nicht wie bei einfachen WCF-Testservices nur eine Informationsseite mit Hyperlink zum WSDL-Dokument, sondern man kann über die URL-Syntax Abfragen absenden. Beim Aufruf der Dienst-URL ohne weitere Zusätze in der URL liefert der WCF Data Service eine Liste aller verfügbaren Entitäten.

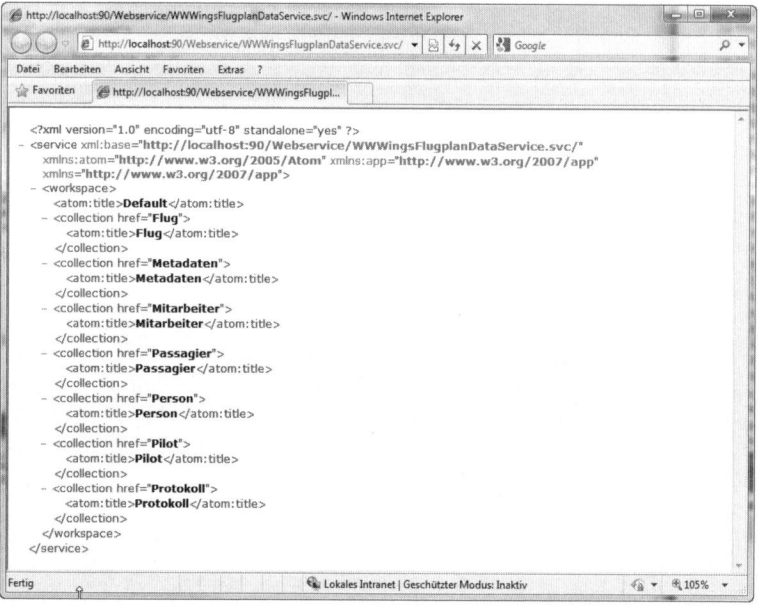

Bild 11.18 Aufruf der Dienst-URL

Durch das Anhängen des Namens einer Entität an die URL erhält man alle Instanzen der Entität. Da das Standardformat ATOM ist, zeigt der Internet Explorer die Daten als einen

„Feed" an. Da dies keine sinnvolle Darstellung ist, muss man die Feed-Ansicht in den Eigenschaften des Internet Explorers deaktivieren (siehe Bild 11.19).

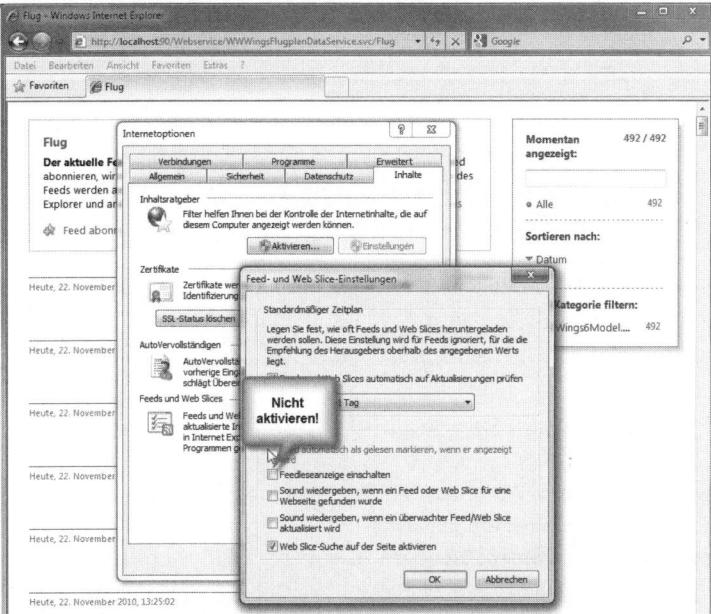

Bild 11.19 Deaktivieren der Feed-Ansicht

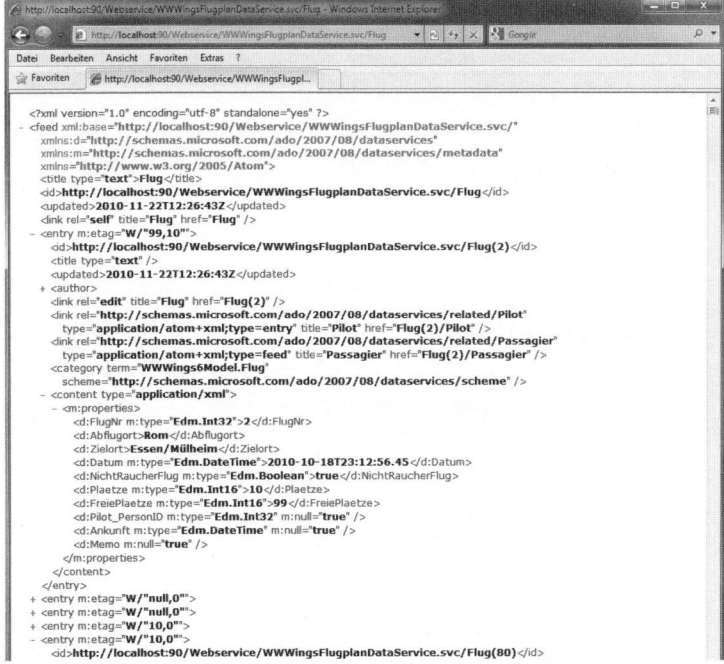

Bild 11.20 Liste aller Instanzen einer Entität

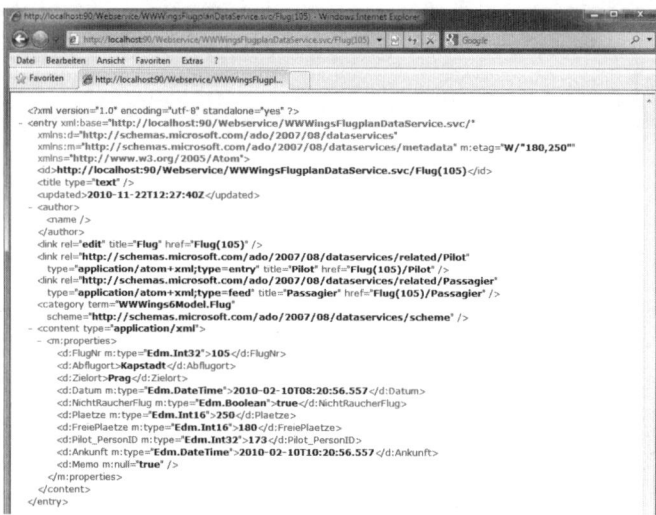

Bild 11.21 Eine einzelne Entität

11.5.12 Abruf der Metadaten

Ein WCF Data Service erzeugt automatisch Metadaten. Diese sind unter der Adresse /WWWingsDataService.svc/$metadata erreichbar. Die Syntax entspricht nicht der Web Services Description Language, sondern ist ein eigenes Format im Rahmen des ODATA-Standards.

Bild 11.22 Metadaten eines WCF Data Service

11.5.13 Einen WCF Data Service mit Fiddler testen

Fiddler ist ein kostenfreies Werkzeug, das sich HTTP-Debugger nennt (*http://www.fiddler tool.com*). Mit Fiddler kann man den Datenverkehr zwischen einem HTTP-Client und einem HTTP-Server aufzeichnen. Man kann damit aber auch HTTP-Abfragen konstruieren und testen. Bild 11.23 zeigt die Konstruktion einer HTTP-Abfrage gegen einen WCF Data Service, bei dem über den HTTP-Header explizit JSON statt ATOM als Rückgabeformat angefordert wird. Die alternative Darreichungsform JSON kann von dem Client beeinflusst werden, indem dieser im HTTP-Header im Feld *Accept* den Typ *„application/json"* anfordert. Das Format ist also keine feste Konfiguration des Dienstes, sondern erfolgt auf Wunsch des Clients.

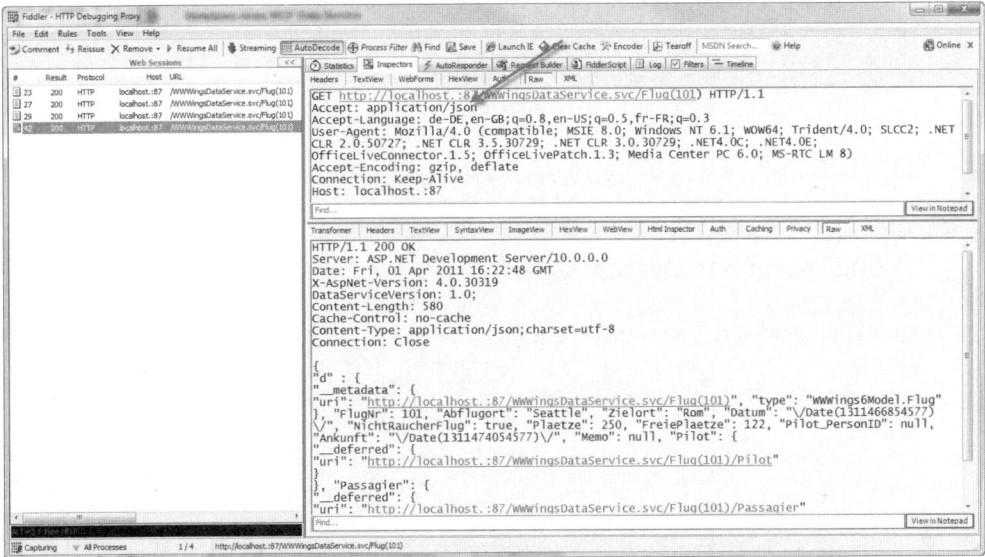

Bild 11.23 Einen Data Service in Fiddler testen

11.5.14 Einen .NET-basierten Client erstellen

Ein WCF Data Service kann in jeder beliebigen .NET-Anwendung konsumiert werden, d.h. zum Beispiel eine Konsolenanwendung, eine WPF-Anwendung und eine ASP.NET-Anwendung können Client für einen Data Service sein. Dazu ist in dem Client-Projekt eine Referenz auf die Assembly *System.Data.Services.Client.dll* angelegt. Auch in Silverlight und Silverlight für Windows Phone 7 gibt es diese Bibliothek.

11.5.14.1 Proxy-Klassen erstellen

Die Referenz auf die Bibliothek *System.Data.Services.Client.dll* wird automatisch erzeugt, wenn ein Client mithilfe der Funktion „Add Service Reference" einen Proxy für einen WCF Data Service erstellt. Dabei ist die URL der .svc-Datei anzugeben. Alternativ kann man das Kommandozeilenwerkzeug DataSvcUtil.eXE verwenden.

Durch die Proxy-Generatoren entsteht eine Klasse für den clientseitigen Datenkontext, die abgeleitet ist von *System.Data.Service.Client.DataServiceContext* (hier: *WWWingsEntities*), sowie jeweils eine Klasse für jede Entität in dem Entity-Data-Modell (ohne Basisklasse).

11.5.14.2 Datenabfragen

Der Client für die WCF Data Services unterstützt LINQ. Diese Variante von LINQ wird LINQ-to-DataServices genannt. LINQ-to-DataServices bildet einen LINQ-Abfrageausdruck auf die URL-Syntax der WCF Data Services ab.

Listing 11.19 Abfrage von Daten von einem WCF Data Service in LINQ-Syntax

```
/// <summary>
/// Abfragen von Datensätzen über einen Data Service in LINQ-Syntax
/// </summary>
private static void DSClient_Lesen_LINQ()
{
  // Kontext erstellen
  WorldWideWingsModel.WorldWideWingsEntities DB = new WorldWideWingsModel.
WorldWideWingsEntities(
                  new Uri("http://SERVER/WWWingsDataService.svc"));

  // LINQ-Abfrage
  var Fluege = from f in DB.Flug where f.Abflugort == "Rom" select f;

  // Ausgabe
  foreach (Flug f in Fluege)
  {
    Console.WriteLine(f.FlugNr + " fliegt von " + f.Abflugort + " nach " +
f.Zielort + " und hat " +
                  f.FreiePlaetze + "!");
  }
}
```

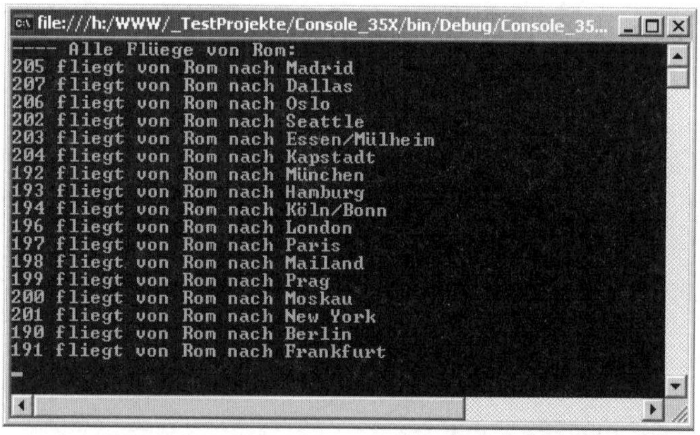

Bild 11.24 Ausgabe des obigen Beispiels

Mit der LINQ-to-DataService-Syntax hat man nicht alle Möglichkeiten, die man von LINQ-to-Entities kennt, z.B. kann man für das Eager Loading (direktes Mitladen verbundener Objekte) **nicht** schreiben:

```
var LINQAbfrage = from f in DB.Flug.Include("Pilot").Include("Passagier.
Person") where f.Abflugort == "Rom" select f;
```

Das Eager Loading versteckt sich in der Klasse *DataServiceQuery<T>* als *Expand()*-Methode.
Man muss die Abfrage erst in *DataServiceQuery<T>* umwandeln und kann dann schreiben:

```
var LINQAbfrage = (from f in DatenDienst.Flug where f.Abflugort == Ort
select f);
DataServiceQuery<Flug> DSAbfrage = (LINQAbfrage  as DataServiceQuery<Flug>).
Expand("Pilot").Expand("Passagier/Person");
```

Über *DataServiceQuery<T>* kann man sich auch ausgeben lassen, welche URL-Syntax nun
gesendet wird:

```
MessageBox.Show(DSAbfrage.RequestUri.ToString());
```

Abfragen sind alternativ zu LINQ und *DataServiceQuery<T>* auch mit der URL-Abfragesyn-
tax möglich. Dazu dient die Methode *Execute()* in der clientseitigen Objektkontextklasse.
Durch die Methode *BeginExecute()* in der Klasse *WebDataQuery* kann man Abfragen auch
asynchron ausführen.

Listing 11.20 Abfrage von Daten von einem WCF Data Service in URL-Syntax

```
/// <summary>
/// Abfragen von Datensätzen über einen Data Service in URL-Syntax
/// </summary>
 private static void DSClient_Lesen_URI()
 {
   // Kontext erstellen
   WorldWideWingsModel.WorldWideWingsEntities DB =
       new WorldWideWingsModel.WorldWideWingsEntities(new Uri
("http://SERVER/WWWingsDataService.svc/"));

   // Abfrage
   IEnumerable<Flug> Fluege = DB.Execute<Flug>(
                new Uri("http://SERVER/WWWingsDataService.svc/
Flug?$orderby=Abflugort"));

   // Ausgabe
   foreach (Flug f in Fluege)
   {
    Console.WriteLine(f.FlugNr + " fliegt von " + f.Abflugort + " nach " +
f.Zielort +
                   " und hat " + f.FreiePlaetze + "!");
   }
 }
```

11.5.14.3 Datenänderungen

Zum Anfügen eines Objekts an die Datenmenge erzeugt man mit dem new-Operator eine
neue Instanz eines Datenobjekts. Anschließend muss man es mit *AddObject()* an den
clientseitigen Objektkontext anfügen. Dabei ist als Parameter auch der Name der Entität
(Klassenname) anzugeben. Zum Ändern einer Instanz muss man *UpdateObject()* nach der
Änderung ausführen. Auf der Serverseite ist jeweils kein Programmcode notwendig.

Die Änderungen werden erst übertragen, wenn man *SaveChanges()* ausführt. Asynchron speichern kann man mit *BeginSaveChanges()*. Optional kann angegeben werden, wie der Server mit Änderungskonflikten verfahren soll, z.B. *DB.MergeOption = MergeOption.OverwriteChanges.*

Listing 11.21 Datenänderungen mit einem WCF Data Service

```
/// <summary>
/// Ändern von Datensätzen über einen Data Service
/// </summary>
private static void DSClient_Lesen_Aendern()
{
    WorldWideWingsModel.WorldWideWingsEntities DB = new WorldWideWingsModel.
WorldWideWingsEntities(
                        new Uri("http://SERVER/WWWingsDataService.svc/"));

    var Fluege = (from f in DB.Flug where f.Abflugort == "Rom" &&
f.FreiePlaetze < 0 select f);

    foreach (Flug f in Fluege)
    {
      Console.WriteLine(f.FlugNr + " fliegt von " + f.Abflugort + " nach " +
f.Zielort + " und hat " +
                        f.FreiePlaetze + "!");

      // Objekt ändern
      f.FreiePlaetze = 0;

      // Objekt als verändert markieren
      DB.UpdateObject(f);
    }

    Console.WriteLine("Speichern aller Änderungen...");
    // Alle Änderungen speichern
    DB.SaveChanges();
}


/// <summary>
/// Löschen eines Datensatzes über einen Data Service
/// </summary>
private static void DSClient_Lesen_Loeschen()
{
    WorldWideWingsModel.WorldWideWingsEntities DB = new WorldWideWingsModel.
WorldWideWingsEntities(
                        new Uri("http://SERVER/WWWingsDataService.svc/"));

    // Zugriff auf einen bestimmten Flug
    var flug = (from f in DB.Flug where f.FlugNr == 99999 select
f).SingleOrDefault();

    // Flug löschen, wenn er gefunden wurde
    if (flug != null)
    {
      Console.WriteLine("Flug wird gelöscht!");
      DB.DeleteObject(flug);
    }
    Else
```

```
    {
     Console.WriteLine("Flug nicht gefunden!");
    }

    // Alle Änderungen speichern
    DB.SaveChanges();
  }

/// <summary>
/// Anfügen eines neuen Datensatzes über einen Data Service
/// </summary>
private static void DSClient_Lesen_Anfuegen()
  {
    WorldWideWingsModel.WorldWideWingsEntities DB = new WorldWideWingsModel.
WorldWideWingsEntities(
                    new Uri("http://SERVER/WWWingsDataService.svc/"));

    // === Einen Datensatz ergänzen
    WorldWideWingsModel.Flug n = new WorldWideWingsModel.Flug();
    n.FlugNr = 99999; // bitte auf Einmaligkeit des Keys achten!
    n.Abflugort = "Peking";
    n.Zielort = "Sydney";
    n.Plaetze = 250;
    n.FreiePlaetze = 250;
    DB.AddObject("Flug", n);

    Console.WriteLine("Flug wird ergänzt...");
    // Alle Änderungen speichern
    DB.SaveChanges();
  }
```

11.5.14.4 DataServiceCollection

Für die Datenbindung an Steuerelemente (z.B. eine *DataGrid*) verwendet man am besten eine *DataServiceCollection* aus dem Namensraum *System.Data.Services.Client*. Diese Klasse ist eine Erweiterung der Mengenklasse *ObservableCollection*, die den clientseitigen Objektkontext über Änderungen informiert und die Aufrufe der Methoden *UpdateObject()*, *Delete Object()* und *AddObject()* automatisch ausführt.

Listing 11.22 DataServiceCollection

```
Console.WriteLine("WCF Data Services - DataServiceCollection");
     DataServiceProxy.WWWings6Entities proxy =
             new DataServiceProxy.WWWings6Entities(new Uri("http://SERVER/
WWWingsDataService.svc"));
     var q = (from f in proxy.Flug where f.Abflugort == "Rom" select f);
     DataServiceCollection<Flug> fluege =
      new DataServiceCollection<Flug>(q);
     foreach (var f in q)
     {
       Console.WriteLine(f.FlugNr + ": " + f.FreiePlaetze);
       // Ändern
       f.FreiePlaetze--;
     }

     // Löschen, wenn vorhanden
     if (fluege.Where(f => f.FlugNr == 2).FirstOrDefault() != null)
```

```
                    fluege.Remove(fluege.Where(f => f.FlugNr == 2).FirstOr
Default());

        // Anfügen
        Flug fneu = new Flug();
        fneu.FlugNr = 2;
        fneu.Abflugort = "Rom";
        fneu.Zielort = "Essen/Mülheim";
        fneu.Datum = DateTime.Now;
        fneu.FreiePlaetze = 100;
        fneu.Plaetze = 100;
        fluege.Add(fneu);

        // Speichern
        proxy.SaveChanges();
        Console.ReadLine();
```

11.5.15 Tipps und Tricks

Dieser Abschnitt enthält Tipps und Tricks zur Arbeit mit WCF Data Services.

11.5.15.1 Eigene Dienstoperationen

Individuelle Dienstoperationen bei WCF Data Services

WCF Data Services zeichnen sich dadurch aus, dass eine generische Lese-Operation sowie Einfüge-, Änderungs- und Löschoperationen („CRUD"-Operationen) automatisch entstehen ohne explizite Implementierung des Entwicklers. Wenn man nun eigene Operationen schreiben möchten (z. B. eine Leseoperation, die nicht eine Entität, sondern einen elementaren Datentyp zurückgibt), so muss man dafür nicht einen getrennten WCF-Dienst schreiben. Wie bei einem normalen WCF Service kann man auch bei einem WCF Data Service explizit eigene Dienstoperationen in Form von Methoden der Data Service-Klasse (also in der von DataService<Typ> abgeleiteten Klasse) schreiben. Dies erfolgt im Stil von WCF REST-Diensten, also mit der Annotation [WebGet].

Das folgende Fragment zeigt eine sehr einfach zusätzliche Operation in einem WCF Data Service, die keinen Parameter besitzt und eine Zeichenkette mit Informationen über System und authentifizierten Benutzer zurückliefert. Der Aufruf erfolgt über *http://UnserServer/WWWingsDataService.svc/GetInfo*.

```
// Zusätzliche Dienstoperation
[WebGet]
public string GetInfo()
{
  return "User: " + System.Environment.UserName + " Admin: " + HttpContext.
Current.User.IsInRole("Administrators") + " Machine: " + System.Environment.
MachineName;
}
```

Die zusätzliche Dienstoperation darf Parameter besitzen, die man in der URL an den Namen der Dienstoperation als Querystring anhängt. Für die Operation CountFluegeAusEinerStadt wäre dies z. B. *http://UnserServer/WWWingsDataService.svc/CountFluegeAusEinerStadt?Stadt='Rom'*.

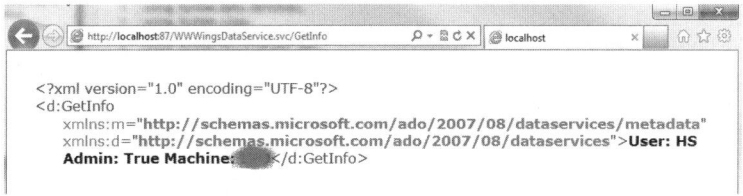

Bild 11.25 Ausgabe beim Aufruf von http://UnserServer/WWWingsDataService.svc/GetInfo

```
    // Zusätzliche Dienstoperation mit einem Parameter und elementarem
Datentyp als Rückgabewert
    [WebGet]
    public int CountFluegeAusEinerStadt(string Stadt)
    {
      if (string.IsNullOrEmpty(Stadt))
      {
        throw new ArgumentNullException("Stadt", "Stadt darf nicht leer sein!");
      }
      return (from f in this.CurrentDataSource.Flug where f.Abflugort ==
Stadt select f).Count();
    }
Natürlich kann man auch eine Liste von Daten zurückgeben, z.B:
    // Zusätzliche Dienstoperation mit Liste von elementarem Datentyp als
Rückgabewert
    // Aufruf: http://UnserServer/WWWingsDataService.svc/GetOrte
    [WebGet]
    public List<string> GetOrte()
    {
      throw new ApplicationException("Datenbank nicht verfügbar");
      return (from f in this.CurrentDataSource.Flug select f.Abflugort).
Distinct().ToList();
    }
```

Ebenso kann man auch Entitäten zurückgeben.

```
    // Zusätzliche Dienstoperation
    // Aufruf: http://UnserServer/WWWingsDataService.svc/FluegeVonNach?von='Rom
'&nach='Berlin'
    [WebGet]
    public List<de.WWWings.GO_STE.Flug> FluegeVonNach(string von, string nach)
    {
      if (string.IsNullOrEmpty(von))
      {
        throw new ArgumentNullException("von", "von darf nicht leer sein!");
      }
      if (string.IsNullOrEmpty(nach))
      {
        throw new ArgumentNullException("nach", "nach darf nicht leer sein!");
      }
      return (from f in this.CurrentDataSource.Flug where f.Abflugort ==
von && f.Zielort == nach select f).ToList();
    }
```

Selbstdefinierte Dienstoperationen bei WCF Data Services können auch generisch sein, indem man den Rückgabetyp als IQueryable<T> definiert. Das bedeutet, dass der Aufruf an die vordefinierten Parameter weiter Standardoperatoren der WCF Data Services (z. B. $filter, $top, $skip, $expand) anhängen kann. Das folgende Fragment zeigt eine selbstdefinierte generische Dienstoperation, die Flug-Entitäten liefert.

```
// Zusätzliche Dienstoperation
  // Aufruf: http://UnserServer/WWWingsDataService.svc/FluegeVonNach?von=
'Rom'&nach='Berlin'&$skip=10&$top=5
  [WebGet]
  public IQueryable<de.WWWings.GO_STE.Flug> FluegeVonNach2(string von,
string nach)
  {
    if (string.IsNullOrEmpty(von))
    {
      throw new ArgumentNullException("von", "von darf nicht leer sein!");
    }
    if (string.IsNullOrEmpty(nach))
    {
      throw new ArgumentNullException("nach", "nach darf nicht leer sein!");
    }
    return (from f in this.CurrentDataSource.Flug where f.Abflugort ==
von && f.Zielort == nach select f);
  }
```

Diese Dienstoperation kann man nun folgendermaßen aufrufen:

http://UnserServer/WWWingsDataService.svc/FluegeVonNach2?von='Rom'&nach='Moskau'&$filter=FreiePlaetze gt 0&$skip=10&$top=5

Das bedeutet: die Parameterwerte „Rom" und „Moskau" werden an die vordefinierten Parameter von und nach gebunden. Darüber hinaus wird ein zusätzliche Filter (Freie Plätze > 0) angewendet und ein Blättern (überspringen der ersten 10, Rückgabe der nächsten 5 Entitäten) ausgeführt. Ganz wichtig: Das IQueryable in Verbindung mit einer geeigneten Datenquelle (z. B. ADO.NET Entity Framework) führt die komplette Filterbedingung (also Abflugort, Zielort und Freie Plätze) sowie das Blättern (alias Paging) in der Datenbank aus. Bei der Generierung von SQL werden also die in der Dienstoperation vordefinierten Bedingungen mit den zusätzlichen Operationen verbunden.

Eine weitere Option ist übrigens, in den selbstdefinierten Dienstoperationen dynamisches LINQ in Verbindung mit dem ADO.NET Entity Framework zu verwenden.

```
// Zusätzliche Dienstoperation mit generischem Filter-Parameter
  [WebGet]
  public int GetCount(string where)
  {
    return String.IsNullOrEmpty(where) ? CurrentDataSource.Flug.Count() :
CurrentDataSource.Flug.Where(where).Count();
  }
```

Die vorangegangene Operation kann man wie folgt aufrufen:

http://UnserServer/WWWingsDataService.svc/GetCount?where='it.Abflugort="Rom"'

Dabei ist die Bedingung nun nicht mehr in OData-Syntax (also mit Operatoren eq, gt, ls, etc.), sondern in der Entity SQL Syntax („normale" Operatorenschreibweise, „it" als Variablenname) zu übersenden. Die Bedingung wird an die Query Builder-Methode Where() übergeben, die ADO.NET Entity Framework in der Klasse ObjectSet<T> bereitstellt.

11.5.15.2 Datenmengenbeschränkungen aktivieren

Ein WCF Data Service kann zum Schutze vor Überlastungen festlegen, dass eine Anfrage nur eine bestimmte Anzahl von Objekten anfordern darf. Dies geschieht in InitializeService() mit MaxResultsPerCollection, z. B. config.MaxResultsPerCollection = 20;

Eine Abfrage wie

http://UnserServer/WWWingsDataService.svc/Flug

wird dazu führen, dass der Anfrager nur die ersten 20 Flüge bekommt und im Anschluss an den Datenstrom der Flugobjekte ein <m:error><m:code /><m:message xml:lang="de-DE">Die Antwort überschreitet die maximale Anzahl von 20 Ergebnissen pro Auflistung.</m:message></m:error>. Vermeiden kann der Anfrager dies durch Beschränkung seiner Anfrage durch Blättern (Paging) z. B.

http://UnserServer/WWWingsDataService.svc/Flug?$top=20

oder

http://UnserServer/WWWingsDataService.svc/Flug?$skip=20&$top=20

Mit config.MaxExpandDepth schränkt der Autor eines WCF Data Service die Anzahl der Ebenen verbundenen Entitäten ein. Gegeben sei ein Objektmodell ein Flug eine Menge von Passagieren besitzt und zu jedem Passagier gibt es Details in einer getrennten Entität Person. Außerdem gibt es zu jedem Flug einen Pilot, der wiederrum Details im Objekt Mitarbeiter hat und zu jedem Mitarbeiter gibt es wieder Details in Person. Dann kann man mit OData-Operator $expand den Flug mit allen verbundenen Objekten laden:

http://UnserServer/WWWingsDataService.svc/Flug(101)?$expand=Passagier/Person,Pilot/ Mitarbeiter/Person

Diesen hierarchischen Datenzugriff kann man einschränken. config.MaxExpandDepth = 1 würde bedeuten, dass man nur noch eine Hierarchieebene unterhalb von Flug laden darf, also:

http://UnserServer/WWWingsDataService.svc/Flug(101)?$expand=Passagier,Pilot

Mit config.MaxExpandDepth = 2 wäre erlaubt:

http://UnserServer/WWWingsDataService.svc/Flug(101)?$expand=Passagier/Person,Pilot/ Mitarbeiter.

Weitere Beschränkungen sind:

- **MaxExpandCount:** Maximalanzahl der Unterelemente, die geliefert werden
- **MaxBatchCount:** Maximalanzahl der gleichzeitig übermittelten Operationen
- **MaxObjectCountOnInsert:** Maximalanzahl der gleichzeitigen Einfüge-Operationen
- **MaxChangesetCount:** Maximalanzahl der gleichzeitigen Änderungs-Operationen

11.5.15.3 Einschränken durch Interceptoren

Ein Interceptor erlaubt die Einschränkung der Ergebnismenge. Mit einem Interceptor kann man zum Beispiel definieren, dass bestimmte Benutzer/Benutzergruppen nur bestimmte Objekte sehen dürfen.

Ein Interceptor ist eine Methode in der eigenen DataService-Klasse, die mit der Annotation *[QueryInterceptor]* ausgezeichnet ist. Die Annotation legt fest, für welche Entitätsklasse der

Interceptor gilt. Der Interceptor liefert einen Ausdruck zurück, der auf alle Instanzen dieser Klasse angewendet wird. Der Ausdruck muss *true* liefern, wenn das Objekt sichtbar sein soll, und *false*, wenn es nicht sichtbar sein soll.

Der folgende Interceptor verhindert, dass Piloten von Leuten genutzt werden, die nicht zur Benutzerrolle „FlugAdminsEuropa" gehören. Da WCF Data Services auf der Windows Communication Foundation (WCF) aufbauen, stehen hier alle Möglichkeiten der Rollendefinition von WCF zur Verfügung, z. B. Active Directory-Benutzergruppen oder das ASP.NET-Membership-System.

```
// Interceptor für Piloten
[QueryInterceptor("Pilot")]
[PrincipalPermission(SecurityAction.Demand, Role = "FlugAdminsEuropa")]
public Expression<Func<Pilot, bool>> FilterPilot()
{
 return o => true;
}
```

Obwohl sich der Interceptor in der Annotation als QueryInterceptor verkauft, wirkt eine Rechtebeschränkungen auf diesem auch bei anderen Operationen wie Löschen, Anfügen und Ändern. Der WCF Data Service antwortet in jedem Fall mit „Request for principal permission failed.", wenn der Benutzer nicht zur geforderten Rolle gehört.

Ein Interceptor kann aber noch mehr, statt nur manche Benutzergruppe zuzulassen und manche zu verbieten: er kann verschiedenen Benutzergruppen unterschiedliche Daten anbieten. Mit dem Lamdba-Expression in Methodeninhalt der Interceptor-Methode kann man steuern, welche Daten man weitergeben will. So sorgt der nächste Interceptor dafür, dass Mitglieder der Gruppe FlugAdminsEuropa alle Flugdaten sehen, während alle anderen Benutzer nur diejenigen Flüge abfragen und ändern können, die in der Zukunft liegen und noch nicht ausgebucht sind.

```
// Interceptor für Einschränkung der Operationen: nur Ort mit "R" für
jedermann zulassen
[QueryInterceptor("Flug")]
public Expression<Func<Flug, bool>> FilterFluege()
{
 if (HttpContext.Current != null && HttpContext.Current.User.
IsInRole("FlugAdminsEuropa"))
   return o => true; // alle Flüge
 else
   return o.Datum > DateTime.Now && o.FreiePlaetze > 0; // nur Flüge
in der der Zukunft, die noch nicht ausgebucht sind
 }
```

Aber Achtung: Ein solcher Interceptor verhindert nicht, dass ein Benutzer einen Flug anlegt, der nicht den hinterlegten Abfragekriterien entspricht. Er verhindert nur, dass ein Benutzer diesen Flug später wieder lesen, ändern oder löschen kann.

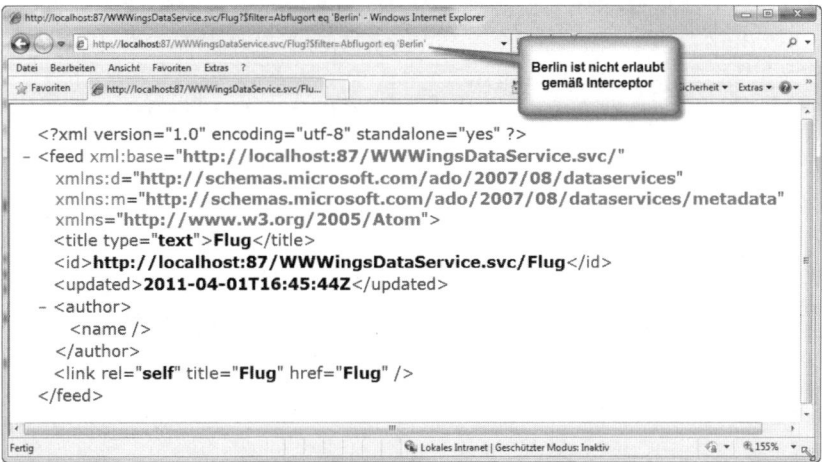

Bild 11.26 Auswirkung des Interceptors

11.5.15.4 Hosting eines WCF Data Service in eigenen Anwendungen

Zum Anlegen eines WCF Data Service verwendet man in Visual Studio die Projektvorlage „WCF Data Service", die es nur in Webprojekten gibt. Man kann einen WCF Data Service aber auch außerhalb des IIS betreiben, z. B. in einer Konsolenanwendung oder einem Windows-Dienst. Dazu gibt es die Klasse *DataServiceHost*.

```
DataServiceHost dsh = new DataServiceHost(typeof(de.WWWings.Dienste.Flug
WebDataService),
                        new Uri[] { new Uri("http://localhost:88/Webservice/
WWWingsDataService.svc") });
foreach (System.ServiceModel.Description.ServiceEndpoint e
in dsh.Description.Endpoints)
{
Print(" -Endpunkt: " + e.Address + " (" + e.Binding.Name + ")", ConsoleColor.
White);
}
dsh.Open();
```

11.5.15.5 Zeilen zählen (Row Count)

WCF Data Services unterstützen seit Version 2.0 das serverseitige Zählen von Ergebnismengen. Durch das Anhängen von *$count* in der URL kann man anstelle der Ergebnismenge in XML- oder JSON-Form die Anzahl der Elemente als reinen Text erhalten. In einem .NET-Client kann man mit dem LINQ-Operator *Count()* arbeiten

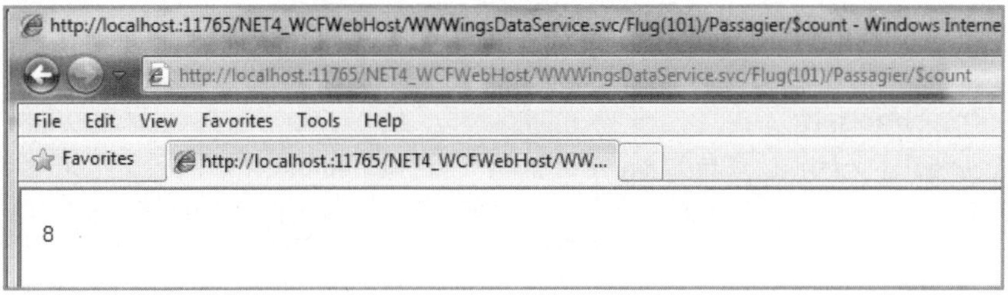

Bild 11.27 Anwendung des Operators *$count* zum Zählen der Passagiere auf einem Flug

URL	Bedeutung
http://Server/ WWWingsDataService.svc/Flug/$count	Anzahl der Flüge
http://Server/WWWingsDataService.svc/Flug(101)/ Passagier/$count	Anzahl der Passagiere auf Flug 101
http://Server/WWWingsDataService.svc/ Flug/$count?$filter=Abflugort eq 'Berlin'	Anzahl der Flüge von Rom

Listing 11.23 Zählen aus dem .NET-Client

```
DataServiceProxy.WWWings6Entities proxy = new DataServiceProxy.WWWings6
Entities(
                new Uri("http://SERVER/WWWingsDataService.svc"));

var anz = (from f in proxy.Flug where f.Abflugort == "Rom" select f).Count();
     Console.WriteLine(anz);
```

Mit *$inlinecount* kann man zusätzlich (!) zur Ergebnismenge ein Zählergebnis erhalten, z. B. neben den ersten beiden Flügen von Rom auch die Anzahl aller Flüge. Dabei kann man die Art der Zählung angeben. Derzeit ist *allpages* neben *none* (keine Zählung) die einzige verfügbare Option.

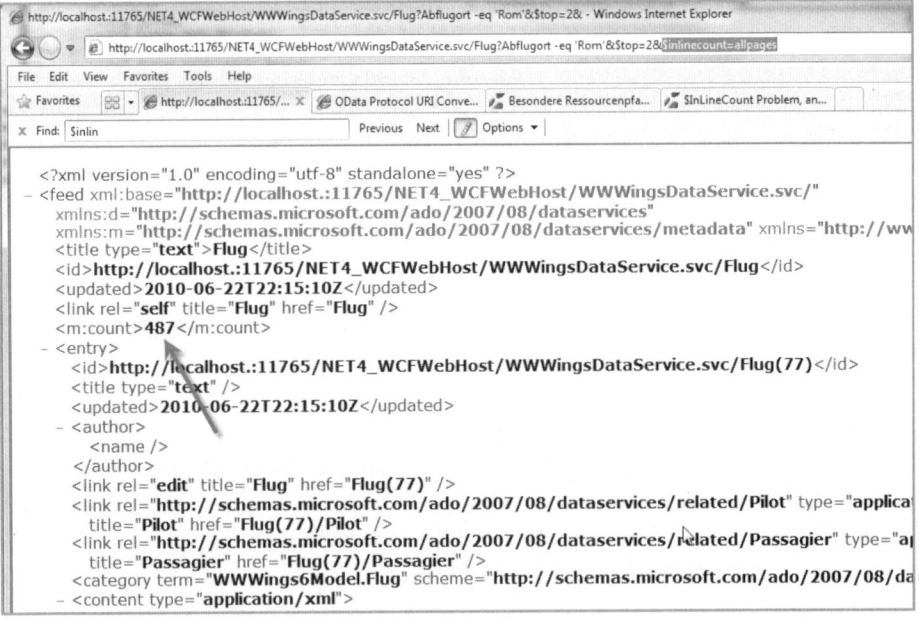

Bild 11.28 Anwendung des Operators *$inlinecount*

11.5.15.6 Projektionen

Mit einer Projektion kann der Client angeben, dass nur bestimmte Attribute der Datenklasse übermittelt werden sollen (vgl. *select* * und *select* Spalte1, Spalte2, Spalte3 in SQL). Für eine Projektion hängt man ein *$select* mit der Menge der gewünschten Attribute an die URL an.

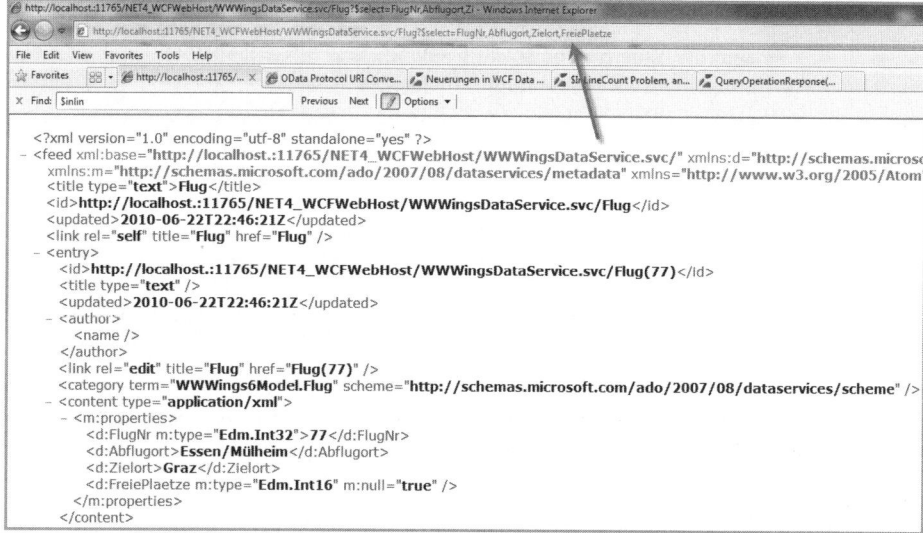

Bild 11.29 Nutzung einer Projektion mit $select

Im .NET-Code kann man den LINQ-Operator *select* verwenden. Diese LINQ-Projektion setzt der .NET-Client für WCF Data Services dann in den *$select*-Operator um.

Wenn man Änderungen an den projizierten Objekten vornehmen will, muss man die Projekte in den Entitätstyp laden. Instanzen anonymer Typen sind grundsätzlich nicht veränderbar und daher hier nicht geeignet, wenn man Änderungen speichern will. Und die Data Services können auch bei Nicht-Entitätsklassen die Änderungen nicht speichern.

 HINWEIS: Wenn man Änderungen an projizierten Objekten vornimmt, werden alle nicht mitgeladenen Attribute beim Speichern ebenfalls zur Datenbank zurückgeschrieben mit null-Werten. Dies ist eine große, große Gefahr: Wenn man dies nicht beachtet, kann man sich wichtige Daten zerstören!

Listing 11.24 Aufruf mit Projektion

```
Console.WriteLine("WCF Data Services - Projektion mit Speichern");
DataServiceProxy.WWWings6Entities proxy = new DataServiceProxy.
WWWings6Entities(new Uri("http://SERVER/WWWingsDataService.svc"));

var q = (from f in proxy.Flug where f.Abflugort == "Rom" select new Flug {
FlugNr = f.FlugNr, Abflugort = f.Abflugort, Zielort = f.Zielort, FreiePlaetze
= f.FreiePlaetze, Datum = f.Datum });
Console.WriteLine(q);
foreach(var f in q)
{
Console.WriteLine(f.FlugNr + ": " + f.FreiePlaetze);
f.FreiePlaetze--;
proxy.UpdateObject(f);
}
// ACHTUNG ACHTUNG: Nicht geladene Werte werden mit "null" überschrieben!!!!
proxy.SaveChanges();
```

11.5.15.7 Serverseitiges Paging

In der ersten Version der Data Services war schon das seitenweise Abrufen („Blättern") in Datenbeständen möglich, aber dies konnte nur der Client steuern. Seit Version 2.0 kann nun auch der Server festlegen, dass zur Vermeidung von Überbelastungen nur eine bestimmte Anzahl von Objekten einer Klasse pro Abruf geliefert werden kann. Im folgenden Beispiel wird diese Zahl auf 10 festgelegt.

Listing 11.25 Festlegung des serverseitigen Pagings bei WCF Data Services

```
// This method is called only once to initialize service-wide policies.
public static void InitializeService(DataServiceConfiguration config)
{
// Kompletter Zugriff
config.SetEntitySetAccessRule("*", EntitySetRights.All);
// Belastungsgrenze setzen
config.SetEntitySetPageSize("Flug", 10);
}
```

Der Aufrufer erhält dadurch jeweils nur zehn Elemente der Ergebnismenge mit einem angehängten Hyperlink unter Verwendung von *$skiptoken* zu dem nachfolgenden Teil der Ergebnismenge.

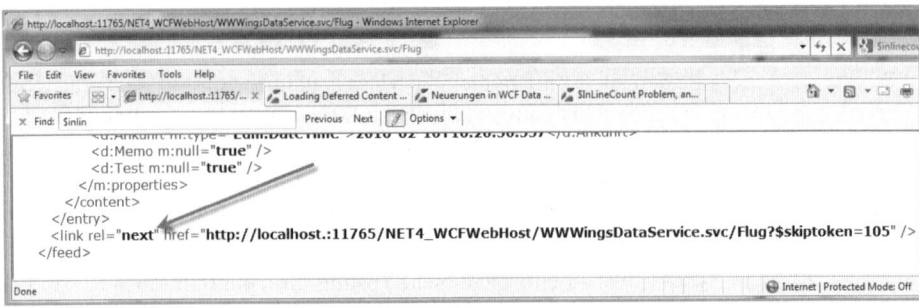

Bild 11.30 next-Hyperlink beim serverseitigen Blättern

Listing 11.26 zeigt, wie man in einem .NET-Client mit *GetContinuation()* die Folgeseiten abrufen muss.

Listing 11.26 Client für serverseitiges Paging in WCF Data Services

```
        Console.WriteLine("Data Service Client - Server Side Paging");

        DataServiceProxy.WWWings6Entities proxy =
                new DataServiceProxy.WWWings6Entities(new Uri("http://SERVER/
WWWingsDataService.svc"));
        DataServiceQueryContinuation<Flug> token = null;
        QueryOperationResponse<Flug> response = null;
        int pageCount = 0;

        // Abfrage ausführen
        response = proxy.Flug.Execute() as QueryOperationResponse<Flug>;

        do
        {
```

```
          Console.WriteLine("----------- Datenseite {0}:", pageCount++);

          // Gibt es einen "next"-Link?
          if (token != null)
          {
            // Neue Seite laden
            response = proxy.Execute<Flug>(token) as
QueryOperationResponse<Flug>;
          }

          // Ausgabe
          foreach (Flug f in response)
          {
            Console.WriteLine("FlugNr: {0}", f.FlugNr);
          }
        }

        // Nächster Link
        while ((token = response.GetContinuation()) != null);
```

■ 11.6 WCF RIA Services

WCF RIA Services (zum Teil auch .NET Domain Services genannt – was ein wesentlich treffenderer Name wäre, da nicht notwendigerweise eine Rich Internet Application (RIA) der Client sein muss) sind ein hausintern bei Microsoft konkurrierender Ansatz von WCF Data Services. Während die WCF Data Services zum Kern des .NET Frameworks gehören, sind die WCF RIA Services eine Entwicklung des Silverlight-Entwicklungsteams. WCF RIA Services wurden mit Silverlight 4.0 eingeführt.

Auch die WCF RIA Services bieten eine generische Lösung für datenbasierte Services. Die zu erlaubenden Operationen sind auf der Serverseite etwas expliziter festzulegen; ein Codegenerator hilft aber dabei. Auf der Clientseite gibt es noch mehr Komfort z. B. durch das *DomainDataSource*-Steuerelement. Der Namen „RIA Services" suggeriert, dass WCF RIA Services sich auf Silverlight beschränken. Doch schon ist auch die Anbindung an andere Clients (WPF, ASP.NET) möglich, nicht zuletzt auch deshalb, weil die WCF RIA Services nebenbei auch OData sprechen können.

 HINWEIS: Die WCF RIA Services waren ein getrennter Download für Silverlight 4 (*http://www.microsoft.com/en-us/download/details.aspx?id=3053*). In Silverlight 5 sind Sie in den „Microsoft® Silverlight® 5 Tools für Visual Studio® 2010 SP1" (*http://www.microsoft.com/de-de/download/details. aspx?id=28358*) enthalten. Mit Visual Studio 2012 werden die WCF RIA Services im Standard ausgeliefert.

11.6.1 Architektur der RIA Services

Die WCF RIA Services unterscheiden sich in folgenden Punkten von den WCF Data Services:

- WCF RIA Services sind implementiert in den Hauptnamensräumen *System.ServiceModel.DomainServices*. Die noch nicht endgültig fertiggestellten Erweiterungen des RIA Services Toolkits sind im Namensraum *Microsoft.ServiceModel.DomainServices*.

- Anstelle von *DataService<T>* tritt *DomainService<T>* bzw. eine davon abgeleitete Klasse wie *LinqToEntitesDomainService<T>*, wobei *T* auch hier die Entity Framework-Kontextklasse ist.

- Die *DomainService*-Klasse muss explizit die benötigten Funktionen (Laden, Speichern, Ändern, Löschen) implementieren. Dabei gibt es Konventionen für die Benennung der Methoden, sodass diese automatisch den vier CRUD-Operationen zugeordnet werden können. Alternativ kann die Zuordnung durch Annotationen erfolgen.

- Die Kontextklasse kann generische Abfrageoperationen implementieren, die als Rückgabewert ein *IQueryable<T>* ermöglichen, wobei *T* hier eine Entitätsklasse ist. Diese Operationen kann der Client über LINQ beeinflussen, z. B. mit Filter- und Sortierbedingungen.

- Der Standardkommunikationskanal verwendet HTTP und das Microsoft-eigene binäre SOAP. XML-basiertes Standard-SOAP und JSON sind möglich über das RIA Services Toolkit.

- Die Erstellung des Client-Proxys erfolgt nicht nur über Metadaten, die per Add Service Reference angerufen werden, sondern eine spezielle Verknüpfung zwischen zwei Projekten in einer Projektmappe. Diese Verknüpfung heißt RIA Service Link. Die Änderung des Dienstes führt direkt zur Generierung von Code im verknüpften Client-Projekt.

- Die Hauptklasse des generierten Proxys ist abgeleitet von *DomainContext*.

- Der Client verwendet LINQ und Methoden von *DomainContext*. Alternativ gibt es für Silverlight-Anwendungen eine *DomainDataSource* zur Abstraktion. Eine *DomainDataSource* für ASP.NET gibt es im RIA Services Toolkit.

- Die Aufrufe des Clients sind immer asynchron.

Architektur der WCF RIA Services
© Dr. Holger Schwichtenberg, www.IT-Visions.de, 2010-2011

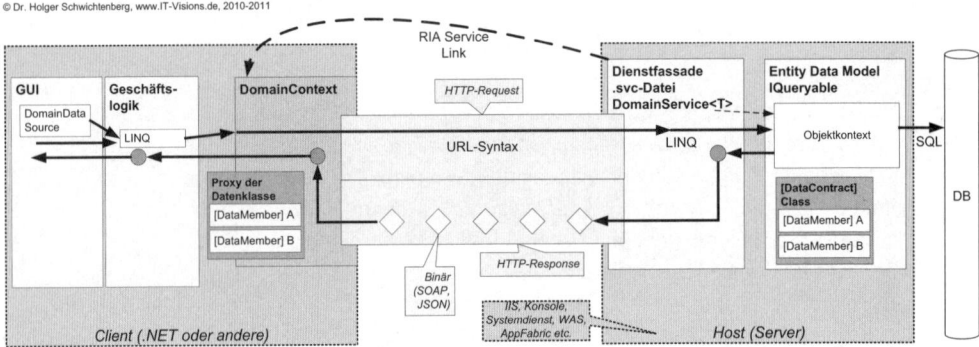

Bild 11.31 Architektur der WCF RIA Services

11.6.2 Einen RIA Service erstellen

Beim Anlegen eines Silverlight-Projekts erhält der Entwickler bereits die Möglichkeit, einen RIA Service Link zwischen dem Silverlight-Projekt und dem Webprojekt anzulegen (siehe Bild 11.32). Alternativ kann man diese Verbindung aber auch in den Projekteigenschaften eines Silverlight-Projekts auf der Registerkarte „Silverlight" herstellen. Dies wird man insbesondere dann nutzen wollen, wenn man auf der Serverseite das Webprojekt von der Implementierung der Dienste in verschiedene Assemblys trennen will und/oder auf der Clientseite die Proxys von dem Silverlight-Projekt.

 HINWEIS: Jedes Silverlight-Projekt kann nur einen RIA Service auf diese Weise nutzen, da es nur einen RIA Service Link geben kann.

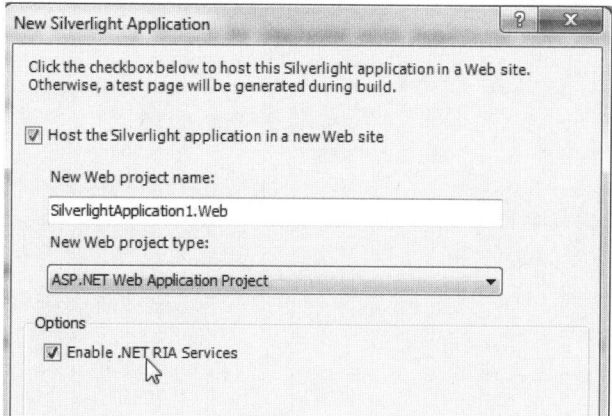

Bild 11.32 Erstellen eines RIA Service Links

Nach dem Anlegen der Projekte gilt es, auf der Serverseite einen Domain Service (von hier an spricht Microsoft jetzt von „Domain Service" statt „RIA Service") anzulegen. Dazu verwendet man die Elementvorlage „Domain Service Class". Es erscheint dann ein Dialog, in dem neben dem Namen des Domain Service nach einem Entity Framework-Objektkontext gefragt wird. Dieser muss also vorher angelegt bzw. in das Serverprojekt eingebunden sein. In dem Dialog wählt man die Entitätsklassen, die über den Domain Service bereitgestellt werden sollen. Ohne „Enable Editing" wird nur eine Lade-Operation angelegt. Mit diesem Häkchen werden direkt die Operationen Einfügen, Ändern und Löschen angelegt. Eine Differenzierung ist hier leider nicht möglich. Man kann nur später einige der generierten Operationen wieder löschen.

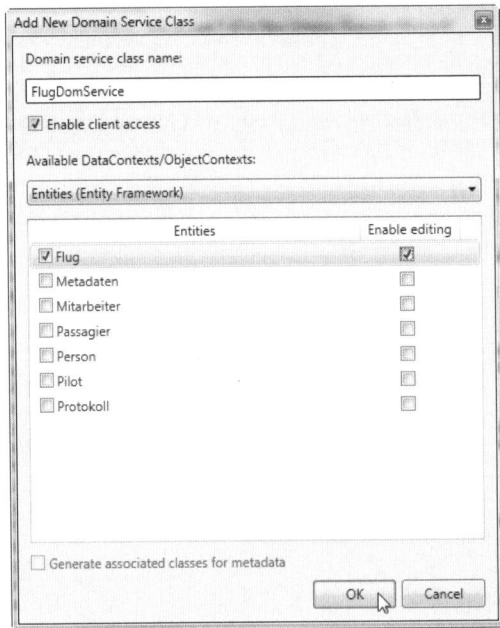

Bild 11.33
Erstellen eines Domain Service

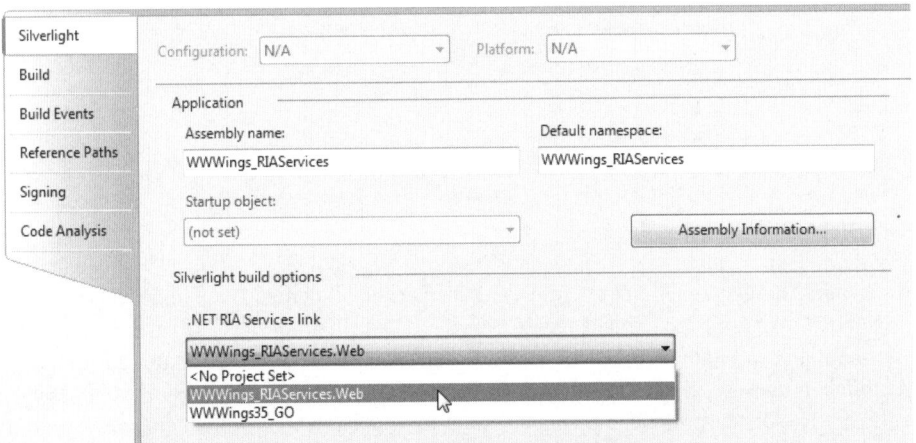

Bild 11.34 Pflege des RIA Service Links in den Projekteigenschaften

Es entsteht daraus der folgende Programmcode mit vier Operationen (Get, Insert, Update, Delete).

Listing 11.27 Generierte Domain Service-Klasse

```
namespace SilverlightServices
{
 using System;
 using System.Collections.Generic;
 using System.ComponentModel;
```

```
using System.ComponentModel.DataAnnotations;
using System.Data;
using System.Linq;
using System.ServiceModel.DomainServices.EntityFramework;
using System.ServiceModel.DomainServices.Hosting;
using System.ServiceModel.DomainServices.Server;
using de.WWWings.GO;

 // Implements application logic using the ConnString_WWWings6_EF context.
 // TODO: Add your application logic to these methods or in additional
methods.
 // TODO: Wire up authentication (Windows/ASP.NET Forms) and uncomment the
following to disable anonymous access
 // Also consider adding roles to restrict access as appropriate.
 // [RequiresAuthentication]
 [EnableClientAccess()]
 public class FlugDomService : LinqToEntitiesDomainService<WWWings6Entities>
 {

 // TODO:
 // Consider constraining the results of your query method.  If you need
additional input you can
 // add parameters to this method or create additional query methods
with different names.
 // To support paging you will need to add ordering to the 'Flug' query.
 [Query(IsDefault = true)]
 public IQueryable<Flug> GetFlug()
 {
  return this.ObjectContext.Flug;
 }

 public void InsertFlug(Flug flug)
 {
  if ((flug.EntityState != EntityState.Detached))
  {
   this.ObjectContext.ObjectStateManager.ChangeObjectState(flug, Entity
State.Added);
  }
  Else
  {
   this.ObjectContext.Flug.AddObject(flug);
  }
 }

 public void UpdateFlug(Flug currentFlug)
 {
  this.ObjectContext.Flug.AttachAsModified(currentFlug, this.ChangeSet.
GetOriginal(currentFlug));
 }

 public void DeleteFlug(Flug flug)
 {
  if ((flug.EntityState == EntityState.Detached))
  {
   this.ObjectContext.Flug.Attach(flug);
  }
  this.ObjectContext.Flug.DeleteObject(flug);
 }
}
```

Man kann nun Operationen modifizieren, Operationen entfernen oder eigene Operationen ergänzen. Für eigene Operationen muss man die Konventionen oder Annotationen beachten.

1. Eine Operation, die Daten liefert, kann einen beliebigen Namen haben. Sie muss ein *IQueryable<T>* zurückgeben, wenn sie eine generische Mengenoperation implementiert. Alternativ kann man auch eine nicht durch den Client erweiterbare Ladeoperation realisieren, indem man *IEnumerable<T>* oder eine einzelne Instanz einer Entitätsklasse liefert. Man kann (muss aber nicht) die Operation mit *[Query]* annotieren.

2. Für das Speichern von Änderungen muss der Methodenname mit „*Update*", „*Change*" oder „*Modify*" beginnen. Alternativ kann man mit *[Update]* annotieren.

3. Für das Löschen muss der Methodenname mit „*Delete*" oder „*Remove*" beginnen. Alternativ kann man mit *[Delete]* annotieren.

4. Für das Einfügen muss der Methodenname mit „*Insert*", „*Update*" oder „*Create*" beginnen. Alternativ kann man mit *[Insert]* annotieren.

5. Beliebige andere Operationen müssen mit *[Invoke]* annotiert werden.

6. Listing 11.28 zeigt drei Erweiterungen der obigen Domain Service-Klasse.

Listing 11.28 Eigene manuelle Erweiterungen der Domain Service-Klasse

```
{
...
  // Eigene Zusätze:

  #region Eigener Code
  public IQueryable<Flug> GetFlugByOrt(string Ort)
  {
    return this.ObjectContext.Flug.Where(f => f.Abflugort == Ort);
  }

  public List<Flug> GetFlugByOrtAsList(string Ort)
  {
    return this.ObjectContext.Flug.Where(f => f.Abflugort == Ort).ToList();
  }

  [Invoke]
  public List<string> GetOrte()
  {
    List<string> Orte = (from f in this.ObjectContext.Flug select f.
Abflugort).Distinct().ToList();
    return Orte;
  }
  #endregion
  }
}
```

 HINWEIS: Operationen in Domain Services dürfen genau wie bei normalen WCF Services keine Überladung nutzen.

Bei RIA Services gibt es keine sichtbare .svc-Datei. Diese erstellt das RIA Service Framework dynamisch zur Laufzeit. Die .svc-Datei ist dann zur Laufzeit erreichbar unter der relativen Adresse */clientbin/Projektname-DomainServiceName.svc/binary* (siehe Bild 11.35).

#	Result	Protocol	Host	URL	Body
1	200	HTTP	localhost.:93	/ClientBin/WWWings_RIAServices-Web-FlugDomService.svc/binary	1.255
2	200	HTTP	localhost.:93	/ClientBin/WWWings_RIAServices-Web-FlugDomService.svc/binary	228

Bild 11.35 Beispiel für den Pfad zur dynamisch erzeugten .svc-Datei – hier aufgenommen mit dem Werkzeug „Fiddler"

```
HTTP/1.1 200 OK
Server: ASP.NET Development Server/9.0.0.0
Date: Fri, 19 Feb 2010 10:22:33 GMT
X-AspNet-Version: 2.0.50727
Cache-Control: no-cache
Pragma: no-cache
Expires: -1
Content-Type: application/soap+msbin1
Content-Length: 1255
Connection: Close

V﹀
 S﹀
  a-V☰D
   ♦♦♦6http://tempuri.org/FlugDomService/GetFlugByOrtResponseD!♦♦y♦7Q-fF♦♦♦C♦w⁴  V﹀
ResultCount♦!_
TotalCount♦!_░IncludedResults      c9http://schemas.microsoft.com/2003/10/Serial
RootResults     c7http://schemas.datacontract.org/2004/07/WWWings35_GO.EF˙`┘Flug˙
FreiePlaetze♦ ˙ᴸMemo.ᴸnil♦ ˙+NichtRaucherFlug♦ ⌐Pilot_PersonID♦♦♦ˑ•Plaetze♦♦♦•Z˙
FreiePlaetze♦♦♦ˑMemo.ᴸnil♦ ˙+NichtRaucherFlug♦ ⌐Pilot_PersonID♦♦♦ˑ•Plaetze♦♦♦•;
FreiePlaetze♦♦♦ˑMemo.ᴸnil♦ ˙+NichtRaucherFlug♦ ⌐Pilot_PersonID♦♦♦ˑ•Plaetze♦♦♦•;
f0♦☐`-FlugNr♦N
```

Bild 11.36 Aufzeichnung der Datenübertragung von RIA Service zum Client (es wird binäres SOAP („soap+msbin1") verwendet)

11.6.3 Einen RIA Service nutzen

In dem Clientprojekt, von dem aus der RIA Service-Link gesetzt wurde, findet man nun ein Verzeichnis *„Generated_Code"*. Das Verzeichnis ist allerdings nicht in das Projekt eingebunden; man sieht es erst, wenn man im Visual Studio-Projektmappen-Explorer *„Show All Files"* aktiviert. In diesem Verzeichnis findet man nun die *DomainContext*-Klasse, einen Proxy für die Entitätsklasse und weitere Hilfsklassen (siehe Bild 11.37).

```
   WWWings_RIAServices.Web.FlugDomContext                    OnCreated()
   WWWings_RIAServices.Web.FlugDomContext
   WWWings_RIAServices.Web.FlugDomContext.FlugDomContextEntityContainer
   WWWings_RIAServices.Web.FlugDomContext.IFlugDomServiceContract
   WWWings35_GO.EF.Flug
41        /// </summary>
42        public FlugDomContext() :
43                this(new WebDomainClient<IFlugDomServiceContract>(new Uri("WWWings_RIAServices-Web-
          FlugDomService.svc", UriKind.Relative)))
44        {
45        }
46
47        /// <summary>
48        /// Constructor used to specify a data service URI.
49        /// </summary>
50        /// <param name="serviceUri">
51        /// The FlugDomService data service URI.
52        /// </param>
53        public FlugDomContext(Uri serviceUri) :
54                this(new WebDomainClient<IFlugDomServiceContract>(serviceUri))
55        {
56        }
57
58        /// <summary>
59        /// Constructor used to specify a DomainClient instance.
60        /// </summary>
61        /// <param name="domainClient">
62        /// The DomainClient instance the DomainContext should use.
63        /// </param>
64        public FlugDomContext(DomainClient domainClient) :
65                base(domainClient)
66        {
67            this.OnCreated();
68        }
```

Bild 11.37 Ausschnitt aus dem generierten Programmcode für den Client

Die Kontextklasse kann ohne Angabe einer URL instanziieren, denn die URL ist in den generierten Code hineingeneriert worden. Nun kann man die Lade-Operationen aufrufen. Wenn diese generisch mit *IQueryable<T>* implementiert sind, kann der Client die Abfrage ergänzen. In dem folgenden Beispiel wird *GetFluegeQuery()* um eine Filterbedingung ergänzt, und es wird die Anzahl der Datensätze begrenzt mit *Take()*.

 HINWEIS: Die Kommunikation mit dem RIA Service ist immer asynchron. Listing 11.29 zeigt zwei Wege, wie man den asynchronen Aufruf beim Laden realisieren kann.

Listing 11.29 Asynchrones Laden in einem Silverlight-Projekt von einem RIA Service

```
/// <summary>
/// Laden von RIA Service ohne das Domain Data Source-Steuerelement
/// </summary>
private void LadeOhneDomainDataSource()
{
  // Anfrage zusammenstellen
  EntityQuery<de.WWWings.GO.Flug> q = dc.GetFlugQuery();
  if (this.C_Ort.SelectedItem.ToString() != "Alle")
  {
    q = q.Where(f => f.Abflugort == this.C_Ort.SelectedItem.ToString());
    // Alternativ für die zusätzliche Ladeoperation: q = dc.
GetFlugByOrtQuery(C_Ort.SelectedItem.ToString());
  }
  if (this.C_Anzahl.SelectedItem.ToString() != "Alle")
  { q = q.Take(Convert.ToInt32(this.C_Anzahl.SelectedItem.ToString())); }
  this.C_Status.Text = ("Lade Flüge... (2)");
  // Laden beginnen


  // 1. Entweder klassisch asynchron
  LoadOperation<de.WWWings.GO.Flug> lo;
  lo = dc.Load(q, OnLoadCompleted, null);
  this.C_Status.Text = ("Lade Flüge... (3)");
  this.C_BusyIndicator.IsBusy = true;
  // 2. oder vereinfacht asynchron
  this.C_Fluege.ItemsSource = dc.Load(q).AllEntities;
}


// Laden fertig
private void OnLoadCompleted(LoadOperation<de.WWWings.GO.Flug> lo) {
  if (lo.HasError)
  {
    MessageBox.Show(string.Format("Load Failed: {0}", lo.Error.Message));
    lo.MarkErrorAsHandled();
  }
  this.C_Fluege.ItemsSource = lo.Entities.ToArray(); //
dc.Flugs wenn man es über lo.completed macht!;
  this.C_Status.Text = lo.Entities.Count() + " Flüge geladen.";
}
```

Listing 11.30 zeigt das Speichern der Änderungen. RIA Services besitzen eine Änderungsverfolgung im Client. Das heißt, im Client muss der Entwickler nicht selbst nachvollziehen, was geändert wurde. Der Entwickler kann einfach *SubmitChanges()* aufrufen. Das RIA Services-Framework auf dem Client kümmert sich dann darum, die geänderten, eingefügten und gelöschten Datensätze zu ermitteln und diese Information an den Server zu senden. In dem Domain Service werden dann die entsprechenden Operationen aufgerufen.

Listing 11.30 Senden der Änderungen von einer Silverlight-Anwendung an einen RIA Service

```
private void C_Speichern_Click(object sender, RoutedEventArgs e)
{
dc.SubmitChanges(OnSubmitCompleted, null);
}

/// <summary>
/// Speichern fertig
/// </summary>
private void OnSubmitCompleted(SubmitOperation so)
{
 if (so.HasError)
 {
  MessageBox.Show(string.Format("Submit Failed: {0}", so.Error.Message));
  so.MarkErrorAsHandled();
 }
 Else
 {
  this.C_Status.Text = "Gespeichert: Neu: " + so.ChangeSet.AddedEntities.
Count + " Gelöscht: " + so.ChangeSet.RemovedEntities.Count +
" Geändert: " + so.ChangeSet.ModifiedEntities.Count;
 }
}
```

 PRAXISTIPP: Mit `EntityChangeSet changeset = dc.EntityContainer` kann man sich vor dem Absenden die Liste aller Änderungen liefern lassen. Man könnte diese z. B. dem Benutzer zur Rückbestätigung, anzeigen:

```
if (MessageBox.Show("Massen. Sie folgende ÄolgendeBo zum
Server üerverdeBox\nNeu:   "  +  changeset.AddedEntities.
Count  +  "  Gelngeset  "  +  changeset.RemovedEntities.
Count  +  "  Geangeset  "  +  changeset.ModifiedEntities.
Count, "Speichern", MessageBoxButton.OKCancel)  ==  Message
BoxResult.Cancel) return;
```

 HINWEIS: Auf die Darstellung des *DomainDataSource*-Steuerelements wird hier verzichtet, weil dieses Steuerelement sehr an Silverlight bzw. ASP.NET gebunden ist und umfangreiche Erläuterungen zu diesen UI-Frameworks erfordern würde.

Im Beispielprojekt zu diesem Kapitel (*WWWings_Silverlight.sln*) finden Sie die Anwendung dieses Steuerelements. Dort finden Sie auch ein Beispiel, wie man die selbst erstellte Operation *GetOrte()* aufruft.

■ 11.7 Datenbasierte REST-Services mit ASP.NET Web API und dem Open Data Protocol (OData)

Das Open Data Protocol (OData) kann auch gemeinsam mit ASP.NET Web API genutzt werden. Somit kann der Aufrufer an einen Web API-Service OData-konforme Abfragen zur Ausführung übergeben sowie darauf unter Verwendung von Proxies, die mit den Möglichkeiten von WCF Data Services erstellt wurden, zugreifen.

11.7.1 Daten mit OData flexibel abfragen

Die Methode *Get* in Listing 11.31 sieht auf den ersten Blick nicht sonderlich aufregend aus. Bei genauerer Betrachtung fällt jedoch auf, dass sie ein *IQueryable* zurückliefert. Dieses Sub-Interface von *IEnumerable* repräsentiert Abfragen, zum Beispiel solche, die sich auf O/R-Mapper, wie Entity Framework, abstützen. Abfragen dieser Art können auch um weitere Einschränkungen oder Sortierungen erweitert werden. Genau dies macht sich Web API zunutze, um dem Aufrufer eines REST-Service die Möglichkeit zu bieten, zur Verfügung stehende Daten durch eigene Abfragen zu filtern bzw. zu sortieren. Zur Definition dieser Abfragen kommt der Standard *OData* (kurz für Open Data Protocol, siehe Abschnitt 11.5 zu WCF Data Services) zum Einsatz, der unter anderem URL-Parameter zur Definition von Abfragen definiert.

Die nötigen Klassen für die OData-Unterstützung in ASP.NET Web API bezieht der Entwickler über das NuGet-Paket *microsoft.aspnet.webapi.odata*. Bei Verwendung von *ASP.NET and Web Tools 2012.2* wird dieses Paket automatisch bei Verwendung der Vorlage für ASP.NET MVC 4 eingebunden, sofern man nach dem Auswählen dieser Vorlage angibt, ein ASP.NET Web API-Projekt anlegen zu wollen.

Damit Web API die Ergebnismenge des zurückgelieferten *IQueryable*-Objekts unter Verwendung der übersendeten OData-konformen Parameter einschränkt (bzw. sortiert), ist der Entwickler angehalten, die Methode mit dem Attribut *Queryable* zu annotieren. Im Zuge dessen kann er über die Eigenschaft *PageSize* festlegen, auf wie viele Einträge die Ergebnismenge zu beschränken ist. Im betrachteten Beispiel wurde dieser Wert auf 2 festgelegt. Dies bedeutet, dass Web API lediglich die ersten beiden ermittelten Einträge zurückliefert.

Listing 11.31 ListingOData-Unterstützung in ASP.NET Web API

```
public class HotelController : ApiController
{
    static List<Hotel> hotels = new List<Hotel>();

    static HotelController()
    {
        hotels.Add(
            new Hotel { Id = 1, Bezeichnung = "Hotel zur Post", Sterne = 2 });
        hotels.Add(
            new Hotel { Id = 2, Bezeichnung = "Hotel Mama", Sterne = 5 });
```

```
        hotels.Add(
          new Hotel { Id = 3, Bezeichnung = "BizHotel", Sterne = 4 });
        hotels.Add(
          new Hotel { Id = 4, Bezeichnung = "Wellness-Hotel", Sterne = 4 });
    }

    // GET api/values
    [Queryable(PageSize=2)]
    public IQueryable<Hotel> Get()
    {
        return hotels.AsQueryable();
    }
}
```

Zur Demonstration beinhaltet Listing 11.32 eine URL, die zum einen diese Methode adressiert und zum anderen URL-Parameter gemäß *OData* zur Einschränkung und Sortierung der zur Verfügung stehenden Daten beinhaltet. Hierbei wird nach Hotels mit vier Sternen gefiltert und nach der Bezeichnung absteigend sortiert.

Listing 11.32 URL mit OData-Parametern zum Einschränken der Ergebnismenge

```
http://localhost:3239/tickets?$filter=Sterne eq 4&$orderby=Bezeichnung desc
```

Ein Entwickler, der dem Aufrufer über einen Service Zugriff auf Datenbank-Inhalte geben möchte, muss somit nicht mehr für jede benötigte Abfrage eine Service-Operation bereitstellen. Stattdessen implementiert er wenige *OData*-basierte Operationen, die sämtliche Daten, die der Aufrufer einsehen darf, zurückliefern. Durch *OData*-konforme Parameter wird der Aufrufer in die Lage versetzt, die Ergebnismenge nach Belieben zu filtern. Da diese Parameter vor der Ausführung der Abfrage zur Erweiterung des zurückgelieferten *IQuery ables* eingesetzt werden, ergibt sich eine Datenbankabfrage, die lediglich die benötigten Einträge zutage fördert – die Datenbank wird somit nicht unnötig belastet.

Listing 11.33 zeigt einen solchen Service, der sich auf Entity Framework stützt. Beim Member *ctx* handelt es sich um einen *DbContext*, der Zugriff auf die Einträge einer Datenbank gewährt. Die Methode *Get* erzeugt eine Abfrage, die sämtliche Einträge der Hotel-Tabelle in Form eines *IQueryable<Hotel>* zurückliefert. Da Web API die Abfrage jedoch noch um die Einschränkungen des Aufrufers erweitert, wird diese nicht, zum Beispiel unter Verwendung der Methode *ToList*, zur Ausführung gebracht. Aus demselben Grund darf auch der *Context* nicht am Ende der Methode geschlossen werden. Der guten Ordnung halber schließt das betrachtete Beispiel den *Context* jedoch innerhalb der überschriebenen Methode *Dispose*. Diese Methode bringt ASP.NET Web API zur Ausführung, wenn eine Anfrage komplett abgearbeitet wurde. Dem in .NET üblichen *Disposable-Muster* zufolge zeigt der Parameter *disposing* an, ob verwaltete Ressourcen, wie der *Context*, zu schließen sind.

 HINWEIS: Vergessen Sie bei Verwendung von Entity Framework Code First nicht, die Erstellung von Proxy-Entitäten im *Context* zu deaktivieren sowie eine Strategie für den Umgang mit zyklischen Verweisen in der Konfiguration von Web API zu setzen.

Listing 11.33 OData-basierter Service, der mit Entity Framework auf eine Datenbank zugreift

```
public class HotelDbController : ApiController
{
    private HotelDbContext ctx = new HotelDbContext();

    [Queryable(PageSize=10)]
    public IQueryable<Hotel> Get()
    {
        return ctx.Hotel;
    }

    protected override void Dispose(bool disposing)
    {
        if (disposing) ctx.Dispose();
        base.Dispose(disposing);
    }

}
```

11.7.2 Mögliche OData-Abfragen einschränken

Das Attribut *Queryable* bietet einige Eigenschaften, mit denen die möglichen Abfragen eingeschränkt werden können. Beispielsweise kann der Entwickler mit der Eigenschaft *AllowedArithmeticOperators* die Menge der erlaubten arithmetischen Operatoren wie Addition, Subtraktion, Multiplikation oder Division einschränken. Mit *AllowedFunctions* kann die Menge der erlaubten, durch *OData* spezifizierten Funktionen, darunter Datums- und String-Funktionen, angegeben werden. Die erlaubten Vergleichsoperationen schränkt der Entwickler mit *AllowedLogicalOperators* ein, und die Spalten, nach denen sortiert werden darf, gibt er mit *AllowedOrderByProperties* an. *AllowedQueryOptions* gibt darüber hinaus an, welche von OData spezifizierten Abfrageoptionen erlaubt sind. Dahinter verbergen sich Operationen, wie *filter, skip, top, orderby* oder *expand*.

Abgesehen von der Eigenschaft *AllowedOrderByProperties*, welche einen kommagetrennten String mit den Spaltennamen, nach denen sortiert werden darf, enthält, erwarten diese Eigenschaften einen Wert eines Enums. Die einzelnen Werte dieser Enums können über Bit-Operationen kombiniert werden. Um beispielsweise nur die Abfrageoptionen *filter* und *orderby* zu erlauben, können diese mit einem bitweisen *Oder* verknüpft werden:

```
[Queryable(
    PageSize = 2,
    AllowedQueryOptions=
        AllowedQueryOptions.Filter | AllowedQueryOptions.OrderBy)]
```

Darüber hinaus kann der Entwickler auch einen eigenen *FilterQueryValidator* durch Ableiten von der gleichnamigen Klasse implementieren. Durch das Überschreiben der zur Verfügung gestellten Methoden lassen sich verschiedene Optionen der vom Aufrufer übersendeten Abfrage einschränken. Die Implementierung in Listing 11.34 überschreibt zur Demonstration die Methode *ValidateBinaryOperatorNode*, um die Menge der möglichen Vergleichsoperatoren einzuschränken und prüft, ob der Aufrufer einen Vergleich mit < oder

<= machen möchte. Ist dem so, wirft sie eine *ODataException*, was das Ausführen der Abfrage verhindert. Ansonsten wird an die Basisimplementierung, welche die Validierung anhand der im *Queryable*-Attribut hinterlegten Einschränkungen validiert, weiterdelegiert.

Listing 11.34 Benutzerdefinierter FilterQueryValidator

```
public override void ValidateBinaryOperatorNode(Microsoft.Data.
OData.Query.SemanticAst.BinaryOperatorNode binaryOperatorNode,
ODataValidationSettings settings)
{
    if (binaryOperatorNode.OperatorKind
            == BinaryOperatorKind.LessThan
        || binaryOperatorNode.OperatorKind
            == BinaryOperatorKind.LessThanOrEqual)
    {
        throw new ODataException("< oder <= ist nicht erlaubt!");
    }

    base.ValidateBinaryOperatorNode(binaryOperatorNode, settings);
}
```

Um einen solchen *Validator* verwenden zu können, leitet der Entwickler von *Queryable Attribute* ab. Innerhalb der zu überschreibenden Methode *ValidateQuery* setzt er den gewünschten *Validator*, bevor er an die Basisimplementierung weiterdelegiert. Dieses Attribut wird in weiterer Folge anstatt *Queryable* zum Annotieren der gewünschten Methoden herangezogen.

Listing 11.35 Benutzerdefiniertes QueryableAttribut zum Aktivieren eines FilterQuery Validator

```
class CustomQueryableAttribute : QueryableAttribute
{
    public override void ValidateQuery(
            HttpRequestMessage request,
            ODataQueryOptions queryOptions)
    {
        if (queryOptions.Filter != null)
        {
            queryOptions.Filter.Validator = new CustomValidator();
        }
        base.ValidateQuery(request, queryOptions);

    }
}
```

Neben dem *FilterQueryValidator*, kann der Entwickler noch weitere Arten von Abfrage-Validatoren bereitstellen, indem er von einer der folgenden Klassen erbt und die jeweils bereitgestellten Validierungsmethoden überschreibt: *OrderByQueryValidator*, *SkipQueryValidator* und *TopQueryValidator*. Um diese Implementierungen zu aktivieren, werden sie analog zum zuvor betrachteten Beispiel innerhalb der Methode *ValidateQuery*, einer Subklasse von *QueryableAttribute*, den Eigenschaften *queryOptions.OrderBy.Validate*, *queryOptions.Skip.Validate* bzw. *queryOptions.Top.Validate* zugewiesen.

11.7.3 OData-Abfragen global aktivieren

Um OData-Abfragen für sämtliche Methoden, welche ein *IQueryable* zurückliefern, zu erlauben, muss der Entwickler lediglich in der Methode *Register* der Klasse *WebApiConfig* die Erweiterungsmethode *EnableQuerySupport* aufrufen:

```
config.EnableQuerySupport();
```

Diese Datei befindet sich bei Verwendung der Web API-Vorlage für ASP.NET MVC 4-Projekte im Ordner *App_Start*. Um die Menge der erlaubten Optionen für die somit ermöglichten Abfragen zu begrenzen, kann der Entwickler dieser Methode eine Instanz von *Querable Attribut* übergeben. Bei dieser Instanz kann der Entwickler, wie in Abschnitt 11.7.2 gezeigt, die gewünschten Einschränkungen hinterlegen.

11.7.4 OData-Abfragen manuell auswerten

Der Entwickler hat auch die Möglichkeit, OData-Abfragen manuell auszuwerten. Dazu kann er die übergebenen Abfragen in Form von Syntax-Bäumen abrufen. Um in den Genuss dieser Möglichkeit zu kommen, muss er lediglich eine Methode bereitstellen, die zum einen ein *IQueryable* zurückliefert und zum anderen einen Parameter vom Typ *ODataQuery Options* entgegennimmt. Anschließend kann der Entwickler über die von *ODataQuery Options* bereitgestellten Eigenschaften auf Syntax-Bäume zugreifen, welche verschiedene Teile der übermittelten Abfrage repräsentieren.

Die beispielhafte Methode in Listing 11.36 setzt zuvor einen zu verwendenden Validator und definiert unter Verwendung einer Instanz von *ODataValidationSettings* weitere Einschränkungen. Anschließend bringt sie die Validierung der Abfrage zur Ausführung und gibt einen String, welcher den übermittelten Filter repräsentiert, aus. Dazu greift sie auf die Eigenschaft *RawValue* zurück. Alternativ dazu hätte sie auch über andere Eigenschaften auf die einzelnen Teile des Syntaxbaumes zugreifen können.

Beachtenswert ist auch die Methode *ApplyTo*, mit welcher die betrachtete Methode ein bestehendes *IQueryable* um die Einschränkungen ergänzt, welche sich in der übermittelten OData-Abfrage befinden.

Listing 11.36 OData-Abfrage manuell auswerten

```
public IQueryable<Hotel> Get(ODataQueryOptions opts)
{
    if (opts.Filter != null)
    {
        opts.Filter.Validator = new CustomValidator();
    }

    var settings = new ODataValidationSettings()
    {
        // Initialize settings as needed.
        AllowedFunctions = AllowedFunctions.AllDateTimeFunctions
    };
```

```
    opts.Validate(settings);
    if (opts.Filter != null) Debug.WriteLine(opts.Filter.RawValue);

    IQueryable results = opts.ApplyTo(ctx.Hotels.AsQueryable());
    return results as IQueryable<Hotel>;
}
```

11.7.5 Daten mit OData verwalten

Bisher wurde lediglich das Abfragen von Daten mit OData beleuchtet. Darüber hinaus bietet ASP.NET Web API jedoch auch die Möglichkeit, Entitäten OData-konform zu bearbeiten. Dies hat den Vorteil, dass der Client Web API-basierte Services über Proxies, welche mit den Möglichkeiten von WCF Data Services generiert wurden, konsumieren kann.

Hierzu erzeugt der Entwickler einen Controller, welcher nicht wie gewohnt von *ApiController* sondern von *EntitySetController* erbt. Hierbei handelt es sich um einen Generic, welcher mit dem Typ der zu verwaltenden Entität sowie mit dem Typ des Primärschlüssels dieser Entität zu parametrisieren ist.

Zum Bereitstellen von Verwaltungs- und Zugriffsmethoden überschreibt der Entwickler die von *EntitySetController* vordefinierten Verwaltungsmethoden, wie *CreateEntity*, *UpdateEntity*, *PatchEntity*, *DeleteEntity*, *Get*, *GetEntityByKey* oder *GetKey*. Ein Beispiel für diese durchwegs selbsterklärenden Methoden findet sich in Listing 11.37. Beachtenswert ist hier die Methode *PatchEntity*, welche im Gegensatz zu *UpdateEntity* nur die tatsächlich geänderten Spaltenwerte aktualisiert. Damit sie weiß, welche Spalten sich geändert haben, bekommt sie eine Instanz von *Delta<T>* übergeben, welche im betrachteten Fall mit dem Typ Hotel parametrisiert wurde. Zusätzlich ist zu beachten, dass nicht sämtliche Methoden überschrieben werden müssen. Der Entwickler kann sich auf jene Methoden beschränken, die er benötigt.

Um die Navigation zwischen Entitäten zu erlauben, ist der Entwickler angehalten, pro Navigationseigenschaft, welche auf mehrere benachbarten Entitäten verweist, eine öffentliche Methode einzuführen, die einen Primärschlüssel der verwalteten Entität auf ein *IQueryable* der benachbarten Entitäten abbildet. Im betrachteten Beispiel handelt es sich bei *GetHotelBuchungen* um solch eine Methode: Sie nimmt eine *HotelId* entgegen und liefert ein *IQueryable* mit den Buchungen des damit referenzierten Hotels zurück. Da die ID durch Parsen aus der übergebenen OData-konformen URL zu ermitteln ist, wird der Parameter mit *FromODataUri* annotiert.

Zum Verwalten von Beziehungen sind darüber hinaus die Methoden *CreateLink* und *DeleteLink* zu implementieren. Diese erhalten im betrachteten Fall jeweils den Primärschlüssel eines Hotels, den Namen der Navigationseigenschaft, für die eine Beziehung in Form eines Strings zu erstellen bzw. zu löschen ist, sowie eine URL, welche auf das andere Ende der Beziehung verweist. Um aus dieser URL die ID der jeweilig benachbarten Entität zu ermitteln, stützen sich diese Methoden auf die Hilfsmethode *Parse*, welche sich ebenfalls in der betrachteten Klasse befindet und auf reguläre Ausdrücke zurückgreift. Beachtenswert ist auch der Umstand, dass es zwei Überladungen von *DeleteLink* gibt: Erstere wird zum Löschen von 1:N-Beziehungen verwendet; letztere zum Löschen von M:N-Beziehungen.

Listing 11.37 Controller zum Verwalten von Entitäten mit OData

```
public class HotelsController : EntitySetController<Hotel, int>
{
    private HotelDbContext ctx;

    public HotelsController()
    {
        ctx = new HotelDbContext();
    }

    protected override Hotel CreateEntity(Hotel entity)
    {
        ctx.Hotels.Add(entity);
        ctx.SaveChanges();

        return entity;
    }
    protected override Hotel PatchEntity(int key, Delta<Hotel> patch)
    {
        var hotelInDb = ctx.Hotels.Find(key);
        patch.Patch(hotelInDb);
        ctx.SaveChanges();
        return hotelInDb;
    }

    protected override Hotel UpdateEntity(int key, Hotel update)
    {
        update.HotelId = key;
        ctx.Hotels.Attach(update);
        ctx.Entry(update).State = System.Data.EntityState.Modified;
        ctx.SaveChanges();
        return update;
    }

    public override void Delete(int key)
    {
        var hotel = ctx.Hotels.Find(key);
        ctx.Entry(hotel).State = System.Data.EntityState.Deleted;
        ctx.SaveChanges();
    }

    public override IQueryable<Hotel> Get()
    {
        var r = new List<Hotel>();
        return r.AsQueryable();
    }

    protected override Hotel GetEntityByKey(int key)
    {
        return ctx.Hotels.Find(key);
    }

    protected override int GetKey(Hotel entity)
    {
        return entity.HotelId;
    }
```

```
    public IQueryable<HotelBuchung> GetHotelBuchungen([FromODataUri] int key)
    {
        return ctx.Hotels.Where(h => h.HotelId == key).SelectMany(h =>
h.HotelBuchungen);
    }
}

    public override void CreateLink(int key, string navigationProperty,
[FromBody] Uri link)
    {
        var hotel = ctx.Hotels.Find(key);
        switch (navigationProperty)
        {
            case "HotelBuchungen":
                var hotelBuchungId = Parse(link.ToString(), @"HotelBuchungen\
((\d+)\)");
                var buchung = ctx.HotelBuchungen.Find(hotelBuchungId);
                hotel.HotelBuchungen.Add(buchung);
                ctx.SaveChanges();
                break;
            case "Region":
                var regionId = Parse(link.ToString(), @"Regionen\((\d+)\)");
                var region = ctx.Regionen.Find(regionId);
                hotel.Region = region;
                ctx.SaveChanges();
                break;
            default:
                throw new ODataException(
                            string.Format("Die Navigations-Eigenschaft Hotel.
{0} wird nicht unterstützt.",
                            navigationProperty));
        }
    }

    public override void DeleteLink(int key, string navigationProperty,
[FromBody] Uri link)
    {
        var data = Request.Content.ReadAsStringAsync().Result;
        switch (navigationProperty)
        {
            case "Region":
                var hotel = ctx.Hotels.Find(key);
                hotel.Region = null;
                ctx.SaveChanges();
                break;
            default:
                throw new ODataException(
                            string.Format("Die Navigations-Eigenschaft Hotel.
{0} wird nicht unterstützt.",
                            navigationProperty));
        }
    }

    public override void DeleteLink(int key, string relatedKey, string
navigationProperty)
    {
        switch (navigationProperty)
        {
            case "HotelBuchungen":
```

```
                    var id = Convert.ToInt32(relatedKey);
                    var hotel = ctx.Hotels.Find(key);
                    var hb = ctx.HotelBuchungen.Find(id);

                    hotel.HotelBuchungen.Remove(hb);
                    ctx.SaveChanges();

                    break;

          default:
                    throw new ODataException(
                            string.Format("Die Navigations-Eigenschaft Hotel.
{0} wird nicht unterstützt.",
                            navigationProperty));
      }
  }

  // Extrahiert zum Beispiel aus HotelBuchung(5) den Wert 5
  public int Parse(string str, string regExp)
  {
      var matches = Regex.Matches(str, regExp);
      if (matches.Count == 0 || matches[0].Groups.Count < 2) throw new
ODataException("Kann Zuweisung nicht erstellen!");
      return Convert.ToInt32(matches[0].Groups[1].Value);
  }
```

Damit solch ein Controller verwendet werden kann, muss der Entwickler Metadaten über das Objektmodell, welches die zu verwaltenden Entitäten beinhaltet, bereitstellen. Bei Verwendung von Entity Framework können diese Metadaten aus den Entitätsklassen abgeleitet werden. Dazu kommt eine Instanz der Klasse *ODataConventionModelBuilder* zum Einsatz. Wie Listing 11.38 demonstriert, muss der Entwickler dieser Instanz lediglich durch das Aufrufen der Methode *EntitySet* über die Typen der einzelnen Entitäten informieren. Im Zuge dessen gibt er auch die Namen jener Controller an, welche diese Entitäten verwalten. Die Endung *Controller* wird dabei weggelassen, weswegen zum Beispiel mit dem String *Hotel* auf den *HotelController* verwiesen wird. Anschließend erstellt der Entwickler mit der Methode *GetEdmModel* das Modell mit den benötigten Metadaten.

Kommt Entity Framework nicht zum Einsatz, verwendet der Entwickler anstatt der Klasse *ODataConventionModelBuilder* deren Basisklasse *ODataModelBuilder*. In diesem Fall muss er durch Aufruf der von dieser Klasse bereitgestellten Methoden die einzelnen Aspekte der gewünschten Entitäten beschreiben, was sehr aufwendig sein kann.

Listing 11.38 Metadaten für Objektmodell bereitstellen

```
private static Microsoft.Data.Edm.IEdmModel CreateModel()
{
    ODataModelBuilder modelBuilder =
            new ODataConventionModelBuilder();
    modelBuilder.EntitySet<Hotel>("Hotels");
    modelBuilder.EntitySet<HotelBuchung>("HotelBuchungen");
    modelBuilder.EntitySet<Region>("Regionen");
    var model = modelBuilder.GetEdmModel();
    return model;
}
```

Um unter Verwendung dieser Metadaten ein OData-konformes Verwalten von Entitäten zu ermöglichen, muss der Entwickler noch das erzeugte Model innerhalb der Methode *Register* der Klasse *WebApiConfig* an *Routes.MapODataRoute* übergeben:

```
var model = CreateModel();
config.Routes.MapODataRoute("ODataRoute", "odata", model);
```

Diese Methode erzeugt eine Route, aus der eine URL für die einzelnen OData-Operationen hervorgeht. Der Name dieser Route wird als erster Parameter an *MapODataRoute* übergeben; die zu verwendende relative URL an den zweiten. Der zuletzt betrachtete Aufruf führt somit dazu, dass die beschriebenen Entitäten über die URL */odata* verwaltet werden können. Metadaten über diese Entitäten können über */odata/$metadata* bezogen werden.

Unter Angabe dieser URL kann der Entwickler auch in einem .NET-Client mit den Mitteln von WCF Data Services einen Proxy (Container) zum Zugriff auf diese Entitäten generieren lassen. Damit dies möglich ist, muss der Entwickler jedoch die *WCF Data Services RTM Tools* in der Version 5.2 oder höher installiert haben. Diese finden Sie unter *http://www.microsoft. com/en-us/download/details.aspx?id=35840*. Informationen über den Einsatz solcher Proxies finden Sie in Abschnitt 11.5.

■ 11.8 Vergleich und Fazit

Tabelle 11.2 liefert abschließend einen Vergleich zwischen selbst erstellten, datenbasierten Services mit WCF, WCF Data Services bzw. Web API mit OData-Unterstützung und WCF RIA Services.

Tabelle 11.2 Vergleich der drei Implementierungswege für datenbasierte Services

	Pures WCF mit beliebigen .NET-Objekten	Pures WCF mit Self-Tracking Entities	WCF Data Service und Web API mit OData-Unterstützung	WCF RIA Services
HTTP/XML	Ja (SOAP, ATOM)	Ja (SOAP, ATOM)	Ja (ATOM)	Ja (SOAP), bisher nur RIA Services Toolkit
HTTP/Bin	Ja	Ja	Ja (nicht bei Web-API)	Ja
HTTP/JSON	Ja	Ja	Ja	Ja, bisher nur RIA Services Toolkit
TCP	Ja (ab SL4)	Ja (ab SL4)	Nein	Nein
Zugriffsmodell	Einwilligend	Einwilligend	Ausschließend	Einwilligend
.NET-Client-Proxy	Generiert über Proxy-Generator	Generiert über Proxy-Generator	Generiert über Proxy-Generator	Generiert über Projektlink

Tabelle 11.2 Vergleich der drei Implementierungswege für datenbasierte Services *(Fortsetzung)*

	Pures WCF mit beliebigen .NET-Objekten	Pures WCF mit Self-Tracking Entities	WCF Data Service und Web API mit OData-Unterstützung	WCF RIA Services
Unterstützung für komplette Proxy-Klasse	Ja	Nein	Ja	Ja
Unterstützung für Shared Contracts	Ja	Ja	Nein	Nein
Generischer Datenzugriff	Nein	Nein	Ja	Ja
Massenaktualisierung (Batch Updates)	Nein	Nein	Ja (nicht bei Web API)	Ja
Verteilte Änderungsverfolgung	Nein	Ja	Ja, halbautomatisch	Ja, vollautomatisch
Asynchroner Aufruf	Ja	Ja	Ja	Ja, mit Vereinfachungen
Eigenes Datenquellensteuerelement	Nein	Nein	Ja (für WPF)	Ja
Client: .NET WPF	Ja, WCF	Ja, WCF	Ja	Ja
Client: .NET Windows Forms	Ja, WCF	Ja, WCF	Ja	Ja
Client: .NET-Konsole	Ja, WCF	Ja, WCF	Ja	Ja
Client: ASP.NET	Ja, WCF	Ja, WCF	Ja	Ja, bisher nur RIA Services Toolkit
Client: Silverlight	Ja, WCF	Nein	Ja, auch für Windows Phone mit OData Client Library for Windows Phone series	Ja
Client: Java Script/AJAX	Ja, diverse AJAX-Toolkits	Ja, diverse AJAX-Toolkits	Ja, OData Javascript Library	Ja, bisher nur RIA Services Toolkit
Client: Java	Ja, diverse Web-Service-Frameworks	Ja, diverse Web-Service-Frameworks	Ja, Restlet extension for OData	Nein
Client: PHP	Ja, diverse Web-Service-Frameworks	Ja, diverse Web-Service-Frameworks	Ja, OData SDK for PHP	Nein

Tabelle 11.2 Vergleich der drei Implementierungswege für datenbasierte Services *(Fortsetzung)*

	Pures WCF mit beliebigen .NET-Objekten	Pures WCF mit Self-Tracking Entities	WCF Data Service und Web API mit OData-Unterstützung	WCF RIA Services
Client: Objective-C (iPhone)	Ja, diverse Web-Service-Frameworks	Ja, diverse Web-Service-Frameworks	Ja, OData Client Library for ObjectiveC	Nein
Client: Andere	Ja, diverse Web-Service-Frameworks	Ja, diverse Web-Service-Frameworks	Möglich über HTTP-Request und XML- bzw. JSON-Parsen	Möglich über SOAP- oder JSON-Endpunkt aus RIA Services Toolkit
Integration mit Entity Framework	Entity Framework-Objekte sind WCF-serialisierbar, sonst keine explizite Integration vorhanden	Serialisierbarkeit und Änderungsverfolgung	++ (DataService<T> kann direkt auf Entity Framework-Kontext verweisen)	++ (Dienstgenerierung auf Basis von Entity Framework-Kontext)
Interoperabilität	++	++	++	-
Schichtentrennung	++	++	O	+
Datenbindung	O (manuelle Arbeiten mit Observable Collection)	O (manuelle Arbeiten mit Observable Collection)	++ (DataSource Collection)	++ (Domain DataSource)
Implementierungsaufwand für datenbasierte Services	–	O	++	O

Als Fazit bleibt zu sagen:

1. Die Implementierung datenbasierter Services direkt mit WCF ist sehr aufwendig.

2. Microsoft bietet derzeit konkurrierende Abstraktionen für datenbasierte Services. Zunächst einmal scheint sich die OData-Idee gegenüber den WCF RIA Services durchgesetzt zu haben. Nun aber gibt es mit der kürzlich erschienenen OData-Unterstützung im ASP.NET Web API wieder eine alternative Implementierung zu den WCF Data Services.

3. Die Abstraktionen sparen Aufwand, sind aber nicht so flexibel wie die direkte Nutzung von WCF.

4. Man kann für viele Fälle die Abstraktionen nutzen und parallel für Sonderfälle WCF-Dienste direkt parallel auf dem gleichen Server anbieten.

12 Workflows und Workflow Services

Idealerweise werden Services zur Unterstützung ganzer Geschäftsprozesse herangezogen. Dazu ist festzulegen, wie die einzelnen Services, die mitunter vo n verschiedenen Systemen angeboten werden, zur Realisierung der gewünschten Prozesse zusammenspielen sollen. Man spricht hierbei auch von Orchestrierung. Die Windows Workflow Foundation wurde ebenfalls zum Unterstützen von Geschäftsprozessen entworfen und kann in Hinblick auf Service-Orchestrierung als Bindeglied zwischen Services eingesetzt werden. Darüber hinaus besteht die Möglichkeit, modellierte Workflows wiederum in Form von Services anderen Applikationen bereitzustellen.

■ 12.1 Überblick

Zur Darstellung von Abläufen bietet die Workflow Foundation mittlerweile drei Ansätze: Sequenzielle Workflows, Flussdiagramme und ab *.NET 4 Update 1* (*http://tinyurl.com/3 wqgan8*) auch Zustandsautomaten. Sequenzielle Workflows können mit prozeduralem Code verglichen werden. Sie bieten Konstrukte wie Sequenzen von Anweisungen, Entscheidungen oder Schleifen. Sprunganweisungen sind dabei nicht vorgesehen. Als Alternative erlauben Flussdiagramme das Abbilden von Workflows als Graphen: Die Knoten stellen die einzelnen Aktionen dar; aus den Kanten geht die Ausführungsreihenfolge hervor. Somit sind hiermit auch Sprunganweisungen realisierbar. Zustandsautomaten stellen hingegen die Zustände dar, die von einem Objekt, wie zum Beispiel einer *Bestellung*, eingenommen werden können, und geben an, unter welchen Umständen zwischen diesen zu wechseln ist sowie welche Aktionen im Zuge dessen oder während des Verharrens in einem Zustand auszuführen sind. Damit könnte zum Beispiel festgelegt werden, dass eine *Bestellung* die Zustände *bestellt, in Auslieferung* sowie *ausgeliefert* einnehmen kann sowie dass beim Wechseln in den Zustand *in Auslieferung* der Kunde zu benachrichtigen ist.

Alle drei Ansätze haben ihre Berechtigungen: Während sequenzielle Workflows mit der Denkweise von Programmierern korrelieren, entsprechen Flussdiagramme jener von Analysten. Zustandsautomaten bieten zusätzlich eine ereignisgesteuerte Sicht auf Objekte, zumal hier beim Eintreten bestimmter Ereignisse, abhängig vom aktuellen Zustand, bestimmte Aktionen auszuführen sind. Ein Kombinieren dieser Ansätze ist auch möglich:

Sequenzen können zum Beispiel innerhalb von Flussdiagrammen verwendet werden und umgekehrt.

■ 12.2 Visual Studio-Projektvorlagen

Zum Erstellen von Workflows stehen in Visual Studio vier Projektvorlagen zur Verfügung: Die Vorlage *Activity Library* erlaubt das Bereitstellen von Workflows und benutzerdefinierten Aktivitäten über eine Library. Bei der Verwendung von *Workflow Console Application* wird der Workflow innerhalb einer Konsolenanwendung erstellt. Dies bietet sich vor allem zum Einarbeiten in die Thematik an. Mit einer *Activity Designer Library* kann das Aussehen von benutzerdefinierten Aktivitäten gesteuert werden, und *WCF Workflow Service Applications* beinhalten Workflows, die in Form von WCF-Services bereitgestellt werden. Innerhalb dieser Projekte kann ein neuer Workflow mit der Vorlage *Activity* angelegt werden. Die Workflows werden nun komplett über XAML beschrieben. Die in Version 3 genutzte Code-behind-Datei existiert nicht mehr.

■ 12.3 Sequenzielle Workflows

Dieser Abschnitt erläutert, wie sequenzielle Workflows erstellt sowie zur Ausführung gebracht werden können. Darüber hinaus wird auf die zur Verfügung gestellten Möglichkeiten zur Steuerung des Kontrollflusses eingegangen.

12.3.1 Sequenzielle Workflows erstellen

Bild 12.1 zeigt einen sehr einfachen sequenziellen Workflow, der innerhalb einer *Workflow Console Application* angelegt wurde. Er besteht lediglich aus einer Sequenz mit einer einzigen Aktivität vom Typ *Assign*, die einen neuen Wert einem Ausgabeargument zuweist. Dabei handelt es sich um das Ergebnis eines in VB formulierten Ausdrucks (*"Hello " & Name*) – andere auf .NET basierende Sprachen werden zur Formulierung solcher Ausdrücke nicht unterstützt. Das gilt auch für C#, selbst wenn das Workflow-Projekt mit C# implementiert wird. Die einzelnen Argumente, die als Ein- und/oder Ausgabeparameter fungieren, werden im Bereich am unteren Fensterrand im Registerblatt *Arguments* definiert. Im Registerblatt *Variables* können analog dazu Workflow-Variablen angelegt werden.

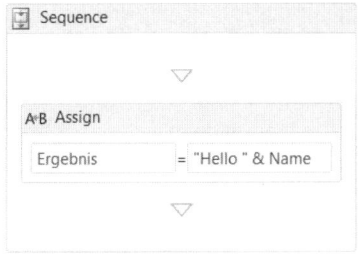

Name	Direction	Argument type	Default value
Name	In	String	*Enter a VB expression*
Ergebnis	Out	String	*Default value not supported*
Create Argument			

Bild 12.1 Sehr einfacher sequenzieller Workflow

12.3.2 Sequenzielle Workflows ausführen

Listing 12.1 zeigt eine Möglichkeit, um diesen Workflow zur Ausführung zu bringen. Dazu wird der Workflow samt eines *IDictionary<string, object>*, das die Namen der Eingabeparameter auf deren Werte abbildet, an die statische Methode *WorkflowInvoker.Invoke* übergeben. Das Ergebnis ist ebenfalls ein *IDictionary<string, object>*. Dieses Mal beinhaltet es jedoch die Namen der Ausgabeparameter und deren Werte.

Listing 12.1 Workflow ausführen

```
IDictionary<string, object> input;
IDictionary<string, object> output;

input = new Dictionary<string, object>();
input["Name"] = "Max Mustermann";
output = WorkflowInvoker.Invoke(new Workflow1(), input);
Console.WriteLine("Ergebnis: " + output["Ergebnis"]);
```

Eine Alternative zum *WorkflowInvoker*, die mehr Möglichkeiten bietet, jedoch auch schwieriger in der Handhabung ist, stellt die Klasse *WorkflowApplication* dar. Sie bringt Workflows in einem eigenen Thread zur Ausführung und erlaubt es, durch Ereignisse über dessen Abarbeitung informiert zu werden. Beispielsweise stehen Ereignisse zur Verfügung, die ausgelöst werden, wenn ein Workflow erfolgreich beendet (*Completed*), abgebrochen (*Aborted*), aus dem Speicher entfernt (*Unloaded*) sowie in eine Warteposition versetzt (*Idle*) wurde. Ein Beispiel für die Verwendung dieser Klasse findet sich in Listing 12.2, das zum selben Resultat wie Listing 12.1 führt. Hier werden über den Konstruktor der auszuführende *Workflow* sowie die Eingabeparameter in Form eines *IDictionary* an die *WorkflowApplication* übergeben. Anschließend kommt dieser durch Aufruf von *Run* in einem separaten Thread zur Ausführung. Nach einer erfolgreichen Abarbeitung löst die *WorkflowApplication* das Ereignis *Completed* aus. An dieses übergibt sie unter anderem ein *IDictionary* mit den ermittelten Ausgabeargumenten. Zur Synchronisierung des Hauptthreads mit dem für den Workflow abgespaltenen Thread verwendet das Beispiel ein *AutoResetEvent*.

Listing 12.2 Workflows in eigenen Threads mittels WorkflowApplication ausführen

```
IDictionary<string, object> input;
Workflow1 wf;
WorkflowApplication wfApp;
AutoResetEvent completedEvent;
input = new Dictionary<string, object>();
input["Name"] = "Max Mustermann";
wf = new Workflow1();
wfApp = new WorkflowApplication(wf, input);
completedEvent = new AutoResetEvent(false);
wfApp.Completed = (e) =>
{
    Console.WriteLine(e.Outputs["Ergebnis"]);
    completedEvent.Set();
};
wfApp.Run();
completedEvent.WaitOne();
```

12.3.3 Kontrollfluss

Zur Steuerung des Kontrollflusses stehen einige Aktivitäten zur Realisierung von Verzweigungen und Schleifen zur Verfügung. Bild 12.2 zeigt ein simples Beispiel für die Abbildung einer *If*-Anweisung. Der gezeigte Workflow nimmt eine *Anforderung* (siehe Listing 12.3) entgegen und entscheidet über deren Genehmigung. Dazu prüft er mit einem VB-Ausdruck, ob das Produkt billiger als € 300 ist. Falls ja, wird das Ausgabeargument *genehmigt* auf *true* gesetzt; ansonsten auf *false*.

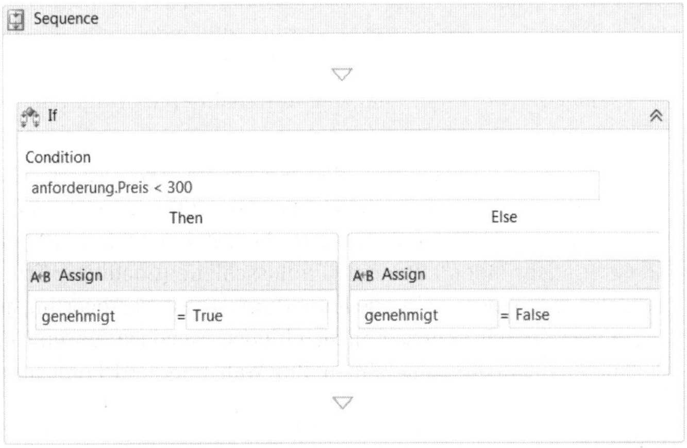

Name	Direction	Argument type	Default value
anforderung	In	Anforderung	*Enter a VB expression*
genehmigt	Out	Boolean	*Default value not supported*
Create Argument			

Bild 12.2 Verwendung der If-Aktivität

Listing 12.3 Die Klasse Anforderung

```
public class Anforderung
{
    public String ProduktBezeichnung { get; set; }
    public double Preis { get; set; }
}
```

Neben der Aktivität *If* stehen noch weitere Aktivitäten, die allgemein bekannten Kontroll-strukturen entsprechen, zur Verfügung: *DoWhile, While, ForEach* und *Switch*.

Auch das Konzept von Unterroutinen wird unterstützt, indem Workflows in anderen Work-flows eingebunden werden können sowie indem die Möglichkeit zur Implementierung benutzerdefinierter Aktivitäten geboten wird. Referenzierte Services können ebenfalls als Aktivitäten innerhalb von Workflows verwendet werden. Sowohl die vorhandenen Work-flows (abgesehen vom gerade geöffneten) als auch die vorhandenen benutzerdefinierten Aktivitäten und über Service-Referenzen eingebundenen Services scheinen dazu als Akti-vitäten in der Toolbar auf.

Daneben bieten die Aktivitäten *Parallel* und *ParallelForEach* Möglichkeiten zum Parallelisie-ren von Abläufen. Auch die aus aktuellen Sprachen bekannten Konzepte der Ausnahme-behandlung (Exception Handling) finden sich in der Workflow Foundation wieder. Die dafür vorgesehenen Aktivitäten nennen sich *TryCatch, Throw* und *Rethrow*.

Keine direkten Gegenstücke in Form von Kontrollstrukturen existieren für *Pick* und *Pick-Branch*. Ein *Pick* besteht aus mehreren *PickBranches*. Jeder *PickBranch* definiert einen Aus-löser (Trigger) sowie eine Aktion (Action), die nach Abarbeitung des Auslösers angestoßen werden soll. Bei beiden handelt es sich um Aktivitäten, wobei Auslöser per Definition auf das Eintreten bestimmter Ereignisse warten und im Zuge dessen nicht den Prozessor an sich reißen dürfen. *Pick* bringt die Auslöser der einzelnen *PickBranches* parallel zur Aus-führung. Sobald ein Auslöser beendet wurde, werden alle anderen Auslöser abgebrochen und die Aktion des jeweiligen *PickBranch* ausgeführt. Dies ermöglicht zum Beispiel das Ausführen einer Eskalation, wenn ein Benutzer innerhalb eines vorgegebenen Zeitraums nicht auf eine Anfrage antwortet.

Der Workflow in Bild 12.3 veranschaulicht dieses Konzept. Die *Pick*-Aktivität beinhaltet zwei *PickBranch*-Aktivitäten. Der eine wartet auf die Abarbeitung einer *While*-Schleife; der andere auf das Verstreichen einer Verzögerung (Delay). Bei der While-Schleife handelt es sich – aus Demonstrationsgründen – um eine Endlosschleife (Condition: True), die immer wieder eine Verzögerung von einer Sekunde herbeiführt. Diese Verzögerungen verhindern, dass der Auslöser die gesamte Rechenzeit an sich bindet, was dazu führen würde, dass die anderen Auslöser nicht zur Ausführung kämen. Zur Wahrung der Übersichtlichkeit wurde der Inhalt der Schleife ausgeblendet.

Wird dieser Workflow ausgeführt, erscheint auf der Konsole ein „B", da das Ende der Ver-zögerung (Delay) zwangsläufig vor dem Ende der Endlosschleife eintritt.

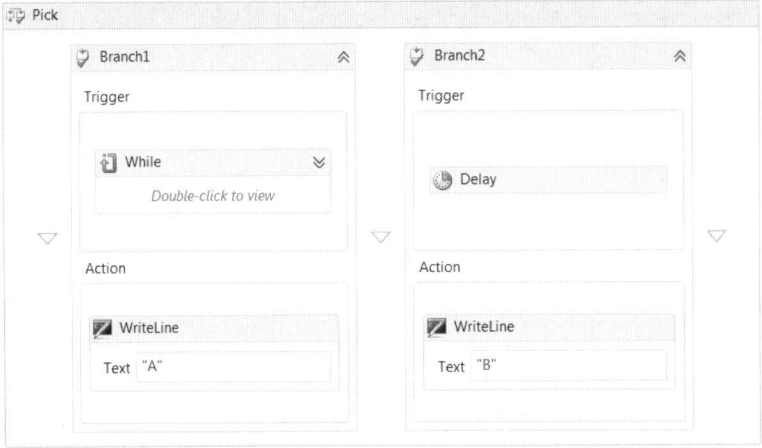

Bild 12.3 Eskalation mit Pick und PickBranch

■ 12.4 Flussdiagramme

Wie eingangs erwähnt, besteht auch die Möglichkeit, Workflows oder Teile von Workflows in Form von Flussdiagrammen abzubilden. Bild 12.4 zeigt einen solchen Workflow, der dem sequenziellen Workflow aus Bild 12.1 entspricht. Dieser besteht aus einer Aktivität vom Typ *Flowchart*. Innerhalb dieser Aktivität wird eine *FlowDecision* zur Verzweigung herangezogen. Der dazu verwendete VB-Ausdruck ist im Eigenschaftsfenster einzutragen – auf Wunsch kann er jedoch im Designer angezeigt werden. Anders als in der Vorgängerversion muss in Version 4 keine Entscheidung zwischen den zur Verfügung stehenden Modellierungsansätzen getroffen werden: Sequenzen können innerhalb von Flowcharts eingesetzt werden und umgekehrt.

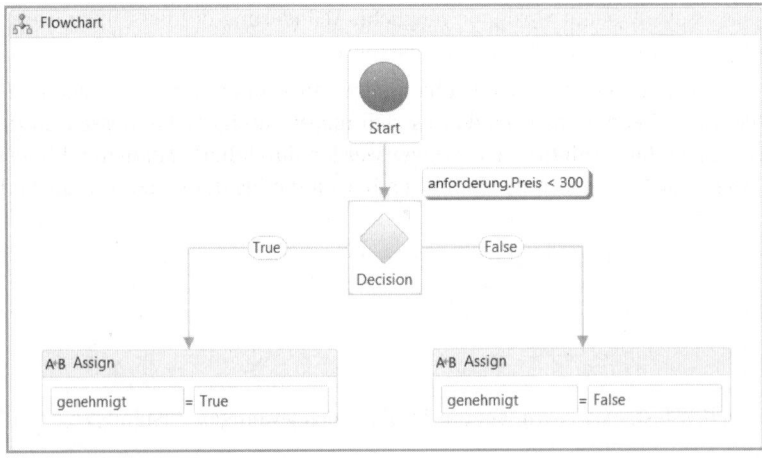

Bild 12.4 Flussdiagramm

HINWEIS: Flussdiagramme werden auf dieselbe Weise wie sequenzielle Workflows zur Ausführung gebracht.

■ 12.5 Zustandsautomaten (State Machines)

Ab .NET 4 Update 1 (*http://tinyurl.com/3wqgan8*) bietet die Workflow Foundation 4 auch die Möglichkeit Zustandsautomaten (State Machines) zu modellieren. Vor diesem Update mussten Zustandsautomaten mit den Möglichkeiten der Aktionen *Pick* und *PickBranch* (vgl. Abschnitt 12.3.3) nachgestellt werden.

Damit man in den Genuss dieser Möglichkeit kommt, muss in den Projekteigenschaften das *Target Framework* mit dem Namen *.NET 4 Plattform Update 1 (KB2478063)* festgelegt werden (sofern dieses Update installiert wurde) oder jenes, welches sich auf *.NET 4.5* bezieht.

Ein Zustandsautomat zeigt die einzelnen Zustände, die ein System oder Systembestandteil einnehmen kann und unter welchen Umständen zwischen den einzelnen Zuständen gewechselt wird. WF-Zustandsautomaten werden innerhalb von *Statemachine*-Aktivitäten modelliert und können somit mit anderen Workflow-Arten kombiniert werden.

Bild 12.5 zeigt ein Beispiel eines Zustandsautomaten, der die einzelnen Zustände einer Bestellung beinhaltet. Der Start-Zustand verweist auf den ersten Zustand, den eine Bestellung einnimmt. Pro Automat muss es genau einen Start-Zustand geben und dieser darf lediglich einen einzigen Übergang aufweisen. Bei *Storniert* und *Ausgeliefert* handelt es sich um End-Zustände, die mit der Aktivität *FinalState* modelliert werden. Dies erkennt man am Logo, das links oben aufscheint und etwas von den Logos der anderen Zustände abweicht. End-Zustände führen zur Beendung der *Statemachine*-Aktivität und dürfen somit keine Nachfolger haben. Bei Betrachtung dieses Beispiels fällt auch auf, dass nur vom Zustand *Bestellt* nach *Storniert* gewechselt werden kann. Sobald sich die Bestellung im Zustand *In Bearbeitung* befindet, ist dies nicht mehr möglich. Außerdem verweist der Zustand *Bestellt* auch auf sich selber. Damit wird eine mögliche Abänderung der Bestellung, welche ebenfalls nur in diesem Zustand erlaubt ist, modelliert.

Nach Doppelklick auf einen Zustandsübergang kann man dessen Eigenschaften festlegen (siehe Bild 12.6). Beim *Trigger* handelt es sich um ein Ereignis, bei dessen Eintreten der Zustandswechsel durchzuführen ist. Trigger werden durch herkömmliche Aktionen repräsentiert. Diese müssen jedoch per Definition blockieren bis das damit assoziierte Ereignis eingetreten ist, und sich anschließend beenden. Während sie blockieren, dürfen Sie den Prozessor nicht an sich reißen. Im betrachteten Beispiel kommt lediglich ein *Delay* als Trigger zum Einsatz. Stattdessen könnte jedoch auch gewartet werden, bis eine bestimmte Service-Operation aufgerufen wird (vgl. Abschnitt 12.7).

Wird auch eine *Condition* definiert, findet der Zustandsübergang beim Eintreten des Triggers nur dann statt, wenn diese zusätzlich auf *true* ausgewertet werden kann. Eine Aktion, die unter *Action* festgelegt wird, kommt im Zuge des jeweiligen Zustandswechsels zu Ausführung.

Per Doppelklick auf eine Aktion werden deren Eigenschaften angezeigt (siehe Bild 12.7). Hier kann jene Aktion festgelegt werden, die beim Betreten des Zustands aufzuführen ist. Daneben kann auch eine weitere Aktion angegeben werden, die beim Verlassen des Zustands zur Ausführung gebracht werden soll.

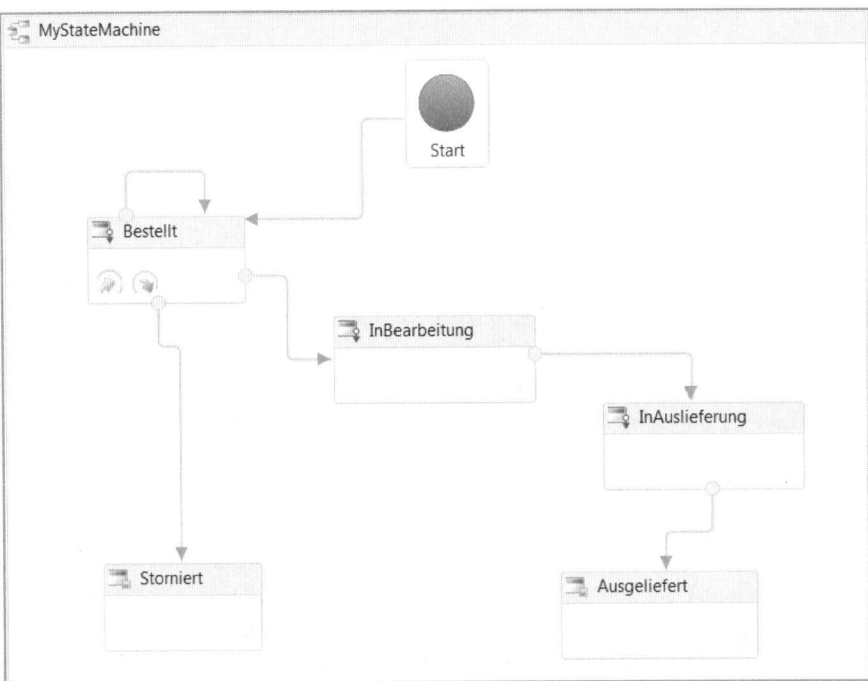

Bild 12.5 Beispiel eines Zustandsautomaten

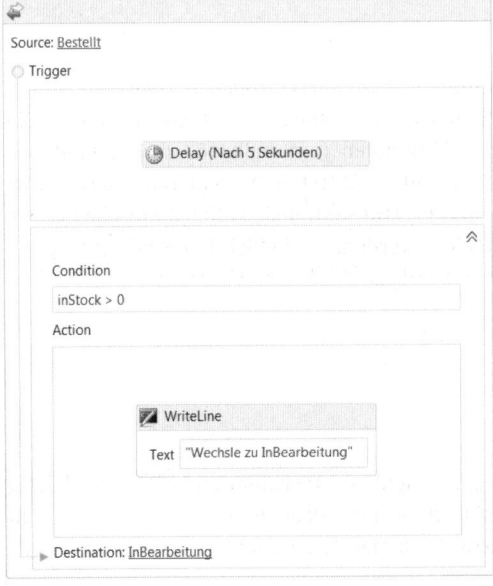

Bild 12.6
Beispiel eines Zustandsautomaten

Bild 12.7 Detail einer Aktion

■ 12.6 Transaktionen und Kompensation

Transaktionen sind ein bekanntes Mittel, um Arbeitsschritte nach dem „Alles oder nichts-Prinzip" auszuführen. Als Alternative dazu kommen in Workflows auch Kompensationsvorgänge zum Einsatz. Dieser Abschnitt zeigt, wie diese beiden Konzepte mit WF implementiert werden können.

12.6.1 Transaktionen

Transaktionen werden durch die Verwendung der Aktivität *TransactionScope* unterstützt. Ein *TransactionScope* startet eine neue Transaktion, sofern noch keine existiert. Die Transaktion wird bestätigt, wenn sämtliche Aktivitäten innerhalb des *TransactionScope* bzw. sämtliche an der Transaktion teilnehmenden Aktivitäten erfolgreich ausgeführt wurden. Über das Eigenschaftenfenster kann der Transaktionsisolationslevel ebenso wie das gewünschte Transaktions-Timeout festgelegt werden. Zusätzlich kann mit der Option *AbortInstanceOnTransactionFailure* festgelegt werden, ob die Ausführung der aktuellen Workflow-Instanz bei einem Scheitern der Transaktion abzubrechen ist.

12.6.2 Kompensation

Das Konzept der Transaktion kann gerade im Umfeld von Workflows und Services häufig nicht angewandt werden. Ein Grund dafür liegt in der Tatsache, dass Transaktionen zu Sperren in den betroffenen Datenbanken bzw. Systemen führen und es somit wünschenswert ist, sie möglichst kurz zu halten. Da Workflows mitunter jedoch eine unbestimmte Zeit pausiert werden, um zum Beispiel auf Benutzereingaben zu warten, kann dieses Ziel nicht erreicht werden. Auch innerhalb von Workflows, die unterschiedliche Systeme koordinieren, sind Transaktionen häufig nicht möglich. Zwar existieren Konzepte, wie Transaktionskoordinatoren, die systemübergreifende Transaktionen ermöglichen, doch viele existierende (Web-)Services unterstützen dies (noch) nicht, obwohl dafür bereits Standards, wie *WS-AtomicTransaction*, geschaffen wurden.

Bild 12.8
Demonstration der Verwendung einer CompensableActivity

Aus diesen Gründen ist man immer wieder angehalten, durchgeführte Aktivitäten im Fehlerfall manuell rückgängig zu machen. Dabei ist auch von Kompensation die Rede. Bei der Realisierung von Kompensationen unterstützt die Workflow Foundation unter anderem mit der Aktivität *CompensableActivity* (Bild 12.8). Diese besteht aus einem *Body*, einem *CompensationHandler*, einem *ConfirmationHandler* sowie einem *CancellationHandler*. Zunächst wird der *Body* ausgeführt. Wird diese Ausführung abgebrochen, weil sich eine Ausnahme ergibt, kommt es zur Ausführung des *CancellationHandlers*. Dabei ist es allerdings notwendig, dass die Ausnahme im Workflow behandelt wird, da es ansonsten zu dessen Abbruch kommt und somit der *CancellationHandler* nicht mehr ausgeführt werden kann. Wird für die *CompensableActivity* (irgendwann) nach deren Ausführung mit der Aktivität *Compensate* (Bild 12.8) eine Kompensation angefordert, kommt der *CompensationHandler* zur Ausführung. Wird ihre erfolgreiche Ausführung jedoch (irgendwann) nach deren Ausführung durch Einsatz der Aktivität *Confirm* bestätigt, führt Workflow Foundation den *Confirmation-Handler* aus. Kommt es weder zu einer *Cancellation* noch zu einer *Compensation* oder *Confirmation*, bestätigt Workflow Foundation die *CompensableActivity* am Ende des Workflows, was die Ausführung des *ConfirmationHandler* zur Folge hat.

Um eine Verbindung zwischen der *CompensableActivity* und den Aktivitäten *Confirm* sowie *Compensate* herzustellen, werden *CompensationTokens* eingesetzt, die von der *CompensableActivity* als Ausgabeargument zur Verfügung gestellt werden. Dieses Argument wird über das Eigenschaftenfenster an eine Variable vom Typ *CompensationToken* zugewiesen. In weiterer Folge kann diese an das Eingabeargument *Target* von *Confirm* bzw. *Compensate* übergeben werden.

■ 12.7 WCF Workflow Services

Bei WCF Workflow Services handelt es sich um WF Workflows, die via WCF exportiert werden. Somit besteht die Möglichkeit, einen Workflow eigenständig ablaufen zu lassen. Für die Ausführung benötigte Informationen können von den einzelnen Applikationen über Service-Methoden bei Bedarf übergeben werden.

12.7.1 Workflow Services erstellen

Bild 12.5 zeigt ein einfaches Beispiel eines Workflow Service, der mit der in Visual Studio zur Verfügung stehenden Vorlage *WCF Workflow Service Application* erstellt wurde. Er nimmt einen Namen entgegen und liefert eine Begrüßung für die genannte Person retour.

Die erste Aktivität *ReceiveRequest* nimmt die an den Service übergebenen Informationen entgegen und repräsentiert somit den Serviceaufruf. Die erwarteten Parameter wurden über die Eigenschaft *Content*, die sowohl über das Designerfenster als auch über das Eigenschaftenfenster erreichbar ist, festgelegt. Hinter ihr verbirgt sich der in Bild 12.10 gezeigte Dialog. Wie hier zu sehen ist, wurde ein Parameter *name* vom Typ *String* deklariert. Gebunden wurde dieser an eine Variable, die ebenfalls den Namen *name* aufweist. Alternativ dazu kann auch ein WCF Data-Contract unter *Message* als *Parameter* festgelegt werden. Über die Eigenschaft *OperationName* der betrachteten Aktivität kann der Name der definierten Servicemethode festgelegt werden; über *ServiceContractName* der Name des dazugehörigen Service-Vertrages, auf den im Rahmen der Konfiguration verwiesen werden kann. Ersteres wurde in diesem Beispiel auf *SayHello* und Letzteres auf *ServiceContractName* festgelegt. Zusätzlich wurde die Option *CanCreateInstance* aktiviert, sodass für jeden Aufruf der deklarierten Servicemethode eine Instanz des Workflows gestartet wird. Die Eigenschaft *ConfigurationName* des Service spiegelt den im Rahmen der WCF-Konfiguration zu verwendenden Namen wider.

Mit einer Aktivität vom Typ *Assign* erstellt der Workflow unter Verwendung des übergebenen Namens eine Begrüßung. Diese legt er in der Variablen *antwort* ab. Diese retourniert er unter Verwendung einer *SendResponse*-Aktivität. Dazu wird, analog zur Aktivität *ReceiveRequest*, über die Eigenschaft *Content* ein an die Variable *antwort* gebundener Ausgabeparameter *antwort* angelegt.

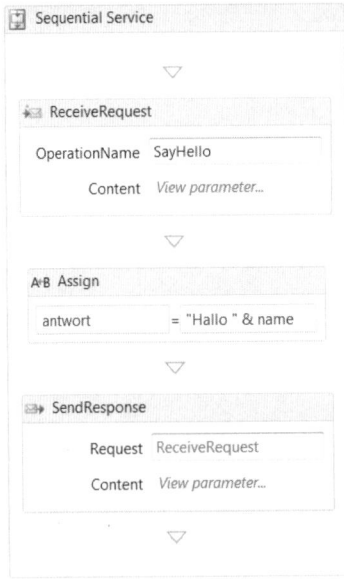

Bild 12.9 Einfacher WCF Workflow Service

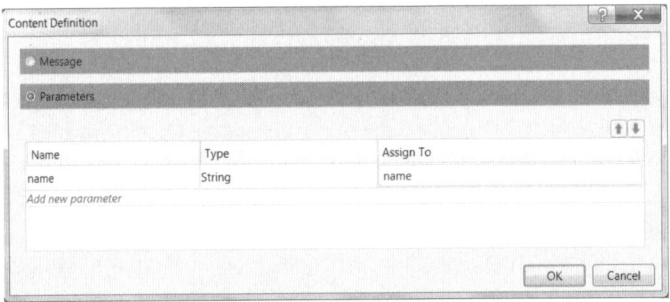

Bild 12.10
Content Definition eines
WCF Workflow Service

12.7.2 Workflow Services testen

Getestet werden kann dieser Service durch Auswahl des Befehls *Debug | Start Debugging*, während der Workflow im Designer geöffnet ist. Dadurch wird der WCF Test Client (siehe Bild 12.11), der die aktuelle Servicekonfiguration analysiert und die einzelnen Servicemethoden zur Ausführung anbietet, geöffnet. Nachdem die Methode *SayHello* ausgewählt und die dafür erwarteten Parameter im rechten Bereich unter *Request* hinterlegt wurden, kann sie per Klick auf *Invoke* zur Ausführung gebracht werden. Das Ergebnis der Ausführung ist danach aus dem mit *Response* gekennzeichneten Bereich ersichtlich.

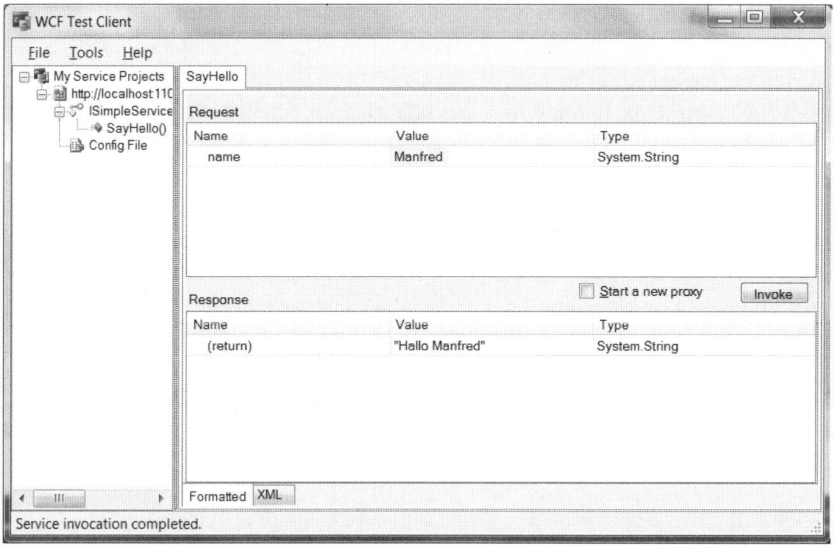

Bild 12.11 WCF Test Client

12.7.3 Workflow Services konfigurieren

Da WCF ab der Version 4 Standard-Endpoints vorsieht, erhält ein Workflow Service, der in einem Web-Server gehostet wird, standardmäßig einen Endpoint vom Typ *basicHttpEndpoint*. Möchte man sich damit nicht zufrieden geben, muss explizit ein Endpoint konfiguriert werden. Listing 12.4 zeigt einen Auszug aus einer *web.config*, die für den betrachteten Workflow Service einen *wsHttpEndpoint* einrichtet. Der Servicename entspricht dabei der Eigenschaft *ConfigurationName* des Workflow Service; der *Contract* wird im Zuge der *Receive*-Operation über die Eigenschaft *ServiceContractName* festgelegt.

Listing 12.4 Konfiguration von WCF Workflow Services

```
<services>
 <service name="Service1">
    <endpoint
      address=""
      contract="ISimpleService"
      binding="wsHttpBinding"
      bindingConfiguration="wsHttpContextBindingConfig"
      />
 </service>
</services>
<bindings>
 <wsHttpBinding>
    <binding name="wsHttpContextBindingConfig">
      <security mode="None" />
    </binding>
 </wsHttpBinding>
</bindings>
```

12.7.4 Korrelation

Ein Workflow Service kann im Zuge seiner Ausführung über verschiedene Serviceaufrufe Daten entgegennehmen. Da von einem Workflow jedoch beliebig viele Instanzen existieren können, muss bei jedem Serviceaufruf entschieden werden, welcher Instanz dieser zuzuordnen ist. Bewerkstelligt wird dies über ein Konzept, das sich Korrelation (engl. Correlation) nennt. Eine Möglichkeit zur Implementierung von Korrelationen stellt die sogenannte *Content-based Correlation* dar. Diese sieht vor, dass bei jedem Aufruf anhand bestimmter übergebener Werte, wie zum Beispiel einer *Workflow-Id*, eine Zuordnung zur Instanz getroffen werden kann. Außerdem wird Korrelation eingesetzt, um eine *Send*-Aktivität zur dazugehörigen *Receive*-Aktivität zuzuordnen.

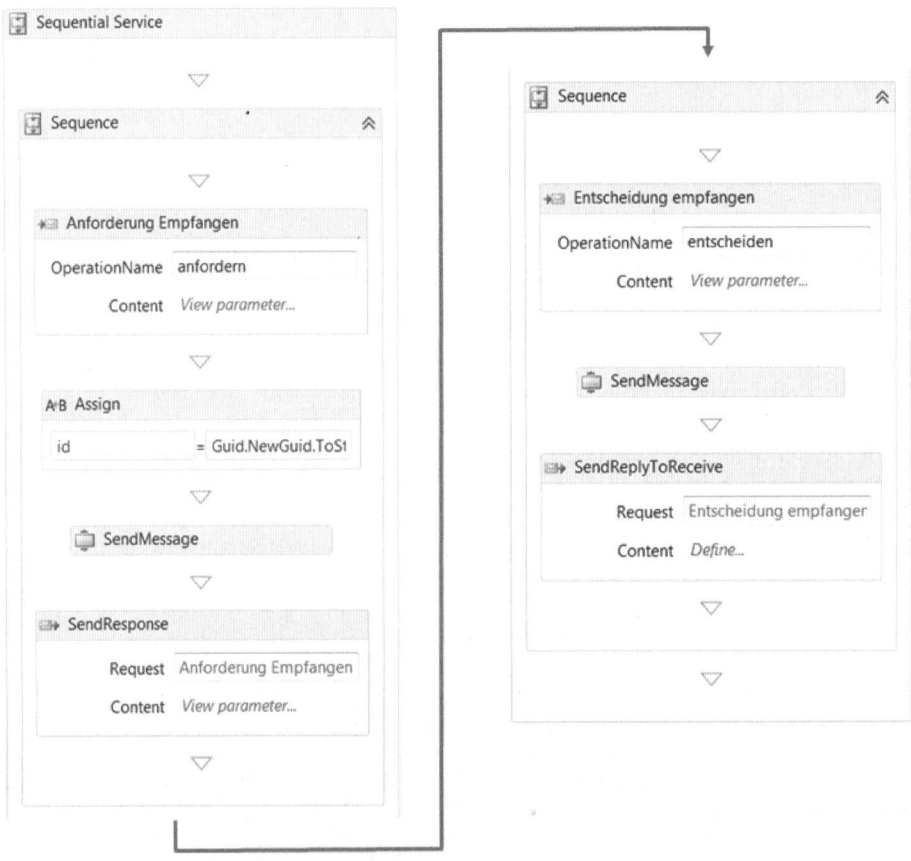

Bild 12.12 Content-based Correlation

Bild 12.12 veranschaulicht die Implementierung von *Content-based Correlation* am Beispiel eines Ansuchens, das von einem Mitarbeiter erstellt sowie durch dessen Vorgesetzten genehmigt werden soll. Am Beginn des Workflows stößt der Mitarbeiter die Operation *anfordern* an. Mit der auf die *Receive*-Aktivität folgenden *Assign*-Aktivität, legt er über den Ausdruck *Guid.NewGuid.ToString()* eine neue Guid, die als *Workflow-Id* fungiert und der Variablen *id* zugewiesen wird, an. Die benutzerdefinierte Aktivität *SendMessage*, die weiter unten beschrieben wird, sendet anschließend eine Nachricht, die diese *Id* beinhaltet, an den Vorgesetzten. Dieser kann nun durch Aufruf der Servicemethode *entscheiden* festlegen, ob das Ansuchen genehmigt oder abgelehnt wird. Dazu wird zum einen die *Workflow-Id* sowie zum anderen ein boolescher Wert, der die Entscheidung repräsentiert, übergeben.

Zur Realisierung der *Content-based Correlation* wurde eine Variable *correlation* vom Typ *CorrelationHandle* angelegt. Diese Variable ist beim ersten *SendResponse* im Dialog, der sich hinter der Eigenschaft *CorrelationInitializers* verbirgt, einzutragen (siehe Bild 12.12, links). Im Drop-down-Feld wird *Query correlation initializer* zur Realisierung von Content-based Correlation und unter *XPath Queries* die Variable *id* ausgewählt. Die Auswahl dieser Variablen wurde vom Dialog in einen *XPath*-Ausdruck umgewandelt.

Um einen Aufruf der Servicemethode *entscheiden* zur richtigen Workflow-Instanz zuweisen zu können, werden im Dialog, der sich hinter der Eigenschaft *CorrelationsOn* der zweiten Receive-Aktivität verbirgt, dasselbe *CorrelationHandle* sowie ebenfalls die Variable *id* ausgewählt.

12.7.5 Contract-First (ab .NET 4.5)

Ab Version 4.5 bietet die Workflow Foundation die Möglichkeit, mit Workflow Services Service-Verträge wie jenen in Listing 12.5 zu implementieren. Somit können sich Kommunikationspartner im Vorfeld auf eine Schnittstelle einigen, welche anschließend entweder in Form von klassischen WCF-Services oder in Form von Workflow Services mit Leben erfüllt wird.

Listing 12.5 Service-Vertrag für Contract-First

```
using System;
using System.Collections.Generic;
using System.Linq;
using System.ServiceModel;
using System.Text;
using System.Threading.Tasks;

namespace WorkflowWithContract
{
    [ServiceContract]
    public interface IAnsuchen
    {
        [OperationContract]
        void Ansuchen(string produktName, int
preis);

    }
}
```

Um die Workflow Foundation über solch einen Service-Vertrag in Kenntnis zu setzen, muss der Entwickler diesen zunächst importieren (*Rechtsklick auf Projekt in Solution-Explorer | Dienstvertrag importieren*, siehe Bild 12.13). Nachdem er daraufhin das Projekt kompiliert hat, stehen die einzelnen Operationen des Service-Vertrages in Form von speziellen *ReceiveAndSendReply*-Aktivitäten in der Toolbar zur Verfügung (siehe Bild 12.14).

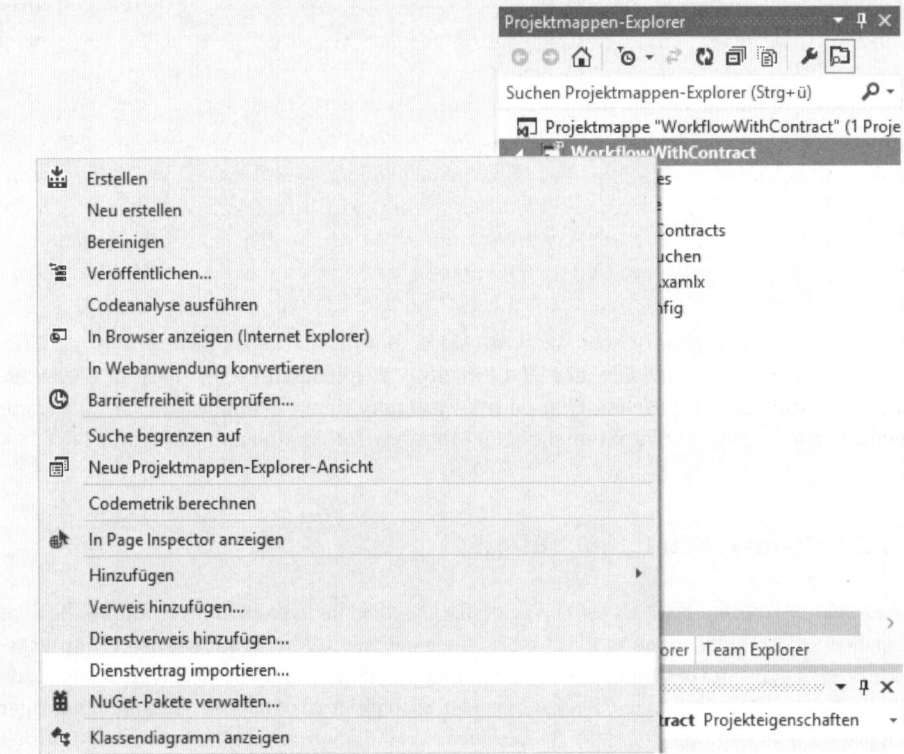

Bild 12.13 Importieren von Dienstverweisen

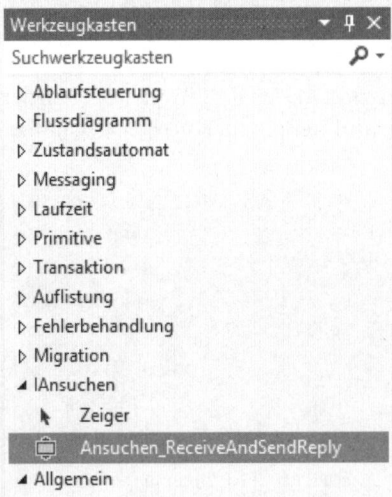

Bild 12.14
Aktivitäten für Operationen in den
importieren Service-Verträgen

■ 12.8 Benutzerdefinierte Aktivitäten

Zur Realisierung benutzerdefinierter Aktivitäten stehen mehrere Ansätze zur Verfügung. Zum einen kann von der Basisklasse *Activity* abgeleitet werden. So können Aktivitäten, die andere Aktivitäten gruppieren, geschaffen werden. Dies wird auch durch den Workflow-Designer unterstützt. Die für solche Fälle vorgesehene Vorlage in Visual Studio nennt sich *Activity*.

Alternativ dazu können benutzerdefinierte Aktivitäten durch Ableiten von *CodeActivity*, *AsyncCodeActivity* oder *NativeActivity* implementiert werden. *CodeActivity* ist für einfache Aktivitäten, die lediglich simple Aufgaben durchführen und keine Unteraktivitäten beinhalten, gedacht. *AsyncCodeActivity* bietet dieselben Möglichkeiten, ist jedoch für eine asynchrone Ausführung vorgesehen. *NativeActivity* ist in der Handhabung komplexer, stellt dafür jedoch auch die gesamte Funktionalität der Workflow Foundation zur Verfügung.

12.8.1 CodeActivity

Listing 12.6 zeigt ein Beispiel für eine *CodeActivity*. Eigenschaften, die unter anderem über den Designer verwaltet werden können, werden als *InArgument* definiert. Für Ausgabeparameter steht darüber hinaus die generische Klasse *OutArgument* zur Verfügung. Daneben existiert auch *InOutArgument*. Beim Ändern oder Auslesen von Argumenten ist der jeweilige *context*, der an die Methode *Execute* übergeben wird und die aktuelle Ausführung repräsentiert, an die Methode *Set* bzw. *Get* zu übergeben.

Die zu überschreibende Methode *Execute* ist für die Ausführung der Aktivität zuständig. In der betrachteten Implementierung werden zunächst die Werte der übergebenen Argumente ermittelt. Diese werden verwendet, um das Versenden einer Nachricht durch das Hinzufügen von Informationen zu einer Textdatei zu simulieren.

Zur Anpassung der Darstellung einer benutzerdefinierten Aktivität im Workflow-Designer kann die WPF eingesetzt werden. Auf diesen Aspekt wird weiter unten noch eingegangen.

Listing 12.6 Implementierung einer CodeActivity

```
public sealed class SendMessage : CodeActivity
{
    public InArgument<string> UserName { get; set; }
    public InArgument<string> Message { get; set; }
    public InArgument<string> MessageId { get; set; }
    const String MESSAGEBOX_PATH = @"c:\temp\";
    protected override void Execute(CodeActivityContext context)
    {
        string userName = context.GetValue(this.UserName);
        string message = context.GetValue(this.Message);
        string fileName = Path.Combine(MESSAGEBOX_PATH, userName) + ".txt";
        using (StreamWriter sw = new StreamWriter(fileName, true))
        {
            sw.WriteLine(DateTime.Now.ToString());
            sw.WriteLine("Message-Id: " + MessageId.Get(context));
            sw.WriteLine(message);
```

```
            sw.WriteLine();
        }
    }
}
```

12.8.2 AsyncCodeActivity

Die Klasse *AsyncCodeActivity* kann verwendet werden, um asynchrone Aktivitäten zu implementieren. Sie wird benötigt, da es nicht möglich ist, einen neuen Thread in einer *CodeActivity* abzuspalten, denn darüber würde die Workflow-Runtime keine Informationen haben. Das Programmiermodell sieht vor, dass die Methode *BeginExecute* die asynchrone Ausführung der gewünschten Operation anstößt und eine Instanz von *IAsyncResult* zurückliefert. Nach Ausführung der asynchronen Operation ruft die Workflow-Runtime die Methode *EndExecute* auf und übergibt an diese unter anderem das *IAsyncResult*.

Listing 12.7 demonstriert dies. In der Methode *BeginExecute* wird ein Delegate auf die Methode *DoStuff*, die mittels *Thread.Sleep* eine zehnsekündige Operation simuliert, erzeugt. Dieser Delegate wird an *context.UserState* zugewiesen. Über diese Eigenschaft können zwischen *BeginExecute* und *EndExecute* Informationen ausgetauscht werden. Anschließend wird der Delegate mit Bordmitteln asynchron zur Ausführung gebracht und das erhaltene *IAsyncResult* zurückgeliefert. In *EndExecute* wird der Delegate wieder über *context.UserState* bezogen. Die Ausführung von *EndInvoke* liefert das Ergebnis der asynchron ausgeführten Methode. Dieses wird an den Ausgabeparameter *Result* zugewiesen.

Listing 12.7 Implementierung einer AsyncCodeActivity

```
public class SomeAsyncActivity: AsyncCodeActivity
{
    public OutArgument<int> Result { get; set; }
    protected override IAsyncResult BeginExecute(AsyncCodeActivityContext
context, AsyncCallback callback, object state)
    {
        Func<int> myDelegate = new Func<int>(DoStuff);
        context.UserState = myDelegate;
        return myDelegate.BeginInvoke(callback, state);
    }
    protected override void EndExecute(AsyncCodeActivityContext context,
IAsyncResult result)
    {
        Func<int> myDelegate = (Func<int>)context.UserState;
        int r = myDelegate.EndInvoke(result);
        Result.Set(context, r);
    }
    private int DoStuff()
    {
        System.Threading.Thread.Sleep(10000);
        return 42;
    }
}
```

12.8.3 NativeActivity

Durch Ableiten von *NativeActivity* gelangt man in den Genuss des vollen Funktionsumfanges der Workflow Foundation 4, darunter Unteraktivitäten (Child-Activitys) oder Bookmarks. Der Preis dafür ist eine – im Vergleich zu *CodeActivities* – kompliziertere Handhabung.

 HINWEIS: Die Darstellung benutzerdefinierter Aktivitäten kann durch Bereitstellen eines Aktivitätsdesigners (engl. *Activity Designer*) beeinflusst werden. Auf diese wird in Abschnitt 12.8.4 eingegangen. Es wird gezeigt, wie ein Aktivitätsdesigner für das in diesem Abschnitt verwendete Beispiel erstellt werden kann. Beide Abschnitte sind somit im Zusammenhang zu betrachten.

Bild 12.15 zeigt eine von NativeActivity abgeleitete Aktivität mit dem Namen *CountingWhile* im Designer. Es handelt sich dabei um eine *While*-Schleife, die einen Zähler für die einzelnen Iterationen bereitstellt. Dieser wird bei jedem Schleifendurchlauf inkrementiert. Der Startwert für diesen Zähler wird unter *StartIndex* eingetragen; die Schleifenbedingung, hier $i < 5$, unter *Condition* und der Körper der Schleife, sprich die zu wiederholende Aktion, kann in den blau umrahmten Bereich gezogen werden. Dabei gilt zu beachten, dass der Schleifenzähler, anders als bei einer *for*-Schleife, nichts mit der Schleifenbedingung zu tun hat. Er wird lediglich pro Durchlauf inkrementiert, jedoch in keine Prüfung einbezogen. Im betrachteten Beispiel wird als Schleifenkörper eine Sequenz herangezogen. Diese beinhaltet eine *WriteLine*-Aktivität, die den Wert von *PassedIndex* ausgibt. Es handelt sich dabei um eine Variable, die von der *CountingWhile*-Aktivität pro Schleifendurchlauf an den Schleifenkörper übergeben wird. Anschließend kümmert sich eine *Assign*-Aktivität um das Verändern der von der Schleifenbedingung verwendeten Variablen *i*. Für die Darstellung dieser Aktivität wurde ein Template mittels WPF, auf das in Abschnitt 12.8.4 eingegangen wird, erstellt.

Bild 12.15
Benutzerdefinierte Aktivität CountingWhile
im Workflow-Designer

Die Implementierung der benutzerdefinierten *CountingWhile*-Aktivität ist aus Listing 12.8 ersichtlich. Mit dem Attribut *Designer* wird das WPF-Template, das zur Anzeige der Aktivität im Workflow-Designer herangezogen werden soll, angegeben. Am Beginn der Implementierung werden die benötigten Argumente und Variablen deklariert. Die Eigenschaft Body vom Typ *ActivityAction* repräsentiert den Schleifenkörper als Unteraktivität. Durch die Parametrisierung mit Typparameter werden die Typen der Variablen, die von der implementierten Aktivität an deren Unteraktivitäten weitergegeben werden, definiert.

Im betrachteten Beispiel wird durch die Deklaration von *ActivityAction<int>* beispielsweise definiert, dass an die Unteraktivität *Body* ein *int* weitergereicht wird. Hierbei handelt es sich um den oben besprochenen Zähler. Durch die Angabe des Wertes *false* im Attribute *Browsable* wird angegeben, dass diese Eigenschaft nicht über das Eigenschaftenfenster zur Verfügung gestellt werden soll. Dies macht Sinn, da es sich hierbei nicht um einen atomaren Wert, sondern um eine Aktivität, die zum Beispiel im Workflow-Designer per Drag&Drop definiert wird, handelt. Die Schleifenbedingung *Condition* wird als *Activity<bool>* deklariert, da diese einen booleschen Wert zurückliefert, aus dem hervorgeht, ob die Schleife wiederholt werden soll. Anschließend werden eine Variable für den aktuellen Zählerwert (*Current Index*) sowie ein Eingabeparameter (*StartIndex*) für den initialen Zählerwert deklariert. Zusätzlich wird auch ein Ausgabeparameter (*Index*) eingeführt. Dieser ermöglicht den Zugriff auf den aktuellen Zählerwert durch andere Aktivitäten.

Der Konstruktor instanziiert die Aktivität *Body*. Im Zuge dessen legt er auch fest, dass die an *Body* übergebene Variable vom Typ *int* über den Namen *PassedIndex* angesprochen werden können soll. Der eigentliche Schleifenkörper kann nun an die Eigenschaft *Handler* als *ActivityDelegate* zugewiesen werden. Wird der Schleifenkörper per Drag&Drop im Designer zugewiesen, erfolgt dies automatisch, ohne dass diese Eigenschaft widergespiegelt wird.

Die überschriebene Methode *CacheMetadata* macht die verwendeten Variablen und Argumente sowie die Unteraktivitäten der Workflow-Runtime bekannt. Sie registriert beispielsweise *CurrentIndex* als *ImplementationVariable*, da diese intern von der Aktivität verwendet wird. Daneben registriert sie auch für jedes Argument ein *RuntimeArgument*. Die einzelnen Instanzen von *InArgument*, *OutArgument* sowie *InOutArgument* werden mit diesen *Runtime Argument*-Instanzen verbunden. Die Registrierung des Schleifenkörpers (*Body*) sowie der Schleifenbedingung (*Condition*) erfolgt via *AddDelegate* bzw. *AddChild*.

Die Standardimplementierung von *CacheMetadata* versucht diese Registrierungen selbstständig via Reflection durchzuführen. Da mit Reflection jedoch Performanceeinbußen einhergehen und die vordefinierte generische Logik nicht in allen Fällen zum gewünschten Ergebnis führt, empfiehlt es sich, diese Aufgabe durch Überschreiben manuell zu bewerkstelligen. Dies gilt auch für Implementierungen von *CodeActivity* und *AsyncCodeActivity*, wenngleich bei diesen Aktivitäten aufgrund ihres eingeschränkten Funktionsumfangs die generische Standardlogik weniger Probleme bereitet.

Zur Ausführung der Aktivität wird die Methode *Execute* angestoßen. Diese setzt *Current Index* auf den Wert von *StartIndex* und delegiert an *BeginIteration*. Hier wird zunächst der Wert des Ausgabeparameters *Index* mit jenem der Variablen *CurrentIndex* aktualisiert sowie mittels *ScheduleActivity<bool>* die *Condition* asynchron zur Ausführung gebracht. Der Typparameter *bool* repräsentiert dabei den Rückgabewert von *Condition*. Zusätzlich wird im Zuge dessen angegeben, dass nach erfolgreicher Ausführung die Methode *OnChecked* sowie bei einem Fehler die Methode *OnFailure* aufgerufen werden soll. *OnChecked* nimmt das

Ergebnis von *Condition* über den Parameter *result* entgegen. Ist dieser *true*, so ist die Schleifenbedingung erfüllt. Dies führt dazu, dass die Schleife (ein weiteres Mal) zur Ausführung gebracht wird. Um dies asynchron zu bewerkstelligen, wird *ScheduleAction<int>* aufgerufen. Der Typparameter *int* repräsentiert den Typ des an den Schleifenkörper zu übergebenden Werts, bei dem es sich, wie oben beschrieben, um den Schleifenzähler handelt. Als erster Parameter wird *Body* als auszuführendes Element übergeben; als zweiter Parameter der *Schleifenzähler*. Zusätzlich wird angegeben, dass die Methode *OnBodyComplete* nach erfolgreicher Ausführung bzw. *OnFault* beim Auftreten eines Fehlers aufzurufen ist. Erstere inkrementiert den Schleifenzähler und delegiert an *BeginIteration* zur Ausführung einer eventuell weiteren Aktivität weiter. Letztere inkrementiert ebenso den Schleifenzähler. Mit der auskommentierten Zeile würde angegeben werden, dass der Fehler an Ort und Stelle behandelt wurde. Somit könnte die Ausführung der Schleife fortgesetzt werden.

Listing 12.8 Implementierung einer NativeActivity

```
[Designer(typeof(CountingWhileDesigner))]
public class CountingWhile : NativeActivity
{
    [Browsable(false)]
    public ActivityAction<int> Body { get; set; }
        public Activity<bool> Condition { get; set; }
    private Variable<int> CurrentIndex = new Variable<int>("CurrentIndex");
    public InArgument<int> StartIndex { get; set; }
    public OutArgument<int> Index { get; set; }

    public CountingWhile()
    {
        this.Body = new ActivityAction<int>
        {
            Argument = new DelegateInArgument<int>
            {
                Name="PassedIndex"
            }
        };
    }
    protected override void CacheMetadata(NativeActivityMetadata metadata)
    {
        metadata.AddImplementationVariable(CurrentIndex);
        RuntimeArgument arg = new RuntimeArgument("StartIndex", typeof(int),
ArgumentDirection.In);
        metadata.Bind(StartIndex, arg);
        metadata.AddArgument(arg);
        RuntimeArgument argOut = new RuntimeArgument("Index", typeof(int),
ArgumentDirection.Out);
        metadata.Bind(Index, argOut);
        metadata.AddArgument(argOut);
        metadata.AddDelegate(Body);
        metadata.AddChild(Condition);
    }
    protected override void Execute(NativeActivityContext context)
    {
        int start = StartIndex.Get(context);
        CurrentIndex.Set(context, start);
        BeginIteration(context);
    }
```

```
    private void BeginIteration(NativeActivityContext context)
    {
        int current = CurrentIndex.Get(context);
        Index.Set(context, current);
        context.ScheduleActivity<bool>(
            Condition,
            OnChecked,
            OnFault);
    }

    private void OnChecked(NativeActivityContext context, ActivityInstance
instance, bool result)
    {
        if (result)
        {
            int current = CurrentIndex.Get(context);
            context.ScheduleAction<int>(
                Body,
                current,
                OnBodyComplete,
                OnFault);
        }
    }
    private void OnBodyComplete(NativeActivityContext context, Activity
Instance instance)
    {
        CurrentIndex.Set(context, CurrentIndex.Get(context) + 1);
        BeginIteration(context);
    }
    private void OnFault(NativeActivityFaultContext context, Exception ex,
ActivityInstance instance)
    {
        CurrentIndex.Set(context, CurrentIndex.Get(context) + 1);
        //context.HandleFault();
    }
}
```

12.8.4 Anpassen der Darstellung benutzerdefinierter Aktivitäten

Die Darstellung von benutzerdefinierten Aktivitäten kann über sogenannte *ActivityDesigner* angepasst werden. Es handelt sich dabei um WPF-basierte Templates, die für Aktivitäten bereitgestellt werden sowie über das Attribut *Designer* (vgl. Listing 12.8) diesen zuzuweisen sind. Zur Erstellung von *ActivityDesigner* bietet Visual Studio eine gleichnamige Vorlage an.

Listing 12.9 zeigt einen *ActivityDesigner* für die Aktivität *CountingWhile* aus Listing 12.8. Als Root-Element wird *ActivityDesigner* verwendet. Im Rahmen dessen *Ressourcen* wird ein *ArgumentToExpressionConverter*, der weiter unten zum Konvertieren der erfassten Ausdrücke dient, definiert. Innerhalb eines *StackPanel* finden sich zwei Rahmen (*Border*) wieder (vgl. Bild 12.15). Im ersteren wird ein *Grid* mit Eingabefeldern für den initialen Wert des Schleifenzählers sowie für die Schleifenbedingung angeboten. Dazu kommt eine *Expression-TextBox*, die das Erfassen von VB-Ausdrücken erlaubt, zum Einsatz. Diese wird an den Eingabeparameter *StartIndex* bzw. *Condition* der benutzerdefinierten Aktivität gebunden, wobei diese über den Namen *ModelItem* referenziert wird. Zum Konvertieren des Wertes für *StartIndex* kommt der zuvor beschriebene Konverter zum Einsatz.

Weiter unten, innerhalb des zweiten Rahmens, wird durch Verwendung eines *WorkflowItem-Presenter* die Möglichkeit geboten, über den Workflow-Designer per Drag&Drop eine Aktivität als Unteraktivität zu definieren. Dazu wird dieser an den Ausdruck *ModelItem.Body.Handler* gebunden, da Letzterer beim Abarbeiten der Schleife zur Ausführung gebracht wird.

Listing 12.9 ActivityDesigner für NativeActivity

```
<sap:ActivityDesigner x:Class="ActivityDesignerLibrary.CountingWhileDesigner"
    xmlns="http://schemas.microsoft.com/winfx/2006/xaml/presentation"
    xmlns:s="clr-namespace:System;assembly=mscorlib"
    xmlns:x="http://schemas.microsoft.com/winfx/2006/xaml"
    xmlns:sap="clr-namespace:System.Activities.Presentation;assembly=System.
Activities.Presentation"
    xmlns:sapv="clr-namespace:System.Activities.Presentation.
View;assembly=System.Activities.Presentation"
    xmlns:conv="clr-namespace:System.Activities.Presentation.
Converters;assembly=System.Activities.Presentation">
    <sap:ActivityDesigner.Resources>
        <conv:ArgumentToExpressionConverter x:Key="expressionConverter"/>
    </sap:ActivityDesigner.Resources>

    <StackPanel>
        <Border
            BorderBrush="Goldenrod"
            BorderThickness="3"
            CornerRadius="10"
            Padding="10"
            Margin="0,10">
            <Grid>
                <Grid.ColumnDefinitions>
                    <ColumnDefinition Width="80" />
                    <ColumnDefinition Width="*" />
                </Grid.ColumnDefinitions>
                <Grid.RowDefinitions>
                    <RowDefinition />
                    <RowDefinition />
                </Grid.RowDefinitions>

                <Label Grid.Row="0" Grid.Column="0">StartIndex:</Label>
                <sapv:ExpressionTextBox
                    Grid.Row="0" Grid.Column="1"
                    Expression="{Binding Path=ModelItem.StartIndex,
Mode=TwoWay, Converter={StaticResource expressionConverter}}"
                    ExpressionType="s:Int32"
                    OwnerActivity="{Binding ModelItem}"/>
                <Label Grid.Row="1" Grid.Column="0">Condition:</Label>
                <sapv:ExpressionTextBox
                    Grid.Row="1" Grid.Column="1"
                    Expression="{Binding Path=ModelItem.Condition}"
                    OwnerActivity="{Binding ModelItem}"/>
            </Grid>
        </Border>
            <Border BorderBrush="MidnightBlue" BorderThickness="3" Corner
```

```
Radius="10" Padding="10">
        <sap:WorkflowItemPresenter MinHeight="50" Item="{Binding
Path=ModelItem.Body.Handler, Mode=TwoWay}" HintText="Add body here" />
        </Border>
    </StackPanel>
</sap:ActivityDesigner>
```

■ 12.9 Bookmarks

NativeActivities bieten ein Konzept an, um einen Workflow zu pausieren und auf die Zu-
lieferung von Daten zu warten: Bookmarks. Listing 12.10 demonstriert die Verwendung
von Bookmarks. Die gezeigte Aktivität *WaitForString* erzeugt innerhalb von *Execute* ein
Bookmark. Der Name dieses Bookmarks kann über das Argument *BookmarkName* konfiguriert werden. An den Konstruktor des Bookmarks werden zum einen dieser Name sowie
zum anderen ein Verweis auf eine Callback-Methode angeführt. Nach der Ausführung von
Execute wird der Workflow pausiert und darauf gewartet, dass das *Bookmark* fortgesetzt
wird.

Listing 12.10 Verwendung von Bookmarks innerhalb einer NativeActivity

```
public sealed class WaitForString : NativeActivity<string>
{
    [RequiredArgument]
    public InArgument<string> BookmarkName { get; set; }
    protected override void Execute(NativeActivityContext context)
    {

        context.CreateBookmark(BookmarkName.Get(context),
            new BookmarkCallback(OnResumeBookmark));
    }
    protected override bool CanInduceIdle
    {
        get { return true; }
    }
    public void OnResumeBookmark(NativeActivityContext context, Bookmark
bookmark, object obj)
    {
        Result.Set(context, (string)obj);
    }
}
```

Dazu verwendet die Applikation, die den Workflow in einem eigenen Thread unter Verwendung der Klasse *WorkflowApplication* ausführt, die Methode *ResumeBookmark* (Listing
12.11), an die zum einen der Name des fortzusetzenden Bookmarks sowie zum anderen
zusätzliche Daten als *object* übergeben werden. Im betrachteten Beispiel handelt es sich bei
diesen Daten um einen Benutzernamen, der zuvor von der Konsole gelesen wurde. Dies
bewirkt ein Aufrufen der Callback-Methode *OnResumeBookmark* in der Aktivität (Listing
12.10), wobei an diese Methode auch der als *object* übergebene Benutzername weitergegeben wird (Parameter *obj*). Danach wird der Workflow fortgesetzt.

Listing 12.11 Fortsetzung eines Bookmarks

```
WorkflowApplication wfApp = […]
[…]
string userName = Console.ReadLine();
wfApp.ResumeBookmark("NameBookmark", userName);
```

■ 12.10 Persistenz

Um zu gewährleisten, dass lang laufende Workflows nach einem Neustart bzw. Absturz des Rechners weiter ausgeführt oder bei Bedarf von einem anderer Rechner fortgesetzt werden können, bietet WF 4 die Möglichkeit, Workflows zu persistieren. Für diese Aufgabe zieht die WF einen sogenannten *InstanceStore* heran. Dieser persistiert sich im Stillstand befindliche Workflows und lädt Workflows, die weiter ausgeführt werden können. Ein Workflow befindet sich dann im Stillstand, wenn er auf das Eintreten eines Ereignisses wartet. Hierbei kann es sich um das Verstreichen einer durch die Aktivität *Delay* herbeigeführten Verzögerung, die Fortführung eins Bookmarks oder – im Falle der WCF Workflow Services – den Aufruf einer Servicemethode handeln. Neben dem automatischen Persistieren durch die Workflow Foundation existieren auch Möglichkeiten, um eine Persistierung explizit anzufordern. Die Klasse *WorkflowApplication* bietet zu diesem Zweck eine Methode *Persist*. Als Alternative steht auch eine Aktivität *Persist*, mit der eine Persistierung direkt aus dem Workflow heraus angefordert werden kann, zur Verfügung. In Visual Studio findet sich diese Aktivität in der Toolbox unter *Runtime*.

Um herauszufinden, welche Workflows geladen und fortgesetzt werden können, untersucht die Workflow Foundation regelmäßig mithilfe des *InstanceStore* die persistierten Workflows. Dabei wird geprüft, ob das Ereignis, auf das beim Persistieren gewartet wurde, bereits eingetreten ist.

Ein *InstanceProvider* für SQL Server ist im Lieferumfang von .NET enthalten. Dieser wird in Abschnitt 12.10.1 beschrieben. Weitere *InstanceStore*-Implementierungen können durch Ableiten von der Basisklasse *InstanceStore* realisiert werden.

12.10.1 SQLWorkflowInstanceStore

Der *InstanceStore* für SQL Server befindet sich innerhalb der Assembly *System.Activites.DurableInstancing* im gleichnamigen Namensraum und nennt sich *SQLWorkflowInstance Store*. Er setzt die Verwendung von SQL Server 2005 oder 2008 in einer beliebigen Ausgabe voraus. Um zu verhindern, dass ein Workflow zum selben Zeitpunkt mehrfach ausgeführt wird, werden logische Sperren, die durch einen Sperreintrag in einer zu diesem Zwecke vorgesehenen Tabelle realisiert werden, verwendet.

Die SQL-Skripte zum Anlegen der benötigten Datenbank-Objekte finden sich im Ordner *WINDIR\Microsoft.NET\Framework\VERSION\SQL\EN*, wobei *WINDIR* für das Verzeichnis der verwendeten Windows-Installation und *VERSION* für die zu verwendende Version .NET-

Version steht. Die Namen der Skripte lauten auf *SqlWorkflowInstanceStoreSchema.sql* sowie *SqlWorkflowInstanceStoreLogic.sql*. Zur Vorbereitung sind sie genau in dieser Reihenfolge in einer beliebigen Datenbank auszuführen. Um einen *SQLWorkflowInstanceStore* wissen zu lassen, welche Datenbank heranzuziehen ist, ist eine Verbindungszeichenfolge anzugeben.

12.10.1.1 Persistenz beim Einsatz von WorkflowApplication

Listing 12.12 zeigt, wie ein *SQLWorkflowInstanceStore* für Workflows, die unter Verwendung einer Instanz von *WorkflowApplication* ausgeführt werden, verwendet werden kann. Nachdem der Workflow und die *WorkflowApplication* sowie ein *AutoResetEvent* für das Synchronisieren des Workflow-Threads eingerichtet wurden, wird eine Instanz von *SQLWorkflow InstanceStore* erzeugt und konfiguriert. Eine Beschreibung der dazu verwendeten Eigenschaften findet sich in Tabelle 12.1.

Anschließend wird die *WorkflowApplication* vorbereitet. Im Zuge dessen wird der Eigenschaft *PersistableIdle* ein Lambda-Ausdruck zugewiesen. Dieser liefert einen Wert zurück, aus dem hervorgeht, welche Aktion stattfinden soll, wenn der Workflow stillsteht und persistiert werden kann. Die verwendete Option *Persist* gibt an, dass der Workflow zwar persistiert, jedoch im Hauptspeicher verbleiben soll. Alternativ dazu kann mittels *Unload* angegeben werden, dass der Workflow zu persistieren sowie aus dem Hauptspeicher zu entfernen ist. Bei Verwendung von *None* würde keine Persistierung stattfinden.

Listing 12.12 Persistieren eines Workflows unter Verwendung von WorkflowApplication

```
Workflow1 wf = new Workflow1();
WorkflowApplication wfApp = new WorkflowApplication(wf);
AutoResetEvent completedEvent = new AutoResetEvent(false);
// SqlWorkflowInstanceStore konfigurieren
var store = new SqlWorkflowInstanceStore();
store.ConnectionString = @"Data Source=.\SQLEXPRESS;Initial Catalog=Workflow
InstanceStore;Integrated Security=True;";
store.InstanceCompletionAction = InstanceCompletionAction.DeleteNothing;
store.InstanceLockedExceptionAction = InstanceLockedExceptionAction.
AggressiveRetry;
store.InstanceEncodingOption = InstanceEncodingOption.None;
store.HostLockRenewalPeriod = new TimeSpan(0, 0, 10); // 10 sec.
store.RunnableInstancesDetectionPeriod = new TimeSpan(0, 0, 5); // 5 sec.
// WorkflowApplication vorbereiten
wfApp.InstanceStore = store;
wfApp.PersistableIdle = (e) => PersistableIdleAction.Persist;
wfApp.Completed = (e) => completedEvent.Set();
// Workflow ausführen
wfApp.Run();
completedEvent.WaitOne();
```

Tabelle 12.1 Eigenschaften zur Parametrisierung von *SQLWorkflowInstanceStore*

Eigenschaft	Beschreibung
ConnectionString	Verbindungszeichenfolge, die auf die zu verwendende SQL Server-Datenbank verweist
InstanceCompletion Action	Legt fest, was mit den gespeicherten Einträgen geschehen soll, nachdem der Workflow beendet wurde. *DeleteNothing* legt fest, dass der Eintrag erhalten bleiben soll; *DeleteAll*, dass er zu löschen ist.

Eigenschaft	Beschreibung
InstanceLocked ExceptionAction	Diese Option legt fest, was geschehen soll, wenn keine Sperre für eine Workflow-Instanz erworben werden kann, weil diese bereits von einem anderen Prozess verwendet wird. *No Retry* legt fest, dass keine weiteren Versuche stattfinden sollen und stattdessen eine *InstanceLockedException* auszulösen ist.
	Mit *Basic Retry* wird festgelegt, dass weitere Versuche in gleichmäßigen Intervallen erfolgen sollen. *Aggressive Retry* hingegen definiert, dass exponentiell zunehmende Verzögerungsintervalle zwischen den weiteren Versuchen verwendet werden sollen.
InstanceEncodingOption	Legt fest, ob die Workflow-Instanz ohne Komprimierung (*None*) oder GZip-komprimiert (*GZIP*) in der Datenbank abgelegt werden soll
HostLockRenewalPeriod	Legt den Zeitraum fest, in dem die Sperre für eine Workflow-Instanz erneuert werden muss. Die Sperre bleibt für diesen Zeitraum und 30 Sekunden danach gültig. Falls die Sperre innerhalb dieses Zeitraums nicht erneuert wird, läuft die Sperre ab und die Workflow-Instanz wird freigegeben.
RunnableInstances DetectionPeriod	Gibt das Intervall an, in dem geprüft werden soll, ob eine angehaltene und persistierte Workflow-Instanz fortgesetzt werden kann

 HINWEIS: Persistente Workflows werden von der Klasse *WorkflowInvoker* nicht unterstützt, da diese, im Gegensatz zur Klasse *WorkflowApplication*, lediglich für kurz laufende Workflows konzipiert ist.

12.10.1.2 Persistenz beim Einsatz von WCF Workflow Services

Das Persistenzverhalten für WCF Workflow Services kann über die Applikationskonfiguration angepasst werden. Dazu stehen die Service-Behaviors *sqlWorkflowInstanceStore* und *WorkflowIdle* zur Verfügung. Über *sqlWorkflowInstanceStore* können jene Aspekte, die in Abschnitt 12.10.1.1 beschrieben wurden, konfiguriert werden. Mit *WorkflowIdle* werden hingegen zwei Timeouts definiert: Das Attribut *timeToPersist* gibt an, nach welcher Zeitspanne eine Workflow-Instanz persistiert werden soll, nachdem sie sich im Stillstand befand; das Attribut *timeToUnload*, nach welcher Zeitspanne eine Workflow-Instanz aus dem Speicher entfernt werden soll (Listing 12.13).

Listing 12.13 Konfiguration der Persistenzverhaltens

```
<system.serviceModel>
    <behaviors>
        <serviceBehaviors>
            <behavior>
                <serviceMetadata httpGetEnabled="true" />
                <serviceDebug includeExceptionDetailInFaults="true"/>
                <sqlWorkflowInstanceStore
                    connectionString="Data Source=.\SQLEXPRESS;Initial
Catalog=WorkflowInstanceStore;Integrated Security=True;"
                    instanceEncodingOption="None"
                    instanceCompletionAction="DeleteNothing"
                    instanceLockedExceptionAction="AggressiveRetry"
```

```
                    hostLockRenewalPeriod="00:00:10"
                    runnableInstancesDetectionPeriod="00:00:02" />
            <workflowIdle
                timeToPersist="00:00:01"
                timeToUnload="00:00:05" />
          </behavior>
        </serviceBehaviors>
    </behaviors>
</system.serviceModel>
```

Wird der Workflow Service unter Verwendung eines *WorkflowServiceHost* selbst gehostet, kann diesem alternativ dazu ein *InstanceStore* zugewiesen werden. Dazu weist dessen Eigenschaft *DurableInstancingOptions* eine Eigenschaft *InstanceStore* auf.

12.10.2 Eigenschaften höherstufen

Im Zuge des Persistierens von Workflows können auch benutzerdefinierte Eigenschaften gespeichert werden. Dazu müssen die gewünschten Eigenschaften höhergestuft (*promoted*) werden. Abgelegt werden diese in der Tabelle *InstancePromotedPropertiesTable*, deren Aufbau sich in Tabelle 12.2 findet. Der Inhalt dieser Tabelle kann über die Sicht *InstancePromotedProperties*, die zusätzlich mit der Spalte *EncodingOption* über die verwendete Kodierung (0 = None, 1 = GZip) informiert, eingesehen werden.

Tabelle 12.2 Aufbau der Tabelle InstancePromotedPropertiesTable.

Spalte	Beschreibung
SurrogateInstanceId	Verweist auf einen Workflow in der Tabelle *InstancesTable*
PromotionName	Name, der für die Höherstufung vergeben wurde
Value1 bis Value 32	32 mögliche höhergestufte Werte vom Typ *sql_variant*
Value 33 bis Value 64	32 mögliche höhergestufte Werte vom Typ *varbinary(max)*

Zur Höherstufung von Eigenschaften wird eine Implementierung der Basisklasse *PersistenceParticipant* benötigt. Listing 12.14 zeigt ein Beispiel einer solchen Implementierung. Zunächst wurden für die zu persistierenden Werte entsprechende Eigenschaften eingerichtet. Zusätzlich wurde die Methode *CollectValues* überschrieben. Diese Methode wird vom Framework aufgerufen und hat die Aufgabe, die übergebenen Dictionary-Instanzen mit den zu persistierenden Werten zu befüllen. Jeder der erzeugten Einträge bezieht sich auf eine der eingerichteten Eigenschaften und verwendet einen Schlüssel, der sich auf einen vollständig qualifizierten XML-Namen abstützt. Dieser wird unter Zuhilfenahme eines *XNamespace* erzeugt sowie durch eine Instanz von *XName* repräsentiert.

Listing 12.14 Implementierung von PersistenceParticipant

```
class RequestStatusExtension : PersistenceParticipant
{
    public string RequestId { get; set; }
    public DateTime RequestDate { get; set; }
```

```
    public string Requester { get; set; }
    XNamespace xNS = XNamespace.Get("http://example.org/RequestStatus");
    protected override void CollectValues(out IDictionary<XName, object>
readWriteValues, out IDictionary<XName, object> writeOnlyValues)
    {
        readWriteValues = new Dictionary<XName, object>();
        readWriteValues.Add(xNS.GetName("RequestId"), this.RequestId);
        readWriteValues.Add(xNS.GetName("RequestDate"), this.RequestDate);
        readWriteValues.Add(xNS.GetName("Requester"), this.Requester);
        writeOnlyValues = null;
    }
}
```

Das Bereitstellen der Werte für die höhergestuften Eigenschaften erfolgt über eine benutzerdefinierte Aktivität (Listing 12.15). Auf den *PersistenceParticipant* kann dabei über die Methode *GetExtension* zugegriffen werden, sofern dieser als Erweiterung registriert wurde.

Listing 12.15 Benutzerdefinierte Aktivität, welche die Werte eines PersistenceParticipant setzt

```
public class SampleActivity: CodeActivity
{
    protected override void Execute(CodeActivityContext context)
    {
        context.GetExtension<RequestStatusExtension>().
RequestId = "REQ-0815";
        context.GetExtension<RequestStatusExtension>().
Requester = "Max Muster";
        context.GetExtension<RequestStatusExtension>().
RequestDate = DateTime.Now;
    }
}
```

Das Höherstufen der Eigenschaften wird schlussendlich über die Methode *persist* von *SqlWorkflowInstanceStore* vollzogen. Als erster Parameter wird der Name der Höherstufung (vgl. Tabelle 12.2) angegeben; als zweiter eine Liste mit den *XName*-Instanzen der hochzustufenden Eigenschaften, die in den Spalten vom Typ *sql_variant* abgelegt werden sollen. Der dritte Parameter entspricht dem zweiten, bezieht sich jedoch auf die Spalten vom Typ *varbinary(max)*. Da das betrachtete Beispiel keine binären Daten verwendet, wird als dritter Parameter *null* übergeben. Zusätzlich wird der *PersistenceParticipant* dem Workflow als Extension übergeben, damit die einzelnen Aktivitäten, wie in Listing 12.16 gezeigt, darauf zugreifen können.

Listing 12.16 Höherstufung von Eigenschaften und Ausführung des Workflows

```
Workflow1 wf = new Workflow1();
WorkflowApplication wfApp = new WorkflowApplication(wf);
AutoResetEvent completedEvent = new AutoResetEvent(false);
var store = new SqlWorkflowInstanceStore();
[...]
XNamespace xNS = XNamespace.Get("http://example.org/RequestStatus");
List<XName> variantProperties = new List<XName>()
{
    xNS.GetName("RequestId"),
```

```
    xNS.GetName("RequestDate"),
    xNS.GetName("Requester"),
};
store.Promote("RequestStatus - Sample01", variantProperties, null);
wfApp.Extensions.Add<RequestStatusExtension>(() => new RequestStatus
Extension());
wfApp.InstanceStore = store;
wfApp.PersistableIdle = (e) => PersistableIdleAction.Persist;
wfApp.Completed = (e) => completedEvent.Set();
wfApp.Run();
completedEvent.WaitOne();
```

12.10.3 Höherstufen von Eigenschaften bei Verwendung von WCF Workflow Services

In Abschnitt 12.10.2 wurde unter anderem die Möglichkeit, Eigenschaften von Workflows für die Persistierung höherzustufen, beschrieben. Dazu kam die Methode *Promote* von *SqlWorkflowInstanceStore* zum Einsatz. Da bei Verwendung von WCF Workflow Services die einzelnen Elemente, wie zum Beispiel der *SqlWorkflowInstanceStore*, häufig lediglich über die Konfiguration beschrieben werden, ist die direkte Verwendung dieser Methode in solchen Szenarien nicht möglich. Als Workaround bietet sich ein benutzerdefiniertes Behavior, das den konfigurierten *SqlWorkflowInstanceStore* ermittelt und die Methode *Persist* aufruft, an. Dieser Abschnitt beinhaltet, in Anlehnung an *http://blogs.msdn.com/b/asgisv/archive/2010/05/11/collecting-business-values-from-appfabric-for-analytics.aspx* eine solche Implementierung.

12.10.3.1 Implementierung des Behaviors

Listing 12.17 zeigt die Implementierung des eingangs besprochenen Behaviors. In der Methode *ApplyDispatchBehavior*, die vom Interface *IServiceBehavior* vorgegeben wird, wird innerhalb der registrierten Behaviors der *SqlWorkflowInstanceStoreBehavior* gesucht. Anschließend wird dessen Methode *Promote*, an welche die höherzustufenden Eigenschaften als *List<XName>* übergeben werden, aufgerufen. Zusätzlich wird die Klasse *Request StatusExtension*, welche die einzelnen benutzerdefinierten Workflow-Eigenschaften definiert, als Erweiterung zum *ServiceHost* hinzugefügt.

Listing 12.17 Behavior

```
public class PromotePropertiesBehavior : IServiceBehavior
{
    XNamespace xNS = XNamespace.Get("http://example.org/RequestStatus");
    public void ApplyDispatchBehavior(ServiceDescription serviceDescription,
ServiceHostBase serviceHostBase)
    {
        WorkflowServiceHost host = serviceHostBase as WorkflowServiceHost;
        if (host != null)
        {
            SqlWorkflowInstanceStoreBehavior store = host.Description.
Behaviors[typeof(SqlWorkflowInstanceStoreBehavior)] as SqlWorkflowInstance
StoreBehavior;
            if (store != null)
```

```
        {
            List<XName> variantProperties = new List<XName>()
            {
                xNS.GetName("RequestId"),
                xNS.GetName("RequestDate"),
                xNS.GetName("Requester"),
            };
            store.Promote("RequestStatus", variantProperties, null);
            host.WorkflowExtensions.Add<RequestStatusExtension>(()
=> new RequestStatusExtension());
        }
    }
}
    public void AddBindingParameters(ServiceDescription serviceDescription,
ServiceHostBase serviceHostBase, Collection<ServiceEndpoint> endpoints,
BindingParameterCollection bindingParameters) { }
    public virtual void Validate(ServiceDescription serviceDescription,
ServiceHostBase serviceHostBase) { }
}
```

12.10.3.2 Implementierung eines BehaviorExtensionElement

Damit das im letzten Abschnitt gezeigte Behavior innerhalb der Applikationskonfigurationsdatei verwendet werden kann, muss auch ein *BehaviorExtensionElement* dafür bereitgestellt werden. Dieses beschreibt das zum Behavior gehörige XML-Element, das in der Applikationskonfigurationsdatei zum Einsatz kommt. Listing 12.8 zeigt eine Implementierung dafür. Als Basisklasse wird die Klasse *BehaviorExtensionElement* herangezogen. Die überschriebene Methode *CreateBehavior* wird als Factory-Methode für das eigentliche Behavior implementiert. Die überschriebene Eigenschaft *Type* gibt Auskunft über den Typ des Behavior; die überschriebene Eigenschaft *ConfigurationPropertyCollection* liefert Informationen über mögliche Unterelemente. Da dieses Beispiel keine Unterelemente vorsieht, wird hier lediglich eine leere *ConfigurationPropertyCollection* geliefert.

Listing 12.18 BehaviorExtensionElement

```
public class PromotePropertiesBehaviorElement : BehaviorExtensionElement
{
    private ConfigurationPropertyCollection properties;
    protected override object CreateBehavior()
    {
        PromotePropertiesBehavior behavior = new PromotePropertiesBehavior();
        return behavior;
    }
    public override Type BehaviorType
    {
        get
        {
            return typeof(PromotePropertiesBehavior);
        }
    }
    protected override ConfigurationPropertyCollection Properties
    {
        get
        {
            if (this.properties == null)
```

```
        {
                ConfigurationPropertyCollection props = new Configuration
    PropertyCollection();
                this.properties = props;
        }
            return this.properties;
        }
    }
}
```

12.11 Versionisierung und Aktualisierung von Workflows (ab .NET 4.5)

Seit .NET 4.5 und Visual Studio 2012 bietet die Workflow Foundation die Möglichkeit, Workflows zu versionisieren. Der Entwickler kann somit entscheiden, ob bestehende Workflow-Instanzen in jener Version, in der sie gestartet wurden, weiter ausgeführt oder ob sie aktualisiert werden sollen, sodass sie in der neuesten Version fortgesetzt werden. Ersteres wird als *Side-by-Side-Versionisierung* bezeichnet; letzteres als *Dynamic Update*.

12.11.1 Side-by-Side-Versionisierung

Wenn Workflow Foundation 4.5 laufende Workflow-Instanzen, welche persistiert wurden, in der ursprünglichen Version fortsetzen soll, neue Workflow-Instanzen jedoch unter Verwendung einer aktualisierten Version ausführen soll, stellt die sogenannte Side-by-Side-Versionisierung das Mittel der Wahl dar. Damit die Laufzeitumgebung die einzelnen Versionen unterscheiden kann, ist der Entwickler angehalten, jeder Version der Workflow-Definition eine ID zuzuweisen. Hierzu ist die neue Eigenschaft *DefinitionIdentity* vom Typ *WorkflowIdentity* zu verwenden (siehe Bild 12.16). Diese besteht aus drei Teilen: Aus einem Namen, einer Versionsnummer und der Angabe eines optionalen Paket-Namens zum Vermeiden von Namenskonflikten. Vergisst der Entwickler bei der Umsetzung der ersten Version darauf, ist dies kein Problem, zumal es von jeder Workflow-Definition eine Version ohne ID geben darf. Zu beachten ist allerdings, dass die vergebene Version nachträglich nicht geändert werden soll, da ansonsten Workflow Foundation verständlicherweise beim Fortsetzen von Workflow-Instanzen aus dem Tritt kommt. Darüber hinaus muss der Entwickler beachten, dass er bestehende *Receive-* sowie *SendReply*-Aktivitäten in neueren Versionen nicht entfernen darf. Auch die Parameter die von diesen Aktivitäten entgegengenommen oder zurückgegeben werden, müssen unverändert bleiben.

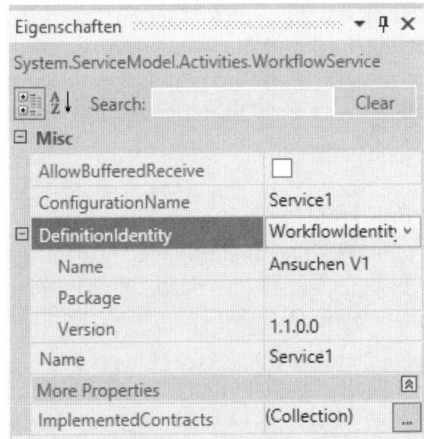

Bild 12.16
Eigenschaft DefinitionIdentity zum Festlegen
der „Version" einer Workflow-Definition

12.11.1.1 Side-by-Side-Versionisierung mit Workflow Services

Beim Einsatz von Workflow Services ist es für den Entwickler besonders einfach, eine neue Workflow-Version unter Verwendung von Side-by-Side-Versionisierung einzuführen. Er muss lediglich zur Versionisierung den Workflow-Service in den Ordner *App_Code\[Workflow]* kopieren, wobei *[Workflow]* hierbei einen Platzhalter für den Namen der Workflow Services-Datei ohne Endung *xamlx* darstellt. Der Workflow-Service *Ansuchen* wird demzufolge in den Ordner *App_Code\Ansuchen* kopiert (siehe Bild 12.17).

Anschließend kann das Original der Workflow-Definition aktualisiert werden. Dabei ist auf das Hochzählen der Versionsnummer zu achten. Beim Fortsetzen eines Workflows kann die Laufzeitumgebung somit auf die versionisierte Workflow-Definition zurückgreifen; für das Anstoßen einer neuen Workflow-Instanz verwendet sie hingegen die aktuelle Version.

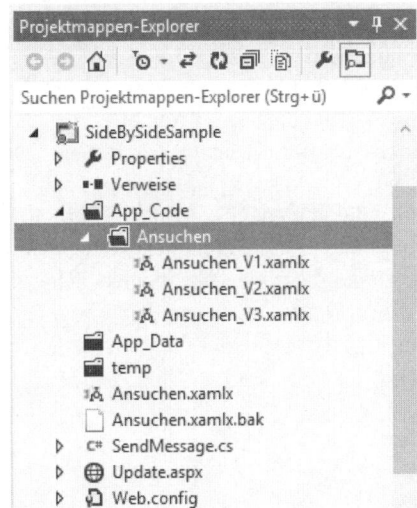

Bild 12.17
Versionisierte Workflow-Definitionen beim
Einsatz von Workflow Services

Damit sich die Workflow Foundation in solchen Szenarien wie gewünscht verhält, muss der Entwickler in der Konfiguration angeben, dass stillstehende Workflow-Instanzen zu persistieren sind. Informationen dazu finden Sie in Abschnitt 12.10. Neben den dort erwähnten SQL-Skripten ist zur Unterstützung der Versionisierung auch die Datei *SqlWorkflow InstanceStoreSchemaUpgrade.sql* in der ausgewählten Datenbank einzuspielen.

12.11.1.2 Side-by-Side-Versionisierung mit Self-Hosting

Auch bei Self-Hosting-Szenarien muss der Entwickler Workflow-Definitionen vor dem Aktualisieren versionisieren. Den Ordner dafür kann er jedoch frei bestimmen, zumal er dem WorkflowServiceHost die versionisierten Definitionen manuell mitteilen muss.

Listing 12.19 demonstriert dies. Hier existieren zwei Versionen eines Workflows in Form von zwei *xaml*-Dateien: *Ansuchen_V1.xaml* und *Ansuchen_V2.xaml*. Die von diesen Dateien beschriebenen Workflow-Definitionen nennen sich analog dazu *Ansuchen_V1* sowie *Ansuchen_V2*. Im betrachteten Beispiel werden diese zunächst instanziiert. Da *xaml*-Dateien für gewöhnlich im Gegensatz zu *xamlx*-Dateien nur die Workflow-Definitionen, nicht jedoch die Definitionen von Workflow Services beinhalten, erstellt das Listing letztere manuell und lässt diese über ihre Eigenschaft *Body* auf die Definitionen verweisen. Darüber hinaus weist es jedem Workflow-Service eine *WorkflowIdentity* zu, aus der die jeweilige Versionsnummer hervorgeht. Anschließend erstellt es den *WorkflowServiceHost* unter Verwendung der neuesten Version. Die zu unterstützende versionisierte Version wird zur Auflistung *SupportedVersions* hinzugefügt.

Listing 12.19 Versionisierung mit WorkflowServiceHost

```
using System.ServiceModel.Activities;

[…]

// -- Service V1 erzeugen --
var bodyV1 = new Ansuchen_V1();
var serviceV1 = new WorkflowService
{
    Name = "AnsuchenWorkflow",
    DefinitionIdentity = new WorkflowIdentity
    {
        Name = "AnsuchenWorkflow",
        Version = new Version("1.0.0.0")
    },
    Body = bodyV1
};

// -- Service V2 erzeugen --
var bodyV2 = new Ansuchen_V2();
var serviceV2 = new WorkflowService
{
    Name = "AnsuchenWorkflow",
    DefinitionIdentity = new WorkflowIdentity
    {
        Name = "AnsuchenWorkflow",
        Version = new Version("2.0.0.0")
    },
    Body = bodyV2
```

```
};

// -- Version 2 hosten -
var uri = "http://localhost:8080/AnsuchenWorkflowService";
using (var host = new WorkflowServiceHost(serviceV2, new Uri(uri)))
{
    // -- Version 1 unterstützen --
    host.SupportedVersions.Add(serviceV1);

    host.Open();

    Console.WriteLine("Service gestartet …");
    Console.ReadLine();

}
```

12.11.1.3 Side-by-Side-Versionisierung mit Workflow-Application

Auch bei der direkten Verwendung von Workflows unter Verwendung der Klasse *Workflow-Application* kann Side-By-Side-Logik implementiert werden. In diesem Fall müssen die meisten Aspekte jedoch manuell umgesetzt werden. Zur Demonstration dieser Möglichkeit dient der in Bild 12.18 gezeigte Workflow, welcher – bei entsprechender Konfiguration – durch die eingebaute Verzögerung (*Delay*) zum Persistieren der aktuellen Workflow-Instanz führt. In weiterer Folge wird davon ausgegangen, dass dieser Workflow in zwei Versionen vorliegt sowie dass sich diese beiden Versionen lediglich darin unterscheiden, dass sie jeweils die Ausgabe einer anderen Versionsnummer veranlassen.

Bild 12.18 Einfacher Workflow

Listing 12.20 beinhaltet eine einfache Kommandozeilenanwendung, welche das Anstoßen und Fortsetzen von Workflows unter Berücksichtigung von Side-by-Side-Versionisierung ermöglicht. Das *Dictionary* mit dem Namen *WorkflowVersionMap* weist *WorkflowIdentity-*Instanzen, welche die beiden Versionen widerspiegeln, Workflow-Definitionen zu.

Die Methode *Start* (Listing 12.21) startet einen neuen Workflow in der vom Benutzer angegebenen Version. Dazu erzeugt sie eine neue *WorkflowApplication* unter Verwendung der
zur gewünschten Version passenden Workflow-Definition und deren *WorkflowIdentity*.
Anschließend gibt sie die ID der Workflow-Instanz aus. Diese wird zum späteren Fortsetzen
des Workflows benötigt. Damit die *WorkflowApplication* in der Lage ist, Workflows zu persistieren, weist die betrachtete Methode ihr einen *InstanceStore* zu. Daneben legt sie über
die Eigenschaft *PersistableIdle* fest, dass stillstehende Workflows zu persistieren und danach
aus dem Speicher zu entfernen sind. Danach wird der Workflow durch Aufruf von *Run*
gestartet.

Die Methode *Resume* (Listing 12.22) kümmert sich um das Fortsetzen eines persistierten
Workflows. Sie lädt zunächst die Workflow-Instanz mit der angegeben ID unter Verwendung
der von *WorkflowApplication* bereitgestellten statischen Methode *GetInstance*. Über die
Eigenschaft *DefinitionIdentity* wird ihre *WorkflowIdentity*, welche die jeweilige Versionsnummer beinhaltet, in Erfahrung gebracht. Unter Verwendung dieser *WorkflowIdentity*
schlägt die betrachtete Methode die dazu passende Workflow-Definition in der *Workflow
VersionMap* nach und erstellt damit unter Angabe der *WorkflowIdentity* eine *Workflow
Application*. Diese bekommt einen Instance-Store zugewiesen. Mittels *Load* wird anschließend die gewünschte Workflow-Instanz in die *WorkflowApplication* geladen. Für das Fortsetzen der Workflow-Instanz sorgt der Aufruf von *Run*.

Listing 12.20 Versionisierung mit WorkflowApplication

```
using System;
using System.Linq;
using System.Activities;
using System.Activities.Statements;
using System.Collections.Generic;
using System.Activities.DurableInstancing;

namespace SideBySideWithoutServiceDemo
{

    class Program
    {

        static Dictionary<WorkflowIdentity, Activity> WorkflowVersionMap
                            = new Dictionary<WorkflowIdentity,
Activity>();

        static SqlWorkflowInstanceStore instanceStore =
                        new SqlWorkflowInstanceStore(@"[…]");


        static WorkflowIdentity identityV1;
        static WorkflowIdentity identityV2;

        static Activity workflow1;
        static Activity workflow2;

        static void Main(string[] args)
        {
            identityV1 = new WorkflowIdentity
            {
                Name = "SampleWorkflow",
```

```
            Version = new Version(1, 0, 0, 0)
        };

        identityV2 = new WorkflowIdentity
        {
            Name = "SampleWorkflow",
            Version = new Version(2, 0, 0, 0)
        };

        workflow1 = new WorkflowV1();
        workflow2 = new WorkflowV2();

        WorkflowVersionMap.Add(identityV1, workflow1);
        WorkflowVersionMap.Add(identityV2, workflow2);

        string line;
        Console.WriteLine("Options: start, resume, exit");
        while((line = Console.ReadLine()) != "exit") {
            switch (line)
            {
                case "start": Start(); break;
                case "resume": Resume(); break;
            }
            Console.WriteLine();
            Console.WriteLine("Options: start, resume, exit");
        }


    }

    private static void Start() { […] }
    private static void Resume() { […] }


}
}
```

Listing 12.21 Starten eines Workflows in der gewünschten Version

```
private static void Start()
{
    Console.WriteLine("v1, v2");
    string line = Console.ReadLine();

    Activity workflow;
    WorkflowIdentity id;

    if (line == "v1")
    {
        workflow = workflow1;
        id = identityV1;
    }
    else if (line == "v2")
    {
        workflow = workflow2;
        id = identityV2;
    }
```

```
    else
    {
        return;
    }

    WorkflowApplication wfApp = new WorkflowApplication(workflow, id);

    Console.WriteLine("ID: " + wfApp.Id);

    wfApp.InstanceStore = instanceStore;
    wfApp.PersistableIdle += (args) => PersistableIdleAction.Unload;
    wfApp.Run();
}
```

Listing 12.22 Fortsetzen eines Workflows in jener Version, in der er auch gestartet wurde

```
private static void Resume()
{
    Console.WriteLine("Workflow-ID:");
    var id = Guid.Parse(Console.ReadLine());

    var instance = WorkflowApplication.GetInstance(id, instanceStore);

    Activity definition = WorkflowVersionMap[instance.Definition
Identity];

    WorkflowApplication wfApp = new WorkflowApplication(definition,
                                       instance.DefinitionIdentity);
    wfApp.InstanceStore = instanceStore;
    wfApp.Load(instance);
    wfApp.Run();
}
```

12.11.2 Dynamic Update

In manchen Fällen müssen bereits gestartete Workflow-Instanzen auf eine neuere Version umgestellt werden. Auch hierfür bietet Workflow Foundation 4.5 eine Lösung: Dynamic Update. Um eine laufende Workflow-Instanz mit diesem Mechanismus zu aktualisieren, muss der Entwickler die folgenden Schritte durchführen:

▪ Workflow-Instanz in alter Version starten

▪ Alte Version versionisieren (optional)

▪ Workflow für Modifikationen vorbereiten

▪ Workflow modifizieren

▪ Aus durchgeführten Modifikationen eine sogenannte Update-Map ableiten

▪ Bestehende Workflow-Instanzen unter Verwendung der Update-Map aktualisieren

Nach diesem Procedere können die aktualisierten Workflow-Instanzen in der neuen Version fortgesetzt werden. Im Zuge des Vorbereitens der Modifikation legt Workflow Foundation unter anderem eine Kopie der Workflow-Definition an, um später die durchgeführten Änderungen nachvollziehen zu können. Diese Änderungen fließen in weiterer Folge in die

UpdateMap ein. Das Ändern der Workflow-Definition kann entweder über den Workflow-Designer oder programmatisch erfolgen. Bei ersterer Variante spielt es auch keine Rolle, ob der Workflow-Designer innerhalb von Visual Studio oder in einer benutzerdefinierten Anwendung, in die er eingebunden wurde, verwendet wird.

Listing 12.23 demonstriert den Einsatz von Dynamic Update mit einer Kommandozeilen-anwendung und einem Workflow-Service, welcher eine einfache Produktanfrage wider-spiegelt. Pro Workflow-Instanz werden zwei Methodenaufrufe erwartet: Mit dem ersten Methodenaufruf sucht ein Mitarbeiter um ein bestimmtes Produkt an; mit dem zweiten Aufruf gibt der Vorgesetzte bekannt, ob der Mitarbeiter das Produkt bestellen darf.

Die Konstante *workflowFile* verweist auf die *xamlx*-Datei, in der sich der Workflow-Service befindet und *archiveFolder* beinhaltet das Verzeichnis, in dem die einzelnen Versionen des Workflow Services zu archivieren sind. Die Methode *Main* delegiert an weitere Methoden weiter, welche sich um die oben beschriebenen Schritte kümmern.

Mit *StartWorkflowInstance* (Listing 12.24) startet die betrachtete Anwendung einen neuen Workflow. Beim hier verwendeten *ServiceClient* handelt es sich um einen Proxy für den Workflow-Service, mit dem hier ein Produkt angefordert wird. Der Rückgabewert der Methode ist eine ID, welche für die Anfrage steht. Diese ID ist vom Vorgesetzten beim Genehmigen bzw. Ablehnen der Anfrage an den Workflow zu senden, damit die Laufzeit-umgebung weiß, auf welche Anfrage er sich bezieht.

Mit der Methode *ArchiveCurrentVersion* (Listing 12.25) archiviert das betrachtete Beispiel die Workflow-Definition, bevor sie modifiziert wird. Dazu lädt sie mit der statischen Methode *Load* der Klasse *XamlServices* den Workflow und bringt dessen aktuelle Version in Erfahrung. Diese Versionsnummer fließt in den Namen der Datei ein, unter der die Workflow-Definition archiviert wird.

Die Methode *Prepare* (Listing 12.26) bereitet den Workflow für eine nachvollziehbare Modifikation vor. Sie lädt den Workflow-Service und ruft die Methode *DynamicUpdateServices. PrepareForUpdate* auf, welche zu diesem Zweck von Workflow Foundation bereitgestellt wird. Anschließend wird der Workflow gespeichert. Die an *PrepareForUpdate* übergebene Eigenschaft *Body* repräsentiert die Workflow-Definition des Workflow Services.

ModifyWorkflowDefinition (Listing 12.27) modifiziert die Workflow-Definition des überge-benen Workflow Services, indem am Ende eine Aktivität hinzugefügt wird. Es handelt sich dabei um eine einfache benutzerdefinierte *CodeActivity*, welche eine Nachricht in ein Text-file schreibt. Somit kann im Nachgang ermittelt werden, ob das Aktualisieren von Work-flow-Instanzen erfolgreich war.

Nachdem die Workflow-Definition aktualisiert wurde, lädt *UpdateUsingWorkflowApplication* (Listing 12.28) diese und bringt die (noch) aktuelle Version sowie die künftige Version in Erfahrung. Mit *DynamicUpdateServices.CreateUpdateMap* wird die Update-Map, welche die durchgeführten Änderungen widerspiegelt, erstellt. Danach aktualisiert die betrachtete Methode die Version der Workflow-Definition und speichert den Workflow-Service. Im Anschluss daran ruft sie die Methode *UpdateInstanceWithWorkflowApplication* (Listing 12.29) auf. Diese kümmert sich um das Aktualisieren der zuletzt angestoßenen Workflow-Instance. Deren ID wird über die Methode *GetLastInstanceId* (Listing 12.30) in Erfahrung gebracht. *GetLastInstanceId* ruft unter Einsatz von Entity Framework die ID des neuesten Eintrages in der vom *InstanceStore* verwendeten Tabelle *Instances* ab. In weiterer Folge lädt *UpdateInstanceWithWorkflowApplication* diese Workflow-Instanz unter Verwendung einer

WorkflowApplication sowie unter Angabe der Update-Map, was in der gewünschten Aktualisierung resultiert. Da die Workflow-Instanz an dieser Stelle jedoch nicht fortgesetzt werden soll, wird sie wieder persistiert und entladen.

Zu guter Letzt beendet die hier beschriebene Demo-Anwendung die Workflow-Instanz, indem innerhalb von *FinishWorkflowInstance* (Listing 12.31) jene Methode, welche die Entscheidung des Vorgesetzten bekannt gibt, aufgerufen wird. Hat alles funktioniert, sollte der Aufrufer die Datei, welche durch die hinzugefügte Aktivität erzeugt wurde, samt der darin gespeicherten Nachricht sehen können.

Listing 12.23 Grundgerüst für DynamicUpdate

```
using System;
using System.Activities;
using System.Activities.DurableInstancing;
using System.Activities.DynamicUpdate;
using System.Activities.Statements;
using System.Activities.XamlIntegration;
using System.Collections.Generic;
using System.IO;
using System.Linq;
using System.Runtime.Serialization;
using System.ServiceModel;
using System.ServiceModel.Activities;
using System.Xaml;
using System.Xml;
using DynamicUpdate;
using DynamicUpdate.Proxy;

namespace SideBySideSample
{
    public partial class DynamicUpdateDemo
    {
        const string workflowFile = @"[…]\Ansuchen.xamlx";
        const string archiveFolder = @"[…]\App_Code\Ansuchen";

        public static void Main(String[] args)
        {
            string requestId;

            requestId = StartWorkflowInstance();
            ArchiveCurrentVersion();
            Prepare();
            ModifyWorkflowDefinition();
            UpdateUsingWorkflowApplication();
            FinishWorkflowInstance(requestId);

            Console.WriteLine("\nFertig!");
            Console.ReadLine();

        }
    }
}
```

Listing 12.24 Workflow-Instanz starten

```
private static string StartWorkflowInstance()
{
    Console.WriteLine("Starting Workflow Instance");

    ServiceClient client;
    client = new ServiceClient();

    return client.anfordern("Sportwagen", 900000);

}
```

Listing 12.25 Workflow-Definition archivieren

```
protected static void ArchiveCurrentVersion()
{
    Console.WriteLine("Archive WorkflowDefinition");

    var workflowService =
        XamlServices.Load(workflowFile) as WorkflowService;

    var oldVersion = new WorkflowIdentity(
                        workflowService.DefinitionIdentity.Name,
                        workflowService.DefinitionIdentity.Version,
                        workflowService.DefinitionIdentity.Package);

    var filename = "Ansuchen_"
                    + oldVersion.Version.ToString().Replace(".", "_")
                    + ".xamlx";

    var archiveFileName = Path.Combine(archiveFolder, fileName);
    File.Copy(workflowFile, archiveFileName);
}
```

Listing 12.26 Workflow für Dynamic-Update vorbereiten

```
protected static WorkflowIdentity Prepare()
{
    var workflowService = XamlServices.Load(workflowFile)
                                        as WorkflowService;

    DynamicUpdateServices.PrepareForUpdate(workflowService.Body);

    XamlServices.Save(workflowFile, workflowService);

    return workflowService.DefinitionIdentity;
}
```

Listing 12.27 Workflow mittels Code modifizieren

```
static void ModifyWorkflowDefinition() {
        var workflowService = XamlServices.Load(workflowFile)
                                            as WorkflowService;

        var seq = workflowService.Body as Sequence;
```

```
    seq.Activities.Add(new SendMessage() {
        DisplayName = "SendMessageTest",
        Message = "Hello World",
        MessageId = "123",
        UserName = "system"
    });

    XamlServices.Save(workflowFile, workflowService);
}
```

Listing 12.28 Dynamic-Update durchführen

```
protected static void UpdateUsingWorkflowApplication()
{
    var workflowService = XamlServices.Load(workflowFile)
                                                as WorkflowService;

    var oldVersion = new WorkflowIdentity(
                        workflowService.DefinitionIdentity.Name,
                        workflowService.DefinitionIdentity.Version,
                        workflowService.DefinitionIdentity.Package);

    var newVersion =
        new WorkflowIdentity(
            workflowService.DefinitionIdentity.Name,
            new Version(
              workflowService.DefinitionIdentity.Version.Major,
              workflowService.DefinitionIdentity.Version.Minor + 1,
              0, 0),
            workflowService.DefinitionIdentity.Package);

    Console.WriteLine("Create Update-Map");
    var map
        = DynamicUpdateServices.CreateUpdateMap(workflowService.Body);

    Console.WriteLine("Save current Workflow-Version");
    workflowService.DefinitionIdentity = newVersion;
    XamlServices.Save(workflowFile, workflowService);

    Console.WriteLine("Updating Instance");
        UpdateInstanceWithWorkflowApplication(
                workflowService, newVersion, map);

}
```

Listing 12.29 DynamicUpdate mit WorkflowApplication

```
private static void UpdateInstanceWithWorkflowApplication(
                WorkflowService workflowService,
                WorkflowIdentity newVersion,
                DynamicUpdateMap map)
{
    Guid instanceId;
    instanceId = GetLastInstanceId();

    var store = new SqlWorkflowInstanceStore(@"Data Source=[…]");
```

```
        var instance = WorkflowApplication.GetInstance(instanceId, store);

        var wfApp =
            new WorkflowApplication(workflowService.Body, newVersion);

        wfApp.Load(instance, map);
        wfApp.Persist();
        wfApp.Unload();
}
```

Listing 12.30 Hilfsmethode zum Ermitteln der letzten Instanz-ID

```
private static Guid GetLastInstanceId()
{
    Guid instanceId;
    using (StoreContext ctx = new StoreContext())
    {
        var instance = ctx
                        .Instances
                        .Where(i => i.CreationTime ==
                            Ctx
                            .Instances
                            .Max(i2 => i2.CreationTime))
                        .FirstOrDefault();

        instanceId = instance.InstanceId;
    }
    return instanceId;
}
```

Listing 12.31 Workflow weiter ausführen

```
private static void FinishWorkflowInstance(string requestId)
{
    Console.WriteLine("Finishing Workflow Instance");

    ServiceClient client;
    client = new ServiceClient();

    client.entscheiden(requestId, true);

}
```

12.11.3 Dynamic Update mit WorkflowControlEndpoint

Alternativ zur im letzten Abschnitt gezeigten Vorgehensweise zum Aktualisieren von Workflow-Instanzen, besteht auch die Möglichkeit, Workflow-Instanzen über einen *Workflow ControlEndpoint* auf eine neue Version zu bringen. Dazu ist der Workflow-Service mit den Mitteln der WCF explizit zu konfigurieren. Im Zuge dessen spendiert man dem Service auch einen Endpunkt vom Typ *workflowControlEndpoint* (Listing 12.32). Da das Aktualisieren von Instanzen etwas länger dauern kann, ist man darüber hinaus auch gut beraten, die Timeouts des gewählten Bindings hochzusetzen.

Der *WorkflowControlEndpoint* kann über eine Instanz von *WorkflowUpdateableControlClient* angesprochen werden (Listing 12.33). Dessen Methode *Update* nimmt die ID der zu aktualisierenden Workflow-Instanz sowie die gewünschte Ziel-Version entgegen.

Listing 12.32 WorkflowControlEndpoint konfigurieren

```
<system.serviceModel>

  <services>
     <service name="Service1">
        <endpoint contract="IService" binding="basicHttpBinding"
address="" />
        <endpoint kind="workflowControlEndpoint"
                     binding="basicHttpBinding"
                     address="wce" />
     </service>
  </services>

  <bindings>
    <basicHttpBinding>
       <binding sendTimeout="00:05:00"    openTimeout="00:05:00"
                    receiveTimeout="00:05:00" closeTimeout="00:05:00">
       </binding>
    </basicHttpBinding>
  </bindings>

  <behaviors>
    <serviceBehaviors>
      <behavior>
         <serviceMetadata httpGetEnabled="true" httpsGetEnabled="true"/>
         <serviceDebug includeExceptionDetailInFaults="true"/>

         <sqlWorkflowInstanceStore
                 connectionString="Data Source=[…]"
                 instanceLockedExceptionAction="AggressiveRetry"
                 hostLockRenewalPeriod="00:00:10"
                 runnableInstancesDetectionPeriod="00:00:02" />

         <workflowIdle
                 timeToPersist="00:00:01"
                 timeToUnload="00:00:05" />
      </behavior>
    </serviceBehaviors>
  </behaviors>
  […]
</system.serviceModel>
```

Listing 12.33 Dynamic-Update mit WorkflowControlEndpoint

```
private static void UpdateInstance(WorkflowIdentity newVersion)
{
    var url = "http://localhost:49397/Ansuchen.xamlx/wce";

    var controlClient = new WorkflowUpdateableControlClient(
        new BasicHttpBinding()
        {
            OpenTimeout = TimeSpan.FromMinutes(5),
```

```
            SendTimeout = TimeSpan.FromMinutes(5),
            ReceiveTimeout = TimeSpan.FromMinutes(5),
            CloseTimeout = TimeSpan.FromMinutes(5)
        },
        new EndpointAddress (url));

    Guid instanceId = GetLastInstanceId();

    Console.WriteLine("Updating Instance");
    controlClient.Update(instanceId, newVersion);
}
```

■ 12.12 Ablaufverfolgung (Tracking)

Um den Ablauf eines Workflows nachvollziehen zu können, generiert die Workflow Foundation sogenannte *Tracking Records,* die von sogenannten *Tracking Participants* abonniert werden können. Der *Tracking Participant* gibt dazu über ein *Tracking Profile* an, welche *Tracking Records* er empfangen möchte.

.NET beinhaltet einen *Tracking Participant,* der die empfangenen Nachrichten an die Windows-interne Ereignisüberwachung weiterleitet. Dieser nennt sich *EtwTrackingParticipant.* Weitere *Tracking Participants* können durch Ableiten von *TrackingParticipant* implementiert werden.

12.12.1 Benutzerdefinierte Tracking Records erzeugen

In benutzerdefinierten Aktivitäten besteht die Möglichkeit, benutzerdefinierte *Tracking Records* zu erzeugen. Diese werden, wie in Listing 12.34 gezeigt, durch Instanzen der Klasse *CustomTrackingRecord* repräsentiert. An den Konstruktor wird der Name des durch den *Tracking Record* beschriebenen Ereignisses übergeben. Zusätzlich können zur Eigenschaft *Data* Name-Wert-Paare, die das Ereignis näher beschreiben, zugewiesen werden. Die Protokollierung wird schlussendlich durch Aufruf der Methode *Track,* die vom Kontext der benutzerdefinierten Aktivität angeboten wird, veranlasst.

Listing 12.34 Erzeugung eines benutzerdefinierten Nachverfolgungssatzes

```
public class DebugActivity: CodeActivity
{
    protected override void Execute(CodeActivityContext context)
    {
        CustomTrackingRecord customRecord =
                    new CustomTrackingRecord("CustomSampleEvent");
        customRecord.Data.Add("CustomMessage", "Hello World, "
                                        + DateTime.Now.ToString());
        context.Track(customRecord);
    }
}
```

12.12.2 Tracking Records abonnieren

Ein Abonnement von Tracking Records kann über die Konfiguration eingerichtet werden. Listing 12.35 demonstriert dies. Unter *system.serviceModel/tracking/profiles* findet sich ein *Tracking Profile* mit dem Namen *MyTrackingProfile*. Mit dem Attribut *implementationVisibility* wird angegeben, dass sich das Profil auch auf Unteraktivitäten der jeweiligen Workflows bezieht. Mit der Option *RootOnly* könnte hingegen festgelegt werden, dass lediglich der angegebene Workflow überwacht werden soll. Durch das Festlegen einer *activityDefinitionId* im Element *workflow* kann die Nachverfolgung auf einen bestimmten Workflow eingeschränkt werden. Die Angabe des Sternchens führt im betrachteten Beispiel dazu, dass sämtliche Workflows überwacht werden.

Innerhalb von *workflow* werden drei Abfragen hinterlegt. Aus diesen geht hervor, welche *Tracking Records* protokolliert werden sollen. Mit der *workflowInstanceQuery* wurde angegeben, dass der Eintritt der Zustände *Started* und *Completed* sämtlicher Workflow-Instanzen protokolliert werden soll. Darüber hinaus wurde mit der *activityStateQuery* angegeben, dass immer dann, wenn eine einzelne Aktivität den Zustand *Closed* erreicht, die Variable *message*, sofern sie sich im aktuellen Gültigkeitsbereich befindet, sowie das Argument *data* zu protokollieren sind. Dass sämtliche benutzerdefinierte *Tracking Records* von sämtlichen benutzerdefinierten Aktivitäten zu protokollieren sind, wird zusätzlich mit der *customTrackingQuery* angegeben.

Unter *serviceBehaviors* wurde zusätzlich der *EtwTrackingParticipant* konfiguriert. Über die Eigenschaft *profileName* verweist dieser auf das davor definierte *Tracking Profile*.

 HINWEIS: Neben den hier betrachteten Abfragearten existieren noch weitere. Beispiele finden Sie unter *http://msdn.microsoft.com/de-de/library/ee513989.aspx*.

Listing 12.35 Nachverfolgungssätze abonnieren

```
<system.serviceModel>
<tracking>
    <profiles>
        <trackingProfile name="MyTrackingProfile"
implementationVisibility="All">
            <workflow activityDefinitionId="*">

                <workflowInstanceQueries>
                    <workflowInstanceQuery>
                        <states>
                            <state name="Started"/>
                            <state name="Completed"/>
                        </states>
                    </workflowInstanceQuery>
                </workflowInstanceQueries>
                <activityStateQueries>
                    <activityStateQuery>
                        <states>
                            <state name="Closed"/>
                        </states>
```

```
                                <variables>
                                        <variable name="message" />
                                </variables>
                                <arguments>
                                        <argument name="data"/>
                                </arguments>
                        </activityStateQuery>
                </activityStateQueries>
                <customTrackingQueries>
                        <customTrackingQuery name="*"
activityName="*" />
                </customTrackingQueries>
            </workflow>
        </trackingProfile>
      </profiles>
</tracking>
<behaviors>
    <serviceBehaviors>
        <behavior>
[…]
            <etwTracking
                profileName="MyTrackingProfile"/>
        </behavior>
    </serviceBehaviors>
</behaviors>
</system.serviceModel>
```

Das Abonnieren von Tracking Records kann auch programmatisch veranlasst werden, indem eine Instanz von *EtwTracking* mit einem *TrackingProfile* ausgestattet und als Erweiterung bei einer *WorkflowApplication* registriert wird. Listing 12.36 demonstriert dies, indem ein Tracking Profile definiert wird, das sämtliche Variablen „*(query.Variables. Add(„*"))*" sowie sämtliche Argumente „*(query.Arguments.Add(„*"))*" von sämtlichen Aktivitäten protokolliert, die sich im Zustand *Closed* befinden.

Listing 12.36 Programmatisches Abonnieren von Nachverfolgungssätzen

```
Workflow2 wf = new Workflow2();
WorkflowApplication wfApp = new WorkflowApplication(wf);
AutoResetEvent completedEvent = new AutoResetEvent(false);
EtwTrackingParticipant tp = new EtwTrackingParticipant();
tp.TrackingProfile = new TrackingProfile();
ActivityStateQuery query = new ActivityStateQuery();
tp.TrackingProfile.ActivityDefinitionId = "*";
query.Variables.Add("*");
query.Arguments.Add("*");
query.States.Add("Closed");
tp.TrackingProfile.Queries.Add(query);

wfApp.Extensions.Add(tp);
wfApp.Completed = (e) => completedEvent.Set();
wfApp.Run();
completedEvent.WaitOne();
```

12.12.3 Tracking Records einsehen

Die über den *EtwTrackingParticipant* protokollierten Tracking Records können über die in Windows integrierte Ereignisanzeige eingesehen werden (*Systemsteuerung* | *Verwaltung* | *Ereignisanzeige*). Die protokollierten Ereignisse sind dort in den Ereignisprotokollen unter *Anwendungs- und Dienstprotokolle* | *Microsoft* | *Windows* | *Application Server-Applications* zu finden. Dazu müssen diese jedoch aktiviert werden (*Rechtsklick auf das jeweilige Protokoll* | *Protokoll aktivieren*). Zur Veranschaulichung zeigt Bild 12.19 einen Protokolleintrag aus dem Protokoll *Analytisch*. Aus dem blau hinterlegten Bereich geht hervor, dass die Variable *myVariable* zum Zeitpunkt, an dem die Protokollierung durchgeführt wurde, den Wert *Test* gehabt hat.

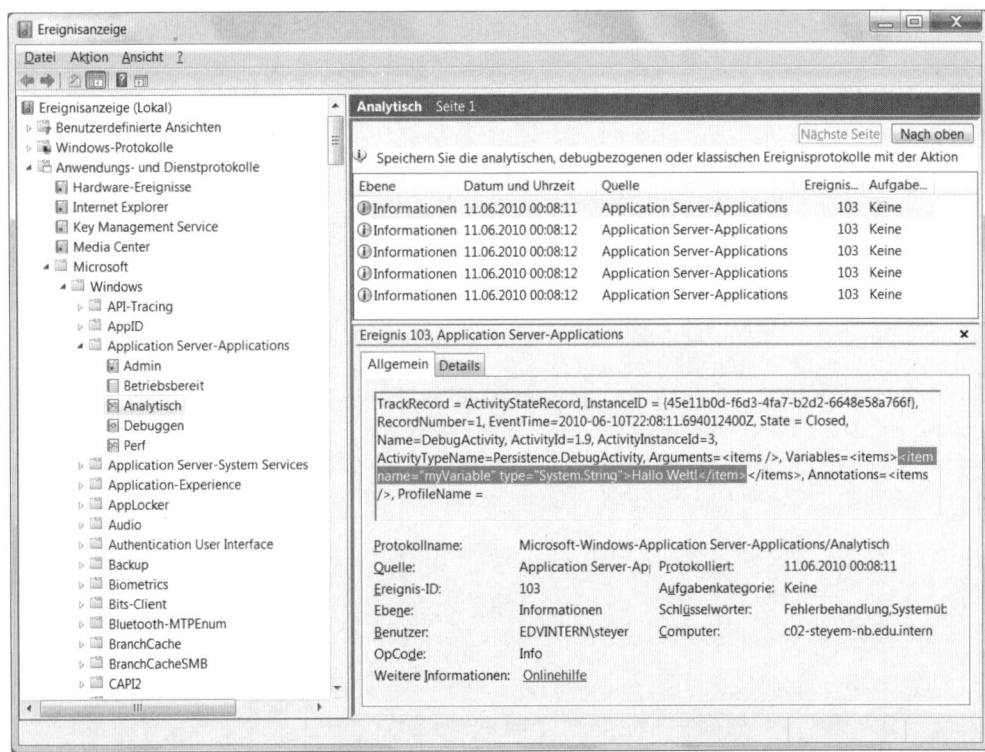

Bild 12.19 Ereignisanzeige

12.13 Workflow-Designer in eigenen Anwendungen hosten

Um die Workflows einer Applikation durch den Anwender anpassbar zu gestalten, kann der Workflow-Designer auch in eigene WPF-Anwendungen eingebunden werden. Listing 12.37 zeigt, wie einfach dies bewerkstelligt werden kann. Zunächst wird der Workflow-Designer in ein *Grid* im aktuellen Fenster eingebunden. Dieser erhält unter Verwendung der Methode *Load* als Inhalt eine neue Sequenz. Alternativ dazu hätte an *Load* auch der Name einer zu ladenden XAML-Datei übergeben werden können. Anschließend werden das Eigenschaftenfenster sowie eine Toolbox zum *Grid* hinzugefügt. Die Toolbox wird dazu über eine benutzerdefinierte Methode *CreateToolboxControl* bezogen. Diese findet sich in Listing 12.38 wieder.

 HINWEIS: Zum Speichern des erstellten Workflows bietet der Workflow-Designer eine Methode *Save* an, die den Namen der Zieldatei erwartet. Darüber hinaus kann über die Eigenschaft *Text* der aktuelle XAML-Code eingesehen werden. Soll der Workflow bei jeder Änderung automatisch gespeichert werden, kann dazu das Ereignis *ModelChanged*, das – wie der Name suggeriert – bei jeder Modifikation des Workflows durch den Designer ausgelöst wird, verwendet werden.

Listing 12.37 Einbinden des Workflow-Designers samt Eigenschaftenfenster und Toolbox

```
// Workflowdesigner
this.workflowDesigner = new WorkflowDesigner();
this.workflowDesigner.Load(new Sequence());
Grid.SetColumn(this.workflowDesigner.View, 1);
grid1.Children.Add(this.workflowDesigner.View);

// PropertyInspector
Grid.SetColumn(workflowDesigner.PropertyInspectorView, 2);
grid1.Children.Add(workflowDesigner.PropertyInspectorView);

// Toolbox
ToolboxControl tc = CreateToolboxControl();
Grid.SetColumn(tc, 0);
grid1.Children.Add(tc);
```

Innerhalb der Methode *CreateToolboxControl* wird eine Instanz von *ToolboxControl* erzeugt. Dieser wird eine *ToolboxCategory*, die einen Abschnitt innerhalb der Toolbox repräsentiert, spendiert. Zur *ToolboxCategory* werden anschließend zwei Befehle in Form von Instanzen der Klasse *ToolboxItemWrapper* hinzugefügt.

Listing 12.38 Erzeugen einer Toolbar für den Workflow-Designer

```
private ToolboxControl CreateToolboxControl()
{
    ToolboxControl ctrl = new ToolboxControl();
    ToolboxCategory category = new ToolboxCategory("Hello Workflow");
```

```
        ctrl.Categories.Add(category);
        ToolboxItemWrapper tool0 = new ToolboxItemWrapper(
            "System.Activities.Statements.Assign",
            "System.Activities, Version=4.0.0.0, Culture=neutral,
PublicKeyToken=31bf3856ad364e35"
            , null,
            "Assign");
        ToolboxItemWrapper tool1 = new ToolboxItemWrapper(
            "System.Activities.Statements.Sequence",
            "System.Activities, Version=4.0.0.0, Culture=neutral,
PublicKeyToken=31bf3856ad364e35",
            null,
            "Sequence");
        category.Add(tool0);
        category.Add(tool1);
        return ctrl;
    }
```

Damit die einzelnen Aktivitäten im Workflow-Designer korrekt angezeigt werden, gilt es, zusätzlich die dafür verantwortlichen *ActivityDesigner* zu laden. Dies kann mit der Methode *Register* der Klasse *DesignerMetadata* – wie in Listing 12.39 gezeigt – bewerkstelligt werden. Dieser Aufruf kann beispielsweise im Konstruktor des jeweiligen Fensters erfolgen.

Listing 12.39 Laden der ActivityDesigner zur Darstellung der einzelnen Aktivitäten

```
DesignerMetadata metaData = new DesignerMetadata();
metaData.Register();
```

■ 12.14 WCF-Dienste und -Services in AppFabric hosten

Dieser Abschnitt geht auf AppFabric im Zusammenspiel mit WF ein. Weitere Informationen zu AppFabric finden Sie in Kapitel 9, „Hosting von WCF- und Web API-Diensten".

AppFabric erweitert IIS unter anderem um Möglichkeiten zum Hosten, Konfigurieren und Überwachen von WCF-Services und -Workflows. Darüber hinaus vereinfacht AppFabric das Persistieren von Workflows. Somit stellt Microsoft zum ersten Mal seit den Tagen von COM+ einen Applikationsserver für Windows bereit, der ein zentrales Verwalten von Komponenten ermöglicht. Daneben bietet AppFabric auch die Möglichkeit eines verteilten Caches zur Beschleunigung von Unternehmensanwendungen. AppFabric ist für verfügbar ab Windows Vista SP 2 bzw. Windows 2008 SP 2 und verwendet zur Speicherung von Daten SQL Server in einer beliebigen Ausgabe. Die benötigten SQL Server-Datenbanken für das Verwalten von Services und Workflows sowie für das Caching können im Zuge der Installation angelegt werden.

Bei AppFabric handelt es sich um keinen Bestandteil von .NET, sondern um ein Add-On für Windows, das separat heruntergeladen [APP01, APP02] und installiert werden muss. Da es jedoch den Umgang mit WF erleichtert, werden die dahin gehenden Möglichkeiten in diesem Abschnitt trotzdem kurz umrissen. Die Möglichkeiten zum Einrichten eines verteilten Caches werden dabei außen vor gelassen, da es sich hierbei um kein .NET-Thema handelt und den Rahmen dieses Werkes sprengen würde. Informationen zum Hosten von WCF-Services mit IIS und AppFabric finden Sie in Kapitel 9, „Hosting von WCF- und Web API-Diensten".

12.14.1 Monitoring

Zum Konfigurieren von Monitoring wird zunächst der Befehl *Manage WCF and WF Services | Configure* aus dem Kontextmenü einer *Web Site/Application* gewählt und anschließend auf *Monitoring* gewechselt (Bild 12.20). Im Dialog *Configure WCF and WF for Application* kann festgelegt werden, dass Ereignisse in der im Zuge der Installation eingerichteten Datenbank zu protokollieren sind. Wurden mehrere Datenbanken konfiguriert, kann eine ausgewählt werden. Zusätzlich muss der gewünschte *Monitoring-Level* hinterlegt werden.

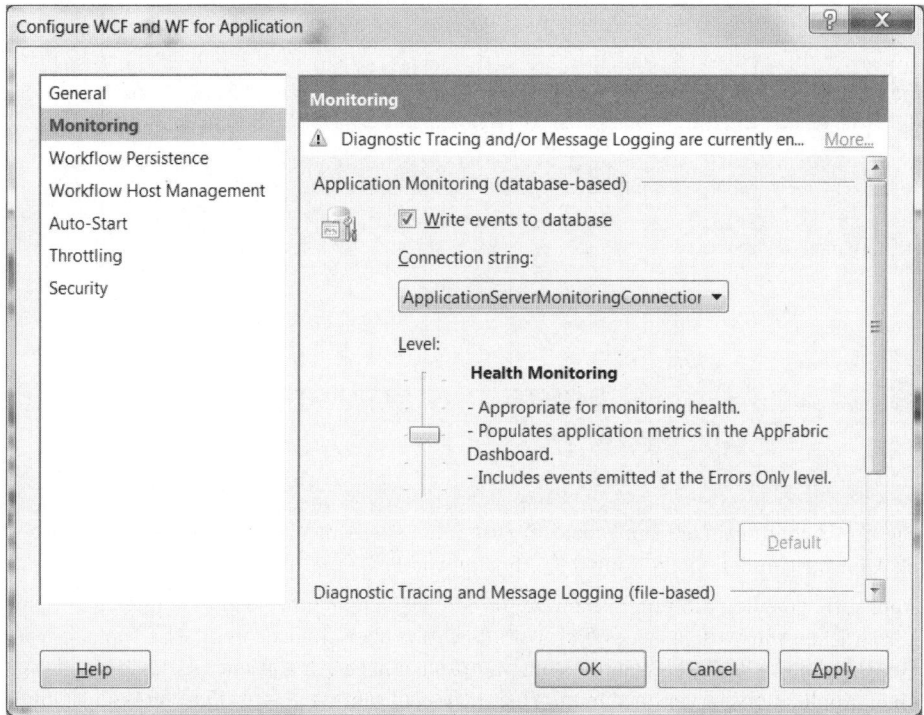

Bild 12.20 Konfiguration von Monitoring via IIS/AppFabric

Die via Monitoring gesammelten Informationen können über die Optionen *AppFabric Dashboard*, *Endpoints* und *Services*, die auf der Startseite einer *Web Site/Application* im IIS-Manager angezeigt werden, abgerufen werden. Bild 12.21 zeigt ein Dashboard, das Informationen aus dem über den Filter im oberen Bereich festgelegten Zeitraum zusammenfasst. Per Klick auf die einzelnen Links können detailliertere Informationen angefordert werden. Wird beispielsweise ein Workflow in der linken Spalte ausgewählt, gelangt man zu einer Übersicht dessen Instanzen. Der Befehl *View Tracked Events* aus dem Kontextmenü einer solchen Instanz führt zu einer Auflistung der protokollierten Ereignisse. Im Zuge dessen

können auch die einzelnen Workflow-Variablen zum Zeitpunkt der Protokollierung eingesehen werden. Dazu muss allerdings ein entsprechendes Tracking Profile konfiguriert
werden (vgl. Abschnitt 12.12.2). Der dazu notwendige Dialog ist über die Startseite einer
Web Site/Application erreichbar (*Services | Rechtsklick auf gewünschten Service | Configure
| Monitoring | Configure*). Um in den Genuss der Protokollierung von Variablen zu kommen,
kann zum Beispiel das *Trouble Shooting Tracking Profile* ausgewählt werden (Bild 12.22).
Allerdings erscheint es empfehlenswert, aus Performancegründen von diesem Profil nur
wenn es notwendig ist Gebrauch zu machen.

Über den Button *Configure* am unteren Ende des Registerblattes *Monitoring* kann auch das
in WCF integrierte Tracing aktiviert werden. Dazu ist für WCF-Services als auch für Workflows ein Tracing-Level anzugeben sowie der Speicherort für die zu erstellende Tracingdatei
auszuwählen. Diese XML-Datei kann mit dem *Microsoft Service Trace Viewer*, der im Lieferumfang von .NET enthalten und standardmäßig mit der Dateiendung *svclog* verknüpft ist,
eingesehen werden. Zusätzlich kann Message Logging aktiviert werden, wobei dafür eine
eigene Tracingdatei herangezogen wird.

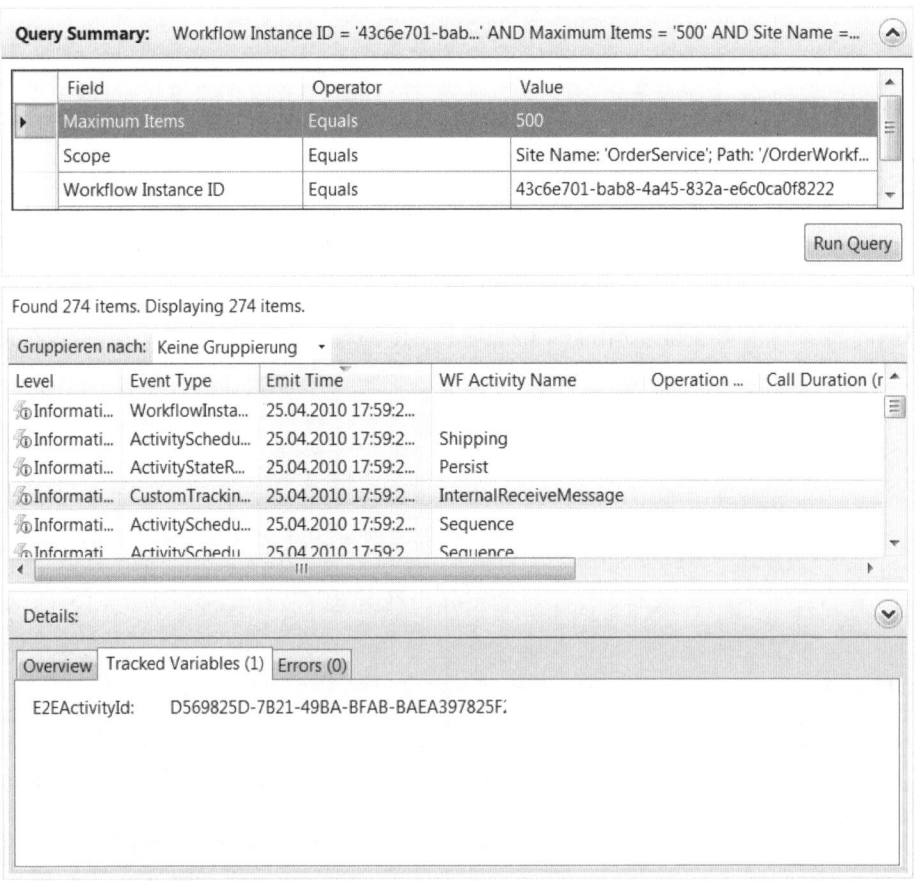

Bild 12.21 Dashboard

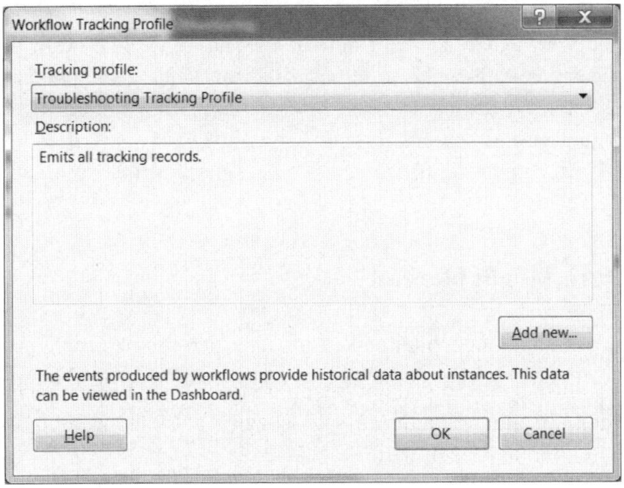

Bild 12.22 Aktivierung des Troubleshooting Tracking Profiles

12.14.2 Persistenz

Lang laufende Workflows müssen persistiert werden, um zu verhindern, dass durch einen Neustart oder Absturz Informationen über dessen Ausführungszustand verloren gehen. Zum Konfigurieren von Persistence bietet AppFabric im IIS-Manager den bereits bekannten Dialog *Configure WCF and WF for Application* an (*Rechtsklick auf Web Site/Application | Manage WCF and WF Services | Configure | Workflow Persistence*). In diesem Dialog wird die Option *Workflow Persistence* (Bild 12.23) aktiviert sowie eine der konfigurierten Datenbanken dafür ausgewählt.

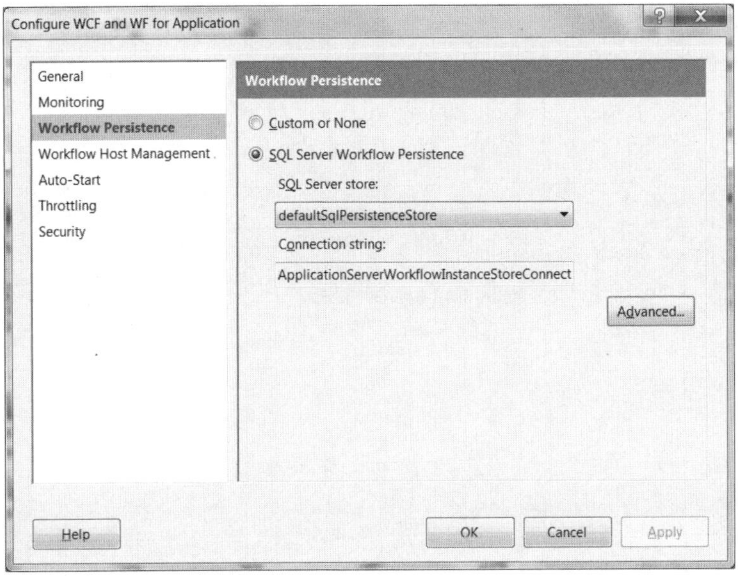

Bild 12.23 Konfigurieren von Persistenz für Workflows

Im benachbarten Registerblatt *Workflow Host Management* kann darüber hinaus festgelegt werden, nach wie vielen Sekunden, in denen der Workflow „idle" war, dieser persistiert bzw. aus dem Speicher entfernt werden soll. Informationen über persistierte Workflows können analog zu den zuvor aufgezeigten Informationen des Monitorings über das Dashboard oder über die Optionen *Endpoints* bzw. *Services*, die auf der Startseite einer Web Site/Application im IIS-Manager vorzufinden sind, eingesehen werden.

12.14.3 Weitere Möglichkeiten

Neben den besprochenen Möglichkeiten können über den Dialog *Configure WCF and WF for Application* das Auto-Start-Verhalten (Registerblatt *Autostart*), das Verhalten bezüglich Drosselung von Serviceaufrufen (Registerblatt *Throtteling*) sowie Security-Aspekte, allen voran Service-Zertifikate, konfiguriert werden. Diese Einstellungen führen zu Konfigurationseinträgen für WCF bzw. WF, die ohne Verwendung von AppFabric manuell erzeugt werden müssten.

13 Das WCF-Erweiterungsmodell

WCF bietet nicht nur eine respektable Liste an Kommunikationsmöglichkeiten, sondern auch ein umfassenden Erweiterungsmodell. Was auch immer an Ansprüchen an eine verteilte Applikation entstehen mag, wird sich durch die entsprechenden Erweiterungen programmieren lassen. Bevor Sie jedoch über eine entsprechende Erweiterung nachdenken, sollten Sie sorgfältig die bestehenden Konfigurationsmöglichkeiten konsultieren.

■ 13.1 Übersicht

In diesem Abschnitt wird ein kurzer Überblick über die Möglichkeiten und Strategien geboten. Kapitel 14, „WCF erweitern", wird detaillierter darauf eingehen.

13.1.1 Was sich erweitern lässt

Sie können fast alle Bereiche in WCF erweitern. Dies schließt die Laufzeitumgebung mit ein, wodurch die Möglichkeit gegeben ist, die Verarbeitung und Verwaltung von Nachrichten zu beeinflussen beziehungsweise eigene Verarbeitungsinstanzen zu benutzen. Dies schließt auch Erweiterungen des Sicherheitssystems mit ein, Änderungen am Umgang mit Metadaten, der benutzten Serialisierung sowie der Bindungen. Den Kommunikationskanälen wird dann lediglich mitgeteilt, dass sie eine eigene Implementierung der jeweiligen Module benutzen sollen.

Die Erweiterung der Kommunikationskanäle ist ein Kapitel für sich. Hier haben Sie direkten Einfluss auf die Nachrichtenebene, die verwendeten Protokolle, die Transportebene und die Art und Weise der Nachrichtenkodierung.

Ebenso Teil des Erweiterungsmodells ist die Laufzeitumgebung des Hosts. Dies umfasst die Kontrolle der Beziehungen zwischen der Host-Applikation und den Kommunikationskanälen.

13.1.2 Die Laufzeitumgebung der Applikation erweitern

WCF-Applikationen können zwischen zwei Arten von Nachrichten unterscheiden, die intern benutzt werden. Nachrichten auf Kanalebene werden anders behandelt als solche auf Applikationsebene. Als Applikationsentwickler werden Sie mit den Nachrichten auf Kanalebene nie direkt in Kontakt kommen. Diese dienen dazu, Vorgänge auf dem Kommunikationskanal zu behandeln, beispielsweise den Aufbau einer sicheren Verbindung oder die Behandlung von Sitzungsinformationen (Sessions). Auf Applikationsebene besteht darauf kein Zugriff, weil die Verarbeitung stattfindet, bevor die Applikation Zugriff auf die eigentlichen Nachrichten erhält.

Die eigentlichen Applikationsnachrichten enthalten dagegen die Nutzdaten, die dazu bestimmt sind, zwischen Client und Server ausgetauscht zu werden. Die Applikation verarbeitet diese Nachrichten direkt oder in Form entsprechender Objekte und gemäß der Aufgabenstellung.

Um Zugriff auf das Verhalten der Nachrichten auf Kanalebene zu bekommen, muss das Nachrichtenkanalsystem erweitert werden. Um die Verarbeitung der Nachrichten auf Applikationsebene zu beeinflussen, sind Erweiterungen am ServiceHost angebracht.

■ 13.2 Erweiterung des Sicherheitsmodells

Um kundenspezifische Sicherheitsmodelle zu implementieren, wie eigene Token oder Berechtigungsnachweise (Credentials), muss das Sicherheitsmodell erweitert werden.

Dieser Abschnitt geht auf das Sicherheitsmodell aus Sicht der Erweiterbarkeit ein. Ein Verständnis der Architektur ist unbedingt notwendig, um erfolgreich mit den sicherheitsrelevanten Punkten umgehen zu können.

13.2.1 Verantwortungsbereich der WCF Security Component

Die Sicherheitsarchitektur in WCF umfasst mehrere Komponenten. Dabei geht es um Datenintegrität, Vertraulichkeit, Authentifizierung, Autorisierung und Überwachung.

Bezogen auf das WCF-Modell teilen sich diese Aufgaben auf die Bereiche Transportsicherheit, Autorisierung und Überwachung auf. Die Transportsicherheit wiederum kann in die Teile Transport und Nachrichten zerlegt werden, wobei bereits das Sondermodell Transportsicherheit mit Berechtigungen auf Nachrichtenebene diskutiert wurde.

13.2.2 Das WebService-(WS-)Sicherheitsmodell

Die Basis der Nachrichtensicherheit bildet die WS-Security-Spezifikation. Die Grundlage bildet das folgende Dokument:

docs.oasis-open.org/wss/2004/01/oasis-200401-wss-soap-message-security-1.0.pdf

Im weitesten Sinne geht es darum, SOAP-Nachrichten sicher zu übertragen und die dazu erforderlichen Maßnahmen, beispielsweise der Austausch von Token, zu ergreifen.

Einige Begriffe werden in diesem Dokument und auch in diesem Buch verwendet, die kurz erläutert werden sollen, um dem interessierten Leser einen besseren Einstieg zu gewähren.

- *Sicherheitstoken (Security Token)*
  Dies enthält Ansprüche und wird verwendet, um die Bindung zwischen der Authentifizierung oder Schlüsselinformationen und Entitäten herzustellen und zu prüfen. Sicherheitstoken manifestieren sich in der Praxis eher schlicht, entweder als Token mit Benutzername und Kennwort, als X.509-Zertifikat-Token, als Kerberos-Token (Windows-Authentifizierung) oder SAML-Token (Federation). Letztlich ist es ein Stück kodiertes und verschlüsseltes Datagramm.

- *Anspruch (Claim)*
  Dies ist eine Deklaration durch eine Entität (Name, Gruppe, Schlüssel usw.) für eine andere Entität, die beispielsweise Zugang zu einer bestimmten Ressource fordert. Der Anforderer des Anspruchs ist der Anspruchsherausgeber (Claim Issuer), und die Entität, für die der Anspruch erstellt wurde, ist der Anspruchsinhaber (Claim Subject). Der Anspruchsherausgeber kann den Anspruch in einem Sicherheitstoken verpacken, indem er seine Schlüssel zum Signieren oder Verschlüsseln benutzt.

- *Nachrichtensignaturen (Message Signatures)*
  Nachrichtensignaturen werden benutzt, um festzustellen, dass eine Nachricht echt ist und unverfälscht den Empfänger erreicht hat. Die Signatur enthält meist auch einen Schlüssel, mit dem der Absender der Nachricht sicherstellt, dass Absender und seine Ansprüche echt und der Nachricht zugehörig sind.

13.2.3 Implementierung der WebService-(WS-)Sicherheit

WS-Sicherheit ist die Basis der Nachrichtensicherheit in WCF. Um das Sicherheitsmodell zu erweitern, ist ein grundsätzliches Verständnis darüber erforderlich, wie WS-Sicherheit funktioniert. Zu den Aufgaben, die dieser erledigt, gehören:

1. Serialisierung der Sicherheitstoken von und zu SOAP-Nachrichten

2. Authentifizierung von Sicherheitstoken

3. Erstellen und Prüfen von Nachrichtensignaturen

4. Verschlüsselung und Entschlüsselung von SOAP-Nachrichten

Die Punkte 1 und 2 gehören zu den Bereichen, die Sie selbst anpassen können. Dies wird nachfolgend näher erläutert. Zuvor einige weitere Begriffe, die in diesem Zusammenhang eine Rolle spielen.

13.2.3.1 Autorisierung

Sicherheitstoken werden eingehenden Meldungen entnommen, deserialisiert und authentifiziert. Dieser Vorgang führt zu einer Liste von Richtlinienobjekten (Policy). Jedes dieser Objekte repräsentiert einen Teil der Daten des Sicherheitstokens. Während der Autorisierung werden diese Daten dann verwendet.

Die Autorisierungsrichtlinie erzeugt einen Satz von Anforderungen (Claims). Diese Anforderungen (im Sinne von „ich will dies und das tun") werden dann durch den *Service AuthorizationManager* verarbeitet. *AuthorizationContext* ist die Eigenschaft, über die im Code auf die Daten zugegriffen werden kann.

13.2.3.2 Identität

Zusätzlich zu den Ansprüchen erzeugt WCF eine Implementierung der Schnittstelle *IIdentity*. Damit wird der Client gegenüber der existierenden Infrastruktur des .NET Frameworks dargestellt. Dies kann – je nach Art der Authentifizierung – eine Windows-Identität sein oder eine sogenannte Primäridentität, die den Benutzernamen enthält. Die Klasse *Service SecurityContext* bietet entsprechende Zugriffsmöglichkeiten.

> **Listing 13.1** Abfrage von Windows- und Primäridentität
>
> ```
> string pName = ServiceSecurityContext.Current.PrimaryIdentity.Name;
> string wName = ServiceSecurityContext.Current.WindowsIdentity.Name;
> ```

Sie können die Verwendung der Identität durch WCF beeinflussen. Dazu gibt es prinzipiell mehrere Wege:

- Implementierung einer Erweiterung mit der Klasse `SecurityTokenAuthenticator`.
- Integration in ASP.NET durch Erweiterung der `MembershipProvider`-Klasse.
- Durch Implementierung der Schnittstelle `IAuthorizationPolicy` und Übergabe an den `ServiceAuthorizationManager`.

Die Erweiterung der *MembershipProvider*-Klasse funktioniert nur, wenn die Authentifizierung des Clients mit Benutzername und Kennwort arbeitet. Der Provider prüft diese Kombination, je nach Implementierung gegenüber Dateien, einer SQL Server-Datenbank oder auf anderen Wegen, die Sie selbst erstellen können. War die Authentifizierung erfolgreich, wird ein Objekt vom Typ einer Primäridentität erstellt und an WCF übergeben. Des Weiteren wird, um die Verwendung mit anderen Klassen des Frameworks zu vereinfachen, die Eigenschaft *CurrentPrincipal* der Schnittstelle *IPrincipal* auf die Identität des Clients gesetzt. *IPrincipal* wird auf Basis von *IIdentity* erstellt. An dieser Stelle sei noch auf den *RoleProvider* hingewiesen. Diese Klasse erlaubt es, den *IIdentity*-Instanzen Rollen hinzuzufügen, zu denen die Identität zugehörig ist.

13.2.3.3 Nachrichten sicher versenden

Nachdem die Identität zweifelsfrei festgestellt ist, kann der Nachrichtenaustausch stattfinden. Dies führt zum zweiten großen Sicherheitskomplex – der sicheren Übertragung der Nachrichten. Bild 13.1 zeigt den Ablauf exemplarisch.

Der Ablauf umfasst fünf Schritte:

1. Die Applikation erstellt eine Nachricht und sendet diese.

2. Eine Instanz zur Bereitstellung eines Token (Token Provisioning), in der die Berechtigungsnachweise des Clients angefügt werden, beispielsweise ein X.509-Zertifikat). Wenn Sie an Active Directory Federation Services denken, so würde diese Instanz für die Kontaktierung des Token-Herausgebers verantwortlich sein.

3. Die Berechtigungsnachweise (Credentials) des Clients werden an den Token angefügt.

4. Nun wird der Token überprüft (Token Authentication) und mit der Identität des Endpunkts versehen.

5. Zuletzt wird der Token wie jedes andere Stück Daten auch serialisiert und gesendet.

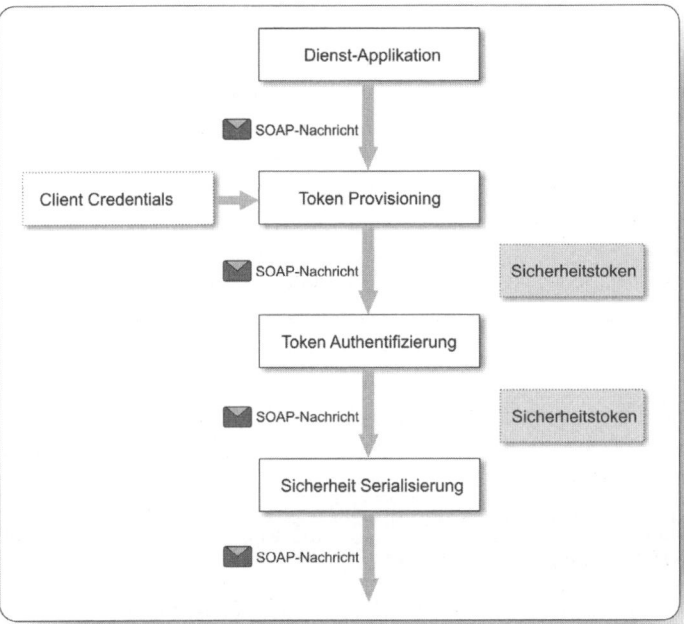

Bild 13.1 Ablauf beim Versenden von Nachrichten

13.2.3.4 Sichere Nachrichten empfangen

Ein ähnlicher Ablauf findet beim Empfang einer sicheren Nachricht statt. Die Nachricht ist nicht per se sicher, sondern die notwendige Sicherheit nimmt erst durch entsprechende Kontrollmaßnahmen Gestalt an.

Bild 13.2 zeigt, wie es aussieht, wobei die folgenden Schritte ausgeführt werden müssen:

1. Der Sicherheitstoken wird deserialisiert und an die Tokenprüfung übergeben. Wenn ein MemberShipProvider involviert ist, kann dieser Benutzernamen und Kennwort übermitteln.

2. Nach der Authentifizierung werden die Autorisierungsrichtlinien (Authorisation Policies) extrahiert.

3. In der Prüfphase der Autorisierungsrichtlinien werden die einzelnen Richtlinien geprüft und dem Prüfkontext (Evaluation Context) hinzugefügt.

4. Die Autorisierungsrichtlinien werden nun in der Autorisierungsphase des Dienstes basierend auf den Anforderungen erstellt.

5. Nun wird der Client impersonifiziert, das heißt, der Dienst läuft unter dem Konto des Anrufers, wenn dies gewünscht ist (kann konfiguriert werden, Teil der Konfiguration des WCF-Verhaltens). Die Eigenschaft *ImpersonateCallerForAllOperations* erzwingt dies im Code.

6. Jetzt generiert WCF ein `PrincipalPermission`-Objekt basierend auf den angeforderten Berechtigungen. Hier kann bei Bedarf wieder der ASP.NET-`RoleProvider` involviert sein.

7. Zuletzt wird der Code der Anwendung – also die vom Dienst bereitgestellte Operation – ausgeführt.

Bild 13.2 zeigt dies auf einen Blick. Dabei sind lediglich die markierten Klassen Teil der WCf-Infrastruktur. Die übrigen werden aus dem bekannten Sicherheitskonzept von .NET benutzt. Damit ist die Integration mit anderen .NET-Komponenten sichergestellt.

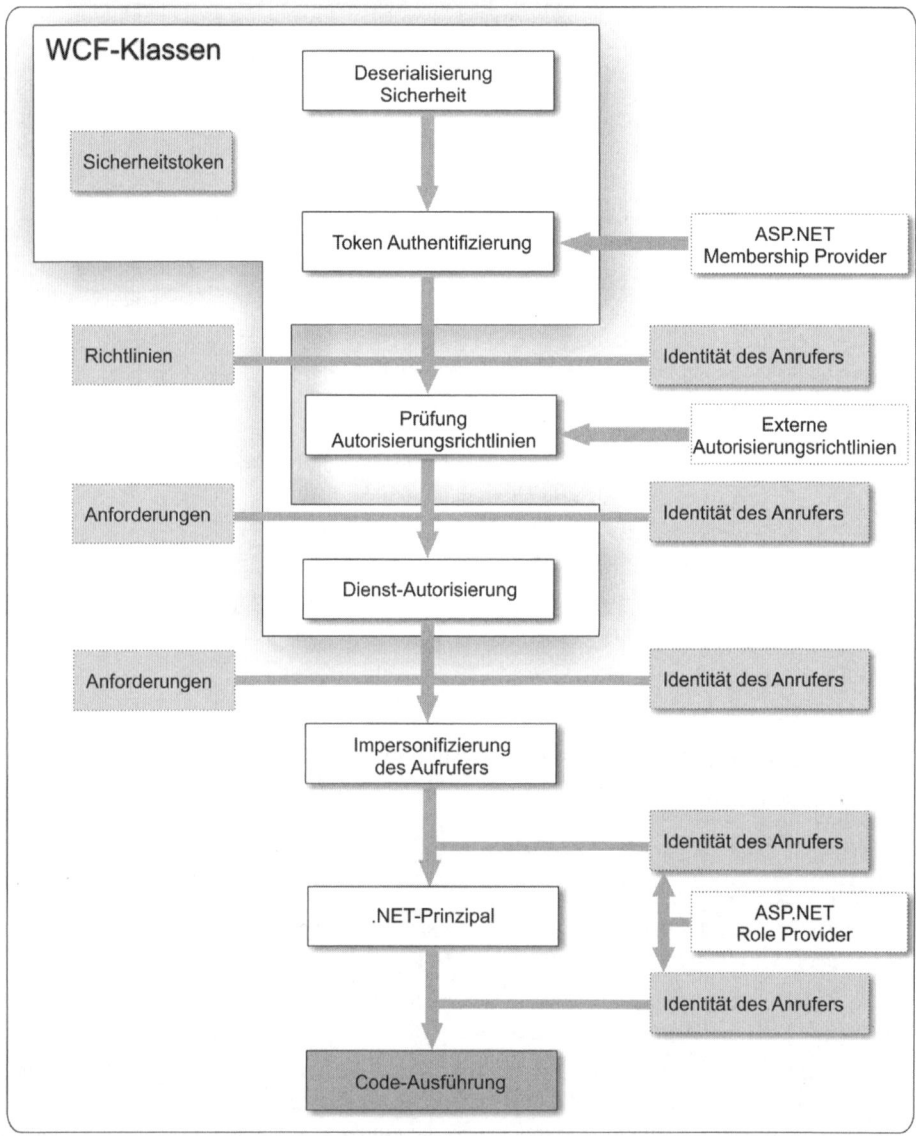

Bild 13.2 Sicherheitsprüfungen beim Empfang einer sicheren Nachricht

13.2.3.5 Übersicht über erweiterbare Module

Nachdem die prinzipiellen Abläufe grob umrissen wurden, können Sie sich mit den einzelnen Modulen auseinandersetzen, die erweiterbar sind. Wie bereits erwähnt wird dies in Kapitel 14, „WCF erweitern", ausführlicher betrachtet.

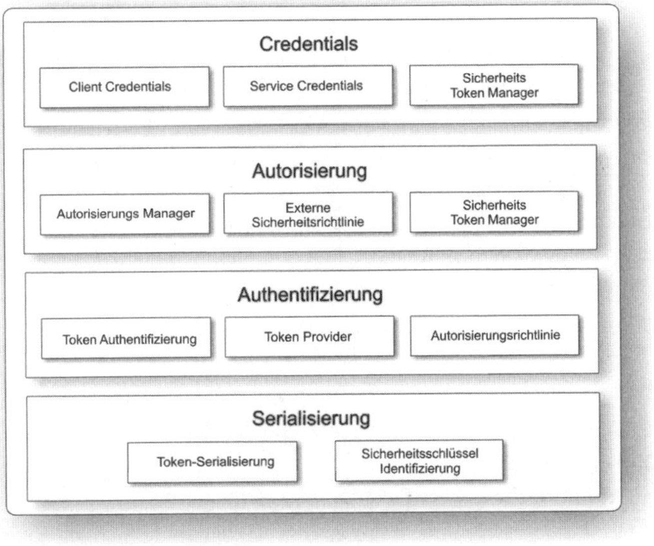

Bild 13.3 Module, die in WCF in Bezug auf die Sicherheit erweitert werden können

Des Weiteren können Sie auf folgende Infrastrukturkomponenten unter Windows zurückgreifen:

- Windows-Zertifikatspeicher
- Active Directory
- Windows-Impersonifizierung
- .NET-Zugriffssicherheit
- ASP.NET-Role Provider, ASP.NET-Membership-Provider
- Windows-Authentifizierung
- PKIX-Zertifikatprüfung

13.3 Erweiterung des Bindungssystems

Um weitere Protokolle oder Transportwege zu benutzen, müssen eigene Bindungen erstellt werden. Dies kann notwendig sein, um bestimmte Funktionen einer Applikation zu unterstützen oder aber um spezielle Transportwege zu benutzen. Zuvor sollen einige Grundlagen der Bindungen erläutert werden.

13.3.1 Bindungen und Bindungselemente

Bindungen sind Sammlungen spezieller Konfigurationselemente, der Bindungselemente. Bei der Erstellung eines Endpunkts werden diese Informationen benutzt, um die gewünschten Funktionen zu realisieren. Beachten Sie, dass Sie einem Endpunkt mehrere Bindungselemente hinzufügen können und dass diese einen Bindungsstapel (Stack) erzeugen, der zur Laufzeit in der definierten Reihenfolge (die Reihenfolge der XML-Elemente ist wichtig) benutzt wird. Eingebaute Bindungen haben eine Reihe von Attributen beziehungsweise im Code entsprechende Eigenschaften, mit denen sie konfiguriert werden.

Ein Endpunkt kann mehrere Bindungen haben, das heißt, die Operationen des Vertrags lassen sich auf verschiedenen Wegen benutzen. Hingegen kann eine Bindung immer nur ein Transportelement haben. Sie müssen sich also für einen Transportweg und damit ein Protokoll entscheiden, das diese Bindung benutzen soll. Bevor Sie sich entscheiden, eine eigene Bindung zu entwickeln, sollten Sie erst alle Möglichkeiten der eingebauten Bindungen ausschöpfen. Sie benötigen eine benutzerdefinierte Bindung, wenn:

- ein eigenes Protokoll benutzt werden soll, das nicht nativ unterstützt wird, beispielsweise UDP;

- eine vorhandene Bindung in einer Art und Weise konfiguriert werden soll, die nicht vorgesehen ist, beispielsweise wenn Sie die Reihenfolge von Kodierung und Signierung vertauschen möchten;

- Sie die Konfigurationsmöglichkeiten einer vorhandenen Bindung einschränken möchten, um bestimmte Standards im Unternehmen durchzusetzen;

- das Metadatenmodell geändert oder erweitert werden soll, meist im Zusammenhang mit eigenen Bindungselementen.

Der Begriff Bindung ist nicht zufällig gewählt worden. Es handelt sich letztlich um die Verbindung von der Applikationsseite und ihrem Programmiermodell und dem Nachrichtenkanalmodell, wo Kodierung/Dekodierung, Listener und Protokolle implementiert sind. Bindungen erlauben es der Applikation, den Nachrichtenkanal auf standardisierte und einfache Weise zu benutzen.

13.3.2 Nachrichtenkanäle

Die Nachrichtenschicht sendet oder empfängt Nachrichten von und zur Dienstschicht und transportiert sie zwischen den Endpunkten. Im Client ist die Nachrichtenschicht ein Stapel von Kanal-Factories, die Kanäle für einen Endpunkt erzeugen. Im Dienst ist es ein Stapel von Kanal-Listenern, die eingehende Verbindungen am Endpunkt akzeptieren.

Dabei gibt es zwei grundsätzliche Kanalarten:

- Transportkanäle
- Protokollkanäle

13.3.2.1 Transportkanäle

Transportkanäle sind für die tatsächliche Abwicklung der Kommunikation von einem Endpunkt zum nächsten zuständig. Diese haben einen Standardweg für die Nachrichtenkodierung und -dekodierung. Über das entsprechende Bindungselement lassen sich andere Kodierungen benutzen. Dieser Übergang dient dazu, die abstrakte binäre Nachricht in eine Form zu überführen, die auf einem Netzwerk transportiert werden kann. Meist handelt es sich um eine einfache Serialisierung in einen Bytestrom.

13.3.2.2 Protokollkanäle

Protokollkanäle sind im Gegensatz dazu für die Implementierung von Protokollen auf SOAP-Ebene zuständig. Das gilt beispielsweise für WS-Security und WS-ReliableMessaging.

Beide Kanalarten benötigen eine Implementierung der entsprechenden Schnittstellen. Dies umfasst die entsprechenden Factories und Listener. Die verschiedenen Encoder/Decoder, Protokolle und Transportkanäle werden in Form eines Stapels aufeinander aufbauend definiert und bilden zusammen das Kanalmodell. Dieser Vorgang ist die eigentliche Bindung. Zur Erweiterung des Modells werden benutzerdefinierte Bindungen benutzt. Allerdings muss klar gesagt werden, dass WCF standardmäßig bereits die häufiger benutzten Transport- und Protokollkanäle abbildet und deshalb üblicherweise keine Erweiterung notwendig ist. Während die Benutzung der Standardbindungen aber trivial ist, entsteht bei der Erstellung eigener Bindungen ein erhöhter Aufwand. Diesem Komplex wird im Buch deshalb breiter Raum gewidmet.

13.3.3 Benutzerdefinierte Bindungen

Mithilfe der Klasse *CustomBinding* können Sie eigene Bindungen erstellen, wenn die bereits standardmäßig verfügbaren Ihren Ansprüchen oder der Aufgabenstellung nicht genügen. Alle Bindungen werden durch eine Reihe von Bindungselementen erstellt. Benutzerdefinierte Bindungen müssen nicht komplett selbst erstellt werden, es ist auch möglich, sie mit anderen Standardelementen zu kombinieren.

Eine benutzerdefinierte Bindung wird durch Aufbau der Bindungselemente in einer bestimmten Reihenfolge gemäß folgender Auflistung erstellt:

- Zuerst kann ein optionales `TransactionFlowBindingElement` angegeben werden.
- Ebenso optional kann `ReliableSessionBindingElement` folgen. Dies ermöglicht die Verwendung der Nachrichtenspezifikation *WS-Reliable*.
- Wiederum optional ein `SecurityBindingElement` für Sicherheitsfunktionen wie Autorisierung, Authentifizierung, Schutz und Verbindlichkeit der Nachrichten.
- Gefolgt von einem `MessageEncoder`, der zwingend erforderlich ist:
  - `TextMessageEncodingBindingElement`
  - `BinaryMessageEncodingBindingElement`
  - `MtomMessageEncodingBindingElement`
- Am Ende folgt noch das erforderliche Transportelement. Verwenden Sie entweder ein selbst definiertes, oder greifen Sie auf eines der eingebauten zurück:

- `TcpTransportBindingElement`
- `HttpTransportBindingElement`
- `HttpsTransportBindingElement`
- `NamedPipesTransportBindingElement`
- `PeerTransportBindingElement`
- `MsmqTransportBindingElement`
- `MsmqIntegrationBindingElement`

Tabelle 13.1 zeigt die Optionen, die für jede Schicht verfügbar sind.

Tabelle 13.1 Bindungsoptionen

Schicht	Optionen	Erforderlich?
Transactionen	TransactionFlowBindingElement	Nein
Zuververlässigkeit	ReliableSessionBindingElement	Nein
Sicherheit	SecurityBindingElement	Nein
Kodierung	Text, Binary, MTOM, Custom	Ja
Transport	TCP, HTTP, HTTPS, Named Pipes (IPC), Peer-to-Peer (P2P), Message Queuing (MSMQ), benutzerdefiniert	Ja

Eine tiefgehende Betrachtung der benutzerdefinierten Bindungen finden Sie im folgenden Abschnitt zum Thema Erweiterungen.

■ 13.4 Weitere Erweiterungsfunktionen

Dieser Abschnitt fasst einige weitere Erweiterungstechniken zusammen. Die Anwendung greift tief in die Infrastruktur ein und ist immer dann interessant, wenn Entwickler anderen Entwicklern neue Basisfunktionen in einem systemkonformen Schema zur Verfügung stellen möchten.

13.4.1 Erweiterung des Metadatenmodells

Auch das Metadatenmodell kann umfassend erweitert und angepasst werden. Dieser Abschnitt führt kompakt in das Thema ein. Detailliertere Betrachtungen finden Sie in der Dokumentation.

Metadaten sind Beschreibungen des konkreten Datenmodells durch abstrakte Sprachen, beispielsweise WSDL. Um in WSDL eigene Konstrukte hinzuzufügen oder Erweiterungen des Webdienste-Modells (WS-Model) zu erhalten, kann das Metadatenmodell erweitert werden. Eine ganze Reihe von Klassen und Schnittstellen dient dieser Vorgehensweise.

Zu den Aufgaben, die erledigt werden können, gehören:

- Exportieren der eigenen Metadaten für eine WCF-Applikation durch Implementieren der Schnittstelle `IPolicyExportExtension`.

- Importieren der WCF-Metadaten in eine eigene Erweiterung durch Implementieren der Schnittstelle `IPolicyImportExtension`.

- Austausch von Metadaten über kundenspezifische Bindungen.

13.4.2 Erweiterungen der Serialisierung

Die Serialisierung verpackt native Objekte in eine transportfähige Form, in der Regel in einen Bytestrom. Kundenspezifische Kodier-/Dekodierverfahren, stellvertretende Datenformate für komplexe Daten oder eine Beeinflussung der Datenübertragungsmethode sind Teil des Erweiterungsmodells der Serialisierung. So könnte eine kundenspezifische Serialisierung gleichzeitig noch eine Komprimierung der Daten nach dem Zip-Algorithmus vornehmen.

Die Erweiterungsmöglichkeiten der Datenserialisierung umfassen zwei grundlegende Aspekte:

- *Datenvertragsstellvertreter*
Datenverträge beschreiben die Datentypen in der WCF-Welt. Stellvertreter dienen dazu, die internen und externen Datentypen zu entkoppeln, beispielsweise um die Kompatibilität mit anderen Plattformen sicherzustellen. Beteiligt an der Umsetzung sind die Serialisierung und Deserialisierung und der Im- und Export von Schemata.

- *Kundenspezifische Formatierer für Nachrichten*
Formatierer (Formatter) sind die Schnittstelle zwischen der Instanz, die die Nachrichten verarbeitet, und dem Serialisierer, der die eigentliche Umsetzung vornimmt. Praktisch implementieren Sie Ihren Serialisierer als Formatierer und bieten diesen dann der Verarbeitungsinstanz an.

14 WCF erweitern

WCF verfügt über ein äußerst umfangreiches Erweiterungsmodell. Wie viele andere Technologien im .NET Framework besteht auch hier die Möglichkeit, nahezu jeden Dienst in jeder Form zu erweitern, eigene zu implementieren und damit die nötige Interoperabilität mit allen anderen Teilnehmern herzustellen. Dieses Kapitel stellt einen sehr tiefgehenden und anspruchsvollen Blick in die Welt von WCF dar. Viele Beispiele leiten durch die entsprechenden Techniken. Haben Sie den Mut, hier einzusteigen und anhand der Vorgaben eigene Projekte umzusetzen.

■ 14.1 ServiceHost und Dienstmodellebene

Der Dienstmodellebene (Service Model Layer) ist vor allem für das Verarbeiten ankommender Nachrichten aus den entsprechenden darunter liegenden Kommunikationskanälen verantwortlich sowie für die Wandlung von Funktionsaufrufen und Rückgabewerten in entsprechende übertragbare Nachrichten.

Im folgenden Abschnitt wird es um verschiedene Möglichkeiten gehen, den Host zu erweitern, beeinflussen und zu verändern. Es wird anhand zahlreicher Beispiele gezeigt, wie unter anderem Nachrichten abgefangen, gefiltert und gegebenenfalls modifiziert werden können.

14.1.1 Aufbau der Dienstmodellebene

Die Kommunikation erfolgt unter Verwendung von Endpunkten und Nachrichten. Jeder Dienst und jeder Client verfügt über mindestens einen Endpunkt. Der Client ruft Funktionen des Dienstes mithilfe entsprechender Nachrichten an den Dienst-Server auf. Diese werden auf den Endpunkt der zugeordneten Nachrichtenkanäle (Channels) übertragen. Diese Zuordnung übernimmt die Bindung, sie gibt an, welche Nachrichtenkanäle verwendet werden sollen und welche Protokolle dabei zum Einsatz kommen. Jedes BindingElement entspricht hierbei einem Protokoll. Eine Bindung besteht in der Regel aus mehreren gestapelten Bindungselementen. Um einen Dienst verwenden zu können, muss mindestens ein Transportprotokoll in untersten Ebene vorhanden sein, beispielsweise HTTP/HTTPS oder TCP usw. In diesem Zusammenhang lässt sich die Bindung als eine Art Konfigurationsobjekt und der Kanal (Channel) selbst als Implementierung dieses Kommunikationsprotokolls (IChannel) sehen.

Für die Umsetzung zwischen Programmcode und Nachrichten sind jeweils die Operationsobjekte (Operation) verantwortlich. Sie bilden die Nahtstelle zwischen der Welt der Nachrichten und der Welt der Funktionen mit diskreten Werten im Programmcode. Es gibt je ein Objekt, das voranging für abgehende Nachrichten (ClientOperation) und das für ankommende Nachrichten (DispatchOperation) zuständig ist.

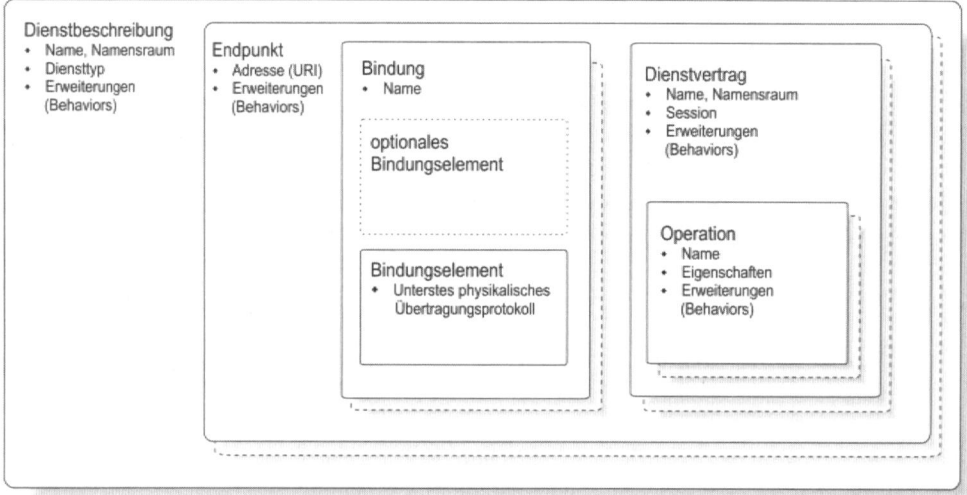

Bild 14.1 Aufbau der Dienstbeschreibung

14.1.2 Erweiterung mittels Verhalten

Ein Dienst setzt sich aus verschiedenen Objekten zusammen, die größtenteils von der WCF-Bibliothek (Laufzeitumgebung) zur Verfügung gestellt werden. Oft sollen die meisten Eigenschaften von Objekten aus der Bibliothek unverändert weiter verwendet werden mit kleinen Anpassungen der Eigenschaften oder kleinen Erweiterungen der Funktionalität.

Der Schlüssel zu dieser leicht konfigurierbaren Erweiterbarkeit sind diverse Verhalten (Behaviors). Im Folgenden werden die benutzerdefinierten Verhalten auch als Erweiterungsobjekte oder Verhaltenserweiterungen bezeichnet.

Sowohl der Client als auch der Server verfügen über derartige konfigurierbare beziehungsweise erweiterbare Klassen und Schnittstellen, die entweder mittels öffentlicher Eigenschaften im Quellcode oder in der Anwendungskonfigurationsdatei *app.config*[1] angepasst werden können. Der folgende Abschnitt zeigt, wie das Laufzeitverhalten einer WCF-Klasse angepasst und mit benutzerspezifischen Klassen ausgebaut werden kann.

---

[1] Mit WAS und IIS gehosteten Anwendungen heißt diese Datei *web.config*.

14.1.2.1 Funktionsweise

Die Erweiterungsobjekttypen werden der Beschreibungseigenschaft (Description) des zu erweiternden Dienstes oder Endpunktes hinzugefügt, bevor der Dienst von der Laufzeitumgebung gestartet wird. Erstellt werden Erweiterungsklassen in der Regel durch Ausprogrammieren einer entsprechenden Schnittstelle (Interface).

Die meisten Erweiterungsschnittstellen sind, mit einer Ausnahme *IServiceBehavior*[2], gleich aufgebaut. Zur Verwendung muss der Namensraum *System.ServiceModel.Description* aus der .NET-Bibliothek *System.ServiceModel* importiert werden.

Tabelle 14.1 Standardfunktionen der Verhaltensschnittstellen

Funktionsname	Funktion
AddBindingParameters	Hinzufügen benutzerdefinierter Objekte, auf die von benutzerdefinierten Bindungen zugegriffen werden kann
Validate	Stellt sicher, dass der Beschreibungsbaum vorgegebenen Kriterien entspricht
ApplyDispatchBehavior ApplyClientBehavior	Zum Einfügen von Erweiterungsobjekten oder Ändern von Eigenschaften vorhandener Objekte

Insgesamt stehen vier unterschiedliche Arten von Verhalten zur Verfügung:

- Dienstverhalten (`IServiceBehavior`-Typen)
  Ermöglicht die Anpassung der gesamten Dienstlaufzeitumgebung einschließlich des `ServiceHostBase`-Objekts.

- Endpunktverhalten (`IEndpointBehavior`-Typen)
  Ermöglicht die Anpassung der Dienstendpunkte sowie der ihnen zugeordneten `EndpointDispatcher`-Objekte.

- Vertragsverhalten (`IContractBehavior`-Typen)
  Ermöglicht die Anpassung der `ClientRuntime`- und der `DispatchRuntime`-Klassen sowohl in Client- als auch Server-Anwendungen.

- Operationsverhalten (`IOperationBehavior`-Typen)
  Ermöglicht die Anpassung der `ClientOperation`- und `DispatchOperation`-Klassen für Client und Server gleichermaßen.

Das Einfügen kann auf unterschiedliche Art und Weise erfolgen. Der einfachste Weg, ein Verhalten einer Objektbeschreibung hinzuzufügen, besteht in der Verwendung der Funktion *Add* der Beschreibungseigenschaft des jeweiligen zu erweiternden Objektes.

14.1.2.2 Sichtbarkeiten

Genau wie der Sichtbarkeitsbereich von Variablen in der objektorientierten Programmierung haben die einzelnen Verhalten bestimmte Gültigkeitsbereiche. Diese sollen im Folgenden etwas näher betrachtet werden.

---

[2] Die Schnittstelle `IServiceBehavior` verfügt nicht über die Funktion `ApplyClientBehavior`, da diese Schnittstelle nicht für die Verwendung in einem Client vorgesehen ist.

HINWEIS: Ein Verhalten einer übergeordneten Klasse kann auch das Verhalten untergeordneter Klassen beeinflussen.

Tabelle 14.2 Gültigkeit der Erweiterungsschnittstellen

Schnittstelle	Gültigkeit
IServiceBehavior	Gesamter Dienst, Verwendung nur auf der Serverseite
IContractBehavior	Verhalten des Dienstvertrages auf der Client- oder Dienstseite
IEndpointBehavior	Verhalten des Endpunktes auf der Client- oder Dienstseite
IOperationBehavior	Verhalten der Operation auf der Client- oder Dienstseite

14.1.2.3 Erweiterungsmethoden

Benutzerdefinierte Verhalten sind von einer der in Tabelle 14.2 aufgeführten Schnittstellen abgeleitet und beeinflussen jeweils das entsprechende Objekt und dessen untergeordnete Objekte und Eigenschaften. Dieser Abschnitt soll die Möglichkeiten aufzeigen, einen Dienst oder Client mit der Hilfe von Verhalten zu erweitern. Dabei wird stellvertretend für alle anderen Schnittstellen die Schnittstelle *IServiceBehavior* verwendet.

- Ausprogrammieren der Schnittstelle als Attribute
  Hierbei wird das Verhalten nicht nur von der entsprechenden Schnittstelle, sondern auch von der Klasse `Attribute` abgeleitet. So kann das neu erstellte Verhalten der Beschreibung der Dienstklasse hinzugefügt werden, indem es als Attribut auf die Implementierung des Dienstes angewandt wird. Die WCF-Bibliothek erkennt Attribute entsprechender Schnittstellen und fügt automatisch eine Instanz der gewünschten Verhaltensklasse zu der Beschreibung des Dienstes hinzu.

- Hinzufügen der Verhaltensweise im Programmcode
  Jedes erweiterbare Objekt verfügt über eine Eigenschaft `Description`, die die Verhaltensliste verwaltet. Mit dem Aufruf der Funktion nach dem Schema `Host.Description.Behaviors.Add (new MyBehavior())` kann ein neues Verhalten hinzugefügt werden. Diese Variante des Hinzufügens wird auch als *imperatives Hinzufügen* bezeichnet.

- Programmieren eines `BehaviorExtensionElements`
  Mithilfe der Klasse `BehaviorExtensionElement` kann die WCF-Bibliothek ein Verhalten erzeugen, das dabei als Factory-Pattern zum Einsatz kommt. Durch Einfügen eines entsprechenden Abschnittes in der Konfigurationsdatei kann das erzeugte Verhalten dann innerhalb der Konfigurationsdatei genauso wie ein Standardverhalten der Laufzeitumgebung verwendet werden. In diesem Zusammenhang wird auch vom *deklarativen Hinzufügen* gesprochen.

Tabelle 14.3 Schnittstellen und ihre Erweiterungsmöglichkeiten

Schnittstelle	Als Attribut	Im Programmcode	Erweiterungselement
IServiceBehavior	☑	☑	☑
IContractBehavior	☑	☑	☒
IEndpointBehavior	☒	☑	☑
IOperationBehavior	☑	☑	☒

14.1.3 Erweiterung von Clients

Auf der Client-Seite ist die Dienstmodellebene dafür zuständig, Funktionsaufrufe in Nachrichten zu verwandeln, die über den Kommunikationskanal gesendet werden können, und ankommende Ergebnisnachrichten zurück in vom Programmcode auswertbare Rückgabewerte zu konvertieren.

Mögliche Anwendungsbeispiele für Erweiterungen am Client:

- *Aufzeichnen von Nachrichten*, die den Endpunkt passieren
- Benutzerspezifische *Nachrichtenformatprüfung* unter Verwendung der Schnittstelle `IClientMessageInspector`
- Benutzerspezifische *Modifikation von Parametern* einer Nachricht (Versionierung, landesspezifische Anpassungen usw.)
- Benutzerspezifisches Datenmodell

14.1.3.1 Funktionsprinzip

Bild 14.2 zeigt den Aufbau eines Dienst-Clients. Die Umsetzung zwischen Funktionsaufruf und Nachricht wird von dem Objekt *ClientOperation* vorgenommen. Die dabei erstellten Nachrichten werden an das Objekt *ClientRuntime* übergeben, das für die Bereitstellung und Verwaltung entsprechender Kommunikationskanäle verantwortlich ist. Sind entsprechende Kanäle noch nicht aufgebaut oder vorhanden, werden diese spätestens mit dem Eintreffen der ersten zu sendenden Nachricht angelegt sowie die Verbindung innerhalb des Objektes *ChannelDispatcher* aufgebaut.

Letztendlich abgesendet werden die Nachrichten vom Objekt *DispatchRuntime*, das sich innerhalb des Objektes *EndPointDispatchers* befindet. Der *EndPointDispatcher* ist einem *ChannelDispatcher* zugeordnet, der ausgehende Nachrichten des *EndPointDispatchers* mithilfe des *ChannelStacks* innerhalb des *ChannelDispatcher* für den Transport vorbereitet. Der *ChannelStack* erfüllt hierbei eine ähnliche Aufgabe wie ein erweiterter Protokollstapel entsprechend der Bindung. Die Protokolle werden in der Reihenfolge der Bindungselemente übereinander angeordnet. Die letzte Schicht in diesem Protokollstapel ist für das Senden und Empfangen der Nachrichten zuständig. Diese Schicht wird als physikalischer Transportkanal bezeichnet.

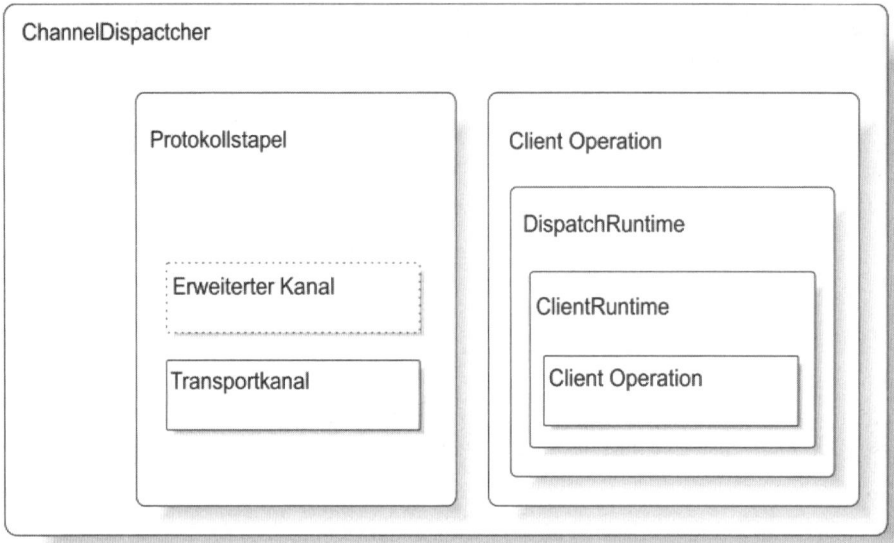

Bild 14.2 Aufbau des (Dienst-)Clients

Erweiterungen werden in Form von Verhalten einer der zwei Klassen *ClientRuntime* und *ClientOperation* hinzugefügt beziehungsweise vorhandene Verhalten werden durch Ändern entsprechender Eigenschaften umkonfiguriert. Als Programmierer haben Sie somit nur indirekt mit diesen Klassen zu tun.

14.1.3.2 Eigenschaften der ClientRuntime

Die Klasse *ClientRuntime* ist für das Erstellen und Beeinflussen von Nachrichten-Transport-kanälen zuständig.

Tabelle 14.4 Eigenschaften der Klasse ClientRuntime

Eigenschaft	Bedeutung
CallbackDispatchRuntime	Gibt das Dispatch-Laufzeit-Objekt zurück, das den Rückruf auslöste
OperationSelector	Benutzerdefiniertes *OperationSelector*-Objekt zur Steuerung der Weiterleitung der Client-Nachrichten
ChannelInitializers	Liste der Transport-Kanal-Initialisierer, die Client-Nachrichten abfangen oder verändern können
InteractiveChannel Initializers	Anzeigen einer Eingabeaufforderung, für Benutzername und Passwort für den Kanal
Operations	Liste der *ClientOperation*-Objekte, je Operation können hier einzelne Message-Inspektoren hinzugefügt oder entfernt werden
ManualAddressing	Kontrolliert das Adressierungsverhalten (Adressierungs-nachrichtenkopf)
MaxFaultSize	Größte vom Client akzeptierte Fehlernachricht

Eigenschaft	Bedeutung
MessageInspectors	Liste der Message-Inspektoren, die alle Nachrichten für diesen Client bekommen
UnhandledClient Operation	Gibt das Operationsobjekt an, das nicht erwartete Nachrichten behandelt
ValidateMustUnderstand	Gibt an, ob das System erfordert, dass Header explizit als „Verstanden" markiert sein müssen
Via	Gibt die Nachrichtendestination auf Transportebene an

14.1.3.3 Eigenschaften der ClientOperation

Die interne Klasse *ClientOperation* ist für das Erstellen von Nachrichten aus entsprechenden Funktionsaufrufen verantwortlich. Je Funktion (Operation) gibt es eine Instanz dieser Klasse. Der Zugriff erfolgt über die Eigenschaft *Operations* der Instanz der Klasse *Client Runtime*.

Tabelle 14.5 Eigenschaften der Klasse ClientOperation

Eigenschaft	Bedeutung
Formatter	Wird verwendet, um Eigenschaften des Nachrichtenformatierers zu ändern oder diesen gegen eine benutzerspezifische Implementierung der Schnittstelle *IClientMessageFormatter* zu ersetzen
Parameter Inspectors	Wird verwendet, um eine benutzerspezifische Implementierung der Schnittstelle *IParameterInspector* einzufügen oder zu ersetzen
SerializeRequest	Setzt oder ändert Eigenschaften des Serializers
DeserializeReply	Setzt oder ändert Eigenschaften des DeSerializers
Action	Ermöglicht Zugriff auf die WS-Addressing-Aktion der Request-Nachricht
ReplyAction	Ermöglicht Zugriff auf die WS-Addressing-Aktion der Response-Nachricht
BeginMethod EndMethod	Setzt die Methoden, die innerhalb des Clients für asynchrone Aufrufe verwendet werden sollen
FaultContract Infos	Gibt eine Collection aller zur Verfügung stehenden SOAP-Fault-Typen zurück
IsInitiating IsTerminating	Teilt mit, ob diese Operation sich in der Initialisierung oder Beendigungsphase (Behandlung der letzten Nachricht) befindet
IsOneWay	Teilt mit, ob der Client auf Antwort wartet, bevor der Operationsaufruf beendet wird
Parent	Gibt das übergeordnete ClientRuntime-Objekt zurück
Name	Gibt den Namen der Operation zurück
SyncMethod	Legt fest, welche Methode dieser Operation zugeordnet ist

14.1.3.4 Das Nachrichteninspektor-Objekt

Im folgenden Beispiel soll ein Nachrichteninspektor (*MessageInspector*) zum Einsatz kommen. Um ein MessageInspector-Objekt verwenden zu können, ist es zunächst notwendig, die entsprechende Schnittstelle *IClientMessageInspector* zu implementieren. Dazu wird eine Referenz auf die Bibliothek *System.ServiceModel* sowie die Einbindung der folgenden Namensräume benötigt: *System.ServiceModel.Description*

Im nächsten Schritt kann der *MessageInspector* beispielsweise in der Datei *CustomMessage-Inspector.cs* erstellt werden, siehe hierzu Listing 14.1.

Listing 14.1 CustomMessageInspector.cs

```
using System;
using System.Collections.Generic;
using System.Text;
using System.ServiceModel.Dispatcher;
using System.ServiceModel.Channels;

namespace Hanser.Wcf.WelcomeClient
{
    public class CustomMessageInspector : IClientMessageInspector
    {
        #region IClientMessageInspector Members

        /// <summary>
        /// Wird nach dem Empfang eines Replys aufgerufen
        /// </summary>
        /// <param name="reply">der Reply</param>
        /// <param name="correlationState">der CorrelationState</param>
        public void AfterReceiveReply(
          ref.Message reply,
          object correlationState)

        {
            Console.WriteLine(reply.ToString());
        }

        /// <summary>
        /// Wird vor dem Absenden eines Requests aufgerufen
        /// </summary>
        /// <param name="request">der Request</param>
        /// <param name="channel">der Channel</param>
        /// <returns>der CorelationState, wenn nicht
        ///          verwendet null</returns>
        public object BeforeSendRequest(
          ref.Message request,
          System.ServiceModel.IClientChannel channel)
        {
            Console.WriteLine(request.ToString());
            return null;
        }

        #endregion
    }
}
```

Ein Nachrichteninspektor des Clients verfügt über zwei Methoden, *BeforeSendRequest* sowie *AfterReceiveReply*. So können sowohl eingehende als auch ausgehende Nachrichten separat behandelt werden.

Zugewiesen wird der Nachrichteninspektor in diesem Beispiel innerhalb der Methode *ApplyClientBehavior* des entsprechenden benutzerdefinierten Verhaltens des zu erweitern-den Endpunktes.

Listing 14.2 CustomEndpointBehavior.cs: Diese Klasse stellt eine Möglichkeit dar, das Verhalten eines Endpunktes aus dem Programmcode heraus zu ändern.

```
using System;
using System.Collections.Generic;
using System.Text;
using System.ServiceModel.Description;
using System.ServiceModel.Channels
using System.ServiceModel.Dispatcher

namespace Hanser.Wcf.WelcomeClient
{
    public class CustomEndpointBehavoir : IEndpointBehavior
    {

        #region IEndpointBehavior Members

        public void AddBindingParameters(
            ServiceEndpoint endpoint,
            BindingParameterCollection bindingParameters)
        {
            // wird in diesem Beispiel nicht verwendet
        }

        public void ApplyClientBehavior(
            ServiceEndpoint endpoint,
            ClientRuntime clientRuntime)
        {
            // Hinzufügen des MessageInspektors
            clientRuntime.MessageInspectors.Add(
                new CustomMessageInspector());
        }

        public void ApplyDispatchBehavior(
            ServiceEndpoint endpoint,
            EndpointDispatcher endpointDispatcher)
        {
            // wird in diesem Beispiel nicht verwendet
        }

        public void Validate(ServiceEndpoint endpoint)
        {
            // wird in diesem Beispiel nicht verwendet
        }

        #endregion
    }
}
```

Um das erweiterte Verhalten letztendlich verwenden zu können, ist es notwendig, der Liste der Verhalten des zu erweiternden Endpunktes noch eine Instanz der benutzerdefinierten Verhaltensklasse hinzuzufügen, wie in Listing 14.3 gezeigt wird:

Listing 14.3 Der Client – CustomClientProgram.cs (in mehreren Abschnitten)

```
using System;
using System.Collections.Generic;
using System.Linq;
using System.Text;
using WelcomeClient.WelcomeService;
using System.Threading;

namespace Hanser.Wcf.WelcomeClient
{
    class Program
    {
        static void Main(string[] args)
        {
```

Bei gleichzeitigem Start sollte auf den Server gewartet werden:

```
            Thread.Sleep(2000);
```

Nun folgt das Anlegen des Proxy-Objekts für den Dienst:

```
            WelcomeServiceClient client = new WelcomeServiceClient();
```

Es werden jetzt die Erweiterungen für den Endpunkt hinzugefügt:

```
            client.Endpoint.Behaviors.Add(new CustomEndpointBehavoir());
```

Nun können der Aufruf des Dienstes und Ausgabe des Ergebnisses erfolgen:

```
            Console.WriteLine(client.WelcomeUser("Matthias"));

            Console.WriteLine("Weiter mit Taste !");
            Console.ReadKey();
        }
    }
}
```

14.1.4 Erweiterung des Dispatchers

Auf der Serverseite ist die Dienstmodellschicht (*ServiceModelLayer*) für den Empfang der Nachrichten vom Client verantwortlich. Der Verteiler (Dispatcher) nimmt Nachrichten entgegen, leitet diese weiter und wandelt vom Client kommende Anfragenachrichten in vom Programmcode ausführbare Funktionsaufrufe. Ferner erfolgt nach dem Aufruf der Funktion eine Wandlung des Rückgabewertes in eine entsprechende Nachricht.

14.1.4.1 Funktionsprinzip

Das Funktionsprinzip des Verteilers können Sie Bild 14.3 entnehmen.

Das Objekt *ServiceHost* enthält ein oder mehrere *ChannelDispatcher*-Objekte. Dabei wird je URI, unter der ein Dienst erreichbar sein soll, ein *ChannelDispatcher* von der WCF-Bibliothek angelegt. Der *ChannelDispatcher* implementiert die Schnittstelle *IChannelListener* auf je eine Adresse bezogen. Die Hauptaufgabe des *ChannelDispatchers* besteht in der Annahme ankommender Nachrichten. Nach dem Empfang einer Nachricht durchläuft diese zunächst den *ChannelStack*, der mit einem Protokollstapel verglichen werden kann. Wurde die Nachricht entsprechend den im *ChannelStack* befindlichen Protokollen verarbeitet (dekodiert), werden alle mit dem *ChannelDispatcher* assoziierten Endpunkte abgefragt, ob diese die ankommende Nachricht behandeln können. Dies erfolgt, indem geprüft wird, ob ein Endpunkt für einen in der Nachricht angegebenen Vertrag zuständig ist. Anschließend wird die Nachricht an den oder die *EndPointDispatcher* weitergeleitet, welche die Nachricht behandeln können.

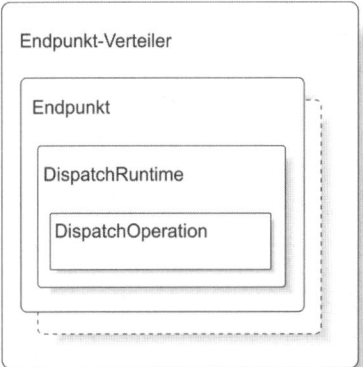

Bild 14.3 Nachrichtenverteiler

Die entsprechende Funktion wird mithilfe der *DispatchOperation* aufgerufen. Das Ergebnis[3] des Funktionsaufrufes nimmt jetzt den umgekehrten Weg durch das System, zurück bis zum entsprechenden Endpunkt des Clients.

14.1.4.2 Die Klasse DispatchOperation

Die Klasse *DispatchOperation* wird verwendet, um das Aufrufverhalten in einem Dienstendpunkt zu beeinflussen. Dazu stehen unter anderem die folgenden Eigenschaften zur Verfügung.

Tabelle 14.6 Eigenschaften der Klasse DispatchOperation

Eigenschaft	Bedeutung
ActionReplyAction	Geben Auskunft über die auszuführende Aktion
FaultContractInfos	Enthält Informationen über den Vertrag im Fehlerfall
IsOneWay	Gibt an, ob es sich um eine Eine-Richtung-Operation handelt

---

[3] Auch eine Funktion ohne Rückgabewert liefert ein leeres Ergebnis (null).

Tabelle 14.6 Eigenschaften der Klasse DispatchOperation *(Fortsetzung)*

Eigenschaft	Bedeutung
IsTerminating	Gibt an, ob die Operation die letzte Operation in der aktuellen Session ist
Name	Der Name der Operation
TransactionAutoComplete	Entscheidet darüber, ob die Transaktion automatisch beendet wird bei erfolgreichem Aufruf der Operation.
TransactionRequired	Entscheidet darüber, ob eine Operation existieren muss oder nicht.
ReleaseInstanceBefore-CallReleaseInstance AfterCall	Diese Attribute steuern die Lebenszeit des benutzerdefinierten Dienstobjekts bezogen auf InstanceContext.
DeserializeRequest SerializeReplyFormatter	Mithilfe dieser Attribute ist es möglich, explizit vorzugeben, ob eine Serialisierung erfolgen soll und welcher Formatierter zu verwenden ist
Impersonation	Gibt die Tiefe der Impersonifizierung an
CallContextInitializers	Diese Liste nimmt benutzerspezifische CallContext-Erweiterungen der Schnittstelle ICallContextInitializer auf.
AutoDisposeParameters	Entscheidet ob, das Parameter-Objekt nach dem Aufruf der Operation verworfen wird.
Invoker	Gibt Auskunft über das aufrufende Objekt
ParameterInspectors	Diese Liste nimmt Parameterinspektoren der entsprechenden Schnittstelle auf (*IDispatchParameterInspector*), um Parameter auswerten oder ändern zu können.
Parent	Gibt das DispatchRuntime-Objekt zurück.

14.1.4.3 Die Klasse DispatchRuntime erweitern

Die Erweiterbarkeit der Klasse *DispatchRuntime* erstreckt sich über insgesamt vier Bereiche:

- `ChannelDispatcher`: Diese Eigenschaft kann verwendet werden, um auf die einzelnen `ChannelDispatcher` zuzugreifen. Mit deren Hilfe kann festgelegt werden, wie die Kommunikationskanäle aufgebaut und geschlossen werden sollen. Das Gleiche gilt auch für die Eigenschaft `ChannelInitializer` sowie die Liste `InputSessionShutdown Handler`.

- Bestandteile des Nachrichtenbehandlungssystems können angepasst werden, beispielsweise `MessageInspector`, `OperationSelector`, `Operation` und die `ErrorHandler`-Eigenschaften.

- Instanzbezogene Anteile ermöglichen das Anpassen während der Erzeugung, Laufzeit und beim Enden der Laufzeit (Dispose) des Servicetyps. Weiterhin stehen zu diesem Zweck die Eigenschaften `InstanceContextMode` sowie `InstanceContextInitializers` und `InstanceProvider` zur Verfügung.

- Sicherheitsrelevante Änderungen können mit der Hilfe folgender Eigenschaften durchgeführt werden:

- `SecurityAuditLogLocation` legt fest, wo die Sicherheitsaudit-Ereignisse geschrieben werden sollen.

- `ImpersonateCallerForAllOperations` entscheidet darüber, ob der Service immer versuchen soll, eine Impersonifizierung durchzuführen unter Verwendung der Credentials der eintreffenden Nachricht.

- `MessageAuthenticationAuditLevel` legt fest, in welchem Umfang erfolgreiche Authentifizierungsereignisse unter der für `SecurityAuditLogLocation` angegebenen Stelle abgelegt werden sollen.

- `PrincipalPermissionMode` entscheidet darüber, wie die Eigenschaft `CurrentPrincipal` belegt ist. Der Prinzipal entscheidet, unter welcher Identität eine Operation ausgeführt wird.

- `ServiceAuthorizationAuditLevel` entscheidet über den Umfang von Autorisierungsaudits.

- `SuppressAuditFailure` legt fest, ob unkritische Fehlerbehandlungsausnahmen während des Loggens ignoriert werden sollen.

Üblicherweise werden Erweiterungen entweder Eigenschaften der DispatchRuntime-Klasse zugewiesen oder entsprechende Verhalten in eine der Verhaltenskollektionen eingefügt, beispielsweise *IServiceBehavior, IContractBehavior, IEndpointBehavior*.

14.1.4.4 Verwenden eines DispatchMessageInspectors

Stellvertretend für andere Erweiterungsmöglichkeiten soll an dieser Stelle wie bereits beim Client ein Nachrichteninspektor zur Demonstration der Erweiterbarkeit herangezogen werden. Dies ist eine der am häufigsten verwendeten Erweiterungen. Da die Vorgehensweise beim Client (siehe Abschnitt 13.1.3.4) bereits im Detail beschrieben wurde, soll an dieser Stelle das Hauptaugenmerk auf die Unterschiede gelegt werden. Grundsätzlich sind die gleichen Schritte notwendig, um den Nachrichteninspektor zu erstellen.

Als Erstes wird die Schnittstelle *IDispatchMessageInspector* implementiert.

Listing 14.4 CustomMessageDescriptor.cs

```
public class CustomMessageInspector : IDispatchMessageInspector
{
    #region IDispatchMessageInspector Members

    public object AfterReceiveRequest(ref Message request,
                                      IClientChannel channel,
                                      InstanceContext instanceContext)
    {
        Console.WriteLine(
            "AfterReceiveRequest: [{0}]\r\n{1}\r\n",
            request.Headers.Action,
            request.ToString());
        return null;
    }

    public void BeforeSendReply(ref Message reply, object correlationState)
    {
        Console.WriteLine(
```

```
                    "BeforeSendReply: [{0}]\r\n{1}\r\n",
                    reply.Headers.Action,
                    reply.ToString());
        }

    #endregion
}
```

Dabei fällt auf, dass die Methoden zwar genauso heißen wie bei der Client-Schnittstelle, Request und Reply jedoch genau umgekehrt zugeordnet sind. Das liegt daran, dass diese Schnittstelle das entsprechende Gegenstück auf der Dienstseite darstellt.

Zum Nachrichteninspektor gehört ein entsprechendes Verhalten. Auf der Dienstseite wird dafür die Schnittstelle *IServiceBehavior* implementiert.

Listing 14.5 CustomServerBehavior.cs

```
public class CustomServiceBehavior : IServiceBehavior
{
    #region IServiceBehavior Members

    public void AddBindingParameters(
                ServiceDescription serviceDescription,
                ServiceHostBase serviceHostBase,
                Collection<ServiceEndpoint> endpoints,
                BindingParameterCollection bindingParameters)

    {
        return ;
    }

    public void ApplyDispatchBehavior(
                ServiceDescription serviceDescription,
                ServiceHostBase serviceHostBase)
    {
        foreach (ChannelDispatcher chDisp in serviceHostBase.Channel
Dispatchers)
        {
            foreach (EndpointDispatcher epDisp in chDisp.Endpoints)
            {
                epDisp.DispatchRuntime.MessageInspectors.Add(
                    new CustomMessageInspector());
            }
        }

    }

    public void Validate(ServiceDescription serviceDescription,
                        ServiceHostBase serviceHostBase)
    {
        return ;
    }

    #endregion
}
```

Das Dienstverhalten wird in diesem Beispiel verwendet, um programmtechnisch Zugriff auf die verwendeten *ChannelDispatcher* sowie deren Endpunkte zu bekommen. An dieser Stelle wäre es unter anderem auch möglich, auf die Operationen zuzugreifen und gegebenenfalls Parameterinspektoren einzufügen, wie in Listing 14.6 gezeigt wird:

Listing 14.6 Alternativer Zugriff auf ServiceOperationen

```
public void ApplyDispatchBehavior(
        ServiceDescription serviceDescription,
        ServiceHostBase svcHost)
{
 foreach (ChannelDispatcher chDisp in svcHost.ChannelDispatchers)
 {
    foreach (EndpointDispatcher epDisp in chDisp.Endpoints)
    {
      epDisp.DispatchRuntime.MessageInspectors.Add(
          new CustomMessageInspector());
      foreach (DispatchOperation op in epDisp.DispatchRuntime.Operations)
      {
          op.ParameterInspectors.Add(new CustomParmInspector());
      }
    }
 }
}
```

Nachdem die Inspektoren und Verhalten erstellt wurden, sollen diese zur Anwendung kommen; dazu ist es notwendig, das erstellte Dienstverhalten der Liste aller Verhalten des Dienstes hinzuzufügen. Die entsprechende Eigenschaft findet sich unter *Host.Description. Behaviors*. Das zusätzliche Verhalten wird mithilfe der Add-Methode hinzugefügt (siehe Listing 14.7).

Listing 14.7 Verwenden des Dienstverhaltens

```
class Program
{
    static void Main(string[] args)
    {
        Uri uri = new Uri("http://localhost:8000/Service");
        using (ServiceHost host = new
            ServiceHost(typeof(WelcomeService), uri))
        {
            host.Description.Behaviors.Add(new CustomServiceBehavior());
            host.Open();
            Console.WriteLine("Service started …
                              end with Enter !");
                Console.ReadLine();
            host.Close();
        }
    }
}
```

14.1.4.5 Hinzufügen des Nachrichteninspektors als Attribut des Dienstes

Wie in den vorangegangenen Beispielen wird ein benutzerdefinierter Nachrichteninspektor *CustomMessageInspector* und ein benutzerdefiniertes Dienstverhalten *CustomServiceBehavior* erzeugt. Jedoch wird das Verhalten neben der Implementierung der Schnittstelle *IServiceBehavior* zusätzlich von der Klasse *Attribute* abgeleitet. Ferner soll die Verwendung des auf diese Weise neu definierten Attributes auf Klassen begrenzt werden (siehe Listing 14.8).

Listing 14.8 Definieren des Verhaltens IServiceBehavior als Attribut

```
[AttributeUsage(AttributeTargets.Class)]
public class CustomServiceBehavior : Attribute, IServiceBehavior
{
    #region IServiceBehavior Members

    public void AddBindingParameters(
            ServiceDescription serviceDescription,
            ServiceHostBase serviceHostBase,
            Collection<ServiceEndpoint> endpoints,
            BindingParameterCollection bindingParameters)
    {
        return ;
    }

    public void ApplyDispatchBehavior(
            ServiceDescription serviceDescription,
            ServiceHostBase svc)
    {
        foreach (ChannelDispatcher chDisp in svc.ChannelDispatchers)
        {
            foreach (EndpointDispatcher epDisp in chDisp.Endpoints)
            {
                epDisp.DispatchRuntime.MessageInspectors.Add(
                    new CustomMessageInspector());
            }
        }
    }

    public void Validate(ServiceDescription serviceDescription,
                    ServiceHostBase serviceHostBase)
    {
        return ;
    }

    #endregion
}
```

Wird dieses Attribut nun auf den Dienst angewendet, wertet die WCF-Bibliothek automatisch alle Eigenschaften der Schnittstelle *IServiceBehavior* aus und weist dem Dienst das entsprechende Verhalten zu.

Listing 14.9 Verwenden von CustomServiceBehavior

```
[CustomServiceBehavior]
public class WelcomeService : IWelcomeService
{
    #region IWelcomeService Members
```

```
    public string WelcomeUser(string user)

{

        return String.Format("Willkommen {0} !", user);
    }
    #endregion
}
```

14.1.4.6 Einfügen des Nachrichteninspektors in der app.config

Um die große Flexibilität von WCF zu ermöglichen, können viele Einstellungen und Erweiterungen nicht nur im Quelltext zu gewiesen werden, sondern alternativ auch in der Konfigurationsdatei.

Bevor ein Verhalten in der Konfigurationsdatei zugewiesen werden kann, wird zusätzlich ein Objekt vom Typ *BehaviorExtensionElement* benötigt. Dieses wird erstellt durch Implementierung einer benutzerdefinierten Klasse, die aus der abstrakten Klasse *BehaviorExtensionElement* abgeleitet ist. Die benutzerdefinierte Klasse dient der WCF-Bibliothek als Hilfsobjekt bei der Erstellung einer Instanz der benutzerdefinierten Verhaltensklasse.

Listing 14.10 Die Klasse CustomServiceBehaviorExtention

```
public class CustomServiceBehaviorExtention : BehaviorExtensionElement
{
    public override Type BehaviorType
    {
        get { return typeof(CustomServiceBehavior); }
    }

    protected override object CreateBehavior()
    {
        return new CustomServiceBehavior() ;
    }
}
```

Ist diese Erweiterung erstellt, kann sie in der Konfigurationsdatei in dem entsprechenden Abschnitt eingefügt werden.

Listing 14.11 Verwendung der Verhaltenserweiterung in der Konfigurationsdatei

```
<extensions>
    <behaviorExtensions>
        <add
        name="myBehaviorExtention"
        type="Hanser.Wcf.WelcomeService.CustomServiceBehaviorExtention,
            WelcomeService"/>
    </behaviorExtensions>
</extensions>
<behaviors>
    <serviceBehaviors>
        <behavior name="metadataSupport">
            <serviceMetadata httpGetEnabled="true" httpGetUrl=""/>
            <myBehaviorExtention />
        </behavior>
    </serviceBehaviors>
</behaviors>
```

Die Erweiterung wird mithilfe ihres benutzerdefinierten Namens dem zu erweiternden Verhalten zugewiesen. Im Beispiel heißt die Erweiterung *myServiceExtention*.

 HINWEIS: Der große Vorteil des Einfügens diverser Verhalten in der Konfigurationsdatei liegt darin, dass keine Anpassungen im Quellcode der WCF-Anwendung notwendig sind. Auf diese Art kann auch der Administrator eines Servers schnell Anpassungen vornehmen, ohne das Programm neu übersetzen zu müssen.

14.1.5 Erweiterbare Objekte

Die WCF-Bibliothek stellt zur Erweiterung existierender Bibliotheksklassen das Entwurfsmuster *IExtensibleObject<T>* zur Verfügung. Mithilfe dieses Entwurfsmusters ist es möglich, bereits eistierende Klassen zu erweitern oder neue Zustände für Objekte einzufügen.

14.1.5.1 Funktionsweise

Das Objektmuster *IExtensibleObject<T>* wird mit der Hilfe von drei Schnittstellen abgebildet, *IExtention<T>*, *IExtensibleObject<T>* und *IExtentionCollection*. Der dabei verwendete generische Typ T ist für die Schnittstelle *IExtention<T>* eingeschränkt auf Klassen, die ihrerseits *IExtensibleObject<T>* implementieren.

Listing 14.12 Die Schnittstelle IExtention

```
public interface IExtention<T> where T : IExtensibleObject<T>
{
    void Attach(T owner);
    void Detach(T owner);
}
```

Mithilfe dieser Einschränkung ist sichergestellt, dass nur die Klassen erweitert werden können, die ihrerseits eine Erweiterung unterstützen und über eine Eigenschaft Extentions vom Typ *IExtentionCollection<T>* verfügen.

WCF erlaubt die Erweiterung folgender Bibliotheksklassen:

- `ServiceHostBase`: Dies ist die Basis des Dienst-Hosts.
- `InstanceContext`: Diese Klasse bildet die Verbindung zwischen Diensttyp und Dienstlaufzeitumgebung.
- `OperationContext`: Diese Klasse sammelt alle Informationen, die notwendig sind, um Nachrichten und Operationen zu wandeln, darunter sind unter anderem Nachrichtenköpfe, Nachrichteneigenschaften sowie die Sicherheitskontexte der Nachrichten.
- `IChannelContext`: Mit dieser Schnittstelle kann Zugriff auf jeden Zustand der Übertragungskanäle erlangt sowie der Zustand aller Kanäle verwaltet werden.

Wird eine Erweiterung in eines der zu erweiternden Objekte eingefügt, erfolgt der Aufruf der Funktion *Attach* vor dem Einfügen in die Kollektion des Aufrufers. Das Gleiche gilt nach dem Entfernen aus der Kollektion, hier wird die Funktion *Detach*[4] nach dem Entfernen aufgerufen.

Zwei Varianten der Erweiterung sind an dieser Stelle denkbar. Zum einen kann die Eigenschaft *Extentions* des Objekts *IExtensibleObject<T>* benutzt werden, um mit der Erweiterungsklasse weitere benutzerdefinierte Eigenschaften, die sich auf die Dienstinstanz beziehen, zwischenzuspeichern.

Zum anderen kann sich die Erweiterungsklasse in der Funktion *Attach* für entsprechende Ereignisse registrieren, um beispielsweise Zustandsänderungen am zu erweiternden Objekt zu verfolgen. Es wäre sogar denkbar, in der Funktion *Attach* auf Eigenschaften des Dienstes zuzugreifen und diese gegebenenfalls zu modifizieren.

14.1.5.2 Beispiel zur Benutzung einer InstanceContext-Erweiterung

Das folgende Beispiel zeigt, wie unter Verwendung des erweiterbaren Objektmusters ein Zähler für die Aufrufe einer Dienstoperation eingefügt werden kann. Ferner wird eine Ereignisbehandlung für das Schließen-Ereignis durchgeführt.

Als Erstes wird eine entsprechende Klasse für die Erweiterung benötigt, die von der Schnittstelle *IExtension<InstanceContext>* abgeleitet ist.

Listing 14.13 Benutzerdefiniertes Instanzerweiterungsobjekt

```
public class MyInstanceContextExtension : IExtension<InstanceContext>
{

    // Eine eigene ID für jede Instanz
    String instanceId;

    // Öffentliches Status-Objekt
    public int Counter;

    public MyInstanceContextExtension()
    {
        this.instanceId = Guid.NewGuid().ToString();
        Counter = 0;
    }

    public String InstanceId
    {
        get { return this.instanceId; }
    }

    public void Attach(InstanceContext owner)
    {
        Console.WriteLine("Funktion Attach aufgerufen.");
        owner.Closing += new EventHandler(owner_Closing);
    }
```

---

[4] Das Verhalten der WCF-Bibliothek ist an dieser Stelle beim Entfernen nicht ganz konsistent. Für den Fall, dass eine Erweiterung entfernt wird, erfolgt der Aufruf *nach* dem Entfernen, werden mehrere oder alle Erweiterungen entfernt, erfolgt der Aufruf der Funktion Detach *vor* dem Entfernen.

```
    void owner_Closing(object sender, EventArgs e)
    {
        Console.WriteLine("{0} is closing.", sender);
    }

    public void Detach(InstanceContext owner)
    {
        Console.WriteLine("Funktion Detach aufgerufen.");
        owner.Closing -= new EventHandler(owner_Closing);
    }
}
```

Das öffentliche Feld *Counter* soll verwendet werden, die Aufrufe der Funktion *WellcomeUser* zu zählen. Um die Erweiterung verwenden zu können, sind noch ein Initialisierungsobjekt, eine Verhaltenserweiterung für den Endpunkt und ein Verhaltenserweiterungselement für Verwendung in der Konfigurationsdatei notwendig.

Listing 14.14 Einfügen des benutzerdefinierten Instanzerweiterungsobjekts

```
public class MyInstanceContextInitializer : IInstanceContextInitializer
{
    public void Initialize(InstanceContext instanceContext,
      Message message)
    {
      MyInstanceContextExtension extension =
        new MyInstanceContextExtension();

            // Einfügen eines benutzerdefinierten Kontextes
            instanceContext.Extensions.Add(extension);
        }
    }
```

Das Endpunktverhalten wird durch Einfügen eines Kontexterweiterungsinitialisierungsobjekts um die Kontexterweiterung modifiziert:

```
    public class InstanceInitializerBehavior : IEndpointBehavior
    {
      public void AddBindingParameters(ServiceEndpoint serviceEndpoint,
          BindingParameterCollection bindingParameters) { }

      public void ApplyDispatchBehavior(ServiceEndpoint serviceEndpoint,
          EndpointDispatcher endpointDispatcher)

      {
            MyInstanceContextInitializer extension =
                new MyInstanceContextInitializer();

            endpointDispatcher.DispatchRuntime.
                InstanceContextInitializers.Add(extension);
        }

        public void ApplyClientBehavior(ServiceEndpoint serviceEndpoint,
          ClientRuntime behavior) { }

        public void Validate(ServiceEndpoint endpoint) { }
    }
```

Nun wird noch das Verhaltenserweiterungselement für die Konfigurationsdatei angepasst:

```
public class InstanceInitializerBehaviorExtensionElement :
    BehaviorExtensionElement
{

    public override Type BehaviorType
    {
        get { return typeof(InstanceInitializerBehavior); }
    }

    protected override object CreateBehavior()
    {
        return new InstanceInitializerBehavior();
    }
}
```

Nachdem alles wie in Listing 14.14 gezeigt zusammengefügt wurde, kann in der Operation des Dienstes auf das Feld *Counter* zugegriffen werden. Dabei wird die Eigenschaft *Extension* des zu erweiternden Objektes verwendet, um die entsprechende Erweiterungsinstanz für diesen Dienst zu finden.

Listing 14.15 Verwendung der benutzerdefinierten Erweiterung

```
public string WelcomeUser(string user)
{
    MyInstanceContextExtension ext =
              OperationContext.Current.InstanceContext
             .Extensions.Find<MyInstanceContextExtension>();
    return String.Format("Willkommen {0} !\r\nCounter = {1}",
                user,++ext.Counter);
}
```

14.1.6 Erweitertes Hosting – die Klasse ServiceHostFactory

In manchen Fällen wird eine benutzerdefinierte Erweiterung in allen ausführbaren Programmen gewünscht, ohne diese jedes Mal neu zuzuweisen zu müssen. Der folgende Abschnitt stellt zwei Möglichkeiten vor, wie eine benutzerdefinierte Logik allen Hosting-Anwendungen zugewiesen werden kann.

14.1.6.1 Benutzerdefinierte Eigenschaften in der Selbst-Hosting-Umgebung

Die vorangegangenen Beispiele haben entsprechende Erweiterungen direkt der Service-Host-Instanz zugewiesen.

Listing 14.16 Typische Verwendung der Klasse ServiceHost

```
using (ServiceHost host = new ServiceHost(typeof(WelcomeService), uri))
{
  host.Description.Behaviors.Add(new CustomServiceBehavior());
  host.Open();
  …
}
```

Alternativ dazu kann eine eigene Hosting-Klasse von der bibliotheksinternen ServiceHost-Klasse abgeleitet werden. Im Beispiel soll diese Klasse *MyServiceHost* heißen.

Listing 14.17 Benutzerdefinierter Dienst-Host

```
public class MyServiceHost : ServiceHost
{
    public MyServiceHost(Type t, params Uri[] baseAdress) :
        base(t, baseAdress) { }

    protected override void OnOpening()
    {
        base.OnOpening();
        this.Description.Behaviors.Add(new CustomServiceBehavior());
    }

}
```

Auf diese Art wird die benutzerdefinierte Logik in die benutzerdefinierte Klasse integriert. Diese kann bei Bedarf immer wieder verwendet werden, ohne dass jedes Mal ein Verhalten explizit zugewiesen werden muss.

Diese Erweiterung wird innerhalb einer Selbst-Hosting-Umgebung wie nachfolgend gezeigt verwendet.

Listing 14.18 Verwendung eines benutzerdefinierten Dienst-Hosts

```
ServiceHost host = new MyServiceHost(typeof(WelcomeService), uri)
host.Open();
```

14.1.6.2 Benutzerdefinierte Eigenschaften in einer WAS-Umgebung

Der WAS-Host verwendet das Fabrikentwurfsmuster zum Erzeugen der Instanzen der einzelnen Dienste. Aus diesem Grund ist es nicht ausreichend, die Erweiterung in der vom ServiceHost abgeleiteten Klasse einzubauen. Es ist vielmehr zusätzlich notwendig, eine eigene Fabrikklasse zu erstellen und diese in der Konfigurationsdatei zu verwenden.

Die Fabrikklasse wird von der Klasse *ServiceHostFactory* abgeleitet. Im einfachsten Fall könnte diese Klasse wie in folgendem Beispiel aussehen:

Listing 14.19 Benutzerdefinierte Dienst-Host-Fabrik

```
public class MyServiceFactory : ServiceFactory
{
    public override ServiceHost CreateServiceHost(Type t, Uri[] baseAddr)
    {
        return new MyServiceHost(t, baseAddr) ;
    }
}
```

Verwendet wird diese Fabrik mit einer entsprechenden @ServiceHost-Direktive in der Konfigurationsdatei des Dienstes.

```
<% @ServiceHost Factory="MyServiceFactory" Service="WelcomeService" %>
```

■ 14.2 Erweiterung des Bindungsmodells

Vereinfacht ausgedrückt ist eine Bindung (Binding) der Stapel der zu verwendenden Protokolle sowie der darunter liegenden Transportkanäle (Channels). Beim Anlegen eines Dienstes oder des zugehörigen Clients wird die Bindung ausgewertet. Dabei werden entsprechende Bindungselemente instanziiert und miteinander verbunden.

Jede Bindung hat immer genau ein Transport-Bindungselement. Das Transport-Bindungselement bestimmt den physikalischen Transportweg. Ferner ist noch ein Nachrichtenencoder notwendig, der durch ein Bindungselement in der Bindung repräsentiert wird. Darüber hinaus kann der Protokollstapel über dem Transport- und Nachrichtenencoder weitere optionale Bindungselemente enthalten.

Die einfachste Bindung besteht mindestens aus einem Transport-Bindungselement und einem Nachrichtenencoder-Bindungselement.

14.2.1 Konfigurieren mittels Bindungselementen

Bindungen geben die Art der Verbindung und die Methode der Kommunikation vor. Jedem Endpunkt ist dabei eine Bindung zugeordnet. Die unterste Schicht bildet dabei immer das Transport-Bindungselement. In jeder Bindung gibt es genau ein Transport-Bindungselement. Direkt darüber kommt der Nachrichtenencoder, gefolgt von einem optionalen Sicherheits-Bindungselement, das Funktionen zur Authentifizierung und zum Schutz enthalten kann. In der nächsten Schicht kann ein ReliableSession-Bindungselement folgen, mit dessen Hilfe die Zuverlässigkeit einer Session verbessert werden kann. Nachrichten, die beschädigt wurden, werden wiederholt usw. In der obersten Ebene kann ein TransactionFlow-Bindungselement untergebracht werden, diese bietet die Möglichkeit, mit Nachrichten ähnlich wie mit Transaktionen umzugehen.

- `TransactionFlowBindingElement` (optional)

- `ReliableSessionBindingElement` (optional)

- `SecurityBindingElement` (optional)

- Nachrichtenencoder

  - `TextMessageEncodingBindingElement`

  - `BinaryMessageEncodingBindingElement`

  - `MtomMessageEncodingBindingElement`

  - *<eigenes Benutzerdefiniertes Nachrichtenencoding-Bindungselement>*

- Transport-Bindungselement:

  - `TcpTransportBindingElement`

  - `HttpTransportBindingElement`

  - `HttpsTransportBindingElement`

  - `NamedPipesTransportBindingElement`

  - `PeerTransportBindingElement`

- MsmqTransportBindingElement
- MsmqInCtegrationBindingElement
- ConnectionOrientedTransportBindingElement
- *<eigenes benutzerdefiniertes Transport-Bindungselement>*

14.2.2 Bindungen selbst erstellen

Neben vielen bereits im Framework von WCF enthaltenen Bindungen, wie beispielsweise *wsHttpBinding*, können auch eigene Bindungen entwickelt werden. Zwar ist der Umfang der mitgelieferten Bindungen relativ groß und für viele Anwendungen ausreichend, aber in einzelnen Fällen kann es notwendig sein, ein neues Protokoll mithilfe eines benutzerdefinierten Kommunikationskanals und eines entsprechenden Bindungselements hinzuzufügen. Es wäre auch möglich, eine bereits vorhandene Bindung anzupassen, weil es die Richtlinien der Firma vorgeben, zusätzliche Vorgaben zu erfüllen. Der folgende Abschnitt zeigt Möglichkeiten und Wege, eigene Bindungen zu programmieren und zu verwenden.

14.2.2.1 Ableiten einer benutzerdefinierten Bindung

Oft ist es nicht erforderlich, eine komplett neue Bindung zu erstellen. Vielmehr soll ein oder auch mehrere Parameter der einzelnen darin enthaltenen Bindungselemente geändert werden, ohne alles neu zu programmieren. In diesem Fall kann die benutzerspezifische Bindung von einer Standardbindung abgeleitet werden. Durch Überschreiben der Methode *CreateBindingElements* können eigene Bindungselemente eingefügt oder die bereits vorhandenen Bildungselemente bearbeitet werden.

Listing 14.20 Ableitung eines Standardbindungselementes

```
public class MyBinding : WSHttpBinding
{
    public override BindingElementCollection CreateBindingElements()
    {
        // gennerieren der Standardelemente
        // alternativ kann auch eine eigenen Collecation
        // erzeugt werden
        BindingElementCollection coll = base.CreateBindingElements();

        // Das zu bearbeitende Bindungselement finden
        foreach (BindingElement be in coll)

            if (be is HttpsTransportBindingElement)
            {
                HttpsTransportBindingElement el = Ā
                    be as HttpsTransportBindingElement;

                // Eigenschaft ändern
                el.KeepAliveEnabled = true;
            }
    }
    return coll;
    }
}
```

Im Beispiel wurde die Eigenschaft *KeepAliveEnabled* des Bindungselementes *HttpsTransportBindingElement* geändert. Verwendet wird diese Bindung wie die bereits vorgestellte, indem dieser ein oder mehrere Endpunkten zugewiesen werden.

Listing 14.21 Verwendung einer benutzerdefinierten Bindung im Programmcode

```
Uri uri = new Uri("http://localhost:8000/hanser/WelcomeService");
using (ServiceHost host = new ServiceHost(typeof(WelcomeService), uri))
{
    // Eigene Bindung erzeugen
    Binding binding = new MyBinding();

    // Einen Endpunkt mit eigener Bindung erzeugen
    host.AddServiceEndpoint(typeof(IWelcomeService), binding,"");

    host.Open();
    Console.WriteLine("Dienst gestartet … Ende mit Taste !");
    Console.ReadLine();
    host.Close();
}
```

14.2.2.2 Erstellen einer neuen Bindung

Eine neue Bindung ist besonders dann von Vorteil, wenn ein oder mehrere eigene benutzerdefinierte Bildungselemente zum Einsatz kommen sollen. Eine neue Bindung wird erstellt durch Ableitung der Klasse *Binding* oder einer Standardbindung (siehe dazu auch Abschnitt 13.2.2). Wie im vorangegangenen Beispiel wird auch hier die Methode *CreateBindingElements* überschrieben. Der Unterschied liegt darin, dass die Bindungselemente nicht von der Basisklasse, sondern vom Benutzercode erzeugt werden.

Listing 14.22 Deklaration einer eigenen Bindung

```
public class MyBinding : Binding
{
    public override BindingElementCollection CreateBindingElements()
    {
        // Generieren der Standardelemente
        BindingElementCollection coll = new BindingElementCollection();

        ReliableSessionBindingElement reliableSession =
            new ReliableSessionBindingElement();
        reliableSession.Ordered = true;

        HttpTransportBindingElement httpTransport =
            new HttpTransportBindingElement();
        httpTransport.AuthenticationScheme =
            System.Net.AuthenticationSchemes.Anonymous;
        httpTransport.HostNameComparisonMode =
            HostNameComparisonMode.StrongWildcard;

        coll.Add(reliableSession);
        coll.Add(httpTransport);

        return coll;
    }
```

```
   public override string Scheme
   {
      get { return "http"; }
   }
}
```

14.2.3 Erstellen eines eigenen Bindungselements

WCF bietet die Möglichkeit, auch eigene Bindungselemente zu erzeugen, die dann in benutzerdefinierten Bindungen verwendet werden können. Benutzerdefinierte Bindungselemente werden oft im Zusammenspiel mit einem oder mehreren benutzerspezifischen Übertragungskanälen oder speziellen Nachrichtenencodern verwendet. In diesem Abschnitt soll es darum gehen, wie eigene Bindungselemente erstellt und verwendet werden können. Beispiele für die Anwendung dieser Elemente finden Sie in Abschnitt 14.3.2 sowie 14.3.3.

14.2.3.1 Funktionsweise der Bindungselemente

Alle Bindungselemente werden von der abstrakten Klasse *BindingElement* im Namensraum *System.ServiceModel.Channels* aus der Assembly *System.ServiceModel* abgeleitet. Das Bindungselement ist das Bindeglied zwischen der Bindung und Kommunikationskanälen.

Listing 14.23 Die abstrakte Klasse BindingElement

```
public abstract class BindingElement
{
   protected BindingElement();
   protected BindingElement(BindingElement elementToBeCloned);

   public virtual IChannelListener<TChannel>
      BuildChannelListener<TChannel>(BindingContext context);

   public virtual bool CanBuildChannelListener<TChannel>
      (BindingContext context);
   public virtual IChannelFactory<TChannel>
      BuildChannelFactory<TChannel>(BindingContext context);

   public virtual bool CanBuildChannelFactory<TChannel>
      (BindingContext context);
   public abstract BindingElement Clone();

   public abstract T GetProperty<T>(BindingContext context) where T : class;
}
```

Das Bindungselement stellt auf der Senderseite entsprechende Methoden bereit, um die Fabrik erzeugen zu können, die einen der angefragten Schnittstelle entsprechenden Kanal zurückgibt. Das Gleiche gilt für die Empfängerseite. Es wird eine Fabrik bereitgestellt, die den angeforderten Listener erzeugen kann. Der Typ *TChannel* ist von der Schnittstelle *IChannel* abgeleitet, diese Schnittstelle ist die Basis für entsprechende Nachrichtenaustauschmuster.

14.2.3.2 Nachrichtenaustauschmuster

Es gibt sechs Schnittstellen, die insgesamt drei unterschiedliche Arten von Nachrichtenaustauschmustern beschreiben. Alle diese Schnittstellen leiten sich von zwei gemeinsamen Schnittstellen *IChannel* und *ICommunicationObject* aus dem Namensraum *System.ServiceModel.Channels* ab.

Tabelle 14.7 Nachrichtenaustauschmuster

Schnittstelle(n)	Muster – Verwendung
IOutputChannel IInputChannel	Datentelegramm – eine Nachricht wird ohne Empfangsbestätigung übertragen. Eine explizite Absicherungsschicht ist erforderlich. Beispiel: UDP
IRequestChannel IReplyChannel	Anfrage-Antwort – eine Anfragenachricht wird gesendet, und eine Antwortnachricht wird empfangen. Diese Methode wird auch als Halb-Duplex bezeichnet, weil jede Anfrage mit einer Antwort bestätigt wird. Beispiel: http-Get-Anfragen oder RPC-Aufrufe.
IDuplexChannel	Duplex – beide Seiten können Nachrichten in beliebiger Reihenfolge zu beliebigen Zeiten senden. Beispiel: NET.TCP
IDuplexSession Channel	Duplex sitzungsbasiert – Alternative Duplex-Variante

Diese Nachrichtenaustauschmuster geben das Verhalten der zu implementierenden Kanäle vor. Soll beispielsweise ein Kommunikationskanal auf Datagrammbasis verwendet werden, würde die Implementierung der Teilfunktionen des benutzerdefinierten Bindungselementes etwa folgendermaßen aussehen:

Listing 14.24 Auszug aus der Implementierung von UDPTransportBindingElement

```
public override bool CanBuildChannelFactory<TChannel>(BindingContext
context)
{
    return (typeof(TChannel) == typeof(IOutputChannel));
}
```

Die folgende Methode wird vom übergeordneten Layer verwendet, um unterstützte Nachrichtenaustauschmuster zu ermitteln:

```
public override bool CanBuildChannelListener<TChannel>(
    BindingContext context)
{
    return (typeof(TChannel) == typeof(IInputChannel));
}

public override IChannelFactory<TChannel>
    BuildChannelFactory<TChannel>(BindingContext context)
{
    if (context == null)
    {
        throw new ArgumentNullException("context");
    }
```

```
    return (IChannelFactory<TChannel>)
        (object)new UdpChannelFactory(this, context);
}

public override IChannelListener<TChannel>
    BuildChannelListener<TChannel>(BindingContext context)
{
    if (context == null)
    {
        throw new ArgumentNullException("context");
    }

    if (!this.CanBuildChannelListener<TChannel>(context))
    {
        throw new ArgumentException(
            string.Format(CultureInfo.CurrentCulture,
            "Unsupported channel type: {0}.", typeof(TChannel).Name));
    }

    return (IChannelListener<TChannel>)
        (object)new UdpChannelListener(this, context);
}
```

 HINWEIS: Es ist nicht möglich, implementierte Nachrichtenaustauschmuster auf eine geerbte Schnittstelle zu casten. *IDuplexChannel* erweitert unter anderem die Schnittstelle *IInputChannel*. Die Implementation von *IDuplexChannel* kann jedoch nicht als *IInputChannel* verwendet werden. Jede zu verwendende Schnittstelle muss explizit implementiert werden.

Prinzipiell könnte ein Bindungselement mehrere Schnittstellen unterstützen, jedoch wäre das nicht im Sinne der WCF-Konzepte, günstiger ist es, je unterstütztes Nachrichtenaustauschmuster ein eigenes Bindungselement bereitzustellen.

■ 14.3 Channel Layer- und Peer Channel-Erweiterungen

Alle Nachrichten zwischen Client und Dienst durchlaufen die Kanalebenen (Channel Layer). Hier werden die einzelnen Übertragungskanäle schichtweise zu einem Kanalstapel (Channel Stack) angeordnet. An dieser Stelle ist es möglich, eigene Übertragungsschichten einzubauen, die benutzerdefinierte Protokolle oder sicherheitsrelevante Erweiterungen enthalten können.

14.3.1 Funktionsweise

In WCF erfolgt die Kommunikation über Endpunkte, die Nachrichten auf entsprechenden Kanälen austauschen. Diese Übertragungskanäle werden in einem Kanalstapel angeordnet. Verglichen mit einem Protokollstapel ergeben sich Gemeinsamkeiten, wie zum Beispiel die Abstraktion der Übertragung von dem physikalischen Medium. Eine andere Gemeinsamkeit besteht darin, dass die übergeordneten Schichten die Funktionalität der jeweils direkt darunter befindlichen Schichten verwenden. Jede Schicht kommuniziert dabei nur mit ihren direkten Nachbarschichten.

Nachrichten werden in der Form von Objekten des Typs *Message* übertragen. Dabei entfällt die Verantwortung für das Senden und das Empfangen der Nachrichten auf die einzelnen Kanäle. Jeder Kanal verfügt, abhängig vom Nachrichtenaustauschmuster, über Funktionen zum Senden und/oder Empfangen von Nachrichten.

Die häufigste Aufgabe einer einzelnen Schicht ist es, Nachrichten von einem Format in ein anderes Format zu transkodieren, zu verschlüsseln oder in diverse Protokolle zu verpacken. Aber auch zusätzliche Schichten sind denkbar, die zum Beispiel der Absicherung der Kommunikation dienen. Diese Schichten fügen zusätzliche Nachrichten ein, um der entsprechenden Schicht auf der anderen Seite beim Kommunikationspartner mitzuteilen, dass ein Paket angekommen ist oder verloren ging und wiederholt werden muss.

14.3.2 Benutzerdefinierte Übertragungskanäle

Bevor ein benutzerspezifischer Kanal entwickelt werden kann, ist es erforderlich, das zu verwendende Nachrichtenaustauschmuster festzulegen, einen passenden Kanal-Listener und eine Kanalfabrik zu implementieren. Ferner ist ein entsprechendes Bindungselement notwendig, um eine Bindung erstellen zu können. Die folgenden Abschnitte sollen einen Überblick geben, welche Schritte dazu im Einzelnen notwendig sind.

In der Praxis ist es eher selten notwendig, eigene benutzerdefinierte Kanäle zu erstellen, da die WCF-Bibliothek bereits mit einer Vielzahl vorgefertigter Kanäle aufwartet. Für die meisten Anwendungen reichen diese vollkommen aus.

Alle benutzerspezifischen Übertragungskanäle leiten sich aus diesen Schnittstellen ab. In dem folgenden Beispiel[5] soll der Beispieldienst *WelcomeService* mit einem benutzerdefinierten Übertragungskanal auf UDP-Basis ausgestattet werden. Da UDP eine paketorientierte Übertragung ist, kommt hier das Datagramm-Nachrichtenaustauschmuster zum Einsatz. Dazu werden zunächst die Schnittstellen *IOutputChannel* und *IInputChannel* aus dem WCF-Namensraum *System.ServiceModel.Channels* implementiert. Diese entsprechen zwei Produkten des Fabrikmethoden-Entwurfsmusters.

14.3.2.1 Exkurs Fabrikmethode

Die WCF-Bibliothek macht in vielen Fällen Gebrauch von dem Entwurfsmuster *Fabrikmethode*. Dieses Entwurfsmuster kommt unter anderem dann zur Anwendung, wenn eine

---

[5] Dieses Beispiel ist eng an die Beispiele aus der MSDN-Dokumentation angelehnt.

Klasse ein Objekt erstellen soll, dessen Implementierung variabel zu halten ist. Auf diese Art ist es möglich, neue Implementierungen der vorhandenen Schnittstellen einzubringen oder vorhandene Implementierungen flexibel auszutauschen, ohne das gesamte Framework neu übersetzen zu müssen.

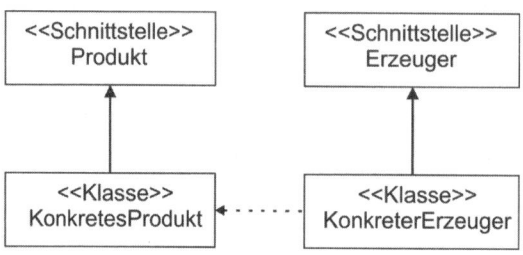

Bild 14.4 Prinzip der Fabrikmethode

Angewandt wird dieses Entwurfsmuster mit der Hilfe von zwei Schnittstellen (alternativ können auch abstrakte Klassen verwendet werden), welche die Methoden und Eigenschaften vorgeben, die das Produkt bzw. der Erzeuger haben sollen. Im einfachsten Fall besteht die Schnittstelle *Erzeuger* aus einer Funktion *ErzeugeProdukt*. Diese Funktion erzeugt das konkrete Produkt, das die Schnittstelle *Produkt* implementiert.

Ein Vorteil der Verwendung einer Fabrikmethode zur Erzeugung konkreter Implementierungen von Produkten liegt in der Flexibilität, diverse Produkte mit unterschiedlichen Parametern zu erzeugen. Der jeweilige Erzeuger kann an die für das spezielle Produkt notwendigen Parameter angepasst werden, ohne die Schnittstelle für die Erzeuger zu ändern. Das führt zum zweiten großen Vorteil, der Austauschbarkeit. Durch die gemeinsame Schnittstelle aller Erzeuger können diese zur Laufzeit beispielsweise mithilfe einer Konfigurationsdatei ausgetauscht werden.

Einen kleinen Nachteil gibt es durch die Erhöhung der Komplexität der Anwendung. Das Programm hat eine Ebene und eine Funktion mehr. Bei sehr großen Projekten erschwert dies den Überblick.

14.3.2.2 Die Schnittstelle ICommunicationObject

Die Schnittstelle *ICommunicationObject* stellt die Basis der meisten zur Kommunikation benötigten Objekte (beispielsweise Kanäle) in WCF dar. Implementiert eine Klasse diese Schnittstelle, entsteht eine Zustandsmaschine für den Kommunikationsablauf. Diese Zustandsmaschine unterstützt sowohl synchrone als auch asynchrone Funktionsaufrufe.

Es gibt drei Zustände: Erzeugt, Geöffnet und Geschlossen.

▪ *Erzeugt*
   Das Kommunikationsobjekt wurde erzeugt. Es können diverse Konfigurationen vorgenommen werden. Mit Aufrufen der Funktion `Open()` oder `BeginOpen()` geht das Objekt in den Zustand *Geöffnet* über. Eine Rückkehr in den Zustand *Erzeugt* ist nicht mehr möglich.

▪ *Geöffnet*
   Der Kommunikationskanal wurde für die Kommunikation geöffnet. Die zuvor konfigurierte Kommunikationsressource kann verwendet werden. Nachdem alles übertragen wurde, wird die Ressource mit `Close()` oder `BeginClose()` freigegeben. Das Objekt erreicht den Zustand *Geschlossen*.

- *Geschlossen*

  Alle Ressourcen sind geschlossen, bis diese wieder geöffnet werden.

Listing 14.25 Die Schnittstelle ICommunicationObject

```
public interface ICommunicationObject : IDisposable
{
    CommunicationState State { get; }

    event EventHandler Closed;
    event EventHandler Closing;
    event EventHandler Faulted;
    event EventHandler Opened;
    event EventHandler Opening;

    void Abort();
    IAsyncResult BeginClose(AsyncCallback callback, object state);
    IAsyncResult BeginClose(TimeSpan timeout, AsyncCallback callback,
                            object state);
    IAsyncResult BeginOpen(AsyncCallback callback, object state);
    IAsyncResult BeginOpen(TimeSpan timeout, AsyncCallback callback,
                            object state);
    void Close();
    void Close(TimeSpan timeout);
    void EndClose(IAsyncResult result);
    void EndOpen(IAsyncResult result);
    void Open();
    void Open(TimeSpan timeout);
}
```

Zur Vereinfachung der Implementierung stellt die WCF-Bibliothek diverse Basisklassen bereit, die sich um die jeweilige Implementierung der Zustandsmaschine kümmern, beispielsweise die Klasse *ChannelBase*.

 PRAXISTIPP: ICommunicationObject erweitert die Schnittstelle IDisposable, wobei Dispose in jedem Fall die Funktion Close() aufrufen sollte, um alle Ressourcen explizit aufzuräumen. In der Praxis hat es sich bewährt, alle Kommunikationsressourcen unmittelbar nach der Verwendung wieder abzubauen. So kann der Speicher schneller aufgeräumt werden, weil Dispose() weniger Laufzeit in Anspruch nimmt.

14.3.2.3 Die Schnittstellen IChannel und IChannelManager

Die Schnittstelle *IChannel* ist die Basis aller Übertragungskanäle. Jede Nachricht (Message), die in eine WCF-Anwendung hinein oder aus ihr heraus geht, passiert diverse Nachrichtenkanäle. Ein Nachrichtenkanal hat dabei die Möglichkeit, eine Nachricht einzufügen, zu verändern oder zu entfernen. Auf diese Weise können Kanäle programmiert werden, die Nachrichten zählen oder in eine Protokolldatei schreiben, Kanäle, die Nachrichten zur höheren Übertragungssicherheit verschlüsseln, oder Kanäle, die mithilfe entsprechender Regeln Nachrichten ausfiltern (Policing). In einem Kanal ist jede Manipulation an einer Nachricht möglich, die für eine Anwendung notwendig ist.

Listing 14.26 Die Schnittstelle IChannel

```
public interface IChannel : ICommunicationObject
{
    IChannelManager Manager { get; }
    T GetProperty<T>() where T : class;
}
```

Dabei werden die Methoden und Eigenschaften zum Senden und Empfangen für Nachrichten vom jeweiligen Nachrichtenaustauschmuster festgelegt. Diese allgemeine Schnittstelle definiert nur die gemeinsamen Eigenschaften.

Listing 14.27 Die Schnittstelle IChannelManager

```
public interface IChannelManager : ICommunicationObject
{
    MessageVersion MessageVersion { get; }
    string Scheme { get; }
    T GetProperty<T>() where T : class;
}
```

Der Kanalmanager (*IChannelManager*) ist vor allem für die Verwaltung und das Erzeugen der Kommunikationskanäle zuständig, die von einem Schema mit einer entsprechenden Version sind. Da es geringe Unterschiede für Server oder Client gibt, ist dies nur die allgemeine gemeinsame Schnittstelle. Die entsprechenden Methoden zur Erzeugung finden sich jeweils im Kanal-Listener (*IChannelListener*) und in der Kanalfabrik (*IChannelFactory*).

Beide Schnittstellen implementieren die generische Funktion *GetProperty*. Diese dient dem Auffinden von Implementierungen entsprechender Schnittstellen innerhalb des Kanalstapels.

Listing 14.28 Implementieren der Funktion GetProperty<T>

```
public override T GetProperty<T>()
{
    if (typeof(T) == typeof(IOutputChannel))
    {
        return (T)(object)this;
    }

    T messageEncoderProperty = this.encoder.GetProperty<T>();
    if (messageEncoderProperty != null)
    {
        return messageEncoderProperty;
    }

    return base.GetProperty<T>();
}
```

Das Beispiel zeigt die Implementierung der Funktion *GetProperty<T>* für die Schnittstelle *IOutputChannel*. Zunächst wird die Anfrage auf die implementierte Schnittstelle selbst geprüft, dann wird versucht, die angefragte Schnittstelle in einer oder mehreren Eigenschaften zu finden. Auf diese Weise kann die Implementierung einer Schnittstelle im Kanalstapel gefunden und verwendet werden.

14.3.2.4 Die Schnittstelle IInputChannel

Die Schnittstelle *IInputChannel* stellt den Rahmen für einen Kommunikationskanal in Empfangsrichtung zur Verfügung. Dabei spielt es keine Rolle, ob dieser Kanal auf dem Server oder dem Client verwendet werden soll. Die Implementierung wird auf beiden Seiten zum Empfangen eingehender Nachrichten verwendet. Neben den geerbten Funktionen und Eigenschaften von der allgemeinen Kommunikationskanal-Schnittstelle besteht diese Schnittstelle aus Funktionen zum Empfangen von Nachrichten.

Listing 14.29 Die Schnittstelle IInputChannel

```
public interface IInputChannel : IChannel, ICommunicationObject, IDisposable
{
    EndpointAddress LocalAddress { get; }

    IAsyncResult BeginReceive(AsyncCallback callback, object state);
    IAsyncResult BeginReceive(TimeSpan timeout, AsyncCallback callback,
        object state);
    IAsyncResult BeginTryReceive(TimeSpan timeout, AsyncCallback
        callback, object state);
    IAsyncResult BeginWaitForMessage(TimeSpan timeout, AsyncCallback
        callback, object state);
    Message EndReceive(IAsyncResult result);
    bool EndTryReceive(IAsyncResult result, out Message message);
    bool EndWaitForMessage(IAsyncResult result);
    Message Receive();
    Message Receive(TimeSpan timeout);
    bool TryReceive(TimeSpan timeout, out Message message);
    bool WaitForMessage(TimeSpan timeout);
}
```

Alle Methoden dieser Schnittstelle dienen vorrangig dem Empfang von Nachrichten. Sie existieren jeweils in der synchronen und in der asynchronen Variante. Dabei kommt den Funktionen *TryReceive(…)* und *WaitForMessage(…)* besondere Bedeutung zu. Da es sein kann, dass noch nicht alle Datenpakete angekommen sind, die notwendig sind, eine Nachricht komplett zusammenzusetzen, kann es sein, dass zum Zeitpunkt des Empfangens noch keine Nachricht vorliegt. *TryReceive(…)* gibt einen booleschen Wert zurück, ob eine Nachricht vorliegt, und liefert die Nachricht in einem out-Parameter. *WaitForMessage(…)* wartet, bis die Zeit in *timeout* um ist. Liegt dann noch keine Nachricht vor, gibt die Funktion *false* zurück.

Erzeugt wird diese Klasse mithilfe einer Fabrikmethode der Schnittstelle *IChannelListener*. Unter anderem werden die zu verwendenden Sockets bei der Erzeugung übergeben. Implementiert wird diese Klasse mithilfe der Basisklasse *ChannelBase* und der Schnittstelle *IInputChannel*.

```
public Message Receive(TimeSpan timeout)
{
    Message message;
    if (this.TryReceive(timeout, out message))
    {
        return message;
    }
    else
```

```
          {
              throw CreateReceiveTimedOutException(this, timeout);
          }
      }

      public bool TryReceive(TimeSpan timeout, out Message message)
      {
          UdpChannelHelpers.ValidateTimeout(timeout);
          return this.messageQueue.Dequeue(timeout, out message);
      }
```

Im Beispiel werden Nachrichten in dem Objekt *InputQueue* zusammengesetzt. Dabei werden entsprechende Methodenaufrufe der Schnittstelle *IInputChannel* an dieses Objekt weitergereicht. Diese Objekt ruft die entsprechenden Datenströme aus den verwendeten Sockets ab und speichert Nachrichten zwischen.

14.3.2.5 Die Schnittstelle IOutputChannel

Die Schnittstelle *IOutputChannel* stellt den Rahmen für einen Kommunikationskanal in Senderichtung zur Verfügung. Wie auch der Empfangskanal wird dieser sowohl auf der Dienst- als auch auf der Client-Seite verwendet.

Listing 14.30 Die Schnittstelle IOutputChannel

```
public interface IOutputChannel : IChannel, ICommunicationObject,
IDisposable
{
    EndpointAddress RemoteAddress { get; }
    Uri Via { get; }

    IAsyncResult BeginSend(Message message, AsyncCallback callback,
        object state);
    IAsyncResult BeginSend(Message message, TimeSpan timeout,
        AsyncCallback callback, object state);
    void EndSend(IAsyncResult result);
    void Send(Message message);
    void Send(Message message, TimeSpan timeout);
}
```

Diese Schnittstelle stellt vorranging Objekte zum Senden von Nachrichten zur Verfügung. Beim Senden ist es nicht notwendig, *TrySend*(...) oder *WaitSend*(...) einzubauen, da die Nachricht am Stück vorliegt und nicht zusammengesetzt, sondern zerlegt werden muss. Die Send-Funktion im Beispiel wurde folgendermaßen implementiert:

Listing 14.31 Die Beispielimplementierung für die Methode SendFunktion der Schnittstelle IOutputBuffer

```
public void Send(Message message)
{
    base.ThrowIfDisposedOrNotOpen();

    ArraySegment<byte> messageBuffer = EncodeMessage(message);

    Try
    {
```

```
        int bytesSent = this.socket.SendTo(messageBuffer.Array,
            messageBuffer.Offset, messageBuffer.Count,
            SocketFlags.None, this.remoteEndPoint);

        if (bytesSent != messageBuffer.Count)
        {
            throw new CommunicationException(
                string.Format(CultureInfo.CurrentCulture,
                    "A Udp error occurred sending a message to {0}.",
                    this.remoteEndPoint));
        }
    }
    catch (SocketException socketException)
    {
        throw UdpChannelHelpers.ConvertTransferException(socketException);
    }
    Finally
    {
        parent.BufferManager.ReturnBuffer(messageBuffer.Array);
    }
}
```

Der zum Senden benötigte Socket wurde im Konstruktor erzeugt und geöffnet. Denken Sie immer daran, die Puffer an den *BufferManager* zurückzugeben.

14.3.2.6 Der Kanal-Listener

Um nicht alle Standardfunktionen und Eigenschaften für einen Kanal vollständig selbst implementieren zu müssen, stellt die WCF-Bibliothek an dieser Stelle die Basisklasse *ChannelBase* zur Verfügung. Diese implementiert bereits die wichtigsten Basisfunktionen sowie Eigenschaften eines Kanals.

Der Kanal-Listener stellt die Fabrik der zu erzeugenden Produkte von der Schnittstelle *IInputChannel* dar. Ein Listener ist für das Erzeugen, Verwalten und Überwachen konfigurierter Sockets verantwortlich. Für den Fall einer ankommenden Nachricht[6] wird diese im Beispiel asynchron von dem entsprechenden Socket entgegengenommen und mithilfe des Nachrichtenencoders in ein Objekt *Message* gewandelt.

Listing 14.32 Auszug aus dem Code für einen benutzerdefinierten Übertragungskanal

```
Message EndReceive(Socket listenSocket, IAsyncResult result)
{
    // es kann nur von geöffneten Sockets gelesen werden
    if (base.State != CommunicationState.Opened)
        return null;

    byte[] buffer = ((SocketReceiveState)result.AsyncState).Buffer;
    Debug.Assert(buffer != null);
    Message message = null;

    Try
    {
        int count = 0;
```

---

[6] Nachrichten werden standardmäßig mittels SOAP in ein Textformat serialisiert.

```
    lock (ThisLock)
    {
      if (base.State == CommunicationState.Opened)
      {
        EndPoint dummy = CreateDummyEndPoint(listenSocket);
        count = listenSocket.EndReceiveFrom(result, ref dummy);
      }
    }

    if (count > 0)
    {
      Try
      {
        message = MessageEncoderFactory.Encoder.ReadMessage(new
          ArraySegment<byte>(buffer, 0, count), bufferManager);
      }
      catch (XmlException xmlException)
      {
        throw new ProtocolException(
          "Fehler im empfangenen XML. Details siehe InnerException",
          xmlException);
      }
    }
  }
  catch (Exception e)
  {
    Debug.WriteLine("Fehler beim Beenden des asynchronen Empfangens.");
    Debug.WriteLine(e.ToString());
  }
  Finally
  {
    if (message == null)
    {
      this.bufferManager.ReturnBuffer(buffer);
      buffer = null;
    }
  }

  return message;
}
```

Um dem Benutzer Einfluss auf die Art der Übertragung zu geben, werden entsprechende Parameter an den Konstruktor des Kanales übergeben. Für die Festlegung und Weiterleitung von benutzerdefinierten Parametern ist der konkrete Erzeuger zuständig. In der WCF-Bibliothek wird oft diese Art der Übertragung von Parametern verwendet (siehe Entwurfsmuster *Fabrikmethode* ab Abschnitt 13.3.2.1).

14.3.2.7 Die Kanalfabrik

Wie viele andere austauschbare Elemente der WCF-Bibliothek werden die Übertragungskanäle mithilfe des Fabrik-Entwurfsmusters erzeugt. So wird die konkrete Implementierung der Erzeugung von Kanälen von dem Aufrufer unabhängig. Dies hat im Zusammenhang mit WCF den Vorteil, dass leicht neue Erweiterungen eingefügt und mittels entsprechender Konfiguration verwendet werden können.

Da sehr viele Basisfunktionen für alle Fabrikimplementierungen immer wieder gleich sind, stellt die WCF-Bibliothek eine generische Basisklasse zur Verfügung, die bereits die wichtigsten gemeinsamen Funktionen und Felder enthält.

```
UdpChannelFactory : ChannelFactoryBase<IOutputChannel>
```

Im Beispiel wird neben dem Erzeugen der Kanäle noch eine dynamische Konfigurationsmöglichkeit der erzeugten Kanäle zur Verfügung gestellt. Jeder neu erzeugte Kanal bekommt auch eine Referenz auf die Fabrik, die entsprechende öffentliche Eigenschaften bereitstellt. Jeder erzeugte Kanal bekommt eine Referenz auf die Fabrik und kann somit auf diese Eigenschaften zugreifen. Auf diese Weise werden Parameter von einer Ebene in die nächste weitergereicht.

Listing 14.33 Die Methode OnCreateChannel

```
protected override IOutputChannel OnCreateChannel(
            EndpointAddress remoteAddress, Uri via)
{
    return new UdpOutputChannel(
        this, remoteAddress, via,
        MessageEncoderFactory.Encoder
}

public BufferManager BufferManager
{
    get { return this.bufferManager; }
}

public MessageEncoderFactory MessageEncoderFactory
{
    get { return this.messageEncoderFactory; }
}

public bool Multicast
{
    get { return this.multicast;}
}
```

Spezielle Parameter werden im Konstruktor der Fabrik vom Transport-Bindungselement übernommen und zwischengespeichert. Mit dem Anlegen der Fabrik wird auch der Nachrichtenencoder festgelegt. Dieser kann entweder fest implementiert oder wie im Beispiel – ganz im Sinne der flexiblen Konfigurierbarkeit von WCF – konfigurierbar gestaltet werden.

Listing 14.34 Die Fabrikklasse UdpChannelFactory

```
internal UdpChannelFactory(UdpTransportBindingElement bindingElement,
            BindingContext context) : base(context.Binding)
{
    this.multicast = bindingElement.Multicast;
    this.bufferManager = BufferManager.CreateBufferManager(
        bindingElement.MaxBufferPoolSize, int.MaxValue);

    Collection<MessageEncodingBindingElement> messageEncoderBindingElements =
            context.BindingParameters.FindAll<MessageEncodingBinding
Element>();
```

```
    if (messageEncoderBindingElements.Count > 1)
    {
      throw new InvalidOperationException("Mehr als eine
        Nachrichtenencoder Bindung gefunden");
    }
    else if (messageEncoderBindingElements.Count == 1)
    {
      this.messageEncoderFactory =
      messageEncoderBindingElements[0].CreateMessageEncoderFactory();
    }
    Else
    {
      this.messageEncoderFactory =
          UdpConstants.DefaultMessageEncoderFactory;
    }
}
```

14.3.2.8 Das Transport-Bindungselement

Das Transport-Bindungselement wird verwendet, um den benutzerdefinierten Kanal mithilfe der Kanalfabrik zu erstellen und in die Bindung einzufügen. Ferner stellt diese Klasse entsprechende öffentliche Eigenschaften zur Verfügung, mit deren Hilfe es möglich ist, die erzeugten Kanäle zu konfigurieren.

Listing 14.35 Multicast-Implementierung

```
public bool Multicast
{
   get { return this.multicast; }
   set { this.multicast = value;}
}

public override IChannelFactory<TChannel> BuildChannelFactory<TChannel>
(BindingContext context)
{
   if (context == null)
   {
      throw new ArgumentNullException("context");
   }

   return (IChannelFactory<TChannel>)
     (object)new UdpChannelFactory(this, context);
}

public override IChannelListener<TChannel>
 BuildChannelListener<TChannel>(BindingContext context)
{
   if (context == null)
   {
     throw new ArgumentNullException("context");
   }

   if (!this.CanBuildChannelListener<TChannel>(context))
   {
     throw new ArgumentException(string.Format(
       CultureInfo.CurrentCulture, "Nicht unterstützter Kanal: {0}.",
       typeof(TChannel).Name));
```

```
    }

    return (IChannelListener<TChannel>)
        (object)new UdpChannelListener(this, context);
}
```

14.3.3 Benutzerdefinierte Nachrichtenencoder

Nachrichtenencoder kommen immer dann zum Einsatz, wenn die mitgelieferten Encoder nicht ausreichen oder eine spezielle Anwendung eine besondere Serialisierung erfordert.

14.3.3.1 Funktionsweise

Die Hauptaufgabe der Nachrichtenencoder besteht darin, zwischen der Repräsentation der zu übertragenden Nachricht in der Software und der Repräsentation auf dem physikalischen Übertragungsmedium (dem Transportkanal) zu wandeln. Mit anderen Worten, der Nachrichtenencoder serialisiert die Nachricht in einen Bytestrom und umgekehrt. Wobei dieser nur für die Nachricht an sich zuständig ist. Die korrekte Repräsentation der kodierten Nachricht auf dem Transportkanal wird durch ihn selbst sichergestellt.

Grundsätzlich stehen zwei Möglichkeiten zur Auswahl, einen Nachrichtenencoder hinzuzufügen. Entweder kommt einer der bereits vorhandenen zum Einsatz, oder es wird ein benutzerdefinierter Nachrichtenencoder verwendet. Für die meisten Anwendungen ist es ausreichend, einen der drei mitgelieferten Nachrichtenencoder zu verwenden.

14.3.3.2 Vorgehensweise

Wie viele andere erweiterbare und austauschbare Elemente basieren die Nachrichtenencoder auch auf dem Entwurfsmuster der Fabrikmethode. Es gibt eine abstrakte Klasse *MessageEncoderFactory*, welche die Schnittstelle der Fabrik definiert.

Listing 14.36 Abstrakte Klasse MessageEncoderFactory

```
public abstract class MessageEncoderFactory
{
    protected MessageEncoderFactory();

    public abstract MessageEncoder Encoder { get; }
    public abstract MessageVersion MessageVersion { get; }

    public virtual MessageEncoder CreateSessionEncoder();
}
```

Diese Fabrik ist dafür zuständig, einen Nachrichtenencoder zu erstellen und bereitzustellen. Neben dem Nachrichtenencoder und der Fabrik zum Erzeugen des entsprechenden Encoders werden auch noch ein Bindungselement und eine Bindungselementerweiterung benötig. Diese zwei Objekte werden verwendet, um den Nachrichtenencoder mithilfe der Anwendungskonfigurationsdatei einbringen zu können.

Listing 14.37 Auszug aus der abstrakten Klasse MessageEncoder

```
public abstract class MessageEncoder
{
    protected MessageEncoder();

    public abstract string ContentType { get; }
    public abstract string MediaType { get; }
    public abstract MessageVersion MessageVersion { get; }

    public virtual bool IsContentTypeSupported(string contentType);
    public abstract Message ReadMessage(ArraySegment<byte> buffer, .
      BufferManager bufferManager);
    public abstract Message ReadMessage(Stream stream, .
      int maxSizeOfHeaders);
    public override string ToString();
    public abstract void WriteMessage(Message message, Stream stream);
    public ArraySegment<byte> WriteMessage(Message message, .
      int maxMessageSize, BufferManager bufferManager);
    public abstract ArraySegment<byte> WriteMessage(Message message, .
      int maxMessageSize, BufferManager bufferManager, int messageOffset);
}
```

Ein Nachrichtenencoder verfügt über Funktionen, die dazu dienen, eine Nachricht in einen Byte-Strom zu wandeln und umgekehrt eine Nachricht aus einem Bytestrom zu lesen. Dabei gibt es je eine Version der Funktionen auf Basis eines Stream-Objektes und eine Version auf Basis eines Puffers. Welche der Funktionen letztendlich vom Framework verwendet wird, hängt davon, ob die Nachrichtenübertragung gepuffert oder direkt gestreamed werden soll.

Listing 14.38 Auszug aus der Implementierung eines benutzerdefinierten Nachrichten-encoders

```
public override Message ReadMessage(ArraySegment<byte> buffer,
    BufferManager bufferManager, string contentType)
{
    byte[] msgContents = new byte[buffer.Count];
    Array.Copy(buffer.Array, buffer.Offset, msgContents, 0,
      msgContents.Length);
    bufferManager.ReturnBuffer(buffer.Array);

    MemoryStream stream = new MemoryStream(msgContents);
    return ReadMessage(stream, int.MaxValue);
}

public override Message ReadMessage(Stream stream,
    int maxSizeOfHeaders, string contentType)
{
    XmlReader reader = XmlReader.Create(stream);
    return Message.CreateMessage(reader, maxSizeOfHeaders,
        this.MessageVersion);
}

public override ArraySegment<byte> WriteMessage(Message message,
    int maxMessageSize, BufferManager bufferManager, int messageOffset)
{
```

```
        MemoryStream stream = new MemoryStream();
        XmlWriter writer = XmlWriter.Create(stream, this.writerSettings);
        message.WriteMessage(writer);
        writer.Close();
        byte[] messageBytes = stream.GetBuffer();
        int messageLength = (int)stream.Position;
        stream.Close();

        int totalLength = messageLength + messageOffset;
        byte[] totalBytes = bufferManager.TakeBuffer(totalLength);
        Array.Copy(messageBytes, 0, totalBytes, messageOffset, messageLength);

        ArraySegment<byte> byteArray = new ArraySegment<byte>(totalBytes,
            messageOffset, messageLength);
        return byteArray;
}

public override void WriteMessage(Message message, Stream stream)
{
        XmlWriter writer = XmlWriter.Create(stream, this.writerSettings);
        message.WriteMessage(writer);
        writer.Close();
}
```

Dabei kann auf entsprechende Methoden der Klasse *Message* zurückgegriffen werden. Nachrichten werden immer in einem XML-basierten Format versendet. Entweder kommt das standardmäßige Format textbasiertes XML zum Einsatz oder ein binärbasiertes XML.

Die Klasse *Message* hat eine sehr umfangreiche Schnittstellendefinition, die diverse statische Funktionen zum Erzeugen einer Nachricht enthält sowie diverse Funktionen zum Serialisieren (Schreiben) einer Nachricht in ein XML-basiertes Format.

 PRAXISTIPP: Besonders effizient ist es, für eine Übertragung ein XmlDictionaryReader sowie einen XmlDictionaryWriter zu verwenden. Diese zwei Klassen lesen und schreiben Objekte vom Typ XmlDictionary. Die Idee ist es, häufig verwendete gemeinsame Textstrings gegen Integer zu ersetzen. So kann das zu übertragende Datenvolumen deutlich reduziert werden. ■

■ 14.4 Das Metadatensystem

Für die automatisierte Erzeugung von Clients ist das Metadatensystem auf der Dienstseite notwendig, die den Dienst und seine Operationen beschreibt. Das Metadatensystem setzt sich aus mehreren Klassen und Schnittstellen zusammen, welche die Metadaten selbst darstellen, erzeugen und erweitern können. Diese befinden sich im Namensraum *System. ServiceModel.Description*[7].

---

[7] Weitere Details befinden sich in der MSDN unter *http://msdn.microsoft.com/de-de/library/system.service model.description.aspx*.

14.4.1 Funktionsweise

Die Metadaten werden mithilfe der Klasse *MetadataSet*, welche die Schnittstelle *IXmlSerializable* erweitert, dargestellt. Die Eigenschaft *MetadataSections* stellt dabei eine Auflistung der einzeln vorhandenen Metadaten-Sektionen bereit. Die Klasse *MetadatenSection* enthält die eigentlichen XML-Metadaten.

14.4.1.1 Export der Metadaten

Die Metadaten einer Endpunktinstanz werden exportiert, mithilfe einer Implementierung der abstrakten Klasse *MetadataExporter*. Diese erzeugt ein *MetadataSet*, das entsprechende Metadaten kapselt.

Dabei kommen sogenannte Richtlinienausdrücke (Policy) zum Einsatz. Diese beschreiben die Eigenschaften und Anforderungen der Endpunktbindungen. Um eigene Eigenschaften oder Anforderungen für eine Bindung hinzuzufügen, kann ein benutzerdefiniertes Bindungselement um die Schnittstelle *IPolicyExportExtension* erweitert werden.

Während des Exportierens werden alle Bindungselemente durchlaufen. Implementiert ein Bindungselement die Schnittstelle *IPolicyExportExtension*, wird diese mithilfe des *Metadata-Exporters* exportiert.

Ferner ist es auch möglich, zusätzliche Metadaten für Endpunktverhalten, Vertragsverhalten oder Bindungselemente direkt in der WSDL-Beschreibung hinzuzufügen, indem die Schnittstelle *IWsdlExportExtension* implementiert wird. Während des Exportvorganges werden Bindungselemente, Vorgangsverhalten, Vertragsverhalten und Endpunktverhalten analysiert, ob diese Schnittstelle implementiert wurde.

14.4.1.2 Import

Der Import erfolgt ähnlich wie der Export der Metadaten. Die WCF-Bibliothek stellt die Implementierung der Standardfunktionalität für den Import der Metadaten mithilfe der Objekte *WsdlImporter* und *MetadataSet* bereit. Diese befinden sich in dem Namensraum *System.ServiceMode.Description*.

Um die vorhandene Funktionalität erweitern zu können, stehen zwei Schnittstellen zur Verfügung. Die Schnittstelle *IWsdlImportExtention* ermöglicht, benutzerdefinierte Importer zu entwickeln, die Einfluss auf die Beschreibungstypen und den Codegenerator selbst nehmen können. Die Schnittstelle *IPolicyImportEntention* ermöglicht es dagegen, Einfluss auf die Bindung oder den Vertrag selbst zu nehmen.

14.4.2 Anwendung

Verwendet wird diese Erweiterung vor allem dann, wenn benutzerdefinierte Encoder oder benutzerdefinierte Übertragungskanäle zum Einsatz kommen. Das Importwerkzeug *svcutil* kann benutzerdefinierte Bindungen, die benutzerdefinierte Übertragungskanäle oder benutzerdefinierte Nachrichtenencoder enthalten, nicht automatisch importieren. Um denn noch eine automatische Client-Erzeugung zu ermöglichen, ist es notwendig, entsprechende Erweiterungen bereitzustellen. Die notwendigen Schritte sollen anhand des WCF-Beispiels eines UDP-Transportkanales von Microsoft genauer erläutert werden.

Zunächst wird ein benutzerdefiniertes Bindungselement (*BindingElement*) bereitgestellt, das die Schnittstelle *IPolicyExportExtension* implementiert. In den meisten Fällen werden zusätzliche Informationen exportiert, die später verwendet werden können, um entsprechende Kanäle auf der Client-Seite mit zusätzlichen Parametern zu versorgen. Dies erfolgt in der Funktion *ExportPolicy*.

Listing 14.39 Implementierung eines Transport-Bindungselements

```
public class UdpTransportBindingElemen : TransportBindingElement
        , IPolicyExportExtension
        , IWsdlExportExtension
{

        bool multicast;
        static XmlDocument xmlDocument;
...
public bool Multicast
{
    get { return this.multicast; }
    set { this.multicast = value; }
}


void IPolicyExportExtension.ExportPolicy(MetadataExporter exporter,
                                    PolicyConversionContext context)
{
    if (exporter == null)
    {
        throw new ArgumentNullException("exporter");
    }

    if (context == null)
    {
        throw new ArgumentNullException("context");
    }

    ICollection<XmlElement> bindingAssertions =
        context.GetBindingAssertions();
    XmlDocument xmlDocument = new XmlDocument();
    bindingAssertions.Add(xmlDocument.CreateElement(
            UdpPolicyStrings.Prefix,c
            UdpPolicyStrings.TransportAssertion,v
            UdpPolicyStrings.UdpNamespace));

    if (Multicast)
    {
        bindingAssertions.Add(xmlDocument.CreateElement(
            UdpPolicyStrings.Prefix,
            UdpPolicyStrings.MulticastAssertion,
            UdpPolicyStrings.UdpNamespace));
    }

    bool createdNew = false;
    MessageEncodingBindingElement encodingBindingElement =
                            context.BindingElements.Find
                            <MessageEncodingBindingElement>();
    if (encodingBindingElement == null)
    {
```

```
            createdNew = true;
            encodingBindingElement = new TextMessageEncodingBindingElement();
        }

        if (createdNew && encodingBindingElement is IPolicyExportExtension)
        {
                ((IPolicyExportExtension)encodingBindingElement)
                    .ExportPolicy(exporter, context);
        }

        AddWSAddressingAssertion(context,
                            encodingBindingElement.MessageVersion.
Addressing);
    }
    …
}
```

Im Fall eines selbst definierten Übertragungskanals ist es zusätzlich notwendig, auch die Schnittstelle *IWsdlExportExtention* zu implementieren, um neben der Bindung und den Eigenschaften der Kanäle unter anderem auch ein benutzerdefiniertes Adressschema für den selbst erstellten Transportkanal übertragen zu können. Dabei kommt in diesem Fall die Funktion *ExportEndpoint* zum Einsatz.

Listing 14.40 Definition des Export-Endpunkts

```
public void ExportEndpoint(WsdlExporter exporter,
                        WsdlEndpointConversionContext context)
{
    BindingElementCollection bindingElements =
      context.Endpoint.Binding.CreateBindingElements();
    MessageEncodingBindingElement encodingBindingElement =
    bindingElements.Find<MessageEncodingBindingElement>();

    if (encodingBindingElement == null)
      encodingBindingElement =
      new TextMessageEncodingBindingElement()
    }

    // Setze die SoapBinding-Transport-URI
    if (UdpPolicyStrings.UdpNamespace != null)
    {
        WsdlNS.SoapBinding soapBinding = GetSoapBinding(context, exporter);

        if (soapBinding != null)
        {
            soapBinding.Transport = UdpPolicyStrings.UdpNamespace;
        }
    }

    if (context.WsdlPort != null)
    {
        AddAddressToWsdlPort(context.WsdlPort,
        context.Endpoint.Address,
        encodingBindingElement.MessageVersion.Addressing)
    }
}
```

Im nächsten Schritt wird eine Klasse benötigt, welche die exportierten zusätzlichen Eigenschaften importieren kann. Für einen derartigen Importer stellt die WCF-Bibliothek keine Basisklasse zur Verfügung. Die Klasse *UdpBindingElementImporter* implementiert in dem Beispiel die beiden Schnittstellen *IPolicyImportExtention* und *IWsdlImportExtention* aus dem folgenden Namensraum:

System.ServiceModel.Description

Listing 14.41 Bindungselement-Importer

```
Public class UdpBindingElementImporter : IPolicyImportExtension,
                                         IWsdlImportExtension
{
    public UdpBindingElementImporter() { // unbenutzt }

    void IpolicyImportExtension.ImportPolicy(
            MetadataImporter importer,
            PolicyConversionContext context)
    {
        if (importer == null)
        {
            throw new ArgumentNullException("importer");
        }
        if (context == null)
        {
            throw new ArgumentNullException("context");
        }

        UdpTransportBindingElement udpBindingElement = null;
        bool multicast = false;
        PolicyAssertionCollection policyAssertions =
            context.GetBindingAssertions();
        if (policyAssertions.Remove(
            UdpPolicyStrings.TransportAssertion,
            UdpPolicyStrings.UdpNamespace) != null)
        {
            udpBindingElement =
                    new UdpTransportBindingElement();
        }
        if (policyAssertions.Remove(
            UdpPolicyStrings.MulticastAssertion,
            UdpPolicyStrings.UdpNamespace) != null)
        {
            multicast = true;
        }
        if (udpBindingElement != null)
        {
            udpBindingElement.Multicast = multicast;
            context.BindingElements.Add(udpBindingElement);
        }
    }
}
```

Die exportierten Eigenschaften werden extrahiert und zwischengespeichert, um später als Eigenschaft an der entsprechenden Transportkanalinstanz gesetzt zu werden.

Um diese Erweiterung zusammen mit dem Werkzeug *svcutil* verwenden zu können, ist es notwendig, eine Konfigurationsdatei zu erstellen, welche die entsprechenden Erweiterungen an den bereits in der WCF-Bibliothek enthaltenen Importern hinzufügt.

Listing 14.42 Konfiguration der Importer

```
<?xml version="1.0" encoding="utf-8" ?>
<configuration>
<system.serviceModel>
   <client>
      <metadata>
         <wsdlImporters>
            <extension type="Microsoft.ServiceModel.
               Samples.UdpBindingElementImporter, UdpTransport" />
         </wsdlImporters>
         <policyImporters>
            <extension type="Microsoft.ServiceModel.
               Samples.UdpBindingElementImporter, UdpTransport" />
         </policyImporters>
      </metadata>
   </client>
   <extensions>
      <bindingElementExtensions>
         <add name="UpdTransportElementClientSide"
              type="Microsoft.ServiceModel.Samples.UdpTransportElement,
                 UdpTransport" />
      </bindingElementExtensions>
      <bindingExtensions>
         <add name="sampleProfileUdpBinding"
              type="Microsoft.ServiceModel.Samples
               .SampleProfileUdpBindingCollectionElement,
                 UdpTransport" />
      </bindingExtensions>
   </extensions>
</system.serviceModel>
</configuration>
```

Werden diese drei Teile des Metadatensystems zusammen verwendet, ist es unter Verwendung folgender Kommandozeile möglich, einen Client (fast) komplett automatisch erstellen zu lassen:

```
"c:\Program Files\Microsoft SDKs\Windows\v6.0A\bin\SvcUtil.exe"
 http://localhost:8000/udpwelcome /svcutilconfig: "..\svcutil.exe.
config" /reference:"..\UdpTransport\bin\UdpTransport.dll" /config:app.config
```

Die entstandene Datei *app.config* muss jetzt noch um den Abschnitt der Erweiterungen für dieses Beispiel ergänzt werden. Dieser Abschnitt wird nicht automatisch von *svcutil* erzeugt.

Listing 14.43 Bindungserweiterung

```
<extensions>
  <bindingElementExtensions>
     <add name="UpdTransportElementClientSide"
          type="Microsoft.ServiceModel.Samples.UdpTransportElement,
             UdpTransport" />
  </bindingElementExtensions>
```

Der folgende Teil wird von *svcutil.exe* nicht erstellt.

```
<bindingExtensions>
    <add name="sampleProfileUdpBinding"
         type="Microsoft.ServiceModel.Samples.
      SampleProfileUdpBindingCollectionElement, UdpTransport" />
</bindingExtensions>
</extensions>
```

Der erzeugte Client kann jetzt wie bereits beschrieben verwendet werden.

■ 14.5 Serialisierung und Encoder

Die Erweiterung der Serialisierung und Encoder der WCF-Bibliothek kommt zum Einsatz, wenn Einfluss auf die Serialisierung, die zu übertragenden Datentypen sowie die Projektion des Datentyps in den Metadaten genommen werden soll.

14.5.1 Ersetzen von Datenverträgen

Eine mögliche Anwendung ist die Verwendung dynamisch generierter Datenverträge. Die Umsetzung wird anhand eines Beispiels gezeigt.

14.5.1.1 Funktionsweise

Nicht-Basistypen in den Operationen eines Dienstvertrages müssen mit den entsprechenden Datenvertragsattributen gekennzeichnet werden, sonst kann der Standardserialisierer diese nicht korrekt serialisieren. Unter gewissen Umständen kann es von Vorteil sein, eine Ersetzungsklasse (Surrogate) zur Serialisierung zu verwenden.

Die WCF-Bibliothek stellt, zum Ersetzen von Datenverträgen, die Schnittstelle *IData-ContractSurrogate* (*DatenVertragsErsatzZeichen*) zur Verfügung. Das Datenvertragsersatzzeichen stellt ein Bindeglied zwischen der in der Operation verwendeten Klasse und dem zur Serialisierung zu verwendenden Datenvertrag dar.

Listing 14.44 Die Schnittstelle IDataContractSurrogate

```
public interface IDataContractSurrogate
{
    object GetCustomDataToExport(MemberInfo memberInfo, Type dataContract
Type);
    object GetCustomDataToExport(Type clrType, Type dataContractType);
    Type GetDataContractType(Type type);
    object GetDeserializedObject(object obj, Type targetType);
    void GetKnownCustomDataTypes(Collection<Type> customDataTypes);
    object GetObjectToSerialize(object obj, Type targetType);
    Type GetReferencedTypeOnImport(string typeName,
        string typeNamespace, object customData);
```

```
        CodeTypeDeclaration ProcessImportedType(
            CodeTypeDeclaration typeDeclaration, CodeCompileUnit compileUnit);
}
```

14.5.1.2 Beispiel

Das Datenvertragsersatzzeichen soll mithilfe des folgenden Beispiels genauer erläutert werden. Der Dienst *WelcomeService* verfügt über eine Funktion *WelcomeAuthor*, welche die Klasse *Author* als Argument entgegennimmt und eine Willkommensnachricht erzeugt.

Im ersten Schritt wird die Klasse *Author* definiert und der Dienstvertrag festgelegt.

Listing 14.45 WelcomeAuthor – ein Dienst für die Begrüßung von Autoren

```
[ServiceContract]
public interface IWelcomeService
{
    [OperationContract]
    string WelcomeAuthor(Author author);
}

// Verwendete Klasse ohne DatenVertragsAttribute
public class Author
{
    public string Name = "";
    public string FamilyName = "";
}
```

Anschließend wird die Ersatzklasse erstellt, die später von der WCF-Bibliothek zur Serialisierung verwendet werden soll. Diese wird anstelle der Klasse *Author* von der WCF-Bibliothek verwendet werden.

Listing 14.46 Klasse AuthorSurrogate – die Klasse, die anstelle der Klasse Author serialisiert wird

```
// Ersatzzeichen DatenVertrag
[DataContract(Name = "Author")]
public class AuthorSurrogate
{
    private string name = "";
    private string familyName = "";

    [DataMember]
    public string Name
    {
      get { return name; }
      set { name = value; }
    }

    [DataMember]
    public string FamilyName
    {
        get { return familyName; }
        set { familyName = value; }
    }

}
```

Der Ersatzdatenvertrag (Surrogate) enthält alle zu übertragenden Eigenschaften. Zur Vereinfachung des Beispiels wurden die gleichen Eigenschaften wie bei der Klasse *Author* gewählt.

Sind der Dienstvertrag, die Klasse *Author* und der Ersatzdatenvertrag *AuthorSurrogate* vorhanden, kann das Datenvertragsersatzzeichen erstellt werden, indem die Schnittstelle *IDataContractSurrogate* aus dem folgenden Namensraum implementiert wird: *System.Data.Serialisation*.

Listing 14.47 Das Datenvertragsersatzzeichen

```
public class MyAutorSurrogate : IDataContractSurrogate
{
    #region IDataContractSurrogate Member
```

Die Funktion *GetDataContractType* wird vom Serializer aufgerufen, um den Typ eines zu serialisierenden Objekts zu prüfen. Handelt es sich um einen zu ersetzenden Typ, wird der Typ der Ersatzvertrages zurückgegeben.

```
public Type GetDataContractType(Type type)
{
    if (typeof(Author).IsAssignableFrom(type))
    {
        return typeof(AuthorSurrogate);
    }
    return type;
}
```

Um ein Objekt zu serialisieren, ruft der Serialisierer die Funktion *GetObjectToSerialize* mit der Instanz des Objekts und dem Zieltyp auf. Diese Funktion wandelt von der Klasse *Author* in die Klasse *AuthorSurrogate*.

Die Prüfung des Typs ist aus zwei Gründen notwendig. Zum einen wird diese Funktion für alle Typen und zu serialisierenden Objekte aufgerufen, zum anderen kann ein Datenvertragsersatzzeichen für mehr als einen Ersatzvertrag zuständig sein.

```
public object GetObjectToSerialize(object obj, Type targetType)
{
    if (obj is Author)
    {
        AuthorSurrogate sur = new AuthorSurrogate();
        sur.Name = ((Author)obj).Name;
        sur.FamilyName = ((Author)obj).FamilyName;
        return sur;
    }
    return obj;
}
```

Kommt ein Objekt *AuthorSurrogate* bei dem Dienst an, wird diese mithilfe der Funktion *GetDeserializedObjekt* in ein Objekt vom Typ *Author* gewandelt.

```
public object GetDeserializedObject(object obj, Type targetType)
{
    if (obj is AuthorSurrogate)
```

```
    {
        Author author = new Author();
        author.Name = ((AuthorSurrogate)obj).Name;
        author.FamilyName = ((AuthorSurrogate)obj).FamilyName;
        return author;
    }
    return obj;
}
```

Die weiteren Methoden der Schnittstelle *IDataContractSurrogate* werden in diesem Beispiel nicht verwendet. Sie sind auf eine minimale Implementierung reduziert, um auf die wesentlichen Aspekte hinweisen zu können. Mit diesen Funktionen ist es möglich, Einfluss auf die zu übertragenden Metadaten und somit auf das automatisch generierte Proxy-Objekt für den Datenvertrag auf der Client-Seite zu nehmen. Der folgende Teil des Codes dient daher nur der Demonstration:

```
#region -=[In diesem Beispiel nicht verwendet ]=-

public Type GetReferencedTypeOnImport(string typeName,
    string typeNamespace, object customData)
{
    throw new NotImplementedException();
}

public object GetCustomDataToExport(Type clrType,
    Type dataContractType)
{
    return null;
}

public object GetCustomDataToExport(
    System.Reflection.MemberInfo memberInfo,
    Type dataContractType)
{
    return null;
}

public void GetKnownCustomDataTypes(
 System.Collections.ObjectModel.Collection<Type>
    customDataTypes)
{
 // Im Beispiel nicht benötigt
}

public System.CodeDom.CodeTypeDeclaration
    ProcessImportedType(System.CodeDom.CodeTypeDeclaration
    typeDeclaration, System.CodeDom.CodeCompileUnit compileUnit)
{
    return typeDeclaration;
}
#endregion
```

Zur Vereinfachung der Zuweisung entsprechender Eigenschaften wurde für dieses Beispiel das Attribut *DCSHelper* erstellt, das die Schnittstellen *IContractBehavior* und *IWSDLExport Extention* implementiert.

Listing 14.48 Die Klasse DCSHelper zur Konfiguration des Dienstes mit einem Daten-ersatzzeichen

```
/// <summary>
/// DataContractSurrogate Helper Attribut
/// Weist DCS-Klasse zu und passt Optionen für WSDL Export an
/// </summary>
public class DCSHelper : Attribute, IWsdlExportExtension,
    IContractBehavior
{

    private Type surrogate;

    public DCSHelper(Type t)
    {
        surrogate = t;
    }
```

Um diese Klasse universell für diverse Datenvertragsersatzzeichen verwenden zu können, wurde der Konstruktor mit einem Typparameter versehen.

```
#region IContractBehavior Member

public void AddBindingParameters(ContractDescription
    contractDescription, ServiceEndpoint endpoint,
    System.ServiceModel.Channels.BindingParameterCollection
    bindingParameters)
{
    // Im Beispiel nicht benötigt
}

public void ApplyClientBehavior(ContractDescription
    contractDescription, ServiceEndpoint endpoint,
    System.ServiceModel.Dispatcher.ClientRuntime clientRuntime)
{
    // Im Beispiel nicht benötigt
}
```

Verwendet wird der Ersatzdatenvertrag, indem der Eigenschaft *DataContractSurrogate* des Operationsverhaltens der Operationsbeschreibung eine Instanz des Datenvertragsersatz-zeichens zugewiesen wird.

```
public void ApplyDispatchBehavior(ContractDescription contractDescription,
                                  ServiceEndpoint endpoint,
    System.ServiceModel.Dispatcher.DispatchRuntime dispatchRuntime)
{

    foreach (OperationDescription opDesc in contractDescription.Operations)
    {
        DataContractSerializerOperationBehavior
          dcsOperationBehavior = opDesc.Behaviors.Find
            <DataContractSerializerOperationBehavior>();
        if (dcsOperationBehavior != null)
        {
            if (dcsOperationBehavior.DataContractSurrogate == null)
                dcsOperationBehavior.DataContractSurrogate =
```

```
                    (IDataContractSurrogate)
                Activator.CreateInstance(surrogate);
        }
    }
}

public void Validate(ContractDescription contractDescription,
    ServiceEndpoint endpoint)
{
    // Im Beispiel nicht benötigt
}

#endregion
```

Um den Export von Metadaten zur automatischen Erzeugung von Clients verwenden zu können, ist es zusätzlich notwendig, dem *XsdDataContractExporter* in der Eigenschaft *Export Option* das Datenvertragsersatzzeichen zuzuweisen.

```
#region IWsdlExportExtension Member

public void ExportContract(WsdlExporter exporter,
    WsdlContractConversionContext context)
{

    object dataContractExporter;
    XsdDataContractExporter xsdDCExporter;

    if (!exporter.State.TryGetValue(typeof(XsdDataContractExporter),
                                    out dataContractExporter))
    {
        xsdDCExporter = new XsdDataContractExporter(
            exporter.GeneratedXmlSchemas);
        exporter.State.Add(
            typeof(XsdDataContractExporter), xsdDCExporter);
    }
    Else
    {
      xsdDCExporter = (XsdDataContractExporter)
        dataContractExporter;
    }
    if (xsdDCExporter.Options == null)
      xsdDCExporter.Options = new ExportOptions();

    if (xsdDCExporter.Options.DataContractSurrogate == null)
      xsdDCExporter.Options.DataContractSurrogate =
      (IDataContractSurrogate)Activator.CreateInstance(surrogate);
}

public void ExportEndpoint(WsdlExporter exporter,
                           WsdlEndpointConversionContext context)
{
    // Im Beispiel nicht benötigt
}

#endregion
```

Die Implementierung der Schnittstelle *IWsdlExportExtention* ist optional. Wird diese nicht implementiert, kann der Dienst trotzdem verwendet werden, jedoch können keine Metadaten erzeugt werden.

Im letzten Schritt wird dem Dienstvertrag ein entsprechendes Attribut *DCSHelperAttribute* hinzugefügt und der Dienst implementiert.

```
[ServiceContract]
[DCSHelper(typeof(MyAutorSurrogate))]
public interface IWelcomeService
{

   [OperationContract]
   string WelcomeAuthor(Author author);

}

public class WelcomeService : IWelcomeService
{

#region IWelcomeService Member

   public string WelcomeAuthor(Author author)
   {
      return String.Format("Welcome {0} {1}",author.Name,
         author.FamilyName);
   }

#endregion
}
```

Bei der Erstellung des Clients ist nichts Besonderes zu beachten, da das Datenvertragsersatzzeichen in den Metadaten nicht von einem Datenvertrag mit den gleichen Eigenschaften zu unterscheiden ist. Diese Erweiterung wirkt sich nur auf der Dienstseite aus.

14.5.2 Eigene Formatierer

Eine Operation wird übertragen, indem zunächst der Name, die Parameter und deren Typen in eine Nachricht gewandelt werden. Diese Aufgabe wird von dem Nachrichtenformatierer übernommen. Die WCF-Bibliothek greift dabei auf entsprechende XML-Serialisierungsfunktionen des .NET Frameworks zurück.

Im folgenden Abschnitt wird gezeigt, wie Einfluss auf den Inhalt der Nachricht (Body) genommen werden kann.

14.5.2.1 Funktionsweise der Formatierer

Für die Wandlung einer Operation in eine Nachricht wird die Schnittstelle *IClientMessageFormatter* implementiert. Diese stellt die zwei Funktionen *SerializeRequest* und *DeserializeReply* bereit. Für den umgekehrten Weg vom Dienst zum Client wird die Schnittstelle *IDispatchMessageFormatter* implementiert. Diese stellt die Funktionen *DeserializeRequest* sowie *SerializeResult* bereit.

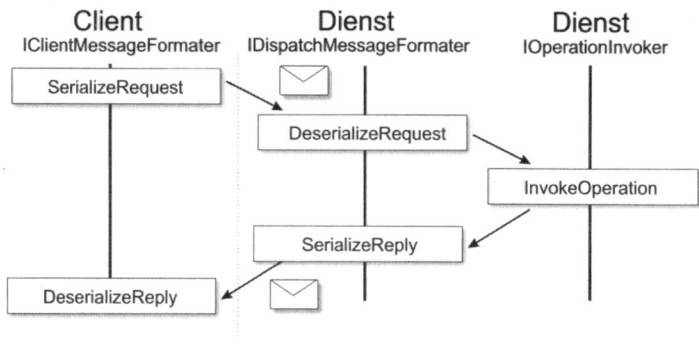

Bild 14.5 Aufrufreihenfolge der Nachrichtenserialisationsfunktionen

Bild 14.5 zeigt, wie die Funktionen der Schnittstellen *IClientMessageFormatter* und *IDispatchMessageFormatter* nacheinander aufgerufen werden.

Das folgende Anwendungsbeispiel zeigt einen einfachen Nachrichtenformatierer, der zwischen einfachen Operationen und Nachrichten wandelt.

14.5.2.2 Anwendungsbeispiel

Der Nachrichtenformatierer in diesem Beispiel soll Parameter und Rückgabetypen vom Typ String in einer Nachricht serialisieren und deserialisieren.

In der Praxis hat es sich bewährt, die beiden Schnittstellen *IClientMessageFormatter* und *IDispatchMessageFormatter* mit einer Klasse zu implementieren. Diese soll hier *MyMessage-Formatter* heißen und in einer eigenen .NET-Bibliothek und damit Assembly liegen. So können Client und Server die gleiche Klasse einsetzen.

Listing 14.49 Benutzerdefinierter Nachrichtenformatierer (in mehreren Abschnitten)

```
public class MyMessageFormatter : IDispatchMessageFormatter,
                                  IClientMessageFormatter
{

    ParameterInfo[] parameterInfos;
    string operationName;
    string action;
```

Um später entsprechende Informationen über die Parameter und die auszuführenden Aktionen zur Verfügung zu haben, bietet es sich an, diese Informationen zwischenzuspeichern.

```
public MyMessageFormatter(string operationName,
                          ParameterInfo[] parameterInfos, string action)
{

    this.parameterInfos = parameterInfos;
    this.operationName = operationName;
    this.action = action;
}
```

Ein Konstruktor ist dabei speziell für den Client und einer für die Verwendung zusammen mit dem Dienst zugeschnitten. Prinzipiell wäre hier auch ein Konstruktor mit gemeinsamen Parametern möglich. Da diese Klasse innerhalb des benutzerdefinierten Programmcodes instanziiert wird, kann der Entwickler die Übergabe der Parameter frei festlegen.

```
public MyMessageFormatter(string operationName, ParameterInfo[] parameter
Infos)
{
    this.operationName = operationName;
    this.parameterInfos = parameterInfos;
}
```

Zur Vereinfachung der Wandlung zwischen Zeichenketten und Objekten mit Werten wurde eine Hilfsfunktion eingeführt. Diese kann nur Zeichenketten verarbeiten. Bei Bedarf lässt sich diese Funktion leicht erweitern.

```
private static object Deserialize(string type, string val)
{
    object ret = null;
    switch (type)
    {
        case "System.String":
            ret = val;
        break;
        default:
            System.Diagnostics.Debug.WriteLine("Unbekannter Typ [{0}]", type);
            break;
    }
    return ret;
}
```

Zunächst muss die Anfrage des Clients in eine Nachricht gewandelt werden. Diese Aufgabe übernimmt die Funktion *SerializeRequest*. Als Rückgabewert wird eine Nachricht vom Typ *Message* der entsprechenden Version einschließlich aller Parameter für diese Operation erwartet.

```
public Message SerializeRequest(MessageVersion messageVersion,
                                object[] parameters)
{
    StringBuilder body = new StringBuilder();
    for (int i = 0; i < parameters.Length; i++)
    {
        body.AppendFormat("{0}:{1}:{2};",
                          parameterInfos[i].Name,
                          parameterInfos[i].ParameterType.ToString(),
                          parameters[i]);
    }
```

Die Parameter werden der Reihe nach in eine mit „:" getrennte Zeichenkette gewandelt. Zwischen den Parametern wird ein Semikolon als Trennzeichen verwendet. Das erleichtert das Zerlegen auf der Dienstseite.

```
    // Nachricht erzeugen
    Message ret = Message.CreateMessage(messageVersion, action, body.
ToString());
    return ret;
}
```

Mit der Funktion *DeserializeRequest* wird die Nachricht auf der Dienstseite zerlegt. Diese Funktion wird bereits mit einem Array entsprechender Größe für die erwarteten Parameter übergeben.

```
public void DeserializeRequest(Message message, object[] parameters)
{

    string[] bodyParameters = message.GetBody<string>().Split(new char[]
{ ';' });
    for (int i=0;i<parameters.Length;i++)
    {
        string[] tok = bodyParameters[i].Split(new char[] { ':' });
        parameters[i] = Deserialize(tok[1], tok[2]);
    }
}
```

Auf die gleiche Art wird die Antwort mithilfe der Funktion *SerializeReply* in eine Nachricht gewandelt. Dabei werden die optionalen Parameter mit einem ‚#'-Zeichen von der Antwort getrennt.

```
public Message SerializeReply(MessageVersion messageVersion,
    object[] parameters, object result)
{

    StringBuilder body = new StringBuilder();
    body.AppendFormat("{0}:{1}#", result.GetType().ToString(), result);
    for (int i = 0; i < parameters.Length; i++)
    {
        body.AppendFormat("{0}:{1}:{2};", parameterInfos[i].Name,
            parameterInfos[i].ParameterType.ToString(), parameters[i]);
    }
```

Zuletzt wird die Nachricht erzeugt und das Nachrichtenobjekt zurückgegeben:

```
    Message ret = Message.CreateMessage(messageVersion, action, body.
ToString());
    return ret;
}
```

Die Funktion *DeserializeReply* wandelt die ankommende Nachricht in ein Antwortobjekt mit einem Wert um.

```
public object DeserializeReply(Message message, object[] parameters)
{

    object ret = null;
    string[] msgPart = message.GetBody<string>().Split(new char[] { '#' });
    string[] retPart = msgPart[0].Split(new char[] { ':' });
    ret = Deserialize(retPart[0], retPart[1]);
```

```
        return ret;
}
```

Verwendet wird der Nachrichtenformatierer mithilfe eines Operationsverhaltens, das sowohl für den Server als auch für den Client verwendet werden kann.

Listing 14.50 Operationsverhalten für Nachrichtenformatierer

```
public class MyOperationBehavior : IOperationBehavior
{

  public void ApplyClientBehavior(
      OperationDescription operationDescription,
      ClientOperation clientOperation)
  {
      clientOperation.Formatter =
          new MyMessageFormatter(operationDescription.Name,
            operationDescription.SyncMethod.GetParameters(),
              clientOperation.Action);
  }

  public void ApplyDispatchBehavior(
      OperationDescription operationDescription,
      DispatchOperation dispatchOperation)
  {
      dispatchOperation.Formatter =
          new MyMessageFormatter(operationDescription.Name,
            operationDescription.SyncMethod.GetParameters());
  }
}
```

Die Zuweisung des Operationsverhaltens erfolgt auf der Dienstseite im Programmcode.

Listing 14.51 WelcomeDienst und Host zur Verwendung mit einem benutzerdefinierten Nachrichtenformatierer

```
[ServiceContract]
public interface IWelcomeService
{
    [OperationContract]
    string WelcomeUser(string name);
}

public class WelcomeService : IWelcomeService
{
    public string WelcomeUser(string name)
    {
      return String.Format("Willkommen {0}",name) ;
    }
}

class Program
{
    static void Main(string[] args)
    {
      Try
      {
```

```
        string address = "http://localhost:8731/
                          Design_Time_Addresses/WelcomeService";
        ServiceHost host = new ServiceHost(typeof(WelcomeService),
                          new Uri[] { new Uri(address) });
        ServiceEndpoint sep = host.AddServiceEndpoint(
            typeof(IWelcomeService), new BasicHttpBinding(), "");

        foreach (OperationDescription od in sep.Contract.Operations)
        {
            od.Behaviors.Add(new MyOperationBehavior());
        }
        ...
        host.Open();
    }
    catch (Exception e)
    {
        Console.WriteLine(e);
    }
    Console.ReadLine();
    }
}
```

 HINWEIS: Um einen Client automatisch zu erstellen, kann die Zuweisung des Operationsverhaltens auskommentiert und ein Endpunkt für den Metadatenaustausch hinzugefügt werden. Der Client kann dann erstellt werden. Nach der Erstellung werden diese Schritte wieder rückgängig gemacht.

Auf der Client-Seite wird das Operationsverhalten im Quellcode zugewiesen, wie auf der Dienstseite, nachdem der Client erstellt wurde.

Listing 14.52 Zuweisung eines benutzerdefinierten Nachrichtenformatierers auf der Client-Seite

```
WelcomeServiceReference.WelcomeServiceClient c = new
    Client.WelcomeServiceReference.WelcomeServiceClient();
```

Es folgt das Zuweisen des entsprechenden Client-Verhaltens:

```
foreach (OperationDescription od in c.Endpoint.Contract.Operations)
{
    od.Behaviors.Add(new MyOperationBehavior());
}
```

Zuletzt noch der Code zum Verwenden des Clients:

```
Console.WriteLine(c.WelcomeUser("Matthias"));
Console.WriteLine("weiter mit beliebiger Taste !");
Console.ReadKey();
```

■ 14.6 Erweiterung des Sicherheitsmodells

Auch das Sicherheitsmodell kann vielfältig erweitert werden. Dieser Abschnitt geht auf einige wichtige Aspekte ein. Sie können mit diesen Informationen hohe Ansprüche an das Sicherheitsmodell programmatisch beantworten.

14.6.1 Aufbau der Sicherheitsarchitektur

WCF überträgt die Operationen und Daten in Form von serialisierten Objekten über eine Netzwerkverbindung. Dafür wird in den meisten Fällen SOAP verwendet. Um sicherstellen zu können, dass die Nachrichten unverändert ankommen und nicht mitgelesen werden können, sind diverse Sicherheitsmechanismen in der WCF-Bibliothek vorgesehen.

Die Erweiterbarkeit der Sicherheit innerhalb der WCF-Bibliothek lässt sich in drei grobe Bereiche untergliedern.

- *Autorisierung*
  Stellt sicher, dass der Kommunikationspartner nur Funktionen ausführen darf, für die er die entsprechende Berechtigung hat. In der WCF-Bibliothek wird ein ganzes Framework mit Funktionen rund um die Autorisierung bereitgestellt.

- *Übertragungssicherheit*
  Ist auf dem physikalischen Übertragungsmedium für die Vertraulichkeit und Zuverlässigkeit der Nachrichten sowie für die Authentifizierung[8] zuständig.

- *Überwachung*
  Die Überwachung protokolliert alle sicherheitsrelevanten Aktionen in entsprechenden Protokolldateien.

14.6.2 Benutzerdefinierte Anmeldeinformation und Token

Ein wesentlicher Bestandteil der Sicherheitsarchitektur sind die Anmeldeinformationen (Credentials). Die WCF-Bibliothek bringt bereits umfangreiche Möglichkeiten standardisierter Anmeldeinformationen wie X.509, Kerberos-Tickets oder Sicherheitskontext-Token mit. Jedoch kann es unter Umständen erforderlich sein, ein WCF-Projekt an eine bereits vorhandene Infrastruktur anzupassen, weil das Gesamtsystem eine andere benutzerdefinierte Methode des Übermittelns von Anmeldeinformationen erfordert. Die folgenden Abschnitte geben einen Überblick über die Klassen, die rund um die benutzerdefinierten Sicherheitstoken zum Einsatz kommen.

14.6.2.1 Funktionsweise

Die Klasse *SecurityToken* stellt eine abstrakte Implementierung eines Berechtigungsnachweises (Credential) zur Verfügung. Auf dieser Basis erfolgen die unterschiedlichsten Be-

---

[8] Prüft, ob der Kommunikationspartner ist, wer er vorgibt zu sein.

rechtigungsprüfungen innerhalb der WCF-Bibliothek. Ein Sicherheitstoken kann einen, keine oder mehrere kryptografische Schlüssel enthalten, die unter anderem verwendet werden können, um Nachrichten zu authentifizieren oder den Transport abzusichern.

Um ganz im Sinne der Erweiterbarkeit alternative Implementierungen des Serializers für die Sicherheitstoken zu ermöglichen, wurde diese Funktionalität in eine separate Klasse *SecurityTokenSerializer* ausgelagert. Diese Klasse serialisiert und deserialisiert ein- und ausgehende Sicherheitstoken einschließlich alle Eigenschaften. Ferner ist ein Serializer immer auf die zu serialisierende Klasse abgestimmt.

Sicherheitstoken werden von der Klasse *SecurityTokenProvider* erzeugt. Diese Klasse ist für die Instanziierung des entsprechenden Sicherheitstokens sowie für das Zwischenspeichern relevanter Informationen für die Initialisierung des Tokens zuständig.

Eintreffende Sicherheitstoken werden mithilfe der Klasse *SecurityTokenAuthenticator* auf ihre Gültigkeit überprüft. Gültige Tokens werden mit der Schnittstelle *IAuthorizationPolicy* an das Claim-basierte Autorisierungssystem von WCF angepasst.

Die Klasse *SecurityTokenManager* kapselt die beschriebenen Funktionen. Es gibt je einen Manager auf der Dienst- und auf der Clientseite. Diese Klasse stellt neben der zentralen Funktionalität auch eine Reihe von benutzerdefinierten Eigenschaften bereit, mit deren Hilfe das Verhalten der benutzerdefinierten Credentials beeinflusst werden kann.

Zur Beschreibung des Sicherheitstokens und der dafür notwendigen Sicherheit innerhalb der Bindung wird die Klasse *SecurityTokenParameters* verwendet, die eine Fabrik von *SecurityTokenRequirement*-Klassen darstellt.

Die Klasse *SecurityTokenRequirement* wird verwendet, um die Eigenschaften der Klasse *SecurityTokenParameters* als Parameter an die Fabrikmethode des Token-Managers zu übergeben.

Die Klasse *SecurityKeyIdentifierClause* stellt eine Referenz auf bereits vorhandene/übertragene Sicherheitstoken dar. Diese Klasse kann kompakter serialisiert werden und spart somit Bandbreite bei der Übertragung. So muss nicht bei jeder Anfrage an den Dienst der komplette X.509-Token übertragen werden, sondern nur eine Instanz von *SecurityKeyIdentifierClause* mit einer Referenz auf das X.509-Zertifikat. In der Regel wird hier der Fingerabdruck eines Zertifikates als Referenz verwendet.

14.6.2.2 Anwendungsbeispiel

Eine Firma möchte zur Zugangsberechtigung die Personalnummer mit einem personenbezogenen Kennwort verwenden. Dabei werden für dieses Beispiel die Zugangsdaten fest im Quelltext verankert, um die Komplexität des Beispiels nicht zusätzlich zu erhöhen. In einer praktischen Anwendung sollten diese Informationen in einer sicheren Datenbank hinterlegt sein.

Die Informationen für einen Angestellten werden in der Klasse *EmployeeInfo* zusammengefasst.

Listing 14.53 Kapselung der Angestellteninformationen in der Klasse EmployeeInfo

```
using System;
using System.Collections.Generic;
using System.Linq;
```

```
using System.Text;

namespace Hanser.WCF.Examples.UserToken
{
  public class EmployeeInfo
  {
    string employeeNumber;
    string employeePassword;

    public EmployeeInfo(string number, string password)
    {
      employeeNumber = number;
      employeePassword = password;
    }
```

Diese Klasse enthält zwei öffentliche schreibgeschützte Eigenschaften, die Personalnummer und das Kennwort des zu authentifizierenden Angestellten. Im Beispiel dient die Klasse *EmployeeInfo* der Zusammenfassung aller zur Authentifizierung erforderlichen Informationen, um nur ein Objekt als Parameter übergeben zu müssen.

```
    public string Number
    {
      get { return employeeNumber; }
    }

    public string Password
    {
      get { return employeePassword; }
    }
  }
}
```

Im nächsten Schritt kommt die Klasse *EmployeeToken* dazu, die von der abstrakten Basisklasse *SecurityToken* abgeleitet wurde. Das ist der eigentliche symbolische Berechtigungsnachweis, der später vom System überprüft werden wird.

Listing 14.54 Die Klasse EmployeeToken (Angestelltenberechtigungsnachweis)

```
public class EmployeeToken : SecurityToken
{
  string id;
  EmployeeInfo info;
  ReadOnlyCollection<SecurityKey> keys;
  DateTime creationTime;

  public EmployeeToken(EmployeeInfo info)
      : this(info, Guid.NewGuid().ToString())
  {
  }

  public EmployeeToken(EmployeeInfo info, string id)
  {
    creationTime = DateTime.UtcNow;
    this.id = id;
    this.info = info;
    this.keys = new ReadOnlyCollection<SecurityKey>(
```

```
            new List<SecurityKey>());
        }
```

Im Beispiel gibt es zwei Möglichkeiten, einen symbolischen Angestelltenberechtigungs-nachweis zu erstellen, entweder aus einer Angestellteninformation mit einer zufälligen ein-deutigen Identifikationsnummer (Id) oder aus einer Angestellteninformation mit einer vor-gegebenen eindeutigen Id.

```
public override string Id
{
    get { return id; }
}
```

Die Id wird vom System verwendet, um die symbolischen Berechtigungsnachweise (Token) auseinanderhalten zu können.

```
public override.ReadOnlyCollection<SecurityKey> SecurityKeys
{
    get { return keys; }
}
```

Die Liste der Sicherheitsschlüssel wird in diesem Beispiel nicht verwendet. Aus diesem Grund ist die Eigenschaft *keys* mit einer leeren Liste initialisiert worden. Es ist jedoch trotz-dem erforderlich, die entsprechenden abstrakten Eigenschaften zu implementieren.

```
public override DateTime ValidFrom
{
    get { return creationTime; }
}

public override DateTime ValidTo
{
    get { return creationTime + new TimeSpan(1, 0, 0, 0); }
}
```

In diesem Beispiel soll ein Token ab dem Zeitpunkt seiner Erzeugung gültig sein und nach einer Stunde verfallen.

```
public EmployeeInfo Info
{
    get { return info; }
}
}
```

Die Eigenschaft *Info* stellt die zur Authentifizierung zu verwendende Angestellteninforma-tion bereit. Diese wird später zur Auswertung der Berechtigung verwendet werden.

Um ein Token übertragen zu können, wird ein entsprechender Serialisierer benötigt, der das Token und alle Eigenschaften, die für die Authentifizierung notwendig sind, serialisiert sowie deserialisiert. Diese Aufgabe übernimmt der *EmployeeSerializer*. Die Klasse *Employee-Serializer* wird von der Basisklasse *WSSecurityTokenSerializer* im Namensraum *System.Ser-viceModel.Security* abgeleitet.

Listing 14.55 Die Klasse EmployeeSerializer

```
public class EmployeeSerializer : WSSecurityTokenSerializer
{
```

Zunächst werden ein paar Konstanten festgelegt, mit deren Hilfe die Elemente innerhalb des serialisierten XML identifiziert werden können:

```
const string employeeNamespace =
    @"http://www.hanser.de/wcf/samples/employeekey";
const string employeeClauseElement = "employeeClause";
const string employeeTokenElement = "employeeToken";
const string employeeElement = "employee";
const string passwordElement = "password";
const string idAttribute = "Id";

public EmployeeSerializer(SecurityTokenVersion version)
  : base() { }
```

Bevor eine Serialisierungs- bzw. Deserialisierungsfunktion von der WCF-Bibliothek aufgerufen wird, erfolgt eine Abfrage, ob diese Klasse für die Serialisierung bzw. Deserialisierung zuständig ist. Dazu müssen die folgenden vier Funktionen wie folgt überschrieben werden. Für den Fall, dass die benutzerdefinierte Erweiterungsklasse *EmployeeSerializer* nicht zuständig ist, sollte zusätzlich noch eine Überprüfung erfolgen, ob die Basisklasse die angeforderte Aufgabe erfüllen kann.

```
protected override bool CanReadKeyIdentifierClauseCore(XmlReader reader)
{
  return (
    reader.Name == employeeClauseElement &&
    reader.NamespaceURI == employeeNamespace
  ) || base.CanReadKeyIdentifierClauseCore(reader);
}

protected override bool CanReadTokenCore(XmlReader reader)
{
   return (
    reader.Name == employeeTokenElement &&
    reader.NamespaceURI == employeeNamespace
  ) || base.CanReadTokenCore(reader);
}

protected override bool CanWriteKeyIdentifierClauseCore(
  SecurityKeyIdentifierClause keyIdentifierClause)
{
  return typeof(EmployeeKeyIdentifierClause) ==
              keyIdentifierClause.GetType()
              || base.CanWriteKeyIdentifierClauseCore
(keyIdentifierClause);
  }

protected override bool CanWriteTokenCore(SecurityToken token)
{
   return typeof(EmployeeToken) == token.GetType()
                   || base.CanWriteTokenCore(token);
  }
```

Es gibt zwei Serialisierungsfunktionen. Die Funktion *WriteTokenCore* serialisiert den kompletten Token, wogegen die Funktion *WriteKeyIdentifierClauseCore* nur eine Referenz (Clause) auf den Token serialisiert. Die Referenz wird von der WCF-Bibliothek übertragen, wenn bereits ein Token übertragen wurde. Die WCF-Bibliothek erstellt Referenzen auf Token bei Bedarf automatisch unter Verwendung der benutzerdefinierten Klasse, die von *SecurityTokenParameter* abgeleitet wurde. Die benutzerdefinierte Klasse *EmployeeKeyIdentifierClause* muss noch erstellt werden.

```
    protected override void WriteTokenCore(XmlWriter writer, SecurityToken
token)
    {
        EmployeeToken t = token as EmployeeToken;
        if (t != null)
        {
            writer.WriteStartElement(employeeTokenElement, employeeNamespace);
            writer.WriteAttributeString(idAttribute, employeeNamespace, t.Id);
            writer.WriteElementString(employeeElement, employeeNamespace,
                t.Info.Number);
            writer.WriteElementString(passwordElement, employeeNamespace,
                t.Info.Password);
            writer.WriteEndElement();
        }
        Else
        {
            base.WriteTokenCore(writer, token);
        }
    }

    protected override void WriteKeyIdentifierClauseCore(XmlWriter writer,
        SecurityKeyIdentifierClause keyIdentifierClause)
    {

        EmployeeKeyIdentifierClause clause =
            keyIdentifierClause as EmployeeKeyIdentifierClause;
        if (clause != null)
        {
            writer.WriteElementString(employeeClauseElement,
                employeeNamespace, clause.Employee);
        }
        Else
        {
            base.WriteKeyIdentifierClauseCore(writer, keyIdentifierClause);
        }
    }
```

Wie beim Serialisieren gibt es auch beim Deserialisieren zwei Funktionen, um den Token sowie die Referenz zu deserialisieren. Diese Funktionen lesen die serialisierten Informationen und erzeugen entsprechende Token oder Referenzen.

```
    protected override SecurityToken ReadTokenCore(
        XmlReader reader, SecurityTokenResolver tokenResolver)
    {
        if (
            reader.Name == employeeTokenElement &&
            reader.NamespaceURI == employeeNamespace)
```

```
  {
    Try
    {
      string id = reader.GetAttribute(idAttribute, employeeNamespace);
      reader.ReadStartElement();
      string employee = reader.ReadElementString(employeeElement,
        employeeNamespace);
      string password = reader.ReadElementString(passwordElement,
        employeeNamespace);
      reader.ReadEndElement();

      if (string.IsNullOrEmpty(employee))
        throw new SecurityTokenException("Employee Element ist leer");
      return new EmployeeToken(new EmployeeInfo(employee, password), id);
    }
    catch (XmlException e)
    {
      throw new SecurityTokenException(
            "Fehler bei der Serialisierung", e);
    }
  }
  Else
  {
    return base.ReadTokenCore(reader, tokenResolver);
  }
}

protected override SecurityKeyIdentifierClause
            ReadKeyIdentifierClauseCore(XmlReader reader)
{
  if (reader.Name == employeeClauseElement &&
      reader.NamespaceURI == employeeNamespace)
  {
    Try
    {
     return new
        EmployeeKeyIdentifierClause(reader.ReadElementString());
    }
    catch (XmlException e)
    {
      throw new SecurityTokenException(
        "Fehler bei der Seserialisierung", e);
    }
  }
  else
  {
    return base.ReadKeyIdentifierClauseCore(reader);
  }
}
```

Nachdem das Framework in einer Session den Token vollständig übertragen hat, wird nur noch eine Referenz verwendet. In dem Beispiel soll diese Klasse *EmployeeKeyIdentifier-Clause* heißen. Diese Klasse wird von der Basisklasse *SecurityKeyIdentifierClause* aus dem Namensraum *System.IdentityModel.Tokens* abgeleitet.

Listing 14.56 Die Klasse EmployeeKeyIdentifierClause

```
public class EmployeeKeyIdentifierClause : SecurityKeyIdentifierClause
{

    string employee;
```

Eine Konstante legt den Typ der Referenz fest:

```
static string clauseType =
    "http://www.hanser.de/wcf/samples/employeekeyidentifier";

public EmployeeKeyIdentifierClause(string employee)
    : base(clauseType)
{
    this.employee = employee;
}
```

Die Eigenschaft *Employee* enthält die Personalnummer des zu referenzierenden Angestellten.

```
public string Employee
{
    get { return employee; }
}
```

Mithilfe der Funktion *Match* wird durch die WCF-Bibliothek geprüft, ob es sich um eine Referenz auf denselben Angestellten handelt.

```
public override bool Matches(SecurityKeyIdentifierClause keyIdentifier
Clause)
{
    EmployeeKeyIdentifierClause other =
        keyIdentifierClause as EmployeeKeyIdentifierClause;
    return other != null && other.Employee == this.employee;
}
}
```

Die Referenz im Beispiel verwendet die Personalnummer des Angestellten als interne Referenz, um in der Match-Funktion zu prüfen, ob es sich um den gleichen Angestellten handelt, der bereits authentifiziert wurde.

In einer WCF-Anwendung würde es sich anbieten, einen Hash-Wert von dem Angestellten zu erzeugen und diesen zur Überprüfung zu verwenden.

Um der WCF-Bibliothek Eigenschaften des Tokens mitzuteilen und eine Verbindung zwischen dem Token und der zu verwendenden Referenzklasse herzustellen, wird die Klasse *EmployeeTokenParameter* von der Basisklasse *SecurityTokenParameter* aus dem Namensraum *System.IdentityModel.Tokens* abgeleitet.

Listing 14.57 Die Klasse EmployeeTokenParameters

```
public class EmployeeTokenParameters : SecurityTokenParameters
{
```

```
public EmployeeTokenParameters(){ }

protected EmployeeTokenParameters(EmployeeTokenParameters others)
    : base(others)
{
}

protected override SecurityTokenParameters CloneCore()
{
    return new EmployeeTokenParameters(this);
}
```

Die folgenden Eigenschaften teilen der WCF-Bibliothek mit, ob der benutzerdefinierte Token über einen asymmetrischen Schlüssel verfügt sowie Client Authentification, Windows Identity und Server Authentification unterstützt.

```
protected override bool HasAsymmetricKey
{
    get { return false; }
}

protected override bool SupportsClientAuthentication
{
    get { return true; }
}

protected override bool SupportsClientWindowsIdentity
{
    get { return false; }
}

protected override bool SupportsServerAuthentication
{
    get { return false; }
}
```

Die Funktion *CreateKeyIdentifierClause* erzeugt eine Referenz auf den übergebenen Token.

```
protected override SecurityKeyIdentifierClause
    CreateKeyIdentifierClause(
        SecurityToken token,
        SecurityTokenReferenceStyle referenceStyle)
{

    if (referenceStyle == SecurityTokenReferenceStyle.Internal)
    {
      return token.CreateKeyIdentifierClause
        <LocalIdKeyIdentifierClause>();
    }
    else
    {
        throw new NotSupportedException(
            "Externe Referenzen werden nicht unterstützt!");
    }
}
```

Die folgende Methode legt fest, welcher Token-Typ erforderlich ist:

```
protected override void InitializeSecurityTokenRequirement
    (SecurityTokenRequirement requirement)
{
   requirement.TokenType = EmployeeSecurityTokenType;
}
```

Nun wird eine eindeutige Typbezeichnung für den benutzerdefinierten Token festgelegt.

```
public static string EmployeeSecurityTokenType
{
     get { return "http://www.hanser.de/wcf/samples/employeesecuritytoken";
}
}
```

Um einen Token zu erzeugen, wird die Fabrikklasse *EmployeeTokenProvider* von der Basisklasse *SecurityTokenProvicer* aus dem folgenden Namensraum abgeleitet:

   System.IdentityModel.Tokens

Listing 14.58 Die Klasse EmployeeTokenProvider

```
public class EmployeeTokenProvider : SecurityTokenProvider
{
   EmployeeInfo info;

   public EmployeeTokenProvider(EmployeeInfo info)
      : base()
   {
      this.info = info;
   }
```

Ein Token-Provider kann jeweils für ein *EmployeeInfo* ein entsprechendes Token bereitstellen.

```
   protected override SecurityToken GetTokenCore(TimeSpan timeout)
   {
      return new EmployeeToken(this.info);
   }
}
```

Nachdem die Sicherheitstoken definiert, erstellt, serialisiert und deserialisiert werden können, werden noch zwei Klassen zur Überprüfung benötigt, die Klasse *EmployeeToken
Authenticator* sowie die Klasse *EmployeeTokenAuthorizationPolicy*.

Die Überprüfung der Authentifizierung erfolgt mithilfe der Klasse *EmployeeTokenAuthen-
ticator* abgeleitet von der Basisklasse *SecurityTokenAuthenticator* aus dem Namensraum *Sys-
tem.IdentityModel.Selectors*.

```
public class EmployeeTokenAuthenticator : SecurityTokenAuthenticator
{
```

Für dieses Beispiel werden die Informationen in einem einfachen *Dictionary<string, string>* abgelegt. Die Datensätze werden, zur Vereinfachung des Beispiels, in einem *string* serialisiert übergeben. In der Praxis würde sich hier eine Datenbank anbieten.

```
Dictionary<string, string> employees;

public EmployeeTokenAuthenticator(string credentials)
{
    employees = new Dictionary<string, string>();
    string[] accounts = credentials.Split(new char[] { ';' });
    foreach (string a in accounts)
    {
        string[] parts = a.Split(new char[] { ':' });
        employees.Add(parts[0], parts[1]);
    }
}
```

Diese Klasse muss nun den entsprechenden Token-Typ überprüfen:

```
protected override bool CanValidateTokenCore(SecurityToken token)
{
    return (token is EmployeeToken);
}
```

Die Funktion *ValidateTokenCore* überprüft einen Token und erzeugt eine Instanz der Klasse *EmployeeTokenAuthorizationPolicy* mit entsprechenden Informationen über die Claims in diesem Token.

```
protected override ReadOnlyCollection<IAuthorizationPolicy>
    ValidateTokenCore(SecurityToken token)
{

    EmployeeToken empToken = token as EmployeeToken;
    if (empToken == null)
    {
        throw new SecurityTokenValidationException(
            "Falscher Tokentype");
    }
    if (!CheckEmployee(empToken)){
        throw new SecurityTokenValidationException(
            "Mitarbeiter konnte nicht authentifiziert werden");
    }

    // Claimset erzeugen
    DefaultClaimSet employeeClaimSet = new DefaultClaimSet(
        new Claim(ClaimTypes.Name, empToken.Info.Number,
        Rights.PossessProperty));
    List<IAuthorizationPolicy> policies =
        new List<IAuthorizationPolicy>(1);
    policies.Add(
        new EmployeeTokenAuthorizationPolicy(employeeClaimSet));
    return policies.AsReadOnly();
}
```

Es folgt eine Hilfsfunktion zum Überprüfen des Angestellten und seines Kennwortes:

```
private bool CheckEmployee(EmployeeToken empToken)
{
    bool res = false;
    // Angestellten überprüfen
    if (employees.ContainsKey(empToken.Info.Number))
    {
        if (employees[empToken.Info.Number] ==
            empToken.Info.Password)
        {
            res = true;
        }
    }
    return res;
}
```

Die Klasse *EmployeeTokenAuthorizationPolicy* implementiert die Schnittstelle *IAuthorizationPolicy* aus dem Namensraum *System.IdentityModel.Policy*. Diese Klasse stellt Informationen für die WCF-Bibliothek mithilfe eines *ClaimSets* über die Identität des authentifizierten Benutzers bereit.

Listing 14.59 Die Klasse EmployeeTokenAuthorizationPolicy

```
public class EmployeeTokenAuthorizationPolicy : IAuthorizationPolicy
{
    string id;
    ClaimSet issuedClaimSet;

    public EmployeeTokenAuthorizationPolicy(ClaimSet issuedClaims)
    {
        this.issuedClaimSet = issuedClaims;
        this.id = Guid.NewGuid().ToString();
    }
```

Für dieses Beispiel ist es ausreichend, das *ClaimSet* bis zur Verwendung zwischenzuspeichern.

```
#region IAuthorizationPolicy Member
public bool Evaluate(EvaluationContext evaluationContext,
    ref object state)
{

    evaluationContext.AddClaimSet(this, issuedClaimSet);
    return true;
}
```

In diesem Beispiel spielt der Aussteller des Identitätsnachweises keine Rolle, weshalb diese Methode nicht implementiert wird:

```
public System.IdentityModel.Claims.ClaimSet Issuer
{
    get { throw new NotImplementedException(); }
}

#endregion
```

Mittels der Id können die Instanzen dieser Klasse auseinandergehalten werden.

```
#region IAuthorizationComponent Member
public string Id
{
   get { return id; }
}
#endregion
}
```

Nachdem alle Klassen erstellt wurden, die für das operative Zusammenspiel von benutzerdefinierten Token erforderlich sind, werden noch zwei Verhalten benötigt, die jeweils auf der Dienst- und auf der Client-Seite Host und Client erweitern – die *SecurityCredential*-Klassen. Weiter werden zwei Klassen benötigt, welche die Erzeugung der *TokenProvider* und der Authenticatoren nach dem Entwurfsmuster *Fabrikmethode* vornehmen, die *CredentialSecurityManager*.

Die Klasse *EmployeeClientCredentialsSecurityTokenManager* wird von der Basisklasse *ClientCredentialsSecurityTokenManager* aus dem Namensraum *System.ServiceModel* abgeleitet. Diese Klasse ist auf der Client-Seite für die Erzeugung des Token-Providers der zu übertragenden Token sowie der dafür benötigten Serialisierer zuständig.

Listing 14.60 Die Klasse EmployeeCredentialsSecurityTokenManager

```
public class EmployeeClientCredentialsSecurityTokenManager :
            ClientCredentialsSecurityTokenManager
{

   EmployeeClientCredentials employeeClientCredentials;

   public EmployeeClientCredentialsSecurityTokenManager(
      EmployeeClientCredentials employeeClientCredentials)
      : base(employeeClientCredentials)
   {

      this.employeeClientCredentials = employeeClientCredentials;
   }

   public override SecurityTokenProvider
      CreateSecurityTokenProvider(
      SecurityTokenRequirement tokenRequirement)
   {

      if (tokenRequirement.TokenType ==
         EmployeeTokenParameters.EmployeeSecurityTokenType)
      {
      // Es handelt sich um den EmployeeTokenType
      return new EmployeeTokenProvider(
         this.employeeClientCredentials.Info);
      } else if (tokenRequirement is InitiatorServiceModel
      SecurityTokenRequirement)
      {
      // Return server certificate.
      if (tokenRequirement.TokenType ==
         SecurityTokenTypes.X509Certificate)
      {
```

```
        return new X509SecurityTokenProvider(
          employeeClientCredentials.ServiceCertificate
            .DefaultCertificate);
      }
    }
    return base.CreateSecurityTokenProvider(tokenRequirement);
  }

  public override SecurityTokenSerializer
    CreateSecurityTokenSerializer(SecurityTokenVersion version)
  {
    return new EmployeeSerializer(version);
  }
}
```

Analog zu *EmployeeClientCredentialsSecurityTokenManager* gibt es einen *EmployeeService-CredentialsSecurityTokenManager*, abgeleitet von der Basisklasse *ServiceCredentialsSecurity-TokenManager* aus dem Namensraum *System.ServiceModel*. Diese Klasse ist für die Erzeugung des Authenticators-Objekts und des entsprechenden Serialisierers zuständig.

Listing 14.61 Die Klasse EmployeeServiceCredentialsSecurityTokenManager

```
public class EmployeeServiceCredentialsSecurityTokenManager :
    ServiceCredentialsSecurityTokenManager
{

  EmployeeServiceCredentials employeeServiceCredentials;

  public EmployeeServiceCredentialsSecurityTokenManager(
    EmployeeServiceCredentials employeeServiceCredentials)
      : base(employeeServiceCredentials)
  {

    this.employeeServiceCredentials = employeeServiceCredentials;
  }

  public override SecurityTokenAuthenticator
              CreateSecurityTokenAuthenticator(
                SecurityTokenRequirement tokenRequirement,
                out SecurityTokenResolver outOfBandTokenResolver)
  {

    if (tokenRequirement.TokenType ==
                    EmployeeTokenParameters.EmployeeSecurityTokenType)
    {
      outOfBandTokenResolver = null;
      return new EmployeeTokenAuthenticator(
        employeeServiceCredentials.AccountInfo);
      }
      return base.CreateSecurityTokenAuthenticator(
        tokenRequirement, out outOfBandTokenResolver);
  }
  public override SecurityTokenSerializer
    CreateSecurityTokenSerializer(SecurityTokenVersion version)
  {
    return new EmployeeSerializer(version);
  }
}
```

Für die Erweiterung des Clients wird ein Client-Verhalten in Form der Klasse *Employee ClientCredentials* implementiert und von der Klasse *ClientCredentials* aus dem Namensraum *System.ServiceModel.Description* abgeleitet.

Listing 14.62 Die Klasse EmployeeClientCredentials

```
public class EmployeeClientCredentials : ClientCredentials
{
    EmployeeInfo info;

    public EmployeeClientCredentials(EmployeeInfo info)
    {
        this.info = info;
    }
```

Im Wesentlichen speichert diese Klasse die Informationen über einen Angestellten und erzeugt bei Bedarf die entsprechende Instanz des *SecurityTokenManagers*.

```
    public EmployeeInfo Info
    {
        get { return info; }
    }

    protected override ClientCredentials CloneCore()
    {
        return new EmployeeClientCredentials(this.info);
    }

    public override SecurityTokenManager CreateSecurityTokenManager()
    {
        return new EmployeeClientCredentialsSecurityTokenManager(this);
    }
}
```

Auf der Dienstseite wird die Klasse *EmployeeServiceCredentials* von der Klasse *Service-Credentials* im Namensraum *System.ServiceModel.Description* abgeleitet.

Listing 14.63 Die Klasse EmployeeServiceCredentials

```
public class EmployeeServiceCredentials : ServiceCredentials
{
    private string accountInfo;
```

Diese Klasse stellt die Informationen über die Konten bereit, die später zur Prüfung herangezogen werden. In diesem Beispiel werden die Konten in serialisierter Form bis zur *Authenticator*-Klasse durchgereicht.

```
    public EmployeeServiceCredentials(string accountInfos)
    {
        accountInfo = accountInfos;
    }

    public string AccountInfo
    {
        get { return accountInfo; }
    }
```

```
    protected override ServiceCredentials CloneCore()
    {
        return new EmployeeServiceCredentials(this.AccountInfo);
    }

    public override SecurityTokenManager CreateSecurityTokenManager()
    {
        return new EmployeeServiceCredentialsSecurityTokenManager(this);
    }

}
```

Nachdem alle notwendigen Klassen erstellt wurden, wird noch ein Zertifikat benötigt, das mit folgender Befehlszeile erzeugt werden kann:

```
"c:\Program Files\Microsoft SDKs\Windows\v6.0A\bin\makecert.exe" -a
sha1 -n "CN=hanser.de" -sky exchange -pe -ss My -sr LocalMachine
```

Nun kann die benutzerspezifische Bindung erzeugt werden:

```
Try
{

    HttpTransportBindingElement httpTransport =
                    new HttpTransportBindingElement();

    SymmetricSecurityBindingElement messageSecurity =
                    new SymmetricSecurityBindingElement();

    messageSecurity.EndpointSupportingTokenParameters.
                    SignedEncrypted.Add(new EmployeeTokenParameters());

    X509SecurityTokenParameters x509ProtectionParameters =
                    new X509SecurityTokenParameters();
    x509ProtectionParameters.InclusionMode = SecurityTokenInclusionMode.
Never;
    messageSecurity.ProtectionTokenParameters = x509ProtectionParameters;

    CustomBinding UserTokenBinding = new
                    CustomBinding(messageSecurity, httpTransport);
```

Nun kann der Dienst-Host unter Verwendung der Bindung erstellt werden:

```
    string address = "http://localhost:8731/Design_Time_Addresses/
WelcomeService";
    ServiceHost host = new ServiceHost(typeof(WelcomeService),
                    new Uri[] { new Uri(address) });
    EmployeeServiceCredentials serviceCredentials =
                    new EmployeeServiceCredentials("0815:geheim;4711:
auchgeheim");
```

Das Dienst-Zertifikat muss explizit zugewiesen werden:

```
serviceCredentials.ServiceCertificate.
  SetCertificate("CN=hanser.de");
host.Description.Behaviors.Add(serviceCredentials);
ServiceEndpoint sep = host.AddServiceEndpoint(
    typeof(IWelcomeService), UserTokenBinding, "");
```

Zuletzt wird der Dienst gestartet:

```
host.Open();
```

Um den Dienst auch testen zu können, wird gleich im Anschluss ein Demonstrations-Client erzeugt:

```
EmployeeClientCredentials clientCredentials = new
  EmployeeClientCredentials(new EmployeeInfo("0815", "geheim"));

clientCredentials.ServiceCertificate.
  SetDefaultCertificate("CN=hanser.de",
    StoreLocation.LocalMachine, StoreName.My);

ChannelFactory<IWelcomeService> cf = new
  ChannelFactory<IWelcomeService>(
  UserTokenBinding, new EndpointAddress(
    new Uri("http://localhost:8731/Design_Time_Addresses/
    WelcomeService"),
EndpointIdentity.CreateDnsIdentity("hanser.de")));
if (cf.Endpoint.Behaviors.Contains(typeof(ClientCredentials)))
  cf.Endpoint.Behaviors.Remove(typeof(ClientCredentials));
cf.Endpoint.Behaviors.Add(clientCredentials);

IWelcomeService proxy = cf.CreateChannel();

// Funktionsaufruf
Console.WriteLine(proxy.WelcomeUser("Matthias"));
// Aufräumen
((IChannel)proxy).Close();
host.Close();

}
catch (Exception e)
{
    Console.WriteLine(e);
}
Console.WriteLine("Beenden mit beliebiger Taste!");
Console.ReadLine();
```

 HINWEIS: Die Zertifikate können nur als Administrator angelegt oder gelöscht werden, unter Windows Vista ist es erforderlich, die entsprechenden Werkzeuge als Administrator auszuführen.

14.6.2.3 Deklarative Zuweisung der ClientCredentials

Alternativ zum Programmcode können die Berechtigungsverhalten (Credentials) mithilfe der Konfigurationsdatei zugewiesen werden. Dafür ist die zusätzliche Klasse *Employee ClientCredentialsElement*, abgeleitet von der Klasse *ClientCredentialsElement*, zuständig.

Listing 14.64 Die Klasse EmployeeClientCredentialsConfigHandler

```
public class EmployeeClientCredentialsConfigHandler : ClientCredentials
Element
{

    ConfigurationPropertyCollection properties;

    public override Type BehaviorType
    {
        get { return typeof(EmployeeClientCredentials); }
    }

    public string EmployeeId
    {
        get { return (string)base["employeeId"]; }
        set
        {
            if (String.IsNullOrEmpty(value))
            {
                value = String.Empty;
            }
            base["employeeId"] = value;
        }
    }

    public string EmployeePw
    {
        get { return (string)base["employeePw"]; }
        set
        {
            if (String.IsNullOrEmpty(value))
            {
                value = String.Empty;
            }
            base["employeePw"] = value;
        }
    }

    protected override ConfigurationPropertyCollection Properties
    {
        get
        {
            if (this.properties == null)
            {
                ConfigurationPropertyCollection properties = base.Properties;
                properties.Add(new ConfigurationProperty(
                    "employeeId",
                    typeof(System.String),
                    string.Empty,
                    null,
                    new StringValidator(0, 32, null),
```

```
               ConfigurationPropertyOptions.None));
                properties.Add(new ConfigurationProperty(
               "employeePw",
               typeof(System.String),
               string.Empty,
               null,
               new StringValidator(0, 32, null),
               ConfigurationPropertyOptions.None));
               this.properties = properties;
           }
        return this.properties;              }
   }

   protected override object CreateBehavior()
   {

     EmployeeClientCredentials creds = new EmployeeClientCredentials(
        new EmployeeInfo(EmployeeId, EmployeePw));
        base.ApplyConfiguration(creds);
        return creds;
     }
   }
```

Verwendet wird diese Verhaltenserweiterung durch Hinzufügen folgender zwei Abschnitte in der Client-Konfigurationsdatei.

```
<system.serviceModel>
 <extensions>
    <behaviorExtensions>
      <add name="EmployeeClientCredentials"
        type="Hanser.WCF.Examples.UserToken.
          EmployeeClientCredentialsConfigHandler, Usertoken,
          Version=1.0.0.0, Culture=neutral, PublicKeyToken=null" />
    </behaviorExtensions>
 </extensions>
...
<system.serviceModel>
<behaviors>
 <endpointBehaviors>
    <behavior name="EmployeeClientCredentialsBehavior">
      <EmployeeClientCredentials employId="4711"
employeePw="geheim"/>
    </behavior>
 </endpointBehaviors>
</behaviors>
```

14.6.3 Benutzerdefinierte Nachrichtenverschlüsselung

In besonders sicherheitsrelevanten Anwendungen oder Umgebungen, in denen bereits eine alternative Sicherheitsarchitektur verwendet wird, kann es erforderlich sein, dass der Schlüssel einer Nachricht und das Verschlüsselungsverfahren der Nachricht ausgetauscht werden müssen. Der folgende Abschnitt zeigt die notwendigen Schritte anhand eines MSDN-Beispiels.

Die Zertifikate und Schlüssel werden in der Klasse *CustomX509SecurityToken* übertragen. Diese Klasse ist von einer spezialisierten Basisklasse *X509SecurityToken* abgeleitet, die bereits entsprechende Basisfunktionalitäten im Umgang mit den Token implementiert.

Listing 14.65 Die Klasse CustomX509Token

```
class CustomX509SecurityToken : X509SecurityToken
{
    ReadOnlyCollection<SecurityKey> securityKeys;

    public CustomX509SecurityToken(X509Certificate2 certificate)
        : base(certificate)
    {
    }

    public override ReadOnlyCollection<SecurityKey> SecurityKeys
    {
      get
      {
        if (this.securityKeys == null)
        {
          List<SecurityKey> temp = new List<SecurityKey>(1);
          temp.Add(new CustomX509AsymmetricSecurityKey(this.Certificate));
          this.securityKeys = temp.AsReadOnly();
        }
        return this.securityKeys;
      }
    }
}
```

Dieser benutzerdefinierte Sicherheitstoken enthält die benutzerdefinierte Klasse *CustomX509AsymmetricSecurityKey*, die von der Klasse *X509AsymmetricSecurityKey* abgeleitet wird.

Listing 14.66 Die Klasse CustomX509AsymmetricSecurityKey

```
class CustomX509AsymmetricSecurityKey : X509AsymmetricSecurityKey
{
    X509Certificate2 certificate;
    object thisLock = new Object();
    bool privateKeyAvailabilityDetermined;
    AsymmetricAlgorithm privateKey;
    PublicKey publicKey;

    public CustomX509AsymmetricSecurityKey(X509Certificate2 certificate)
      : base(certificate)
    {
        this.certificate = certificate;
    }
```

Diese Eigenschaft spiegelt die Größe des öffentlichen Schlüssels wider.

```
    public override int KeySize
    {
      get { return this.PublicKey.Key.KeySize; }
    }
```

Zwei interne Eigenschaften ermöglichen den Zugriff auf den privaten und den öffentlichen Schlüssel.

```
AsymmetricAlgorithm PrivateKey
{
  Get
  {
    if (!this.privateKeyAvailabilityDetermined)
    {
      lock (ThisLock)
      {
        if (!this.privateKeyAvailabilityDetermined)
        {
          this.privateKey = this.certificate.PrivateKey;
          this.privateKeyAvailabilityDetermined = true;
        }
      }
    }
    return this.privateKey;
  }
}

PublicKey PublicKey
{
  Get
  {
    if (this.publicKey == null)
    {
      lock (ThisLock)
      {
        if (this.publicKey == null)
        {
          this.publicKey = this.certificate.PublicKey;
        }
      }
    }
    return this.publicKey;
  }
}

Object ThisLock
{
  get { return thisLock; }
}
```

Die Funktion *DecryptKey* wird während des Schlüsselaustauschs verwendet, um den empfangenen symmetrischen Schlüssel zu dekodieren. Dabei können diverse asymmetrische Verfahren zum Einsatz kommen. Dieses Beispiel unterstützt DSA und RSA.

```
public override byte[] DecryptKey(string algorithm, byte[] keyData)
{
  if (this.PrivateKey == null)
  {
    throw new NotSupportedException("kein privater Schlüssel");
  }

  RSA rsa = this.PrivateKey as RSA;
```

```
    if (rsa == null)
    {
        throw new NotSupportedException(
        "private Schlüssel können nicht mit RSA verwendet werden");
    }

  if (rsa.KeyExchangeAlgorithm == null)
  {      throw new NotSupportedException(
          "privater Schlüssel unterstützt kein Schlüsselaustausch");      }

  switch (algorithm)
  {
    case EncryptedXml.XmlEncRSA15Url:
      return EncryptedXml.DecryptKey(keyData, rsa, false)
    case EncryptedXml.XmlEncRSAOAEPUrl:
      return EncryptedXml.DecryptKey(keyData, rsa, true);
    default:
      throw new NotSupportedException(
          String.Format("Algorithmus {0} wird nicht unterstützt",
algorithm));
    }
  }
```

Mit der Funktion *GetAsymmetricAlgorithm* ruft die WCF-Bibliothek den zu verwendenden kryptografischen Algorithmus ab. Der Parameter *privateKey* gibt dabei an, ob der Algorithmus mit dem privaten oder dem öffentlichen Schlüssel verwendet werden soll.

```
  public override AsymmetricAlgorithm GetAsymmetricAlgorithm(
    string algorithm, bool privateKey)
  {

    if (privateKey)
    {
      if (this.PrivateKey == null)
      {
        throw new NotSupportedException("kein privater Schlüssel");
      }

    switch (algorithm)
    {
      case SignedXml.XmlDsigDSAUrl:
        if ((this.PrivateKey as DSA) != null)
        {
          return (this.PrivateKey as DSA);
        }
        throw new NotSupportedException("kein DAS-Schlüssel");

      case SignedXml.XmlDsigRSASHA1Url:
      case EncryptedXml.XmlEncRSA15Url:
      case EncryptedXml.XmlEncRSAOAEPUrl:
        if ((this.PrivateKey as RSA) != null)
        {
          return (this.PrivateKey as RSA);
        }
        throw new NotSupportedException("kein RSA Schlüssel");
      default:
        throw new NotSupportedException(
```

```
                String.Format("Algorithmus{0} wird nicht unterstützt",
                    algorithm));
            }
        }
        Else
        {
            switch (algorithm)
            {
                case SignedXml.XmlDsigDSAUrl:
                    if ((this.PublicKey.Key as DSA) != null)
                    {
                        return (this.PublicKey.Key as DSA);
                    }
                    throw new NotSupportedException(
                        "öffentlicher Schlüssel passt nicht zu DSA");
                case SignedXml.XmlDsigRSASHA1Url:
                case EncryptedXml.XmlEncRSA15Url:
                case EncryptedXml.XmlEncRSAOAEPUrl:
                    if ((this.PublicKey.Key as RSA) != null)
                    {
                        return (this.PublicKey.Key as RSA);
                    }
                    throw new NotSupportedException(
                        "öffentlicher Schlüssel passt nicht zu RSA");
                default:
                    throw new NotSupportedException(
                        String.Format("Algorithmus {0} unbekannt", algorithm));
            }
        }
    }
```

Die Funktion *GetHashAlgorithmForSignature* stellt der WCF-Bibliothek den angeforderten Hash-Algorithmus zur Verfügung.

```
    public override HashAlgorithm GetHashAlgorithmForSignature
(string algorithm)
    {
        if (!this.IsSupportedAlgorithm(algorithm))
        {
            throw new NotSupportedException(
                String.Format(" {0} wird nicht unterstützt", algorithm));
        }

        switch (algorithm)
        {
            case SignedXml.XmlDsigDSAUrl:
            case SignedXml.XmlDsigRSASHA1Url:
                return new SHA1Managed();
            default:
                throw new NotSupportedException(
                    String.Format("{0} wird nicht unterstützt", algorithm));
        }
    }
```

Die Funktion *GetSignatureFormatter* wird von der WCF-Bibliothek aufgerufen, um den Formatierer für die Signierung einer Nachricht abzurufen. Diese Funktion verwendet den entsprechenden Standardformatierer des .NET Frameworks.

```
public override AsymmetricSignatureFormatter GetSignatureFormatter(
  string algorithm)
{

  if (this.PrivateKey == null)
  {
    throw new NotSupportedException("kein privater Schlüssel");
  }

  switch (algorithm)
  {
    case SignedXml.XmlDsigDSAUrl:
      DSA dsa = (this.PrivateKey as DSA);
      if (dsa == null)
      {
        throw new NotSupportedException(
          "privater Schlüssel passt nicht zu DSA");
      }
      return new DSASignatureFormatter(dsa);
    case SignedXml.XmlDsigRSASHA1Url:
      RSA rsa = (this.PrivateKey as RSA);
      if (rsa == null)
      {
        throw new NotSupportedException(
          "privater Schlüssel passt nicht zu RSA");
      }
      return new RSAPKCS1SignatureFormatter(rsa);
    default:
      throw new NotSupportedException(
        String.Format("{0} wird nicht unterstützt", algorithm));
  }
}
```

Mit der Funktion *IsSupportedAlgorithm* kann die WCF-Bibliothek abfragen, ob ein Algorithmus unterstützt wird oder nicht.

```
public override bool IsSupportedAlgorithm(string algorithm)
{
  switch (algorithm)
  {
    case SignedXml.XmlDsigDSAUrl:
      return (this.PublicKey.Key is DSA);

    case SignedXml.XmlDsigRSASHA1Url:
    case EncryptedXml.XmlEncRSA15Url:
    case EncryptedXml.XmlEncRSAOAEPUrl:
      return (this.PublicKey.Key is RSA);

    default:
      return false;
  }
}
```

Um die Sicherheitstoken verwenden zu können, werden ein *TokenProvider, Client-* und *ServerSecurityTokenManager* sowie Client- und Server-Credentials benötigt.

Listing 14.67 Die Klasse CustomX509TokenProvider

```
class CustomX509SecurityTokenProvider : SecurityTokenProvider
{
    X509Certificate2 certificate;

    public CustomX509SecurityTokenProvider(X509Certificate2 certificate)
    {
        this.certificate = certificate;
    }

    protected override SecurityToken GetTokenCore(TimeSpan timeout)
    {
        return new CustomX509SecurityToken(certificate);
    }
}

class CustomServiceSecurityTokenManager : ServiceCredentialsSecurity
TokenManager
{
    CustomServiceCredentials credentials;

    public CustomServiceSecurityTokenManager(
        CustomServiceCredentials credentials)
        : base(credentials)
    {
        this.credentials = credentials;
    }

    public override SecurityTokenProvider CreateSecurityTokenProvider(
        SecurityTokenRequirement tokenRequirement)
    {

        SecurityTokenProvider result = null;

        if (tokenRequirement.TokenType == SecurityTokenTypes.X509Certificate)
        {
            if (tokenRequirement.KeyUsage == SecurityKeyUsage.Exchange)
            {
                result = new CustomX509SecurityTokenProvider(
                    credentials.ServiceCertificate.Certificate);
            }
            else if (tokenRequirement.KeyUsage == SecurityKeyUsage.Signature)
            {
                result = new CustomX509SecurityTokenProvider(
                    credentials.ServiceCertificate.Certificate);
            }
        }
        if (result == null)
        {
            result = base.CreateSecurityTokenProvider(tokenRequirement);
        }
        return result;
    }
}
```

```
public class CustomServiceCredentials : ServiceCredentials
{
   public CustomServiceCredentials() { }

   protected CustomServiceCredentials(CustomServiceCredentials other)
    : base(other) { }

   protected override ServiceCredentials CloneCore()
{
    return new CustomServiceCredentials(this);
   }

   public override SecurityTokenManager CreateSecurityTokenManager()
   {
     return new CustomServiceSecurityTokenManager(this);
   }
}
class CustomClientSecurityTokenManager : ClientCredentialsSecurity
TokenManager
{

   CustomClientCredentials credentials;

   public CustomClientSecurityTokenManager(CustomClientCredentials
credentials)
      : base(credentials)
   {
     this.credentials = credentials;
   }

   public override SecurityTokenProvider CreateSecurityTokenProvider(
     SecurityTokenRequirement tokenRequirement)
   {
     SecurityTokenProvider result = null;

    if (tokenRequirement.TokenType == SecurityTokenTypes.X509Certificate)
     {
      if (tokenRequirement.KeyUsage == SecurityKeyUsage.Signature)
      {
        result = new CustomX509SecurityTokenProvider(
                credentials.ClientCertificate.Certificate);
      }
     }
     Else
     {
      if (tokenRequirement.KeyUsage == SecurityKeyUsage.Exchange)
      {
        result = new CustomX509SecurityTokenProvider(
          credentials.ClientCertificate.Certificate);
      }
     }
     if (result == null)
     {
       result = base.CreateSecurityTokenProvider(tokenRequirement);
     }
     return result;
   }
```

```
}

public class CustomClientCredentials : ClientCredentials
{
    public CustomClientCredentials() { }

    protected CustomClientCredentials(CustomClientCredentials other)
      : base(other) { }

    protected override ClientCredentials CloneCore()
    {
      return new CustomClientCredentials(this);
    }

    public override SecurityTokenManager CreateSecurityTokenManager()
    {
      return new CustomClientSecurityTokenManager(this);
    }
}
```

Anhang – NuGet

NuGet ist eine komfortable Verwaltungsfunktion von Zusatzpaketen für .NET-Projekte. Hier geht es nicht um die Erweiterung der Visual Studio-Entwicklungsumgebung, sondern um die Installation von zusätzlichen Komponenten für .NET-Projekte, die über den Lieferumfang des .NET Frameworks hinausgehen. Es gibt inzwischen viele hundert solcher Zusatzkomponenten sowohl von Microsoft als auch von Drittanbietern bzw. der Open Source-Gemeinde.

Klassischerweise lädt man solche Zusatzkomponenten von irgendeiner Website herunter. Man führt eine Setup.exe aus oder entpackt ein ZIP-Paket. Dadurch erhält man eine oder mehrere Assemblys, die man dann im Visual Studio-Projekt referenziert. Manchmal findet man gerade nach der Ausführung eines Setup-Pakets diese Assemblys gar nicht so leicht auf der eigenen Festplatte. Manchmal muss man zum Funktionieren der Komponente noch Einträge in der Konfigurationsdatei vornehmen. Manchmal muss man vorher erst andere Komponenten hinzufügen, damit eine Komponente funktionieren kann.

Diesen Vorgang vereinfacht NuGet, das es auch schon als Add-On für Visual Studio 2010[1] gab, das aber nun zur Grundinstallation von Visual Studio 2012 gehört und damit sicherlich mehr Aufmerksamkeit erhält. NuGet definiert Pakete, die die für eine Zusatzkomponente benötigten Assemblys und Konfigurationseinstellungen enthalten. Zudem kann ein NuGet-Paket Abhängigkeiten zu anderen Paketen definieren.

Der Dialog *Manage NuGet Packages* (siehe Bild A.1), den man unter *Tools/Library Package Manager* oder im Kontextmenü eines Projekts im Solution Explorer findet, bietet eine Online-Suche von Zusatzkomponenten. Dabei wird im Standard auf *www.nuget.org* (mit Webservices *https://nuget.org/api/v2*) gesucht. Man kann aber einen eigenen NuGet-Server betreiben und diesen unter Tools/Package Manager/Package Sources in Visual Studio registrieren.

Alternativ zu dem NuGet-Dialog kann man die NuGet-Konsole verwenden. Diese basiert auf der Windows PowerShell und bietet für NuGet das Commandlet „Install-Package". Durch den Parameter-Version kann man eine bestimmte Version einer Zusatzkomponente installieren. Durch den Parameter -IncludePrelease (abgekürzt -pre) kann man erzwingen, dass auch eine eventuell vorhandene Vorab-Version (CTP, Alpha, Beta, RC) einer Zusatzkomponente installiert wird.

---

[1] Die Installation kann über den Erweiterungs-Manager direkt in Visual Studio 2010 erfolgen

Die NuGet-Konsole bietet alle Befehle der Windows PowerShell. Erforschen Sie die Möglichkeiten mit `Get-Command`. Wünschen Sie sich mehr Informationen zu den Befehlen? Dann geben Sie `Get-Help <Befehlsname> -full` ein. Eine vollständige Beschreibung der Befehle würde den Rahmen dieses Buches sprengen. Bitte bedenken Sie, dass Bücher, die sich allein dem Thema Power Shell widmen, mehrere Hundert Seiten dick sind!

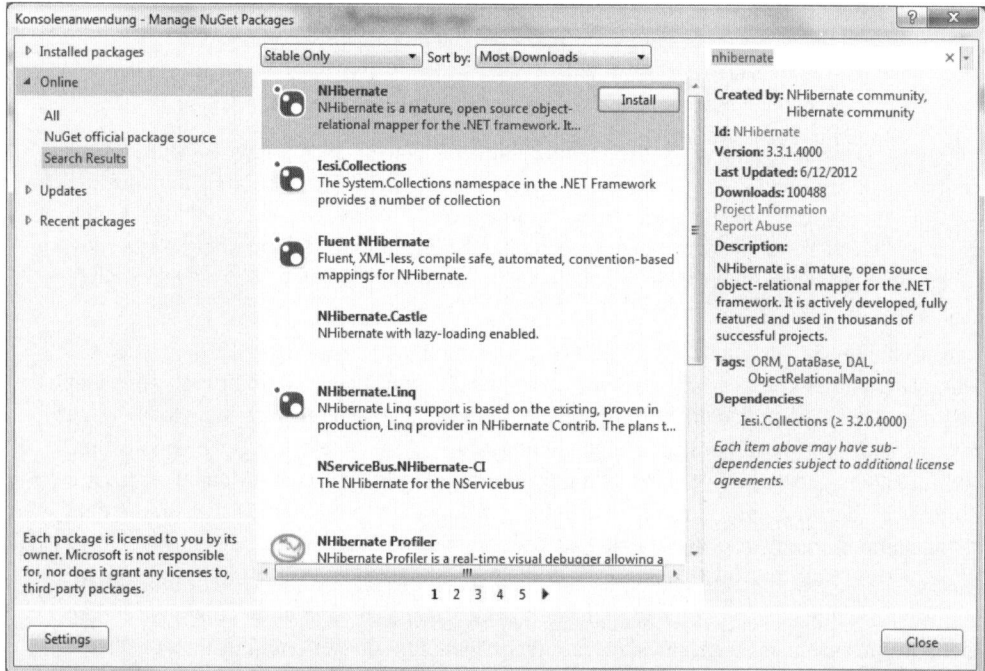

Bild A.1 NuGet-Dialog

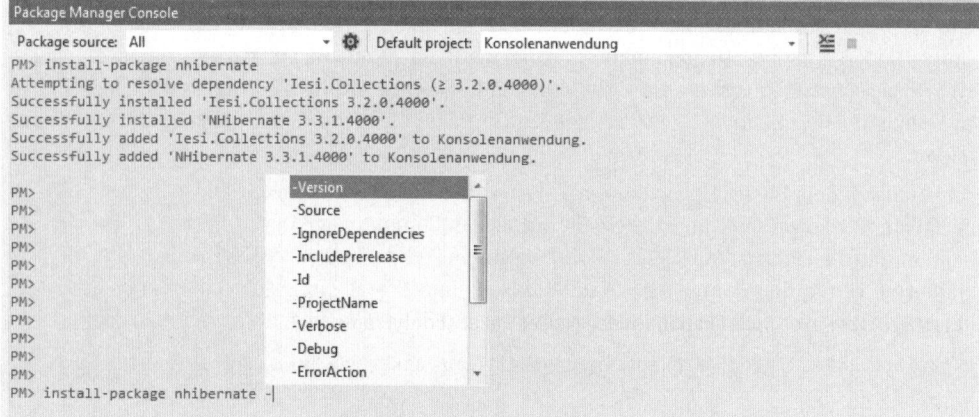

Bild A.2 NuGet-Konsole

Durch die Installation eines NuGet-Pakets werden die benötigten Assemblys dem aktuellen Projekt (oder wahlweise allen Projekten in einer Projektmappe) hinzugefügt. Optional werden die Konfigurationsdateien (app.config oder web.config) geändert. Die Installation des Zusatzpakets „NHibernate", die in Bild A.2 zu sehen ist, zeigt, dass gemäß der im Paket definierten Abhängigkeiten das Paket „Iesi.Collections" mit installiert wurde.

 Ein NuGet-Packet ist eine Datei mit der Dateinamenserweiterung .nupkg. Dahinter verbirgt sich eine ZIP-Datei. Zentraler Punkt im Archiv ist eine Datei mit der Dateinamenserweiterung *.nuspec*, in der Metadaten des Pakets und Abhängigkeiten beschrieben werden (siehe folgende Beispiele). Die installierten Pakete werden im Verzeichnis *Packages* unterhalb des Projektmappenverzeichnisses sowie im zentralen NuGet-Cache im Benutzerprofil (*AppData/Local/NuGet/Cache*) abgelegt. ∎

 HINWEIS: Wenn Sie offline sind, können Sie auch bereits heruntergeladene NuGet-Pakete mithilfe des Cache-Verzeichnisses installieren, (z. B. install-package nHibernate -Source C:\Users\HS\AppData\Local\NuGet\Cache). ∎

Listing A.1 Paket-Spezifikation für das NuGet-Paket „NHibernate"

```
<?xml version="1.0"?>
<package xmlns="http://schemas.microsoft.com/packaging/2010/07/nuspec.xsd">
  <metadata>
    <id>NHibernate</id>
    <version>3.3.1.4000</version>
    <authors>NHibernate community, Hibernate community</authors>
    <owners>NHibernate community, Hibernate community</owners>
    <projectUrl>http://www.nhforge.org</projectUrl>
    <requireLicenseAcceptance>false</requireLicenseAcceptance>
    <description>NHibernate is a mature, open source object-relational
mapper for the .NET framework. It is actively developed, fully featured and
used in thousands of successful projects.</description>
    <summary>NHibernate is a mature, open source object-relational mapper
for the .NET framework. It is actively developed, fully featured and used in
thousands of successful projects.</summary>
    <language>en-US</language>
    <tags>ORM, DataBase, DAL, ObjectRelationalMapping</tags>
    <dependencies>
      <dependency id="Iesi.Collections" version="3.2.0.4000" />
    </dependencies>
  </metadata>
</package>
<?xml version="1.0"?>
```

Listing A.2 Paket-Spezifikation für das NuGet-Paket „EntityFramework"

```
<package xmlns="http://schemas.microsoft.com/packaging/2011/10/nuspec.xsd">
  <metadata>
    <id>EntityFramework</id>
```

```
    <version>5.0.0-rc</version>
    <authors>Microsoft</authors>
    <owners>Microsoft</owners>
    <licenseUrl>http://go.microsoft.com/fwlink/?LinkId=248959</licenseUrl>
    <projectUrl>http://go.microsoft.com/fwlink/?LinkId=248960</projectUrl>
    <requireLicenseAcceptance>true</requireLicenseAcceptance>
    <description>Entity Framework is Microsoft's recommended data access
technology for new applications.</description>
    <summary>Entity Framework is Microsoft's recommended data access
technology for new applications.</summary>
    <language>en-US</language>
    <frameworkAssemblies>
      <frameworkAssembly assemblyName="System.Data.Entity"
targetFramework="" />
      <frameworkAssembly assemblyName="System.ComponentModel.
DataAnnotations" targetFramework="" />
    </frameworkAssemblies>
  </metadata>
</package>
```

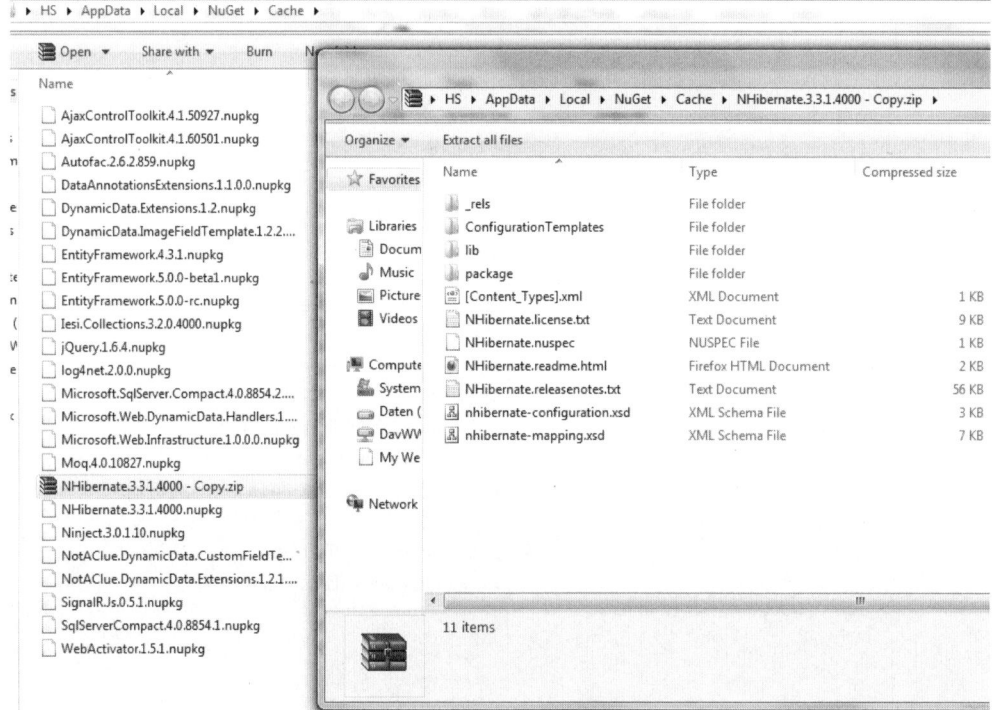

Bild A.3 NuGet-Cache-Verzeichnis und Inhalte eines NuGet-Pakets

Index